VICTOR HUGO

—

NOTRE-DAME

DE PARIS

1482

PARIS

IMPRIMÉ	ÉDITÉ
PAR	PAR
L'IMPRIMERIE NATIONALE	LA LIBRAIRIE OLLENDORFF

MDCCCCIV

ŒUVRES COMPLÈTES DE VICTOR HUGO

ROMAN – II

—

NOTRE-DAME

DE PARIS

IL A ÉTÉ TIRÉ À PART

5 exemplaires sur papier du Japon, numérotés de 1 à 5

5 exemplaires sur papier de Chine, numérotés de 6 à 10

40 exemplaires sur papier de Hollande, numérotés de 11 à 50

300 exemplaires sur papier vélin du Marais, numérotés de 51 à 350

VICTOR HUGO

VICTOR HUGO

NOTRE-DAME

DE PARIS

1482

PARIS

IMPRIMÉ	ÉDITÉ
PAR	PAR
L'IMPRIMERIE NATIONALE	LA LIBRAIRIE OLLENDORFF

MDCCCCIV

NOTRE-DAME
DE
PARIS

Il y a quelques années qu'en visitant, ou, pour mieux dire, en furetant Notre-Dame, l'auteur de ce livre trouva, dans un recoin obscur de l'une des tours, ce mot gravé à la main sur le mur :

ΑΝΆΓΚΗ.

Ces majuscules grecques, noires de vétusté et assez profondément entaillées dans la pierre, je ne sais quels signes propres à la calligraphie gothique empreints dans leurs formes et dans leurs attitudes, comme pour révéler que c'était une main du moyen-âge qui les avait écrites là, surtout le sens lugubre et fatal qu'elles renferment, frappèrent vivement l'auteur.

Il se demanda, il chercha à deviner quelle pouvait être l'âme en peine qui n'avait pas voulu quitter ce monde sans laisser ce stigmate de crime ou de malheur au front de la vieille église

Depuis, on a badigeonné ou gratté (je ne sais plus lequel) le mur, et l'inscription a disparu. Car c'est ainsi qu'on agit depuis tantôt deux cents ans avec les merveilleuses églises du moyen-âge. Les mutilations leur viennent de toutes parts, du dedans comme du dehors Le prêtre les badigeonne, l'architecte les gratte, puis le peuple survient, qui les démolit

Ainsi, hormis le fragile souvenir que lui consacre ici l'auteur de ce livre, il ne reste plus rien aujourd'hui du mot mystérieux gravé dans la sombre tour de Notre-Dame, rien de la destinée inconnue qu'il résumait si mélancoliquement L'homme qui a écrit ce mot sur ce mur s'est effacé, il y a plusieurs siècles, du milieu des générations, le mot s'est à son tour effacé du mur de l'église, l'église elle-même s'effacera bientôt peut-être de la terre.

C'est sur ce mot qu'on a fait ce livre

Février 1831

NOTE

AJOUTÉE A L'ÉDITION DÉFINITIVE (1832)

———

C'est par erreur qu'on a annoncé cette édition comme devant être augmentée de plusieurs chapitres *nouveaux* Il fallait dire *inédits* En effet, si par nouveaux on entend *nouvellement faits,* les chapitres ajoutés à cette édition ne sont pas *nouveaux* Ils ont été écrits en même temps que le reste de l'ouvrage, ils datent de la même époque et sont venus de la même pensée, ils ont toujours fait partie du manuscrit de *Notre Dame de Paris* Il y a plus, l'auteur ne comprendrait pas qu'on ajoutât après coup des développements nouveaux à un ouvrage de ce genre Cela ne se fait pas à volonté Un roman, selon lui, naît, d'une façon en quelque sorte nécessaire, avec tous ses chapitres, un drame naît avec toutes ses scènes Ne croyez pas qu'il y ait rien d'arbitraire dans le nombre de parties dont se compose ce tout, ce mystérieux microcosme que vous appelez drame ou roman. La greffe ou la soudure prennent mal sur des œuvres de cette nature, qui doivent jaillir d'un seul jet et rester telles quelles Une fois la chose faite, ne vous ravisez pas, n'y retouchez plus Une fois que le livre est publié, une fois que le sexe de l'œuvre, virile ou non, a été reconnu et proclamé, une fois que l'enfant a poussé son premier cri, il est né, le voilà, il est ainsi fait, père ni mère n'y peuvent plus rien, il appartient à l'air et au soleil, laissez-le vivre ou mourir comme il est Votre livre est il manqué? tant pis N'ajoutez pas de chapitre à un livre manqué Il est incomplet? Il fallait le compléter en l'engendrant Votre arbre est noué? Vous ne le redresserez pas Votre roman est phtisique? votre roman n'est pas viable? Vous ne lui rendrez pas le souffle qui lui manque Votre drame est né boiteux? Croyez-moi, ne lui mettez pas de jambe de bois

L'auteur attache donc un prix particulier à ce que le public sache bien que les chapitres ajoutés ici n'ont pas été faits exprès pour cette réimpression S'ils n'ont pas été publiés dans les précédentes éditions du livre, c'est par une raison bien simple A l'époque où *Notre-Dame de Paris* s'imprimait pour la première fois, le dossier qui contenait ces trois chapitres s'égara Il fallait ou les récrire ou s'en passer L'auteur considéra que les deux seuls de ces chapitres qui eussent quelque importance par leur étendue, étaient des chapitres d'art et d'histoire qui n'entamaient en rien le fond du drame et du roman, que le public ne s'apercevrait pas de leur disparition, et qu'il serait seul, lui auteur, dans le secret de cette lacune Il prit le parti de passer outre Et puis, s'il faut tout avouer, sa paresse recula devant la tâche de récrire trois chapitres perdus Il eût trouvé plus court de faire un nouveau roman

Aujourd'hui, les chapitres se sont retrouvés, et il saisit la première occasion de les remettre à leur place

Voici donc maintenant son œuvre entière, telle qu'il l'a rêvée, telle qu'il l'a faite, bonne ou mauvaise, durable ou fragile, mais telle qu'il la veut

Sans doute ces chapitres retrouvés auront peu de valeur aux yeux des personnes, d'ailleurs fort judicieuses, qui n'ont cherché dans *Notre-Dame de Paris* que le drame, que le roman Mais il est peut-être d'autres lecteurs qui n'ont pas trouvé inutile d'étudier la pensée d'esthétique et de philosophie cachée dans ce livre, qui ont bien voulu, en lisant *Notre-Dame de Paris*, se plaire à démêler sous le roman autre chose que le roman, et à suivre, qu'on nous passe ces expressions un peu ambitieuses, le système de l'historien et le but de l'artiste à travers la création telle quelle du poète

C'est pour ceux-là surtout que les chapitres ajoutés à cette édition compléteront *Notre-Dame de Paris*, en admettant que *Notre-Dame de Paris* vaille la peine d'être complétée

L'auteur exprime et développe dans un de ces chapitres, sur la décadence actuelle de l'architecture et sur la mort, selon lui, aujourd'hui presque inévitable de cet art-roi, une opinion malheureusement bien enracinée chez lui et bien réfléchie Mais il sent le besoin de dire ici qu'il désire vivement que l'avenir lui donne tort un jour Il sait que l'art, sous toutes ses formes, peut tout espérer des nouvelles générations dont on entend sourdre dans nos ateliers le génie encore en germe Le grain est dans le sillon, la moisson certainement sera belle Il craint seulement, et l'on pourra voir pourquoi au tome second de cette édition, que la sève ne se soit retirée de ce vieux sol de l'architecture qui a été pendant tant de siècles le meilleur terrain de l'art

Cependant il y a aujourd'hui dans la jeunesse artiste tant de vie, de puissance et pour ainsi dire de prédestination, que, dans nos écoles d'architecture en particulier, à l'heure qu'il est, les professeurs, qui sont détestables, font, non seulement à leur insu, mais même tout à fait malgré eux, des élèves qui sont excellents, tout au rebours de ce potier dont parle Horace, lequel méditait des amphores et produisait des marmites *Currit rota, urceus exit*

Mais dans tous les cas, quel que soit l'avenir de l'architecture, de quelque façon que nos jeunes architectes résolvent un jour la question de leur art, en attendant les monuments nouveaux, conservons les monuments anciens Inspirons, s'il est possible, à la nation l'amour de l'architecture nationale C'est là, l'auteur le déclare, un des buts principaux de ce livre, c'est là un des buts principaux de sa vie

Notre-Dame de Paris a peut-être ouvert quelques perspectives vraies sur l'art du moyen-âge, sur cet art merveilleux jusqu'à présent inconnu des uns, ou, ce qui est pire encore, méconnu des autres Mais l'auteur est bien loin de considérer comme accomplie la tâche qu'il s'est volontairement imposée Il a déjà plaidé dans plus d'une occasion la cause de notre vieille architecture, il a déjà dénoncé à haute voix bien des profanations, bien des démolitions, bien des impiétés Il ne se lassera pas Il s'est engagé à revenir souvent sur ce sujet, il y reviendra Il sera aussi infatigable à défendre nos édifices historiques que nos iconoclastes d'écoles et d'académies sont acharnés à les attaquer Car c'est une chose affligeante de voir en quelles mains l'architecture du moyen-âge est tombée, et de quelle façon les gâcheurs de plâtre d'à présent traitent la ruine de ce grand art C'est même une honte pour nous autres, hommes intelligents, qui les voyons faire et qui nous contentons de les huer Et l'on ne parle pas ici seulement de ce qui se passe en province, mais de ce qui se fait à Paris, à notre porte, sous nos fenêtres, dans la grande ville, dans la ville lettrée, dans la cité de la presse, de la parole, de la pensée Nous ne pouvons résister au besoin de signaler, pour terminer cette note, quelques-uns de ces actes de vandalisme qui tous les jours sont projetés, débattus, commencés, continués et menés paisiblement à bien sous nos yeux, sous les yeux du public artiste de Paris, face à face avec la critique que tant d'audace déconcerte On vient de démolir l'archevéché, édifice d'un pauvre goût, le mal n'est pas grand, mais tout en bloc avec l'archevéché on a démoli l'évéché, rare débris du quatorzième siècle que l'architecte démolisseur n'a pas su distinguer du reste Il a arraché l'épi avec l'ivraie, c'est égal On parle de raser l'admirable chapelle de Vincennes, pour faire avec les pierres je ne sais quelle fortification, dont Daumesnil n'avait pourtant pas eu besoin Tandis qu'on répare à grands frais et qu'on restaure le palais Bourbon, cette masure, on laisse effondrer par les coups de vent de l'équinoxe les vitraux magnifiques de la Sainte-Chapelle Il y a, depuis quelques jours, un échafaudage sur la tour de Saint-Jacques-de-la-Boucherie et un de ces matins la pioche s'y mettra Il s'est trouvé un maçon pour bâtir une maisonnette blanche entre les vénérables tours du Palais de Justice Il s'en est trouvé un autre pour châtrer Saint-Germain-des-Prés, la féodale abbaye aux trois clochers Il s'en trouvera un autre, n'en doutez pas, pour jeter bas Saint-Germain-l'Auxerrois Tous ces maçons-là se prétendent architectes, sont payés par la préfecture ou par les menus, et ont des habits verts Tout le mal que le faux goût peut faire au vrai goût, ils le font A l'heure où nous écrivons, spectacle déplorable ! l'un d'eux tient les Tuileries, l'un d'eux balafre Philibert Delorme au beau milieu du visage, et ce n'est pas, certes, un des médiocres scandales de notre temps de voir avec quelle effronterie la lourde architecture de ce monsieur vient s'épater tout au travers d'une des plus délicates façades de la renaissance !

Paris, 20 octobre 1832

NOTRE-DAME DE PARIS

LIVRE PREMIER.

I

LA GRAND'SALLE

Il y a aujourd'hui trois cent quarante-huit ans six mois et dix-neuf jours que les parisiens s'éveillèrent au bruit de toutes les cloches sonnant à grande volée dans la triple enceinte de la Cité, de l'Université et de la Ville

Ce n'est cependant pas un jour dont l'histoire ait gardé souvenir que le 6 janvier 1482 Rien de notable dans l'événement qui mettait ainsi en branle, dès le matin, les cloches et les bourgeois de Paris Ce n'était ni un assaut de picards ou de bourguignons, ni une châsse menée en procession, ni une révolte d'écoliers dans la vigne de Laas, ni une entrée de *notredit très redouté seigneur monsieur le roi,* ni même une belle pendaison de larrons et de larronnesses à la Justice de Paris Ce n'était pas non plus la survenue, si fréquente au quinzième siècle, de quelque ambassade chamarrée et empanachée Il y avait à peine deux jours que la dernière cavalcade de ce genre, celle des ambassadeurs flamands chargés de conclure le mariage entre le dauphin et Marguerite de Flandre, avait fait son entrée à Paris, au grand ennui de M le cardinal de Bourbon, qui, pour plaire au roi, avait dû faire bonne mine à toute cette rustique cohue de bourgmestres flamands, et les régaler, en son hôtel de Bourbon, d'une *moult belle moralité, sotie & farce,* tandis qu'une pluie battante inondait à sa porte ses magnifiques tapisseries

Le 6 janvier, ce qui *mettait en émotion tout le populaire de Paris,* comme dit Jean de Troyes, c'était la double solennité, réunie depuis un temps immémorial, du jour des Rois et de la Fête des Fous

Ce jour-là, il devait y avoir feu de joie à la Grève, plantation de mai à la chapelle de Braque et mystère au Palais de Justice Le cri en avait été fait la veille à son de trompe dans les carrefours, par les gens de M le prévôt, en beaux hoquetons de camelot violet, avec de grandes croix blanches sur la poitrine

La foule des bourgeois et des bourgeoises s'acheminait donc de toutes parts dès le matin, maisons et boutiques fermées, vers l'un des trois endroits désignés Chacun avait pris parti, qui pour le feu de joie, qui pour le mai, qui pour le mystère Il faut dire, à l'éloge de l'antique bon sens des badauds de Paris, que la plus grande partie de cette foule se dirigeait vers le feu de joie, lequel était tout à fait de saison, ou vers le mystère, qui devait être représenté dans la grand'salle du Palais bien couverte et bien close, et que les curieux s'accordaient à laisser le pauvre mai mal fleuri grelotter tout seul sous le ciel de janvier dans le cimetière de la chapelle de Braque

Le peuple affluait surtout dans les avenues du Palais de Justice, parce qu'on savait que les ambassadeurs flamands, arrivés de la surveille, se proposaient d'assister à la représentation du mystère et à l'élection du pape des fous, laquelle devait se faire également dans la grand'salle

Ce n'était pas chose aisée de pénétrer ce jour-là dans cette grand'salle, réputée cependant alors la plus grande enceinte couverte qui fût au monde (Il est vrai que Sauval n'avait pas encore mesuré la grande salle du château de Montargis) La place du Palais, encombrée de peuple, offrit aux curieux des fenêtres l'aspect d'une mer, dans laquelle cinq ou six rues, comme autant d'embouchures de fleuves, dégorgeaient à chaque instant de nouveaux flots de têtes Les ondes de cette foule, sans cesse grossies, se heurtaient aux angles des maisons qui s'avançaient çà et là, comme autant de promontoires, dans le bassin irrégulier de la place Au centre de la haute façade gothique [1] du Palais, le grand escalier, sans relâche remonté et descendu par un double courant qui, après s'être brisé sous le perron intermédiaire, s'épandait à larges vagues sur ses deux pentes latérales, le grand escalier, dis-je, ruisselait incessamment dans la place comme une cascade dans un lac Les cris, les rires, le trépignement de ces mille pieds faisaient un grand bruit et une grande clameur De temps en temps cette clameur et ce bruit redoublaient, le courant qui poussait toute cette foule vers le grand escalier rebroussait, se troublait, tourbillonnait C'était une bourrade d'un archer ou le cheval d'un sergent de la prévôté qui ruait pour rétablir l'ordre, admirable tradition que la prévôté a léguée à la connétablie, la connétablie à la maréchaussée, et la maréchaussée à notre gendarmerie de Paris

Aux portes, aux fenêtres, aux lucarnes, sur les toits, fourmillaient des

---

[1] Le mot *gothique,* dans le sens où on l'emploie généralement, est parfaitement impropre, mais parfaitement consacré Nous l'acceptons donc, et nous l'adoptons, comme tout le monde, pour caractériser l'architecture de la seconde moitié du moyen-âge, celle dont l'ogive est le principe, qui succède à l'architecture de la première période, dont le plein cintre est le générateur

milliers de bonnes figures bourgeoises, calmes et honnêtes, regardant le
palais, regardant la cohue, et n'en demandant pas davantage, car bien des
gens à Paris se contentent du spectacle des spectateurs, et c'est déjà pour
nous une chose très curieuse qu'une muraille derrière laquelle il se passe
quelque chose.

S'il pouvait nous être donné à nous, hommes de 1830, de nous mêler en
pensée à ces parisiens du quinzième siècle et d'entrer avec eux, tiraillés,
coudoyés, culbutés, dans cette immense salle du Palais, si étroite le 6 janvier 1482, le spectacle ne serait ni sans intérêt ni sans charme, et nous n'aurions autour de nous que des choses si vieilles qu'elles nous sembleraient
toutes neuves.

Si le lecteur y consent, nous essaierons de retrouver par la pensée l'impression qu'il eût éprouvée avec nous en franchissant le seuil de cette grand'-
salle au milieu de cette cohue en surcot, en hoqueton et en cotte-hardie.

Et d'abord, bourdonnement dans les oreilles, éblouissement dans les
yeux. Au-dessus de nos têtes une double voûte en ogive, lambrissée en
sculptures de bois, peinte d'azur, fleurdelysée en or; sous nos pieds, un
pavé alternatif de marbre blanc et noir. A quelques pas de nous, un énorme
pilier, puis un autre, puis un autre, en tout sept piliers dans la longueur
de la salle, soutenant au milieu de sa largeur les retombées de la double
voûte. Autour des quatre premiers piliers, des boutiques de marchands,
tout étincelantes de verre et de clinquants; autour des trois derniers, des
bancs de bois de chene, usés et polis par le haut-de-chausses des plaideurs
et la robe des procureurs. A l'entour de la salle, le long de la haute muraille,
entre les portes, entre les croisées, entre les piliers, l'interminable rangée
des statues de tous les rois de France depuis Pharamond, les rois fainéants,
les bras pendants et les yeux baissés, les rois vaillants et bataillards, la tête
et les mains hardiment levées au ciel. Puis, aux longues fenêtres ogives, des
vitraux de mille couleurs; aux larges issues de la salle, de riches portes finement sculptées; et le tout, voûtes, piliers, murailles, chambranles, lambris,
portes, statues, recouvert du haut en bas d'une splendide enluminure bleu
et or, qui, déjà un peu ternie à l'époque où nous la voyons, avait presque
entièrement disparu sous la poussière et les toiles d'araignée en l'an de grâce
1549, où du Breul l'admirait encore par tradition.

Qu'on se représente maintenant cette immense salle oblongue, éclairée
de la clarté blafarde d'un jour de janvier, envahie par une foule bariolée et
bruyante qui dérive le long des murs et tournoie autour des sept piliers,
et l'on aura déjà une idée confuse de l'ensemble du tableau dont nous allons
essayer d'indiquer plus précisément les curieux détails.

Il est certain que, si Ravaillac n'avait point assassiné Henri IV, il n'y aurait point eu de pièces du procès de Ravaillac déposées au greffe du Palais de Justice, point de complices intéressés à faire disparaître lesdites pièces, partant, point d'incendiaires obligés, faute de meilleur moyen, à brûler le greffe pour brûler les pièces, et à brûler le Palais de Justice pour brûler le greffe, par conséquent enfin, point d'incendie de 1618 Le vieux Palais serait encore debout avec sa vieille grand'salle, je pourrais dire au lecteur Allez la voir, et nous serions ainsi dispensés tous deux, moi d'en faire, lui d'en lire une description telle quelle — Ce qui prouve cette vérité neuve que les grands événements ont des suites incalculables

Il est vrai qu'il serait fort possible d'abord que Ravaillac n'eût pas de complices, ensuite que ses complices, si par hasard il en avait, ne fussent pour rien dans l'incendie de 1618 Il en existe deux autres explications très plausibles Premièrement, la grande étoile enflammée, large d'un pied, haute d'une coudée, qui tomba, comme chacun sait, du ciel sur le Palais, le 7 mars après minuit Deuxièmement, le quatrain de Théophile

> Certes, ce fut un triste jeu
> Quand à Paris dame Justice,
> Pour avoir mangé trop d'épice,
> Se mit tout le palais en feu

Quoi qu'on pense de cette triple explication politique, physique, poétique, de l'incendie du Palais de Justice en 1618, le fait malheureusement certain, c'est l'incendie Il reste bien peu de chose aujourd'hui, grâce à cette catastrophe, grâce surtout aux diverses restaurations successives qui ont achevé ce qu'elle avait épargné, il reste bien peu de chose de cette première demeure des rois de France, de ce palais aîné du Louvre, déjà si vieux du temps de Philippe le Bel qu'on y cherchait les traces des magnifiques bâtiments élevés par le roi Robert et décrits par Helgaldus Presque tout a disparu Qu'est devenue la chambre de la chancellerie où saint Louis *consomma son mariage?* le jardin où il rendit la justice, «vêtu d'une cotte de camelot, d'un surcot de tiretaine sans manches, et d'un manteau par-dessus de sandal noir, couché sur des tapis, avec Joinville»? Où est la chambre de l'empereur Sigismond? celle de Charles IV? celle de Jean sans Terre? Où est l'escalier d'où Charles VI promulgua son édit de grâce? la dalle où Marcel égorgea, en présence du dauphin, Robert de Clermont et le maréchal de Champagne? le guichet où furent lacérées les bulles de l'antipape Bénédict, et d'où repartirent ceux qui les avaient apportées, chapés et mitrés en dérision, et faisant amende honorable par tout Paris? et la grand'salle, avec sa dorure, son azur, ses ogives, ses statues, ses piliers, son immense voûte toute déchiquetée de sculptures? et la chambre dorée? et le lion de pierre qui se tenait à la porte, la tête baissée, la queue entre les jambes, comme les lions du trône de Salomon, dans l'attitude humiliée qui convient à la force devant la justice? et les belles portes? et les beaux vitraux? et les ferrures ciselées qui décourageaient Biscornette? et les délicates menuiseries de Du Hancy? Qu'a fait le temps, qu'ont fait les hommes de ces merveilles? Que nous a-t-on donné pour tout cela, pour toute cette histoire gauloise, pour tout cet art gothique? les lourds cintres surbaissés de M de Brosse, ce gauche architecte du portail Saint-Gervais, voilà pour l'art, et quant à l'histoire, nous avons les souvenirs bavards du gros pilier, encore tout retentissant des commérages des Patrus

Ce n'est pas grand'chose — Revenons à la véritable grand'salle du véritable vieux Palais

Les deux extrémités de ce gigantesque parallélogramme étaient occupées, l'une par la fameuse table de marbre, si longue, si large et si épaisse que jamais on ne vit, disent les vieux papiers terriers, dans un style qui eût donné appétit à Gargantua, *pareille tranche de marbre au monde,* l'autre, par la chapelle où Louis XI s'était fait sculpter à genoux devant la Vierge, et où il avait fait transporter, sans se soucier de laisser deux niches vides dans la file des statues royales, les statues de Charlemagne et de saint Louis, deux saints qu'il supposait fort en crédit au ciel comme rois de France Cette chapelle, neuve encore, bâtie à peine depuis six ans, était toute dans ce goût charmant d'architecture délicate, de sculpture merveilleuse, de fine et profonde ciselure qui marque chez nous la fin de l'ère gothique et se perpétue jusque vers le milieu du seizième siècle dans les fantaisies féeriques de la renaissance La petite rosace à jour percée au-dessus du portail était en particulier un chef-d'œuvre de ténuité et de grâce, on eût dit une étoile de dentelle

Au milieu de la salle, vis-à-vis la grande porte, une estrade de brocart d'or, adossée au mur, et dans laquelle était pratiquée une entrée particulière au moyen d'une fenêtre du couloir de la chambre dorée, avait été élevée pour les envoyés flamands et les autres gros personnages conviés à la représentation du mystère

C'est sur la table de marbre que devait, selon l'usage, être représenté le mystère. Elle avait été disposée pour cela dès le matin, sa riche planche de marbre, toute rayée par les talons de la basoche, supportait une cage de charpente assez élevée, dont la surface supérieure, accessible aux regards de toute la salle, devait servir de théâtre, et dont l'intérieur, masqué par des tapisseries, devait tenir lieu de vestiaire aux personnages de la pièce Une échelle, naïvement placée en dehors, devait établir la communication entre la scène et le vestiaire, et prêter ses roides échelons aux entrées comme aux sorties Il n'y avait pas de personnage si imprévu, pas de péripétie, pas de

coup de théâtre qui ne fût tenu de monter par cette échelle Innocente et
vénérable enfance de l'art et des machines!

Quatre sergents du bailli du Palais, gardiens obligés de tous les plaisirs
du peuple les jours de fête comme les jours d'exécution, se tenaient debout
aux quatre coins de la table de marbre

Ce n'était qu'au douzième coup de midi sonnant à la grande horloge du
Palais que la pièce devait commencer C'était bien tard sans doute pour une
représentation théâtrale, mais il avait fallu prendre l'heure des ambassadeurs

Or toute cette multitude attendait depuis le matin Bon nombre de ces
honnêtes curieux grelottaient dès le point du jour devant le grand degré du
Palais, quelques-uns même affirmaient avoir passé la nuit en travers de la
grande porte pour être sûrs d'entrer les premiers La foule s'épaississait à tout
moment, et, comme une eau qui dépasse son niveau, commençait à monter
le long des murs, à s'enfler autour des piliers, à déborder sur les entable-
ments, sur les corniches, sur les appuis des fenêtres, sur toutes les saillies de
l'architecture, sur tous les reliefs de la sculpture Aussi la gêne, l'impatience,
l'ennui, la liberté d'un jour de cynisme et de folie, les querelles qui éclataient à tout propos pour un coude pointu ou un soulier ferré, la fatigue
d'une longue attente, donnaient-elles déjà, bien avant l'heure où les ambassadeurs devaient arriver, un accent aigre et amer à la clameur de ce peuple
enfermé, emboîté, pressé, foulé, étouffé On n'entendait que plaintes et
imprécations contre les flamands, le prévôt des marchands, le cardinal de
Bourbon, le bailli du Palais, madame Marguerite d'Autriche, les sergents à
verge, le froid, le chaud, le mauvais temps, l'évêque de Paris, le pape des
fous, les piliers, les statues, cette porte fermée, cette fenêtre ouverte, le tout
au grand amusement des bandes d'écoliers et de laquais disséminées dans la
masse, qui mêlaient à tout ce mécontentement leurs taquineries et leurs
malices, et piquaient, pour ainsi dire, à coups d'épingle la mauvaise humeur
générale

Il y avait entre autres un groupe de ces joyeux démons qui, après avoir
défoncé le vitrage d'une fenêtre, s'était hardiment assis sur l'entablement,
et de là plongeait tour à tour ses regards et ses railleries au dedans et au
dehors, dans la foule de la salle et dans la foule de la place A leurs gestes
de parodie, à leurs rires éclatants, aux appels goguenards qu'ils échangeaient
d'un bout à l'autre de la salle avec leurs camarades, il était aisé de juger
que ces jeunes clercs ne partageaient pas l'ennui et la fatigue du reste des
assistants, et qu'ils savaient fort bien, pour leur plaisir particulier, extraire
de ce qu'ils avaient sous les yeux un spectacle qui leur faisait attendre
patiemment l'autre

— Sur mon âme, c'est vous, *Joannes Frollo de Molendino!* cria l'un d'eux à une espèce de petit diable blond, à jolie et maligne figure, accroché aux acanthes d'un chapiteau, vous êtes bien nommé Jehan du Moulin, car vos deux bras et vos deux jambes ont l'air de quatre ailes qui vont au vent — Depuis combien de temps êtes-vous ici ?

— Par la miséricorde du diable, répondit Joannes Frollo, voilà plus de quatre heures, et j'espère bien qu'elles me seront comptées sur mon temps de purgatoire. J'ai entendu les huit chantres du roi de Sicile entonner le premier verset de la haute messe de sept heures dans la Sainte-Chapelle

— De beaux chantres, reprit l'autre, et qui ont la voix encore plus pointue que leur bonnet ! Avant de fonder une messe à monsieur saint Jean, le roi aurait bien dû s'informer si monsieur saint Jean aime le latin psalmodié avec accent provençal

— C'est pour employer ces maudits chantres du roi de Sicile qu'il a fait cela ! cria aigrement une vieille femme dans la foule au bas de la fenêtre Je vous demande un peu ! mille livres parisis pour une messe ! et sur la ferme du poisson de mer des halles de Paris, encore !

— Paix ! vieille, reprit un gros et grave personnage qui se bouchait le nez à côté de la marchande de poisson, il fallait bien fonder une messe Vouliez-vous pas que le roi retombât malade ?

— Bravement parlé, sir Gilles Lecornu, maître pelletier-fourreur des robes du roi ! cria le petit écolier cramponné au chapiteau

Un éclat de rire de tous les écoliers accueillit le nom malencontreux du pauvre pelletier-fourreur des robes du roi.

— Lecornu ! Gilles Lecornu ! disaient les uns

— *Cornutus & hirsutus*, reprenait un autre

— Hé ! sans doute, continuait le petit démon du chapiteau Qu'ont-ils à rire ? Honorable homme Gilles Lecornu, frère de maître Jehan Lecornu, prévôt de l'hôtel du roi, fils de maître Mahiet Lecornu, premier portier du bois de Vincennes, tous bourgeois de Paris, tous mariés de père en fils !

La gaieté redoubla Le gros pelletier-fourreur, sans répondre un mot, s'efforçait de se dérober aux regards fixés sur lui de tous côtés, mais il suait et soufflait en vain comme un coin qui s'enfonce dans le bois, les efforts qu'il faisait ne servaient qu'à emboîter plus solidement dans les épaules de ses voisins sa large face apoplectique, pourpre de dépit et de colère

Enfin un de ceux-ci, gros, court et vénérable comme lui, vint à son secours

— Abomination ! des écoliers qui parlent de la sorte à un bourgeois ! de mon temps on les eût fustigés avec un fagot dont on les eût brûlés ensuite La bande entière éclata

— Holàhée ! qui chante cette gamme ? quel est le chat-huant de malheur ?

— Tiens, je le reconnais, dit l'un, c'est maître Andry Musnier

— Parce qu'il est un des quatre libraires jurés de l'Université ! dit l'autre

— Tout est par quatre dans cette boutique, cria un troisième les quatre nations, les quatre facultés, les quatre fêtes, les quatre procureurs, les quatre électeurs, les quatre libraires

— Eh bien, reprit Jean Frollo, il faut leur faire le diable à quatre

— Musnier, nous brûlerons tes livres

— Musnier, nous battrons ton laquais

— Musnier, nous chiffonnerons ta femme

— La bonne grosse mademoiselle Oudarde

— Qui est aussi fraîche et aussi gaie que si elle était veuve

— Que le diable vous emporte ! grommela maître Andry Musnier.

— Maître Andry, reprit Jehan, toujours pendu à son chapiteau, tais-toi, ou je te tombe sur la tête !

Maître Andry leva les yeux, parut mesurer un instant la hauteur du pilier, la pesanteur du drôle, multiplia mentalement cette pesanteur par le carré de la vitesse, et se tut

Jehan, maître du champ de bataille, poursuivit avec triomphe ·

— C'est que je le ferais, quoique je sois frère d'un archidiacre !

— Beaux sires, que nos gens de l'Université ! n'avoir seulement pas fait respecter nos privilèges dans un jour comme celui-ci ! Enfin, il y a mai et feu de joie à la Ville, mystère, pape des fous et ambassadeurs flamands à la Cité, et à l'Université, rien !

— Cependant la place Maubert est assez grande ! reprit un des clercs cantonnés sur la table de la fenêtre.

— A bas le recteur, les électeurs et les procureurs ! cria Joannes

— Il faudra faire un feu de joie ce soir dans le Champ-Gaillard, poursuivit l'autre, avec les livres de maître Andry.

— Et les pupitres des scribes ! dit son voisin

— Et les verges des bedeaux !

— Et les crachoirs des doyens !

— Et les buffets des procureurs !

— Et les huches des électeurs !

— Et les escabeaux du recteur !

— A bas ! reprit le petit Jehan en faux-bourdon, à bas maître Andry, les bedeaux et les scribes, les théologiens, les médecins et les décrétistes, les procureurs, les électeurs et le recteur !

— C'est donc la fin du monde ! murmura maître Andry en se bouchant les oreilles

— A propos, le recteur ! le voici qui passe dans la place, cria un de ceux de la fenêtre

Ce fut à qui se retournerait vers la place

— Est-ce que c'est vraiment notre vénérable recteur maître Thibaut ? demanda Jehan Frollo du Moulin, qui, s'étant accroché à un pilier de l'intérieur, ne pouvait voir ce qui se passait au dehors

— Oui, oui, répondirent tous les autres, c'est lui, c'est bien lui, maître Thibaut le recteur

C'était en effet le recteur et tous les dignitaires de l'Université qui se rendaient processionnellement au-devant de l'ambassade et traversaient en ce moment la place du Palais Les écoliers, pressés à la fenêtre, les accueillirent au passage avec des sarcasmes et des applaudissements ironiques Le recteur, qui marchait en tête de sa compagnie, essuya la première bordée, elle fut rude

— Bonjour, monsieur le recteur ! Holàhée ! bonjour donc !

— Comment fait-il pour être ici, le vieux joueur ? il a donc quitté ses dés ?

— Comme il trotte sur sa mule ! elle a les oreilles moins longues que lui

— Holàhée ! bonjour, monsieur le recteur Thibaut ! *Tybalde aleator* ! vieil imbécile ! vieux joueur !

— Dieu vous garde ! avez-vous fait souvent double-six cette nuit ?

— Oh ! la caduque figure, plombée, tirée et battue pour l'amour du jeu et des dés !

— Où allez-vous comme cela, *Tybalde ad dados,* tournant le dos à l'Université et trottant vers la Ville ?

— Il va sans doute chercher un logis rue Thibautodé, cria Jehan du Moulin

Toute la bande répéta le quolibet avec une voix de tonnerre et des battements de mains furieux

— Vous allez chercher logis rue Thibautodé, n'est-ce pas, monsieur le recteur, joueur de la partie du diable ?

Puis ce fut le tour des autres dignitaires

— A bas les bedeaux ! à bas les massiers !

— Dis donc, Robin Poussepain, qu'est-ce que c'est donc que celui-là ?

— C'est Gilbert de Suilly, *Gilbertus de Soliaco,* le chancelier du collège d'Autun

— Tiens, voici mon soulier tu es mieux placé que moi, jette-le lui par la figure

— *Saturnalitias mittimus ecce nuces*

— A bas les six théologiens avec leurs surplis blancs !

— Ce sont là les théologiens ? Je croyais que c'étaient les six oies blanches données par Sainte-Geneviève à la ville, pour le fief de Roogny

— A bas les médecins !

— A bas les disputations cardinales et quodlibétaires !

— A toi ma coiffe, chancelier de Sainte-Geneviève ! tu m'as fait un passe-droit — C'est vrai cela ! il a donné ma place dans la nation de Normandie au petit Ascanio Falzaspada, qui est de la province de Bourges, puisqu'il est Italien

— C'est une injustice, dirent tous les écoliers A bas le chancelier de Sainte-Geneviève !

— Ho hé ! maître Joachim de Ladehors ! Ho hé ! Louis Dahuille ! Ho hé ! Lambert Hoctement !

— Que le diable étouffe le procureur de la nation d'Allemagne !

— Et les chapelains de la Sainte-Chapelle, avec leurs aumusses grises, *cum tunicis grisis !*

— *Seu de pellibus grisis fourratis !*

— Holàhée ! les maîtres ès arts ! Toutes les belles chapes noires ! toutes les belles chapes rouges !

— Cela fait une belle queue au recteur

— On dirait un duc de Venise qui va aux épousailles de la mer

— Dis donc, Jehan ! les chanoines de Sainte-Geneviève !

— Au diable la chanoinerie !

— Abbé Claude Choart ! docteur Claude Choart ! Est-ce que vous cherchez Marie la Giffarde ?

— Elle est rue de Glatigny.

— Elle fait le lit du roi des ribauds

— Elle paie ses quatre deniers, *quatuor denarios*

— *Aut unum bombum*

— Voulez-vous qu'elle vous paie au nez ?

— Camarades ! maître Simon Sanguin, l'électeur de Picardie, qui a sa femme en croupe

— *Post equitem sedet atra cura*

— Hardi, maître Simon !

— Bonjour, monsieur l'électeur !

— Bonne nuit, madame l'électrice !

— Sont-ils heureux de voir tout cela, disait en soupirant *Joannes de Molendino,* toujours perché dans les feuillages de son chapiteau

Cependant le libraire juré de l'Université, maître Andry Musnier, se penchait à l'oreille du pelletier-fourreur des robes du roi, maître Gilles Lecornu

— Je vous le dis, monsieur, c'est la fin du monde On n'a jamais vu pareils débordements de l'écolerie Ce sont les maudites inventions du siècle qui perdent tout Les artilleries, les serpentines, les bombardes, et surtout l'impression, cette autre peste d'Allemagne Plus de manuscrits, plus de livres ! L'impression tue la librairie C'est la fin du monde qui vient

— Je m'en aperçois bien aux progrès des étoffes de velours, dit le marchand fourreur

En ce moment midi sonna

— Ha ! dit toute la foule d'une seule voix Les écoliers se turent Puis il se fit un grand remue-ménage, un grand mouvement de pieds et de têtes, une grande détonation générale de toux et de mouchoirs, chacun s'arrangea, se posta, se haussa, se groupa, puis un grand silence, tous les cous restèrent tendus, toutes les bouches ouvertes, tous les regards tournés vers la table de marbre Rien n'y parut Les quatre sergents du bailli étaient toujours là, roides et immobiles comme quatre statues peintes Tous les yeux se tournèrent vers l'estrade réservée aux envoyés flamands La porte restait fermée, et l'estrade vide Cette foule attendait depuis le matin trois choses midi, l'ambassade de Flandre, le mystère Midi seul était arrivé à l'heure

Pour le coup c'était trop fort

On attendit une, deux, trois, cinq minutes, un quart d'heure, rien ne venait L'estrade demeurait déserte, le théâtre muet Cependant à l'impatience avait succédé la colère Les paroles irritées circulaient, à voix basse encore, il est vrai — Le mystère ! le mystère ! murmurait-on sourdement Les têtes fermentaient Une tempête, qui ne faisait encore que gronder, flottait à la surface de cette foule Ce fut Jehan du Moulin qui en tira la première étincelle

— Le mystère, et au diable les flamands ! s'écria-t-il de toute la force de ses poumons, en se tordant comme un serpent autour de son chapiteau

La foule battit des mains

— Le mystère, répéta-t-elle, et la Flandre à tous les diables !

— Il nous faut le mystère, sur-le-champ, reprit l'écolier, ou m'est avis que nous pendions le bailli du Palais, en guise de comédie et de moralité

— Bien dit, cria le peuple, et entamons la pendaison par ses sergents

Une grande acclamation suivit. Les quatre pauvres diables commençaient à pâlir et à s'entre-regarder La multitude s'ébranlait vers eux, et ils voyaient déjà la frêle balustrade de bois qui les en séparait ployer et faire ventre sous la pression de la foule

Le moment était critique

— A sac ! à sac ! criait-on de toutes parts

En cet instant, la tapisserie du vestiaire que nous avons décrit plus haut se souleva, et donna passage à un personnage dont la seule vue arrêta subitement la foule, et changea comme par enchantement sa colère en curiosité

— Silence! silence!

Le personnage, fort peu rassuré et tremblant de tous ses membres, s'avança jusqu'au bord de la table de marbre, avec force révérences qui, à mesure qu'il approchait, ressemblaient de plus en plus à des génuflexions

Cependant le calme s'était peu à peu rétabli Il ne restait plus que cette légère rumeur qui se dégage toujours du silence de la foule

— Messieurs les bourgeois, dit-il, et mesdemoiselles les bourgeoises, nous devons avoir l'honneur de déclamer et représenter devant son éminence M le cardinal une très belle moralité, qui a nom *Le bon jugement de madame la vierge Marie*. C'est moi qui fais Jupiter Son éminence accompagne en ce moment l'ambassade très honorable de monsieur le duc d'Autriche, laquelle est retenue, à l'heure qu'il est, à écouter la harangue de M le recteur de l'Université, à la Porte Baudets Dès que l'éminentissime cardinal sera arrivé, nous commencerons

Il est certain qu'il ne fallait rien moins que l'intervention de Jupiter pour sauver les quatre malheureux sergents du bailli du Palais Si nous avions le bonheur d'avoir inventé cette très véridique histoire, et par conséquent d'en être responsable par-devant Notre-Dame la Critique, ce n'est pas contre nous qu'on pourrait invoquer en ce moment le précepte classique *Nec deus intersit* Du reste, le costume du seigneur Jupiter était fort beau, et n'avait pas peu contribué à calmer la foule en attirant toute son attention Jupiter était vêtu d'une brigandine couverte de velours noir, à clous dorés, il était coiffé d'un bicoquet garni de boutons d'argent dorés, et, n'était le rouge et la grosse barbe qui couvraient chacun une moitié de son visage, n'était le rouleau de carton doré, semé de passequilles et tout hérissé de lanières de clinquant qu'il portait à la main et dans lequel des yeux exercés reconnaissaient aisément la foudre, n'était ses pieds couleur de chair et enrubannés à la grecque, il eût pu supporter la comparaison, pour la sévérité de sa tenue, avec un archer breton du corps de monsieur de Berry

II

PIERRE GRINGOIRE

Cependant, tandis qu'il haranguait, la satisfaction, l'admiration unanimement excitées par son costume se dissipaient à ses paroles, et quand il arriva à cette conclusion malencontreuse « Dès que l'éminentissime cardinal sera arrivé, nous commencerons », sa voix se perdit dans un tonnerre de huées

— Commencez tout de suite ! Le mystère ! le mystère tout de suite ! criait le peuple Et l'on entendait par-dessus toutes les voix celle de *Johannes de Molendino,* qui perçait la rumeur comme le fifre dans un charivari de Nîmes — Commencez tout de suite ! glapissait l'écolier

— A bas Jupiter et le cardinal de Bourbon ! vociféraient Robin Poussepain et les autres clercs juchés dans la croisée

— Tout de suite la moralité ! répétait la foule Sur-le-champ ! tout de suite ! Le sac et la corde aux comédiens et au cardinal !

Le pauvre Jupiter, hagard, effaré, pâle sous son rouge, laissa tomber sa foudre, prit à la main son bicoquet, puis il saluait et tremblait en balbutiant Son éminence les ambassadeurs madame Marguerite de Flandre . Il ne savait que dire Au fond, il avait peur d'être pendu

Pendu par la populace pour attendre, pendu par le cardinal pour n'avoir pas attendu, il ne voyait des deux côtés qu'un abîme, c'est-à-dire une potence

Heureusement quelqu'un vint le tirer d'embarras et assumer la responsabilité

Un individu qui se tenait en deçà de la balustrade dans l'espace laissé libre autour de la table de marbre, et que personne n'avait encore aperçu, tant sa longue et mince personne était complètement abritée de tout rayon visuel par le diamètre du pilier auquel il était adossé, cet individu, disons-nous, grand, maigre, blême, blond, jeune encore, quoique déjà ridé au front et aux joues, avec des yeux brillants et une bouche souriante, vêtu d'une serge noire, râpée et lustrée de vieillesse, s'approcha de la table de marbre et fit un signe au pauvre patient Mais l'autre, interdit, ne voyait pas

Le nouveau venu fit un pas de plus — Jupiter ! dit-il, mon cher Jupiter ! L'autre n'entendait point

Enfin le grand blond, impatienté, lui cria presque sous le nez

— Michel Giborne !

— Qui m'appelle ? dit Jupiter, comme éveillé en sursaut

— Moi, répondit le personnage vêtu de noir.

— Ah! dit Jupiter.

— Commencez tout de suite, reprit l'autre. Satisfaites le populaire. Je me charge d'apaiser monsieur le bailli, qui apaisera monsieur le cardinal.

Jupiter respira.

— Messeigneurs les bourgeois, cria-t-il de toute la force de ses poumons à la foule qui continuait de le huer, nous allons commencer tout de suite.

— *Evoe, Juppiter! Plaudite, cives!* crièrent les écoliers.

— Noël! Noël! cria le peuple.

Ce fut un battement de mains assourdissant, et Jupiter était déjà rentré sous sa tapisserie que la salle tremblait encore d'acclamations.

Cependant le personnage inconnu qui avait si magiquement changé *la tempête en bonace,* comme dit notre vieux et cher Corneille, était modestement rentré dans la pénombre de son pilier, et y serait sans doute resté invisible, immobile et muet comme auparavant, s'il n'en eût été tiré par deux jeunes femmes qui, placées au premier rang des spectateurs, avaient remarqué son colloque avec Michel Giborne-Jupiter.

— Maître, dit l'une d'elles en lui faisant signe de s'approcher...

— Taisez-vous donc, ma chère Liénarde, dit sa voisine, jolie, fraîche, et toute brave à force d'être endimanchée. Ce n'est pas un clerc, c'est un laïque; il ne faut pas dire *maître,* mais bien *messire.*

— Messire, dit Liénarde.

L'inconnu s'approcha de la balustrade.

— Que voulez-vous de moi, mesdamoiselles? demanda-t-il avec empressement.

— Oh! rien, dit Liénarde toute confuse, c'est ma voisine Gisquette la Gencienne qui veut vous parler.

— Non pas, reprit Gisquette en rougissant; c'est Liénarde qui vous a dit : Maître; je lui ai dit qu'on disait : Messire.

Les deux jeunes filles baissaient les yeux. L'autre, qui ne demandait pas mieux que de lier conversation, les regardait en souriant :

— Vous n'avez donc rien à me dire, mesdamoiselles?

— Oh! rien du tout, répondit Gisquette.

— Rien, dit Liénarde.

Le grand jeune homme blond fit un pas pour se retirer. Mais les deux curieuses n'avaient pas envie de lâcher prise.

— Messire, dit vivement Gisquette avec l'impétuosité d'une écluse qui s'ouvre ou d'une femme qui prend son parti, vous connaissez donc ce soldat qui va jouer le rôle de madame la Vierge dans le mystère?

— Vous voulez dire le rôle de Jupiter? reprit l'anonyme.

— Hé ! oui, dit Liénarde, est-elle bête ! Vous connaissez donc Jupiter ?

— Michel Giborne ? répondit l'anonyme, oui, madame

— Il a une fière barbe ! dit Liénarde

— Cela sera-t-il beau, ce qu'ils vont dire là-dessus ? demanda timidement Gisquette

— Très beau, madamoiselle, répondit l'anonyme sans la moindre hésitation

— Qu'est-ce que ce sera ? dit Liénarde

— *Le bon jugement de madame la Vierge,* moralité, s'il vous plaît, madamoiselle

— Ah ! c'est différent, reprit Liénarde

Un court silence suivit L'inconnu le rompit

— C'est une moralité toute neuve, et qui n'a pas encore servi

— Ce n'est donc pas la même, dit Gisquette, que celle qu'on a donnée il y a deux ans, le jour de l'entrée de monsieur le légat, et où il y avait trois belles filles faisant personnages

— De sirènes, dit Liénarde

— Et toutes nues, ajouta le jeune homme

Liénarde baissa pudiquement les yeux Gisquette la regarda, et en fit autant Il poursuivit en souriant

— C'était chose bien plaisante à voir Aujourd'hui c'est une moralité faite exprès pour madame la demoiselle de Flandre

— Chantera-t-on des bergerettes ? demanda Gisquette

— Fi ! dit l'inconnu, dans une moralité ! Il ne faut pas confondre les genres Si c'était une sotie, à la bonne heure

— C'est dommage, reprit Gisquette Ce jour-là il y avait à la fontaine du Ponceau des hommes et des femmes sauvages qui se combattaient et faisaient plusieurs contenances en chantant de petits motets et des bergerettes

— Ce qui convient pour un légat, dit assez sèchement l'inconnu, ne convient pas pour une princesse

— Et près d'eux, reprit Liénarde, joutaient plusieurs bas instruments qui rendaient de grandes mélodies

— Et pour rafraîchir les passants, continua Gisquette, la fontaine jetait par trois bouches, vin, lait et hypocras, dont buvait qui voulait

— Et un peu au-dessous du Ponceau, poursuivit Liénarde, à la Trinité, il y avait une passion par personnages, et sans parler

— Si je m'en souviens ! s'écria Gisquette Dieu en la croix, et les deux larrons à droite et à gauche !

Ici les jeunes commères, s'échauffant au souvenir de l'entrée de monsieur le légat, se mirent à parler à la fois

— Et plus avant, à la Porte-aux-Peintres, il y avait d'autres personnes très richement habillées.

— Et à la fontaine Saint-Innocent, ce chasseur qui poursuivait une biche avec grand bruit de chiens et de trompes de chasse !

— Et à la boucherie de Paris, ces échafauds qui figuraient la bastille de Dieppe !

— Et quand le légat passa, tu sais, Gisquette, on donna l'assaut, et les Anglais eurent tous les gorges coupées.

— Et contre la porte du Châtelet, il y avait de très beaux personnages !

— Et sur le Pont-au-Change, qui était tout tendu par-dessus !

— Et quand le légat passa, on laissa voler sur le pont plus de deux cents douzaines de toutes sortes d'oiseaux; c'était très beau, Liénarde.

— Ce sera plus beau aujourd'hui, reprit enfin leur interlocuteur, qui semblait les écouter avec impatience.

— Vous nous promettez que ce mystère sera beau? dit Gisquette.

— Sans doute, répondit-il; puis il ajouta avec une certaine emphase : — Mesdamoiselles, c'est moi qui en suis l'auteur.

— Vraiment? dirent les jeunes filles, tout ébahies.

— Vraiment! répondit le poëte en se rengorgeant légèrement; c'est-à-dire nous sommes deux : Jehan Marchand, qui a scié les planches, et dressé la charpente du théâtre et toute la boiserie, et moi qui ai fait la pièce. — Je m'appelle Pierre Gringoire.

L'auteur du *Cid* n'eût pas dit avec plus de fierté : *Pierre Corneille*.

Nos lecteurs ont pu observer qu'il avait déjà dû s'écouler un certain temps depuis le moment où Jupiter était rentré sous la tapisserie jusqu'à l'instant où l'auteur de la moralité nouvelle s'était révélé ainsi brusquement à l'admiration naïve de Gisquette et de Liénarde. Chose remarquable : toute cette foule, quelques minutes auparavant si tumultueuse, attendait maintenant avec mansuétude, sur la foi du comédien; ce qui prouve cette vérité éternelle et tous les jours encore éprouvée dans nos théâtres, que le meilleur moyen de faire attendre patiemment le public, c'est de lui affirmer qu'on va commencer tout de suite.

Toutefois l'écolier Joannes ne s'endormait pas.

— Holàhée ! cria-t-il tout à coup au milieu de la paisible attente qui avait succédé au trouble, Jupiter, madame la Vierge, bateleurs du diable ! vous gaussez-vous? la pièce ! la pièce ! Commencez, ou nous recommençons.

Il n'en fallut pas davantage.

Une musique de hauts et bas instruments se fit entendre de l'intérieur de l'échafaudage; la tapisserie se souleva; quatre personnages bariolés et fardés en sortirent, grimpèrent la roide échelle du théâtre, et, parvenus sur la plate-forme supérieure, se rangèrent en ligne devant le public, qu'ils saluèrent profondément, alors la symphonie se tut C'était le mystère qui commençait

Les quatre personnages, après avoir largement recueilli le paiement de leurs révérences en applaudissements, entamèrent, au milieu d'un religieux silence, un prologue dont nous faisons volontiers grâce au lecteur Du reste, ce qui arrive encore de nos jours, le public s'occupait encore plus des costumes qu'ils portaient que du rôle qu'ils débitaient, et en vérité c'était justice Ils étaient vêtus tous quatre de robes mi-parties jaune et blanc, qui ne se distinguaient entre elles que par la nature de l'étoffe, la première était en brocart, or et argent, la deuxième en soie, la troisième en laine, la quatrième en toile Le premier des personnages portait en main droite une épée, le second deux clefs d'or, le troisième une balance, le quatrième une bêche, et pour aider les intelligences paresseuses qui n'auraient pas vu clair à travers la transparence de ces attributs, on pouvait lire en grosses lettres noires brodées · au bas de la robe de brocart, JE M'APPELLE NOBLESSE, au bas de la robe de soie, JE M'APPELLE CLERGE, au bas de la robe de laine, JE M'APPELLE MARCHANDISE, au bas de la robe de toile, JE M'APPELLE LABOUR Le sexe des deux allégories mâles était clairement indiqué à tout spectateur judicieux par leurs robes moins longues et par la crimignole qu'elles portaient en tête, tandis que les deux allégories femelles, moins court-vêtues, étaient coiffées d'un chaperon

Il eût fallu aussi beaucoup de mauvaise volonté pour ne pas comprendre, à travers la poésie du prologue, que Labour était marié à Marchandise et Clergé à Noblesse, et que les deux heureux couples possédaient en commun un magnifique dauphin d'or, qu'ils prétendaient n'adjuger qu'à la plus belle Ils allaient donc par le monde cherchant et quêtant cette beauté, et après avoir successivement rejeté la reine de Golconde, la princesse de Trébizonde, la fille du Grand-Khan de Tartarie, etc, etc, Labour et Clergé, Noblesse et Marchandise étaient venus se reposer sur la table de marbre du Palais de Justice, en débitant devant l'honnête auditoire autant de sentences et de maximes qu'on en pouvait alors dépenser à la Faculté des arts aux examens, sophismes, déterminances, figures et actes où les maîtres prenaient leurs bonnets de licence

Tout cela était en effet très beau

Cependant, dans cette foule sur laquelle les quatre allégories versaient à qui mieux mieux des flots de métaphores, il n'y avait pas une oreille plus attentive, pas un cœur plus palpitant, pas un œil plus hagard, pas un cou plus tendu, que l'œil, l'oreille, le cou et le cœur de l'auteur, du poete, de ce brave Pierre Gringoire, qui n'avait pu résister, le moment d'auparavant,

à la joie de dire son nom à deux jolies filles Il était retourné à quelques
pas d'elles, derrière son pilier, et là, il écoutait, il regardait, il savourait
Les bienveillants applaudissements qui avaient accueilli le début de son
prologue retentissaient encore dans ses entrailles, et il était complètement
absorbé dans cette espèce de contemplation extatique avec laquelle un auteur
voit ses idées tomber une à une de la bouche de l'acteur dans le silence d'un
vaste auditoire Digne Pierre Gringoire!

Il nous en coûte de le dire, mais cette première extase fut bien vite troublée A peine Gringoire avait-il approché ses lèvres de cette coupe enivrante
de joie et de triomphe, qu'une goutte d'amertume vint s'y mêler

Un mendiant déguenillé, qui ne pouvait faire recette, perdu qu'il était
au milieu de la foule, et qui n'avait sans doute pas trouvé suffisante indem-
nité dans les poches de ses voisins, avait imaginé de se jucher sur quelque
point en évidence, pour attirer les regards et les aumônes Il s'était donc
hissé pendant les premiers vers du prologue, à l'aide des piliers de l'estrade
réservée, jusqu'à la corniche qui en bordait la balustrade à sa partie inférieure,
et là, il s'était assis, sollicitant l'attention et la pitié de la multitude avec ses
haillons et une plaie hideuse qui couvrait son bras droit Du reste il ne proférait pas une parole

Le silence qu'il gardait laissait aller le prologue sans encombre, et aucun
désordre sensible ne serait survenu, si le malheur n'eût voulu que l'écolier
Joannes avisât, du haut de son pilier, le mendiant et ses simagrées Un fou
rire s'empara du jeune drôle, qui, sans se soucier d'interrompre le spectacle
et de troubler le recueillement universel, s'écria gaillardement — Tiens!
ce malingreux qui demande l'aumône!

Quiconque a jeté une pierre dans une mare à grenouilles ou tiré un coup
de fusil dans une volée d'oiseaux, peut se faire une idée de l'effet que pro-
duisirent ces paroles incongrues, au milieu de l'attention générale Gringoire
en tressaillit comme d'une secousse électrique Le prologue resta court, et
toutes les têtes se retournèrent en tumulte vers le mendiant, qui, loin de se
déconcerter, vit dans cet incident une bonne occasion de récolte, et se mit à
dire d'un air dolent, en fermant ses yeux à demi — La charité, s'il vous
plaît!

— Eh mais, sur mon âme, reprit Joannes, c'est Clopin Trouillefou
Ho! hé! l'ami, ta plaie te gênait donc à la jambe, que tu l'as mise sur ton
bras?

En parlant ainsi, il jetait avec une adresse de singe un petit-blanc dans le
feutre gras que le mendiant tendit de son bras malade Le mendiant reçut
sans broncher l'aumône et le sarcasme, et continua d'un accent lamentable
— La charité, s'il vous plaît!

Cet épisode avait considérablement distrait l'auditoire, et bon nombre de spectateurs, Robin Poussepain et tous les clercs en tête, applaudissaient gaiement à ce duo bizarre que venaient d'improviser, au milieu du prologue, l'écolier avec sa voix criarde et le mendiant avec son imperturbable psalmodie

Gringoire était fort mécontent Revenu de sa première stupéfaction, il s'évertuait à crier aux quatre personnages en scène . — Continuez! que diable, continuez! — sans même daigner jeter un regard de dédain sur les deux interrupteurs

En ce moment, il se sentit tirer par le bord de son surtout, il se retourna, non sans quelque humeur, et eut assez de peine à sourire Il le fallait pourtant C'était le joli bras de Gisquette la Gencienne, qui, passé à travers la balustrade, sollicitait de cette façon son attention

— Monsieur, dit la jeune fille, est-ce qu'ils vont continuer ?

— Sans doute, répondit Gringoire, assez choqué de la question

— En ce cas, messire, reprit-elle, auriez-vous la courtoisie de m'expliquer

— Ce qu'ils vont dire ? interrompit Gringoire Eh bien, écoutez !

— Non, dit Gisquette, mais ce qu'ils ont dit jusqu'à présent

Gringoire fit un soubresaut, comme un homme dont on toucherait la plaie à vif

— Peste de la petite fille sotte et bouchée ! dit-il entre ses dents

A dater de ce moment-là, Gisquette fut perdue dans son esprit

Cependant, les acteurs avaient obéi à son injonction, et le public, voyant qu'ils se remettaient à parler, s'était remis à écouter, non sans avoir perdu force beautés, dans l'espèce de soudure qui se fit entre les deux parties de la pièce ainsi brusquement coupée Gringoire en faisait tout bas l'amère réflexion Pourtant la tranquillité s'était rétablie peu à peu, l'écolier se taisait, le mendiant comptait quelque monnaie dans son chapeau, et la pièce avait repris le dessus

C'était en réalité un fort bel ouvrage, et dont il nous semble qu'on pourrait encore fort bien tirer parti aujourd'hui, moyennant quelques arrangements L'exposition, un peu longue et un peu vide, c'est-à-dire dans les règles, était simple, et Gringoire, dans le candide sanctuaire de son for intérieur, en admirait la clarté Comme on s'en doute bien, les quatre personnages allégoriques étaient un peu fatigués d'avoir parcouru les trois parties du monde sans trouver à se défaire convenablement de leur dauphin d'or Là-dessus, éloge du poisson merveilleux, avec mille allusions délicates au jeune fiancé de Marguerite de Flandre, alors fort tristement reclus à Amboise, et ne se doutant guère que Labour et Clergé, Noblesse et Marchandise venaient de faire le tour du monde pour lui. Le susdit dauphin donc était jeune, était beau, était fort, et surtout (magnifique origine de toutes les ver- tus royales!) il était fils du lion de France. Je déclare que cette métaphore hardie est admirable, et que l'histoire naturelle du théâtre, un jour d'allégorie et d'épithalame royal, ne s'effarouche aucunement d'un dauphin fils d'un lion. Ce sont justement ces rares et pindariques mélanges qui prouvent l'en- thousiasme. Néanmoins, pour faire aussi la part de la critique, le poëte aurait pu développer cette belle idée en moins de deux cents vers. Il est vrai que le mystère devait durer depuis midi jusqu'à quatre heures, d'après l'ordonnance de monsieur le prévôt, et qu'il faut bien dire quelque chose. D'ailleurs, on écoutait patiemment.

Tout à coup, au beau milieu d'une querelle entre mademoiselle Mar- chandise et madame Noblesse, au moment où maître Labour prononçait ce vers mirifique :

Onc ne vis dans les bois bête plus triomphante;

la porte de l'estrade réservée, qui était jusque-là restée si mal à propos fermée, s'ouvrit plus mal à propos encore; et la voix retentissante de l'huis- sier annonça brusquement : *Son éminence monseigneur le cardinal de Bourbon.*

III

MONSIEUR LE CARDINAL

Pauvre Gringoire ! le fracas de tous les gros doubles pétards de la Saint-Jean, la décharge de vingt arquebuses à croc, la détonation de cette fameuse serpentine de la Tour de Billy, qui, lors du siège de Paris, le dimanche 29 septembre 1465, tua sept bourguignons d'un coup, l'explosion de toute la poudre à canon emmagasinée à la Porte du Temple, lui eût moins rudement déchiré les oreilles, en ce moment solennel et dramatique, que ce peu de paroles tombées de la bouche d'un huissier *Son éminence monseigneur le cardinal de Bourbon*

Ce n'est pas que Pierre Gringoire craignît monsieur le cardinal ou le dédaignât Il n'avait ni cette faiblesse ni cette outrecuidance Véritable éclectique, comme on dirait aujourd'hui, Gringoire était de ces esprits élevés et fermes, modérés et calmes, qui savent toujours se tenir au milieu de tout *flare in dimidio rerum,* et qui sont pleins de raison et de libérale philosophie, tout en faisant état des cardinaux Race précieuse et jamais interrompue de philosophes auxquels la sagesse, comme une autre Ariane, semble avoir donné une pelote de fil qu'ils s'en vont dévidant depuis le commencement du monde à travers le labyrinthe des choses humaines On les retrouve dans tous les temps, toujours les mêmes, c'est-à-dire toujours selon tous les temps Et sans compter notre Pierre Gringoire, qui les représenterait au quinzième siècle si nous parvenions à lui rendre l'illustration qu'il mérite, certainement c'est leur esprit qui animait le père Du Breul lorsqu'il écrivait dans le seizième ces paroles naïvement sublimes, dignes de tous les siècles   « Ie suis parisien de nation et parrhisian de parler, puisque *parrhisia* en grec signifie liberté de parler de laquelle i'ai vsé mesme enuers messeigneurs les cardinaux, oncle et frère de monseigneur le prince de Conty toutes fois auec respect de leur grandeur, et sans offenser personne de leur suitte, qui est beaucoup »

Il n'y avait donc ni haine du cardinal, ni dédain de sa présence, dans l'impression désagréable qu'elle fit à Pierre Gringoire Bien au contraire, notre poète avait trop de bon sens et une souquenille trop râpée pour ne pas attacher un prix particulier à ce que mainte allusion de son prologue, et en particulier la glorification du dauphin fils du lion de France, fût recueillie par une oreille éminentissime Mais ce n'est pas l'intérêt qui domine dans la noble nature des poètes Je suppose que l'entité du poète soit représentée

par le nombre dix, il est certain qu'un chimiste, en l'analysant et pharmaco-
polisant, comme dit Rabelais, la trouverait composée d'une partie d'intérêt
contre neuf parties d'amour-propre Or, au moment où la porte s'était
ouverte pour le cardinal, les neuf parties d'amour-propre de Gringoire,
gonflées et tuméfiées au souffle de l'admiration populaire, étaient dans un
état d'accroissement prodigieux, sous lequel disparaissait comme étouffée
cette imperceptible molécule d'intérêt que nous distinguions tout à l heure
dans la constitution des poetes, ingrédient précieux du reste, lest de réalité
et d'humanité sans lequel ils ne toucheraient pas la terre Gringoire jouissait
de sentir, de voir, de palper pour ainsi dire une assemblée entière, de marauds
il est vrai, mais qu'importe, stupéfiée, pétrifiée, et comme asphyxiée devant
les incommensurables tirades qui surgissaient à chaque instant de toutes les
parties de son épithalame J'affirme qu'il partageait lui-même la béatitude
générale, et qu'au rebours de La Fontaine, qui, à la représentation de sa
comédie du *Florentin*, demandait *Quel est le malotru qui a fait cette rapsodie?*
Gringoire eût volontiers demandé à son voisin *De qui est ce chef-d'œuvre?* On
peut juger maintenant quel effet produisit sur lui la brusque et intempestive
survenue du cardinal

Ce qu'il pouvait craindre ne se réalisa que trop L'entrée de son éminence
bouleversa l'auditoire Toutes les têtes se tournèrent vers l'estrade Ce fut à
ne plus s'entendre — Le cardinal ! le cardinal ! répétèrent toutes les bouches
Le malheureux prologue resta court une seconde fois

Le cardinal s'arrêta un moment sur le seuil de l'estrade Tandis qu'il promenait un regard assez indifférent sur l'auditoire, le tumulte redoublait
Chacun voulait le mieux voir C'était à qui mettrait sa tête sur les épaules
de son voisin

C'était en effet un haut personnage et dont le spectacle valait bien toute
autre comédie Charles, cardinal de Bourbon, archevêque et comte de Lyon,
primat des Gaules, était à la fois allié à Louis XI par son frère, Pierre, seigneur de Beaujeu, qui avait épousé la fille aînée du roi, et allié à Charles
le Téméraire par sa mère Agnès de Bourgogne Or le trait dominant, le trait
caractéristique et distinctif du caractère du primat des Gaules, c'était l'esprit
de courtisan et la dévotion aux puissances On peut juger des embarras sans
nombre que lui avait valus cette double parenté, et de tous les écueils temporels entre lesquels sa barque spirituelle avait dû louvoyer, pour ne se briser
ni à Louis, ni à Charles, cette Charybde et cette Scylla qui avaient dévoré
le duc de Nemours et le connétable de Saint-Pol Grâce au ciel, il s'était
assez bien tiré de la traversée, et était arrivé à Rome sans encombre Mais,
quoiqu'il fût au port, et précisément parce qu'il était au port, il ne se rappelait jamais sans inquiétude les chances diverses de sa vie politique, si long-

temps alarmée et laborieuse Aussi avait-il coutume de dire que l'année 1476 avait été pour lui *noire et blanche,* entendant par là qu'il avait perdu dans cette même année sa mère la duchesse de Bourbonnais et son cousin le duc de Bourgogne, et qu'un deuil l'avait consolé de l'autre

Du reste, c'était un bon homme Il menait joyeuse vie de cardinal, s'égayait volontiers avec du cru royal de Challuau [1], ne haïssait pas Richarde la Garmoise et Thomasse la Saillarde, faisait l'aumône aux jolies filles plutôt qu'aux vieilles femmes, et pour toutes ces raisons était fort agréable au *populaire* de Paris Il ne marchait qu'entouré d'une petite cour d'évêques et d'abbés de hautes lignées, galants, grivois et faisant ripaille au besoin, et plus d'une fois les braves dévotes de Saint-Germain d'Auxerre, en passant le soir sous les fenêtres illuminées du logis de Bourbon, avaient été scandalisées d'entendre les mêmes voix qui leur avaient chanté vêpres dans la journée, psalmodier au bruit des verres le proverbe bachique de Benoît XII, ce pape qui avait ajouté une troisième couronne à la tiare — *Bibamus papaliter*

Ce fut sans doute cette popularité, acquise à si juste titre, qui le préserva, à son entrée, de tout mauvais accueil de la part de la cohue, si mécontente le moment d'auparavant, et fort peu disposée au respect d'un cardinal le jour même où elle allait élire un pape Mais les parisiens ont peu de rancune, et puis, en faisant commencer la représentation d'autorité, les bons bourgeois l'avaient emporté sur le cardinal, et ce triomphe leur suffisait D'ailleurs monsieur le cardinal de Bourbon était bel homme, il avait une fort belle robe rouge qu'il portait fort bien, c'est dire qu'il avait pour lui toutes les femmes, et par conséquent la meilleure moitié de l'auditoire Certainement il y aurait injustice et mauvais goût à huer un cardinal pour s'être fait attendre au spectacle, lorsqu'il est bel homme et qu'il porte bien sa robe rouge

Il entra donc, salua l'assistance avec ce sourire héréditaire des grands pour le peuple, et se dirigea à pas lents vers son fauteuil de velours écarlate, en ayant l'air de songer à toute autre chose Son cortège, ce que nous appellerions aujourd'hui son état-major d'évêques et d'abbés, fit irruption à sa suite dans l'estrade, non sans redoublement de tumulte et de curiosité au parterre C'était à qui se les montrerait, se les nommerait, à qui en connaîtrait au moins un, qui, monsieur l'évêque de Marseille, Alaudet, si j'ai bonne mémoire, qui, le primicier de Saint-Denis, qui, Robert de Lespinasse, abbé de Saint-Germain-des-Prés, ce frère libertin d'une maîtresse de Louis XI le tout avec force méprises et cacophonies Quant aux écoliers, ils juraient C'était leur jour, leur fête des fous, leur saturnale, l'orgie annuelle de la

---

[1] Chaillot

basoche et de l'école Pas de turpitude qui ne fût de droit ce jour-là et chose sacrée Et puis il y avait de folles commères dans la foule, Simone Quatre-livres, Agnès la Gadine, Robine Piédebou N'était-ce pas le moins qu'on pût jurer à son aise et maugréer un peu le nom de Dieu, un si beau jour, en si bonne compagnie de gens d'église et de filles de joie? Aussi ne s'en faisaient-ils faute, et, au milieu du brouhaha, c'était un effrayant charivari de blasphèmes et d'énormités que celui de toutes ces langues échappées, langues de clercs et d'écoliers contenues le reste de l'année par la crainte du fer chaud de saint Louis Pauvre saint Louis, quelle nargue ils lui faisaient dans son propre palais de justice! Chacun d'eux, dans les nouveaux venus de l'estrade, avait pris à partie une soutane noire, ou grise, ou blanche, ou violette Quant à Joannes Frollo de Molendino, en sa qualité de frère d'un archidiacre, c'était à la rouge qu'il s'était hardiment attaqué, et il chantait à tue-tête, en fixant ses yeux effrontés sur le cardinal *Cappa repleta mero!*

Tous ces détails, que nous mettons ici à nu pour l'édification du lecteur, étaient tellement couverts par la rumeur générale qu'ils s'y effaçaient avant d'arriver jusqu'à l'estrade réservée D'ailleurs le cardinal s'en fût peu ému, tant les libertés de ce jour-là étaient dans les mœurs Il avait du reste, et sa mine en était toute préoccupée, un autre souci qui le suivait de près et qui entra presque en même temps que lui dans l'estrade C'était l'ambassade de Flandre

Non qu'il fût profond politique, et qu'il se fît une affaire des suites pos-sibles du mariage de madame sa cousine Marguerite de Bourgogne avec monsieur son cousin Charles, dauphin de Vienne, combien durerait la bonne intelligence plâtrée du duc d'Autriche et du roi de France, comment le roi d'Angleterre prendrait ce dédain de sa fille, cela l'inquiétait peu, et il fêtait chaque soir le vin du cru royal de Chaillot, sans se douter que quelques flacons de ce même vin (un peu revu et corrigé, il est vrai, par le médecin Coictier), cordialement offerts à Édouard IV par Louis XI, débarrasseraient un beau matin Louis XI d'Édouard IV *La moult honorée ambassade de monsieur le duc d'Autriche* n'apportait au cardinal aucun de ces soucis, mais elle l'im-portunait par un autre côté Il était en effet un peu dur, et nous en avons déjà dit un mot à la deuxième page de ce livre, d'être obligé de faire fête et bon accueil, lui Charles de Bourbon, à je ne sais quels bourgeois, lui car-dinal, à des échevins, lui français, joyeux convive, à des flamands buveurs de bière, et cela en public C'était là, certes, une des plus fastidieuses gri-maces qu'il eût jamais faites pour le bon plaisir du roi

Il se tourna donc vers la porte, et de la meilleure grâce du monde (tant il s'y étudiait), quand l'huissier annonça d'une voix sonore *Messieurs les envoyés de monsieur le duc d'Autriche* Il est inutile de dire que la salle entière en fit autant

Alors arrivèrent, deux par deux, avec une gravité qui faisait contraste au
milieu du pétulant cortège ecclésiastique de Charles de Bourbon, les quarante-huit ambassadeurs de Maximilien d'Autriche, ayant en tête révérend
père en Dieu, Jehan, abbé de Saint-Bertin, chancelier de la Toison d'or, et
Jacques de Goy, sieur Dauby, haut bailli de Gand. Il se fit dans l'assemblée
un grand silence accompagné de rires étouffés pour écouter tous les noms
saugrenus et toutes les qualifications bourgeoises que chacun de ces personnages transmettait imperturbablement à l'huissier, qui jetait ensuite noms et
qualités pêle-mêle et tout estropiés à travers la foule. C'était maître Loys
Roelof, échevin de la ville de Louvain, messire Clays d'Etuelde, échevin de
Bruxelles, messire Paul de Baeust, sieur de Voirmizelle, président de Flandre,
maître Jehan Coleghens, bourgmestre de la ville d'Anvers, maître George
de la Moere, premier échevin de la kuere de la ville de Gand, maître Ghel-
dolf van der Hage, premier échevin des parchons de ladite ville, et le sieur
de Bierbecque, et Jehan Pinnock, et Jehan Dymaerzelle, etc., etc., etc.,
baillis, échevins, bourgmestres, bourgmestres, échevins, baillis, tous roides,
gourmés, empesés, endimanchés de velours et de damas, encapuchonnés de
cramignoles de velours noir à grosses houppes de fil d'or de Chypre, bonnes
têtes flamandes après tout, figures dignes et sévères, de la famille de celles
que Rembrandt fait saillir si fortes et si graves sur le fond noir de sa *Ronde de
nuit*, personnages qui portaient tous écrit sur le front que Maximilien d'Autriche avait eu raison de se *confier à plain*, comme disait son manifeste, *en leur
sens, vaillance, expérience, loyaultez & bonnes preudommes.*

Un excepté pourtant. C'était un visage fin, intelligent, rusé, une espèce
de museau de singe et de diplomate, au-devant duquel le cardinal fit trois
pas et une profonde révérence, et qui ne s'appelait pourtant que *Guillaume
Rym, conseiller & pensionnaire de la ville de Gand.*

Peu de personnes savaient alors ce que c'était que Guillaume Rym. Rare
génie qui dans un temps de révolution eût paru avec éclat à la surface des
événements, mais qui au quinzième siècle était réduit aux caverneuses
intrigues et à *vivre dans les sapes*, comme dit le duc de Saint-Simon. Du reste,
il était apprécié du premier *sapeur* de l'Europe, il machinait familièrement
avec Louis XI, et mettait souvent la main aux secrètes besognes du roi.
Toutes choses fort ignorées de cette foule qu'émerveillaient les politesses du
cardinal à cette chétive figure de bailli flamand.

IV

MAÎTRE JACQUES COPPENOLE

Pendant que le pensionnaire de Gand et l'éminence échangeaient une révérence fort basse et quelques paroles à voix plus basse encore, un homme à haute stature, à large face, à puissantes épaules, se présentait pour entrer de front avec Guillaume Rym on eût dit un dogue auprès d'un renard Son bicoquet de feutre et sa veste de cuir faisaient tache au milieu du velours et de la soie qui l'entouraient Présumant que c'était quelque palefrenier fourvoyé, l'huissier l'arrêta

— Hé, l'ami ! on ne passe pas

L'homme à veste de cuir le repoussa de l'épaule

— Que me veut ce drôle ? dit-il avec un éclat de voix qui rendit la salle entière attentive à cet étrange colloque Tu ne vois pas que j'en suis ?

— Votre nom ? demanda l'huissier.

— Jacques Coppenole

— Vos qualités ?

— Chaussetier, à l'enseigne des *Trois Chaînettes*, à Gand

L'huissier recula Annoncer des échevins et des bourgmestres, passe, mais un chaussetier, c'était dur Le cardinal était sur les épines Tout le peuple écoutait et regardait Voilà deux jours que son éminence s'évertuait à lécher ces ours flamands pour les rendre un peu plus présentables en public, et l'incartade était rude Cependant Guillaume Rym, avec son fin sourire, s'approcha de l'huissier

— Annoncez maître Jacques Coppenole, clerc des échevins de la ville de Gand, lui souffla-t-il très bas

— Huissier, reprit le cardinal à haute voix, annoncez maître Jacques Coppenole, clerc des échevins de l'illustre ville de Gand

Ce fut une faute Guillaume Rym tout seul eût escamoté la difficulté, mais Coppenole avait entendu le cardinal

— Non, croix-Dieu ! s'écria-t-il avec sa voix de tonnerre Jacques Coppenole, chaussetier Entends-tu, l'huissier ? Rien de plus, rien de moins Croix-Dieu ! chaussetier, c'est assez beau Monsieur l'archiduc a plus d'une fois cherché son gant dans mes chausses

Les rires et les applaudissements éclatèrent Un quolibet est tout de suite compris à Paris, et par conséquent toujours applaudi

Ajoutons que Coppenole était du peuple, et que ce public qui l'entourait était du peuple Aussi la communication entre eux et lui avait été prompte, électrique, et pour ainsi dire de plain-pied L'altière algarade du chaussetier flamand, en humiliant les gens de cour, avait remué dans toutes les âmes plébéiennes je ne sais quel sentiment de dignité encore vague et indistinct au quinzième siècle C'était un égal que ce chaussetier, qui venait de tenir tête à monsieur le cardinal ! réflexion bien douce à de pauvres diables qui étaient habitués à respect et obéissance envers les valets des sergents du bailli de l'abbé de Sainte-Geneviève, caudataire du cardinal

Coppenole salua fièrement son éminence, qui rendit son salut au tout-puissant bourgeois redouté de Louis XI Puis, tandis que Guillaume Rym, *sage homme & milicieux,* comme dit Philippe de Comines, les suivait tous deux d'un sourire de raillerie et de supériorité, ils gagnèrent chacun leur place, le cardinal tout décontenancé et soucieux, Coppenole tranquille et hautain, et songeant sans doute qu'après tout son titre de chaussetier en valait bien un autre, et que Marie de Bourgogne, mère de cette Margue-rite que Coppenole mariait aujourd'hui, l'eût moins redouté cardinal que chaussetier car ce n'est pas un cardinal qui eût ameuté les Gantois contre les favoris de la fille de Charles le Téméraire, ce n'est pas un cardinal qui eût fortifié la foule avec une parole contre ses larmes et ses prières, quand la demoiselle de Flandre vint supplier son peuple pour eux jusqu'au pied de leur échafaud, tandis que le chaussetier n'avait eu qu'à lever son coude de cuir pour faire tomber vos deux têtes, illustrissimes seigneurs, Guy d'Hym-bercourt, chancelier Guillaume Hugonet !

Cependant tout n'était pas fini pour ce pauvre cardinal, et il devait boire jusqu'à la lie le calice d'être en si mauvaise compagnie

Le lecteur n'a peut-être pas oublié l'effronté mendiant qui était venu se cramponner, dès le commencement du prologue, aux franges de l'estrade cardinale L'arrivée des illustres conviés ne lui avait nullement fait lâcher prise, et tandis que prélats et ambassadeurs s'encaquaient, en vrais harengs flamands, dans les stalles de la tribune, lui s'était mis à l'aise, et avait brave-ment croisé ses jambes sur l'architrave L'insolence était rare, et personne ne s'en était aperçu au premier moment, l'attention étant tournée ailleurs Lui, de son côté, ne s'apercevait de rien dans la salle, il balançait sa tête avec une insouciance de napolitain, répétant de temps en temps dans la rumeur, comme par une machinale habitude « La charité, s'il vous plaît ! » Et certes il était, dans toute l'assistance, le seul probablement qui n'eût pas daigné tourner la tête à l'altercation de Coppenole et de l'huissier Or, le hasard voulut que le maître chaussetier de Gand, avec qui le peuple sym-pathisait déjà si vivement et sur qui tous les yeux étaient fixés, vînt préci-sément s'asseoir au premier rang de l'estrade au-dessus du mendiant, et l'on ne fut pas médiocrement étonné de voir l'ambassadeur flamand, inspection faite du drôle placé sous ses yeux, frapper amicalement sur cette épaule couverte de haillons Le mendiant se retourna, il y eut surprise, reconnaissance, épanouissement des deux visages, etc , puis, sans se soucier le moins du monde des spectateurs, le chaussetier et le malingreux se mirent à causer à voix basse, en se tenant les mains dans les mains, tandis que les guenilles de Clopin Trouillefou étalées sur le drap d'or de l'estrade faisaient l'effet d'une chenille sur une orange

La nouveauté de cette scène singulière excita une telle rumeur de folie et de gaieté dans la salle que le cardinal ne tarda pas à s'en apercevoir, il se pencha à demi, et ne pouvant, du point où il était placé, qu'entrevoir fort imparfaitement la casaque ignominieuse de Trouillefou, il se figura assez naturellement que le mendiant demandait l'aumône, et, révolté de l'audace, il s'écria   — Monsieur le bailli du Palais, jetez-moi ce drôle à la rivière

— Croix-Dieu! monseigneur le cardinal, dit Coppenole sans quitter la main de Clopin, c'est un de mes amis

— Noel! Noel! cria la cohue A dater de ce moment, maître Coppenole eut à Paris, comme à Gand, *grand crédit avec le peuple, car gens de telle taille ly ont,* dit Philippe de Comines, *quand ils sont ainsi désordonnés*

Le cardinal se mordit les lèvres Il se pencha vers son voisin l'abbé de Sainte-Geneviève, et lui dit à demi-voix

— Plaisants ambassadeurs que nous envoie là monsieur l'archiduc pour nous annoncer madame Marguerite!

— Votre éminence, répondit l'abbé, perd ses politesses avec ces groins flamands *Margaritas ante porcos*

— Dites plutôt, répondit le cardinal avec un sourire *Porcos ante Margaritam*

Toute la petite cour en soutane s'extasia sur le jeu de mots Le cardinal se sentit un peu soulagé, il était quitte avec Coppenole, il avait eu aussi son quolibet applaudi

Maintenant, que ceux de nos lecteurs qui ont la puissance de généraliser une image et une idée, comme on dit dans le style d'aujourd'hui, nous permettent de leur demander s'ils se figurent bien nettement le spectacle qu'offrait, au moment où nous arrêtons leur attention, le vaste parallélogramme de la grand'salle du Palais Au milieu de la salle, adossée au mur occidental, une large et magnifique estrade de brocart d'or, dans laquelle entrent processionnellement, par une petite porte ogive, de graves personnages successivement annoncés par la voix criarde d'un huissier Sur les premiers bancs, déjà force vénérables figures, embéguinées d'hermine, de

velours et d'écarlate Autour de l'estrade, qui demeure silencieuse et digne,
en bas, en face, partout, grande foule et grande rumeur Mille regards du
peuple sur chaque visage de l'estrade, mille chuchotements sur chaque
nom Certes, le spectacle est curieux et mérite bien l'attention des spectateurs Mais là-bas, tout au bout, qu'est-ce donc que cette espèce de tréteau
avec quatre pantins bariolés dessus et quatre autres en bas ? Qu'est-ce donc,
à côté du tréteau, que cet homme à souquenille noire et à pâle figure ?
Hélas ! mon cher lecteur, c'est Pierre Gringoire et son prologue

Nous l'avions tous profondément oublié

Voilà précisément ce qu'il craignait

Du moment où le cardinal était entré, Gringoire n'avait cessé de s'agiter
pour le salut de son prologue Il avait d'abord enjoint aux acteurs, restés
en suspens, de continuer et de hausser la voix, puis, voyant que personne
n'écoutait, il les avait arrêtés, et depuis près d'un quart d'heure que l'interruption durait, il n'avait cessé de frapper du pied, de se démener, d'interpeller Gisquette et Liénarde, d'encourager ses voisins à la poursuite du
prologue, le tout en vain Nul ne bougeait du cardinal, de l'ambassade et
de l'estrade, unique centre de ce vaste cercle de rayons visuels Il faut croire
aussi, et nous le disons à regret, que le prologue commençait à gêner
légèrement l'auditoire, au moment où son éminence était venue y faire
diversion d'une si terrible façon Après tout, à l'estrade comme à la table
de marbre, c'était toujours le même spectacle le conflit de Labour et de
Clergé, de Noblesse et de Marchandise Et beaucoup de gens aimaient
mieux les voir tout bonnement, vivant, respirant, agissant, se coudoyant,
en chair et en os, dans cette ambassade flamande, dans cette cour épisco-
pale, sous la robe du cardinal, sous la veste de Coppenole, que fardés,
attifés, parlant en vers, et pour ainsi dire empaillés sous les tuniques jaunes
et blanches dont les avait affublés Gringoire

Pourtant quand notre poète vit le calme un peu rétabli, il imagina un
stratagème qui eût tout sauvé

— Monsieur, dit-il en se tournant vers un de ses voisins, brave et gros
homme à figure patiente, si l'on recommençait ?

— Quoi ? dit le voisin

— Hé ! le mystère, dit Gringoire

— Comme il vous plaira, repartit le voisin

Cette demi-approbation suffit à Gringoire, et faisant ses affaires lui-
même, il commença à crier, en se confondant le plus possible avec la foule
Recommencez le mystère ! recommencez !

— Diable ! dit Joannes de Molendino, qu'est-ce qu'ils chantent donc
là-bas, au bout ? (Car Gringoire faisait du bruit comme quatre) Dites donc,

camarades! est-ce que le mystère n'est pas fini? Ils veulent le recommencer
Ce n'est pas juste

— Non! non! crièrent tous les écoliers A bas le mystère! à bas!

Mais Gringoire se multipliait et n'en criait que plus fort Recommencez!
recommencez!

Ces clameurs attirèrent l'attention du cardinal

— Monsieur le bailli du Palais, dit-il à un grand homme noir placé à
quelques pas de lui, est-ce que ces drôles sont dans un bénitier, qu'ils font
ce bruit d'enfer?

Le bailli du Palais était une espèce de magistrat amphibie, une sorte de
chauve-souris de l'ordre judiciaire, tenant à la fois du rat et de l'oiseau,
du juge et du soldat

Il s'approcha de son éminence, et, non sans redouter fort son mécontentement, il lui expliqua en balbutiant l'incongruité populaire que midi
était arrivé avant son éminence, et que les comédiens avaient été forcés
de commencer sans attendre son éminence

Le cardinal éclata de rire

— Sur ma foi, monsieur le recteur de l'Université aurait bien dû en
faire autant Qu'en dites-vous, maître Guillaume Rym?

— Monseigneur, répondit Guillaume Rym, contentons-nous d'avoir
échappé à la moitié de la comédie C'est toujours cela de gagné

— Ces coquins peuvent-ils continuer leur farce? demanda le bailli

— Continuez, continuez, dit le cardinal, cela m'est égal Pendant ce
temps-là, je vais lire mon bréviaire

Le bailli s'avança au bord de l'estrade, et cria, après avoir fait faire silence
d'un geste de la main

— Bourgeois, manants et habitants, pour satisfaire ceux qui veulent
qu'on recommence et ceux qui veulent qu'on finisse, son éminence ordonne
que l'on continue

Il fallut bien se résigner des deux parts Cependant l'auteur et le public
en gardèrent longtemps rancune au cardinal

Les personnages en scène reprirent donc leur glose, et Gringoire espéra
que du moins le reste de son œuvre serait écouté Cette espérance ne tarda
pas à être déçue comme ses autres illusions, le silence s'était bien en effet
rétabli tellement quellement dans l'auditoire, mais Gringoire n'avait pas
remarqué que, au moment où le cardinal avait donné l'ordre de continuer,
l'estrade était loin d'être remplie, et qu'après les envoyés flamands étaient
survenus de nouveaux personnages faisant partie du cortège, dont les noms
et qualités, lancés tout au travers de son dialogue par le cri intermittent de
l'huissier, y produisaient un ravage considérable Qu'on se figure en effet,

au milieu d'une pièce de théâtre, le glapissement d'un huissier jetant, entre deux rimes et souvent entre deux hémistiches, des parenthèses comme celles-ci

Maître Jacques Charmolue, procureur du roi en cour d'église!

Jehan de Harlay, écuyer, garde de l'office de chevalier du guet de nuit de la ville de Paris!

Messire Galiot de Genoilhac, chevalier seigneur de Brussac, maître de l'artillerie du roi!

Maître Dreux-Raguier, enquesteur des eaux et forêts du roi notre sire, ès pays de France, Champagne et Brie!

Messire Louis de Graville, chevalier, conseiller et chambellan du roi, amiral de France, concierge du bois de Vincennes!

Maître Denis Le Mercier, garde de la maison des aveugles de Paris! — Etc, etc, etc

Cela devenait insoutenable

Cet étrange accompagnement, qui rendait la pièce difficile à suivre, indignait d'autant plus Gringoire qu'il ne pouvait se dissimuler que l'intérêt allait toujours croissant et qu'il ne manquait à son ouvrage que d'être écouté Il était en effet difficile d'imaginer une contexture plus ingénieuse et plus dramatique Les quatre personnages du prologue se lamentaient dans leur mortel embarras, lorsque Vénus en personne, *vera inceſſu patuit dea,* s'était présentée à eux, vêtue d'une belle cotte-hardie armoriée au navire de la ville de Paris Elle venait elle-même réclamer le dauphin promis à la plus belle Jupiter, dont on entendait la foudre gronder dans le vestiaire, l'appuyait, et la déesse allait l'emporter, c'est-à-dire, sans figure, épouser monsieur le dauphin, lorsqu'une jeune enfant, vêtue de damas blanc et tenant en main une marguerite (diaphane personnification de mademoiselle de Flandre), était venue lutter avec Vénus Coup de théâtre et péripétie Après controverse, Vénus, Marguerite et la cantonade étaient convenues de s'en remettre au bon jugement de la sainte Vierge Il y avait encore un beau rôle, celui de dom Pèdre, roi de Mésopotamie Mais, à travers tant d'interruptions, il était difficile de démêler à quoi il servait Tout cela était monté par l'échelle

Mais c'en était fait Aucune de ces beautés n'était sentie, ni comprise A l'entrée du cardinal on eût dit qu'un fil invisible et magique avait subitement tiré tous les regards de la table de marbre à l'estrade, de l'extrémité méridionale de la salle au côté occidental Rien ne pouvait désensorceler l'auditoire Tous les yeux restaient fixés là, et les nouveaux arrivants, et leurs noms maudits, et leurs visages, et leurs costumes étaient une diversion continuelle C'était désolant Excepté Gisquette et Liénarde, qui se détournaient de temps en temps quand Gringoire les tirait par la manche, excepté le gros voisin patient, personne n'écoutait, personne ne regardait en face la pauvre moralité abandonnée Gringoire ne voyait plus que des profils

Avec quelle amertume il voyait s'écrouler pièce à pièce tout son échafaudage de gloire et de poésie! Et songer que ce peuple avait été sur le point de se rebeller contre monsieur le bailli, par impatience d'entendre son ouvrage! maintenant qu'on l'avait, on ne s'en souciait Cette même représentation qui avait commencé dans une si unanime acclamation! Éternel flux et reflux de la faveur populaire! Penser qu'on avait failli pendre les sergents du bailli! Que n'eût-il pas donné pour en être encore à cette heure de miel!

Le brutal monologue de l'huissier cessa pourtant Tout le monde était arrivé, et Gringoire respira Les acteurs continuaient bravement Mais ne voilà-t-il pas que maître Coppenole, le chaussetier, se lève tout à coup, et que Gringoire lui entend prononcer, au milieu de l'attention universelle, cette abominable harangue

— Messieurs les bourgeois et hobereaux de Paris, je ne sais, croix-Dieu! pas ce que nous faisons ici Je vois bien là-bas dans ce coin, sur ce tréteau, des gens qui ont l'air de vouloir se battre J'ignore si c'est là ce que vous appelez un *mystère*, mais ce n'est pas amusant Ils se querellent de la langue, et rien de plus Voilà un quart d'heure que j'attends le premier coup Rien ne vient Ce sont des lâches, qui ne s'égratignent qu'avec des injures Il fallait faire venir des lutteurs de Londres ou de Rotterdam, et, à la bonne heure! vous auriez eu des coups de poing qu'on aurait entendus de la place Mais ceux-là font pitié Ils devraient nous donner au moins une danse morisque, ou quelque autre momerie! Ce n'est pas là ce qu'on m'avait dit On m'avait promis une fête des fous, avec élection du pape Nous avons aussi notre pape des fous à Gand, et en cela nous ne sommes pas en arrière, croix-Dieu! Mais voici comme nous faisons On se rassemble une cohue, comme ici Puis chacun à son tour va passer sa tête par un trou et fait une grimace aux autres Celui qui fait la plus laide, à l'acclamation de tous, est élu pape Voilà C'est fort divertissant Voulez-vous que nous fassions votre pape à la mode de mon pays? Ce sera toujours moins fastidieux que d'écouter ces bavards S'ils veulent venir faire leur grimace à la lucarne, ils seront du jeu Qu'en dites-vous, messieurs les bourgeois? Il y a ici un suffisamment grotesque échantillon des deux sexes pour qu'on rie à la flamande, et nous sommes assez de laids visages pour espérer une belle grimace

Gringoire eût voulu répondre La stupéfaction, la colère, l'indignation lui ôtèrent la parole D'ailleurs la motion du chaussetier populaire fut accueillie avec un tel enthousiasme par ces bourgeois flattés d'être appelés *hobereaux*, que toute résistance était inutile Il n'y avait plus qu'à se laisser aller au torrent Gringoire cacha son visage de ses deux mains, n ayant pas le bonheur d'avoir un manteau pour se voiler la tête comme l'Agamemnon de Timanthe

V

QUASIMODO.

En un clin d'œil tout fut prêt pour exécuter l'idée de Coppenole Bourgeois, écoliers et basochiens s'étaient mis à l'œuvre La petite chapelle située en face de la table de marbre fut choisie pour le théâtre des grimaces Une vitre brisée à la jolie rosace au-dessus de la porte laissa libre un cercle de pierre par lequel il fut convenu que les concurrents passeraient la tête Il suffisait, pour y atteindre, de grimper sur deux tonneaux, qu'on avait pris je ne sais où et juchés l'un sur l'autre tant bien que mal Il fut réglé que chaque candidat, homme ou femme (car on pouvait faire une papesse), pour laisser vierge et entière l'impression de sa grimace, se couvrirait le visage et se tiendrait caché dans la chapelle jusqu'au moment de faire apparition En moins d'un instant la chapelle fut remplie de concurrents, sur lesquels la porte se referma

Coppenole de sa place ordonnait tout, dirigeait tout, arrangeait tout Pendant le brouhaha, le cardinal, non moins décontenancé que Gringoire, s'était, sous un prétexte d'affaires et de vêpres, retiré avec toute sa suite, sans que cette foule, que son arrivée avait remuée si vivement, se fût le moindrement émue à son départ Guillaume Rym fut le seul qui remarqua la déroute de son éminence L'attention populaire, comme le soleil, poursuivait sa révolution, partie d'un bout de la salle, après s'être arrêtée quelque temps au milieu, elle était maintenant à l'autre bout La table de marbre, l'estrade de brocart avaient eu leur moment, c'était le tour de la chapelle de Louis XI Le champ était désormais libre à toute folie Il n'y avait plus que des flamands et de la canaille

Les grimaces commencèrent La première figure qui apparut à la lucarne, avec des paupières retournées au rouge, une bouche ouverte en gueule et un front plissé comme nos bottes à la hussarde de l'empire, fit éclater un rire tellement inextinguible qu'Homère eût pris tous ces manants pour des dieux Cependant la grand'salle n'était rien moins qu'un olympe, et le pauvre Jupiter de Gringoire le savait mieux que personne Une seconde, une troisième grimace succédèrent, puis une autre, puis une autre, et toujours les rires et les trépignements de joie redoublaient Il y avait dans ce spectacle je ne sais quel vertige particulier, je ne sais quelle puissance d'enivrement et de fascination dont il serait difficile de donner une idée au lecteur de nos jours et de nos salons Qu'on se figure une série de visages présentant successi-

vement toutes les formes géométriques, depuis le triangle jusqu'au trapèze,
depuis le cône jusqu'au polyèdre, toutes les expressions humaines, depuis la
colère jusqu'à la luxure, tous les âges, depuis les rides du nouveau-né jusqu'aux rides de la vieille moribonde, toutes les fantasmagories religieuses,
depuis Faune jusqu'à Belzébuth, tous les profils animaux, depuis la gueule
jusqu'au bec, depuis la hure jusqu'au museau Qu'on se représente tous les
mascarons du Pont-Neuf, ces cauchemars pétrifiés sous la main de Germain
Pilon, prenant vie et souffle, et venant tour à tour vous regarder en face
avec des yeux ardents, tous les masques du carnaval de Venise se succédant
à votre lorgnette, en un mot, un kaléidoscope humain

L'orgie devenait de plus en plus flamande Teniers n'en donnerait qu'une
bien imparfaite idée Qu'on se figure en bacchanale la bataille de Salvator
Rosa Il n'y avait plus ni écoliers, ni ambassadeurs, ni bourgeois, ni
hommes, ni femmes, plus de Clopin Trouillefou, de Gilles Lecornu, de
Marie Quatrelivres, de Robin Poussepain Tout s'effaçait dans la licence
commune La grand'salle n'était plus qu'une vaste fournaise d'effronterie
et de jovialité où chaque bouche était un cri, chaque œil un éclair, chaque
face une grimace, chaque individu une posture Le tout criait et hurlait Les
visages étranges qui venaient tour à tour grincer des dents à la rosace étaient
comme autant de brandons jetés dans le brasier Et de toute cette foule effer-
vescente s'échappait, comme la vapeur de la fournaise, une rumeur aigre,
aigue, acérée, sifflante comme les ailes d'un moucheron

— Hohée ! malédiction !
— Vois donc cette figure !
— Elle ne vaut rien
— A une autre !
— Guillemette Maugerepuis, regarde donc ce mufle de taureau, il ne lui
manque que des cornes Ce n'est pas ton mari
— Une autre !
— Ventre du pape ! qu'est-ce que cette grimace-là ?
— Hollahée ! c'est tricher On ne doit montrer que son visage
— Cette damnée Perrette Callebotte ! elle est capable de cela
— Noel ! Noel !
— J'étouffe !
— En voilà un dont les oreilles ne peuvent passer !
Etc , etc

Il faut rendre pourtant justice à notre ami Jehan Au milieu de ce sabbat,
on le distinguait encore au haut de son pilier, comme un mousse dans le
hunier Il se démenait avec une incroyable furie Sa bouche était toute
grande ouverte, et il s'en échappait un cri que l'on n'entendait pas, non

qu'il fût couvert par la clameur générale, si intense qu'elle fût, mais parce
qu'il atteignait sans doute la limite des sons aigus perceptibles, les douze mille
vibrations de Sauveur ou les huit mille de Biot

Quant à Gringoire, le premier mouvement d'abattement passé, il avait
repris contenance Il s'était roidi contre l'adversité — Continuez ! avait-il
dit pour la troisième fois à ses comédiens, machines parlantes Puis se promenant à grands pas devant la table de marbre, il lui prenait des fantaisies
d'aller apparaître à son tour à la lucarne de la chapelle, ne fût-ce que pour
avoir le plaisir de faire la grimace à ce peuple ingrat — Mais non, cela ne
serait pas digne de nous, pas de vengeance ! luttons jusqu'à la fin, se répétait-il Le pouvoir de la poésie est grand sur le peuple, je les ramènerai
Nous verrons qui l'emportera, des grimaces ou des belles-lettres

Hélas ! il était resté le seul spectateur de sa pièce

C'était bien pis que tout à l'heure Il ne voyait plus que des dos

Je me trompe Le gros homme patient, qu'il avait déjà consulté dans un
moment critique, était resté tourné vers le théâtre Quant à Gisquette et à
Liénarde, elles avaient déserté depuis longtemps

Gringoire fut touché au fond du cœur de la fidélité de son unique spectateur Il s'approcha de lui, et lui adressa la parole en lui secouant légèrement le bras, car le brave homme s'était appuyé à la balustrade et dormait
un peu

— Monsieur, dit Gringoire, je vous remercie

— Monsieur, répondit le gros homme avec un bâillement, de quoi ?

— Je vois ce qui vous ennuie, reprit le poète, c'est tout ce bruit qui vous
empêche d'entendre à votre aise Mais soyez tranquille votre nom passera
à la postérité Votre nom, s'il vous plaît ?

— Renault Château, garde du scel du Châtelet de Paris, pour vous
servir

— Monsieur, vous êtes ici le seul représentant des muses, dit Gringoire

— Vous êtes trop honnête, monsieur, répondit le garde du scel du
Châtelet

— Vous êtes le seul, reprit Gringoire, qui ayez convenablement écouté
la pièce Comment la trouvez-vous ?

— Hé ! hé ! répondit le gros magistrat à demi réveillé, assez gaillarde en
effet

Il fallut que Gringoire se contentât de cet éloge, car un tonnerre d'applaudissements, mêlé à une prodigieuse acclamation, vint couper court à
leur conversation Le pape des fous était élu

— Noël ! Noël ! Noël ! crut le peuple de toutes parts

C'était une merveilleuse grimace, en effet, que celle qui rayonnait en ce moment au trou de la rosace Après toutes les figures pentagones, hexagones et hétéroclites qui s'étaient succédé à cette lucarne sans réaliser cet idéal du grotesque qui s'était construit dans les imaginations exaltées par l'orgie, il ne fallait rien moins, pour enlever les suffrages, que la grimace sublime qui venait d'éblouir l'assemblée Maître Coppenole lui-même applaudit, et Clopin Trouillefou, qui avait concouru, et Dieu sait quelle intensité de laideur son visage pouvait atteindre, s'avoua vaincu Nous ferons de même Nous n'essaierons pas de donner au lecteur une idée de ce nez tétraèdre, de cette bouche en fer à cheval, de ce petit œil gauche obstrué d'un sourcil roux en broussailles tandis que l'œil droit disparaissait entièrement sous une énorme verrue, de ces dents désordonnées, ébréchées çà et là, comme les créneaux d'une forteresse, de cette lèvre calleuse sur laquelle une de ces dents empiétait comme la défense d'un éléphant, de ce menton fourchu, et surtout de la physionomie répandue sur tout cela, de ce mélange de malice, d'étonnement et de tristesse Qu'on rêve, si l'on peut, cet ensemble

L'acclamation fut unanime On se précipita vers la chapelle On en fit sortir en triomphe le bienheureux pape des fous Mais c'est alors que la surprise et l'admiration furent à leur comble La grimace était son visage

Ou plutôt toute sa personne était une grimace Une grosse tête hérissée de cheveux roux, entre les deux épaules une bosse énorme dont le contre-coup se faisait sentir par devant, un système de cuisses et de jambes si étrangement fourvoyées qu'elles ne pouvaient se toucher que par les genoux, et, vues de face, ressemblaient à deux croissants de faucilles qui se rejoignent par la poignée, de larges pieds, des mains monstrueuses, et, avec toute cette difformité, je ne sais quelle allure redoutable de vigueur, d'agilité et de courage, étrange exception à la règle éternelle qui veut que la force, comme la beauté, résulte de l'harmonie Tel était le pape que les fous venaient de se donner

On eût dit un géant brisé et mal ressoudé

Quand cette espèce de cyclope parut sur le seuil de la chapelle, immobile, trapu, et presque aussi large que haut, *carré par la base*, comme dit un grand homme, à son surtout mi-parti rouge et violet, semé de campanilles d'argent, et surtout à la perfection de sa laideur, la populace le reconnut sur-le-champ, et s'écria d'une voix

— C'est Quasimodo, le sonneur de cloches ! c'est Quasimodo, le bossu de Notre-Dame ! Quasimodo le borgne ! Quasimodo le bancal ! Noel ! Noel !

On voit que le pauvre diable avait des surnoms à choisir

— Gare les femmes grosses ! criaient les écoliers

— Ou qui ont envie de l'être, reprenait Joannes

Les femmes en effet se cachaient le visage

— Oh ! le vilain singe, disait l'une

— Aussi méchant que laid, reprenait une autre

— C'est le diable, ajoutait une troisième

— J'ai le malheur de demeurer auprès de Notre-Dame, toute la nuit je l'entends rôder dans la gouttière

— Avec les chats

— Il est toujours sur nos toits

— Il nous jette des sorts par les cheminées

— L'autre soir, il est venu me faire la grimace à ma lucarne Je croyais que c'était un homme J'ai eu une peur !

— Je suis sûre qu'il va au sabbat Une fois, il a laissé un balai sur mes plombs

— Oh ! la déplaisante face de bossu !

— Oh ! la vilaine âme !

— Buah !

Les hommes au contraire étaient ravis, et applaudissaient

Quasimodo, objet du tumulte, se tenait toujours sur la porte de la chapelle, debout, sombre et grave, se laissant admirer

Un écolier, Robin Poussepain, je crois, vint lui rire sous le nez, et trop près Quasimodo se contenta de le prendre par la ceinture, et de le jeter à dix pas à travers la foule Le tout sans dire un mot

Maître Coppenole, émerveillé, s'approcha de lui

— Croix-Dieu ! Saint-Père ! tu as bien la plus belle laideur que j'aie vue de ma vie Tu mériterais la papauté à Rome comme à Paris

En parlant ainsi, il lui mettait la main gaiement sur l'épaule Quasimodo ne bougea pas Coppenole poursuivit

— Tu es un drôle avec qui j'ai démangeaison de ripailler, dût-il m'en coûter un douzain neuf de douze tournois Que t'en semble ?

Quasimodo ne répondit pas

— Croix-Dieu ! dit le chaussetier, est-ce que tu es sourd ?

Il était sourd en effet

Cependant il commençait à s'impatienter des façons de Coppenole, et se tourna tout à coup vers lui avec un grincement de dents si formidable que le géant flamand recula, comme un bouledogue devant un chat

Alors il se fit autour de l'étrange personnage un cercle de terreur et de respect qui avait au moins quinze pas géométriques de rayon Une vieille femme expliqua à maître Coppenole que Quasimodo était sourd

— Sourd ! dit le chaussetier avec son gros rire flamand Croix-Dieu ! c'est un pape accompli

— Hé ! je le reconnais, s'écria Jehan, qui était enfin descendu de son chapiteau pour voir Quasimodo de plus près, c'est le sonneur de cloches de mon frère l'archidiacre — Bonjour, Quasimodo !

— Diable d'homme ! dit Robin Poussepain, encore tout contus de sa chute Il paraît c'est un bossu Il marche c'est un bancal Il vous regarde c'est un borgne Vous lui parlez c'est un sourd — Ah çà, que fait-il de sa langue, ce Polyphème ?

— Il parle quand il veut, dit la vieille Il est devenu sourd à sonner les cloches Il n'est pas muet

— Cela lui manque, observa Jehan

— Et il a un œil de trop, ajouta Robin Poussepain

— Non pas, dit judicieusement Jehan Un borgne est bien plus incomplet qu'un aveugle Il sait ce qui lui manque

Cependant tous les mendiants, tous les laquais, tous les coupe-bourses, réunis aux écoliers, avaient été chercher processionnellement, dans l'armoire de la basoche, la tiare de carton et la simarre dérisoire du pape des fous Quasimodo s'en laissa revêtir sans sourciller et avec une sorte de docilité orgueilleuse Puis on le fit asseoir sur un brancard bariolé Douze officiers de la confrérie des fous l'enlevèrent sur leurs épaules, et une espèce de joie amère et dédaigneuse vint s'épanouir sur la face morose du cyclope, quand il vit sous ses pieds difformes toutes ces têtes d'hommes beaux, droits et bien faits Puis la procession hurlante et déguenillée se mit en marche pour faire, selon l'usage, la tournée intérieure des galeries du Palais, avant la promenade des rues et des carrefours

VI

LA ESMERALDA

Nous sommes ravi d'avoir à apprendre à nos lecteurs que pendant toute cette scène Gringoire et sa pièce avaient tenu bon Ses acteurs, talonnés par lui, n'avaient pas discontinué de débiter sa comédie, et lui n'avait pas discontinué de l'écouter Il avait pris son parti du vacarme, et était déterminé à aller jusqu'au bout, ne désespérant pas d'un retour d'attention de la part du public Cette lueur d'espérance se ranima quand il vit Quasimodo, Coppenole et le cortège assourdissant du pape des fous sortir à grand bruit de la salle La foule se précipita avidement à leur suite — Bon, se dit-il, voilà tous les brouillons qui s'en vont — Malheureusement, tous les brouillons c'était le public En un clin d'œil la grand'salle fut vide.

A vrai dire, il restait encore quelques spectateurs, les uns épars, les autres groupés autour des piliers, femmes, vieillards ou enfants, en ayant assez du brouhaha et du tumulte Quelques écoliers étaient demeurés à cheval sur l'entablement des fenêtres et regardaient dans la place

— Eh bien, pensa Gringoire, en voilà encore autant qu'il en faut pour entendre la fin de mon mystère Ils sont peu, mais c'est un public d'élite, un public lettré

Au bout d'un instant, une symphonie qui devait produire le plus grand effet à l'arrivée de la sainte Vierge, manqua Gringoire s'aperçut que sa musique avait été emmenée par la procession du pape des fous — Passez outre, dit-il stoïquement

Il s'approcha d'un groupe de bourgeois qui lui fit l'effet de s'entretenir de sa pièce Voici le lambeau de conversation qu'il saisit

— Vous savez, maître Cheneteau, l'hôtel de Navarre, qui était à M de Nemours?

— Oui, vis-à-vis la chapelle de Braque

— Eh bien, le fisc vient de le louer à Guillaume Alixandre, historieur, pour six livres huit sols parisis par an

— Comme les loyers renchérissent!

— Allons! se dit Gringoire en soupirant, les autres écoutent

— Camarades, cria tout à coup un de ces jeunes drôles des croisées, la Esmeralda! la Esmeralda dans la place!

Ce mot produisit un effet magique Tout ce qui restait dans la salle se

précipita aux fenêtres, grimpant aux murailles pour voir, et répétant *la
Esmeralda ! la Esmeralda !*

En même temps on entendait au dehors un grand bruit d'applaudissements

— Qu'est-ce que cela veut dire, la Esmeralda ? dit Gringoire en joignant
les mains avec désolation Ah ! mon Dieu ! il paraît que c'est le tour des
fenêtres maintenant

Il se retourna vers la table de marbre, et vit que la représentation était
interrompue C'était précisément l'instant où Jupiter devait paraître avec sa
foudre Or Jupiter se tenait immobile au bas du théâtre

— Michel Giborne ! cria le poète irrité, que fais-tu là ? est-ce ton rôle ?
monte donc !

— Hélas, dit Jupiter, un écolier vient de prendre l'échelle

Gringoire regarda La chose n'était que trop vraie Toute communication
était interceptée entre son nœud et son dénouement

— Le drôle ! murmura-t-il Et pourquoi a-t-il pris cette échelle ?

— Pour aller voir la Esmeralda, répondit piteusement Jupiter Il a dit
Tiens, voilà une échelle qui ne sert pas ! et il l'a prise

C'était le dernier coup Gringoire le reçut avec résignation

— Que le diable vous emporte ! dit-il aux comédiens, et si je suis payé
vous le serez

Alors il fit retraite, la tête basse, mais le dernier, comme un général
qui s'est bien battu

Et tout en descendant les tortueux escaliers du Palais — Belle cohue
d'ânes et de butors que ces parisiens ! grommelait-il entre ses dents, ils
viennent pour entendre un mystère, et n'en écoutent rien ! Ils se sont occupés
de tout le monde, de Clopin Trouillefou, du cardinal, de Coppenole, de
Quasimodo, du diable ! mais de madame la Vierge Marie, point Si j'avais
su je vous en aurais donné, des Vierges Marie, badauds ! Et moi ! venu
pour voir des visages, et ne voir que des dos ! être poète, et avoir le succès
d'un apothicaire ! Il est vrai qu'Homerus a mendié par les bourgades grecques,
et que Naso mourut en exil chez les Moscovites Mais je veux que le diable
m'écorche si je comprends ce qu'ils veulent dire avec leur Esmeralda !
Qu'est-ce que c'est que ce mot-là d'abord ? c'est de l'égyptiaque !

LIVRE DEUXIEME

1

DE CHARYBDE EN SCYLLA

La nuit arrive de bonne heure en janvier Les rues étaient déjà sombres quand Gringoire sortit du Palais Cette nuit tombée lui plut, il lui tardait d'aborder quelque ruelle obscure et déserte pour y méditer à son aise et pour que le philosophe posât le premier appareil sur la blessure du poete La philosophie était du reste son seul refuge, car il ne savait où loger Après l'éclatant avortement de son coup d'essai théâtral, il n'osait rentrer dans le logis qu'il occupait, rue Grenier-sur-l'Eau, vis-à-vis le Port-au-Foin, ayant compté sur ce que M le prévôt devait lui donner de son épithalame pour payer à maître Guillaume Doulx-Sire, fermier de la coutume du pied-fourché de Paris, les six mois de loyer qu'il lui devait, c'est-à-dire douze sols parisis, douze fois la valeur de ce qu'il possédait au monde, y compris son haut-de-chausses, sa chemise et son bicoquet Après avoir un moment réfléchi, provisoirement abrité sous le petit guichet de la prison du trésorier de la Sainte-Chapelle, au gîte qu'il élirait pour la nuit, ayant tous les pavés de Paris à son choix, il se souvint d'avoir avisé, la semaine précédente, rue de la Savaterie, à la porte d'un conseiller au parlement, un marche-pied à monter sur mule, et de s'être dit que cette pierre serait, dans l'occasion, un fort excellent oreiller pour un mendiant ou pour un poete Il remercia la providence de lui avoir envoyé cette bonne idée, mais, comme il se préparait à traverser la place du Palais pour gagner le tortueux labyrinthe de la Cité, où serpentent toutes ces vieilles sœurs, les rues de la Barillerie, de la Vieille-Draperie, de la Savaterie, de la Juiverie, etc, encore debout aujourd'hui avec leurs maisons à neuf étages, il vit la procession du pape des fous qui sortait aussi du Palais et se ruait au travers de sa route, avec grands cris, grande clarté de torches et sa musique, à lui Gringoire Cette vue raviva les écorchures de son amour-propre, il s'enfuit Dans l'amertume de sa més-aventure dramatique, tout ce qui lui rappelait la fête du jour l'aigrissait et faisait saigner sa plaie

Il voulut prendre le Pont Saint-Michel, des enfants y couraient çà et là avec des lances à feu et des fusées

— Peste soit des chandelles d'artifice ! dit Gringoire, et il se rabattit sur le Pont-au-Change On avait attaché aux maisons de la tête du pont trois drapels représentant le roi, le dauphin et Marguerite de Flandre, et six petits drapelets où étaient *pourtraicts* le duc d'Autriche, le cardinal de Bourbon, et M de Beaujeu, et madame Jeanne de France, et M le bâtard de Bourbon, et je ne sais qui encore, le tout éclairé de torches La cohue admirait

— Heureux peintre Jehan Fourbault ! dit Gringoire avec un gros soupir, et il tourna le dos aux drapels et drapelets Une rue était devant lui, il la trouva si noire et si abandonnée qu'il espéra y échapper à tous les retentissements comme à tous les rayonnements de la fête Il s'y enfonça Au bout de quelques instants, son pied heurta un obstacle, il trébucha et tomba C'était la botte de mai, que les clercs de la basoche avaient déposée le matin à la porte d'un président au parlement, en l'honneur de la solennité du jour Gringoire supporta héroïquement cette nouvelle rencontre Il se releva et gagna le bord de l'eau Après avoir laissé derrière lui la tournelle civile et la tour criminelle, et longé le grand mur des jardins du roi, sur cette grève non pavée où la boue lui venait à la cheville, il arriva à la pointe occidentale de la Cité, et considéra quelque temps l'îlot du Passeur-aux-Vaches, qui a disparu depuis sous le cheval de bronze et le Pont-Neuf L'îlot lui apparaissait dans l'ombre comme une masse noire au delà de l'étroit cours d'eau blanchâtre qui l'en séparait On y devinait, au rayonnement d'une petite lumière, l'espèce de hutte en forme de ruche où le passeur aux vaches s'abritait la nuit

— Heureux passeur aux vaches ! pensa Gringoire, tu ne songes pas à la gloire et tu ne fais pas d'épithalames ! Que t'importent les rois qui se marient et les duchesses de Bourgogne ! Tu ne connais d'autres marguerites que celles que ta pelouse d'avril donne à brouter à tes vaches ! Et moi, poete, je suis hué, et je grelotte, et je dois douze sols, et ma semelle est si transparente qu'elle pourrait servir de vitre à ta lanterne Merci ! passeur aux vaches ! ta cabane repose ma vue, et me fait oublier Paris !

Il fut réveillé de son extase presque lyrique par un gros double pétard de la Saint-Jean, qui partit brusquement de la bienheureuse cabane C'était le passeur aux vaches qui prenait sa part des réjouissances du jour et se tirait un feu d'artifice

Ce pétard fit hérisser l'épiderme de Gringoire

— Maudite fête ! s'écria-t-il, me poursuivras-tu partout ? Oh ! mon Dieu ! jusque chez le passeur aux vaches !

Puis il regarda la Seine à ses pieds, et une horrible tentation le prit

— Oh ! dit il, que volontiers je me noierais, si l'eau n'était pas si froide !

Alors il lui vint une résolution désespérée. C'était, puisqu'il ne pouvait échapper au pape des fous, aux drapelets de Jehan Fourbault, aux bottes de mai, aux lances à feu et aux pétards, de s'enfoncer hardiment au cœur même de la fête, et d'aller à la place de Grève.

— Au moins, pensa-t-il, j'y aurai peut-être un tison du feu de joie pour me réchauffer, et j'y pourrai souper avec quelque miette des trois grandes armoiries de sucre royal qu'on a dû y dresser sur le buffet public de la ville.

II

LA PLACE DE GRÈVE

Il ne reste aujourd'hui qu'un bien imperceptible vestige de la place de Grève telle qu'elle existait alors. C'est la charmante tourelle qui occupe l'angle nord de la place, et qui, déjà ensevelie sous l'ignoble badigeonnage qui emplit les vives arêtes de ses sculptures, aura bientôt disparu peut-être, submergée par cette crue de maisons neuves qui dévore si rapidement toutes les vieilles façades de Paris.

Les personnes qui, comme nous, ne passent jamais sur la place de Grève sans donner un regard de pitié et de sympathie à cette pauvre tourelle étranglée entre deux masures du temps de Louis XV, peuvent reconstruire aisément dans leur pensée l'ensemble d'édifices auquel elle appartenait, et y retrouver entière la vieille place gothique du quinzième siècle.

C'était, comme aujourd'hui, un trapèze irrégulier bordé d'un côté par le quai, et des trois autres par une série de maisons hautes, étroites et sombres. Le jour, on pouvait admirer la variété de ses édifices, tous sculptés en pierre ou en bois, et présentant déjà de complets échantillons des diverses architectures domestiques du moyen-âge, en remontant du quinzième au onzième siècle, depuis la croisée qui commençait à détrôner l'ogive, jusqu'au plein cintre roman qui avait été supplanté par l'ogive, et qui occupait encore, au-dessous d'elle, le premier étage de cette ancienne maison de la Tour-Roland, angle de la place sur la Seine, du côté de la rue de la Tannerie. La nuit, on ne distinguait de cette masse d'édifices que la dentelure noire des toits déroulant autour de la place leur chaîne d'angles aigus. Car c'est une des différences radicales des villes d'alors et des villes d'à présent, qu'aujourd'hui ce sont les façades qui regardent les places et les rues, et qu'alors c'étaient les pignons. Depuis deux siècles, les maisons se sont retournées.

Au centre du côté oriental de la place, s'élevait une lourde et hybride construction formée de trois logis juxtaposés. On l'appelait de trois noms qui expliquent son histoire, sa destination et son architecture : la *Maison-au-Dauphin*, parce que Charles V, dauphin, l'avait habitée, la *Marchandise*, parce qu'elle servait d'Hôtel de Ville, la *Maison-aux-Piliers* (domus ad piloria), à cause d'une suite de gros piliers qui soutenaient ses trois étages. La ville trouvait là tout ce qu'il faut à une bonne ville comme Paris : une chapelle, pour prier Dieu, un *plaidoyer*, pour tenir audience et rembarrer au besoin les gens du roi, et, dans les combles, un *arsenac* plein d'artillerie. Car les

bourgeois de Paris savent qu'il ne suffit pas en toute conjoncture de prier et de
plaider pour les franchises de la Cité, et ils ont toujours en réserve dans
un grenier de l'Hôtel de Ville quelque bonne arquebuse rouillée

La Grève avait dès lors cet aspect sinistre que lui conservent encore
aujourd'hui l'idée exécrable qu'elle réveille et le sombre Hôtel de Ville de
Dominique Bocador, qui a remplacé la Maison-aux-Piliers Il faut dire qu'un
gibet et un pilori permanents, une justice et une échelle, comme on disait
alors, dressés côte à côte au milieu du pavé, ne contribuaient pas peu à faire
détourner les yeux de cette place fatale, où tant d'êtres pleins de santé et de
vie ont agonisé, où devait naître cinquante ans plus tard cette *fièvre de Saint-
Vallier*, cette maladie de la terreur de l'échafaud, la plus monstrueuse de
toutes les maladies, parce qu'elle ne vient pas de Dieu, mais de l'homme

C'est une idée consolante, disons-le en passant, de songer que la peine
de mort, qui, il y a trois cents ans, encombrait encore de ses roues de fer, de
ses gibets de pierre, de tout son attirail de supplices permanent et scellé dans
le pavé, la Grève les Halles, la place Dauphine, la Croix-du-Trahoir, le
Marché-aux-Pourceaux, ce hideux Montfaucon, la barrière des Sergents,
la Place-aux-Chats, la Porte Saint-Denis, Champeaux, la Porte Baudets, la
Porte Saint-Jacques, sans compter les innombrables échelles des prévôts, de
l'évêque, des chapitres, des abbés, des prieurs ayant justice, sans compter les
noyades juridiques en rivière de Seine, il est consolant qu'aujourd'hui, après
avoir perdu successivement toutes les pièces de son armure, son luxe de
supplices, sa pénalité d'imagination et de fantaisie, sa torture à laquelle elle
refaisait tous les cinq ans un lit de cuir au Grand-Châtelet, cette vieille suzeraine de la société féodale, presque mise hors de nos lois et de nos villes,
traquée de code en code, chassée de place en place, n'ait plus dans notre
immense Paris qu'un coin déshonoré de la Grève, qu'une misérable guillotine, furtive, inquiète, honteuse, qui semble toujours craindre d'être prise
en flagrant délit, tant elle disparaît vite après avoir fait son coup¹

III

BESOS PARA GOLPES

Lorsque Pierre Gringoire arriva sur la place de Grève, il était transi Il avait pris par le Pont-aux-Meuniers pour éviter la cohue du Pont-au-Change et les drapelets de Jehan Fourbault, mais les roues de tous les moulins de l'évêque l'avaient éclaboussé au passage, et sa souquenille était trempée Il lui semblait en outre que la chute de sa pièce le rendait plus frileux encore Aussi se hâta-t-il de s'approcher du feu de joie qui brûlait magnifiquement au milieu de la place Mais une foule considérable faisait cercle à l'entour

— Damnés parisiens ! se dit-il à lui-même, car Gringoire en vrai poete dramatique était sujet aux monologues, les voilà qui m'obstruent le feu ! Pourtant j'ai bon besoin d'un coin de cheminée Mes souliers boivent, et tous ces maudits moulins qui ont pleuré sur moi ! Diable d'évêque de Paris avec ses moulins ! Je voudrais bien savoir ce qu'un évêque peut faire d'un moulin ! est-ce qu'il s'attend à devenir d'évêque meunier ? S'il ne lui faut que ma malédiction pour cela, je la lui donne, et à sa cathédrale, et à ses moulins ! Voyez un peu s'ils se dérangeront, ces badauds ! Je vous demande ce qu'ils font là ! Ils se chauffent, beau plaisir ! Ils regardent brûler un cent de bourrées, beau spectacle !

En examinant de plus près, il s'aperçut que le cercle était beaucoup plus grand qu'il ne fallait pour se chauffer au feu du roi, et que cette affluence de spectateurs n'était pas uniquement attirée par la beauté du cent de bourrées qui brûlait

Dans un vaste espace laissé libre entre la foule et le feu, une jeune fille dansait

Si cette jeune fille était un être humain, ou une fée, ou un ange, c'est ce que Gringoire, tout philosophe sceptique, tout poete ironique qu'il était, ne put décider dans le premier moment, tant il fut fasciné par cette éblouissante vision

Elle n'était pas grande, mais elle le semblait, tant sa fine taille s'élançait hardiment Elle était brune, mais on devinait que le jour sa peau devait avoir ce beau reflet doré des andalouses et des romaines Son petit pied aussi était andalou, car il était tout ensemble à l'étroit et à l'aise dans sa gracieuse chaussure Elle dansait, elle tournait, elle tourbillonnait sur un vieux tapis de Perse, jeté négligemment sous ses pieds, et chaque fois qu'en tournoyant sa rayonnante figure passait devant vous, ses grands yeux noirs vous jetaient un éclair

Autour d'elle tous les regards étaient fixes, toutes les bouches ouvertes, et en effet, tandis qu'elle dansait ainsi, au bourdonnement du tambour de basque que ses deux bras ronds et purs élevaient au-dessus de sa tête, mince, frêle et vive comme une guêpe, avec son corsage d'or sans pli, sa robe bariolée qui se gonflait, avec ses épaules nues, ses jambes fines que sa jupe découvrait par moments, ses cheveux noirs, ses yeux de flamme, c'était une surnaturelle créature

— En vérité, pensa Gringoire, c'est une salamandre, c'est une nymphe, c'est une déesse, c'est une bacchante du mont Ménaléen !

En ce moment une des nattes de la chevelure de la « salamandre » se détacha, et une pièce de cuivre jaune qui y était attachée roula à terre

— Hé non ! dit-il, c'est une bohémienne

Toute illusion avait disparu

Elle se remit à danser Elle prit à terre deux épées dont elle appuya la pointe sur son front et qu'elle fit tourner dans un sens tandis qu'elle tournait dans l'autre C'était en effet tout bonnement une bohémienne Mais quelque désenchanté que fût Gringoire, l'ensemble de ce tableau n'était pas sans prestige et sans magie, le feu de joie l'éclairait d'une lumière crue et rouge qui tremblait toute vive sur le cercle des visages de la foule, sur le front brun de la jeune fille, et au fond de la place jetait un blême reflet mêlé aux vacillations de leurs ombres, d'un côté sur la vieille façade noire et ridée de la Maison-aux-Piliers, de l'autre sur les bras de pierre du gibet

Parmi les mille visages que cette lueur teignait d'écarlate, il y en avait un qui semblait plus encore que tous les autres absorbé dans la contemplation de la danseuse C'était une figure d'homme, austère, calme et sombre Cet homme, dont le costume était caché par la foule qui l'entourait, ne paraissait pas avoir plus de trente-cinq ans, cependant il était chauve, à peine avait-il aux tempes quelques touffes de cheveux rares et déjà gris, son front large et haut commençait à se creuser de rides, mais dans ses yeux enfoncés éclatait une jeunesse extraordinaire, une vie ardente, une passion profonde Il les tenait sans cesse attachés sur la bohémienne, et tandis que la folle jeune fille de seize ans dansait et voltigeait au plaisir de tous, sa rêverie, à lui, semblait devenir de plus en plus sombre De temps en temps un sourire et un soupir se rencontraient sur ses lèvres, mais le sourire était plus douloureux que le soupir

La jeune fille, essoufflée, s'arrêta enfin, et le peuple l'applaudit avec amour

— Djali, dit la bohémienne

Alors Gringoire vit arriver une jolie petite chèvre blanche, alerte, éveillée, lustrée, avec des cornes dorées, avec des pieds dorés, avec un collier doré, qu'il n'avait pas encore aperçue, et qui était restée jusque-là accroupie sur un coin du tapis et regardant danser sa maîtresse

— Djali, dit la danseuse, à votre tour

Et s'asseyant, elle présenta gracieusement à la chèvre son tambour de basque

— Djali, continua-t-elle, à quel mois sommes-nous de l'année ?

La chèvre leva son pied de devant et frappa un coup sur le tambour On était en effet au premier mois La foule applaudit

— Djali, reprit la jeune fille en tournant son tambour de basque d'un autre côté, à quel jour du mois sommes-nous ?

Djali leva son petit pied d'or et frappa six coups sur le tambour

— Djali, poursuivit l'égyptienne toujours avec un nouveau manège du tambour, à quelle heure du jour sommes-nous ?

Djali frappa sept coups Au même moment l'horloge de la Maison-aux-Piliers sonna sept heures

Le peuple était émerveillé

— Il y a de la sorcellerie là-dessous, dit une voix sinistre dans la foule C'était celle de l'homme chauve qui ne quittait pas la bohémienne des yeux

Elle tressaillit, se détourna, mais les applaudissements éclatèrent et couvrirent la morose exclamation

Ils l'effacèrent même si complètement dans son esprit qu'elle continua d'interpeller sa chèvre

— Djali, comment fait maître Guichard Grand-Remy, capitaine des pistoliers de la ville, à la procession de la Chandeleur ?

Djali se dressa sur ses pattes de derrière et se mit à bêler, en marchant avec une si gentille gravité que le cercle entier des spectateurs éclata de rire à cette parodie de la dévotion intéressée du capitaine des pistoliers

— Djali, reprit la jeune fille enhardie par ce succès croissant, comment prêche maître Jacques Charmolue, procureur du roi en cour d'église ?

La chèvre prit séance sur son derrière, et se mit à bêler, en agitant ses pattes de devant d'une si étrange façon que, hormis le mauvais français et le mauvais latin, geste, accent, attitude, tout Jacques Charmolue y était

Et la foule d'applaudir de plus belle

— Sacrilège ! profanation ! reprit la voix de l'homme chauve

La bohémienne se retourna encore une fois

— Ah ! dit-elle, c'est ce vilain homme ! puis, allongeant sa lèvre inférieure au delà de la lèvre supérieure, elle fit une petite moue qui paraissait lui être familière, pirouetta sur le talon, et se mit à recueillir dans un tambour de basque les dons de la multitude

Les grands-blancs, les petits-blancs, les targes, les liards-à-l'aigle pleuvaient
Tout à coup elle passa devant Gringoire Gringoire mit si étourdiment la
main à sa poche qu'elle s'arrêta — Diable ! dit le poete en trouvant au fond
de sa poche la réalité, c'est-à-dire le vide Cependant la jolie fille était là, le
regardant avec ses grands yeux, lui tendant son tambour, et attendant Gringoire suait à grosses gouttes

S'il avait eu le Pérou dans sa poche, certainement il l'eût donné à la danseuse, mais Gringoire n'avait pas le Pérou, et d'ailleurs l'Amérique n'était
pas encore découverte

Heureusement un incident inattendu vint à son secours

— T'en iras-tu, sauterelle d'Égypte ? cria une voix aigre qui partait du
coin le plus sombre de la place

La jeune fille se retourna effrayée Ce n'était plus la voix de l'homme
chauve, c'était une voix de femme, une voix dévote et méchante

Du reste, ce cri, qui fit peur à la bohémienne, mit en joie une troupe
d'enfants qui rôdait par là

— C'est la recluse de la Tour-Roland, s'écrièrent-ils avec des rires désordonnés, c'est la sachette qui gronde ! Est-ce qu'elle n'a pas soupé ? portons-
lui quelque reste du buffet de ville !

Tous se précipitèrent vers la Maison-aux-Piliers

Cependant Gringoire avait profité du trouble de la danseuse pour s'éclipser.
La clameur des enfants lui rappela que lui aussi n'avait pas soupé Il courut
donc au buffet Mais les petits drôles avaient de meilleures jambes que lui,
quand il arriva, ils avaient fait table rase Il ne restait même pas un misérable
camichon à cinq sols la livre Il n'y avait plus sur le mur que les sveltes fleurs
de lys, entremêlées de rosiers, peintes en 1434 par Mathieu Biterne C'était
un maigre souper

C'est une chose importune de se coucher sans souper, c'est une chose
moins riante encore de ne pas souper et de ne savoir où coucher Gringoire
en était là Pas de pain, pas de gîte, il se voyait pressé de toutes parts par la
nécessité, et il trouvait la nécessité fort bourrue Il avait depuis longtemps
découvert cette vérité, que Jupiter a créé les hommes dans un accès de
misanthropie, et que, pendant toute la vie du sage, sa destinée tient en état
de siège sa philosophie Quant à lui, il n'avait jamais vu le blocus si complet,
il entendait son estomac battre la chamade, et il trouvait très déplacé que le
mauvais destin prît sa philosophie par la famine

Cette mélancolique rêverie l'absorbait de plus en plus, lorsqu'un chant
bizarre, quoique plein de douceur, vint brusquement l'en arracher C'était la
jeune égyptienne qui chantait

Il en était de sa voix comme de sa danse, comme de sa beauté C'était

4.

cacophonie magnifique, toutes les richesses musicales de l'époque Ce
n'étaient que dessus de rebec, hautes-contre de rebec, tailles de rebec, sans
compter les flûtes et les cuivres Hélas! nos lecteurs se souviennent que
c'était l'orchestre de Gringoire

Il est difficile de donner une idée du degré d'épanouissement orgueilleux
et béat où le triste et hideux visage de Quasimodo était parvenu dans le
trajet du Palais à la Grève C'était la première jouissance d'amour-propre
qu'il eût jamais éprouvée Il n'avait connu jusque-là que l'humiliation, le
dédain pour sa condition, le dégoût pour sa personne Aussi, tout sourd
qu'il était, savourait-il en véritable pape les acclamations de cette foule qu'il
haïssait pour s'en sentir haï Que son peuple fût un ramas de fous, de
perclus, de voleurs, de mendiants, qu'importe! c'était toujours un peuple,
et lui un souverain Et il prenait au sérieux tous ces applaudissements ironiques, tous ces respects dérisoires, auxquels nous devons dire qu'il se mêlait
pourtant dans la foule un peu de crainte fort réelle Car le bossu était robuste,
car le bancal était agile, car le sourd était méchant trois qualités qui tem-
pèrent le ridicule

Du reste, que le nouveau pape des fous se rendît compte à lui-même des
sentiments qu'il éprouvait et des sentiments qu'il inspirait, c'est ce que nous
sommes loin de croire L'esprit qui était logé dans ce corps manqué avait
nécessairement lui-même quelque chose d'incomplet et de sourd Aussi ce
qu'il ressentait en ce moment était-il pour lui absolument vague, indistinct
et confus Seulement la joie perçait, l'orgueil dominait Autour de cette
sombre et malheureuse figure, il y avait rayonnement

Ce ne fut donc pas sans surprise et sans effroi que l'on vit tout à coup,
au moment où Quasimodo, dans cette demi-ivresse, passait triomphalement
devant la Maison-aux-Piliers, un homme s'élancer de la foule et lui arracher
des mains, avec un geste de colère, sa crosse de bois doré, insigne de sa
folle papauté

Cet homme, ce téméraire, c'était le personnage au front chauve qui, le
moment auparavant, mêlé au groupe de la bohémienne, avait glacé la
pauvre fille de ses paroles de menace et de haine Il était revêtu du costume
ecclésiastique Au moment où il sortit de la foule, Gringoire, qui ne l'avait
point remarqué jusqu'alors, le reconnut — Tiens! dit-il, avec un cri
d'étonnement, c'est mon maître en Hermès, dom Claude Frollo, l'archidiacre! Que diable veut-il à ce vilain borgne? Il va se faire dévorer

Un cri de terreur s'éleva en effet Le formidable Quasimodo s'était précipité à bas du brancard, et les femmes détournaient les yeux pour ne pas
le voir déchirer l'archidiacre

Il fit un bond jusqu'au prêtre, le regarda, et tomba à genoux

Le prêtre lui arracha sa tiare, lui brisa sa crosse, lui lacéra sa chape de clinquant

Quasimodo resta à genoux, baissa la tête et joignit les mains

Puis il s'établit entre eux un étrange dialogue de signes et de gestes, car ni l'un ni l'autre ne parlait Le prêtre, debout, irrité, menaçant, impérieux, Quasimodo, prosterné, humble, suppliant Et cependant il est certain que Quasimodo eût pu écraser le prêtre avec le pouce

Enfin l'archidiacre, secouant rudement la puissante épaule de Quasimodo, lui fit signe de se lever et de le suivre

Quasimodo se leva

Alors la confrérie des fous, la première stupeur passée, voulut défendre son pape si brusquement détrôné Les égyptiens, les argotiers et toute la basoche vinrent japper autour du prêtre

Quasimodo se plaça devant le prêtre, fit jouer les muscles de ses poings athlétiques, et regarda les assaillants avec le grincement de dents d'un tigre fâché

Le prêtre reprit sa gravité sombre, fit un signe à Quasimodo, et se retira en silence

Quasimodo marchait devant lui, éparpillant la foule à son passage

Quand ils eurent traversé la populace et la place, la nuée des curieux et des oisifs voulut les suivre Quasimodo prit alors l'arrière-garde, et suivit l'archidiacre à reculons, trapu, hargneux, monstrueux, hérissé, ramassant ses membres, léchant ses défenses de sanglier, grondant comme une bête fauve, et imprimant d'immenses oscillations à la foule avec un geste ou un regard

On les laissa s'enfoncer tous deux dans une rue étroite et ténébreuse, où nul n'osa se risquer après eux, tant la seule chimère de Quasimodo grinçant des dents en barrait bien l'entrée

— Voilà qui est merveilleux, dit Gringoire, mais où diable trouverai-je à souper ?

IV

LES INCONVÉNIENTS DE SUIVRE UNE JOLIE FEMME
LE SOIR DANS LES RUES

Gringoire, à tout hasard, s'était mis à suivre la bohémienne Il lui avait vu prendre, avec sa chèvre, la rue de la Coutellerie, il avait pris la rue de la Coutellerie

— Pourquoi pas ? s'était-il dit.

Gringoire, philosophe pratique des rues de Paris, avait remarqué que rien n'est propice à la rêverie comme de suivre une jolie femme sans savoir où elle va Il y a dans cette abdication volontaire de son libre arbitre, dans cette fantaisie qui se soumet à une autre fantaisie, laquelle ne s'en doute pas, un mélange d'indépendance fantasque et d'obéissance aveugle, je ne sais quoi d'intermédiaire entre l'esclavage et la liberté qui plaisait à Gringoire, esprit essentiellement mixte, indécis et complexe, tenant le bout de tous les extrêmes, incessamment suspendu entre toutes les propensions humaines, et les neutralisant l'une par l'autre Il se comparait lui-même volontiers au tombeau de Mahomet, attiré en sens inverse par deux pierres d'aimant, et qui hésite éternellement entre le haut et le bas, entre la voûte et le pavé, entre la chute et l'ascension, entre le zénith et le nadir

Si Gringoire vivait de nos jours, quel beau milieu il tiendrait entre le classique et le romantique !

Mais il n'était pas assez primitif pour vivre trois cents ans, et c'est dommage Son absence est un vide qui ne se fait que trop sentir aujourd'hui

Du reste, pour suivre ainsi dans les rues les passants (et surtout les passantes), ce que Gringoire faisait volontiers, il n'y a pas de meilleure disposition que de ne savoir où coucher

Il marchait donc tout pensif derrière la jeune fille qui hâtait le pas et faisait trotter sa jolie chèvre en voyant rentrer les bourgeois et se fermer les tavernes, seules boutiques qui eussent été ouvertes ce jour-là

— Après tout, pensait-il à peu près, il faut bien qu'elle loge quelque part, les bohémiennes ont bon cœur — Qui sait ? .

Et il y avait dans les points suspensifs dont il faisait suivre cette réticence dans son esprit je ne sais quelles idées assez gracieuses

Cependant de temps en temps, en passant devant les derniers groupes de bourgeois fermant leurs portes, il attrapait quelque lambeau de leurs conversations qui venait rompre l'enchaînement de ses riantes hypothèses

Tantôt c'étaient deux vieillards qui s'accostaient

— Maître Thibaut Fernicle, savez-vous qu'il fait froid ?

(Gringoire savait cela depuis le commencement de l'hiver)

— Oui — bien, maître Boniface Disome ! Est-ce que nous allons avoir un hiver comme il y a trois ans, en 80, que le bois coûtait huit sols le moule ?

— Bah ! ce n'est rien, maître Thibaut, près de l'hiver de 1407, qu'il gela depuis la Saint-Martin jusqu'à la Chandeleur ! et avec une telle furie que la plume du greffier du parlement gelait, dans la grand'chambre, de trois mots en trois mots ! ce qui interrompit l'enregistrement de la justice

Plus loin, c'étaient des voisines à leur fenêtre avec des chandelles que le brouillard faisait grésiller

— Votre mari vous a-t-il conté le malheur, madamoiselle La Boudraque ?

— Non Qu'est-ce que c'est donc, madamoiselle Turquant ?

— Le cheval de M Gilles Godin, le notaire au Châtelet, qui s'est effarouché des flamands et de leur procession, et qui a renversé maître Philippot Avrillot, oblat des Célestins

— En vérité ?

— Bellement

— Un cheval bourgeois ! c'est un peu fort Si c'était un cheval de cavalerie, à la bonne heure !

Et les fenêtres se refermaient Mais Gringoire n'en avait pas moins perdu le fil de ses idées

Heureusement il le retrouvait vite et le renouait sans peine, grâce à la bohémienne, grâce à Djali, qui marchaient toujours devant lui, deux fines, délicates et charmantes créatures, dont il admirait les petits pieds, les jolies formes, les gracieuses manières, les confondant presque dans sa contemplation, pour l'intelligence et la bonne amitié, les croyant toutes deux jeunes filles, pour la légèreté, l'agilité, la dextérité de la marche, les trouvant chèvres toutes deux

Les rues cependant devenaient à tout moment plus noires et plus désertes Le couvre-feu était sonné depuis longtemps, et l'on commençait à ne plus rencontrer qu'à de rares intervalles un passant sur le pavé, une lumière aux fenêtres Gringoire s'était engagé, à la suite de l'égyptienne, dans ce dédale inextricable de ruelles, de carrefours et de culs-de-sac, qui environne l'ancien sépulcre des Saints-Innocents, et qui ressemble à un écheveau de fil brouillé par un chat — Voilà des rues qui ont bien peu de logique ! disait Gringoire, perdu dans ces mille circuits qui revenaient sans cesse sur eux-mêmes, mais où la jeune fille suivait un chemin qui lui paraissait bien connu, sans hésiter et d'un pas de plus en plus rapide Quant à lui, il eût parfaitement ignoré où il était, s'il n'eût aperçu en passant, au détour d'une rue, la masse octogone du pilori des halles, dont le sommet à jour détachait vivement sa découpure noire sur une fenêtre encore éclairée de la rue Verdelet.

Depuis quelques instants, il avait attiré l'attention de la jeune fille; elle avait à plusieurs reprises tourné la tête vers lui avec inquiétude; elle s'était même une fois arrêtée tout court, avait profité d'un rayon de lumière qui s'échappait d'une boulangerie entr'ouverte pour le regarder fixement du haut en bas; puis, ce coup d'œil jeté, Gringoire lui avait vu faire cette petite moue qu'il avait déjà remarquée, et elle avait passé outre.

Cette petite moue donna à penser à Gringoire. Il y avait certainement du dédain et de la moquerie dans cette gracieuse grimace. Aussi commençait-il à baisser la tête, à compter les pavés, et à suivre la jeune fille d'un peu plus loin, lorsque, au tournant d'une rue qui venait de la lui faire perdre de vue, il l'entendit pousser un cri perçant.

Il hâta le pas.

La rue était pleine de ténèbres. Pourtant une étoupe imbibée d'huile, qui brûlait dans une cage de fer aux pieds de la Sainte-Vierge du coin de la rue, permit à Gringoire de distinguer la bohémienne se débattant dans les bras de deux hommes qui s'efforçaient d'étouffer ses cris. La pauvre petite chèvre, tout effarée, baissait les cornes et bêlait.

— A nous, messieurs du guet, cria Gringoire, et il s'avança bravement. L'un des hommes qui tenaient la jeune fille se tourna vers lui. C'était la formidable figure de Quasimodo.

Gringoire ne prit pas la fuite, mais il ne fit point un pas de plus.

Quasimodo vint à lui, le jeta à quatre pas sur le pavé d'un revers de la main, et s'enfonça rapidement dans l'ombre, emportant la jeune fille ployée sur un de ses bras comme une écharpe de soie. Son compagnon le suivait, et la pauvre chèvre courait après tous, avec son bêlement plaintif.

— Au meurtre! au meurtre! criait la malheureuse bohémienne.

— Halte-là, misérables, et lâchez-moi cette ribaude! dit tout à coup d'une voix de tonnerre un cavalier qui déboucha brusquement du carrefour voisin.

C'était un capitaine des archers de l'ordonnance du roi, armé de pied en cap, et l'espadon à la main.

Il arracha la bohémienne des bras de Quasimodo stupéfait, la mit en travers sur sa selle, et, au moment où le redoutable bossu, revenu de sa surprise, se précipitait sur lui pour reprendre sa proie, quinze ou seize archers, qui suivaient de près leur capitaine, parurent l'estramaçon au poing. C'était une escouade de l'ordonnance du roi qui faisait le contre-guet, par ordre de messire Robert d'Estouteville, garde de la prévôté de Paris.

Quasimodo fut enveloppé, saisi, garrotté Il rugissait, il écumait, il mordait, et, s'il eût fait grand jour, nul doute que son visage seul, rendu plus hideux encore par la colère, n'eût mis en fuite toute l'escouade Mais la nuit il était désarmé de son arme la plus redoutable, de sa laideur

Son compagnon avait disparu dans la lutte

La bohémienne se dressa gracieusement sur la selle de l'officier, elle appuya ses deux mains sur les deux épaules du jeune homme, et le regarda fixement quelques secondes, comme ravie de sa bonne mine et du bon secours qu'il venait de lui porter Puis, rompant le silence la première, elle lui dit, en faisant plus douce encore sa douce voix

— Comment vous appelez-vous, monsieur le gendarme ?

— Le capitaine Phœbus de Châteaupers, pour vous servir, ma belle ! répondit l'officier en se redressant

— Merci, dit-elle

Et, pendant que le capitaine Phœbus retroussait sa moustache à la bourguignonne, elle se laissa glisser à bas du cheval, comme une flèche qui tombe à terre, et s'enfuit

Un éclair se fût évanoui moins vite

— Nombril du pape ! dit le capitaine en faisant resserrer les courroies de Quasimodo, j'eusse aimé mieux garder la ribaude

— Que voulez-vous, capitaine ? dit un gendarme, la fauvette s'est envolée, la chauve-souris est restée

V

SUITE DES INCONVÉNIENTS

Gringoire, tout étourdi de sa chute, était resté sur le pavé devant la bonne Vierge du coin de la rue. Peu à peu, il reprit ses sens, il fut d'abord quelques minutes flottant dans une espèce de rêverie à demi somnolente qui n'était pas sans douceur, où les aériennes figures de la bohémienne et de la chèvre se mariaient à la pesanteur du poing de Quasimodo. Cet état dura peu. Une assez vive impression de froid à la partie de son corps qui se trouvait en contact avec le pavé le réveilla tout à coup, et fit revenir son esprit à la surface. — D'où me vient donc cette fraîcheur? se dit-il brusquement. Il s'aperçut alors qu'il était un peu dans le milieu du ruisseau.

— Diable de cyclope bossu! grommela-t-il entre ses dents, et il voulut se lever. Mais il était trop étourdi et trop meurtri. Force lui fut de rester en place. Il avait du reste la main assez libre, il se boucha le nez, et se résigna.

— La boue de Paris, pensa-t-il (car il croyait bien être sûr que décidément le ruisseau serait son gîte,

Et que faire en un gîte à moins que l'on ne songe?),

la boue de Paris est particulièrement puante. Elle doit renfermer beaucoup de sel volatil et nitreux. C'est, du reste, l'opinion de maître Nicolas Flamel et des hermétiques.

Le mot d'*hermétiques* amena subitement l'idée de l'archidiacre Claude Frollo dans son esprit. Il se rappela la scène violente qu'il venait d'entrevoir, que la bohémienne se débattait entre deux hommes, que Quasimodo avait un compagnon, et la figure morose et hautaine de l'archidiacre passa confusément dans son souvenir. — Cela serait étrange! pensa-t-il. Et il se mit à échafauder, avec cette donnée et sur cette base, le fantasque édifice des hypothèses, ce château de cartes des philosophes. Puis soudain, revenant encore une fois à la réalité. — Ah çà! je gèle! s'écria-t-il.

La place, en effet, devenait de moins en moins tenable. Chaque molécule de l'eau du ruisseau enlevait une molécule de calorique rayonnant aux reins de Gringoire, et l'équilibre entre la température de son corps et la température du ruisseau commençait à s'établir d'une rude façon.

Un ennui d'une tout autre nature vint tout à coup l'assaillir.

Un groupe d'enfants, de ces petits sauvages va-nu-pieds qui ont de tout temps battu le pavé de Paris sous le nom éternel de *gamins,* et qui, lorsque nous étions enfants aussi, nous ont jeté des pierres à tous le soir au sortir de classe, parce que nos pantalons n'étaient pas déchirés, un essaim de ces jeunes drôles accourut vers le carrefour où gisait Gringoire, avec des rires et des cris qui paraissaient se soucier fort peu du sommeil des voisins. Ils traînaient après eux je ne sais quel sac informe, et le bruit seul de leurs sabots eût réveillé un mort. Gringoire, qui ne l'était pas encore tout à fait, se souleva à demi.

— Ohé, Hennequin Dandèche! ohé, Jehan Pincebourde! criaient-ils à tue-tête, le vieux Eustache Moubon, le marchand feron du coin, vient de mourir. Nous avons sa paillasse, nous allons en faire un feu de joie. C'est aujourd'hui les flamands!

Et voilà qu'ils jetèrent la paillasse précisément sur Gringoire, près duquel ils étaient arrivés sans le voir. En même temps, un d'eux prit une poignée de paille qu'il alla allumer à la mèche de la bonne Vierge.

— Mort-Christ! grommela Gringoire, est-ce que je vais avoir trop chaud maintenant?

Le moment était critique. Il allait être pris entre le feu et l'eau, il fit un effort surnaturel, un effort de faux-monnayeur qu'on va bouillir et qui tâche de s'échapper. Il se leva debout, rejeta la paillasse sur les gamins, et s'enfuit.

— Sainte Vierge! crièrent les enfants, le marchand feron qui revient!

Et ils s'enfuirent de leur côté.

La paillasse resta maîtresse du champ de bataille. Belleforêt, le père le Juge et Corrozet assurent que le lendemain elle fut ramassée avec grande pompe par le clergé du quartier et portée au trésor de l'église Sainte-Opportune, où le sacristain se fit jusqu'en 1789 un assez beau revenu avec le grand miracle de la statue de la Vierge du coin de la rue Mauconseil, qui avait, par sa seule présence, dans la mémorable nuit du 6 au 7 janvier 1482, exorcisé défunt Eustache Moubon, lequel, pour faire niche au diable, avait, en mourant, malicieusement caché son âme dans sa paillasse.

VI

LA CRUCHE CASSÉE

Après avoir couru à toutes jambes pendant quelque temps, sans savoir où, donnant de la tête à maint coin de rue, enjambant maint ruisseau, traversant mainte ruelle, maint cul-de-sac, maint carrefour, cherchant fuite et passage à travers tous les méandres du vieux pavé des Halles, explorant dans sa peur panique ce que le beau latin des chartes appelle *tota via, chemimum & viaria,* notre poete s'arrêta tout à coup, d'essoufflement d'abord, puis saisi en quelque sorte au collet par un dilemme qui venait de surgir dans son esprit — Il me semble, maître Pierre Gringoire, se dit-il à lui-même en appuyant son doigt sur son front, que vous courez là comme un écervelé Les petits drôles n'ont pas eu moins peur de vous que vous d'eux Il me semble, vous dis-je, que vous avez entendu le bruit de leurs sabots qui s'enfuyait au midi, pendant que vous vous enfuyiez au septentrion Or, de deux choses l'une ou il ont pris la fuite, et alors la paillasse qu'ils ont dû oublier dans leur terreur est pré- cisément ce lit hospitalier après lequel vous courez depuis ce matin, et que madame la Vierge vous envoie miraculeusement pour vous récompenser d'avoir fait en son honneur une moralité accompagnée de triomphes et mo- meries, ou les enfants n'ont pas pris la fuite, et dans ce cas ils ont mis le brandon à la paillasse, et c'est là justement l'excellent feu dont vous avez besoin pour vous réjouir, sécher et réchauffer Dans les deux cas, bon feu ou bon lit, la paillasse est un présent du ciel La benoîte vierge Marie, qui est au coin de la rue Mauconseil, n'a peut-être fait mourir Eustache Moubon que pour cela, et c'est folie à vous de vous enfuir ainsi sur traîne-boyau, comme un picard devant un français, laissant derrière vous ce que vous cherchez devant, et vous êtes un sot!

Alors il revint sur ses pas, et s'orientant et furetant, le nez au vent et l'oreille aux aguets, il s'efforça de retrouver la bienheureuse paillasse. Mais en vain Ce n'étaient qu'intersections de maisons, culs-de-sac, pattes-d'oie, au milieu desquels il hésitait et doutait sans cesse, plus empêché et plus englué dans cet enchevêtrement de ruelles noires qu'il ne l'eût été dans le dédalus même de l'hôtel des Tournelles Enfin il perdit patience, et s'écria solennellement — Maudits soient les carrefours ! c'est le diable qui les a faits à l'image de sa fourche

Cette exclamation le soulagea un peu, et une espèce de reflet rougeâtre qu'il aperçut en ce moment au bout d'une longue et étroite ruelle, acheva de relever son moral — Dieu soit loué ! dit-il, c'est là-bas ! Voilà ma paillasse qui brûle Et se comparant au nocher qui sombre dans la nuit — *Salve, ajouta-t-il pieusement, salve, maris stella !*

Adressait-il ce fragment de litanie à la sainte Vierge ou à la paillasse ? c'est ce que nous ignorons parfaitement

A peine avait-il fait quelques pas dans la longue ruelle, laquelle était en pente, non pavée, et de plus en plus boueuse et inclinée, qu'il remarqua quelque chose d'assez singulier Elle n'était pas déserte Çà et là, dans sa longueur, rampaient je ne sais quelles masses vagues et informes, se dirigeant toutes vers la lueur qui vacillait au bout de la rue, comme ces lourds insectes qui se traînent la nuit de brin d'herbe en brin d'herbe vers un feu de pâtre

Rien ne rend aventureux comme de ne pas sentir la place de son gousset Gringoire continua de s'avancer, et eut bientôt rejoint celle de ces larves qui se traînait le plus paresseusement à la suite des autres En s'en approchant, il vit que ce n'était rien autre chose qu'un misérable cul-de-jatte qui sautelait sur ses deux mains, comme un faucheux blessé qui n'a plus que deux pattes Au moment où il passa près de cette espèce d'araignée à face humaine, elle éleva vers lui une voix lamentable — *La buona mancia, signor ! la buona mancia !*

— Que le diable t'emporte, dit Gringoire, et moi avec toi, si je sais ce que tu veux dire !

Et il passa outre

Il rejoignit une autre de ces masses ambulantes, et l'examina C'était un perclus, à la fois boiteux et manchot, et si manchot et si boiteux que le système compliqué de béquilles et de jambes de bois qui le soutenait lui donnait l'air d'un échafaudage de maçons en marche Gringoire, qui avait les comparaisons nobles et classiques, le compara dans sa pensée au trépied vivant de Vulcain

Ce trépied vivant le salua au passage, mais en arrêtant son chapeau à la hauteur du menton de Gringoire, comme un plat à barbe, et en lui criant aux oreilles — *Señor caballero, para comprar un pedaso de pan !*

— Il paraît, dit Gringoire, que celui-là parle aussi, mais c'est une rude langue, et il est plus heureux que moi s'il le comprend

Puis se frappant le front par une subite transition d'idée — A propos, que diable voulaient-ils dire ce matin avec leur *Esmeralda ?*

Il voulut doubler le pas, mais pour la troisième fois quelque chose lui barra le chemin Ce quelque chose, ou plutôt ce quelqu'un, c'était un aveugle, un petit aveugle à face juive et barbue, qui, ramant dans l'espace autour de lui avec un bâton, et remorqué par un gros chien, lui nasilla avec un accent hongrois *Facitote caritatem !*

— A la bonne heure ! dit Pierre Gringoire, en voilà un enfin qui parle un langage chrétien Il faut que j'aie la mine bien aumônière pour qu'on me demande ainsi la charité dans l'état de maigreur où est ma bourse Mon ami (et il se tournait vers l'aveugle), j'ai vendu la semaine passée ma dernière chemise, c'est-à-dire, puisque vous ne comprenez que la langue de Cicero *Iendidi hebdomade nuper transiti meam ultimam chemisam*

Cela dit, il tourna le dos à l'aveugle, et poursuivit son chemin, mais l'aveugle se mit à allonger le pas en même temps que lui, et voilà que le perclus, voilà que le cul-de-jatte surviennent de leur côté avec grande hâte et grand bruit d'écuelle et de béquilles sur le pavé Puis, tous trois, s'entre-culbutant aux trousses du pauvre Gringoire, se mirent à lui chanter leur chanson

— *Caritatem* ! chantait l'aveugle

— *La buona mancia* ! chantait le cul-de-jatte

Et le boiteux relevait la phrase musicale en répétant —*Un pedaso de pan* ! Gringoire se boucha les oreilles — O tour de Babel ! s'écria-t-il

Il se mit à courir L'aveugle courut Le boiteux courut Le cul-de-jatte courut

Et puis, à mesure qu'il s'enfonçait dans la rue, culs-de-jatte, aveugles, boiteux, pullulaient autour de lui, et des manchots, et des borgnes, et des lépreux avec leurs plaies, qui sortant des maisons, qui des petites rues adjacentes, qui des soupiraux des caves, hurlant, beuglant, glapissant, tous clopin-clopant, cahin-caha, se ruant vers la lumière, et vautrés dans la fange comme des limaces après la pluie

Gringoire, toujours suivi par ses trois persécuteurs, et ne sachant trop ce que cela allait devenir, marchait effaré au milieu des autres, tournant les boiteux, enjambant les culs-de-jatte, les pieds empêtrés dans cette fourmilière d'éclopés, comme ce capitaine anglais qui s'enlisa dans un troupeau de crabes

L'idée lui vint d'essayer de retourner sur ses pas Mais il était trop tard Toute cette légion s'était refermée derrière lui, et ses trois mendiants le tenaient Il continua donc, poussé à la fois par ce flot irrésistible, par la peur et par un vertige qui lui faisait de tout cela une sorte de rêve horrible

Enfin, il atteignit l'extrémité de la rue Elle débouchait sur une place immense, où mille lumières éparses vacillaient dans le brouillard confus de la nuit Gringoire s'y jeta, espérant échapper par la vitesse de ses jambes aux trois spectres infirmes qui s'étaient cramponnés à lui

— *Ondè vas, hombre* ! cria le perclus jetant là ses béquilles, et courant après lui avec les deux meilleures jambes qui eussent jamais tracé un pas géométrique sur le pavé de Paris

Cependant le cul-de-jatte, debout sur ses pieds, coiffait Gringoire de sa lourde jatte ferrée, et l'aveugle le regardait en face avec des yeux flamboyants

— Où suis-je ? dit le poète terrifié

— Dans la Cour des Miracles, répondit un quatrième spectre qui les avait accostés

— Sur mon âme, reprit Gringoire, je vois bien les aveugles qui regardent et les boiteux qui courent, mais où est le Sauveur ?

Ils répondirent par un éclat de rire sinistre

Le pauvre poète jeta les yeux autour de lui Il était en effet dans cette redoutable Cour des Miracles, où jamais honnête homme n'avait pénétré à pareille heure, cercle magique où les officiers du Châtelet et les sergents de la prévôté qui s'y aventuraient disparaissaient en miettes, cité des voleurs, hideuse verrue à la face de Paris, égout d'où s'échappait chaque matin, et où revenait croupir chaque nuit ce ruisseau de vices, de mendicité et de vagabondage toujours débordé dans les rues des capitales, ruche monstrueuse où rentraient le soir avec leur butin tous les frelons de l'ordre social, hôpital menteur où le bohémien, le moine défroqué, l'écolier perdu, les vauriens de toutes les nations, espagnols, italiens, allemands, de toutes les religions, juifs, chrétiens, mahométans, idolâtres, couverts de plaies fardées, mendiants le jour, se transfiguraient la nuit en brigands, immense vestiaire, en un mot, où s'habillaient et se déshabillaient à cette époque tous les acteurs de cette comédie éternelle que le vol, la prostitution et le meurtre jouent sur le pavé de Paris

C'était une vaste place, irrégulière et mal pavée, comme toutes les places de Paris alors Des feux, autour desquels fourmillaient des groupes étranges, y brillaient çà et là Tout cela allait, venait, criait On entendait des rires aigus, des vagissements d'enfants, des voix de femmes Les mains, les têtes de cette foule, noires sur le fond lumineux, y découpaient mille gestes bizarres Par moments, sur le sol, où tremblait la clarté des feux, mêlée à de grandes ombres indéfinies, on pouvait voir passer un chien qui ressemblait à un homme, un homme qui ressemblait à un chien Les limites des races et des espèces semblaient s'effacer dans cette cité comme dans un pandémonium Hommes, femmes, bêtes, âge, sexe, santé, maladie, tout semblait être en commun parmi ce peuple, tout allait ensemble, mêlé, confondu, superposé, chacun y participait de tout

Le rayonnement chancelant et pauvre des feux permettait à Gringoire de distinguer, à travers son trouble, tout à l'entour de l'immense place, un hideux encadrement de vieilles maisons dont les façades vermoulues, ratatinées, ribougries, percées chacune d'une ou deux lucarnes éclairées, lui semblaient dans l'ombre d'énormes têtes de vieilles femmes, rangées en cercle, monstrueuses et rechignées, qui regardaient le sabbat en clignant des yeux

C'était comme un nouveau monde, inconnu, inouï, difforme, reptile, fourmillant, fantastique

Gringoire, de plus en plus effaré, pris par les trois mendiants comme par trois tenailles, assourdi d'une foule d'autres visages qui moutonnaient et aboyaient autour de lui, le malencontreux Gringoire tâchait de rallier sa présence d'esprit pour se rappeler si l'on était à un samedi Mais ses efforts étaient vains, le fil de sa mémoire et de sa pensée était rompu, et doutant de tout, flottant de ce qu'il voyait à ce qu'il sentait, il se posait cette insoluble question   — Si je suis, cela est-il ? si cela est, suis-je ?

En ce moment, un cri distinct s'éleva dans la cohue bourdonnante qui l'enveloppait   — Menons-le au roi ! menons-le au roi !

— Sainte Vierge ! murmura Gringoire, le roi d'ici, ce doit être un bouc

— Au roi ! au roi ! répétèrent toutes les voix

On l'entraîna Ce fut à qui mettrait la griffe sur lui Mais les trois mendiants ne lâchaient pas prise, et l'arrachaient aux autres en hurlant Il est à nous !

Le pourpoint déjà malade du poete rendit le dernier soupir dans cette lutte

En traversant l'horrible place, son vertige se dissipa Au bout de quelques pas, le sentiment de la réalité lui était revenu Il commençait à se faire à l'atmosphère du lieu Dans le premier moment, de sa tête de poete, ou peut-être, tout simplement et tout prosaïquement, de son estomac vide, il s'était élevé une fumée, une vapeur pour ainsi dire, qui, se répandant entre les objets et lui, ne les lui avait laissé entrevoir que dans la brume incohérente du cauchemar, dans ces ténèbres des rêves qui font trembler tous les contours, grimacer toutes les formes, s'agglomérer les objets en groupes démesurés, dilatant les choses en chimères et les hommes en fantômes Peu à peu à cette hallucination succéda un regard moins égaré et moins grossissant Le réel se faisait jour autour de lui, lui heurtait les yeux, lui heurtait les pieds, et démolissait pièce à pièce toute l'effroyable poésie dont il s'était cru d'abord entouré Il fallut bien s'apercevoir qu'il ne marchait pas dans le Styx, mais dans la boue, qu'il n'était pas coudoyé par des démons, mais par des voleurs, qu'il n'y allait pas de son âme, mais tout bonnement de sa vie (puisqu'il lui manquait ce précieux conciliateur qui se place si efficacement entre le bandit et l'honnête homme   la bourse) Enfin, en examinant l'orgie de plus près et avec plus de sang-froid, il tomba du sabbat au cabaret

La Cour des Miracles n'était en effet qu'un cabaret, mais un cabaret de brigands, tout aussi rouge de sang que de vin

Le spectacle qui s'offrit à ses yeux, quand son escorte en guenilles le déposa enfin au terme de sa course, n'était pas propre à le ramener à la poésie, fût-ce même à la poésie de l'enfer C'était plus que jamais la prosaïque et brutale réalité de la taverne Si nous n'étions pas au quinzième siècle, nous dirions que Gringoire était descendu de Michel-Ange à Callot

Autour d'un grand feu qui brûlait sur une large dalle ronde, et qui pénétrait de ses flammes les tiges rougies d'un trépied vide pour le moment, quelques tables vermoulues étaient dressées, çà et là, au hasard, sans que le moindre laquais géomètre eût daigné ajuster leur parallélisme ou veiller à ce qu'au moins elles ne se coupassent pas à des angles trop inusités Sur ces tables reluisaient quelques pots ruisselants de vin et de cervoise, et autour de ces pots se groupaient force visages bachiques, empourprés de feu et de vin C'était un homme à gros ventre et à joviale figure qui embrassait bruyamment une fille de joie, épaisse et charnue C'était une espèce de faux soldat, un narquois, comme on disait en argot, qui défaisait en sifflant les bandages de sa fausse blessure, et qui dégourdissait son genou sain et vigoureux, emmailloté depuis le matin dans mille ligatures Au rebours, c'était un malingreux qui préparait avec de l'éclaire et du sang de bœuf sa *jambe de Dieu* du lendemain Deux tables plus loin, un coquillart, avec son costume complet de pèlerin, épelait la complainte de Sainte-Reine, sans oublier la psalmodie et le nasillement Ailleurs un jeune hubin prenait leçon d'épilepsie d'un vieux sabouleux qui lui enseignait l'art d'écumer en mâchant un morceau de savon A côté, un hydropique se dégonflait, et faisait boucher le nez à quatre ou cinq larronnesses qui se disputaient à la même table un enfant volé dans la soirée Toutes circonstances qui, deux siècles plus tard, *semblèrent si ridicules à la cour,* comme dit Sauval, *qu'elles servirent de passe-temps au roi & d'entrée au ballet royal de La Nuit, divisé en quatre parties & dansé sur le théâtre du Petit-Bourbon* « Jamais, ajoute un témoin oculaire de 1653, les subites métamorphoses de la Cour des Miracles n'ont été plus heureusement representées Benserade nous y prépara par des vers assez galants »

Le gros rire éclatait partout, et la chanson obscène Chacun tirait à soi, glosant et jurant sans écouter le voisin Les pots trinquaient, et les querelles naissaient au choc des pots, et les pots ébréchés faisaient déchirer les haillons.

Un gros chien, assis sur sa queue, regardait le feu Quelques enfants étaient mêlés à cette orgie L'enfant volé, qui pleurait et criait Un autre, gros garçon de quatre ans, assis les jambes pendantes sur un banc trop élevé, ayant de la table jusqu'au menton, et ne disant mot Un troisième étalant gravement avec son doigt sur la table le suif en fusion qui coulait d'une chandelle Un dernier, petit, accroupi dans la boue, presque perdu dans un chaudron qu'il raclait avec une tuile et dont il tirait un son à faire évanouir Stradivarius

Un tonneau était près du feu, et un mendiant sur le tonneau C'était le roi sur son trône

Les trois qui avaient Gringoire l'amenèrent devant ce tonneau, et toute la bacchanale fit un moment silence, excepté le chaudron habité par l'enfant

Gringoire n'osait souffler ni lever les yeux

— *Hombre, quita tu sombrero*, dit l'un des trois drôles à qui il était, et avant qu'il eût compris ce que cela voulait dire, l'autre lui avait pris son chapeau Misérable bicoquet, il est vrai, mais bon encore un jour de soleil ou un jour de pluie Gringoire soupira

Cependant le roi, du haut de sa futaille, lui adressa la parole

— Qu'est-ce que c'est que ce maraud ?

Gringoire tressaillit Cette voix, quoique accentuée par la menace, lui rappela une autre voix qui le matin même avait porté le premier coup à son mystère en nasillant au milieu de l'auditoire *La charité, s'il vous plaît !* Il leva la tête C'était en effet Clopin Trouillefou

Clopin Trouillefou, revêtu de ses insignes royaux, n'avait pas un haillon de plus ni de moins Sa plaie au bras avait déjà disparu Il portait à la main un de ces fouets à lanières de cuir blanc dont se servaient alors les sergents à verge pour serrer la foule, et que l'on appelait *boullayes* Il avait sur la tête une espèce de coiffure cerclée et fermée par le haut, mais il était difficile de distinguer si c'était un bourrelet d'enfant ou une couronne de roi, tant les deux choses se ressemblent

Cependant Gringoire, sans savoir pourquoi, avait repris quelque espoir en reconnaissant dans le roi de la Cour des Miracles son maudit mendiant de la grand'salle

— Maître, balbutia-t-il Monseigneur Sire Comment dois-je vous appeler ? dit-il enfin, arrivé au point culminant de son crescendo, et ne sachant plus comment monter ni redescendre

— Monseigneur, sa majesté, ou camarade, appelle-moi comme tu voudras Mais dépêche Qu'as-tu à dire pour ta défense ?

Pour ta défense ! pensa Gringoire, ceci me déplaît Il reprit en bégayant .

— Je suis celui qui ce matin

— Par les ongles du diable ! interrompit Clopin, ton nom, maraud, et rien de plus Écoute Tu es devant trois puissants souverains moi, Clopin Trouillefou, roi de Thunes, successeur du grand coesre, suzerain suprême du royaume de l'argot, Mathias Hungadi Spicali, duc d'Égypte et de Bohême, ce vieux jaune que tu vois là avec un torchon autour de la tête, Guillaume Rousseau, empereur de Galilée, ce gros qui ne nous écoute pas et qui caresse une ribaude Nous sommes tes juges Tu es entré dans le royaume d'argot sans être argotier, tu as violé les privilèges de notre ville. Tu dois être puni, à moins que tu ne sois capon, franc-mitou ou rifodé, c'est-à-dire, dans l'argot des honnêtes gens, voleur, mendiant ou vagabond Es-tu quelque chose comme cela ? Justifie-toi Décline tes qualités

— Hélas ! dit Gringoire, je n'ai pas cet honneur Je suis l'auteur

— Cela suffit, reprit Trouillefou sans le laisser achever Tu vas être pendu Chose toute simple, messieurs les honnêtes bourgeois ! comme vous traitez les nôtres chez vous, nous traitons les vôtres chez nous La loi que vous faites aux truands, les truands vous la font C'est votre faute si elle est méchante Il faut bien qu'on voie de temps en temps une grimace d'honnête homme au-dessus du collier de chanvre, cela rend la chose honorable Allons, l'ami, partage gaiement tes guenilles à ces demoiselles Je vais te faire pendre pour amuser les truands, et tu leur donneras ta bourse pour boire Si tu as quelque momerie à faire, il y a là-bas dans l'égrugeoir un très bon Dieu-le-Père en pierre que nous avons volé à Saint-Pierre-aux-Bœufs Tu as quatre minutes pour lui jeter ton âme à la tête

La harangue était formidable

— Bien dit, sur mon âme ! Clopin Trouillefou prêche comme un saint-père le pape, s'écria l'empereur de Galilée en cassant son pot pour étayer sa table

— Messeigneurs les empereurs et rois, dit Gringoire avec sang-froid (car je ne sais comment la fermeté lui était revenue, et il parlait résolûment), vous n'y pensez pas Je m'appelle Pierre Gringoire, je suis le poète dont on a représenté ce matin une moralité dans la grand'salle du Palais

— Ah ! c'est toi, maître ! dit Clopin J'y étais, par la tête-Dieu ! Eh bien ! camarade, est-ce une raison, parce que tu nous as ennuyés ce matin, pour ne pas être pendu ce soir ?

J'aurai de la peine à m'en tirer, pensa Gringoire Il tenta pourtant encore un effort — Je ne vois pas pourquoi, dit-il, les poètes ne sont pas rangés parmi les truands Vagabond, Æsopus le fut, mendiant, Homerus le fut, voleur, Mercurius l'était

Clopin l'interrompit — Je crois que tu veux nous margrabouliser avec ton grimoire Pardieu, laisse-toi pendre, et pas tant de façons !

— Pardon, monseigneur le roi de Thunes, répliqua Gringoire, disputant le terrain pied à pied Cela en vaut la peine Un moment ! Écoutez-moi Vous ne me condamnerez pas sans m'entendre

Sa malheureuse voix, en effet, était couverte par le vacarme qui se faisait autour de lui Le petit garçon raclait son chaudron avec plus de verve que jamais, et pour comble, une vieille femme venait de poser sur le trépied ardent une poêle pleine de graisse, qui glapissait au feu avec un bruit pareil aux cris d'une troupe d'enfants qui poursuit un masque

Cependant Clopin Trouillefou parut conférer un moment avec le duc d'Égypte et l'empereur de Galilée, lequel était complètement ivre Puis il cria aigrement Silence donc ! et, comme le chaudron et la poêle à frire ne l'écoutaient pas et continuaient leur duo, il sauta à bas de son tonneau, donna un coup de pied dans le chaudron, qui roula à dix pas avec l'enfant, un coup de pied dans la poêle, dont toute la graisse se renversa dans le feu, et il remonta gravement sur son trône, sans se soucier des pleurs étouffés de l'enfant, ni des grognements de la vieille, dont le souper s'en allait en belle flamme blanche

Trouillefou fit un signe, et le duc, et l'empereur, et les archisuppôts et les cagoux vinrent se ranger autour de lui en un fer-à-cheval, dont Gringoire, toujours rudement appréhendé au corps, occupait le centre. C'était un demi-cercle de haillons, de guenilles, de clinquant, de fourches, de haches, de jambes avinées, de gros bras nus, de figures sordides, éteintes et hébétées Au milieu de cette table ronde de la gueuserie, Clopin Trouillefou, comme le doge de ce sénat, comme le roi de cette pairie, comme le pape de ce conclave, dominait, d'abord de toute la hauteur de son tonneau, puis de je ne sais quel air hautain, farouche et formidable qui faisait pétiller sa prunelle et corrigeait dans son sauvage profil le type bestial de la race truande On eût dit une hure parmi des groins

— Écoute, dit-il à Gringoire en caressant son menton difforme avec sa main calleuse, je ne vois pas pourquoi tu ne serais pas pendu Il est vrai que cela a l'air de te répugner, et c'est tout simple, vous autres bourgeois, vous n'y êtes pas habitués Vous vous faites de la chose une grosse idée Après tout, nous ne te voulons pas de mal Voici un moyen de te tirer d'affaire pour le moment Veux-tu être des nôtres ?

On peut juger de l'effet que fit cette proposition sur Gringoire, qui voyait la vie lui échapper, et commençait à lâcher prise Il s'y rattacha énergiquement.

— Je le veux, certes, bellement, dit-il

— Tu consens, reprit Clopin, à t'enrôler parmi les gens de la petite flambe ?

— De la petite flambe Précisément, répondit Gringoire

— Tu te reconnais membre de la franche bourgeoisie ? reprit le roi de Thunes

— De la franche bourgeoisie

— Sujet du royaume d'argot ?

— Du royaume d'argot

— Truand ?

— Truand

— Dans l'âme ?

— Dans l'âme

— Je te fais remarquer, reprit le roi, que tu n'en seras pas moins pendu pour cela.

— Diable! dit le poète

— Seulement, continua Clopin imperturbable, tu seras pendu plus tard, avec plus de cérémonie, aux frais de la bonne ville de Paris, à un beau gibet de pierre, et par les honnêtes gens C'est une consolation

— Comme vous dites, répondit Gringoire

— Il y a d'autres avantages En qualité de franc-bourgeois, tu n'auras à payer ni boues, ni pauvres, ni lanternes, à quoi sont sujets les bourgeois de Paris

— Ainsi soit-il, dit le poète Je consens Je suis truand, argotier, franc-bourgeois, petite flambe, tout ce que vous voudrez Et j'étais tout cela d'avance, monsieur le roi de Thunes, car je suis philosophe, *& omnia in philosophia, omnes in philosopho continentur*, comme vous savez

Le roi de Thunes fronça le sourcil

— Pour qui me prends-tu, l'ami? Quel argot de juif de Hongrie nous chantes-tu là? Je ne sais pas l'hébreu Pour être bandit on n'est pas juif Je ne vole même plus, je suis au-dessus de cela, je tue Coupe-gorge, oui, coupe-bourse, non

Gringoire tâcha de glisser quelque excuse à travers ces brèves paroles que la colère saccadait de plus en plus — Je vous demande pardon, monseigneur Ce n'est pas de l'hébreu, c'est du latin

— Je te dis, reprit Clopin avec emportement, que je ne suis pas juif, et que je te ferai pendre, ventre de synagogue! ainsi que ce petit marcandier de Judée qui est auprès de toi et que j'espère bien voir clouer un jour sur un comptoir, comme une pièce de fausse monnaie qu'il est!

En parlant ainsi, il désignait du doigt le petit juif hongrois barbu, qui avait accosté Gringoire de son *facitote caritatem*, et qui, ne comprenant pas d'autre langue, regardait avec surprise la mauvaise humeur du roi de Thunes déborder sur lui

Enfin monseigneur Clopin se calma

— Maraud! dit-il à notre poète, tu veux donc être truand?

— Sans doute, répondit le poète

— Ce n'est pas le tout de vouloir, dit le bourru Clopin La bonne volonté ne met pas un oignon de plus dans la soupe, et n'est bonne que pour aller en paradis, or, paradis et argot sont deux Pour être reçu dans l'argot, il faut que tu prouves que tu es bon à quelque chose, et pour cela que tu fouilles le mannequin

— Je fouillerai, dit Gringoire, tout ce qu'il vous plaira

Clopin fit un signe Quelques argotiers se détachèrent du cercle et

revinrent un moment après Ils apportaient deux poteaux terminés à leur
extrémité inférieure par deux spatules en charpente, qui leur faisaient prendre
aisément pied sur le sol A l'extrémité supérieure des deux poteaux ils adap-
tèrent une solive transversale, et le tout constitua une fort jolie potence
portative, que Gringoire eut la satisfaction de voir se dresser devant lui en
un clin d'œil Rien n'y manquait, pas même la corde qui se balançait gracieusement au-dessous de la traverse

— Où veulent-ils en venir? se demanda Gringoire avec quelque inquiétude Un bruit de sonnettes qu'il entendit au même moment mit fin à son
anxiété C'était un mannequin que les truands suspendaient par le cou à la
corde, espèce d'épouvantail aux oiseaux, vêtu de rouge, et tellement chargé
de grelots et de clochettes qu'on eût pu en harnacher trente mules castillanes
Ces mille sonnettes frissonnèrent quelque temps aux oscillations de la corde,
puis s'éteignirent peu à peu, et se turent enfin, quand le mannequin eut
été ramené à l'immobilité par cette loi du pendule qui a détrôné la clepsydre
et le sablier

Alors Clopin, indiquant à Gringoire un vieil escabeau chancelant placé
au-dessous du mannequin   — Monte là-dessus

— Mort-diable! objecta Gringoire, je vais me rompre le cou Votre
escabelle boite comme un distique de Martial, elle a un pied hexamètre et
un pied pentamètre

— Monte, reprit Clopin

Gringoire monta sur l'escabeau, et parvint, non sans quelques oscillations
de la tête et des bras, à y retrouver son centre de gravité

— Maintenant, poursuivit le roi de Thunes, tourne ton pied droit autour
de ta jambe gauche et dresse-toi sur la pointe du pied gauche

— Monseigneur, dit Gringoire, vous tenez donc absolument à ce que
je me casse quelque membre?

Clopin hocha la tête

— Écoute, l'ami, tu parles trop Voilà en deux mots de quoi il s'agit
Tu vas te dresser sur la pointe du pied, comme je te le dis, de cette façon
tu pourras atteindre jusqu'à la poche du mannequin, tu y fouilleras, tu en
tireras une bourse qui s'y trouve, et si tu fais tout cela sans qu'on entende le
bruit d'une sonnette, c'est bien, tu seras truand Nous n'aurons plus qu'à
te rouer de coups pendant huit jours

— Ventre-Dieu! je n'aurais garde, dit Gringoire Et si je fais chanter les
sonnettes?

— Alors tu seras pendu Comprends-tu?

— Je ne comprends pas du tout, répondit Gringoire

— Écoute encore une fois Tu vas fouiller le mannequin et lui prendre sa bourse, si une seule sonnette bouge dans l'opération, tu seras pendu Comprends-tu cela ?

— Bien, dit Gringoire, je comprends cela Après ?

— Si tu parviens à enlever la bourse sans qu'on entende les grelots, tu es truand, et tu seras roué de coups pendant huit jours consécutifs Tu comprends sans doute, maintenant ?

— Non, monseigneur, je ne comprends plus Où est mon avantage ? pendu dans un cas, battu dans l'autre

— Et truand ? reprit Clopin, et truand ? n'est-ce rien ? C'est dans ton intérêt que nous te battrons, afin de t'endurcir aux coups

— Grand merci, répondit le poète

— Allons, dépêchons, dit le roi en frappant du pied sur son tonneau qui résonna comme une grosse caisse Fouille le mannequin, et que cela finisse Je t'avertis une dernière fois que si j'entends un seul grelot, tu prendras la place du mannequin

La bande des argotiers applaudit aux paroles de Clopin, et se rangea circulairement autour de la potence, avec un rire tellement impitoyable que Gringoire vit qu'il les amusait trop pour n'avoir pas tout à craindre d'eux Il ne lui restait donc plus d'espoir, si ce n'est la frêle chance de réussir dans la redoutable opération qui lui était imposée Il se décida à la risquer, mais ce ne fut pas sans avoir adressé d'abord une fervente prière au mannequin qu'il allait dévaliser et qui eût été plus facile à attendrir que les truands Cette myriade de sonnettes avec leurs petites langues de cuivre lui semblaient autant de gueules d'aspics ouvertes, prêtes à mordre et à siffler

— Oh ! disait-il tout bas, est-il possible que ma vie dépende de la moindre des vibrations du moindre de ces grelots ! Oh ! ajoutait-il les mains jointes, sonnettes, ne sonnez pas ! clochettes, ne clochez pas ! grelots, ne grelottez pas !

Il tenta encore un effort sur Trouillefou

— Et s'il survient un coup de vent ? lui demanda-t-il

— Tu seras pendu, répondit l'autre sans hésiter

Voyant qu'il n'y avait ni répit, ni sursis, ni faux-fuyant possible, il prit bravement son parti Il tourna son pied droit autour de son pied gauche, se dressa sur son pied gauche, et étendit le bras, mais, au moment où il touchait le mannequin, son corps qui n'avait plus qu'un pied chancela sur l'escabeau qui n'en avait que trois, il voulut machinalement s'appuyer au mannequin, perdit l'équilibre, et tomba lourdement sur la terre, tout assourdi par la fatale vibration des mille sonnettes du mannequin, qui, cédant à l'impulsion de sa main, décrivit d'abord une rotation sur lui-même, puis se balança majestueusement entre les deux poteaux

— Malédiction ! cria-t-il en tombant, et il resta comme mort la face contre terre

Cependant il entendait le redoutable carillon au-dessus de sa tête, et le rire diabolique des truands, et la voix de Trouillefou, qui disait — Relevez-moi le drôle, et pendez-le-moi rudement

Il se leva On avait déjà décroché le mannequin pour lui faire place

Les argotiers le firent monter sur l'escabeau Clopin vint à lui, lui passa la corde au cou, et lui frappant sur l'épaule — Adieu, l'ami ! Tu ne peux plus échapper maintenant, quand même tu digérerais avec les boyaux du pape

Le mot *grâce* expira sur les lèvres de Gringoire Il promena ses regards autour de lui Mais aucun espoir   tous riaient

— Bellevigne de l'Étoile, dit le roi de Thunes à un énorme truand qui sortit des rangs, grimpe sur la traverse

Bellevigne de l'Étoile monta lestement sur la solive transversale, et au bout d'un instant Gringoire en levant les yeux le vit avec terreur accroupi sur la traverse au-dessus de sa tête

— Maintenant, reprit Clopin Trouillefou, dès que je frapperai des mains, Andry le Rouge, tu jetteras l'escabelle à terre d'un coup de genou, François Chante-Prune, tu te pendras aux pieds du maraud, et toi, Bellevigne, tu te jetteras sur ses épaules, et tous trois à la fois, entendez-vous ?

Gringoire frissonna

— Y êtes-vous ? dit Clopin Trouillefou aux trois argotiers prêts à se précipiter sur Gringoire comme trois araignées sur une mouche Le pauvre patient eut un moment d'attente horrible, pendant que Clopin repoussait tranquillement du bout du pied dans le feu quelques brins de sarment que la flamme n'avait pas gagnés — Y êtes-vous ? répéta-t-il, et il ouvrit ses mains pour frapper Une seconde de plus, c'en était fait

Mais il s'arrêta, comme averti par une idée subite — Un instant ! dit-il, j'oubliais !   Il est d'usage que nous ne pendions pas un homme sans demander s'il y a une femme qui en veut. — Camarade, c'est ta dernière ressource Il faut que tu épouses une truande ou la corde

Cette loi bohémienne, si bizarre qu'elle puisse sembler au lecteur, est aujourd'hui encore écrite tout au long dans la vieille législation anglaise Voyez *Burington's Observations*

Gringoire respira C'était la seconde fois qu'il revenait à la vie depuis une demi-heure Aussi n'osait-il trop s'y fier

— Holà ! cria Clopin remonté sur sa futaille, holà ! femmes, femelles, y a-t-il parmi vous, depuis la sorcière jusqu'à sa chatte, une ribaude qui veuille de ce ribaud ? Holà, Colette la Charonne ! Élisabeth Trouvain ! Simone Jodouyne ! Marie Piédebou ! Thonne la Longue ! Bérarde Fanouel ! Michelle

Genaille ! Claude Ronge-Oreille ! Mathurine Girorou ! Hol'! Isabeau li Thierrye ! Venez et voyez ! un homme pour rien ! qui en veut ?

Gringoire, dans ce misérable état, était sans doute peu appétissant Les truandes se montrèrent médiocrement touchées de la proposition Le malheureux les entendit répondre — Non ! non ! pendez-le, il y aura du plaisir pour toutes

Trois cependant sortirent de la foule et vinrent le flairer La première était une grosse fille à face carrée Elle examina attentivement le pourpoint déplorable du philosophe La souquenille était usée et plus trouée qu'une poêle à griller des châtaignes La fille fit la grimace — Vieux drapeau ! grommela-t-elle, et s'adressant à Gringoire — Voyons ta cape ? — Je l'ai perdue, dit Gringoire — Ton chapeau ? — On me l'a pris — Tes souliers ? — Ils commencent à n'avoir plus de semelles — Ta bourse ? — Hélas ! bégaya Gringoire, je n'ai pas un denier parisis — Laisse-toi pendre, et dis merci ! répliqua la truande en lui tournant le dos

La seconde, vieille, noire, ridée, hideuse, d'une laideur à faire tache dans la Cour des Miracles, tourna autour de Gringoire Il tremblait presque qu'elle ne voulût de lui Mais elle dit entre ses dents — Il est trop maigre, et s'éloigna

La troisième était une jeune fille, assez fraîche, et pas trop laide — Sauvez-moi ! lui dit à voix basse le pauvre diable Elle le considéra un moment d'un air de pitié, puis baissa les yeux, fit un pli à sa jupe, et resta indécise Il suivait des yeux tous ses mouvements, c'était la dernière lueur d'espoir — Non, dit enfin la jeune fille, non ! Guillaume Longuejoue me battrait Elle rentra dans la foule

— Camarade, dit Clopin, tu as du malheur

Puis, se levant debout sur son tonneau — Personne n'en veut ? cria-t-il en contrefaisant l'accent d'un huissier priseur, à la grande gaieté de tous, personne n'en veut ? une fois, deux fois, trois fois ! Et se tournant vers la potence avec un signe de tête — Adjugé !

Bellevigne de l'Étoile, Andry le Rouge, François Chante-Prune se rapprochèrent de Gringoire

En ce moment un cri s'éleva parmi les argotiers · — La Esmeralda ! la Esmeralda !

Gringoire tressaillit, et se tourna du côté d'où venait la clameur La foule s'ouvrit, et donna passage à une pure et éblouissante figure

C'était la bohémienne

— La Esmeralda ! dit Gringoire, stupéfait, au milieu de ses émotions, de la brusque manière dont ce mot magique nouait tous les souvenirs de sa journée

Cette rare créature paraissait exercer jusque dans la Cour des Miracles son empire de charme et de beauté Argotiers et argotières se rangeaient doucement à son passage, et leurs brutales figures s'épanouissaient à son regard

Elle s'approcha du patient avec son pas léger Sa jolie Djali la suivait Gringoire était plus mort que vif Elle le considéra un moment en silence

— Vous allez pendre cet homme ? dit-elle gravement à Clopin

— Oui, sœur, répondit le roi de Thunes, à moins que tu ne le prennes pour mari

Elle fit sa jolie petite moue de la lèvre inférieure

— Je le prends, dit-elle

Gringoire ici crut fermement qu'il n'avait fait qu'un rêve depuis le matin, et que ceci en était la suite

La péripétie en effet, quoique gracieuse, était violente

On détacha le nœud coulant, on fit descendre le poete de l'escabeau Il fut obligé de s'asseoir, tant la commotion était vive.

Le duc d'Égypte, sans prononcer une parole, apporta une cruche d'argile La bohémienne la présenta à Gringoire — Jetez-la à terre, lui dit-elle

La cruche se brisa en quatre morceaux

— Frère, dit alors le duc d'Égypte en leur imposant les mains sur le front, elle est ta femme, sœur, il est ton mari Pour quatre ans Allez

VII

UNE NUIT DE NOCES

Au bout de quelques instants, notre poete se trouva dans une petite chambre voûtée en ogive, bien close, bien chaude, assis devant une table qui ne paraissait pas demander mieux que de faire quelques emprunts à un garde-manger suspendu tout auprès, ayant un bon lit en perspective, et tête à tête avec une jolie fille L'aventure tenait de l'enchantement Il commençait à se prendre sérieusement pour un personnage de conte de fées, de temps en temps il jetait les yeux autour de lui comme pour chercher si le char de feu attelé de deux chimères ailées, qui avait seul pu le transporter si rapidement du tartare au paradis, était encore là Par moments aussi il attachait obstinément son regard aux trous de son pourpoint, afin de se cramponner à la réalité et de ne pas perdre terre tout à fait Sa raison, ballottée dans les espaces imaginaires, ne tenait plus qu'à ce fil

La jeune fille ne paraissait faire aucune attention à lui, elle allait, venait, dérangeait quelque escabelle, causait avec sa chèvre, faisait sa moue çà et là Enfin elle vint s'asseoir près de la table, et Gringoire put la considérer à l'aise

Vous avez été enfant, lecteur, et vous êtes peut-être assez heureux pour l'être encore Il n'est pas que vous n'ayez plus d'une fois (et pour mon compte j'y ai passé des journées entières, les mieux employées de ma vie) suivi de broussaille en broussaille, au bord d'une eau vive, par un jour de soleil, quelque belle demoiselle verte ou bleue, brisant son vol à angles brusques et baisant le bout de toutes les branches Vous vous rappelez avec quelle curiosité amoureuse votre pensée et votre regard s'attachaient à ce petit tourbillon sifflant et bourdonnant, d'ailes de pourpre et d'azur, au milieu duquel flottait une forme insaisissable voilée par la rapidité même de son mouvement L'être aérien qui se dessinait confusément à travers ce frémissement d'ailes vous paraissait chimérique, imaginaire, impossible à toucher, impossible à voir Mais lorsque enfin la demoiselle se reposait à la pointe d'un roseau et que vous pouviez examiner en retenant votre souffle, les longues ailes de gaze, la longue robe d'émail, les deux globes de cristal, quel étonnement n'éprouviez-vous pas et quelle peur de voir de nouveau la forme s'en aller en ombre et l'être en chimère ! Rappelez-vous ces impressions, et vous vous rendrez aisément compte de ce que ressentait Gringoire en contemplant sous sa forme visible et palpable cette Esmeralda qu'il n'avait entrevue jusque-là qu'à travers un tourbillon de danse, de chant et de tumulte

Enfoncé de plus en plus dans sa rêverie, — Voilà donc, se disait-il en la suivant vaguement des yeux, ce que c'est que *la Esmeralda*? une céleste créature! une danseuse des rues! tant et si peu! C'est elle qui a donné le coup de grâce à mon mystère ce matin, c'est elle qui me sauve la vie ce soir. Mon mauvais génie! mon bon ange! — Une jolie femme, sur ma parole! — et qui doit m'aimer à la folie pour m'avoir pris de la sorte. — A propos, dit-il en se levant tout à coup avec ce sentiment du vrai qui faisait le fond de son caractère et de sa philosophie, je ne sais trop comment cela se fit, mais je suis son mari!

Cette idée en tête et dans les yeux, il s'approcha de la jeune fille d'une façon si militaire et si galante qu'elle recula.

— Que me voulez-vous donc? dit-elle.

— Pouvez-vous me le demander, adorable Esmeralda? répondit Gringoire avec un accent si passionné qu'il en était étonné lui-même en s'entendant parler.

L'égyptienne ouvrit ses grands yeux. — Je ne sais pas ce que vous voulez dire.

— Eh quoi! reprit Gringoire, s'échauffant de plus en plus, et songeant qu'il n'avait affaire après tout qu'à une vertu de la Cour des Miracles, ne suis-je pas à toi, douce amie? n'es-tu pas à moi?

Et, tout ingénument, il lui prit la taille.

Le corsage de la bohémienne glissa dans ses mains comme la robe d'une anguille. Elle sauta d'un bond à l'autre bout de la cellule, se baissa, et se redressa, avec un petit poignard à la main, avant que Gringoire eût eu seulement le temps de voir d'où ce poignard sortit, irritée et fière, les lèvres gonflées, les narines ouvertes, les joues rouges comme une pomme d'api, les prunelles rayonnantes d'éclairs. En même temps, la chevrette blanche se plaça devant elle, et présenta à Gringoire un front de bataille, hérissé de deux cornes jolies, dorées et fort pointues. Tout cela se fit en un clin d'œil.

La demoiselle se faisait guêpe et ne demandait pas mieux que de piquer.

Notre philosophe resta interdit, promenant tour à tour de la chèvre à la jeune fille des regards hébétés.

— Sainte Vierge! dit-il enfin quand la surprise lui permit de parler, voilà deux luronnes!

La bohémienne rompit le silence de son côté.

— Il faut que tu sois un drôle bien hardi!

— Pardon, mademoiselle, dit Gringoire en souriant. Mais pourquoi donc m'avez-vous pris pour mari?

— Fallait-il te laisser pendre?

— Ainsi, reprit le poète un peu désappointé dans ses espérances amoureuses, vous n'avez eu d'autre pensée en m'épousant que de me sauver du gibet ?

— Et quelle autre pensée veux-tu que j'aie eue ?

Gringoire se mordit les lèvres — Allons, dit-il, je ne suis pas encore si triomphant en Cupido que je croyais Mais alors, à quoi bon avoir cassé cette pauvre cruche ?

Cependant le poignard de la Esmeralda et les cornes de la chèvre étaient toujours sur la défensive

— Madamoiselle Esmeralda, dit le poete, capitulons Je ne suis pas clerc-greffier au Châtelet, et ne vous chicanerai pas de porter ainsi une dague dans Paris à la barbe des ordonnances et prohibitions de M le prévôt Vous n'ignorez pas pourtant que Noel Lescripvain a été condamné il y a huit jours en dix sols parisis pour avoir porté un braquemard Or ce n'est pas mon affaire, et je viens au fait Je vous jure sur ma part de paradis de ne pas vous approcher sans votre congé et permission, mais donnez-moi à souper

Au fond, Gringoire, comme M Despréaux, était «très peu voluptueux» Il n'était pas de cette espèce chevalière et mousquetaire qui prend les jeunes filles d'assaut En matière d'amour, comme en toute autre affaire, il était volontiers pour les temporisations et les moyens termes, et un bon souper, en tête-à-tête aimable, lui paraissait, surtout quand il avait faim, un entr'acte excellent entre le prologue et le dénoûment d'une aventure d'amour

L'égyptienne ne répondit pas Elle fit sa petite moue dédaigneuse, dressa la tête comme un oiseau, puis éclata de rire, et le poignard mignon disparut comme il était venu, sans que Gringoire pût voir où l'abeille cachait son aiguillon

Un moment après, il y avait sur la table un pain de seigle, une tranche de lard, quelques pommes ridées et un broc de cervoise Gringoire se mit à manger avec emportement A entendre le cliquetis furieux de sa fourchette de fer et de son assiette de faïence, on eût dit que tout son amour s'était tourné en appétit

La jeune fille assise devant lui le regardait faire en silence, visiblement préoccupée d'une autre pensée à laquelle elle souriait de temps en temps, tandis que sa douce main caressait la tête intelligente de la chèvre mollement pressée entre ses genoux

Une chandelle de cire jaune éclairait cette scène de voracité et de rêverie

Cependant, les premiers bêlements de son estomac apaisés, Gringoire sentit quelque fausse honte de voir qu'il ne restait plus qu'une pomme - Vous ne mangez pas, madamoiselle Esmeralda ?

Elle répondit par un signe de tête négatif, et son regard pensif alla se fixer à la voûte de la cellule

De quoi diable est-elle occupée ? pensa Gringoire, et regardant ce qu'elle regardait — Il est impossible que ce soit la grimace de ce nain de pierre sculpté dans la clef de voûte qui absorbe ainsi son attention Que diable ! je puis soutenir la comparaison !

Il haussa la voix — Mademoiselle !

Elle ne paraissait pas l'entendre

Il reprit plus haut encore — Mademoiselle Esmeralda !

Peine perdue L'esprit de la jeune fille était ailleurs, et la voix de Gringoire n'avait pas la puissance de le rappeler Heureusement la chèvre s'en mêla Elle se mit à tirer doucement sa maîtresse par la manche — Que veux-tu, Djali ? dit vivement l'égyptienne, comme réveillée en sursaut

— Elle a faim, dit Gringoire, charmé d'entamer la conversation

La Esmeralda se mit à émietter du pain, que Djali mangeait gracieusement dans le creux de sa main

Du reste Gringoire ne lui laissa pas le temps de reprendre sa rêverie Il hasarda une question délicate

— Vous ne voulez donc pas de moi pour votre mari ?

La jeune fille le regarda fixement, et dit — Non

— Pour votre amant ? reprit Gringoire

Elle fit sa moue, et répondit — Non

— Pour votre ami ? poursuivit Gringoire

Elle le regarda encore fixement, et dit après un moment de réflexion — Peut-être

Ce *peut-être*, si cher aux philosophes, enhardit Gringoire

— Savez-vous ce que c'est que l'amitié ? demanda-t-il

— Oui, répondit l'égyptienne C'est être frère et sœur, deux âmes qui se touchent sans se confondre, les deux doigts de la main

— Et l'amour ? poursuivit Gringoire

— Oh ! l'amour ! dit-elle, et sa voix tremblait, et son œil rayonnait C'est être deux et n'être qu'un Un homme et une femme qui se fondent en un ange C'est le ciel

La danseuse des rues était, en parlant ainsi, d'une beauté qui frappait singulièrement Gringoire, et lui semblait en rapport parfait avec l'exaltation presque orientale de ses paroles Ses lèvres roses et pures souriaient à demi, son front candide et serein devenait trouble par moments sous sa pensée, comme un miroir sous une haleine, et de ses longs cils noirs baissés s'échappait une sorte de lumière ineffable qui donnait à son profil cette suavité idéale que Raphaël retrouva depuis au point d'intersection mystique de la virginité, de la maternité et de la divinité

Gringoire n'en poursuivit pas moins

— Comment faut-il donc être pour vous plaire ?

— Il faut être homme

— Et moi, dit-il, qu'est-ce que je suis donc ?

— Un homme a le casque en tête, l'épée au poing et des éperons d'or aux talons

— Bon, dit Gringoire, sans le cheval point d'homme — Aimez-vous quelqu'un ?

— D'amour ?

— D'amour

Elle resta un moment pensive, puis elle dit avec une expression particulière — Je saurai cela bientôt

— Pourquoi pas ce soir ? reprit alors tendrement le poète Pourquoi pas moi ?

Elle lui jeta un coup d'œil grave

— Je ne pourrai aimer qu'un homme qui pourra me protéger

Gringoire rougit et se le tint pour dit Il était évident que la jeune fille faisait allusion au peu d'appui qu'il lui avait prêté dans la circonstance critique où elle s'était trouvée deux heures auparavant Ce souvenir, effacé par ses autres aventures de la soirée, lui revint Il se frappa le front

— A propos, mademoiselle, j'aurais dû commencer par là Pardonnez-moi mes folles distractions Comment donc avez-vous fait pour échapper aux griffes de Quasimodo ?

Cette question fit tressaillir la bohémienne

— Oh ! l'horrible bossu ! dit-elle en se cachant le visage dans ses mains, et elle frissonnait comme dans un grand froid

— Horrible en effet ! dit Gringoire qui ne lâchait pas son idée, mais comment avez-vous pu lui échapper ?

La Esmeralda sourit, soupira, et garda le silence

— Savez-vous pourquoi il vous avait suivie ? reprit Gringoire, tâchant de revenir à sa question par un détour

— Je ne sais pas, dit la jeune fille Et elle ajouta vivement Mais vous qui me suiviez aussi, pourquoi me suiviez-vous ?

— En bonne foi, répondit Gringoire, je ne sais pas non plus

Il y eut un silence Gringoire tailladait la table avec son couteau La jeune fille souriait et semblait regarder quelque chose à travers le mur Tout à coup elle se prit à chanter d'une voix à peine articulée

> Quando las pintadas aves
> Mudas estan, y la tierra

Elle s'interrompit brusquement, et se mit à caresser Djali

— Vous avez là une jolie bête, dit Gringoire

— C'est ma sœur, répondit-elle

— Pourquoi vous appelle-t-on *la Esmeralda?* demanda le poete

— Je n'en sais rien

— Mais encore ?

Elle tira de son sein une espèce de petit sachet oblong suspendu à son cou par une chaîne de grains d'adrézarach Ce sachet exhalait une forte odeur de camphre Il était recouvert de soie verte, et portait à son centre une grosse verrorerie verte, imitant l'émeraude

— C'est peut-être à cause de cela, dit-elle

Gringoire voulut prendre le sachet Elle recula — N'y touchez pas C'est une amulette, tu ferais mal au charme, ou le charme à toi

La curiosité du poete était de plus en plus éveillée

— Qui vous l'a donnée ?

Elle mit un doigt sur sa bouche et cacha l'amulette dans son sein Il essaya d'autres questions, mais elle répondit à peine

— Que veut dire ce mot *la Esmeralda?*

— Je ne sais pas, dit-elle

— A quelle langue appartient-il ?

— C'est de l'égyptien, je crois

— Je m'en étais douté, dit Gringoire, vous n'êtes pas de France ?

— Je n'en sais rien

— Avez-vous vos parents ?

Elle se mit à chanter sur un vieil air

> Mon père est oiseau,
> Ma mère est oiselle,
> Je passe l'eau sans nacelle,
> Je passe l eau sans bateau
> Ma mère est oiselle,
> Mon père est oiseau

— C'est bon, dit Gringoire A quel âge êtes-vous venue en France ?

— Toute petite

— A Paris ?

— L'an dernier Au moment où nous entrions par la Porte-Papale, j'ai vu filer en l'air la fauvette de roseaux, c'était à la fin d'août, j'ai dit L'hiver sera rude

— Il l'a été, dit Gringoire, ravi de ce commencement de conversation, je l'ai passé à souffler dans mes doigts Vous avez donc le don de prophétie ?

Elle retomba dans son laconisme

— Non

— Cet homme que vous nommez le duc d'Égypte, c'est le chef de votre tribu ?

— Oui

— C'est pourtant lui qui nous a mariés, observa timidement le poete Elle fit sa jolie grimace habituelle — Je ne sais seulement pas ton nom

— Mon nom ? si vous le voulez, le voici Pierre Gringoire

— J'en sais un plus beau, dit-elle

— Mauvaise ! reprit le poete N'importe, vous ne m'irriterez pas Tenez, vous m'aimerez peut-être en me connaissant mieux, et puis vous m'avez conté votre histoire avec tant de confiance que je vous dois un peu la mienne Vous saurez donc que je m'appelle Pierre Gringoire, et que je suis fils du fermier du tabellionage de Gonesse Mon père a été pendu par les bourguignons et ma mère éventrée par les picards, lors du siège de Paris, il y a vingt ans A six ans donc, j'étais orphelin, n'ayant pour semelle à mes pieds que le pavé de Paris Je ne sais comment j'ai franchi l'intervalle de six ans à seize Une fruitière me donnait une prune par-ci, un talmellier me jetait une croûte par-là, le soir je me faisais ramasser par les onze-vingts qui me mettaient en prison, et je trouvais là une botte de paille Tout cela ne m'a pas empêché de grandir et de maigrir, comme vous voyez L'hiver, je me chauffais au soleil, sous le porche de l'hôtel de Sens, et je trouvais fort ridicule que le feu de la Saint-Jean fût réservé pour la canicule A seize ans, j'ai voulu prendre un état Successivement j'ai tâté de tout Je me suis fait soldat, mais je n'étais pas assez brave Je me suis fait moine, mais je n'étais pas assez dévot Et puis, je bois mal De désespoir, j'entrai apprenti parmi les charpentiers de la grande cognée, mais je n'étais pas assez fort J'avais plus de penchant pour être maître d'école, il est vrai que je ne savais pas lire, mais ce n'est pas une raison Je m'aperçus au bout d'un certain temps qu'il me manquait quelque chose pour tout, et voyant que je n'étais bon à rien, je me fis de mon plein gré poete et compositeur de rhythmes C'est un état qu'on peut toujours prendre quand on est vagabond, et cela vaut mieux que de voler, comme me le conseillaient quelques jeunes fils brigandiniers de mes amis Je rencontrai par bonheur un beau jour dom Claude Frollo, le révérend archidiacre de Notre-Dame Il prit intérêt à moi, et c'est à lui que je dois d'être aujourd'hui un véritable lettré, sachant le latin depuis les Offices de Cicero jusqu'au Mortuologe des pères célestins, et n'étant barbare ni en scolastique, ni en poétique, ni en rhythmique, ni même en hermétique, cette sophie des sophies C'est moi qui suis l'auteur du mystère qu'on a représenté aujourd'hui avec grand triomphe et grand concours de populace en pleine grand'salle du Palais J'ai fait aussi un livre qui aura six cents pages sur la comète prodigieuse de 1465 dont un homme devint fou J'ai eu encore

6

d'autres succès Étant un peu menuisier d'artillerie, j'ai travaillé à cette grosse bombarde de Jean Maugue, que vous savez qui a crevé au Pont de Charenton le jour où l'on en a fait l'essai, et tué vingt-quatre curieux Vous voyez que je ne suis pas un méchant parti de mariage Je sais bien des façons de tours fort avenants que j'enseignerai à votre chèvre, par exemple, à contrefaire l'évêque de Paris, ce maudit pharisien dont les moulins éclaboussent les passants tout le long du Pont-aux-Meuniers Et puis, mon mystère me rapportera beaucoup d'argent monnayé, si l'on me le paie Enfin, je suis à vos ordres, moi, et mon esprit, et ma science, et mes lettres, prêt à vivre avec vous, damoiselle, comme il vous plaira, chastement ou joyeusement, mari et femme, si vous le trouvez bon, frère et sœur, si vous le trouvez mieux

Gringoire se tut, attendant l'effet de sa harangue sur la jeune fille Elle avait les yeux fixés à terre

— *Phœbus,* disait-elle à demi-voix Puis se tournant vers le poete — *Phœbus,* qu'est-ce que cela veut dire?

Gringoire, sans trop comprendre quel rapport il pouvait y avoir entre son allocution et cette question, ne fut pas fâché de faire briller son érudition Il répondit en se rengorgeant — C'est un mot latin qui veut dire *soleil*

— Soleil! reprit-elle

— C'est le nom d'un tel bel archer, qui était dieu, ajouta Gringoire

— Dieu! répéta l'égyptienne Et il y avait dans son accent quelque chose de pensif et de passionné

En ce moment, un de ses bracelets se détacha et tomba Gringoire se baissa vivement pour le ramasser Quand il se releva, la jeune fille et la chèvre avaient disparu Il entendit le bruit d'un verrou C'était une petite porte communiquant sans doute à une cellule voisine, qui se fermait en dehors

— M'a-t-elle au moins laissé un lit? dit notre philosophe

Il fit le tour de la cellule Il n'y avait de meuble propre au sommeil qu'un assez long coffre de bois, et encore le couvercle en était-il sculpté, ce qui procura à Gringoire, quand il s'y étendit, une sensation à peu près pareille à celle qu'éprouverait Micromégas en se couchant tout de son long sur les Alpes

— Allons, dit-il en s'y accommodant de son mieux Il faut se résigner Mais voilà une étrange nuit de noces C'est dommage Il y avait dans ce mariage à la cruche cassée quelque chose de naïf et d'antédiluvien qui me plaisait

LIVRE TROISIÈME

———

I

NOTRE-DAME

Sans doute c'est encore aujourd'hui un majestueux et sublime édifice que l'église de Notre-Dame de Paris Mais, si belle qu'elle se soit conservée en vieillissant, il est difficile de ne pas soupirer, de ne pas s'indigner devant les dégradations, les mutilations sans nombre que simultanément le temps et les hommes ont fait subir au vénérable monument, sans respect pour Charlemagne qui en avait posé la première pierre, pour Philippe-Auguste qui en avait posé la dernière

Sur la face de cette vieille reine de nos cathédrales, à côté d'une ride on trouve toujours une cicatrice *Tempus edax, homo edacior* Ce que je traduirais volontiers ainsi le temps est aveugle, l'homme est stupide

Si nous avions le loisir d'examiner une à une avec le lecteur les diverses traces de destruction imprimées à l'antique église, la part du temps serait la moindre, la pire celle des hommes, surtout des hommes de l'art Il faut bien que je dise *des hommes de l'art,* puisqu'il y a eu des individus qui ont pris la qualité d'architectes dans les deux siècles derniers

Et d'abord, pour ne citer que quelques exemples capitaux, il est, à coup sûr, peu de plus belles pages architecturales que cette façade où, successivement et à la fois, les trois portails creusés en ogive, le cordon brodé et dentelé des vingt-huit niches royales, l'immense rosace centrale flanquée de ses deux fenêtres latérales comme le prêtre du diacre et du sous-diacre, la haute et frêle galerie d'arcades à trèfle qui porte une lourde plate-forme sur ses fines colonnettes, enfin les deux noires et massives tours avec leurs auvents d'ardoise, parties harmonieuses d'un tout magnifique, superposées en cinq étages gigantesques, se développent à l'œil, en foule et sans trouble, avec leurs innombrables détails de statuaire, de sculpture et de ciselure, ralliés puissamment à la tranquille grandeur de l'ensemble, vaste symphonie en pierre, pour ainsi dire, œuvre colossale d'un homme et d'un peuple, tout ensemble une et complexe comme les Iliades et les Romanceros dont elle est sœur, produit prodigieux de la cotisation de toutes les forces d'une époque, où sur chaque pierre on voit saillir en cent façons la fantaisie de l'ouvrier disciplinée par le génie de l'artiste, sorte de création humaine, en un mot, puissante et féconde comme la création divine dont elle semble avoir dérobé le double caractère variété, éternité

Et ce que nous disons ici de la façade, il faut le dire de l'église entière, et ce que nous disons de l'église cathédrale de Paris, il faut le dire de toutes les églises de la chrétienté au moyen-âge Tout se tient dans cet art venu de lui-même, logique et bien proportionné Mesurer l'orteil du pied, c'est mesurer le géant

Revenons à la façade de Notre-Dame, telle qu'elle nous apparaît encore à présent, quand nous allons pieusement admirer la grave et puissante cathédrale, qui terrifie, au dire de ses chroniqueurs *quæ mole sua terrorem incutit spectantibus*

Trois choses importantes manquent aujourd'hui à cette façade D'abord le degré de onze marches qui l'exhaussait jadis au-dessus du sol, ensuite la série inférieure de statues qui occupait les niches des trois portails, et la série supérieure des vingt-huit plus anciens rois de France, qui garnissait la galerie du premier étage, à partir de Childebert jusqu'à Philippe-Auguste, tenant en main «la pomme impériale»

Le degré, c'est le temps qui l'a fait disparaître en élevant d'un progrès irrésistible et lent le niveau du sol de la Cité Mais, tout en faisant dévorer une à une, par cette marée montante du pavé de Paris, les onze marches qui ajoutaient à la hauteur majestueuse de l'édifice, le temps a rendu à l'église plus peut-être qu'il ne lui a ôté, car c'est le temps qui a répandu sur la façade cette sombre couleur des siècles qui fait de la vieillesse des monuments l'âge de leur beauté

Mais qui a jeté bas les deux rangs de statues? qui a laissé les niches vides? qui a taillé au beau milieu du portail central cette ogive neuve et bâtarde? qui a osé y encadrer cette fade et lourde porte de bois sculpté à la Louis XV à côté des arabesques de Biscornette? Les hommes, les architectes, les artistes de nos jours

Et si nous entrons dans l'intérieur de l'édifice, qui a renversé ce colosse de saint Christophe, proverbial parmi les statues au même titre que la grand'salle du Palais parmi les salles, que la flèche de Strasbourg parmi les clochers? Et ces myriades de statues qui peuplaient tous les entre-colonnements de la nef et du chœur, à genoux, en pied, équestres, hommes, femmes, enfants, rois, évêques, gendarmes, en pierre, en marbre, en or, en argent, en cuivre, en cire même, qui les a brutalement balayées? Ce n'est pas le temps

Et qui a substitué au vieil autel gothique, splendidement encombré de châsses et de reliquaires ce lourd sarcophage de marbre à têtes d'anges et à nuages, lequel semble un échantillon dépareillé du Val-de-Grâce ou des Invalides? Qui a bêtement scellé ce lourd anachronisme de pierre dans le pavé carlovingien de Hercandus? N'est-ce pas Louis XIV accomplissant le vœu de Louis XIII?

Et qui a mis de froides vitres blanches à la place de ces vitraux «hauts en couleur» qui faisaient hésiter l'œil émerveillé de nos pères entre la rose du grand portail et les ogives de l'abside? Et que dirait un sous-chantre du seizième siècle, en voyant le beau badigeonnage jaune dont nos vandales archevêques ont barbouillé leur cathédrale? Il se souviendrait que c'était la couleur dont le bourreau brossait les édifices *scélérés;* il se rappellerait l'hôtel du Petit-Bourbon, tout englué de jaune aussi pour la trahison du connétable, «jaune après tout de si bonne trempe, dit Sauval, et si bien recommandé, que plus d'un siècle n'a pu encore lui faire perdre sa couleur» Il croirait que le lieu saint est devenu infâme, et s'enfuirait

Et si nous montons sur la cathédrale, sans nous arrêter à mille barbaries de tout genre, qu'a-t-on fait de ce charmant petit clocher qui s'appuyait sur le point d'intersection de la croisée, et qui, non moins frêle et non moins hardi que sa voisine la flèche (détruite aussi) de la Sainte-Chapelle, s'enfonçait dans le ciel plus avant que les tours, élancé, aigu, sonore, découpé à jour? Un architecte de bon goût (1787) l'a amputé et a cru qu'il suffisait de masquer la plaie avec ce large emplâtre de plomb qui ressemble au couvercle d'une marmite

C'est ainsi que l'art merveilleux du moyen-âge a été traité presque en tout pays, surtout en France On peut distinguer sur sa ruine trois sortes de lésions qui toutes trois l'entament à différentes profondeurs le temps d'abord, qui a insensiblement ébréché çà et là et rouillé partout sa surface, ensuite, les révolutions politiques et religieuses, lesquelles, aveugles et colères de leur nature, se sont ruées en tumulte sur lui, ont déchiré un riche habillement de sculptures et de ciselures, crevé ses rosaces, brisé ses colliers d'arabesques et de figurines, arraché ses statues, tantôt pour leur mitre, tantôt pour leur couronne, enfin, les modes, de plus en plus grotesques et sottes, qui depuis les anarchiques et splendides déviations de *la renaißance,* se sont succédé dans la décadence nécessaire de l'architecture Les modes ont fait plus de mal que les révolutions Elles ont tranché dans le vif, elles ont attaqué la charpente osseuse de l'art, elles ont coupé, taillé, désorganisé, tué l'édifice, dans la forme comme dans le symbole, dans sa logique comme dans sa beauté Et puis, elles ont refait, prétention que n'avaient eue du moins ni le temps, ni les révolutions Elles ont effrontément ajusté, de par *le bon goût,* sur les blessures de l'architecture gothique, leurs misérables colifichets d'un jour, leurs rubans de marbre, leurs pompons de métal, véritable lèpre d'oves, de volutes, d'entournements, de draperies, de guirlandes, de franges, de flammes de pierre, de nuages de bronze, d'amours replets, de chérubins bouffis, qui commence à dévorer la face de l'art dans l'oratoire de Catherine de Médicis, et le fait expirer, deux siècles après, tourmenté et grimaçant, dans le boudoir de la Dubarry

Ainsi, pour résumer les points que nous venons d'indiquer, trois sortes de ravages défigurent aujourd'hui l'architecture gothique Rides et verrues à l'épiderme, c'est l'œuvre du temps, voies de fait, brutalités, contusions, fractures, c'est l'œuvre des révolutions depuis Luther jusqu'à Mirabeau Mutilations, amputations, dislocation de la membrure, *restaurations,* c'est le travail grec, romain et barbare des professeurs selon Vitruve et Vignole Cet art magnifique que les vandales avaient produit, les académies l'ont tué Aux siècles, aux révolutions qui dévastent du moins avec impartialité et grandeur, est venue s'adjoindre la nuée des architectes d'école, patentés, jurés et assermentés, dégradant avec le discernement et le choix du mauvais goût, substituant les chicorées de Louis XV aux dentelles gothiques pour la plus grande gloire du Parthénon C'est le coup de pied de l'âne au lion mourant C'est le vieux chêne qui se couronne, et qui, pour comble, est piqué, mordu, déchiqueté par les chenilles

Qu'il y a loin de là à l'époque où Robert Cenalis, comparant Notre-Dame de Paris à ce fameux temple de Diane à Éphèse, *tant réclamé par les anciens paiens,* qui a immortalisé Érostrate, trouvait la cathédrale gauloise «plus excellente en longueur, largeur, haulteur et structure [(1)]» [1]

Notre-Dame de Paris n'est point du reste ce qu'on peut appeler un monument complet, défini, classé Ce n'est plus une église romane, ce n'est pas encore une église gothique Cet édifice n'est pas un type Notre-Dame de Paris n'a point, comme l'abbaye de Tournus, la grave et massive carrure, la ronde et large voûte, la nudité glaciale, la majestueuse simplicité des édifices qui ont le plein cintre pour générateur Elle n'est pas, comme la cathédrale de Bourges, le produit magnifique, léger, multiforme, touffu, hérissé, efflorescent de l'ogive Impossible de la ranger dans cette antique famille d'églises sombres mystérieuses, basses et comme écrasées par le plein cintre, presque égyptiennes au plafond près, toutes hiéroglyphiques, toutes sacerdotales, toutes symboliques, plus chargées dans leurs ornements de losanges et de zigzags que de fleurs, de fleurs que d'animaux, d'animaux que d'hommes, œuvre de l'architecte moins que de l'évêque, première transfor-

[1]. *Histoire gallicane,* liv II, période III, f° 130, p 1

mation de l'art, tout empreinte de discipline théocratique et militaire, qui
prend racine dans le bas-empire et s'arrête à Guillaume le Conquérant
Impossible de placer notre cathédrale dans cette autre famille d'églises hautes,
aériennes, riches de vitraux et de sculptures, aigues de formes, hardies d'attitudes, communales et bourgeoises comme symboles politiques, libres, capri-
cieuses, effrénées, comme œuvre d'art, seconde transformation de l'architecture, non plus hiéroglyphique, immuable et sacerdotale, mais artiste,
progressive et populaire, qui commence au retour des croisades et finit à
Louis XI Notre-Dame de Paris n'est pas de pure race romaine comme les
premières, ni de pure race arabe comme les secondes

C'est un édifice de la transition L'architecte saxon achevait de dresser les
premiers piliers de la nef, lorsque l'ogive qui arrivait de la croisade est venue
se poser en conquérante sur ces larges chapiteaux romans qui ne devaient
porter que des pleins cintres L'ogive, maîtresse dès lors, a construit le reste
de l'église Cependant, inexpérimentée et timide à son début, elle s'évase,
s'élargit, se contient, et n'ose s'élancer en flèches et en lancettes comme elle
l'a fait plus tard dans tant de merveilleuses cathédrales On dirait qu'elle se
ressent du voisinage des lourds piliers romans

D'ailleurs, ces édifices de la transition du roman au gothique ne sont pas
moins précieux à étudier que les types purs Ils expriment une nuance de
l'art qui serait perdue sans eux C'est la greffe de l'ogive sur le plein cintre

Notre-Dame de Paris est en particulier un curieux échantillon de cette
variété Chaque face, chaque pierre du vénérable monument est une page
non seulement de l'histoire du pays, mais encore de l'histoire de la science et
de l'art Ainsi, pour n'indiquer ici que les détails principaux, tandis que la
petite Porte-Rouge atteint presque aux limites des délicatesses gothiques du
quinzième siècle, les piliers de la nef, par leur volume et leur gravité, recu-
lent jusqu'à l'abbaye carlovingienne de Saint-Germain-des-Prés On croirait
qu'il y a six siècles entre cette porte et ces piliers Il n'est pas jusqu'aux hermétiques qui ne trouvent dans les symboles du grand portail un abrégé sa s-
fisant de leur science, dont l'église de Saint-Jacques-de-la-Boucherie était un
hiéroglyphe si complet Ainsi, l'abbaye romane, l'église philosophale, l'art
gothique, l'art saxon, le lourd pilier rond qui rappelle Grégoire VII, le
symbolisme hermétique par lequel Nicolas Flamel préludait à Luther, l'unité
papale, le schisme, Saint-Germain-des-Prés, Saint-Jacques-de-la-Boucherie,
tout est fondu, combiné, amalgamé dans Notre-Dame Cette église centrale
et génératrice est parmi les vieilles églises de Paris une sorte de chimère, elle
a la tête de l'une, les membres de celle-là, la croupe de l'autre, quelque chose
de toutes

Nous le répétons, ces constructions hybrides ne sont pas les moins inté-

ressantes pour l'artiste, pour l'antiquaire, pour l'historien Elles font sentir à
quel point l'architecture est chose primitive, en ce qu'elles démontrent, ce
que démontrent aussi les vestiges cyclopéens, les pyramides d'Égypte, les
gigantesques pagodes hindoues, que les plus grands produits de l'architecture sont moins des œuvres individuelles que des œuvres sociales, plutôt
l'enfantement des peuples en travail que le jet des hommes de génie, le
dépôt que laisse une nation, les entassements que font les siècles, le résidu
des évaporations successives de la société humaine, en un mot, des espèces
de formations Chaque flot du temps superpose son alluvion, chaque race
dépose sa couche sur le monument, chaque individu apporte sa pierre Ainsi
font les castors, ainsi font les abeilles, ainsi font les hommes Le grand symbole de l'architecture, Babel, est une ruche

Les grands édifices, comme les grandes montagnes, sont l'ouvrage des
siècles Souvent l'art se transforme qu'ils pendent encore *pendent opera inter-*
rupta, ils se continuent paisiblement selon l'art transformé L'art nouveau
prend le monument où il le trouve, s'y incruste, se l'assimile, le développe
à sa fantaisie et l'achève s'il peut La chose s'accomplit sans trouble, sans
effort, sans réaction, suivant une loi naturelle et tranquille C'est une greffe
qui survient, une sève qui circule, une végétation qui reprend Certes, il y a
matière à bien gros livres et souvent histoire universelle de l'humanité, dans
ces soudures successives de plusieurs arts à plusieurs hauteurs sur le même
monument L'homme, l'artiste, l'individu s'effacent sur ces grandes masses
sans nom d'auteur, l'intelligence humaine s'y résume et s'y totalise Le
temps est l'architecte, le peuple est le maçon

A n'envisager ici que l'architecture européenne chrétienne, cette sœur
puînée des grandes maçonneries de l'Orient, elle apparaît aux yeux comme
une immense formation divisée en trois zones bien tranchées qui se super-
posent la zone romane [1], la zone gothique, la zone de la renaissance, que
nous appellerions volontiers gréco-romaine La couche romane, qui est la
plus ancienne et la plus profonde, est occupée par le plein cintre, qui
reparaît porté par la colonne grecque dans la couche moderne et supérieure
de la renaissance L'ogive est entre deux Les édifices qui appartiennent
exclusivement à l'une de ces trois couches sont parfaitement distincts, uns
et complets C'est l'abbaye de Jumièges, c'est la cathédrale de Reims, c'est
Sainte-Croix d'Orléans Mais les trois zones se mêlent et s'amalgament par
les bords, comme les couleurs dans le spectre solaire De là les monuments

---

[1] C'est la même qui s'appelle aussi, selon
les lieux, les climats et les espèces, lombarde,
saxonne et byzantine Ce sont quatre architectures sœurs et parallèles, ayant chacune
leur caractère particulier, mais dérivant du
même principe, le plein cintre

Facies non omnibus una,
Non diversa tamen, qualem, etc.

complexes, les édifices de nuance et de transition L'un est roman par les pieds, gothique au milieu, gréco-romain par la tête C'est qu'on a mis six cents ans à le bâtir. Cette variété est rare Le donjon d'Étampes en est un échantillon Mais les monuments de deux formations sont plus fréquents C'est Notre-Dame de Paris, édifice ogival, qui s'enfonce par ses premiers piliers dans cette zone romane où sont plongés le portail de Saint-Denis et la nef de Saint-Germain-des-Prés C'est la charmante salle capitulaire demi-gothique de Bocherville à laquelle la couche romane vient jusqu'à mi-corps C'est la cathédrale de Rouen qui serait entièrement gothique si elle ne baignait pas l'extrémité de sa flèche centrale dans la zone de la renaissance[1]

Du reste, toutes ces nuances, toutes ces différences n'affectent que la surface des édifices C'est l'art qui a changé de peau La constitution même de l'église chrétienne n'en est pas attaquée C'est toujours la même charpente intérieure, la même disposition logique des parties Quelle que soit l'enveloppe sculptée et brodée d'une cathédrale, on retrouve toujours dessous, au moins à l'état de germe et de rudiment, la basilique romaine Elle se développe éternellement sur le sol selon la même loi Ce sont imperturbablement deux nefs qui s'entre-coupent en croix, et dont l'extrémité supérieure arrondie en abside forme le chœur, ce sont toujours des bas côtés, pour les processions intérieures, pour les chapelles, sortes de promenoirs latéraux où la nef principale se dégorge par les entre-colonnements Cela posé, le nombre des chapelles, des portails, des clochers, des aiguilles, se modifie à l'infini, suivant la fantaisie du siècle, du peuple, de l'art Le service du culte une fois pourvu et assuré, l'architecture fait ce que bon lui semble Statues, vitraux, rosaces, arabesques, dentelures, chapiteaux, bas-reliefs, elle combine toutes ces imaginations selon le logarithme qui lui convient De là la prodigieuse variété extérieure de ces édifices au fond desquels réside tant d'ordre et d'unité Le tronc de l'arbre est immuable, la végétation est capricieuse

---

[1] Cette partie de la flèche qui était en charpente est précisément celle qui a été consumée par le feu du ciel en 1823

PARIS À VOL D'OISEAU

Nous venons d'essayer de réparer pour le lecteur cette admirable église de Notre-Dame de Paris Nous avons indiqué sommairement la plupart des beautés qu'elle avait au quinzième siècle et qui lui manquent aujourd'hui, mais nous avons omis la principale, c'est la vue du Paris qu'on découvrait alors du haut de ses tours

C'était en effet, quand, après avoir tâtonné longtemps dans la ténébreuse spirale qui perce perpendiculairement l'épaisse muraille des clochers, on débouchait enfin brusquement sur l'une des deux hautes plates-formes, inondées de jour et d'air, c'était un beau tableau que celui qui se déroulait à la fois de toutes parts sous vos yeux, un spectacle *sui generis*, dont peuvent aisément se faire idée ceux de nos lecteurs qui ont eu le bonheur de voir une ville gothique entière, complète, homogène, comme il en reste encore quelques-unes, Nuremberg en Bavière, Vittoria en Espagne, ou même de plus petits échantillons, pourvu qu'ils soient bien conservés, Vitré en Bretagne, Nordhausen en Prusse

Le Paris d'il y a trois cent cinquante ans, le Paris du quinzième siècle était déjà une ville géante Nous nous trompons en général, nous autres Parisiens, sur le terrain que nous croyons avoir gagné depuis Paris, depuis Louis XI, ne s'est pas accru de beaucoup plus d'un tiers Il a, certes, bien plus perdu en beauté qu'il n'a gagné en grandeur

Paris est né, comme on sait, dans cette vieille île de la Cité qui a la forme d'un berceau La grève de cette île fut sa première enceinte, la Seine son premier fossé Paris demeura plusieurs siècles à l'état d'île, avec deux ponts, l'un au nord, l'autre au midi, et deux têtes de pont, qui étaient à la fois ses portes et ses forteresses, le Grand-Châtelet sur la rive droite, le Petit-Châtelet sur la rive gauche Puis, dès les rois de la première race, trop à l'étroit dans son île, et ne pouvant plus s'y retourner, Paris passa l'eau Alors, au delà du Grand, au delà du Petit-Châtelet, une première enceinte de murailles et de tours commença à entamer la campagne des deux côtés de la Seine De cette ancienne clôture il restait encore au siècle dernier quelques vestiges, aujourd'hui il n'en reste que le souvenir, et çà et là une tradition, la Porte Baudets ou Baudoyer, *Porta Bagauda* Peu à peu, le flot des maisons toujours poussé du cœur de la ville au dehors, déborde, ronge, use et efface cette enceinte. Philippe-Auguste lui fait une nouvelle digue Il emprisonne Paris dans une chaîne circulaire de grosses tours, hautes et solides Pendant plus d'un siècle, les maisons se pressent, s'accumulent et haussent leur niveau dans ce bassin comme l'eau dans un réservoir Elles commencent à devenir profondes, elles mettent étages sur étages, elles montent les unes sur les autres, elles jaillissent en hauteur comme toute sève comprimée, et c'est à qui passera la tête par-dessus ses voisines pour avoir un peu d'air La rue de plus en plus se creuse et se rétrécit, toute place se comble et disparaît Les maisons enfin sautent par-dessus le mur de Philippe-Auguste, et s'éparpillent joyeusement dans la plaine, sans ordre et tout de travers, comme des échappées Là, elles se carrent, se taillent des jardins dans les champs, prennent leurs aises Dès 1367, la ville se répand tellement dans le faubourg qu'il faut une nouvelle clôture, surtout sur la rive droite Charles V la bâtit Mais une ville comme Paris est dans une crue perpétuelle Il n'y a que ces villes-là qui deviennent capitales Ce sont des entonnoirs où viennent aboutir tous les versants géographiques, politiques, moraux, intellectuels d'un pays, toutes les pentes naturelles d'un peuple, des puits de civilisation, pour ainsi dire, et aussi des égouts, où commerce, industrie, intelligence, population, tout ce qui est sève, tout ce qui est vie, tout ce qui est âme dans une nation, filtre et s'amasse sans cesse goutte à goutte, siècle à siècle L'enceinte de Charles V a donc le sort de l'enceinte de Philippe-Auguste Dès la fin du quinzième siècle, elle est enjambée, dépassée, et le faubourg court plus loin Au seizième, il semble qu'elle recule à vue d'œil et s'enfonce de plus en plus dans la vieille ville, tant une ville neuve s'épaissit déjà au dehors Ainsi, dès le quinzième siècle, pour nous arrêter là, Paris avait déjà usé les trois cercles concentriques de murailles qui, du temps de Julien l'Apostat, étaient, pour ainsi dire, en germe dans le Grand-Châtelet et le Petit-Châtelet La puissante ville avait fait craquer successivement ses quatre ceintures de murs, comme un enfant qui grandit et qui crève ses vêtements de l'an passé Sous Louis XI, on voyait, par places, percer, dans cette mer de maisons, quelques groupes de tours en ruine des anciennes enceintes, comme les pitons des collines dans une inondation, comme des archipels du vieux Paris submergé sous le nouveau

Depuis lors, Paris s'est encore transformé, malheureusement pour nos yeux, mais il n'a franchi qu'une enceinte de plus, celle de Louis XV, ce misérable mur de boue et de crachat, digne du roi qui l'a bâti, digne du poete qui l'a chanté

Le mur murant Paris rend Paris murmurant

Au quinzième siècle, Paris était encore divisé en trois villes tout à fait distinctes et séparées, ayant chacune leur physionomie, leur spécialité, leurs mœurs, leurs coutumes, leurs privilèges, leur histoire li Cité, l'Université, la Ville La Cité, qui occupait l'île, était la plus ancienne, la moindre, et la mère des deux autres, resserrée entre elles, qu'on nous passe la comparaison, comme une petite vieille entre deux grandes belles filles L'Université couvrait la rive gauche de la Seine, depuis li Tournelle jusqu'à la Tour de Nesle, points qui correspondent dans le Paris d'aujourd'hui l'un à la Halle aux vins, l'autre à la Monnaie Son enceinte échancrait assez largement cette campagne où Julien avait bâti ses thermes La montagne de Sainte-Geneviève y était renfermée Le point culminant de cette courbe de murailles était la Porte-Papale, c'est-à-dire à peu près l'emplacement actuel du Panthéon La Ville, qui était le plus grand des trois morceaux de Paris, avait la rive droite Son quai, rompu toutefois ou interrompu en plusieurs endroits, courait le long de la Seine, de la Tour de Billy à la Tour du Bois, c'est-à-dire de l'endroit où est aujourd'hui le Grenier d'abondance à l'endroit où sont aujourd'hui les Tuileries Ces quatre points où la Seine coupait l'enceinte de la capitale, la Tournelle et la Tour de Nesle à gauche, la Tour de Billy et la Tour du Bois à droite, s'appelaient par excellence *les quatre tours de Paris* La Ville entrait dans les terres plus profondément encore que l'Université Le point culminant de la clôture de la Ville (celle de Charles V) était aux portes Saint-Denis et Saint-Martin dont l'emplacement n'a pas changé

Comme nous venons de le dire, chacune de ces trois grandes divisions de Paris était une ville, mais une ville trop spéciale pour être complète, une ville qui ne pouvait se passer des deux autres Aussi trois aspects parfaitement à part Dans la Cité abondaient les églises, dans la Ville les palais, dans l'Université les collèges Pour négliger ici les originalités secondaires du vieux Paris et les caprices du droit de voirie, nous dirons, d'un point de vue général, en ne prenant que les ensembles et les masses dans le chaos des juridictions communales, que l'île était à l'évêque, la rive droite au prévôt des marchands, la rive gauche au recteur Le prévôt de Paris, officier royal et non municipal, sur le tout La Cité avait Notre-Dame, la Ville le Louvre et l'Hôtel de Ville, l'Université la Sorbonne La Ville avait les Halles, la Cité l'Hôtel-Dieu, l'Université le Pré-aux-Clercs Le délit que les écoliers commettaient sur la rive gauche, dans leur Pré-aux-Clercs, on le jugeait dans l'île, au Palais de Justice, et on le punissait sur la rive droite, à Montfaucon A moins que le recteur, sentant l'Université forte et le roi faible, n'intervînt, car c'était un privilège des écoliers d'être pendus chez eux

(La plupart de ces privilèges, pour le noter en passant, et il y en avait de meilleurs que celui-ci, avaient été extorqués aux rois par révoltes et mutineries C'est la marche immémoriale Le roi ne lâche que quand le peuple

arrache Il y a une vieille charte qui dit la chose naïvement, à propos de
fidélité · — *Civibus fidelitas in reges, quæ tamen aliquoties seditionibus interrupta,
multa peperit privilegia*)

Au quinzième siècle, la Seine baignait cinq îles dans l'enceinte de Paris
l'île Louviers, où il y avait alors des arbres et où il n'y a plus que du
bois, l'île aux Vaches et l'île Notre-Dame, toutes deux désertes, à une
masure près, toutes deux fiefs de l'évêque (au dix-septième siècle de ces deux
îles on en a fait une, qu'on a bâtie, et que nous appelons l'île Saint-Louis),
enfin la Cité, et à sa pointe l'îlot du passeur aux vaches qui s'est abîmé
depuis sous le terre-plein du Pont-Neuf La Cité alors avait cinq ponts,
trois à droite, le Pont Notre-Dame et le Pont-au-Change, en pierre, le
Pont-aux-Meuniers, en bois, deux à gauche, le Petit-Pont, en pierre, le Pont
Saint-Michel, en bois tous chargés de maisons L'Université avait six portes
bâties par Philippe-Auguste c'étaient, à partir de la Tournelle, la Porte Saint-
Victor, la Porte Bordelle, la Porte-Papale, la Porte Saint-Jacques, la Porte
Saint-Michel, la Porte Saint-Germain La Ville avait six portes bâties par
Charles V, c'étaient, à partir de la Tour de Billy, la Porte Saint-Antoine, la
Porte du Temple, la Porte Saint-Martin, la Porte Saint-Denis, la Porte
Montmartre, la Porte Saint-Honoré Toutes ces portes étaient fortes, et
belles aussi, ce qui ne gâte pas la force Un fossé large, profond, à courant
vif dans les crues d'hiver, lavait le pied des murailles tout autour de Paris, la
Seine fournissait l'eau La nuit on fermait les portes, on barrait la rivière
aux deux bouts de la ville avec de grosses chaînes de fer, et Paris dormait
tranquille

Vus à vol d'oiseau, ces trois bourgs, la Cité, l'Université, la Ville, présentaient chacun à l'œil un tricot inextricable de rues bizarrement brouillées
Cependant, au premier aspect, on reconnaissait que ces trois fragments de
cité formaient un seul corps On voyait tout de suite deux longues rues
parallèles sans rupture, sans perturbation, presque en ligne droite, qui traversaient à la fois les trois villes d'un bout à l'autre, du midi au nord,
perpendiculairement à la Seine, les liaient, les mêlaient, infusaient, versaient, transvasaient sans relâche le peuple de l'une dans les murs de l'autre,
et des trois n'en faisaient qu'une La première de ces deux rues allait de la
Porte Saint-Jacques à la Porte Saint-Martin, elle s'appelait rue Saint-Jacques
dans l'Université, rue de la Juiverie dans la Cité, rue Saint-Martin dans la
Ville, elle passait l'eau deux fois sous le nom de Petit-Pont et de Pont Notre-
Dame La seconde, qui s'appelait rue de la Harpe sur la rive gauche, rue de
la Barillerie dans l'île, rue Saint-Denis sur la rive droite, Pont Saint-Michel
sur un bras de la Seine, Pont-au-Change sur l'autre, allait de la Porte Saint-
Michel dans l'Université à la Porte Saint-Denis dans la Ville Du reste, sous

tant de noms divers, ce n'étaient toujours que deux rues, mais les deux rues
mères, les deux rues génératrices, les deux artères de Paris Toutes les autres
veines de la triple ville venaient y puiser ou s'y dégorger

Indépendamment de ces deux rues principales, diamétrales, perçant Paris
de part en part dans sa largeur, communes à la capitale entière, la Ville et
l'Université avaient chacune leur grande rue particulière, qui courait dans le
sens de leur longueur, parallèlement à la Seine, et en passant coupait à angle
droit les deux rues *artérielles* Ainsi dans la Ville on descendait en droite ligne
de la Porte Saint-Antoine à la Porte Saint-Honoré, dans l'Université, de la
Porte Saint-Victor à la Porte Saint-Germain Ces deux grandes voies, croisées avec les deux premières, formaient le canevas sur lequel reposait, noué
et serré en tous sens, le réseau dédaléen des rues de Paris Dans le dessin
inintelligible de ce réseau on distinguait en outre, en examinant avec attention, comme deux gerbes élargies l'une dans l'Université, l'autre dans la
Ville, deux trousseaux de grosses rues qui allaient s'épanouissant des ponts
aux portes

Quelque chose de ce plan géométral subsiste encore aujourd'hui

Maintenant, sous quel aspect cet ensemble se présentait-il vu du haut des
tours de Notre-Dame, en 1482 ? C'est ce que nous allons tâcher de dire

Pour le spectateur qui arrivait essoufflé sur ce faîte, c'était d'abord un
éblouissement de toits, de cheminées, de rues, de ponts, de places, de
flèches, de clochers Tout vous prenait aux yeux à la fois, le pignon taillé,
la toiture aigue, la tourelle suspendue aux angles des murs, la pyramide de
pierre du onzième siècle, l'obélisque d'ardoise du quinzième, la tour ronde
et nue du donjon, la tour carrée et brodée de l'église, le grand, le petit, le
massif, l'aérien Le regard se perdait longtemps à toute profondeur dans ce
labyrinthe, où il n'y avait rien qui n'eût son originalité, sa raison, son
génie, sa beauté, rien qui ne vînt de l'art, depuis la moindre maison à
devanture peinte et sculptée, à charpente extérieure, à porte surbaissée,
à étages en surplomb, jusqu'au royal Louvre, qui avait alors une colonnade
de tours Mais voici les principales masses qu'on distinguait lorsque l'œil
commençait à se faire à ce tumulte d'édifices

D'abord la Cité L'île de la Cité, comme dit Sauval, qui à travers son
fatras a quelquefois de ces bonnes fortunes de style, *l'île de la Cité est faite*
comme un grand navire enfoncé dans la vase & échoué au fil de l'eau vers le milieu de la
Seine Nous venons d'expliquer qu'au quinzième siècle ce navire était amarré
aux deux rives du fleuve par cinq ponts Cette forme de vaisseau avait aussi
frappé les scribes héraldiques, car c'est de là, et non du siège des normands,
que vient, selon Favyn et Pasquier, le navire qui blasonne le vieil écusson
de Paris Pour qui sait le déchiffrer, le blason est une algèbre, le blason est

une langue L'histoire entière de la seconde moitié du moyen-âge est écrite dans le blason, comme l'histoire de la première moitié dans le symbolisme des églises romanes Ce sont les hiéroglyphes de la féodalité après ceux de la théocratie

La Cité donc s'offrait d'abord aux yeux avec sa poupe au levant et sa proue au couchant Tourné vers la proue, on avait devant soi un innombrable troupeau de vieux toits sur lesquels s'arrondissait largement le chevet plombé de la Sainte-Chapelle, pareil à une croupe d'éléphant chargée de sa tour Seulement, ici, cette tour était la flèche la plus hardie, la plus ouvrée, la plus menuisée, la plus déchiquetée qui ait jamais laissé voir le ciel à travers son cône de dentelle Devant Notre-Dame, au plus près, trois rues se dégorgeaient dans le parvis, belle place à vieilles maisons Sur le côté sud de cette place se penchait la façade ridée et rechignée de l'Hôtel-Dieu et son toit qui semble couvert de pustules et de verrues Puis, à droite, à gauche, à l'orient, à l'occident, dans cette enceinte si étroite pourtant de la Cité se dressaient les clochers de ses vingt-une églises, de toute date, de toute forme, de toute grandeur, depuis la basse et vermoulue campanule romane de Saint-Denys-du-Pas, *carcer Glaucini*, jusqu'aux fines aiguilles de Saint-Pierre-aux-Bœufs et de Saint-Landry Derrière Notre-Dame se déroulaient, au nord, le cloître avec ses galeries gothiques, au sud, le palais demi-roman de l'évêque, au levant, la pointe déserte du Terrain Dans cet entassement de maisons l'œil distinguait encore, à ces hautes mitres de pierre percées à jour qui couronnaient alors sur le toit même les fenêtres les plus élevées des palais, l'Hôtel donné par la ville, sous Charles VI, à Juvénal des Ursins, un peu plus loin, les baraques goudronnées du Marché-Palus, ailleurs encore l'abside neuve de Saint-Germain-le-Vieux, rallongée en 1458 avec un bout de la rue aux Febves, et puis, par places, un carrefour encombré de peuple, un pilori dressé à un coin de rue, un beau morceau du pavé de Philippe-Auguste, magnifique dallage rayé pour les pieds des chevaux au milieu de la voie et si mal remplacé au seizième siècle par le misérable cailloutage dit *pavé de la Ligue,* une arrière-cour déserte avec une de ces diaphanes tourelles de l'escalier comme on en faisait au quinzième siècle, comme on en voit encore une rue des Bourdonnais Enfin, à droite de la Sainte-Chapelle, vers le couchant, le Palais de Justice asseyait au bord de l'eau son groupe de tours Les futaies des jardins du roi, qui couvraient la pointe occidentale de la Cité, masquaient l'îlot du passeur Quant à l'eau, du haut des tours de Notre-Dame, on ne la voyait guère des deux côtés de la Cité La Seine disparaissait sous les ponts, les ponts sous les maisons

Et quand le regard passait ces ponts, dont les toits verdissaient à l'œil, moisis avant l'âge par les vapeurs de l'eau, s'il se dirigeait à gauche vers

l'Université, le premier édifice qui le frappait, c'était une grosse et basse
gerbe de tours, le Petit-Châtelet, dont le porche béant dévorait le bout du
Petit-Pont, puis, si votre vue parcourait la rive du levant au couchant, de
la Tournelle à la Tour de Nesle c'était un long cordon de maisons à solives
sculptées, à vitres de couleur, surplombant d'étage en étage sur le pavé,
un interminable zigzag de pignons bourgeois, coupé fréquemment par la
bouche d'une rue, et de temps en temps aussi par la face ou par le coude
d'un grand hôtel de pierre, se carrant à son aise, cours et jardins, ailes et
corps de logis, parmi cette populace de maisons serrées et étriquées, comme
un grand seigneur dans un tas de manants Il y avait cinq ou six de ces
hôtels sur le quai, depuis le logis de Lorraine qui partageait avec les Bernardins le grand enclos voisin de la Tournelle, jusqu'à l'Hôtel de Nesle,
dont la tour principale bornait Paris, et dont les toits pointus étaient en
possession pendant trois mois de l'année d'échancrer de leurs triangles noirs
le disque écarlate du soleil couchant

Ce côté de la Seine du reste était le moins marchand des deux, les écoliers y
faisaient plus de bruit et de foule que les artisans, et il n'y avait, à proprement
parler, de quai que du Pont Saint-Michel à la Tour de Nesle Le reste du bord
de la Seine était tantôt une grève nue, comme au delà des Bernardins,
tantôt un entassement de maisons qui avaient le pied dans l'eau, comme
entre les deux ponts Il y avait grand vacarme de blanchisseuses, elles criaient,
parlaient, chantaient du matin au soir le long du bord, et y battaient fort
le linge, comme de nos jours Ce n'est pas la moindre gaieté de Paris

L'Université faisait un bloc à l'œil D'un bout à l'autre c'était un tout
homogène et compact Ces mille toits, drus, anguleux, adhérents, com-
posés presque tous du même élément géométrique, offraient, vus de haut,
l'aspect d'une cristallisation de la même substance Le capricieux ravin des
rues ne coupait pas ce pâté de maisons en tranches trop disproportionnées
Les quarante-deux collèges y étaient disséminés d'une manière assez égale,
et il y en avait partout, les faîtes variés et amusants de ces beaux édifices
étaient le produit du même art que les simples toits qu'ils dépassaient, et
n'étaient en définitive qu'une multiplication au carré ou au cube de la
même figure géométrique Ils compliquaient donc l'ensemble sans le troubler, le complétaient sans le charger La géométrie est une harmonie
Quelques beaux hôtels faisaient aussi çà et là de magnifiques saillies sur les
greniers pittoresques de la rive gauche, le logis de Nevers, le logis de
Rome, le logis de Reims qui ont disparu, l'hôtel de Cluny, qui subsiste
encore pour la consolation de l'artiste, et dont on a si bêtement découronné
la tour il y a quelques années Près de Cluny, ce palais romain, à belles
arches cintrées, c'étaient les Thermes de Julien Il y avait aussi force abbayes

d'une beauté plus dévote, d'une grandeur plus grave que les hôtels, mais non moins belles, non moins grandes Celles qui éveillaient d'abord l'œil, c'étaient les Bernardins avec leurs trois clochers, Sainte-Geneviève, dont la tour carrée, qui existe encore, fait tant regretter le reste, la Sorbonne, moitié collège, moitié monastère dont il survit une si admirable nef, le beau cloître quadrilatéral des Mathurins, son voisin le cloître de Saint-Benoît, dans les murs duquel on a eu le temps de bâcler un théâtre entre la septième et la huitième édition de ce livre, les Cordeliers, avec leurs trois énormes pignons juxtaposés, les Augustins, dont la gracieuse aiguille faisait, après la Tour de Nesle, la deuxième dentelure de ce côté de Paris, à partir de l'occident Les collèges, qui sont en effet l'anneau intermédiaire du cloître au monde, tenaient le milieu dans la série monumentale entre les hôtels et les abbayes, avec une sévérité pleine d'élégance, une sculpture moins évaporée que les palais, une architecture moins sérieuse que les couvents Il ne reste malheureusement presque rien de ces monuments où l'art gothique entrecoupait avec tant de précision la richesse et l'économie Les églises (et elles étaient nombreuses et splendides dans l'Université, et elles s'échelonnaient là aussi dans tous les âges de l'architecture depuis les pleins cintres de Saint-Julien jusqu'aux ogives de Saint-Séverin), les églises dominaient le tout, et, comme une harmonie de plus dans cette masse d'harmonies, elles perçaient à chaque instant la découpure multiple des pignons de flèches tailladées, de clochers à jour, d'aiguilles déliées dont la ligne n'était aussi qu'une magnifique exagération de l'angle aigu des toits

Le sol de l'Université était montueux La montagne Sainte-Geneviève y faisait au sud-est une ampoule énorme, et c'était une chose à voir du haut de Notre-Dame que cette foule de rues étroites et tortues (aujourd'hui *le pays latin*), ces grappes de maisons qui, répandues en tous sens du sommet de cette éminence, se précipitaient en désordre et presque à pic sur ses flancs jusqu'au bord de l'eau, ayant l'air, les unes de tomber, les autres de regrimper, toutes de se retenir les unes aux autres Un flux continuel de mille points noirs qui s'entre-croisaient sur le pavé faisait tout remuer aux yeux C'était le peuple, vu ainsi de haut et de loin

Enfin, dans les intervalles de ces toits, de ces flèches, de ces accidents d'édifices sans nombre qui pliaient, tordaient et dentelaient d'une manière si bizarre la ligne extrême de l'Université, on entrevoyait, d'espace en espace, un gros pan de mur moussu, une épaisse tour ronde, une porte de ville crénelée, figurant la forteresse c'était la clôture de Philippe-Auguste Au delà verdoyaient les prés, au delà s'enfuyaient les routes, le long desquelles traînaient encore quelques maisons de faubourg, d'autant plus rares qu'elles s'éloignaient plus Quelques-uns de ces faubourgs avaient de l'importance C'était d'abord, à partir de la Tournelle, le bourg Saint-Victor, avec son pont d'une arche sur la Bièvre, son abbaye, où on lisait l'épitaphe de Louis le Gros, *epitaphium Ludovici Grossi,* et son église à flèche octogone flanquée de quatre clochetons du onzième siècle (on en peut voir une pareille à Étampes, elle n'est pas encore abattue), puis le bourg Saint-Marceau, qui avait déjà trois églises et un couvent Puis, en laissant à gauche le moulin des Gobelins et ses quatre murs blancs, c'était le faubourg Saint-Jacques avec la belle croix sculptée de son carrefour, l'église de Saint-Jacques du Haut-Pas, qui était alors gothique, pointue et charmante, Saint-Magloire, belle nef du quatorzième siècle, dont Napoléon fit un grenier à foin, Notre-Dame des Champs où il y avait des mosaïques byzantines Enfin, après avoir laissé en plein champ le monastère des Chartreux, riche édifice contemporain du Palais de Justice, avec ses petits jardins à compartiments et les ruines mal hantées de Vauvert, l'œil tombait à l'occident sur les trois aiguilles romanes de Saint-Germain-des-Prés Le bourg Saint-Germain, déjà une grosse commune, faisait quinze ou vingt rues derrière Le clocher aigu de Saint-Sulpice marquait un des coins du bourg Tout à côté on distinguait l'enceinte quadrilatérale de la foire Saint-Germain, où est aujourd'hui le marché, puis le pilori de l'abbé, jolie petite tour ronde bien coiffée d'un cône de plomb La tuilerie était plus loin, et la rue du Four, qui menait au four banal, et le moulin sur sa butte, et la maladrerie, maisonnette isolée et mal vue Mais ce qui attirait surtout le regard, et le fixait longtemps sur ce point, c'était l'abbaye elle-même Il est certain que ce monastère, qui avait une grande mine et comme église et comme seigneurie, ce palais abbatial, où les évêques de Paris s'estimaient heureux de coucher une nuit, ce réfectoire auquel l'architecte avait donné l'air, la beauté et la splendide rosace d'une cathédrale, cette élégante chapelle de la Vierge, ce dortoir monumental, ces vastes jardins, cette herse, ce pont-levis, cette enveloppe de créneaux qui entaillait aux yeux la verdure des prés d'alentour, ces cours où reluisaient des hommes d'armes mêlés à des chapes d'or, le tout groupé et rallié autour des trois hautes flèches à plein cintre bien assises sur une abside gothique, faisaient une magnifique figure à l'horizon

Quand enfin, après avoir longtemps considéré l'Université, vous vous tourniez vers la rive droite, vers la Ville, le spectacle changeait brusquement de caractère La Ville, en effet, beaucoup plus grande que l'Université, était aussi moins une Au premier aspect, on la voyait se diviser en plusieurs masses singulièrement distinctes D'abord, au levant, dans cette partie de la Ville qui reçoit encore aujourd'hui son nom du marais où Camulogène embourba César, c'était un entassement de palais Le pâté venait jusqu'au bord de l'eau Quatre hôtels presque adhérents, Jouy, Sens, Barbeau, le

logis de la Reine, miraient dans la Seine leurs combles d'ardoise coupés de
sveltes tourelles Ces quatre édifices emplissaient l'espace de la rue des
Nonaindières à l'abbaye des Célestins, dont l'aiguille relevait gracieusement
leur ligne de pignons et de créneaux Quelques masures verdâtres penchées
sur l'eau devant ces somptueux hôtels n'empêchaient pas de voir les beaux
angles de leurs façades, leurs larges fenêtres carrées à croisées de pierre, leurs
porches ogives surchargés de statues, les vives arêtes de leurs murs toujours
nettement coupés, et tous ces charmants hasards d'architecture qui font que
l'art gothique a l'air de recommencer ses combinaisons à chaque monument
Derrière ces palais, courait dans toutes les directions, tantôt refendue, palis-
sadée et crénelée comme une citadelle, tantôt voilée de grands arbres comme
une chartreuse, l'enceinte immense et multiforme de ce miraculeux hôtel
de Saint-Pol, où le roi de France avait de quoi loger superbement vingt-deux
princes de la qualité du Dauphin et du duc de Bourgogne avec leurs domestiques et leurs suites, sans compter les grands seigneurs, et l'empereur quand
il venait voir Paris, et les lions, qui avaient leur hôtel à part dans l'hôtel
royal Disons ici qu'un appartement de prince ne se composait pas alors
de moins de onze salles, depuis la chambre de parade jusqu'au priez-Dieu,
sans parler des galeries, des bains, des étuves et autres «lieux superflus»
dont chaque appartement était pourvu, sans parler des jardins particuliers
de chaque hôte du roi, sans parler des cuisines, des celliers, des offices, des
réfectoires généraux de la maison, des basses-cours où il y avait vingt-deux
laboratoires généraux depuis la fouille jusqu'à l'échansonnerie, des jeux de
mille sortes, le mail, la paume, la bague, des volières, des poissonneries,
des ménageries, des écuries, des étables, des bibliothèques, des arsenaux et
des fonderies Voilà ce que c'était alors qu'un palais de roi, un Louvre, un
hôtel Saint-Pol Une cité dans la cité

De la tour où nous nous sommes placés, l'hôtel Saint-Pol, presque à demi
caché par les quatre grands logis dont nous venons de parler, était encore fort
considérable et fort merveilleux à voir On y distinguait très bien, quoique
habilement soudés au bâtiment principal par de longues galeries à vitraux
et à colonnettes, les trois hôtels que Charles V avait amalgamés à son palais,
l'hôtel du Petit-Muce, avec la balustrade en dentelle qui ourlait gracieusement son toit, l'hôtel de l'abbé de Saint-Maur, ayant le relief d'un châteaufort, une grosse tour, des mâchicoulis, des meurtrières, des moineaux de
fer, et sur la large porte saxonne l'écusson de l'abbé entre les deux entailles
du pont-levis, l'hôtel du comte d'Etampes dont le donjon ruiné à son sommet s'arrondissait aux yeux, ébréché comme une crête de coq, çà et là, trois
ou quatre vieux chênes faisant touffe ensemble comme d'énormes choux-
fleurs, des ébats de cygnes dans les claires eaux des viviers, toutes plissées

d'ombre et de lumière; force cours dont on voyait des bouts pittoresques;
l'hôtel des Lions avec ses ogives basses sur de courts piliers saxons, ses herses
de fer et son rugissement perpétuel; tout à travers cet ensemble la flèche
écaillée de l'Ave-Maria; à gauche, le logis du prévôt de Paris flanqué de
quatre tourelles finement évidées; au milieu, au fond, l'hôtel Saint-Pol
proprement dit avec ses façades multipliées, ses enrichissements successifs
depuis Charles V, les excroissances hybrides dont la fantaisie des architectes
l'avait chargé depuis deux siècles, avec toutes les absides de ses chapelles,
tous les pignons de ses galeries, mille girouettes aux quatre vents, et ses
deux hautes tours contiguës dont le toit conique, entouré de créneaux à sa
base, avait l'air de ces chapeaux pointus dont le bord est relevé.

En continuant de monter les étages de cet amphithéâtre de palais déve-
loppé au loin sur le sol, après avoir franchi un ravin profond creusé dans les
toits de la Ville, lequel marquait le passage de la rue Saint-Antoine, l'œil,
et nous nous bornons toujours aux principaux monuments, arrivait au logis
d'Angoulême, vaste construction de plusieurs époques où il y avait des
parties toutes neuves et très blanches, qui ne se fondaient guère mieux dans
l'ensemble qu'une pièce rouge à un pourpoint bleu. Cependant le toit
singulièrement aigu et élevé du palais moderne, hérissé de gouttières ciselées,
couvert de lames de plomb où se roulaient en mille arabesques fantasques
d'étincelantes incrustations de cuivre doré, ce toit si curieusement damas-
quiné s'élançait avec grâce du milieu des brunes ruines de l'ancien édifice,
dont les vieilles grosses tours, bombées par l'âge comme des futailles s'af-
faissant sur elles-mêmes de vétusté et se déchirant du haut en bas, ressemblaient à de gros ventres déboutonnés. Derrière, s'élevait la forêt d'aiguilles
du palais des Tournelles. Pas de coup d'œil au monde, ni à Chambord,
ni à l'Alhambra, plus magique, plus aérien, plus prestigieux que cette
futaie de flèches, de clochetons, de cheminées, de girouettes, de spirales,
de vis, de lanternes trouées par le jour qui semblaient frappées à l'emporte-
pièce, de pavillons, de tourelles en fuseaux, ou, comme on disait alors, de
tournelles, toutes diverses de formes, de hauteur et d'attitude. On eût dit
un gigantesque échiquier de pierre.

A droite des Tournelles, cette botte d'énormes tours d'un noir d'encre,
entrant les unes dans les autres, et ficelées pour ainsi dire par un fossé circulaire, ce donjon beaucoup plus percé de meurtrières que de fenêtres, ce
pont-levis toujours dressé, cette herse toujours tombée, c'est la Bastille. Ces
espèces de becs noirs qui sortent d'entre les créneaux, et que vous prenez
de loin pour des gouttières, ce sont des canons.

Sous leur boulet, au pied du formidable édifice, voici la Porte Saint-
Antoine, enfouie entre ses deux tours.

Au delà des Tournelles, jusqu'à la muraille de Charles V, se déroulait avec de riches compartiments de verdure et de fleurs un tapis velouté de cultures et de parcs royaux, au milieu desquels on reconnaissait, à son labyrinthe d'arbres et d'allées, le fameux jardin Dédalus que Louis XI avait donné à Coictier. L'observatoire du docteur s'élevait au-dessus du dédale comme une grosse colonne isolée ayant une maisonnette pour chapiteau. Il s'est fait dans cette officine de terribles astrologies.

Là est aujourd'hui la place Royale.

Comme nous venons de le dire, le quartier de palais dont nous avons tâché de donner quelque idée au lecteur, en n'indiquant néanmoins que les sommités, emplissait l'angle que l'enceinte de Charles V faisait avec la Seine à l'orient. Le centre de la Ville était occupé par un monceau de maisons à peuple. C'était là en effet que se dégorgeaient les trois ponts de la Cité sur la rive droite, et les ponts font des maisons avant des palais. Cet amas d'habitations bourgeoises, pressées comme les alvéoles dans la ruche, avait sa beauté. Il en est des toits d'une capitale comme des vagues d'une mer, cela est grand. D'abord les rues, croisées et brouillées, faisaient dans le bloc cent figures amusantes. Autour des Halles, c'était comme une étoile à mille raies. Les rues Saint-Denis et Saint-Martin, avec leurs innombrables ramifications, montaient l'une auprès de l'autre comme deux gros arbres qui mêlent leurs branches. Et puis, des lignes tortues, les rues de la Plâtrerie, de la Verrerie, de la Tixeranderie, etc., serpentaient sur le tout. Il y avait aussi de beaux édifices qui perçaient l'ondulation pétrifiée de cette mer de pignons. C'était, à la tête du Pont-aux-Changeurs derrière lequel on voyait mousser la Seine sous les roues du Pont-aux-Meuniers, c'était le Châtelet, non plus tour romaine comme sous Julien l'Apostat, mais tour féodale du treizième siècle, et d'une pierre si dure que le pic en trois heures n'en levait pas l'épaisseur du poing. C'était le riche clocher carré de Saint-Jacques-de-la-Boucherie, avec ses angles tout émoussés de sculptures, déjà admirable, quoiqu'il ne fût pas achevé au quinzième siècle. Il lui manquait en particulier ces quatre monstres qui, aujourd'hui encore, perchés aux encoignures de son toit, ont l'air de quatre sphinx qui donnent à deviner au nouveau Paris l'énigme de l'ancien. Rault, le sculpteur, ne les posa qu'en 1526, et il eut vingt francs pour sa peine. C'était la Maison-aux-Piliers, ouverte sur cette place de Grève dont nous avons donné quelque idée au lecteur. C'était Saint-Gervais, qu'un portail *de bon goût* a gâté depuis, Saint-Méry dont les vieilles ogives étaient presque encore des pleins cintres, Saint-Jean dont la magnifique aiguille était proverbiale, c'étaient vingt autres monuments qui ne dédaignaient pas d'enfouir leurs merveilles dans ce chaos de rues noires, étroites et profondes. Ajoutez les croix de pierre sculptées plus prodiguées encore dans les carrefours que les gibets ; le cimetière des Innocents dont on apercevait au loin par-dessus les toits l'enceinte architecturale ; le pilori des Halles, dont on voyait le faîte entre deux cheminées de la rue de la Cossonnerie ; l'échelle de la Croix-du-Trahoir dans son carrefour toujours noir de peuple ; les masures circulaires de la Halle au blé ; les tronçons de l'ancienne clôture de Philippe-Auguste qu'on distinguait çà et là, noyés dans les maisons, tours rongées de lierre, portes ruinées, pans de murs croulants et déformés ; le quai avec ses mille boutiques et ses écorcheries saignantes ; la Seine chargée de bateaux du Port-au-Foin au For-l'Évêque ; et vous aurez une image confuse de ce qu'était en 1482 le trapèze central de la Ville.

Avec ces deux quartiers, l'un d'hôtels, l'autre de maisons, le troisième élément de l'aspect qu'offrait la Ville, c'était une longue zone d'abbayes qui la bordait dans presque tout son pourtour, du levant au couchant, et en arrière de l'enceinte de fortifications qui fermait Paris lui faisait une seconde enceinte intérieure de couvents et de chapelles. Ainsi, immédiatement à côté du parc des Tournelles, entre la rue Saint-Antoine et la vieille rue du Temple, il y avait Sainte-Catherine avec son immense culture, qui n'était bornée que par la muraille de Paris. Entre la vieille et la nouvelle rue du Temple, il y avait le Temple, sinistre faisceau de tours, haut, debout et isolé au milieu d'un vaste enclos crénelé. Entre la rue Neuve-du-Temple et la rue Saint-Martin, c'était l'abbaye de Saint-Martin, au milieu de ses jardins, superbe église fortifiée, dont la ceinture de tours, dont la tiare de clochers, ne le cédaient en force et en splendeur qu'à Saint-Germain-des-Prés. Entre les deux rues Saint-Martin et Saint-Denis, se développait l'enclos de la Trinité. Enfin, entre la rue Saint-Denis et la rue Montorgueil, les Filles-Dieu. A côté, on distinguait les toits pourris et l'enceinte dépavée de la Cour des Miracles. C'était le seul anneau profane qui se mêlât à cette dévote chaîne de couvents.

Enfin, le quatrième compartiment qui se dessinait de lui-même dans l'agglomération des toits de la rive droite, et qui occupait l'angle occidental de la clôture et le bord de l'eau en aval, c'était un nouveau nœud de palais et d'hôtels serrés aux pieds du Louvre. Le vieux Louvre de Philippe-Auguste, cet édifice démesuré dont la grosse tour ralliait vingt-trois maîtresses tours autour d'elle, sans compter les tourelles, semblait de loin enchâssé dans les combles gothiques de l'hôtel d'Alençon et du Petit-Bourbon. Cette hydre de tours, gardienne géante de Paris, avec ses vingt-quatre têtes toujours dressées, avec ses croupes monstrueuses, plombées ou écaillées d'ardoises, et toutes ruisselantes de reflets métalliques, terminait d'une manière surprenante la configuration de la Ville au couchant.

Ainsi, un immense pâté, ce que les Romains appelaient *insula,* de maisons bourgeoises, flanqué à droite et à gauche de deux blocs de palais couronnés l'un par le Louvre, l'autre par les Tournelles, bordé au nord d'une longue ceinture d'abbayes et d'enclos cultivés, le tout amalgamé et fondu au regard, sur ces mille édifices dont les toits de tuiles et d'ardoises découpaient les uns sur les autres tant de chaînes bizarres, les clochers tatoués, gaufrés et guillochés des quarante-quatre églises de la rive droite, des myriades de rues au travers, pour limite d'un côté une clôture de hautes murailles à tours carrées (celle de l'Université était à tours rondes), de l'autre, la Seine coupée de ponts et charriant force bateaux voilà la Ville au quinzième siècle

Au delà des murailles, quelques faubourgs se pressaient aux portes, mais moins nombreux et plus épars que ceux de l'Université C'étaient, derrière la Bastille, vingt masures pelotonnées autour des curieuses sculptures de la Croix-Faubin et des arcs-boutants de l'abbaye Saint Antoine des Champs, puis Popincourt, perdu dans les blés, puis la Courtille, joyeux village de cabarets, le bourg Saint-Laurent avec son église dont le clocher de loin semblait s'ajouter aux tours pointues de la Porte Saint-Martin, le faubourg Saint-Denis avec le vaste enclos de Saint-Ladre, hors de la Porte Montmartre, la Grange-Batelière ceinte de murailles blanches, derrière elle, avec ses pentes de craie, Montmartre qui avait alors presque autant d'églises que de moulins, et qui n'a gardé que les moulins, car la société ne demande plus maintenant que le pain du corps Enfin, au delà du Louvre on voyait s'allonger dans les prés le faubourg Saint-Honoré, déjà fort considérable alors, et verdoyer la Petite-Bretagne, et se dérouler le Marché-aux-Pourceaux, au centre duquel s'arrondissait l'horrible fourneau à bouillir les fauxmonnayeurs Entre la Courtille et Saint-Laurent votre œil avait déjà remarqué au couronnement d'une hauteur accroupie sur des plaines désertes une espèce d'édifice qui ressemblait de loin à une colonnade en ruine debout sur un soubassement déchaussé Ce n'était ni un Parthénon, ni un temple de Jupiter Olympien C'était Montfaucon.

Maintenant, si le dénombrement de tant d'édifices, quelque sommaire que nous l'ayons voulu faire, n'a pas pulvérisé, à mesure que nous la construisions, dans l'esprit du lecteur, l'image générale du vieux Paris, nous la résumerons en quelques mots Au centre, l'île de la Cité, ressemblant par sa forme à une énorme tortue et faisant sortir ses ponts écaillés de tuiles comme des pattes, de dessous sa grise carapace de toits A gauche, le trapèze monolithe, ferme, dense, serré, hérissé, de l'Université A droite, le vaste demicercle de la Ville beaucoup plus mêlé de jardins et de monuments Les trois blocs, Cité, Université, Ville, marbrés de rues sans nombre Tout au travers, la Seine, la «nourricière Seine», comme le dit le père Du Breul, obstruée d'îles, de ponts et de bateaux Tout autour, une plaine immense, rapiécée de mille sortes de cultures, semée de beaux villages, à gauche, Issy, Vanvres, Vaugirard, Montrouge, Gentilly avec sa tour ronde et sa tour carrée, etc , à droite, vingt autres depuis Conflans jusqu'à la Ville-l'Évêque A l'horizon un ourlet de collines disposées en cercle comme le rebord du bassin Enfin, au loin, à l'orient, Vincennes et ses sept tours quadrangulaires, au sud, Bicêtre et ses tourelles pointues, au septentrion, Saint-Denis et son aiguille, à l'occident, Saint-Cloud et son donjon Voilà le Paris que voyaient du haut des tours de Notre-Dame les corbeaux qui vivaient en 1482

C'est pourtant de cette ville que Voltaire a dit qu'*avant Louis XIV elle ne poßédait que quatre beaux monuments* le dôme de la Sorbonne, le Val-de-Grâce, le Louvre moderne, et je ne sais plus le quatrième, le Luxembourg peut-être Heureusement Voltaire n'en a pas moins fait *Candide,* et n'en est pas moins de tous les hommes qui se sont succédé dans la longue série de l'humanité celui qui a le mieux eu le rire diabolique Cela prouve d'ailleurs qu'on peut être un beau génie et ne rien comprendre à un art dont on n'est pas Molière ne croyait-il pas faire beaucoup d'honneur à Raphael et à Michel-Ange en les appelant *ces Mignards de leur âge?*

Revenons à Paris et au quinzième siècle

Ce n'était pas alors seulement une belle ville, c'était une ville homogène, un produit architectural et historique du moyen-âge, une chronique de pierre C'était une cité formée de deux couches seulement, la couche romane et la couche gothique, car la couche romane avait disparu depuis long-temps, excepté aux Thermes de Julien où elle perçait encore la croûte épaisse du moyen-âge Quant à la couche celtique, on n'en trouvait même plus d'échantillons en creusant des puits

Cinquante ans plus tard, lorsque la renaissance vint mêler à cette unité si sévère et pourtant si variée le luxe éblouissant de ses fantaisies et de ses systèmes, ses débauches de pleins cintres romains, de colonnes grecques et de surbaissements gothiques, sa sculpture si tendre et si idéale, son goût particulier d'arabesques et d'acanthes, son paganisme architectural contemporain de Luther, Paris fut peut-être plus beau encore, quoique moins harmonieux à l'œil et à la pensée Mais ce splendide moment dura peu La renaissance ne fut pas impartiale, elle ne se contenta pas d'édifier, elle voulut jeter bas Il est vrai qu'elle avait besoin de place Aussi le Paris gothique ne fut-il complet qu'une minute On achevait à peine Saint-Jacques-de-la-Boucherie qu'on commençait la démolition du vieux Louvre

Depuis, la grande ville a été se déformant de jour en jour Le Paris gothique sous lequel s'effaçait le Paris roman, s'est effacé à son tour Mais peut-on dire quel Paris l'a remplacé?

Il y a le Paris de Catherine de Médicis, aux Tuileries[1], le Paris de Henri II, à l'Hôtel de Ville, deux édifices encore d'un grand goût, le Paris de Henri IV, à la place Royale façades de briques à coins de pierre et à toits d'ardoise, des maisons tricolores, le Paris de Louis XIII, au Val de-Grâce une architecture écrasée et trapue, des voûtes en anses de panier, je ne sais quoi de ventru dans la colonne et de bossu dans le dôme, le Paris de Louis XIV, aux Invalides grand, riche, doré et froid, le Paris de Louis XV, à Saint-Sulpice des volutes, des nœuds de rubans, des nuages, des vermicelles et des chicorées, le tout en pierre, le Paris de Louis XVI, au Panthéon Saint-Pierre de Rome mal copié (l'édifice s'est tassé gauchement, ce qui n'en a pas raccommodé les lignes), le Paris de la République, à l'École de médecine un pauvre goût grec et romain qui ressemble au Colisée ou au Parthénon comme la constitution de l'an III aux lois de Minos, on l'appelle en architecture *le goût messidor*, le Paris de Napoléon, à la place Vendôme celui-là est sublime, une colonne de bronze faite avec des canons, le Paris de la restauration, à la Bourse une colonnade fort blanche supportant une frise fort lisse, le tout est carré et a coûté vingt millions

A chacun de ces monuments caractéristiques se rattache par une similitude de goût, de façon et d'attitude, une certaine quantité de maisons éparses dans divers quartiers et que l'œil du connaisseur distingue et date aisément Quand on sait voir, on retrouve l'esprit d'un siècle et la physionomie d'un roi jusque dans un marteau de porte

Le Paris actuel n'a donc aucune physionomie générale C'est une collection d'échantillons de plusieurs siècles, et les plus beaux ont disparu La capitale ne s'accroît qu'en maisons, et quelles maisons! Du train dont va Paris, il se renouvellera tous les cinquante ans Aussi la signification historique de son architecture s'efface-t-elle tous les jours Les monuments y deviennent de plus en plus rares, et il semble qu'on les voie s'engloutir peu à peu, noyés dans les maisons Nos pères avaient un Paris de pierre, nos fils auront un Paris de plâtre

Quant aux monuments modernes du Paris neuf, nous nous dispenserons

[1] Nous avons vu avec une douleur mêlée d'indignation qu'on songeait à agrandir, à refondre, à remanier, c'est-à-dire à détruire cet admirable palais Les architectes de nos jours ont la main trop lourde pour toucher à ces délicates œuvres de la renaissance Nous espérons toujours qu'ils ne l'oseront pas D'ailleurs, cette démolition des Tuileries maintenant ne serait pas seulement une voie de fait brutale dont rougirait un vandale ivre, ce serait un acte de trahison Les Tuileries ne sont plus simplement un chef d'œuvre de l'art du seizième siècle, c'est une page de l'histoire du dix neuvième siècle Ce palais n'est plus au roi, mais au peuple Laissons le tel qu'il est Notre révolution l'a marqué deux fois au front Sur l'une de ses deux façades, il a les boulets du 10 août, sur l'autre, les boulets du 29 juillet Il est saint

Paris, 7 avril 1831

(Note de la cinquième édition)

volontiers d'en parler Ce n'est pas que nous ne les admirions comme il
convient La Sainte-Geneviève de M Soufflot est certainement le plus beau
gâteau de Savoie qu'on ait jamais fait en pierre Le palais de la Légion
d'honneur est aussi un morceau de pâtisserie fort distingué Le dôme de
la Halle au blé est une casquette de jockey anglais sur une grande échelle
Les tours Saint-Sulpice sont deux grosses clarinettes, et c'est une forme
comme une autre, le télégraphe tortu et grimaçant fait un aimable accident
sur leur toiture Saint-Roch a un portail qui n'est comparable pour la magnificence qu'à Saint-Thomas d'Aquin Il a aussi un calvaire en ronde-bosse
dans une cave et un soleil de bois doré Ce sont là des choses tout à fait
merveilleuses La lanterne du labyrinthe du Jardin des Plantes est aussi fort
ingénieuse Quant au palais de la Bourse, qui est grec par sa colonnade,
romain par le plein cintre de ses portes et fenêtres, de la renaissance par sa
grande voûte surbaissée, c'est indubitablement un monument très correct
et très pur La preuve, c'est qu'il est couronné d'un attique comme on n'en
voyait pas à Athènes, belle ligne droite, gracieusement coupée çà et là par des
tuyaux de poêle Ajoutons que, s'il est de règle que l'architecture d'un édifice
soit adaptée à sa destination de telle façon que cette destination se dénonce
d'elle-même au seul aspect de l'édifice, on ne saurait trop s'émerveiller d'un
monument qui peut être indifféremment un palais de roi, une chambre des
communes, un hôtel de ville, un collège, un manège, une académie, un
entrepôt, un tribunal, un musée, une caserne, un sépulcre, un temple, un
théâtre En attendant, c'est une Bourse Un monument doit en outre être
approprié au climat Celui-ci est évidemment construit exprès pour notre
ciel froid et pluvieux Il a un toit presque plat comme en Orient, ce qui fait
que l'hiver, quand il neige, on balaye le toit, et il est certain qu'un toit est
fait pour être balayé Quant à cette destination dont nous parlions tout à
l'heure, il la remplit à merveille, il est Bourse en France, comme il eût été
temple en Grèce Il est vrai que l'architecte a eu assez de peine à cacher le
cadran de l'horloge qui eût détruit la pureté des belles lignes de la façade,
mais en revanche on a cette colonnade qui circule autour du monument,
et sous laquelle, dans les grands jours de solennité religieuse, peut se développer majestueusement la théorie des agents de change et des courtiers de
commerce

Ce sont là sans aucun doute de très superbes monuments Joignons-y
force belles rues, amusantes et variées comme la rue de Rivoli, et je ne
désespère pas que Paris vu à vol de ballon ne présente un jour aux yeux cette
richesse de lignes, cette opulence de détails, cette diversité d'aspects, ce je
ne sais quoi de grandiose dans le simple et d'inattendu dans le beau qui
caractérise un damier

Toutefois, si admirable que vous semble le Paris d'à présent, refaites le
Paris du quinzième siècle, reconstruisez-le dans votre pensée, regardez le jour
à travers cette haie surprenante d'aiguilles, de tours et de clochers, répandez
au milieu de l'immense ville, déchirez à la pointe des îles, plissez aux arches
des ponts la Seine avec ses larges flaques vertes et jaunes, plus changeante
qu'une robe de serpent, détachez nettement sur un horizon d'azur le profil
gothique de ce vieux Paris, faites-en flotter le contour dans une brume
d'hiver qui s'accroche à ses nombreuses cheminées, noyez-le dans une nuit
profonde, et regardez le jeu bizarre des ténèbres et des lumières dans ce
sombre labyrinthe d'édifices, jetez-y un rayon de lune qui le dessine vaguement, et fasse sortir du brouillard les grandes têtes des tours, ou reprenez
cette noire silhouette, ravivez d'ombre les mille angles aigus des flèches et
des pignons, et faites-la saillir, plus dentelée qu'une mâchoire de requin,
sur le ciel de cuivre du couchant — Et puis, comparez

Et si vous voulez recevoir de la vieille ville une impression que la moderne
ne saurait plus vous donner, montez, un matin de grande fête, au soleil
levant de Pâques ou de la Pentecôte, montez sur quelque point élevé d'où
vous dominiez la capitale entière, et assistez à l'éveil des carillons Voyez à
un signal parti du ciel, car c'est le soleil qui le donne, ces mille églises tressaillir
à la fois Ce sont d'abord des tintements épars, allant d'une église à l'autre,
comme lorsque des musiciens s'avertissent qu'on va commencer, puis tout
à coup voyez, car il semble qu'en certains instants l'oreille aussi a sa vue,
voyez s'élever au même moment de chaque clocher comme une colonne
de bruit, comme une fumée d'harmonie D'abord, la vibration de chaque
cloche monte droite, pure et pour ainsi dire isolée des autres, dans le ciel
splendide du matin Puis, peu à peu, en grossissant elles se fondent, elles
se mêlent, elles s'effacent l'une dans l'autre, elles s'amalgament dans un
magnifique concert Ce n'est plus qu'une masse de vibrations sonores qui
se dégage sans cesse des innombrables clochers, qui flotte, ondule, bondit,
tourbillonne sur la ville, et prolonge bien au delà de l'horizon le cercle
assourdissant de ses oscillations Cependant cette mer d'harmonie n'est point
un chaos Si grosse et si profonde qu'elle soit, elle n'a point perdu sa transparence Vous y voyez serpenter à part chaque groupe de notes qui s'échappe
des sonneries, vous y pouvez suivre le dialogue, tour à tour grave et criard,
de la crécelle et du bourdon, vous y voyez sauter les octaves d'un clocher à
l'autre, vous les regardez s'élancer ailées, légères et sifflantes de la cloche
d'argent, tomber cassées et boiteuses de la cloche de bois, vous admirez au
milieu d'elles la riche gamme qui descend et remonte sans cesse les sept
cloches de Saint-Eustache, vous voyez courir tout au travers des notes claires
et rapides qui font trois ou quatre zigzags lumineux et s'évanouissent

comme des éclairs. Là-bas, c'est l'abbaye Saint-Martin, chanteuse aigre et fêlée; ici, la voix sinistre et bourrue de la Bastille; à l'autre bout, la grosse Tour du Louvre, avec sa basse-taille. Le royal carillon du Palais jette sans relâche de tous côtés des trilles resplendissants sur lesquels tombent à temps égaux les lourdes coupetées du beffroi de Notre-Dame, qui les font étinceler comme l'enclume sous le marteau. Par intervalles vous voyez passer des sons de toute forme qui viennent de la triple volée de Saint-Germain-des-Prés. Puis encore de temps en temps cette masse de bruits sublimes s'entr'ouvre et donne passage à la strette de l'Ave-Maria qui éclate et pétille comme une aigrette d'étoiles. Au-dessous, au plus profond du concert, vous distinguez confusément le chant intérieur des églises qui transpire à travers les pores vibrants de leurs voûtes. —— Certes, c'est là un opéra qui vaut la peine d'être écouté. D'ordinaire, la rumeur qui s'échappe de Paris le jour, c'est la ville qui parle; la nuit, c'est la ville qui respire : ici, c'est la ville qui chante. Prêtez donc l'oreille à ce tutti des clochers, répandez sur l'ensemble le murmure d'un demi-million d'hommes, la plainte éternelle du fleuve, les souffles infinis du vent, le quatuor grave et lointain des quatre forêts disposées sur les collines de l'horizon comme d'immenses buffets d'orgue, éteignez-y ainsi que dans une demi-teinte tout ce que le carillon central aurait de trop rauque et de trop aigu, et dites si vous connaissez au monde quelque chose de plus riche, de plus joyeux, de plus doré, de plus éblouissant que ce tumulte de cloches et de sonneries; que cette fournaise de musique; que ces dix mille voix d'airain chantant à la fois dans des flûtes de pierre hautes de trois cents pieds; que cette cité qui n'est plus qu'un orchestre; que cette symphonie qui fait le bruit d'une tempête.

LIVRE QUATRIÈME

I

LES BONNES ÂMES

Il y avait seize ans à l'époque où se passe cette histoire que, par un beau matin de dimanche de la Quasimodo, une créature vivante avait été déposée après la messe dans l'église de Notre-Dame, sur le bois de lit scellé dans le parvis à main gauche, vis-à-vis ce *grand image* de saint Christophe que la figure sculptée en pierre de messire Antoine des Essarts, chevalier, regardait à genoux depuis 1413, lorsqu'on s'est avisé de jeter bas et le saint et le fidèle. C'est sur ce bois de lit qu'il était d'usage d'exposer les enfants trouvés à la charité publique. Les prenait là qui voulait. Devant le bois de lit était un bassin de cuivre pour les aumônes.

L'espèce d'être vivant qui gisait sur cette planche le matin de la Quasimodo en l'an du Seigneur 1467 paraissait exciter à un haut degré la curiosité du groupe assez considérable qui s'était amassé autour du bois de lit. Le groupe était formé en grande partie de personnes du beau sexe. Ce n'étaient presque que des vieilles femmes.

Au premier rang et les plus inclinées sur le lit, on en remarquait quatre qu'à leur cagoule grise, sorte de soutane, on devinait attachées à quelque confrérie dévote. Je ne vois point pourquoi l'histoire ne transmettrait pas à la postérité les noms de ces quatre discrètes et vénérables demoiselles. C'étaient Agnès la Herme, Jehanne de la Tarme, Henriette la Gaultière, Gauchère la Violette, toutes quatre veuves, toutes quatre bonnes-femmes de la chapelle Etienne-Haudry, sorties de leur maison, avec la permission de leur maîtresse et conformément aux statuts de Pierre d'Ailly, pour venir entendre le sermon.

Du reste, si ces braves haudriettes observaient pour le moment les statuts de Pierre d'Ailly, elles violaient, certes, à cœur joie, ceux de Michel de Brache et du cardinal de Pise qui leur prescrivaient si inhumainement le silence.

— Qu'est-ce que c'est que cela, ma sœur ? disait Agnès à Gauchère, en considérant la petite créature exposée qui glapissait et se tordait sur le lit de bois, tout effrayée de tant de regards

— Qu'est-ce que nous allons devenir, disait Jehanne, si c'est comme cela qu'ils font les enfants à présent ?

— Je ne me connais pas en enfants, reprenait Agnès, mais ce doit être un péché de regarder celui-ci

— Ce n'est pas un enfant, Agnès

— C'est un singe manqué, observait Gauchère

— C'est un miracle, reprenait Henriette la Gaultière

— Alors, remarquait Agnès, c'est le troisième depuis le dimanche du *Lætare* Car il n'y a pas huit jours que nous avons eu le miracle du moqueur de pèlerins puni divinement par Notre-Dame d'Aubervilliers, et c'était le second miracle du mois

— C'est un vrai monstre d'abomination que ce soi-disant enfant trouvé, reprenait Jehanne

— Il braille à faire sourd un chantre, poursuivait Gauchère — Tais-toi donc, petit hurleur !

— Dire que c'est M de Reims qui envoie cette énormité à M de Paris ! ajoutait la Gaultière en joignant les mains

— J'imagine, disait Agnès la Herme, que c'est une bête, un animal, le produit d'un juif avec une truie, quelque chose enfin qui n'est pas chrétien et qu'il faut jeter à l'eau ou au feu

— J'espère bien, reprenait la Gaultière, qu'il ne sera postulé par personne

— Ah mon Dieu ! s'écriait Agnès, ces pauvres nourrices qui sont là dans le logis des enfants trouvés qui fait le bas de la ruelle en descendant la rivière, tout à côté de monseigneur l'évêque, si on allait leur apporter ce petit monstre à allaiter ! J'aimerais mieux donner à téter à un vampire

— Est-elle innocente, cette pauvre la Herme ! reprenait Jehanne Vous ne voyez pas, ma sœur, que ce petit monstre a au moins quatre ans et qu'il aurait moins appétit de votre tétin que d'un tournebroche

En effet, ce n'était pas un nouveau-né que «ce petit monstre» (Nous serions fort empêché nous-même de le qualifier autrement) C'était une petite masse fort anguleuse et fort remuante, emprisonnée dans un sac de toile imprimé au chiffre de messire Guillaume Chartier, pour lors évêque de Paris, avec une tête qui sortait Cette tête était chose assez difforme On n'y voyait qu'une forêt de cheveux roux, un œil, une bouche et des dents L'œil pleurait, la bouche criait, et les dents ne paraissaient demander qu'à mordre Le tout se débattait dans le sac, au grand ébahissement de la foule qui grossissait et se renouvelait sans cesse à l'entour

Dame Aloïse de Gondelaurier, une femme riche et noble qui tenait une jolie fille d'environ six ans à la main et qui traînait un long voile à la corne d'or de sa coiffe, s'arrêta en passant devant le lit, et considéra un moment la malheureuse créature, pendant que sa charmante petite fille Fleur-de-Lys de Gondelaurier, toute vêtue de soie et de velours, épelait avec son joli doigt l'écriteau permanent accroché au bois de lit ENFANTS TROUVÉS

— En vérité, dit la dame en se détournant avec dégoût, je croyais qu'on n'exposait ici que des enfants

Elle tourna le dos, en jetant dans le bassin un florin d'argent qui retentit parmi les liards et fit ouvrir de grands yeux aux pauvres bonnes femmes de la chapelle Étienne-Haudry

Un moment après, le grave et savant Robert Mistricolle, protonotaire du roi, passa avec un énorme missel sous un bras et sa femme sous l'autre (damoiselle Guillemette la Mairesse), ayant de la sorte à ses côtés ses deux régulateurs, spirituel et temporel

— Enfant trouvé ! dit-il après avoir examiné l'objet Trouvé apparemment sur le parapet du fleuve Phlégéto !

— On ne lui voit qu'un œil, observa damoiselle Guillemette Il a sur l'autre une verrue

— Ce n'est pas une verrue, reprit maître Robert Mistricolle C'est un œuf qui renferme un autre démon tout pareil, lequel porte un autre petit œuf qui contient un autre diable, et ainsi de suite

— Comment savez-vous cela ? demanda Guillemette la Mairesse

— Je le sais pertinemment ,répondit le protonotaire

— Monsieur le protonotaire, demanda Gauchère, que pronostiquez-vous de ce prétendu enfant trouvé ?

— Les plus grands malheurs, répondit Mistricolle

— Ah ! mon Dieu ! dit une vieille dans l'auditoire, avec cela qu'il y a eu une considérable pestilence l'an passé et qu'on dit que les Anglais vont débarquer en compagnie à Harefleu

— Cela empêchera peut-être la reine de venir à Paris au mois de septembre, reprit une autre La marchandise va déjà si mal !

— Je suis d'avis, s'écria Jehanne de la Tarme, qu'il vaudrait mieux pour les manants de Paris que ce petit magicien-là fût couché sur un fagot que sur une planche

— Un beau fagot flambant ! ajouta la vieille

— Cela serait plus prudent, dit Mistricolle

Depuis quelques moments un jeune prêtre écoutait le raisonnement des haudriettes et les sentences du protonotaire C'était une figure sévère, un front large, un regard profond Il écarta silencieusement la foule, examina le *petit magicien,* et étendit la main sur lui Il était temps Car toutes les dévotes se léchaient déjà les barbes du *beau fagot flambant*

— J'adopte cet enfant, dit le prêtre

Il le prit dans sa soutane, et l'emporta L'assistance le suivit d'un œil effaré Un moment après, il avait disparu par la Porte-Rouge qui conduisait alors de l'église au cloître

Quand la première surprise fut passée, Jehanne de la Tarme se pencha à l'oreille de la Gaultière

— Je vous avais bien dit, ma sœur, que ce jeune clerc monsieur Claude Frollo est un sorcier

II

CLAUDE FROLLO

En effet, Claude Frollo n'était pas un personnage vulgaire

Il appartenait à l'une de ces familles moyennes qu'on appelait indifféremment dans le langage impertinent du siècle dernier haute bourgeoisie ou petite noblesse Cette famille avait hérité des frères Paclet le fief de Tirechappe, qui relevait de l'évêque de Paris, et dont les vingt-une maisons avaient été au treizième siècle l'objet de tant de plaidoiries par-devant l'official Comme possesseur de ce fief Claude Frollo était un des *sept vingt-un* seigneurs prétendant censive dans Paris et ses faubourgs, et l'on a pu voir longtemps son nom inscrit en cette qualité, entre l'hôtel de Tancarville, appartenant à maître François Le Rez, et le collège de Tours, dans le cartulaire déposé à Saint-Martin des Champs

Claude Frollo avait été destiné dès l'enfance par ses parents à l'état ecclésiastique On lui avait appris à lire dans du latin Il avait été élevé à baisser les yeux et à parler bas Tout enfant, son père l'avait cloîtré au collège de Torchi en l'Université C'est là qu'il avait grandi, sur le missel et le Lexicon

C'était d'ailleurs un enfant triste, grave, sérieux, qui étudiait ardemment et apprenait vite Il ne jetait pas grand cri dans les récréations, se mêlait peu aux bacchanales de la rue du Fouarre, ne savait ce que c'était que *dare alapas & capillos laniare,* et n'avait fait aucune figure dans cette mutinerie de 1463 que les annalistes enregistrent gravement sous le titre de «Sixième trouble de l'Université» Il lui arrivait rarement de railler les pauvres écoliers de Montagu pour les *cappettes* dont ils tiraient leur nom, ou les boursiers du Collège de Dormans pour leur tonsure rase et leur surtout tri-parti de drap pers, bleu et violet, *azurini coloris & bluni,* comme dit la charte du cardinal des Quatre-Couronnes

En revanche, il était assidu aux grandes et petites écoles de la rue Jean-de-Beauvais Le premier écolier que l'abbé de Saint-Pierre de Val, au moment de commencer sa lecture de droit canon, apercevait toujours collé vis-à-vis de sa chaire à un pilier de l'école Saint-Vendregesile, c'était Claude Frollo, armé de son écritoire de corne, mâchant sa plume, griffonnant sur son genou usé, et l'hiver soufflant dans ses doigts Le premier auditeur que messire Miles d'Isliers, docteur en Décret, voyait arriver chaque lundi matin, tout essoufflé, à l'ouverture des portes de l'école du Chef-Saint-Denis, c'était Claude Frollo Aussi, à seize ans, le jeune clerc eût pu tenir tête, en théo-

8

logie mystique à un père de l'église, en théologie canonique à un père des conciles, en théologie scolastique à un docteur de Sorbonne

La théologie dépassée, il s'était précipité dans le Décret Du *Maître des Sentences*, il était tombé aux *Capitulaires de Charlemagne* Et successivement il avait dévoré, dans son appétit de science, décrétales sur décrétales, celles de Théodore, évêque d'Hispale, celles de Bouchard, évêque de Worms, celles d'Yves, évêque de Chartres, puis le Décret de Gratien qui succéda aux Capitulaires de Charlemagne, puis le recueil de Grégoire IX, puis l'épître *Super Specula* d'Honorius III Il se fit claire, il se fit familière cette vaste et tumultueuse période du droit civil et du droit canon en lutte et en travail dans le chaos du moyen-âge, période que l'évêque Théodore ouvre en 618 et que ferme en 1227 le pape Grégoire

Le Décret digéré, il se jeta sur la médecine, et sur les arts libéraux Il étudia la science des herbes, la science des onguents Il devint expert aux fièvres et aux contusions, aux navrures et aux apostumes Jacques d'Espars l'eût reçu médecin physicien, Richard Hellain, médecin chirurgien Il parcourut également tous les degrés de licence, maîtrise et doctorerie des arts Il étudia les langues, le latin, le grec, l'hébreu, triple sanctuaire alors bien peu fréquenté C'était une véritable fièvre d'acquérir et de thésauriser en fait de science A dix-huit ans, les quatre facultés y avaient passé Il semblait au jeune homme que la vie avait un but unique savoir

Ce fut vers cette époque environ que l'été excessif de 1466 fit éclater cette grande peste qui enleva plus de quarante mille créatures dans la vicomté de Paris, et entre autres, dit Jean de Troyes, «maître Arnoul, astrologien du roi, qui était fort homme de bien, sage et plaisant» Le bruit se répandit dans l'Université que la rue Tirechappe était en particulier dévastée par la maladie C'est là que résidaient, au milieu de leur fief, les parents de Claude Le jeune écolier courut fort alarmé à la maison paternelle Quand il y entra, son père et sa mère étaient morts de la veille Un tout jeune frère qu'il avait au maillot, vivait encore et criait abandonné dans son berceau C'était tout ce qui restait à Claude de sa famille Le jeune homme prit l'enfant sous son bras, et sortit pensif Jusque-là il n'avait vécu que dans la science, il commençait à vivre dans la vie

Cette catastrophe fut une crise dans l'existence de Claude Orphelin, aîné, chef de famille à dix-neuf ans, il se sentit rudement rappelé des rêveries de l'école aux réalités de ce monde Alors, ému de pitié, il se prit de passion et de dévouement pour cet enfant, son frère, chose étrange et douce qu'une affection humaine à lui qui n'avait encore aimé que des livres

Cette affection se développa à un point singulier Dans une âme aussi neuve, ce fut comme un premier amour Séparé depuis l'enfance de ses parents, qu'il avait à peine connus, cloîtré et comme muré dans ses livres, avide avant tout d'étudier et d'apprendre, exclusivement attentif jusqu'alors à son intelligence qui se dilatait dans la science, à son imagination qui grandissait dans les lettres, le pauvre écolier n'avait pas encore eu le temps de sentir la place de son cœur Ce jeune frère sans père ni mère, ce petit enfant, qui lui tombait brusquement du ciel sur les bras, fit de lui un homme nouveau Il s'aperçut qu'il y avait autre chose dans le monde que les spéculations de la Sorbonne et les vers d'Homerus, que l'homme avait besoin d'affections, que la vie sans tendresse et sans amour n'était qu'un rouage sec, criard et déchirant, seulement il se figura, car il était dans l'âge où les illusions ne sont encore remplacées que par des illusions, que les affections de sang et de famille étaient les seules nécessaires, et qu'un petit frère à aimer suffisait pour remplir toute une existence

Il se jeta donc dans l'amour de son petit Jehan avec la passion d'un caractère déjà profond, ardent, concentré Cette pauvre frêle créature, jolie, blonde, rose et frisée, cet orphelin sans autre appui qu'un orphelin, le remuait jusqu'au fond des entrailles, et, grave penseur qu'il était, il se mit à réfléchir sur Jehan avec une miséricorde infinie Il en prit souci et soin comme de quelque chose de très fragile et de très recommandé Il fut à l'enfant plus qu'un frère, il lui devint une mère

Le petit Jehan avait perdu sa mère, qu'il tétait encore Claude le mit en nourrice Outre le fief de Tirechappe, il avait eu en héritage de son père le fief du Moulin, qui relevait de la tour carrée de Gentilly C'était un moulin sur une colline, près du château de Winchestre (Bicêtre) Il y avait la meunière qui nourrissait un bel enfant, ce n'était pas loin de l'Université Claude lui porta lui-même son petit Jehan

Dès lors, se sentant un fardeau à traîner, il prit la vie très au sérieux La pensée de son petit frère devint non seulement la récréation, mais encore le but de ses études Il résolut de se consacrer tout entier à un avenir dont il répondait devant Dieu, et de n'avoir jamais d'autre épouse, d'autre enfant que le bonheur et la fortune de son frère Il se rattacha donc plus que jamais à sa vocation cléricale Son mérite, sa science, sa qualité de vassal immédiat de l'évêque de Paris, lui ouvraient toutes grandes les portes de l'église A vingt ans, par dispense spéciale du saint-siège, il était prêtre, et desservait, comme le plus jeune des chapelains de Notre-Dame, l'autel qu'on appelle, à cause de la messe tardive qui s'y dit, *altare pigrorum*

Là, plus que jamais plongé dans ses chers livres qu'il ne quittait que pour courir une heure au fief du Moulin, ce mélange de savoir et d'austérité, si rare à son âge, l'avait rendu promptement le respect et l'admiration du cloître Du cloître, sa réputation de savant avait été au peuple, où elle avait un peu tourné, chose fréquente alors, au renom de sorcier

C'est au moment où il revenait, le jour de la Quasimodo, de dire sa messe des paresseux à leur autel, qui était à côté de la porte du chœur tendant à la nef, à droite, proche l'image de la Vierge, que son attention avait été éveillée par le groupe de vieilles glapissant autour du lit des enfants-trouvés

C'est alors qu'il s'était approché de la malheureuse petite créature si huée et si menacée Cette détresse, cette difformité, cet abandon, la pensée de son jeune frère, la chimère qui frappa tout à coup son esprit que, s'il mourait, son cher petit Jehan pourrait bien aussi, lui, être jeté misérablement sur la planche des enfants-trouvés, tout cela lui était venu au cœur à la fois, une grande pitié s'était remuée en lui, et il avait emporté l'enfant

Quand il tira cet enfant du sac, il le trouva bien difforme en effet Le pauvre petit diable avait une verrue sur l'œil gauche, la tête dans les épaules, la colonne vertébrale arquée, le sternum proéminent, les jambes torses, mais il paraissait vivace, et quoiqu'il fût impossible de savoir quelle langue il bégayait, son cri annonçait quelque force et quelque santé La compassion de Claude s'accrut de cette laideur, et il fit vœu dans son cœur d'élever cet enfant pour l'amour de son frère, afin que, quelles que fussent dans l'avenir les fautes du petit Jehan, il eût par devers lui cette charité, faite à son intention C'était une sorte de placement de bonnes œuvres qu'il effectuait sur la tête de son jeune frère, c'était une pacotille de bonnes actions qu'il voulait lui amasser d'avance, pour le cas où le petit drôle un jour se trouverait à court de cette monnaie, la seule qui soit reçue au péage du paradis

Il baptisa son enfant adoptif, et le nomma *Quasimodo*, soit qu'il voulût marquer par là le jour où il l'avait trouvé, soit qu'il voulût caractériser par ce nom à quel point la pauvre petite créature était incomplète et à peine ébauchée En effet, Quasimodo, borgne, bossu, cagneux, n'était guère qu'un *à peu près*

III

IMMANIS PECORIS CUSTOS, IMMANIOR IPSE

Or, en 1482, Quasimodo avait grandi Il était devenu, depuis plusieurs années, sonneur de cloches de Notre-Dame, grâce à son père adoptif Claude Frollo, lequel était devenu archidiacre de Josas, grâce à son suzerain messire Louis de Beaumont, lequel était devenu évêque de Paris en 1472, à la mort de Guillaume Chartier, grâce à son patron Olivier le Daim, barbier du roi Louis XI par la grâce de Dieu

Quasimodo était donc carillonneur de Notre-Dame

Avec le temps, il s'était formé je ne sais quel lien intime qui unissait le sonneur à l'église Séparé à jamais du monde par la double fatalité de sa naissance inconnue et de sa nature difforme, emprisonné dès l'enfance dans ce double cercle infranchissable, le pauvre malheureux s'était accoutumé à ne rien voir dans ce monde au delà des religieuses murailles qui l'avaient recueilli à leur ombre Notre-Dame avait été successivement pour lui, selon qu'il grandissait et se développait, l'œuf, le nid, la maison, la patrie, l'univers

Et il est sûr qu'il y avait une sorte d'harmonie mystérieuse et préexistante entre cette créature et cet édifice Lorsque, tout petit encore, il se traînait tortueusement et par soubresauts sous les ténèbres de ses voûtes, il semblait, avec sa face humaine et sa membrure bestiale, le reptile naturel de cette dalle humide et sombre sur laquelle l'ombre des chapiteaux romans projetait tant de formes bizarres

Plus tard, la première fois qu'il s'accrocha machinalement à la corde des tours, et qu'il s'y pendit, et qu'il mit la cloche en branle, cela fit à Claude, son père adoptif, l'effet d'un enfant dont la langue se délie et qui commence à parler

C'est ainsi que peu à peu, se développant toujours dans le sens de la cathédrale, y vivant, y dormant, n'en sortant presque jamais, en subissant à toute heure la pression mystérieuse, il arriva à lui ressembler, à s'y incruster, pour ainsi dire, à en faire partie intégrante Ses angles saillants s'emboîtaient, qu'on nous passe cette figure, aux angles rentrants de l'édifice, et il en semblait, non seulement l'habitant, mais encore le contenu naturel On pourrait presque dire qu'il en avait pris la forme, comme le colimaçon prend la forme de sa coquille C'était sa demeure, son trou, son enveloppe Il y avait entre la vieille église et lui une sympathie instinctive si profonde, tant d'affinités magnétiques, tant d'affinités matérielles, qu'il y adhérait en quelque sorte comme la tortue à son écaille La rugueuse cathédrale était sa carapace

Il est inutile d'avertir le lecteur de ne pas prendre au pied de la lettre les figures que nous sommes obligé d'employer ici pour exprimer cet accouplement singulier, symétrique, immédiat, presque co-substantiel, d'un homme et d'un édifice Il est inutile de dire également à quel point il s'était faite familière toute la cathédrale dans une si longue et si intime cohabitation Cette demeure lui était propre Elle n'avait pas de profondeur que Quasimodo n'eût pénétrée, pas de hauteur qu'il n'eût escaladée Il lui arrivait bien des fois de gravir la façade à plusieurs élévations en s'aidant seulement des aspérités de la sculpture Les tours, sur la surface extérieure desquelles on le voyait souvent ramper comme un lézard qui glisse sur un mur à pic, ces deux géantes jumelles, si hautes, si menaçantes, si redoutables, n'avaient pour lui ni vertige, ni terreur, ni secousses d'étourdissement, à les voir si douces sous sa main, si faciles à escalader, on eût dit qu'il les avait apprivoisées A force de sauter, de grimper, de s'ébattre au milieu des abîmes de la gigantesque cathédrale, il était devenu en quelque façon singe et chamois, comme l'enfant calabrais qui nage avant de marcher, et joue, tout petit, avec la mer

Du reste, non seulement son corps semblait s'être façonné selon la cathédrale, mais encore son esprit Dans quel état était cette âme, quel pli avait-elle contracté, quelle forme avait-elle prise sous cette enveloppe nouée, dans cette vie sauvage, c'est ce qu'il serait difficile de déterminer Quasimodo était né borgne, bossu, boiteux C'est à grande peine et à grande patience que Claude Frollo était parvenu à lui apprendre à parler Mais une fatalité était attachée au pauvre enfant-trouvé Sonneur de Notre-Dame à quatorze ans, une nouvelle infirmité était venue le parfaire, les cloches lui avaient brisé le tympan, il était devenu sourd La seule porte que la nature lui eût laissée toute grande ouverte sur le monde s'était brusquement fermée à jamais

En se fermant, elle intercepta l'unique rayon de joie et de lumière qui pénétrât encore dans l'âme de Quasimodo Cette âme tomba dans une nuit profonde La mélancolie du misérable devint incurable et complète comme sa difformité Ajoutons que sa surdité le rendit en quelque façon muet Car, pour ne pas donner à rire aux autres, du moment où il se vit sourd, il se détermina résolûment à un silence qu'il ne rompait guère que lorsqu'il était seul Il lia volontairement cette langue que Claude Frollo avait eu tant de peine à délier De là il advenait que, quand la nécessité le contraignait de parler, sa langue était engourdie, maladroite, et comme une porte dont les gonds sont rouillés

Si maintenant nous essayions de pénétrer jusqu'à l'âme de Quasimodo à travers cette écorce épaisse et dure, si nous pouvions sonder les profondeurs de cette organisation mal faite, s'il nous était donné de regarder avec un flambeau derrière ces organes sans transparence, d'explorer l'intérieur ténébreux de cette créature opaque, d'en élucider les recoins obscurs, les culs-de-sac absurdes, et de jeter tout à coup une vive lumière sur la psyché enchaînée au fond de cet antre, nous trouverions sans doute la malheureuse dans quelque attitude pauvre, rabougrie et rachitique comme ces prisonniers des plombs de Venise qui vieillissaient ployés en deux dans une boîte de pierre trop basse et trop courte

Il est certain que l'esprit s'atrophie dans un corps manqué Quasimodo sentait à peine se mouvoir aveuglément au dedans de lui une âme faite à son image Les impressions des objets subissaient une réfraction considérable avant d'arriver à sa pensée Son cerveau était un milieu particulier les idées qui le traversaient en sortaient toutes tordues La réflexion qui provenait de cette réfraction était nécessairement divergente et déviée

De là mille illusions d'optique, mille aberrations de jugement, mille écarts où divaguait sa pensée, tantôt folle, tantôt idiote.

Le premier effet de cette fatale organisation, c'était de troubler le regard qu'il jetait sur les choses Il n'en recevait presque aucune perception immédiate Le monde extérieur lui semblait beaucoup plus loin qu'à nous

Le second effet de son malheur, c'était de le rendre méchant

Il était méchant en effet, parce qu'il était sauvage, il était sauvage parce qu'il était laid Il y avait une logique dans sa nature comme dans la nôtre

Sa force, si extraordinairement développée, était une cause de plus de méchanceté *Malus puer robustus,* dit Hobbes

D'ailleurs, il faut lui rendre cette justice, la méchanceté n'était peut-être pas innée en lui Dès ses premiers pas parmi les hommes, il s'était senti, puis il s'était vu conspué, flétri, repoussé La parole humaine pour lui, c'était toujours une raillerie ou une malédiction En grandissant il n'avait trouvé que la haine autour de lui Il l'avait prise Il avait gagné la méchanceté générale Il avait ramassé l'arme dont on l'avait blessé

Après tout, il ne tournait qu'à regret sa face du côté des hommes Sa cathédrale lui suffisait Elle était peuplée de figures de marbre, rois, saints, évêques, qui du moins ne lui éclataient pas de rire au nez et n'avaient pour lui qu'un regard tranquille et bienveillant Les autres statues, celles des monstres et des démons, n'avaient pas de haine pour lui Quasimodo Il leur ressemblait trop pour cela Elles raillaient bien plutôt les autres hommes Les saints étaient ses amis, et le bénissaient, les monstres étaient ses amis, et le gardaient Aussi avait-il de longs épanchements avec eux Aussi passait-il quelquefois des heures entières, accroupi devant une de ces statues, à causer solitairement avec elle Si quelqu'un survenait, il s'enfuyait comme un amant surpris dans sa sérénade

Et la cathédrale ne lui était pas seulement la société, mais encore l'univers, mais encore toute la nature Il ne rêvait pas d'autres espaliers que les vitraux toujours en fleur, d'autre ombrage que celui de ces feuillages de pierre qui s'épanouissent chargés d'oiseaux dans la touffe des chapiteaux saxons, d'autres montagnes que les tours colossales de l'église, d'autre océan que Paris qui bruissait à leurs pieds

Ce qu'il aimait avant tout dans l'édifice maternel, ce qui réveillait son âme et lui faisait ouvrir ses pauvres ailes qu'elle tenait si misérablement reployées dans sa caverne, ce qui le rendait parfois heureux, c'étaient les cloches Il les aimait, les caressait, leur parlait, les comprenait Depuis le carillon de l'aiguille de la croisée jusqu'à la grosse cloche du portail, il les avait toutes en tendresse Le clocher de la croisée, les deux tours, étaient pour lui comme trois grandes cages dont les oiseaux, élevés par lui, ne chantaient que pour lui C'étaient pourtant ces mêmes cloches qui l'avaient rendu sourd, mais les mères aiment souvent le mieux l'enfant qui les a fait le plus souffrir

Il est vrai que leur voix était la seule qu'il pût entendre encore A ce titre, la grosse cloche était sa bien-aimée C'est elle qu'il préférait dans cette famille de filles bruyantes qui se trémoussait autour de lui, les jours de fête Cette grande cloche s'appelait Marie Elle était seule dans la tour méridionale avec sa sœur Jacqueline, cloche de moindre taille, enfermée dans une cage moins grande à côté de la sienne Cette Jacqueline était ainsi nommée du nom de la femme de Jean de Montagu, lequel l'avait donnée à l'église, ce qui ne l'avait pas empêché d'aller figurer sans tête à Montfaucon Dans la deuxième tour il y avait six autres cloches, et enfin les six plus petites habitaient le clocher sur la croisée avec la cloche de bois qu'on ne sonnait que depuis l'après-dîner du jeudi absolu, jusqu'au matin de la vigile de Pâques Quasimodo avait donc quinze cloches dans son sérail, mais la grosse Marie était la favorite

On ne saurait se faire une idée de sa joie les jours de grande volée Au moment où l'archidiacre l'avait lâché et lui avait dit Allez ! il montait la vis du clocher plus vite qu'un autre ne l'eût descendue Il entrait tout essoufflé dans la chambre aérienne de la grosse cloche, il la considérait un moment avec recueillement et amour, puis il lui adressait doucement la parole, il la flattait de la main, comme un bon cheval qui va faire une longue course Il la plaignait de la peine qu'elle allait avoir Après ces premières caresses, il criait à ses aides, placés à l'étage inférieur de la tour, de commencer Ceux-ci se pendaient aux câbles, le cabestan criait, et l'énorme capsule de métal s'ébranlait lentement Quasimodo, palpitant, la suivait du regard. Le premier choc du battant et de la paroi d'airain faisait frissonner la charpente sur laquelle il était monté. Quasimodo vibrait avec la cloche. Vah! criait-il avec un éclat de rire insensé. Cependant le mouvement du bourdon s'accélérait, et à mesure qu'il parcourait un angle plus ouvert, l'œil de Quasimodo s'ouvrait aussi de plus en plus phosphorique et flamboyant. Enfin la grande volée commençait, toute la tour tremblait, charpentes, plombs, pierres de taille, tout grondait à la fois, depuis les pilotis de la fondation jusqu'aux trèfles du couronnement. Quasimodo alors bouillait à grosse écume, il allait, venait, il tremblait avec la tour de la tête aux pieds. La cloche, déchaînée et furieuse, présentait alternativement aux deux parois de la tour sa gueule de bronze d'où s'échappait ce souffle de tempête qu'on entend à quatre lieues. Quasimodo se plaçait devant cette gueule ouverte, il s'accroupissait, se relevait avec les retours de la cloche, aspirait ce souffle renversant, regardait tour à tour la place profonde qui fourmillait à deux cents pieds au-dessous de lui et l'énorme langue de cuivre qui venait de seconde en seconde lui hurler dans l'oreille. C'était la seule parole qu'il entendît, le seul son qui troublât pour lui le silence universel. Il s'y dilatait comme un oiseau au soleil. Tout à coup la frénésie de la cloche le gagnait, son regard devenait extraordinaire, il attendait le bourdon au passage, comme l'araignée attend la mouche, et se jetait brusquement sur lui à corps perdu. Alors, suspendu sur l'abîme, lancé dans le balancement formidable de la cloche, il saisissait le monstre d'airain aux oreillettes, l'étreignait de ses deux genoux, l'éperonnait de ses deux talons, et redoublait de tout le choc et de tout le poids de son corps la furie de la volée. Cependant la tour vacillait, lui, criait et grinçait des dents, ses cheveux roux se hérissaient, sa poitrine faisait le bruit d'un soufflet de forge, son œil jetait des flammes, la cloche monstrueuse hennissait toute haletante sous lui, et alors ce n'était plus ni le bourdon de Notre-Dame ni Quasimodo, c'était un rêve, un tourbillon, une tempête, le vertige à cheval sur le bruit, un esprit cramponné à une croupe volante, un étrange centaure moitié homme, moitié cloche, une espèce d'Astolphe horrible emporté sur un prodigieux hippogriffe de bronze vivant.

La présence de cet être extraordinaire faisait circuler dans toute la cathédrale je ne sais quel souffle de vie. Il semblait qu'il s'échappât de lui, du moins au dire des superstitions grossissantes de la foule, une émanation mystérieuse qui animait toutes les pierres de Notre-Dame et faisait palpiter les profondes entrailles de la vieille église. Il suffisait qu'on le sût là pour que l'on crût voir vivre et remuer les mille statues des galeries et des portails. Et de fait, la cathédrale semblait une créature docile et obéissante sous sa main, elle attendait sa volonté pour élever sa grosse voix, elle était possédée et remplie de Quasimodo comme d'un génie familier On eût dit qu'il faisait respirer l'immense édifice Il y était partout en effet, il se multipliait sur tous les points du monument Tantôt on apercevait avec effroi au plus haut d'une des tours un nain bizarre qui grimpait, serpentait, rampait à quatre pattes, descendait en dehors sur l'abîme, sautelait de saillie en saillie, et allait fouiller dans le ventre de quelque gorgone sculptée, c'était Quasimodo dénichant des corbeaux Tantôt on se heurtait dans un coin obscur de l'église à une sorte de chimère vivante, accroupie et renfrognée, c'était Quasimodo pensant Tantôt on avisait sous un clocher une tête énorme et un paquet de membres désordonnés se balançant avec fureur au bout d'une corde, c'était Quasimodo sonnant les vêpres ou l'angélus Souvent, la nuit, on voyait errer une forme hideuse sur la frêle balustrade découpée en dentelle qui couronne les tours et borde le pourtour de l'abside, c'était encore le bossu de Notre-Dame Alors, disaient les voisines, toute l'église prenait quelque chose de fantastique, de surnaturel, d'horrible, des yeux et des bouches s'y ouvraient çà et là, on entendait aboyer les chiens, les guivres, les tarasques de pierre qui veillent jour et nuit, le cou tendu et la gueule ouverte, autour de la monstrueuse cathédrale, et si c'était une nuit de Noël, tandis que la grosse cloche qui semblait râler appelait les fidèles à la messe ardente de minuit, il y avait un tel air répandu sur la sombre façade qu'on eût dit que le grand portail dévorait la foule et que la rosace la regardait Et tout cela venait de Quasimodo L'Egypte l'eût pris pour le dieu de ce temple, le moyen-âge l'en croyait le démon, il en était l'âme

A tel point que pour ceux qui savent que Quasimodo a existé, Notre-Dame est aujourd'hui déserte, inanimée, morte On sent qu'il y a quelque chose de disparu Ce corps immense est vide, c'est un squelette, l'esprit l'a quitté, on en voit la place, et voilà tout C'est comme un crâne où il y a encore des trous pour les yeux, mais plus de regard

IV

LE CHIEN ET SON MAÎTRE

Il y avait pourtant une créature humaine que Quasimodo exceptait de sa malice et de sa haine pour les autres, et qu'il aimait autant, plus peut-être que sa cathédrale, c'était Claude Frollo

La chose était simple Claude Frollo l'avait recueilli, l'avait adopté, l'avait nourri, l'avait élevé Tout petit, c'est dans les jambes de Claude Frollo qu'il avait coutume de se réfugier quand les chiens et les enfants aboyaient après lui Claude Frollo lui avait appris à parler, à lire, à écrire Claude Frollo enfin l'avait fait sonneur de cloches Or, donner la grosse cloche en mariage à Quasimodo, c'était donner Juliette à Roméo

Aussi la reconnaissance de Quasimodo était-elle profonde, passionnée, sans borne, et quoique le visage de son père adoptif fût souvent brumeux et sévère, quoique sa parole fût habituellement brève, dure, impérieuse, jamais cette reconnaissance ne s'était démentie un seul instant L'archidiacre avait en Quasimodo l'esclave le plus soumis, le valet le plus docile, le dogue le plus vigilant Quand le pauvre sonneur de cloches était devenu sourd, il s'était établi entre lui et Claude Frollo une langue de signes, mystérieuse et comprise d'eux seuls De cette façon l'archidiacre était le seul être humain avec lequel Quasimodo eût conservé communication Il n'était en rapport dans ce monde qu'avec deux choses, Notre-Dame et Claude Frollo

Rien de comparable à l'empire de l'archidiacre sur le sonneur, à l'attachement du sonneur pour l'archidiacre Il eût suffi d'un signe de Claude et de l'idée de lui faire plaisir pour que Quasimodo se précipitât du haut des tours de Notre-Dame C'était une chose remarquable que toute cette force physique, arrivée chez Quasimodo à un développement si extraordinaire, et mise aveuglément par lui à la disposition d'un autre Il y avait là sans doute dévouement filial, attachement domestique, il y avait aussi fascination d'un esprit par un autre esprit C'était une pauvre, gauche et maladroite organisation qui se tenait la tête basse et les yeux suppliants devant une intelligence haute et profonde, puissante et supérieure Enfin et par-dessus tout, c'était reconnaissance Reconnaissance tellement poussée à sa limite extrême que nous ne saurions à quoi la comparer Cette vertu n'est pas de celles dont les plus beaux exemples sont parmi les hommes Nous dirons donc que Quasimodo aimait l'archidiacre comme jamais chien, jamais cheval, jamais éléphant n'a aimé son maître

V

SUITE DE CLAUDE FROLLO

En 1482, Quasimodo avait environ vingt ans, Claude Frollo environ trente-six l'un avait grandi, l'autre avait vieilli

Claude Frollo n'était plus le simple écolier du collège Torchi, le tendre protecteur d'un petit enfant, le jeune et rêveur philosophe qui savait beaucoup de choses et qui en ignorait beaucoup C'était un prêtre austère, grave, morose, un chargé d'âmes, monsieur l'archidiacre de Josas, le second acolyte de l'évêque, ayant sur les bras les deux décanats de Montlhéry et de Châteaufort et cent soixante-quatorze curés ruraux C'était un personnage imposant et sombre devant lequel tremblaient les enfants de chœur en aube et en jaquette, les machicots, les confrères de Saint-Augustin, les clercs matutinels de Notre-Dame, quand il passait lentement sous les hautes ogives du chœur, majestueux, pensif, les bras croisés et la tête tellement ployée sur la poitrine qu'on ne voyait de sa face que son grand front chauve

Dom Claude Frollo n'avait abandonné du reste ni la science, ni l'éducation de son jeune frère, ces deux occupations de sa vie Mais avec le temps il s'était mêlé quelque amertume à ces choses si douces A la longue, dit Paul Diacre, le meilleur lard rancit Le petit Jehan Frollo, surnommé *du Moulin* à cause du lieu où il avait été nourri, n'avait pas grandi dans la direction que Claude avait voulu lui imprimer Le grand frère comptait sur un élève pieux, docile, docte, honorable Or le petit frère, comme ces jeunes arbres qui trompent l'effort du jardinier et se tournent opiniâtrément du côté d'où leur viennent l'air et le soleil, le petit frère ne croissait et ne multipliait, ne poussait de belles branches touffues et luxuriantes que du côté de la paresse, de l'ignorance et de la débauche C'était un vrai diable, fort désordonné, ce qui faisait froncer le sourcil à dom Claude, mais fort drôle et fort subtil, ce qui faisait sourire le grand frère Claude l'avait confié à ce même collège de Torchi où il avait passé ses premières années dans l'étude et le recueillement, et c'était une douleur pour lui que ce sanctuaire autrefois édifié du nom de Frollo en fût scandalisé aujourd'hui Il en faisait quelquefois à Jehan de fort sévères et de fort longs sermons, que celui-ci essuyait intrépidement Après tout, le jeune vaurien avait bon cœur, comme cela se voit dans toutes les comédies Mais, le sermon passé, il n'en reprenait pas moins tranquillement le cours de ses séditions et de ses énormités Tantôt

c'était un *béjaune* (on appelait ainsi les nouveaux débarqués à l'Université)
qu'il avait houspillé pour sa bienvenue, tradition précieuse qui s'est soigneusement perpétuée jusqu'à nos jours Tantôt il avait donné le branle à une
bande d'écoliers, lesquels s'étaient classiquement jetés sur un cabaret, *quasi
classico excitati,* puis avaient battu le tavernier «avec bâtons offensifs», et
joyeusement pillé la taverne jusqu'à effondrer les muids de vin dans la cave
Et puis, c'était un beau rapport en latin que le sous-moniteur de Torchi
apportait piteusement à dom Claude avec cette douloureuse émargination
Rixa, prima causa vinum optimum potitum Enfin on disait, horreur dans un
enfant de seize ans, que ses débordements allaient souventes fois jusqu'à la
rue de Glatigny

De tout cela, Claude, contristé et découragé dans ses affections humaines,
s'était jeté avec plus d'emportement dans les bras de la science, cette sœur
qui du moins ne vous rit pas au nez et vous paie toujours, bien qu'en
monnaie quelquefois un peu creuse, les soins qu'on lui a rendus Il devint
donc de plus en plus savant, et en même temps, par une conséquence naturelle, de plus en plus rigide comme prêtre, de plus en plus triste comme
homme Il y a, pour chacun de nous, de certains parallélismes entre notre
intelligence, nos mœurs et notre caractère, qui se développent sans disconti-
nuité, et ne se rompent qu'aux grandes perturbations de la vie

Comme Claude Frollo avait parcouru dès sa jeunesse le cercle presque
entier des connaissances humaines positives, extérieures et licites, force lui
fut, à moins de s'arrêter *ubi defuit orbis,* force lui fut d'aller plus loin et de
chercher d'autres aliments à l'activité insatiable de son intelligence L'antique
symbole du serpent qui se mord la queue convient surtout à la science
Il paraît que Claude Frollo l'avait éprouvé Plusieurs personnes graves affirmaient qu'après avoir épuisé le *fas* du savoir humain, il avait osé pénétrer
dans le *nefas* Il avait, disait-on, goûté successivement toutes les pommes de
l'arbre de l'intelligence, et, faim ou dégoût, il avait fini par mordre au fruit
défendu Il avait pris place tour à tour, comme nos lecteurs l'ont vu, aux
conférences des théologiens en Sorbonne, aux assemblées des artiens à l'image
Saint-Hilaire, aux disputes des décrétistes à l'image Saint-Martin, aux congré-
gations des médecins au bénitier de Notre-Dame, *ad cupam Nostræ Dominæ,*
tous les mets permis et approuvés que ces quatre grandes cuisines appelées les
quatre facultés pouvaient élaborer et servir à une intelligence, il les avait
dévorés et la satiété lui en était venue avant que sa faim fût apaisée, alors il
avait creusé plus avant, plus bas, dessous toute cette science finie, matérielle,
limitée, il avait risqué peut-être son âme, et s'était assis dans la caverne à
cette table mystérieuse des alchimistes, des astrologues, des hermétiques
dont Averroès, Guillaume de Paris et Nicolas Flamel tiennent le bout dans

le moyen-âge, et qui se prolonge dans l'Orient, aux clartés du chandelier à sept branches, jusqu'à Salomon, Pythagore et Zoroastre

C'était du moins ce que l'on supposait, à tort ou à raison

Il est certain que l'archidiacre visitait souvent le cimetière des Saints-Innocents où son père et sa mère avaient été enterrés, il est vrai, avec les autres victimes de la peste de 1466, mais qu'il paraissait beaucoup moins dévot à la croix de leur fosse qu'aux figures étranges dont était chargé le tombeau de Nicolas Flamel et de Claude Pernelle, construit tout à côté

Il est certain qu'on l'avait vu souvent longer la rue des Lombards et entrer furtivement dans une petite maison qui faisait le coin de la rue des Écrivains et de la rue Marivault C'était la maison que Nicolas Flamel avait bâtie, où il était mort vers 1417, et qui, toujours déserte depuis lors, commençait déjà à tomber en ruine, tant les hermétiques et les souffleurs de tous les pays en avaient usé les murs rien qu'en y gravant leurs noms Quelques voisins même affirmaient avoir vu une fois par un soupirail l'archidiacre Claude creusant, remuant et béchant la terre dans ces deux caves dont les jambes étrières avaient été barbouillées de vers et d'hiéroglyphes sans nombre par Nicolas Flamel lui-même On supposait que Flamel avait enfoui la pierre philosophale dans ces caves, et les alchimistes, pendant deux siècles, depuis Magistri jusqu'au père Pacifique, n'ont cessé d'en tourmenter le sol que lorsque la maison, si cruellement fouillée et retournée, a fini par s'en aller en poussière sous leurs pieds

Il est certain encore que l'archidiacre s'était épris d'une passion singulière pour le portail symbolique de Notre-Dame, cette page de grimoire écrite en pierre par l'évêque Guillaume de Paris, lequel a sans doute été damné pour avoir attaché un si infernal frontispice au saint poeme que chante éternellement le reste de l'édifice L'archidiacre Claude passait aussi pour avoir approfondi le colosse de saint Christophe et cette longue statue énigmatique qui se dressait alors à l'entrée du parvis et que le peuple appelait dans ses dérisions *Monsieur Legris* Mais, ce que tout le monde avait pu remarquer, c'étaient les interminables heures qu'il employait souvent, assis sur le parapet du parvis, à contempler les sculptures du portail, examinant tantôt les vierges folles avec leurs lampes renversées, tantôt les vierges sages avec leurs lampes droites, d'autres fois calculant l'angle du regard de ce corbeau qui tient au portail de gauche et qui regarde dans l'église un point mystérieux où est certainement cachée la pierre philosophale, si elle n'est pas dans la cave de Nicolas Flamel C'était, disons-le en passant, une destinée singulière pour l'église Notre-Dame à cette époque que d'être ainsi aimée à deux degrés différents et avec tant de dévotion par deux êtres aussi dissemblables que Claude et Quasimodo, aimée par l'un, sorte de demi-homme instinctif et sauvage, pour sa beauté, pour sa stature, pour les harmonies qui se dégagent de son magnifique ensemble, aimée par l'autre, imagination savante et passionnée, pour sa signification, pour son mythe, pour le sens qu'elle renferme, pour le symbole épars sous les sculptures de sa façade comme le premier texte sous le second dans un palimpseste, en un mot, pour l'énigme qu'elle propose éternellement à l'intelligence

Il est certain enfin que l'archidiacre s'était accommodé, dans celle des deux tours qui regarde sur la Grève, tout à côté de la cage aux cloches, une petite cellule fort secrète où nul n'entrait, pas même l'évêque, disait-on, sans son congé Cette cellule avait été jadis pratiquée presque au sommet de la tour, parmi les nids de corbeaux, par l'évêque Hugo de Besançon [1], qui y avait maléficié dans son temps Ce que renfermait cette cellule, nul ne le savait, mais on avait vu souvent, des grèves du Terrain, la nuit, à une petite lucarne qu'elle avait sur le derrière de la tour, paraître, disparaître et reparaître à intervalles courts et égaux une clarté rouge, intermittente, bizarre, qui semblait suivre les aspirations haletantes d'un soufflet et venir plutôt d'une flamme que d'une lumière Dans l'ombre, à cette hauteur, cela faisait un effet singulier et les bonnes femmes disaient Voilà l'archidiacre qui souffle, l'enfer pétille là-haut

Il n'y avait pas dans tout cela après tout grandes preuves de sorcellerie, mais c'était bien toujours autant de fumée qu'il en fallait pour supposer du feu, et l'archidiacre avait un renom assez formidable Nous devons dire pourtant que les sciences d'Égypte, que la nécromancie, que la magie, même la plus blanche et la plus innocente, n'avaient pas d'ennemi plus acharné, pas de dénonciateur plus impitoyable par-devant messieurs de l'officialité de Notre-Dame Que ce fût sincère horreur ou jeu joué du larron qui crie *au voleur*, cela n'empêchait pas l'archidiacre d'être considéré par les doctes têtes du chapitre comme une âme aventurée dans le vestibule de l'enfer, perdue dans les antres de la cabale, tâtonnant dans les ténèbres des sciences occultes Le peuple ne s'y méprenait pas non plus, chez quiconque avait un peu de sagacité, Quasimodo passait pour le démon, Claude Frollo pour le sorcier Il était évident que le sonneur devait servir l'archidiacre pendant un temps donné au bout duquel il emporterait son âme en guise de paiement Aussi l'archidiacre était-il, malgré l'austérité excessive de sa vie, en mauvaise odeur parmi les bonnes âmes, et il n'y avait pas nez de dévote si inexpérimentée qui ne le flairât magicien

Et si, en vieillissant, il s'était formé des abîmes dans sa science, il s'en était aussi formé dans son cœur C'est du moins ce qu'on était fondé à croire

[1] *Hugo II de Bisuncio, 1326-1332*

en examinant cette figure sur laquelle on ne voyait reluire son âme qu'à travers un sombre nuage D'où lui venait ce large front chauve, cette tête toujours penchée, cette poitrine toujours soulevée de soupirs ? Quelle secrète pensée faisait sourire sa bouche avec tant d'amertume au même moment où ses sourcils froncés se rapprochaient comme deux taureaux qui vont lutter ? Pourquoi son reste de cheveux était-il déjà gris ? Quel était ce feu intérieur qui éclatait parfois dans son regard, au point que son œil ressemblait à un trou percé dans la paroi d'une fournaise ?

Ces symptômes d'une violente préoccupation morale avaient surtout acquis un haut degré d'intensité à l'époque où se passe cette histoire Plus d'une fois un enfant de chœur s'était enfui effrayé de le trouver seul dans l'église, tant son regard était étrange et éclatant Plus d'une fois, dans le chœur, à l'heure des offices, son voisin de stalle l'avait entendu mêler au plain-chant *ad omnem tonum* des parenthèses inintelligibles Plus d'une fois la buandière du Terrain, chargée de « laver le chapitre », avait observé, non sans effroi, des marques d'ongles et de doigts crispés dans le surplis de monsieur l'archidiacre de Josas

D'ailleurs, il redoublait de sévérité et n'avait jamais été plus exemplaire Par état comme par caractère il s'était toujours tenu éloigné des femmes, il semblait les haïr plus que jamais Le seul frémissement d'une cotte-hardie de soie faisait tomber son capuchon sur ses yeux Il était sur ce point tellement jaloux d'austérité et de réserve que lorsque la dame de Beaujeu, fille du roi, vint au mois de décembre 1481 visiter le cloître de Notre-Dame, il s'opposa gravement à son entrée, rappelant à l'évêque le statut du Livre Noir, daté de la vigile Saint-Barthélemy 1334, qui interdit l'accès du cloître à toute femme « quelconque, vieille ou jeune, maîtresse ou chambrière » Sur quoi l'évêque avait été contraint de lui citer l'ordonnance du légat Odo qui excepte certaines grandes dames, *aliquæ magnates mulieres, quæ sine scandalo evitari non poßunt* Et encore l'archidiacre protesta-t-il, objectant que l'ordonnance du légat, laquelle remontait à 1207, était antérieure de cent vingt-sept ans au Livre Noir, et par conséquent abrogée de fait par lui Et il avait refusé de paraître devant la princesse

On remarquait en outre que son horreur pour les égyptiennes et les zingari semblait redoubler depuis quelque temps Il avait sollicité de l'évêque un édit qui fît expresse défense aux bohémiennes de venir danser et tambouriner sur la place du parvis, et il compulsait depuis le même temps les archives moisies de l'official, afin de réunir les cas de sorciers et de sorcières condamnés au feu ou à la corde pour complicité de maléfices avec des boucs, des truies ou des chèvres

VI

IMPOPULARITÉ

L'archidiacre et le sonneur, nous l'avons déjà dit, étaient médiocrement aimés du gros et menu peuple des environs de la cathédrale Quand Claude et Quasimodo sortaient ensemble, ce qui arrivait maintes fois, et qu'on les voyait traverser de compagnie, le valet suivant le maître, les rues fraîches, étroites et sombres du pâté Notre-Dame, plus d'une mauvaise parole, plus d'un fredon ironique, plus d'un quolibet insultant les harcelait au passage, à moins que Claude Frollo, ce qui arrivait rarement, ne marchât la tête droite et levée, montrant son front sévère et presque auguste aux goguenards interdits

Tous deux étaient dans leur quartier comme « les poetes » dont parle Régnier.

> Toutes sortes de gens vont après les poëtes,
> Comme après les hiboux vont criant les fauvettes

Tantôt c'était un marmot sournois qui risquait sa peau et ses os pour avoir le plaisir ineffable d'enfoncer une épingle dans la bosse de Quasimodo Tantôt une belle jeune fille, gaillarde et plus effrontée qu'il n'aurait fallu, frôlait la robe noire du prêtre en lui chantant sous le nez la chanson sardonique *niche, niche, le diable est pris* Quelquefois un groupe squalide de vieilles, échelonné et accroupi dans l'ombre sur les degrés d'un porche, bougonnait avec bruit au passage de l'archidiacre et du carillonneur, et leur jetait en maugréant cette encourageante bienvenue « Hum ! en voici un qui a l'âme faite comme l'autre a le corps ! » Ou bien c'était une bande d'écoliers et de pousse-cailloux jouant aux merelles qui se levait en masse et les saluait classiquement de quelque huée en latin *Eia ! eia ! Claudius cum claudo !*

Mais le plus souvent, l'injure passait inaperçue du prêtre et du sonneur Pour entendre toutes ces gracieuses choses, Quasimodo était trop sourd et Claude trop rêveur

LIVRE CINQUIEME

I

La renommée de dom Claude s'était étendue au loin Elle lui valut, à peu près vers l'époque où il refusa de voir madame de Beaujeu, une visite dont il garda longtemps le souvenir

C'était un soir Il venait de se retirer après l'office dans sa cellule canonicale du cloître Notre-Dame Celle-ci, hormis peut-être quelques fioles de verre reléguées dans un coin, et pleines d'une poudre assez équivoque qui ressemblait fort à de la poudre de projection, n'offrait rien d'étrange ni de mystérieux Il y avait bien çà et là quelques inscriptions sur le mur, mais c'étaient de pures sentences de science ou de piété extraites des bons auteurs L'archidiacre venait de s'asseoir à la clarté d'un trois-becs de cuivre devant un vaste bahut chargé de manuscrits Il avait appuyé son coude sur le livre tout grand ouvert d'Honorius d'Autun, *De prædeſtinatione & libero arbitrio,* et il feuilletait avec une réflexion profonde un in-folio imprimé qu'il venait d'apporter, le seul produit de la presse que renfermât sa cellule Au milieu de sa rêverie, on frappa à sa porte — Qui est là ? cria le savant du ton gracieux d'un dogue affamé qu'on dérange de son os Une voix répondit du dehors — Votre ami, Jacques Coictier — Il alla ouvrir

C'était en effet le médecin du roi, un personnage d'une cinquantaine d'années dont la physionomie dure n'était corrigée que par un regard rusé Un autre homme l'accompagnait Tous deux portaient une longue robe couleur ardoise fourrée de petit-gris, ceinturonnée et fermée, avec le bonnet de même étoffe et de même couleur Leurs mains disparaissaient sous leurs manches, leurs pieds sous leurs robes, leurs yeux sous leurs bonnets

— Dieu me soit en aide, messires ! dit l'archidiacre en les introduisant, je ne m'attendais pas à si honorable visite à pareille heure Et tout en parlant de cette façon courtoise, il promenait du médecin à son compagnon un regard inquiet et scrutateur

— Il n'est jamais trop tard pour venir visiter un savant aussi considérable

que dom Claude Frollo de Tirechappe, répondit le docteur Coictier, dont
l'accent franc-comtois faisait traîner toutes ses phrases avec la majesté d'une
robe à queue

Alors commença entre le médecin et l'archidiacre un de ces prologues
congratulateurs qui précédaient à cette époque, selon l'usage, toute conversation entre savants et qui ne les empêchaient pas de se détester le plus cordialement du monde Au reste, il en est encore de même aujourd'hui, toute
bouche de savant qui complimente un autre savant est un vase de fiel
emmiellé

Les félicitations de Claude Frollo à Jacques Coictier avaient trait surtout aux
nombreux avantages temporels que le digne médecin avait su extraire, dans
le cours de sa carrière si enviée, de chaque maladie du roi, opération d'une
alchimie meilleure et plus certaine que la poursuite de la pierre philosophale

— En vérité! monsieur le docteur Coictier, j'ai eu grande joie d'apprendre l'évêché de votre neveu, mon révérend seigneur Pierre Versé N'est-il
pas évêque d'Amiens ?

— Oui, monsieur l'archidiacre, c'est une grâce et miséricorde de Dieu

— Savez-vous que vous aviez bien grande mine, le jour de Noel, à la
tête de votre compagnie de la chambre des Comptes, monsieur le président ?

— Vice-président, dom Claude Hélas! rien de plus

— Où en est votre superbe maison de la rue Saint-André-des-Arcs ?
C'est un Louvre J'aime fort l'abricotier qui est sculpté sur la porte avec ce
jeu de mots qui est plaisant A L'ABRI-COTIER

— Hélas! maître Claude, toute cette maçonnerie me coûte gros. A mesure que la maison s'édifie, je me ruine.

— Ho! n'avez-vous pas vos revenus de la Geôle et du bailliage du Palais,
et la rente de toutes les maisons, étaux, loges, échoppes de la Clôture ? c'est
traire une belle mamelle.

— Ma châtellenie de Poissy ne m'a rien rapporté cette année

— Mais vos péages de Triel, de Saint-James, de Saint-Germain-en-Laye,
sont toujours bons

— Six-vingts livres, pas même parisis

— Vous avez votre office de conseiller du roi C'est fixe cela

— Oui, confrère Claude, mais cette maudite seigneurie de Poligny,
dont on fait bruit, ne me vaut pas soixante écus d'or, bon an mal an

Il y avait dans les compliments que dom Claude adressait à Jacques
Coictier cet accent sardonique, aigre et sourdement railleur, ce sourire triste
et cruel d'un homme supérieur et malheureux qui joue un moment par
distraction avec l'épaisse prospérité d'un homme vulgaire L'autre ne s'en
apercevait pas

— Sur mon âme, dit enfin Claude en lui serrant la main, je suis aise de vous voir en si grande santé

— Merci, maître Claude

— A propos, s'écria dom Claude, comment va votre royal malade ?

— Il ne paie pas assez son médecin, répondit le docteur en jetant un regard de côté à son compagnon

— Vous trouvez, compère Coictier ? dit le compagnon

Cette parole, prononcée du ton de la surprise et du reproche, ramena sur ce personnage inconnu l'attention de l'archidiacre qui, à vrai dire, ne s'en était pas complètement détournée un seul moment depuis que cet étranger avait franchi le seuil de la cellule Il avait même fallu les mille raisons qu'il avait de ménager le docteur Jacques Coictier, le tout-puissant médecin du roi Louis XI, pour qu'il le reçût ainsi accompagné Aussi sa mine n'eut-elle rien de bien cordial quand Jacques Coictier lui dit

— A propos, dom Claude, je vous amène un confrère qui vous a voulu voir sur votre renommée

— Monsieur est de la science ? demanda l'archidiacre en fixant sur le compagnon de Coictier son œil pénétrant Il ne trouva pas sous les sourcils de l'inconnu un regard moins perçant et moins défiant que le sien

C'était, autant que la faible clarté de la lampe permettait d'en juger, un vieillard d'environ soixante ans et de moyenne taille, qui paraissait assez malade et cassé. Son profil, quoique d'une ligne très bourgeoise, avait quelque chose de puissant et de sévère, sa prunelle étincelait sous une arcade sourcilière très profonde comme une lumière au fond d'un antre, et sous le bonnet rabattu qui lui tombait sur le nez on sentait tourner les larges plans d'un front de génie.

Il se chargea de répondre lui-même à la question de l'archidiacre

— Révérend maître, dit-il d'une voix grave, votre renom est venu jusqu'à moi, et j'ai voulu vous consulter Je ne suis qu'un pauvre gentilhomme de province qui ôte ses souliers avant d'entrer chez les savants Il faut que vous sachiez mon nom Je m'appelle le compère Tourangeau.

— Singulier nom pour un gentilhomme ! pensa l'archidiacre Cependant il se sentait devant quelque chose de fort et de sérieux. L'instinct de sa haute intelligence lui en faisait deviner une non moins haute sous le bonnet fourré du compère Tourangeau, et en considérant cette grave figure, le rictus ironique que la présence de Jacques Coictier avait fait éclore sur son visage morose s'évanouit peu à peu comme le crépuscule à un horizon de nuit Il s'était rassis morne et silencieux sur son grand fauteuil, son coude avait repris sa place accoutumée sur la table, et son front sur sa main Après quelques

moments de méditation, il fit signe aux deux visiteurs de s'asseoir et adressa
la parole au compère Tourangeau

— Vous venez me consulter, maître, et sur quelle science ?

— Révérend, répondit le compère Tourangeau, je suis malade, très
malade On vous dit grand Esculape, et je suis venu vous demander un
conseil de médecine

— Médecine ! dit l'archidiacre en hochant la tête Il sembla se recueillir
un instant et reprit — Compère Tourangeau, puisque c'est votre nom,
tournez la tête Vous trouverez ma réponse toute écrite sur le mur

Le compère Tourangeau obéit, et lut au-dessus de sa tête cette inscription
gravée sur la muraille — *La médecine est fille des songes* — JAMBLIQUE

Cependant le docteur Jacques Coictier avait entendu la question de son
compagnon avec un dépit que la réponse de dom Claude avait redoublé
Il se pencha à l'oreille du compère Tourangeau et lui dit, assez bas pour ne
pas être entendu de l'archidiacre · — Je vous avais prévenu que c'était un
fou Vous l'avez voulu voir !

— C'est qu'il se pourrait fort bien qu'il eût raison, ce fou, docteur Jacques !
répondit le compère du même ton, et avec un sourire amer

— Comme il vous plaira ! répliqua Coictier sèchement Puis s'adressant
à l'archidiacre — Vous êtes preste en besogne, dom Claude, et vous n'êtes
guère plus empêché d'Hippocratès qu'un singe d'une noisette La médecine
un songe ! Je doute que les pharmacopoles et les maîtres mires se tinssent
de vous lapider s'ils étaient là Donc vous niez l'influence des philtres sur le
sang, des onguents sur la chair ! Vous niez cette éternelle pharmacie de fleurs
et de métaux qu'on appelle le monde, faite exprès pour cet éternel malade
qu'on appelle l'homme !

— Je ne nie, dit froidement dom Claude, ni la pharmacie ni le malade
Je nie le médecin

— Donc il n'est pas vrai, reprit Coictier avec chaleur, que la goutte soit
une dartre en dedans, qu'on guérisse une plaie d'artillerie par l'application
d'une souris rôtie, qu'un jeune sang convenablement infusé rende la jeunesse
à de vieilles veines, il n'est pas vrai que deux et deux font quatre, et que
l'emprostathonos succède à l'opistathonos !

L'archidiacre répondit sans s'émouvoir — Il y a certaines choses dont je
pense d'une certaine façon

Coictier devint rouge de colère

— Là, là, mon bon Coictier, ne nous fâchons pas, dit le compère Tourangeau Monsieur l'archidiacre est notre ami

Coictier se calma en grommelant à demi-voix — Après tout, c'est
un fou !

— Pasquedieu, maître Claude, reprit le compère Tourangeau après un silence, vous me gênez fort J'avais deux consultations à requérir de vous, l'une touchant ma santé, l'autre touchant mon étoile

— Monsieur, repartit l'archidiacre, si c'est là votre pensée, vous auriez aussi bien fait de ne pas vous essouffler aux degrés de mon escalier Je ne crois pas à la médecine Je ne crois pas à l'astrologie

— En vérité! dit le compère avec surprise

Coictier riait d'un rire forcé

— Vous voyez bien qu'il est fou, dit-il tout bas au compère Tourangeau Il ne croit pas à l'astrologie!

— Le moyen d'imaginer, poursuivit dom Claude, que chaque rayon d'étoile est un fil qui tient à la tête d'un homme!

— Et à quoi croyez-vous donc? s'écria le compère Tourangeau

L'archidiacre resta un moment indécis, puis il laissa échapper un sombre sourire qui semblait démentir sa réponse — *Credo in Deum*

— *Dominum nostrum,* ajouta le compère Tourangeau avec un signe de croix

— *Amen,* dit Coictier

— Révérend maître, reprit le compère, je suis charmé dans l'âme de vous voir en si bonne religion Mais, grand savant que vous êtes, l'êtes-vous donc à ce point de ne plus croire à la science?

— Non, dit l'archidiacre en saisissant le bras du compère Tourangeau, et un éclair d'enthousiasme se ralluma dans sa terne prunelle, non, je ne nie pas la science Je n'ai pas rampé si longtemps à plat ventre et les ongles dans la terre à travers les innombrables embranchements de la caverne sans apercevoir, au loin devant moi, au bout de l'obscure galerie, une lumière, une flamme, quelque chose, le reflet sans doute de l'éblouissant laboratoire central où les patients et les sages ont surpris Dieu

— Et enfin, interrompit le Tourangeau, quelle chose tenez vous vraie et certaine?

— L'alchimie

Coictier se récria — Pardieu, dom Claude, l'alchimie a sa raison sans doute, mais pourquoi blasphémer la médecine et l'astrologie?

— Néant, votre science de l'homme! néant, votre science du ciel! dit l'archidiacre avec empire

— C'est mener grand train Épidaurus et la Chaldée, répliqua le médecin en ricanant

— Écoutez, messire Jacques Ceci est dit de bonne foi Je ne suis pas médecin du roi, et sa majesté ne m'a pas donné le jardin Dédalus pour y observer les constellations Ne vous fâchez pas et écoutez-moi Quelle vérité avez-vous tirée, je ne dis pas de la médecine, qui est chose par trop folle, mais de l'astrologie ? Citez-moi les vertus du boustrophédon vertical, les trouvailles du nombre ziruph et celles du nombre zephirod

— Nierez-vous, dit Coictier, la force sympathique de la clavicule et que la cabalistique en dérive

— Erreur, messire Jacques ! aucune de vos formules n'aboutit à la réalité Tandis que l'alchimie a ses découvertes Contesterez-vous des résultats comme ceux-ci ? — La glace enfermée sous terre pendant mille ans se transforme en cristal de roche — Le plomb est l'aïeul de tous les métaux (Car l'or n'est pas un métal, l'or est la lumière) — Il ne faut au plomb que quatre périodes de deux cents ans chacune pour passer successivement de l'état de plomb à l'état d'arsenic rouge, de l'arsenic rouge à l'étain, de l'étain à l'argent — Sont-ce là des faits ? Mais croire à la clavicule, à la ligne pleine et aux étoiles, c'est aussi ridicule que de croire, avec les habitants du Grand-Cathay, que le loriot se change en taupe et les grains de blé en poissons du genre cyprin !

— J'ai étudié l'hermétique, s'écria Coictier, et j'affirme

Le fougueux archidiacre ne le laissa pas achever — Et moi j'ai étudié la médecine, l'astrologie et l'hermétique Ici seulement est la vérité (en parlant ainsi il avait pris sur le bahut une fiole pleine de cette poudre dont nous avons parlé plus haut), ici seulement est la lumière ! Hippocratès, c'est un rêve, Urania, c'est un rêve, Hermès, c'est une pensée L'or, c'est le soleil, faire de l'or, c'est être Dieu Voilà l'unique science J'ai sondé la médecine et l'astrologie, vous dis-je ! Néant, néant Le corps humain, ténèbres, les astres, ténèbres !

Et il retomba sur son fauteuil dans une attitude puissante et inspirée Le compère Tourangeau l'observait en silence. Coictier s'efforçait de ricaner, haussait imperceptiblement les épaules, et répétait à voix basse : Un fou !

— Et, dit tout à coup le Tourangeau, le but mirifique, l'avez-vous touché ? avez-vous fait de l'or ?

— Si j'en avais fait, répondit l'archidiacre en articulant lentement ses paroles comme un homme qui réfléchit, le roi de France s'appellerait Claude et non Louis

Le compère fronça le sourcil

— Qu'est-ce que je dis là ? reprit dom Claude avec un sourire de dédain Que me ferait le trône de France quand je pourrais rebâtir l'empire d'Orient !

— A la bonne heure ! dit le compère

— Oh ! le pauvre fou ! murmura Coictier

L'archidiacre poursuivit, paraissant ne plus répondre qu'à ses pensées

— Mais non, je rampe encore, je m'écorche la face et les genoux aux cailloux de la voie souterraine J'entrevois, je ne contemple pas ! je ne lis pas, j'épelle !

— Et quand vous saurez lire, demanda le compère, ferez-vous de l'or ?

— Qui en doute ? dit l'archidiacre

— En ce cas, Notre-Dame sait que j'ai grande nécessité d'argent, et je voudrais bien apprendre à lire dans vos livres Dites-moi, révérend maître, votre science est-elle pas ennemie ou déplaisante à Notre-Dame ?

A cette question du compère, dom Claude se contenta de répondre avec une tranquille hauteur — De qui suis-je archidiacre ?

— Cela est vrai, mon maître Eh bien ! vous plairait-il m'initier ? Faites-moi épeler avec vous

Claude prit l'attitude majestueuse et pontificale d'un Samuel

— Vieillard, il faut de plus longues années qu'il ne vous en reste pour entreprendre ce voyage à travers les choses mystérieuses Votre tête est bien grise ! On ne sort de la caverne qu'avec des cheveux blancs, mais on n'y entre qu'avec des cheveux noirs La science sait bien toute seule creuser, flétrir et dessécher les faces humaines, elle n'a pas besoin que la vieillesse lui apporte des visages tout ridés Si cependant l'envie vous possède de vous mettre en discipline à votre âge et de déchiffrer l'alphabet redoutable des sages, venez à moi, c'est bien, j'essaierai Je ne vous dirai pas, à vous pauvre vieux, d'aller visiter les chambres sépulcrales des pyramides dont parle l'ancien Hérodotus, ni la tour de briques de Babylone, ni l'immense sanctuaire de marbre blanc du temple indien d'Eklinga Je n'ai pas vu plus que vous les maçonneries chaldéennes construites suivant la forme sacrée du Sikra, ni le temple de Salomon qui est détruit, ni les portes de pierre du sépulcre des rois d'Israël qui sont brisées Nous nous contenterons des fragments du livre d'Hermès que nous avons ici Je vous expliquerai la statue de saint Christophe, le symbole du Semeur, et celui des deux anges qui sont au portail de la Sainte-Chapelle, et dont l'un a sa main dans un vase et l'autre dans une nuée

Ici, Jacques Coictier, que les répliques fougueuses de l'archidiacre avaient désarçonné, se remit en selle, et l'interrompit du ton triomphant d'un savant qui en redresse un autre — *Erras, amice Claudi* Le symbole n'est pas le nombre Vous prenez Orpheus pour Hermès

— C'est vous qui errez, répliqua gravement l'archidiacre Dedalus, c'est le soubassement, Orpheus, c'est la muraille, Hermès, c'est l'édifice C'est le tout — Vous viendrez quand vous voudrez, poursuivit-il en se tournant vers le Tourangeau, je vous montrerai les parcelles d'or restées au fond du creuset de Nicolas Flamel, et vous les comparerez à l'or de Guillaume de Paris Je vous apprendrai les vertus secrètes du mot grec *peristera* Mais avant tout, je vous ferai lire l'une après l'autre les lettres de marbre de l'alphabet, les pages de granit du livre Nous irons du portail de l'évêque Guillaume et de Saint-Jean-le-Rond à la Sainte-Chapelle, puis à la maison de Nicolas Flamel, rue Marivault, à son tombeau, qui est aux Saints-Innocents, à ses deux hôpitaux rue de Montmorency Je vous ferai lire les hiéroglyphes dont sont couverts les quatre gros chenets de fer du portail de l'hôpital Saint-Gervais et de la rue de la Ferronnerie Nous épellerons encore ensemble les façades de Saint-Côme, de Sainte-Geneviève-des-Ardents, de Saint-Martin, de Saint-Jacques-de-la-Boucherie

Il y avait déjà longtemps que le Tourangeau, si intelligent que fût son regard, paraissait ne plus comprendre dom Claude Il l'interrompit

— Pasquedieu ! qu'est-ce que c'est donc que vos livres ?

— En voici un, dit l'archidiacre

Et ouvrant la fenêtre de la cellule, il désigna du doigt l'immense église de Notre-Dame, qui, découpant sur un ciel étoilé la silhouette noire de ses deux tours, de ses côtes de pierre et de sa croupe monstrueuse, semblait un énorme sphinx à deux têtes assis au milieu de la ville

L'archidiacre considéra quelque temps en silence le gigantesque édifice, puis étendant avec un soupir sa main droite vers le livre imprimé qui était ouvert sur sa table et sa main gauche vers Notre-Dame, et promenant un triste regard du livre à l'église

— Hélas ! dit-il, ceci tuera cela

Coictier qui s'était approché du livre avec empressement ne put s'empêcher de s'écrier — Hé mais ! qu'y a-t-il donc de si redoutable en ceci GLOSSA IN EPISTOLAS D PAULI *Norimbergæ, Antonius Koburger* 1474 Ce n'est pas nouveau C'est un livre de Pierre Lombard, le Maître des Sentences Est-ce parce qu'il est imprimé ?

— Vous l'avez dit, répondit Claude, qui semblait absorbé dans une profonde méditation et se tenait debout, appuyant son index reployé sur l'in-folio sorti des presses fameuses de Nuremberg Puis il ajouta ces paroles mystérieuses — Hélas ! hélas ! les petites choses viennent à bout des grandes, une dent triomphe d'une masse Le rat du Nil tue le crocodile, l'espadon tue la baleine, le livre tuera l'édifice !

Le couvre-feu du cloître sonna au moment où le docteur Jacques répétait tout bas à son compagnon son éternel refrain *Il est fou* — A quoi le compagnon répondit cette fois — Je crois que oui

C'était l'heure où aucun étranger ne pouvait rester dans le cloître Les deux visiteurs se retirèrent — Maître, dit le compère Tourangeau, en prenant congé de l'archidiacre, j'aime les savants et les grands esprits, et je vous tiens en estime singulière Venez demain au palais des Tournelles, et demandez l'abbé de Saint-Martin de Tours

L'archidiacre rentra chez lui stupéfait, comprenant enfin quel personnage c'était que le compère Touringeau, et se rappelant ce passage du cartulaire de Saint-Martin de Tours *Abbas beati Martini,* SCILICIT REX FRANCIÆ, *est canonicus de consuetudine & habet parvam præbendam quam habet sanctus Venantius & debet sedere in sede thesauraii*

On affirmait que depuis cette époque l'archidiacre avait de fréquentes conférences avec Louis XI, quand sa majesté venait à Paris, et que le crédit de dom Claude faisait ombre à Olivier le Daim et à Jacques Coictier, lequel, selon sa manière, en rudoyait fort le roi

II

CECI TUERA CELA

Nos lectrices nous pardonneront de nous arrêter un moment pour chercher quelle pouvait être la pensée qui se dérobait sous ces paroles énigmatiques de l'archidiacre *Ceci tuera cela Le livre tuera l'édifice*

A notre sens, cette pensée avait deux faces C'était d'abord une pensée de prêtre C'était l'effroi du sacerdoce devant un agent nouveau, l'imprimerie C'était l'épouvante et l'éblouissement de l'homme du sanctuaire devant la presse lumineuse de Gutenberg C'était la chaire et le manuscrit, la parole parlée et la parole écrite, s'alarmant de la parole imprimée, quelque chose de pareil à la stupeur d'un passereau qui verrait l'ange Légion ouvrir ses six millions d'ailes C'était le cri du prophète qui entend déjà bruire et fourmiller l'humanité émancipée, qui voit dans l'avenir l'intelligence saper la foi, l'opinion détrôner la croyance, le monde secouer Rome Pronostic du philosophe qui voit la pensée humaine, volatilisée par la presse, s'évaporer du récipient théocratique Terreur du soldat qui examine le bélier d'airain et qui dit La tour croulera Cela signifiait qu'une puissance allait succéder à une autre puissance Cela voulait dire La presse tuera l'église

Mais sous cette pensée, la première et la plus simple sans doute, il y en avait à notre avis une autre, plus neuve, un corollaire de la première moins facile à apercevoir et plus facile à contester, une vue, tout aussi philosophique, non plus du prêtre seulement, mais du savant et de l'artiste C'était pressentiment que la pensée humaine en changeant de forme allait changer de mode d'expression, que l'idée capitale de chaque génération ne s'écrirait plus avec la même matière et de la même façon, que le livre de pierre, si solide et si durable, allait faire place au livre de papier, plus solide et plus durable encore Sous ce rapport, la vague formule de l'archidiacre avait un second sens, elle signifiait qu'un art allait détrôner un autre art Elle voulait dire L'imprimerie tuera l'architecture

En effet, depuis l'origine des choses jusqu'au quinzième siècle de l'ère chrétienne inclusivement, l'architecture est le grand livre de l'humanité, l'expression principale de l'homme à ses divers états de développement soit comme force, soit comme intelligence

Quand la mémoire des premières races se sentit surchargée, quand le bagage des souvenirs du genre humain devint si lourd et si confus que la parole, nue et volante, risqua d'en perdre en chemin, on les transcrivit sur le sol de la façon la plus visible, la plus durable et la plus naturelle à la fois On scella chaque tradition sous un monument

Les premiers monuments furent de simples quartiers de roche *que le fer n'avait pas touchés,* dit Moïse L'architecture commença comme toute écriture Elle fut d'abord alphabet On plantait une pierre debout, et c'était une lettre, et chaque lettre était un hiéroglyphe, et sur chaque hiéroglyphe reposait un groupe d'idées comme le chapiteau sur la colonne Ainsi firent les premières races, partout, au même moment, sur la surface du monde entier On retrouve la *pierre levée* des Celtes dans la Sibérie d'Asie, dans les pampas d'Amérique

Plus tard on fit des mots On superposa la pierre à la pierre, on accoupla ces syllabes de granit, le verbe essaya quelques combinaisons Le dolmen et le cromlech celtes, le tumulus étrusque, le galgal hébreu, sont des mots Quelques-uns, le tumulus surtout, sont des noms propres. Quelquefois même, quand on avait beaucoup de pierre et une vaste plage, on écrivait une phrase L'immense entassement de Karnac est déjà une formule tout entière

Enfin on fit des livres Les traditions avaient enfanté des symboles, sous lesquels elles disparaissaient comme le tronc de l'arbre sous son feuillage, tous ces symboles, auxquels l'humanité avait foi, allaient croissant, se multipliant, se croisant, se compliquant de plus en plus, les premiers monuments ne suffisaient plus à les contenir, ils en étaient débordés de toutes parts, à peine ces monuments exprimaient-ils encore la tradition primitive, comme eux simple, nue et gisante sur le sol Le symbole avait besoin de s'épanouir dans l'édifice L'architecture alors se développa avec la pensée humaine, elle devint géante à mille têtes et à mille bras, et fixa sous une forme éternelle, visible, palpable, tout ce symbolisme flottant Tandis que Dédale, qui est la force, mesurait, tandis qu'Orphée, qui est l'intelligence, chantait, le pilier qui est une lettre, l'arcade qui est une syllabe, la pyramide qui est un mot, mis en mouvement à la fois par une loi de géométrie et par une loi de poésie, se groupaient, se combinaient, s'amalgamaient, descendaient, montaient, se juxtaposaient sur le sol, s'étageaient dans le ciel, jusqu'à ce qu'ils eussent écrit, sous la dictée de l'idée générale d'une époque, ces livres merveilleux qui étaient aussi de merveilleux édifices la pagode d'Eklinga, le Rhamseion d'Égypte, le temple de Salomon

L'idée mère, le verbe, n'était pas seulement au fond de tous ces édifices, mais encore dans la forme Le temple de Salomon, par exemple, n'était point simplement la reliure du livre saint, il était le livre saint lui-même Sur chacune de ses enceintes concentriques les prêtres pouvaient lire le verbe traduit et manifesté aux yeux, et ils suivaient ainsi ses transformations de

sanctuaire en sanctuaire jusqu'à ce qu'ils le saisissent dans son dernier taber-
nacle sous sa forme la plus concrète qui était encore de l'architecture l'arche
Ainsi le verbe était enfermé dans l'édifice, mais son image était sur son
enveloppe comme la figure humaine sur le cercueil d'une momie

Et non seulement la forme des édifices mais encore l'emplacement qu'ils
se choisissaient révélait la pensée qu'ils représentaient Selon que le symbole
à exprimer était gracieux ou sombre, la Grèce couronnait ses montagnes
d'un temple harmonieux à l'œil, l'Inde éventrait les siennes pour y ciseler
ces difformes pagodes souterraines portées par de gigantesques rangées d'éléphants de granit

Ainsi, durant les six mille premières années du monde, depuis la pagode
la plus immémoriale de l'Hindoustan jusqu'à la cathédrale de Cologne, l'architecture a été la grande écriture du genre humain Et cela est tellement
vrai que non seulement tout symbole religieux, mais encore toute pensée
humaine a sa page dans ce livre immense et son monument

Toute civilisation commence par la théocratie et finit par la démocratie
Cette loi de la liberté succédant à l'unité est écrite dans l'architecture Car,
insistons sur ce point, il ne faut pas croire que la maçonnerie ne soit puissante qu'à édifier le temple, qu'à exprimer le mythe et le symbolisme sacer-
dotal, qu'à transcrire en hiéroglyphes sur ses pages de pierre les tables
mystérieuses de la loi S'il en était ainsi, comme il arrive dans toute société
humaine un moment où le symbole sacré s'use et s'oblitère sous la libre
pensée, où l'homme se dérobe au prêtre, où l'excroissance des philosophies
et des systèmes ronge la face de la religion, l'architecture ne pourrait repro-
duire ce nouvel état de l'esprit humain, ses feuillets, chargés au recto,
seraient vides au verso, son œuvre serait tronquée, son livre serait incomplet
Mais non

Prenons pour exemple le moyen-âge, où nous voyons plus clair parce
qu'il est plus près de nous Durant sa première période, tandis que la théocratie organise l'Europe, tandis que le Vatican rallie et reclasse autour de lui
les éléments d'une Rome faite avec la Rome qui gît écroulée autour du
Capitole, tandis que le christianisme s'en va recherchant dans les décombres
de la civilisation antérieure tous les étages de la société et rebâtit avec ses
ruines un nouvel univers hiérarchique dont le sacerdoce est la clef de voûte,
on entend sourdre d'abord dans ce chaos, puis on voit peu à peu sous le
souffle du christianisme, sous la main des barbares, surgir des déblais des
architectures mortes, grecque et romaine, cette mystérieuse architecture
romane, sœur des maçonneries théocratiques de l'Égypte et de l'Inde, em-
blème inaltérable du catholicisme pur, immuable hiéroglyphe de l'unité
papale Toute la pensée d'alors est écrite en effet dans ce sombre style roman

On y sent partout l'autorité, l'unité, l'impénétrable, l'absolu, Grégoire VII, partout le prêtre, jamais l'homme, partout la caste, jamais le peuple Mais les croisades arrivent C'est un grand mouvement populaire, et tout grand mouvement populaire, quels qu'en soient la cause et le but, dégage toujours de son dernier précipité l'esprit de liberté Des nouveautés vont se faire jour Voici que s'ouvre la période orageuse des Jacqueries, des Praguenes et des Ligues L'autorité s'ébranle, l'unité se bifurque La féodalité demande à partager avec la théocratie, en attendant le peuple qui surviendra inévitablement et qui se fera, comme toujours, la part du lion *Quia nominor leo* La seigneurie perce donc sous le sacerdoce, la commune sous la seigneurie La face de l'Europe est changée Eh bien ! la face de l'architecture est changée aussi Comme la civilisation, elle a tourné la page, et l'esprit nouveau des temps la trouve prête à écrire sous sa dictée Elle est revenue des croisades avec l'ogive, comme les nations avec la liberté Alors, tandis que Rome se démembre peu à peu, l'architecture romane meurt L'hiéroglyphe déserte la cathédrale et s'en va blasonner le donjon pour faire un prestige à la féodalité La cathédrale elle-même, cet édifice autrefois si dogmatique, envahie désormais par la bourgeoisie, par la commune, par la liberté, échappe au prêtre et tombe au pouvoir de l'artiste L'artiste la bâtit à sa guise Adieu le mystère, le mythe, la loi Voici la fantaisie et le caprice Pourvu que le prêtre ait sa basilique et son autel, il n'a rien à dire Les quatre murs sont à l'artiste Le livre architectural n'appartient plus au sacerdoce, à la religion, à Rome, il est à l'imagination, à la poésie au peuple De là les transformations rapides et innombrables de cette architecture qui n'a que trois siècles, si frappantes après l'immobilité stagnante de l'architecture romane qui en a six ou sept L'art cependant marche à pas de géant Le génie et l'originalité populaires font la besogne que faisaient les évêques Chaque race écrit en passant sa ligne sur le livre, elle rature les vieux hiéroglyphes romans sur le frontispice des cathédrales, et c'est tout au plus si l'on voit encore le dogme percer çà et là sous le nouveau symbole qu'elle y dépose La draperie populaire laisse à peine deviner l'ossement religieux On ne saurait se faire une idée des licences que prennent alors les architectes, même envers l'église Ce sont des chapiteaux tricotés de moines et de nonnes honteusement accouplés, comme à la salle des Cheminées du Palais de Justice à Paris C'est l'aventure de Noé sculptée *en toutes lettres* comme sous le grand portail de Bourges C'est un moine bachique à oreilles d'âne et le verre en main riant au nez de toute une communauté, comme sur le lavabo de l'abbaye de Bocherville Il existe à cette époque, pour la pensée écrite en pierre, un privilège tout à fait comparable à notre liberté actuelle de la presse C'est la liberté de l'architecture

Cette liberté va très loin Quelquefois un portail, une façade, une église tout entière présente un sens symbolique absolument étranger au culte, ou même hostile à l'église Dès le treizième siècle Guillaume de Paris, Nicolas Flamel au quinzième, ont écrit de ces pages séditieuses Saint-Jacques-de-la-Boucherie était toute une église d'opposition

La pensée alors n'était libre que de cette façon, aussi ne s'écrivait-elle tout entière que sur ces livres qu'on appelait édifices Sans cette forme édifice, elle se serait vu brûler en place publique par la main du bourreau sous la forme manuscrit, si elle avait été assez imprudente pour s'y risquer La pensée portail d'église eût assisté au supplice de la pensée livre Aussi n'ayant que cette voie, la maçonnerie, pour se faire jour, elle s'y précipitait de toutes parts De là l'immense quantité de cathédrales qui ont couvert l'Europe, nombre si prodigieux qu'on y croit à peine, même après l'avoir vérifié Toutes les forces matérielles, toutes les forces intellectuelles de la société convergeaient au même point . l'architecture De cette manière, sous prétexte de bâtir des églises à Dieu, l'art se développait dans des proportions magnifiques

Alors, quiconque naissait poete se faisait architecte Le génie épars dans les masses, comprimé de toutes parts sous la féodalité comme sous une *testudo* de boucliers d'airain, ne trouvant issue que du côté de l'architecture, débouchait par cet art, et ses Iliades prenaient la forme de cathédrales Tous les autres arts obéissaient et se mettaient en discipline sous l'architecture C'étaient les ouvriers du grand œuvre L'architecte, le poete, le maître totalisait en sa personne la sculpture qui lui ciselait ses façades, la peinture qui lui enluminait ses vitraux, la musique qui mettait sa cloche en branle et soufflait dans ses orgues Il n'y avait pas jusqu'à la pauvre poésie proprement dite, celle qui s'obstinait à végéter dans les manuscrits, qui ne fût obligée pour etre quelque chose de venir s'encadrer dans l'édifice sous la forme d'hymne ou de *prose,* le même rôle, après tout, qu'avaient joué les tragédies d'Eschyle dans les fêtes sacerdotales de la Grèce, la Genèse dans le temple de Salomon

Ainsi, jusqu'à Gutenberg, l'architecture est l'écriture principale, l'écriture universelle Ce livre granitique commencé par l'Orient, continué par l'antiquité grecque et romaine, le moyen-âge en a écrit la dernière page Du reste, ce phénomène d'une architecture de peuple succédant à une architecture de caste que nous venons d'observer dans le moyen-âge, se reproduit avec tout mouvement analogue dans l'intelligence humaine aux autres grandes époques de l'histoire Ainsi, pour n'énoncer ici que sommairement une loi qui demanderait à être développée en des volumes, dans le haut Orient, berceau des temps primitifs, après l'architecture hindoue, l'architecture phénicienne, cette mère opulente de l'architecture arabe, dans l'antiquité, après l'architecture égyptienne dont le style étrusque et les monuments cyclopéens ne sont qu'une variété, l'architecture grecque, dont le style romain n'est qu'un prolongement surchargé du dôme carthaginois, dans les temps modernes, après l'architecture romane, l'architecture gothique Et en dédoublant ces trois séries, on retrouvera sur les trois sœurs aînées, l'architecture hindoue, l'architecture égyptienne, l'architecture romane, le même symbole c'est-à-dire la théocratie, la caste, l'unité, le dogme, le mythe, Dieu, et pour les trois sœurs cadettes, l'architecture phénicienne, l'architecture grecque, l'architecture gothique, quelle que soit du reste la diversité de forme inhérente à leur nature, la même signification aussi c'est-à-dire la liberté, le peuple, l'homme

Qu'il s'appelle bramine, mage ou pape, dans les maçonneries hindoue, égyptienne ou romane, on sent toujours le prêtre, rien que le prêtre Il n'en est pas de même dans les architectures de peuple Elles sont plus riches et moins saintes Dans la phénicienne, on sent le marchand, dans la grecque, le républicain, dans la gothique, le bourgeois

Les caractères généraux de toute architecture théocratique sont l'immutabilité, l'horreur du progrès, la conservation des lignes traditionnelles, la consécration des types primitifs, le pli constant de toutes les formes de l'homme et de la nature aux caprices incompréhensibles du symbole Ce sont des livres ténébreux que les initiés seuls savent déchiffrer Du reste toute forme, toute difformité même y a un sens qui la fait inviolable Ne demandez pas aux maçonneries hindoue, égyptienne, romane, qu'elles réforment leur dessin ou améliorent leur statuaire Tout perfectionnement leur est impiété Dans ces architectures, il semble que la roideur du dogme se soit répandue sur la pierre comme une seconde pétrification — Les caractères généraux des maçonneries populaires au contraire sont la variété, le progrès, l'originalité, l'opulence, le mouvement perpétuel Elles sont déjà assez détachées de la religion pour songer à leur beauté, pour la soigner, pour corriger sans relâche leur parure de statues ou d'arabesques Elles sont du siècle Elles ont quelque chose d'humain qu'elles mêlent sans cesse au symbole divin sous lequel elles se produisent encore De là des édifices pénétrables à toute âme, à toute intelligence, à toute imagination, symboliques encore, mais faciles à comprendre comme la nature Entre l'architecture théocratique et celle-ci, il y a la différence d'une langue sacrée à une langue vulgaire, de l'hiéroglyphe à l'art, de Salomon à Phidias

Si l'on résume ce que nous avons indiqué jusqu'ici très sommairement en négligeant mille preuves et aussi mille objections de détail, on est amené à ceci que l'architecture a été jusqu'au quinzième siècle le registre principal de l'humanité, que dans cet intervalle il n'est pas apparu dans le monde une

pensée un peu compliquée qui ne se soit faite édifice, que toute idée populaire comme toute loi religieuse a eu ses monuments, que le genre humain
enfin n'a rien pensé d'important qu'il ne l'ait écrit en pierre Et pourquoi ?
C'est que toute pensée, soit religieuse, soit philosophique, est intéressée à
se perpétuer, c'est que l'idée qui a remué une génération veut en remuer
d'autres, et laisser trace Or quelle immortalité précaire que celle du manuscrit! Qu'un édifice est un livre bien autrement solide, durable, et résistant!
Pour détruire la parole écrite il suffit d'une torche et d'un turc Pour démolir
la parole construite, il faut une révolution sociale, une révolution terrestre
Les barbares ont passé sur le Colisée, le déluge peut-être sur les Pyramides

Au quinzième siècle tout change

La pensée humaine découvre un moyen de se perpétuer non seulement
plus durable et plus résistant que l'architecture, mais encore plus simple et
plus facile L'architecture est détrônée Aux lettres de pierre d'Orphée vont
succéder les lettres de plomb de Gutenberg

Le livre va tuer l'édifice

L'invention de l'imprimerie est le plus grand événement de l'histoire
C'est la révolution mère C'est le mode d'expression de l'humanité qui se
renouvelle totalement, c'est la pensée humaine qui dépouille une forme et
qui en revêt une autre, c'est le complet et définitif changement de peau
de ce serpent symbolique qui, depuis Adam, représente l'intelligence

Sous la forme imprimerie, la pensée est plus impérissable que jamais, elle
est volatile, insaisissable, indestructible Elle se mêle à l'air Du temps de
l'architecture, elle se faisait montagne et s'emparait puissamment d'un siècle
et d'un lieu Maintenant elle se fait troupe d'oiseaux, s'éparpille aux quatre
vents, et occupe à la fois tous les points de l'air et de l'espace

Nous le répétons, qui ne voit que de cette façon elle est bien plus indé-
lébile? De solide qu'elle était elle devient vivace. Elle passe de la durée à
l'immortalité On peut démolir une masse, comment extirper l'ubiquité?
Vienne un déluge, la montagne aura disparu depuis longtemps sous les flots
que les oiseaux voleront encore, et, qu'une seule arche flotte à la surface du
cataclysme, ils s'y poseront, surnageront avec elle, assisteront avec elle à la
décrue des eaux, et le nouveau monde qui sortira de ce chaos verra en s'éveillant planer au-dessus de lui, ailée et vivante, la pensée du monde englouti

Et quand on observe que ce mode d'expression est non seulement le plus
conservateur, mais encore le plus simple, le plus commode, le plus prati-
cable à tous, lorsqu'on songe qu'il ne traîne pas un gros bagage et ne remue
pas un lourd attirail, quand on compare la pensée obligée pour se traduire
en un édifice de mettre en mouvement quatre ou cinq autres arts et des
tonnes d'or, toute une montagne de pierres, toute une forêt de charpentes,

tout un peuple d'ouvriers, quand on la compare à la pensée qui se fait livre, et à qui il suffit d'un peu de papier, d'un peu d'encre et d'une plume, comment s'étonner que l'intelligence humaine ait quitté l'architecture pour l'imprimerie? Coupez brusquement le lit primitif d'un fleuve d'un canal creusé au-dessous de son niveau, le fleuve désertera son lit

Aussi voyez comme à partir de la découverte de l'imprimerie l'architecture se dessèche peu à peu, s'atrophie et se dénude Comme on sent que l'eau baisse, que la sève s'en va, que la pensée des temps et des peuples se retire d'elle! Le refroidissement est à peu près insensible au quinzième siècle, la presse est trop débile encore, et soutire tout au plus à la puissante architecture une surabondance de vie Mais, dès le seizième siècle, la maladie de l'architecture est visible, elle n'exprime déjà plus essentiellement la société, elle se fait misérablement art classique, de gauloise, d'européenne, d'indigène, elle devient grecque et romaine, de vraie et de moderne, pseudo-antique C'est cette décadence qu'on appelle la renaissance Décadence magnifique pourtant, car le vieux génie gothique, ce soleil qui se couche derrière la gigantesque presse de Mayence, pénètre encore quelque temps de ses derniers rayons tout cet entassement hybride d'arcades latines et de colonnades corinthiennes

C'est ce soleil couchant que nous prenons pour une aurore

Cependant, du moment où l'architecture n'est plus qu'un art comme un autre, dès qu'elle n'est plus l'art total, l'art souverain, l'art tyran, elle n'a plus la force de retenir les autres arts Ils s'émancipent donc, brisent le joug de l'architecte, et s'en vont chacun de leur côté Chacun d'eux gagne à ce divorce L'isolement grandit tout La sculpture devient statuaire, l'imagerie devient peinture, le canon devient musique On dirait un empire qui se démembre à la mort de son Alexandre et dont les provinces se font royaumes

De là Raphael, Michel-Ange, Jean Goujon, Palestrina, ces splendeurs de l'éblouissant seizième siècle

En même temps que les arts, la pensée s'émancipe de tous côtés Les hérésiarques du moyen-âge avaient déjà fait de larges entailles au catholicisme Le seizième siècle brise l'unité religieuse Avant l'imprimerie, la réforme n'eût été qu'un schisme, l'imprimerie la fait révolution Otez la presse, l'hérésie est énervée Que ce soit fatal ou providentiel, Gutenberg est le précurseur de Luther

Cependant, quand le soleil du moyen-âge est tout à fait couché, quand le génie gothique s'est à jamais éteint à l'horizon de l'art, l'architecture va se ternissant, se décolorant, s'effaçant de plus en plus Le livre imprimé, ce ver rongeur de l'édifice, la suce et la dévore Elle se dépouille, elle s'effeuille, elle maigrit à vue d'œil Elle est mesquine, elle est pauvre, elle est nulle

Elle n'exprime plus rien, pas même le souvenir de l'art d'un autre temps
Réduite à elle-même, abandonnée des autres arts parce que la pensée humaine
l'abandonne, elle appelle des manœuvres à défaut d'artistes La vitre rem-
place le vitrail Le tailleur de pierre succède au sculpteur Adieu toute sève,
toute originalité, toute vie, toute intelligence Elle se traîne, lamentable
mendiante d'atelier, de copie en copie Michel-Ange, qui dès le seizième
siècle la sentait sans doute mourir, avait eu une dernière idée, une idée de
désespoir Ce titan de l'art avait entassé le Panthéon sur le Parthénon, et fait
Saint-Pierre de Rome Grande œuvre qui méritait de rester unique, dernière
originalité de l'architecture, signature d'un artiste géant au bas du colossal
registre de pierre qui se fermait Michel-Ange mort, que fait cette misérable
architecture qui se survivait à elle-même à l'état de spectre et d'ombre ? Elle
prend Saint-Pierre de Rome, et le calque, et le parodie C'est une manie
C'est une pitié Chaque siècle a son Saint-Pierre de Rome, au dix-septième
siècle le Val-de-Grâce, au dix-huitième Sainte-Geneviève Chaque pays a
son Saint-Pierre de Rome Londres a le sien Pétersbourg a le sien Paris
en a deux ou trois Testament insignifiant, dernier radotage d'un grand art
décrépit qui retombe en enfance avant de mourir

Si au lieu de monuments caractéristiques comme ceux dont nous venons
de parler nous examinons l'aspect général de l'art du seizième au dix-
huitième siècle, nous remarquons les mêmes phénomènes de décroissance
et d'étisie A partir de François II, la forme architecturale de l'édifice s'efface
de plus en plus et laisse saillir la forme géométrique, comme la charpente
osseuse d'un malade amaigri Les belles lignes de l'art font place aux froides
et inexorables lignes du géomètre Un édifice n'est plus un édifice, c'est un
polyèdre L'architecture cependant se tourmente pour cacher cette nudité
Voici le fronton grec qui s'inscrit dans le fronton romain et réciproquement
C'est toujours le Panthéon dans le Parthénon, Saint-Pierre de Rome Voici
les maisons de brique de Henri IV à coins de pierre, la place Royale, la
place Dauphine Voici les églises de Louis XIII, lourdes, trapues, surbais-
sées, ramassées, chargées d'un dôme comme d'une bosse Voici l'architecture
mazarine, le mauvais pasticcio italien des Quatre-Nations Voici les palais
de Louis XIV, longues casernes à courtisans, roides, glaciales, ennuyeuses
Voici enfin Louis XV, avec les chicorées et les vermicelles, et toutes les
verrues et tous les fongus qui défigurent cette vieille architecture caduque,
édentée et coquette De François II à Louis XV, le mal a crû en progression
géométrique L'art n'a plus que la peau sur les os Il agonise misérablement

Cependant que devient l'imprimerie ? Toute cette vie qui s'en va de
l'architecture vient chez elle A mesure que l'architecture baisse, l'imprimerie s'enfle et grossit Ce capital de forces que la pensée humaine dépensait

en édifices, elle le dépense désormais en livres Aussi dès le seizième siècle
la presse, grandie au niveau de l'architecture décroissante, lutte avec elle et la
tue Au dix-septième, elle est déjà assez souveraine, assez triomphante, assez
assise dans sa victoire pour donner au monde la fête d'un grand siècle littéraire Au dix-huitième, longtemps reposée à la cour de Louis XIV, elle
ressaisit la vieille épée de Luther, en arme Voltaire, et court, tumultueuse,
à l'attaque de cette ancienne Europe dont elle a déjà tué l'expression architecturale Au moment où le dix-huitième siècle s'achève, elle a tout détruit
Au dix-neuvième, elle va reconstruire

Or, nous le demandons maintenant, lequel des deux arts représente
réellement depuis trois siècles la pensée humaine ? lequel la traduit ? lequel
exprime, non pas seulement ses manies littéraires et scolastiques, mais son
vaste, profond, universel mouvement ? Lequel se superpose constamment,
sans rupture et sans lacune, au genre humain qui marche, monstre à mille
pieds ? L'architecture ou l'imprimerie ?

L'imprimerie Qu'on ne s'y trompe pas, l'architecture est morte, morte
sans retour, tuée par le livre imprimé, tuée parce qu'elle dure moins, tuée
parce qu'elle coûte plus cher Toute cathédrale est un milliard Qu'on se
représente maintenant quelle mise de fonds il faudrait pour récrire le livre
architectural, pour faire fourmiller de nouveau sur le sol des milliers d'édifices, pour revenir à ces époques où la foule des monuments était telle qu'au
dire d'un témoin oculaire «on eût dit que le monde en se secouant avait
rejeté ses vieux habillements pour se couvrir d'un blanc vêtement d'églises»
Erat enim ut si mundus, ipse excutiendo semet, rejecta vetustate, candidam ecclesiarum
vestem indueret (GLABER RADULPHUS)

Un livre est sitôt fait, coûte si peu, et peut aller si loin! Comment
s'étonner que toute la pensée humaine s'écoule par cette pente ? Ce n'est pas
à dire que l'architecture n'aura pas encore çà et là un beau monument, un
chef-d'œuvre isolé On pourra bien encore avoir de temps en temps, sous le
règne de l'imprimerie, une colonne faite, je suppose, par toute une armée
avec des canons amalgamés, comme on avait, sous le règne de l'architecture,
des Iliades et des Romanceros, des Mahabâhrata et des Niebelungen, faits
par tout un peuple avec des rapsodies amoncelées et fondues Le grand
accident d'un architecte de génie pourra survenir au vingtième siècle, comme
celui de Dante au treizième Mais l'architecture ne sera plus l'art social, l'art
collectif, l'art dominant Le grand poeme, le grand édifice, le grand œuvre
de l'humanité ne se bâtira plus, il s'imprimera

Et désormais, si l'architecture se relève accidentellement, elle ne sera plus
maîtresse Elle subira la loi de la littérature qui la recevait d'elle autrefois
Les positions respectives des deux arts seront interverties Il est certain que

dans l'époque architecturale les poemes, rares, il est vrai, ressemblent aux
monuments Dans l'Inde, Vyasa est touffu, étrange, impénétrable comme
une pagode Dans l'orient égyptien, la poésie a, comme les édifices, la grandeur et la tranquillité des lignes, dans la Grèce antique, la beauté, la sérénité,
le calme, dans l'Europe chrétienne, la majesté catholique, la naïveté populaire, la riche et luxuriante végétation d'une époque de renouvellement La
Bible ressemble aux Pyramides, l'Iliade au Parthénon, Homère à Phidias
Dante au treizième siècle, c'est la dernière église romane, Shakespeare au
seizième, la dernière cathédrale gothique

Ainsi, pour résumer ce que nous avons dit jusqu'ici d'une façon nécessairement incomplète et tronquée, le genre humain a deux livres, deux
registres, deux testaments, la maçonnerie et l'imprimerie, la bible de pierre
et la bible de papier Sans doute, quand on contemple ces deux bibles si
largement ouvertes dans les siècles, il est permis de regretter la majesté visible
de l'écriture de granit, ces gigantesques alphabets formulés en colonnades, en
pylônes, en obélisques, ces espèces de montagnes humaines qui couvrent
le monde et le passé depuis la pyramide jusqu'au clocher, de Chéops à
Strasbourg Il faut relire le passé sur ces pages de marbre Il faut admirer
et refeuilleter sans cesse le livre écrit par l'architecture, mais il ne faut pas
nier la grandeur de l'édifice qu'élève à son tour l'imprimerie

Cet édifice est colossal Je ne sais quel faiseur de statistique a calculé
qu'en superposant l'un à l'autre tous les volumes sortis de la presse depuis
Gutenberg on comblerait l'intervalle de la terre à la lune, mais ce n'est pas
de cette sorte de grandeur que nous voulons parler Cependant, quand on
cherche à recueillir dans sa pensée une image totale de l'ensemble des
produits de l'imprimerie jusqu'à nos jours, cet ensemble ne nous apparaît-il
pas comme une immense construction, appuyée sur le monde entier, à
laquelle l'humanité travaille sans relâche, et dont la tête monstrueuse se perd
dans les brumes profondes de l'avenir? C'est la fourmilière des intelligences
C'est la ruche où toutes les imaginations, ces abeilles dorées, arrivent avec
leur miel L'édifice a mille étages Çà et là, on voit déboucher sur ses rampes
les cavernes ténébreuses de la science qui s'entrecoupent dans ses entrailles
Partout sur sa surface l'art fait luxurier à l'œil ses arabesques, ses rosaces et
ses dentelles Là chaque œuvre individuelle, si capricieuse et si isolée qu'elle
semble, a sa place et sa saillie L'harmonie résulte du tout Depuis la cathédrale de Shakespeare jusqu'à la mosquée de Byron, mille clochetons s'en-
combrent pêle-mêle sur cette métropole de la pensée universelle A sa base,
on a réécrit quelques anciens titres de l'humanité que l'architecture n'avait
pas enregistrés A gauche de l'entrée, on a scellé le vieux bas-relief en marbre
blanc d'Homère, à droite la Bible polyglotte dresse ses sept têtes L'hydre

du Romancero se hérisse plus loin, et quelques autres formes hybrides, les Védas et les Niebelungen Du reste le prodigieux édifice demeure toujours inachevé La presse, cette machine géante, qui pompe sans relâche toute la sève intellectuelle de la société, vomit incessamment de nouveaux matériaux pour son œuvre Le genre humain tout entier est sur l'échafaudage Chaque esprit est maçon Le plus humble bouche son trou ou met sa pierre Rétif de la Bretonne apporte sa hottée de plâtras Tous les jours une nouvelle assise s'élève Indépendamment du versement original et individuel de chaque écrivain, il y a des contingents collectifs Le dix-huitième siècle donne l'Encyclopédie, la révolution donne le Moniteur Certes, c'est là aussi une construction qui grandit et s'amoncelle en spirales sans fin, là aussi il y a confusion des langues, activité incessante, labeur infatigable, concours acharné de l'humanité tout entière, refuge promis à l'intelligence contre un nouveau déluge, contre une submersion de barbares C'est la seconde tour de Babel du genre humain

LIVRE SIXIÈME.

I

COUP D'ŒIL IMPARTIAL SUR L'ANCIENNE MAGISTRATURE

C'était un fort heureux personnage, en l'an de grâce 1482, que noble homme Robert d'Estouteville, chevalier, sieur de Beyne, baron d'Yvri et Saint-Andry en la Marche, conseiller et chambellan du roi, et garde de la prévôté de Paris Il y avait déjà près de dix-sept ans qu'il avait reçu du roi, le 7 novembre 1465, l'année de la comète[1], cette belle charge de prévôt de Paris, qui était réputée plutôt seigneurie qu'office, *dignitas*, dit Joannes Læmnœus, *quæ cum non exigua potestate politiam concernente, atque prærogativis multis & juribus conjuncta est* La chose était merveilleuse en 82 qu'un gentilhomme ayant commission du roi et dont les lettres d'institution remontaient à l'époque du mariage de la fille naturelle de Louis XI avec monsieur le bâtard de Bourbon Le même jour où Robert d'Estouteville avait remplacé Jacques de Villiers dans la prévôté de Paris, maître Jean Dauvet remplaçait messire Hélye de Thorrettes dans la première présidence de la cour de parlement, Jean Jouvenel des Ursins supplantait Pierre de Morvilliers dans l'office de chancelier de France, Regnault des Dormans désappointait Pierre Puy de la charge de maître des requêtes ordinaires de l'hôtel du roi Or, sur combien de têtes la présidence, la chancellerie et la maîtrise s'étaient-elles promenées depuis que Robert d'Estouteville avait la prévôté de Paris ! Elle lui avait été *baillée en garde,* disaient les lettres patentes, et certes, il la gardait bien Il s'y était cramponné, il s'y était incorporé, il s'y était identifié Si bien qu'il avait échappé à cette furie de changement qui possédait Louis XI, roi défiant, taquin et travailleur qui tenait à entretenir, par des institutions et des révocations fréquentes, l'élasticité de son pouvoir Il y a plus, le brave chevalier avait obtenu pour son fils la survivance de sa charge, et il y avait déjà deux ans que le nom de noble homme Jacques d'Estouteville, écuyer, figurait à côté du sien en tête du registre de l'ordinaire de la prévôté de Paris Rare,

[1] Cette comète, contre laquelle le pape Calixte, oncle de Borgia, ordonna des prières publiques, est la même qui reparaîtra en 1835

certes, et insigne faveur! Il est vrai que Robert d'Estouteville était un bon
soldat, qu'il avait loyalement levé le pennon contre *la ligue du bien public,* et
qu'il avait offert à la reine un très merveilleux cerf en confitures le jour de
son entrée à Paris en 14   Il avait de plus la bonne amitié de messire Tristan
l'Hermite, prévôt des maréchaux de l'hôtel du roi   C'était donc une très
douce et plaisante existence que celle de messire Robert   D'abord, de fort
bons gages, auxquels se rattachaient et pendaient, comme des grappes de
plus à sa vigne, les revenus des greffes civil et criminel de la prévôté, plus
les revenus civils et criminels des auditoires d'Embas du Châtelet, sans
compter quelque petit péage au pont de Mantes et de Corbeil, et les profits
du tru sur l'esgrin de Paris, sur les mouleurs de bûches et les mesureurs
de sel   Ajoutez à cela le plaisir d'étaler dans les chevauchées de la ville et de
faire ressortir sur les robes mi-parties rouge et tanné des échevins et des
quarteniers son bel habit de guerre que vous pouvez encore admirer aujour-
d'hui sculpté sur son tombeau à l'abbaye de Valmont en Normandie, et son
morion tout bosselé à Montlhéry   Et puis, n'était-ce rien que d'avoir toute
suprématie sur les sergents de la douzaine, le concierge et guette du Châtelet, les deux auditeurs du Châtelet, *auditores Castelleti,* les seize commissaires
des seize quartiers, le geôlier du Châtelet, les quatre sergents fieffés, les
cent vingt sergents à cheval, les cent vingt sergents à verge, le chevalier
du guet avec son guet, son sous-guet, son contre-guet et son arrière-guet?
N'était-ce rien que d'exercer haute et basse justice, droit de tourner, de
pendre et de traîner, sans compter la menue juridiction en premier ressort,
in prima instantia, comme disent les chartes, sur cette vicomté de Paris, si
glorieusement apanagée de sept nobles bailliages? Peut-on rien imaginer de
plus suave que de rendre arrêts et jugements, comme faisait quotidiennement
messire Robert d'Estouteville, dans le Grand-Châtelet, sous les ogives larges
et écrasées de Philippe-Auguste? et d'aller, comme il avait coutume chaque
soir, en cette charmante maison sise rue Galilée dans le pourpris du Palais-
Royal, qu'il tenait du chef de sa femme, madame Ambroise de Loré, se
reposer de la fatigue d'avoir envoyé quelque pauvre diable passer la nuit de
son côté dans «cette petite logette de la rue de l'Escorcherie, en laquelle les
prévôts et échevins de Paris soulaient faire leur prison, contenant icelle onze
pieds de long, sept pieds et quatre pouces de lez et onze pieds de haut[1]»?
    Et non seulement messire Robert d'Estouteville avait sa justice parti-
culière de prévôt et vicomte de Paris, mais encore il avait part, coup d'œil
et coup de dent dans la grande justice du roi   Il n'y avait pas de tête un peu
haute qui ne lui eût passé par les mains avant d'échoir au bourreau   C'est lui

---

[1] Comptes du domaine, 1383

qui avait été quérir à la Bastille Saint-Antoine pour le mener aux Halles M de Nemours, pour le mener en Grève M de Saint-Pol, lequel rechignait et se récriait, à la grande joie de M le prévôt qui n'aimait pas M le connétable

En voilà, certes, plus qu'il n'en fallait pour faire une vie heureuse et illustre, et pour mériter un jour une page notable dans cette intéressante histoire des prévôts de Paris, où l'on apprend que Oudard de Villeneuve avait une maison rue des Boucheries, que Guillaume de Hangist acheta la grande et petite Savoie, que Guillaume Thiboust donna aux religieuses de Sainte-Geneviève ses maisons de la rue Clopin, que Hugues Aubriot demeurait à l'hôtel du Porc-Épic, et autres faits domestiques

Toutefois, avec tant de motifs de prendre la vie en patience et en joie, messire Robert d'Estouteville s'était éveillé le matin du 7 janvier 1482 fort bourru et de massacrante humeur D'où venait cette humeur ? c'est ce qu'il n'aurait pu dire lui-même Était-ce que le ciel était gris ? que la boucle de son vieux ceinturon de Montlhéry était mal serrée, et sanglait trop militairement son embonpoint de prévôt ? qu'il avait vu passer dans la rue sous sa fenêtre des ribauds lui faisant nargue, allant quatre de bande, pourpoint sans chemise, chapeau sans fond, bissac et bouteille au côté ? Était-ce pressentiment vague des trois cent soixante-dix livres seize sols huit deniers que le futur roi Charles VIII devait l'année suivante retrancher des revenus de la prévôté ? Le lecteur peut choisir, quant à nous, nous inclinerions à croire tout simplement qu'il était de mauvaise humeur, parce qu'il était de mauvaise humeur

D'ailleurs, c'était un lendemain de fête, jour d'ennui pour tout le monde, et surtout pour le magistrat chargé de balayer toutes les ordures, au propre et au figuré, que fait une fête à Paris Et puis, il devait tenir séance au Grand-Châtelet Or, nous avons remarqué que les juges s'arrangent en général de manière à ce que leur jour d'audience soit aussi leur jour d'humeur, afin d'avoir toujours quelqu'un sur qui s'en décharger commodément, de par le roi, la loi et justice

Cependant l'audience avait commencé sans lui Ses lieutenants au civil, au criminel et au particulier faisaient sa besogne, selon l'usage, et dès huit heures du matin, quelques dizaines de bourgeois et de bourgeoises entassés et foulés dans un coin obscur de l'auditoire d'Embas du Châtelet, entre une forte barrière de chêne et le mur, assistaient avec béatitude au spectacle varié et réjouissant de la justice civile et criminelle rendue par maître Florian Barbedienne, auditeur au Châtelet, lieutenant de M le prévôt, un peu pêle-mêle, et tout à fait au hasard

La salle était petite, basse, voûtée Une table fleurdelysée était au fond,

avec un grand fauteuil de bois de chêne sculpté, qui était au prévôt et vide,
et un escabeau à gauche pour l'auditeur, maître Florian Au-dessous se tenait
le greffier, griffonnant En face était le peuple, et devant la porte et devant
la table force sergents de la prévôté, en hoquetons de camelot violet à croix
blanches Deux sergents du Parloir-aux-Bourgeois, vêtus de leurs ,aquettes
de la Toussaint, mi-parties rouge et bleu, faisaient sentinelle devant une
porte basse fermée qu'on apercevait au fond derrière la table Une seule
fenêtre ogive, étroitement encaissée dans l'épaisse muraille, éclairait d'un
rayon blême de janvier deux grotesques figures, le capricieux démon de
pierre sculpté en cul-de-lampe dans la clef de la voûte, et le juge assis
au fond de la salle sur les fleurs de lys.

En effet, figurez-vous à la table prévôtale, entre deux liasses de procès,
accroupi sur ses coudes, le pied sur la queue de sa robe de drap brun plain,
la face dans sa fourrure d'agneau blanc, dont ses sourcils semblaient détachés,
rouge, reveche, clignant de l'œil, portant avec majesté la graisse de ses joues,
lesquelles se rejoignaient sous son menton, maître Florian Barbedienne, auditeur au Châtelet

Or l'auditeur était sourd Léger défaut pour un auditeur Maître Florian
n'en jugeait pas moins sans appel et très congrûment Il est certain qu'il
suffit qu'un juge ait l'air d'écouter, et le vénérable auditeur remplissait d'autant mieux cette condition, la seule essentielle en bonne justice, que son
attention ne pouvait être distraite par aucun bruit

Du reste, il avait dans l'auditoire un impitoyable contrôleur de ses faits
et gestes dans la personne de notre ami Jehan Frollo du Moulin, ce petit
écolier d'hier, ce *piéton* qu'on était toujours sûr de rencontrer partout dans
Paris, excepté devant la chaire des professeurs

— Tiens, disait-il tout bas à son compagnon Robin Poussepain qui rica-
nait à côté de lui, tandis qu'il commentait les scènes qui se déroulaient sous
leurs yeux, voilà Jehanneton du Buisson La belle fille du cignard au
Marché-Neuf! — Sur mon âme, il la condamne, le vieux! il n'a donc pas
plus d'yeux que d'oreilles Quinze sols quatre deniers parisis, pour avoir
porté deux patenôtres! C'est un peu cher *Lex duri carminis* —Qu'est celui-là?
Robin Chief-de-Ville, haubergier! — Pour avoir été passé et reçu maître
audit métier? — C'est son denier d'entrée — Hé! deux gentilshommes
parmi ces marauds! Aiglet de Soins, Hutin de Mailly Deux écuyers, *corpus
Christi!* Ah! ils ont joué aux dés Quand verrai-je ici notre recteur? Cent
livres parisis d'amende envers le roi! Le Barbedienne frappe comme un
sourd, — qu'il est! — Je veux être mon frère l'archidiacre si cela m'empêche de jouer, de jouer le jour, de jouer la nuit, de vivre au jeu, de mourir
au jeu et de jouer mon âme après ma chemise! — Sainte Vierge, que de

filles ! l'une après l'autre, mes brebis ! Ambroise Lécuyère ! Isabeau la Pay-
nette ! Bérarde Gironin ! Je les connais toutes, par Dieu ! A l'amende ! à
l'amende ! Voilà qui vous apprendra à porter des ceintures dorées ! dix sols
parisis ! coquettes ! — Oh ! le vieux museau de juge, sourd et imbécile !
Oh ! Florian le lourdaud ! Oh ! Barbedienne le butor ! le voilà à table ! il
mange du plaideur, il mange du procès, il mange, il mâche, il se gave,
il s'emplit Amendes, épaves, taxes, frais, loyaux coûts, salaires, dommages
et intérêts, gehenne, prison et geôle et ceps avec depens, lui sont camichons
de Noel et massepains de la Saint-Jean ! Regarde-le, le porc ! — Allons !
bon ! encore une femme amoureuse ! Thibaud la Thibaude, ni plus, ni
moins ! — Pour être sortie de la rue Glatigny ! — Quel est ce fils ? Gieffroy
Mabonne, gendarme cranequinier à main Il a maugréé le nom du Père —
A l'amende, la Thibaude ! à l'amende, le Gieffroy ! à l'amende tous les
deux ! Le vieux sourd ! il a dû brouiller les deux affaires ! Dix contre un qu'il
fait payer le juron à la fille et l'amour au gendarme ! — Attention, Robin
Poussepain ! Que vont-ils introduire ? Voilà bien des sergents ! Par Jupiter !
tous les lévriers de la meute y sont Ce doit être la grosse pièce de la chasse
Un sanglier — C'en est un, Robin ! c'en est un — Et un beau encore !
— Hercle ! c'est notre prince d'hier, notre pape des fous, notre sonneur de
cloches, notre borgne, notre bossu, notre grimace ! C'est Quasimodo !

Ce n'était rien moins

C'était Quasimodo, sanglé, cerclé, ficelé, garrotté et sous bonne garde
L'escouade de sergents qui l'environnait était assistée du chevalier du guet en
personne, portant brodées les armes de France sur la poitrine et les armes de
la ville sur le dos Il n'y avait rien du reste dans Quasimodo, à part sa difformité, qui pût justifier cet appareil de hallebardes et d'arquebuses Il était
sombre, silencieux et tranquille A peine son œil unique jetait-il de temps
à autre sur les liens qui le chargeaient un regard sournois et colère

Il promena ce même regard autour de lui, mais si éteint et si endormi
que les femmes ne se le montraient du doigt que pour en rire

Cependant maître Florian l'auditeur feuilleta avec attention le dossier de
la plainte dressée contre Quasimodo, que lui présenta le greffier, et, ce coup
d'œil jeté, parut se recueillir un instant Grâce à cette précaution qu'il avait
toujours soin de prendre au moment de procéder à un interrogatoire, il
savait d'avance les noms, qualités, délits du prévenu, faisait des répliques
prévues à des réponses prévues, et parvenait à se tirer de toutes les sinuosités
de l'interrogatoire, sans trop laisser deviner sa surdité Le dossier du procès
était pour lui le chien de l'aveugle S'il arrivait par hasard que son infirmité
se trahît çà et là par quelque apostrophe incohérente ou quelque question
inintelligible, cela passait pour profondeur parmi les uns, et pour imbé-

cillité parmi les autres Dans les deux cas, l'honneur de la magistrature ne recevait aucune atteinte, car il vaut encore mieux qu'un juge soit réputé imbécile ou profond, que sourd Il mettait donc grand soin à dissimuler sa surdité aux yeux de tous, et il y réussissait d'ordinaire si bien qu'il était arrivé à se faire illusion à lui-même Ce qui est du reste plus facile qu'on ne le croit Tous les bossus vont tête haute, tous les bègues pérorent, tous les sourds parlent bas Quant à lui, il se croyait tout au plus l'oreille un peu rebelle C'était la seule concession qu'il fît sur ce point à l'opinion publique, dans ses moments de franchise et d'examen de conscience

Ayant donc bien ruminé l'affaire de Quasimodo, il renversa sa tête en arrière et ferma les yeux à demi, pour plus de majesté et d'impartialité, si bien qu'il était tout à la fois en ce moment sourd et aveugle Double condition sans laquelle il n'est pas de juge parfait C'est dans cette magistrale attitude qu'il commença l'interrogatoire

— Votre nom ?

Or, voici un cas qui n'avait pas été « prévu par la loi », celui où un sourd aurait à interroger un sourd

Quasimodo, que rien n'avertissait de la question à lui adressée, continua de regarder le juge fixement et ne répondit pas Le juge, sourd et que rien n'avertissait de la surdité de l'accusé, crut qu'il avait répondu, comme faisaient en général tous les accusés, et poursuivit avec son aplomb mécanique et stupide

— C'est bien Votre âge ?

Quasimodo ne répondit pas davantage à cette question Le juge la crut satisfaite, et continua

— Maintenant, votre état ?

Toujours même silence L'auditoire cependant commençait à chuchoter et à s'entre-regarder

— Il suffit, reprit l'imperturbable auditeur quand il supposa que l'accusé avait consommé sa troisième réponse Vous êtes accusé, par-devant nous *primo*, de trouble nocturne, *secundo*, de voie de fait déshonnête sur la personne d'une femme folle, *in præjudicium meretricis, tertio*, de rébellion et déloyauté envers les archers de l'ordonnance du roi notre sire Expliquez-vous sur tous ces points — Greffier, avez-vous écrit ce que l'accusé a dit jusqu'ici ?

A cette question malencontreuse, un éclat de rire s'éleva, du greffe à l'auditoire, si violent, si fou, si contagieux, si universel que force fut bien aux deux sourds de s'en apercevoir Quasimodo se retourna en haussant sa bosse, avec dédain, tandis que maître Florian, étonné comme lui et supposant que le rire des spectateurs avait été provoqué par quelque réplique irrévérente de l'accusé, rendue visible pour lui par ce haussement d'épaules, l'apostropha avec indignation

— Vous avez fait là, drôle, une réponse qui mériterait la hart ! Savez-vous à qui vous parlez ?

Cette sortie n'était pas propre à arrêter l'explosion de la gaieté générale Elle parut à tous si hétéroclite et si cornue que le fou rire gagna jusqu'aux sergents du Parloir-aux-Bourgeois, espèce de valets de pique chez qui la stupidité était d'uniforme Quasimodo seul conserva son sérieux, par la bonne raison qu'il ne comprenait rien à ce qui se passait autour de lui Le juge, de plus en plus irrité, crut devoir continuer sur le même ton, espérant par là frapper l'accusé d'une terreur qui réagirait sur l'auditoire et le ramènerait au respect

— C'est donc à dire, maître pervers et rapinier que vous êtes, que vous vous permettez de manquer à l'auditeur du Châtelet, au magistrat commis à la police populaire de Paris, chargé de faire recherche des crimes, délits et mauvais trains, de contrôler tous métiers et interdire le monopole, d'entretenir les pavés, d'empêcher les regrattiers de poulailles, volailles et sauvagine, de faire mesurer la bûche et autres sortes de bois, de purger la ville des boues et l'air des maladies contagieuses, de vaquer continuellement au fait du public, en un mot, sans gages ni espérances de salaire ! Savez-vous que je m'appelle Florian Barbedienne, propre lieutenant de M le prévôt, et de plus commissaire, enquesteur, contrerolleur et examinateur avec égal pouvoir en prévôté, bailliage, conservation et présidial !

Il n'y a pas de raison pour qu'un sourd qui parle à un sourd s'arrête Dieu sait où et quand aurait pris terre maître Florian, ainsi lancé à toutes rames dans la haute éloquence, si la porte basse du fond ne s'était ouverte tout à coup et n'avait donné passage à M le prévôt en personne

A son entrée, maître Florian ne resta pas court, mais faisant un demi-tour sur ses talons, et pointant brusquement sur le prévôt la harangue dont il foudroyait Quasimodo le moment d'auparavant — Monseigneur, dit-il, je requiers telle peine qu'il vous plaira contre l'accusé ci-présent, pour grave et mirifique manquement à la justice

Et il se rassit tout essoufflé, essuyant de grosses gouttes de sueur qui tombaient de son front et trempaient comme larmes les parchemins étalés devant lui Messire Robert d'Estouteville fronça le sourcil et fit à Quasimodo un geste d'attention tellement impérieux et significatif, que le sourd en comprit quelque chose

Le prévôt lui adressa la parole avec sévérité — Qu'est-ce que tu as donc fait pour être ici, maraud ?

Le pauvre diable, supposant que le prévôt lui demandait son nom, rompit le silence qu'il gardait habituellement, et répondit avec une voix rauque et gutturale — Quasimodo

La réponse coincidait si peu avec la question, que le fou rire recommença à circuler, et que messire Robert s'écria, rouge de colère — Te railles-tu aussi de moi, drôle fieffé?

— Sonneur de cloches à Notre-Dame, répondit Quasimodo, croyant qu'il s'agissait d'expliquer au juge qui il était

— Sonneur de cloches! reprit le prévôt, qui s'était éveillé le matin d'assez mauvaise humeur, comme nous l'avons dit, pour que sa fureur n'eût pas besoin d'être attisée par de si étranges réponses Sonneur de cloches! Je te ferai faire sur le dos un carillon de houssines par les carrefours de Paris Entends-tu, maraud?

— Si c'est mon âge que vous voulez savoir, dit Quasimodo, je crois que j'aurai vingt ans à la Saint-Martin

Pour le coup, c'était trop fort, le prévôt n'y put tenir

— Ah! tu nargues la prévôté, misérable! Messieurs les sergents à verge, vous me mènerez ce drôle au pilori de la Grève, vous le battrez et vous le tournerez une heure Il me le paiera, tête-Dieu! et je veux qu'il soit fait un cri du présent jugement, avec assistance de quatre trompettes-jurés, dans les sept châtellenies de la vicomté de Paris

Le greffier se mit à rédiger incontinent le jugement

— Ventre-Dieu! que voilà qui est bien jugé! s'écria de son coin le petit écolier Jehan Frollo du Moulin

Le prévôt se retourna et fixa de nouveau sur Quasimodo ses yeux étincelants — Je crois que le drôle a dit ventre-Dieu! Greffier, ajoutez douze deniers parisis d'amende pour jurement, et que la fabrique de Saint-Eustache en aura la moitié J'ai une dévotion particulière à Saint-Eustache

En quelques minutes, le jugement fut dressé La teneur en était simple et brève La coutume de la prévôté et vicomté de Paris n'avait pas encore été travaillée par le président Thibaut Baillet et par Roger Barmne, l'avocat du roi Elle n'était pas obstruée alors par cette haute futaie de chicanes et de procédures que ces deux jurisconsultes y plantèrent au commencement du seizième siècle Tout y était clair, expéditif, explicite On y cheminait droit au but, et l'on apercevait tout de suite au bout de chaque sentier, sans broussailles et sans détour, la roue, le gibet ou le pilori On savait du moins où l'on allait

Le greffier présenta la sentence au prévôt, qui y apposa son sceau, et sortit pour continuer sa tournée dans les auditoires, avec une disposition d'esprit qui dut peupler ce jour-là toutes les geôles de Paris Jehan Frollo et Robin Poussepain riaient sous cape Quasimodo regardait le tout d'un air indifférent et étonné

Cependant le greffier, au moment où maître Florian Barbedienne lisait à son tour le jugement pour le signer, se sentit ému de pitié pour le pauvre diable de condamné, et, dans l'espoir d'obtenir quelque diminution de peine, il s'approcha le plus près qu'il put de l'oreille de l'auditeur et lui dit en lui montrant Quasimodo   — Cet homme est sourd

Il espérait que cette communauté d'infirmité éveillerait l'intérêt de maître Florian en faveur du condamné Mais d'abord, nous avons déjà observé que maître Florian ne se souciait pas qu'on s'aperçût de sa surdité Ensuite, il avait l'oreille si dure qu'il n'entendit pas un mot de ce que lui dit le greffier, pourtant, il voulut avoir l'air d'entendre, et répondit   — Ah' ah' c'est différent Je ne savais pas cela Une heure de pilori de plus, en ce cas

Et il signa la sentence ainsi modifiée

— C'est bien fait, dit Robin Poussepain qui gardait une dent à Quasimodo, cela lui apprendra à rudoyer les gens

II

LE TROU AUX RATS

Que le lecteur nous permette de le ramener à la place de Grève, que nous avons quittée hier avec Gringoire pour suivre la Esmeralda

Il est dix heures du matin Tout y sent le lendemain de fête Le pavé est couvert de débris, rubans, chiffons, plumes des panaches, gouttes de cire des flambeaux, miettes de la ripaille publique Bon nombre de bourgeois *flânent,* comme nous disons, çà et là, remuant du pied les tisons éteints du feu de joie, s'extasiant devant la Maison-aux-Piliers, au souvenir des belles tentures de la veille, et regardant aujourd'hui les clous, dernier plaisir Les vendeurs de cidre et de cervoise roulent leur barrique à travers les groupes Quelques passants affairés vont et viennent Les marchands causent et s'appellent du seuil des boutiques La fête, les ambassadeurs, Coppenole, le pape des fous, sont dans toutes les bouches C'est à qui glosera le mieux et rira le plus Et cependant, quatre sergents à cheval qui viennent de se poster aux quatre côtés du pilori ont déjà concentré autour d'eux une bonne portion du *populaire* épars sur la place, qui se condamne à l'immobilité et à l'ennui dans l'espoir d'une petite exécution

Si maintenant le lecteur, après avoir contemplé cette scène vive et criarde qui se joue sur tous les points de la place, porte ses regards vers cette antique maison demi-gothique, demi-romane, de la Tour-Roland qui fait le coin du quai au couchant, il pourra remarquer à l'angle de la façade un gros bréviaire public à riches enluminures, garanti de la pluie par un petit auvent, et des voleurs par un grillage qui permet toutefois de le feuilleter A côté de ce bréviaire est une étroite lucarne ogive, fermée de deux barreaux de fer en croix, donnant sur la place, seule ouverture qui laisse arriver un peu d'air et de jour à une petite cellule sans porte pratiquée au rez-de-chaussée dans l'épaisseur du mur de la vieille maison, et pleine d'une paix d'autant plus profonde, d'un silence d'autant plus morne qu'une place publique, la plus populeuse et la plus bruyante de Paris, fourmille et glapit à l'entour

Cette cellule était célèbre dans Paris depuis près de trois siècles que madame Rolande de la Tour-Roland, en deuil de son père mort à la croisade, l'avait fait creuser dans la muraille de sa propre maison pour s'y enfermer à jamais, ne gardant de son palais que ce logis dont la porte était murée et la lucarne ouverte, hiver comme été, donnant tout le reste aux pauvres et

à Dieu. La désolée demoiselle avait en effet attendu vingt ans la mort
dans cette tombe anticipée, priant nuit et jour pour l'âme de son père,
dormant dans la cendre, sans même avoir une pierre pour oreiller, vêtue
d'un sac noir, et ne vivant que de ce que la pitié des passants déposait de
pain et d'eau sur le rebord de sa lucarne, recevant ainsi la charité après
l'avoir faite. A sa mort, au moment de passer dans l'autre sépulcre, elle
avait légué à perpétuité celui-ci aux femmes affligées, mères, veuves ou
filles, qui auraient beaucoup à prier pour autrui ou pour elles, et qui voudraient s'enterrer vives dans une grande douleur ou dans une grande pénitence. Les pauvres de son temps lui avaient fait de belles funérailles de
larmes et de bénédictions, mais, à leur grand regret, la pieuse fille n'avait
pu être canonisée sainte, faute de protections. Ceux d'entre eux qui étaient
un peu impies avaient espéré que la chose se ferait en paradis plus aisément
qu'à Rome, et avaient tout bonnement prié Dieu pour la défunte, à défaut
du pape. La plupart s'étaient contentés de tenir la mémoire de Rolande pour
sacrée et de faire reliques de ses haillons. La ville, de son côté, avait fondé,
à l'intention de la damoiselle, un bréviaire public qu'on avait scellé près de
la lucarne de la cellule, afin que les passants s'y arrêtassent de temps à autre,
ne fût-ce que pour prier, que la prière fit songer à l'aumône, et que les
pauvres recluses, héritières du caveau de madame Rolande, n'y mourussent
pas tout à fait de faim et d'oubli.

Ce n'était pas du reste chose très rare dans les villes du moyen-âge que
cette espèce de tombeau. On rencontrait souvent, dans la rue la plus fré-
quentée, dans le marché le plus bariolé et le plus assourdissant, tout au beau
milieu, sous les pieds des chevaux, sous la roue des charrettes en quelque
sorte, une cave, un puits, un cabanon muré et grillé, au fond duquel priait
jour et nuit un être humain, volontairement dévoué à quelque lamentation
éternelle, à quelque grande expiation. Et toutes les réflexions qu'éveillerait
en nous aujourd'hui cet étrange spectacle, cette horrible cellule, sorte
d'anneau intermédiaire de la maison et de la tombe, du cimetière et de la
cité, ce vivant retranché de la communauté humaine et compté désormais
chez les morts, cette lampe consumant sa dernière goutte d'huile dans
l'ombre, ce reste de vie vacillant dans une fosse, ce souffle, cette voix, cette
prière éternelle dans une boîte de pierre, cette face à jamais tournée vers
l'autre monde, cet œil déjà illuminé d'un autre soleil, cette oreille collée
aux parois de la tombe, cette âme prisonnière dans ce corps, ce corps prisonnier dans ce cachot, et sous cette double enveloppe de chair et de granit le
bourdonnement de cette âme en peine, rien de tout cela n'était perçu par
la foule. La piété peu raisonneuse et peu subtile de ce temps-là ne voyait
pas tant de facettes à un acte de religion. Elle prenait la chose en bloc, et

honorait, vénérait, sanctifiait au besoin le sacrifice, mais n'en analysait pas les souffrances et s'en apitoyait médiocrement Elle apportait de temps en temps quelque pitance au misérable pénitent, regardait par le trou s'il vivait encore, ignorait son nom, savait à peine depuis combien d'années il avait commencé à mourir, et à l'étranger qui les questionnait sur le squelette vivant qui pourrissait dans cette cave, les voisins répondaient simplement, si c'était un homme — « C'est le reclus », si c'était une femme — « C'est la recluse »

On voyait tout ainsi alors, sans métaphysique, sans exagération, sans verre grossissant, à l'œil nu Le microscope n'avait pas encore été inventé, ni pour les choses de la matière, ni pour les choses de l'esprit

D'ailleurs, bien qu'on s'en émerveillât peu, les exemples de cette espèce de claustration au sein des villes étaient, en vérité, fréquents, comme nous le disions tout à l'heure Il y avait dans Paris assez bon nombre de ces cellules à prier Dieu et à faire pénitence, elles étaient presque toutes occupées Il est vrai que le clergé ne se souciait pas de les laisser vides, ce qui impliquait tiédeur dans les croyants, et qu'on y mettait des lépreux quand on n'avait pas de pénitents Outre la logette de la Grève, il y en avait une à Mont-faucon, une au charnier des Innocents, une autre je ne sais plus où, au logis Clichon, je crois D'autres encore à beaucoup d'endroits où l'on en retrouve la trace dans les traditions, à défaut des monuments L'Université avait aussi la sienne Sur la montagne Sainte-Geneviève une espèce de Job du moyen-âge chanta pendant trente ans les sept Psaumes de la pénitence sur un fumier, au fond d'une citerne, recommençant quand il avait fini, psal-modiant plus haut la nuit, *magna voce per umbras,* et aujourd'hui l'antiquaire croit entendre encore sa voix en entrant dans la rue du *Puits-qui-parle*

Pour nous en tenir à la loge de la Tour-Roland, nous devons dire qu'elle n'avait jamais chômé de recluses Depuis la mort de madame Rolande, elle avait été rarement une année ou deux vacante Maintes femmes étaient venues y pleurer, jusqu'à la mort, des parents, des amants, des fautes La malice parisienne qui se mêle de tout, même des choses qui la regardent le moins, prétendait qu'on y avait vu peu de veuves

Selon la mode de l'époque, une légende latine, inscrite sur le mur, indi-quait au passant lettré la destination pieuse de cette cellule L'usage s'est conservé jusqu'au milieu du seizième siècle d'expliquer un édifice par une brève devise écrite au-dessus de la porte Ainsi on lit encore en France au-dessus du guichet de la prison de la maison seigneuriale de Tourville *Silete & Spera,* en Irlande, sous l'écusson qui surmonte la grande porte du château de Fortescue *Forte scutum, salus ducum,* en Angleterre, sur l'entrée principale du manoir hospitalier des comtes Cowper *Tuum est* C'est qu'alors tout édifice était une pensée

Comme il n'y avait pas de porte à la cellule murée de la Tour-Roland, on avait gravé en grosses lettres romanes au-dessus de la fenêtre ces deux mots

TU, ORA

Ce qui fait que le peuple, dont le bon sens ne voit pas tant de finesse dans les choses et traduit volontiers *Ludovico Magno* par *Porte Saint-Denis,* avait donné à cette cavité noire, sombre et humide, le nom de *Trou aux Rats* Explication moins sublime peut-être que l'autre, mais en revanche plus pittoresque

III

HISTOIRE D'UNE GALETTE AU LEVAIN DE MAÏS

A l'époque où se passe cette histoire, la cellule de la Tour-Roland était occupée Si le lecteur désire savoir par qui, il n'a qu'à écouter la conversation de trois braves commères qui, au moment où nous avons arrêté son attention sur le Trou aux Rats, se dirigeaient précisément du même côté en remontant du Châtelet vers la Grève, le long de l'eau

Deux de ces femmes étaient vêtues en bonnes bourgeoises de Paris Leur fine gorgerette blanche, leur jupe de tiretaine rayée rouge et bleue, leurs chausses de tricot blanc, à coins brodés en couleur, bien tirées sur la jambe, leurs souliers carrés de cuir fauve à semelles noires et surtout leur coiffure, cette espèce de corne de clinquant surchargée de rubans et de dentelles que les champenoises portent encore, concurremment avec les grenadiers de la garde impériale russe, annonçaient qu'elles appartenaient à cette classe de riches marchandes qui tient le milieu entre ce que les laquais appellent *une femme* et ce qu'ils appellent *une dame* Elles ne portaient ni bagues, ni croix d'or, et il était aisé de voir que ce n'était pas chez elles pauvreté, mais tout ingénument peur de l'amende Leur compagne était attifée à peu près de la même manière, mais il y avait dans sa mise et dans sa tournure ce je ne sais quoi qui sent la femme de notaire de province On voyait à la manière dont sa ceinture lui remontait au-dessus des hanches qu'elle n'était pas depuis longtemps à Paris Ajoutez à cela une gorgerette plissée, des nœuds de rubans sur les souliers, que les raies de la jupe étaient dans la largeur et non dans la longueur, et mille autres énormités dont s'indignait le bon goût

Les deux premières marchaient de ce pas particulier aux parisiennes qui font voir Paris à des provinciales La provinciale tenait à sa main un gros garçon qui tenait à la sienne une grosse galette

Nous sommes fâché d'avoir à ajouter que, vu la rigueur de la saison, il faisait de sa langue son mouchoir

L'enfant se faisait traîner, *non passibus æquis*, comme dit Virgile, et trébuchait à chaque moment, au grand récri de sa mère Il est vrai qu'il regardait plus la galette que le pavé Sans doute quelque grave motif l'empêchait d'y mordre (à la galette), car il se contentait de la considérer tendrement Mais la mère eût dû se charger de la galette Il y avait cruauté à faire un Tantale du gros joufflu

Cependant les trois damoiselles (car le nom de *dames* était réservé alors aux femmes nobles) parlaient à la fois

— Dépêchons-nous, damoiselle Mahiette, disait la plus jeune des trois, qui était aussi la plus grosse, à la provinciale J'ai grand'peur que nous n'arrivions trop tard On nous disait au Châtelet qu'on allait le mener tout de suite au pilori

— Ah bah ! que dites-vous donc là, damoiselle Oudarde Musnier ? reprenait l'autre parisienne Il restera deux heures au pilori Nous avons le temps Avez-vous jamais vu pilorier, ma chère Mahiette ?

— Oui, dit la provinciale, à Reims

— Ah bah ! qu'est-ce que c'est que ça, votre pilori de Reims ? Une méchante cage où l'on ne tourne que des paysans Voilà grand'chose !

— Que des paysans ! dit Mahiette, au Marché-aux-Draps ! à Reims ! Nous y avons vu de fort beaux criminels, et qui avaient tué père et mère ! Des paysans ! pour qui nous prenez-vous, Gervaise ?

Il est certain que la provinciale était sur le point de se fâcher, pour l'honneur de son pilori Heureusement la discrète damoiselle Oudarde Musnier détourna à temps la conversation

— A propos, damoiselle Mahiette, que dites-vous de nos ambassadeurs flamands ? en avez-vous d'aussi beaux à Reims ?

— J'avoue, répondit Mahiette, qu'il n'y a que Paris pour voir des flamands comme ceux-là

— Avez-vous vu dans l'ambassade ce grand ambassadeur qui est chaussetier ? demanda Oudarde

— Oui, dit Mahiette Il a l'air d'un Saturne

— Et ce gros dont la figure ressemble à un ventre nu ? reprit Gervaise Et ce petit qui a de petits yeux bordés d'une paupière rouge, ébarbillonnée et déchiquetée comme une tête de chardon ?

— Ce sont leurs chevaux qui sont beaux à voir, dit Oudarde, vêtus comme ils sont à la mode de leur pays !

— Ah ! ma chère, interrompit la provinciale Mahiette prenant à son tour un air de supériorité, qu'est-ce que vous diriez donc si vous aviez vu, en 61, au sacre de Reims, il y a dix-huit ans, les chevaux des princes et de la compagnie du roi ! Des houssures et caparaçons de toutes sortes, les uns de drap de Damas, de fin drap d'or, fourrés de martres zibelines, les autres, de velours, fourrés de pennes d'hermine, les autres, tout chargés d'orfèvrerie et de grosses campanes d'or et d'argent ! Et la finance que cela avait coûté ! Et les beaux enfants pages qui étaient dessus !

— Cela n'empêche pas, répliqua sèchement damoiselle Oudarde, que les flamands ont de fort beaux chevaux et qu'ils ont fait hier un souper superbe chez M le prévôt des marchands, à l'Hôtel de Ville, où on leur a servi des dragées, de l'hypocras, des épices, et autres singularités

— Que dites-vous là, ma voisine ? s'écria Gervaise C'est chez M le cardinal, au Petit-Bourbon, que les flamands ont soupé

— Non pas A l'Hôtel de Ville !

— Si fait Au Petit-Bourbon !

— C'est si bien à l'Hôtel de Ville, reprit Oudarde avec aigreur, que le docteur Scourable leur a fait une harangue en latin, dont ils sont demeurés fort satisfaits C'est mon mari, qui est libraire-juré, qui me l'a dit

— C'est si bien au Petit-Bourbon, répondit Gervaise non moins vivement, que voici ce que leur a présenté le procureur de M le cardinal douze doubles quarts d'hypocras blanc, clairet et vermeil, vingt-quatre layettes de massepain double de Lyon doré, autant de torches de deux livres pièce, et six demi-queues de vin de Beaune, blanc et clairet, le meilleur qu'on ait pu trouver J'espère que cela est positif Je le tiens de mon mari, qui est cinquantenier au Parloir-aux-Bourgeois, et qui faisait ce matin la comparaison des ambassadeurs flamands avec ceux du Prete-Jan et de l'empereur de Trébizonde qui sont venus de Mésopotamie à Paris sous le dernier roi, et qui avaient des anneaux aux oreilles

— Il est si vrai qu'ils ont soupé à l'Hôtel de Ville, répliqua Oudarde peu émue de cet étalage, qu'on n'a jamais vu un tel triomphe de viandes et de dragées

— Je vous dis, moi, qu'ils ont été servis par Le Sec, sergent de la ville, à l'hôtel du Petit-Bourbon, et que c'est là ce qui vous trompe

— A l'Hôtel de Ville, vous dis-je !

— Au Petit-Bourbon, ma chère ! si bien qu'on avait illuminé en verres magiques le mot *Espérance* qui est écrit sur le grand portail

— A l'Hôtel de Ville ! à l'Hôtel de Ville ! Même que Husson le Voir jouait de la flûte ?

— Je vous dis que non !

— Je vous dis que si !

— Je vous dis que non !

La bonne grosse Oudarde se préparait à répliquer, et la querelle en fût peut-être venue aux coiffes, si Mahiette ne se fût écriée tout à coup

Voyez donc ces gens qui se sont attroupés là-bas au bout du pont ! Il y a au milieu d'eux quelque chose qu'ils regardent

— En vérité, dit Gervaise, j'entends tambouriner Je crois que c'est la petite Smeralda qui fait ses momeries avec sa chèvre Eh vite, Mahiette ! doublez le pas et traînez votre garçon Vous êtes venue ici pour visiter les curiosités de Paris Vous avez vu hier les flamands, il faut voir aujourd'hui l'égyptienne

— L'égyptienne ! dit Mahiette en rebroussant brusquement chemin, et
en serrant avec force le bras de son fils, Dieu m'en garde ! elle me volerait
mon enfant ! — Viens, Eustache !

Et elle se mit à courir sur le quai vers la Grève, jusqu'à ce qu'elle eût
laissé le pont bien loin derrière elle. Cependant l'enfant, qu'elle traînait,
tomba sur les genoux, elle s'arrêta essoufflée. Oudarde et Gervaise la re-
joignirent.

— Cette égyptienne vous voler votre enfant ! dit Gervaise. Vous avez là
une singulière fantaisie.

Mahiette hochait la tête d'un air pensif.

— Ce qui est singulier, observa Oudarde, c'est que la sachette a la même
idée des égyptiennes.

— Qu'est-ce que c'est que la sachette ? dit Mahiette.

— Hé ! dit Oudarde, sœur Gudule.

— Qu'est-ce que c'est, reprit Mahiette, que sœur Gudule ?

— Vous êtes bien de votre Reims, de ne pas savoir cela ! répondit
Oudarde. C'est la recluse du Trou aux Rats.

— Comment ! demanda Mahiette, cette pauvre femme à qui nous por-
tons cette galette ?

Oudarde fit un signe de tête affirmatif.

— Précisément. Vous allez la voir tout à l'heure à sa lucarne sur la Grève.
Elle a le même regard que vous sur ces vagabonds d'Égypte qui tambou-
rinent et disent la bonne aventure au public. On ne sait pas d'où lui vient
cette horreur des zingari et des égyptiens. Mais vous, Mahiette, pourquoi
donc vous sauvez-vous ainsi, rien qu'à les voir ?

— Oh ! dit Mahiette en saisissant entre ses deux mains la tête ronde
de son enfant, je ne veux pas qu'il m'arrive ce qui est arrivé à Paquette
la Chantefleurie.

— Ah ! voilà une histoire que vous allez nous conter, ma bonne Mahiette,
dit Gervaise en lui prenant le bras.

— Je veux bien, répondit Mahiette, mais il faut que vous soyez bien de
votre Paris pour ne pas savoir cela ! Je vous dirai donc, — mais il n'est pas
besoin de nous arrêter pour conter la chose, — que Paquette la Chantefleurie
était une jolie fille de dix-huit ans quand j'en étais une aussi, c'est-à-dire il
y a dix-huit ans, et que c'est sa faute si elle n'est pas aujourd'hui, comme
moi, une bonne grosse fraîche mère de trente-six ans, avec un homme et un
garçon. Au reste, dès l'âge de quatorze ans, il n'était plus temps ! — C'était
donc la fille de Guybertaut, ménestrel de bateaux à Reims, le même
qui avait joué devant le roi Charles VII, à son sacre, quand il descendit
notre rivière de Vesle depuis Sillery jusqu'à Muison, que même madame la

Pucelle était dans le bateau Le vieux père mourut, que Paquette était encore tout enfant, elle n'avait donc plus que sa mère, sœur de M Mathieu Pradon, maître dinandinier et chaudronnier à Paris, rue Parin-Garlin, lequel est mort l'an passé Vous voyez qu'elle était de famille La mère était une bonne femme, par malheur, et n'apprit rien à Paquette qu'un peu de doreloterie et de bimbeloterie qui n'empêchait pas la petite de devenir fort grande et de rester fort pauvre Elles demeuraient toutes deux à Reims le long de la rivière, rue de Folle-Peine Notez ceci, je crois que c'est là ce qui porta malheur à Paquette En 61, l'année du sacre de notre roi Louis onzième que Dieu garde, Paquette était si gaie et si jolie qu'on ne l'appelait partout que la Chantefleurie — Pauvre fille ! — Elle avait de jolies dents, elle aimait à rire pour les faire voir Or, fille qui aime à rire s'achemine à pleurer, les belles dents perdent les beaux yeux C'était donc la Chantefleurie Elle et sa mère gagnaient durement leur vie Elles étaient bien déchues depuis la mort du ménétrier Leur doreloterie ne leur rapportait guère plus de six deniers par semaine, ce qui ne fait pas tout à fait deux liards-à-l'aigle Où était le temps que le père Guybertaut gagnait douze sols parisis dans un seul sacre avec une chanson ? Un hiver — c'était en cette même année 61, — que les deux femmes n'avaient ni bûches ni fagots, et qu'il faisait très froid, cela donna de si belles couleurs à la Chantefleurie, que les hommes l'appelaient Paquette ! que plusieurs l'appelèrent Pâquerette ! et qu'elle se perdit — Eustache ! que je te voie mordre dans la galette ! — Nous vîmes tout de suite qu'elle était perdue, un dimanche qu'elle vint à l'église avec une croix d'or au cou — A quatorze ans ! voyez-vous cela ! — Ce fut d'abord le jeune vicomte de Cormontreuil, qui a son clocher à trois quarts de lieue de Reims, puis, messire Henri de Triancourt, chevaucheur du roi, puis, moins que cela, Chiart de Beaulion, sergent d'armes, puis, en descendant toujours, Guery Aubergeon, valet tranchant du roi, puis, Macé de Frépus, barbier de M le Dauphin, puis, Thévenin le Moine, queux-le-roi, puis, toujours ainsi de moins jeune en moins noble, elle tomba à Guillaume Racine, ménestrel de vielle, et à Thierry de Mer, lanternier Alors, pauvre Chantefleurie, elle fut toute à tous Elle était arrivée au dernier sol de sa pièce d'or Que vous dirai-je, mesdamoiselles ? Au sacre, dans la même année 61, c'est elle qui fit le lit du roi des ribauds ! — Dans la même année !

Mahiette soupira, et essuya une larme qui roulait dans ses yeux

— Voilà une histoire qui n'est pas très extraordinaire, dit Gervaise, et je ne vois pas en tout cela d'égyptiens ni d'enfants

— Patience ! reprit Mahiette, d'enfant, vous allez en voir un — En 66, il y aura seize ans ce mois-ci à la Sainte-Paule, Paquette accoucha d'une

petite fille La malheureuse ! elle eut une grande joie Elle désirait un enfant
depuis longtemps Sa mère, bonne femme qui n'avait jamais su que fermer
les yeux, sa mère était morte Paquette n'avait plus rien à aimer au monde,
plus rien qui l'aimât Depuis cinq ans qu'elle avait failli, c'était une pauvre
créature que la Chantefleurie Elle était seule, seule dans cette vie, montrée
au doigt, criée par les rues, battue des sergents, moquée des petits garçons
en guenilles Et puis, les vingt ans étaient venus, et vingt ans, c'est la vieillesse pour les femmes amoureuses La folie commençait à ne pas lui rapporter
plus que la doreloterie autrefois, pour une ride qui venait, un écu s'en allait,
l'hiver lui redevenait dur, le bois se faisait derechef rare dans son cendrier et
le pain dans sa huche Elle ne pouvait plus travailler, parce qu'en devenant
voluptueuse elle était devenue paresseuse, et elle souffrait beaucoup plus,
parce qu'en devenant paresseuse elle était devenue voluptueuse — C'est du
moins comme cela que M le curé de Saint-Remy explique pourquoi ces
femmes-là ont plus froid et plus faim que d'autres pauvresses quand elles
sont vieilles

— Oui, observa Gervaise, mais les égyptiens ?

— Un moment donc, Gervaise ! dit Oudarde dont l'attention était
moins impatiente Qu'est-ce qu'il y aurait à la fin si tout était au commencement ? Continuez, Mahiette, je vous prie Cette pauvre Chantefleurie !

Mahiette poursuivit

— Elle était donc bien triste, bien misérable, et creusait ses joues avec
ses larmes Mais dans sa honte, dans sa folie et dans son abandon, il lui semblait qu'elle serait moins honteuse, moins folle et moins abandonnée, s'il y
avait quelque chose au monde ou quelqu'un qu'elle pût aimer et qui pût
l'aimer Il fallait que ce fût un enfant, parce qu'un enfant seul pouvait être
assez innocent pour cela — Elle avait reconnu ceci après avoir essayé
d'aimer un voleur, le seul homme qui pût vouloir d'elle, mais au bout de
peu de temps elle s'était aperçue que le voleur la méprisait — A ces femmes
d'amour il faut un amant ou un enfant pour leur remplir le cœur Autrement elles sont bien malheureuses — Ne pouvant avoir d'amant, elle se
tourna toute au désir d'un enfant, et comme elle n'avait pas cessé d'être
pieuse, elle en fit son éternelle prière au bon Dieu Le bon Dieu eut donc
pitié d'elle, et lui donna une petite fille Sa joie, je ne vous en parle pas
Ce fut une furie de larmes, de caresses et de baisers Elle allaita elle-même
son enfant, lui fit des langes avec sa couverture, la seule qu'elle eût sur son
lit, et ne sentit plus ni le froid ni la faim Elle en redevint belle Vieille fille
fait jeune mère La galanterie reprit, on revint voir la Chantefleurie, elle
retrouva chalands pour sa marchandise, et de toutes ces horreurs elle fit
des layettes, béguins et baverolles, des brassières de dentelles et des petits

bonnets de satin, sans même songer à se racheter une couverture — Monsieur Eustache, je vous ai déjà dit de ne pas manger la galette — Il est sûr que la petite Agnès — c'était le nom de l'enfant, nom de baptême, car de nom de famille, il y a longtemps que la Chantefleurie n'en avait plus, — il est certain que cette petite était plus emmaillotée de rubans et de broderies qu'une dauphine du Dauphiné! Elle avait entre autres une paire de petits souliers! que le roi Louis XI n'en a certainement pas eu de pareils! Sa mère les lui avait cousus et brodés elle-même, elle y avait mis toutes ses finesses de dorelotière et toutes les passequilles d'une robe de bonne Vierge C'étaient bien les deux plus mignons souliers roses qu'on pût voir Ils étaient longs tout au plus comme mon pouce, et il fallait en voir sortir les petits pieds de l'enfant pour croire qu'ils avaient pu y entrer Il est vrai que ces petits pieds étaient si petits, si jolis, si roses! plus roses que le satin des souliers! — Quand vous aurez des enfants, Oudarde, vous saurez que rien n'est plus joli que ces petits pieds et ces petites mains-là

— Je ne demande pas mieux, dit Oudarde en soupirant, mais j'attends que ce soit le bon plaisir de monsieur Andry Musnier

— Au reste, reprit Mahiette, l'enfant de Paquette n'avait pas que les pieds de joli Je l'ai vue quand elle n'avait que quatre mois C'était un amour! Elle avait les yeux plus grands que la bouche Et les plus charmants fins cheveux noirs, qui frisaient déjà Cela aurait fait une fière brune, à seize ans! Sa mère en devenait de plus en plus folle tous les jours Elle la caressait, la baisait, la chatouillait, la lavait, l'attifait, la mangeait! Elle en perdait la tête, elle en remerciait Dieu Ses jolis pieds roses surtout, c'était un ébahissement sans fin, c'était un délire de joie! elle y avait toujours les lèvres collées et ne pouvait revenir de leur petitesse Elle les mettait dans les petits souliers, les retirait, les admirait, s'en émerveillait, regardait le jour au travers, s'apitoyait de les essayer à la marche sur son lit, et eût volontiers passé sa vie à genoux, à chausser et à déchausser ces pieds-là comme ceux d'un enfant-Jésus

— Le conte est bel et bon, dit à demi-voix la Gervaise, mais où est l'Égypte dans tout cela?

— Voici, répliqua Mahiette Il arriva un jour à Reims des espèces de cavaliers fort singuliers C'étaient des gueux et des truands qui cheminaient dans le pays, conduits par leur duc et par leurs comtes Ils étaient basanés, avaient les cheveux tout frisés, et des anneaux d'argent aux oreilles Les femmes étaient encore plus laides que les hommes Elles avaient le visage plus noir et toujours découvert, un méchant roquet sur le corps, un vieux drap tissu de cordes lié sur l'épaule, et la chevelure en queue de cheval Les enfants qui se vautraient dans leurs jambes auraient fait peur à des singes Une bande d'excommuniés Tout cela venait en droite ligne de la basse

Égypte à Reims par la Pologne Le pape les avait confessés, à ce qu'on disait, et leur avait donné pour pénitence d'aller sept ans de suite par le monde, sans coucher dans des lits Aussi ils s'appelaient Penanciers et puaient Il parait qu'ils avaient été autrefois sarrasins, ce qui fait qu'ils croyaient à Jupiter, et qu'ils réclamaient dix livres tournois de tous archevêques, évêques et abbés crossés et mitrés C'est une bulle du pape qui leur valait cela Ils venaient à Reims dire la bonne aventure au nom du roi d'Alger et de l'empereur d'Allemagne Vous pensez bien qu'il n'en fallut pas davantage pour qu'on leur interdît l'entrée de la ville Alors toute la bande campa de bonne grâce près de la Porte de Braine, sur cette butte où il y a un moulin, à côté des trous des anciennes crayères Et ce fut dans Reims à qui les irait voir Ils vous regardaient dans la main et vous disaient des prophéties merveilleuses Ils étaient de force à prédire à Judas qu'il serait pape Il courait cependant sur eux de méchants bruits d'enfants volés et de bourses coupées et de chair humaine mangée Les gens sages disaient aux fous N'y allez pas, et y allaient de leur côté en cachette C'était donc un emportement Le fait est qu'ils disaient des choses à étonner un cardinal Les mères faisaient grand triomphe de leurs enfants depuis que les égyptiennes leur avaient lu dans la main toutes sortes de miracles écrits en païen et en turc L'une avait un empereur, l'autre un pape, l'autre un capitaine La pauvre Chantefleurie fut prise de curiosité Elle voulut savoir ce qu'elle avait, et si sa jolie petite Agnès ne serait pas un jour impératrice d'Arménie ou d'autre chose Elle la porta donc aux égyptiens, et les égyptiennes d'admirer l'enfant, de la caresser, de la baiser avec leurs bouches noires, et de s'émerveiller sur sa petite main Hélas! à la grande joie de la mère Elles firent fête surtout aux jolis pieds et aux jolis souliers L'enfant n'avait pas encore un an Elle bégayait déjà, riait à sa mère comme une petite folle, était grasse et toute ronde, et avait mille charmants petits gestes des anges du paradis Elle fut très effarouchée des égyptiennes, et pleura Mais la mère la baisa plus fort et s'en alla ravie de la bonne aventure que les devineresses avaient dite à son Agnès Ce devait être une beauté, une vertu, une reine Elle retourna donc dans son galetas de la rue Folle-Peine, toute fière d'y rapporter une reine Le lendemain, elle profita d'un moment où l'enfant dormait sur son lit, car elle la couchait toujours avec elle, laissa tout doucement la porte entr'ouverte, et courut raconter à une voisine de la rue de la Séchesserie qu'il viendrait un jour où sa fille Agnès serait servie à table par le roi d'Angleterre et l'archiduc d'Éthiopie, et cent autres surprises A son retour, n'entendant pas de cris en montant son escalier, elle se dit Bon! l'enfant dort toujours Elle trouva sa porte plus grande ouverte qu'elle ne l'avait laissée, elle entra pourtant, la pauvre mère, et courut au lit — L'enfant n'y était plus, la place était

vide Il n'y avait plus rien de l'enfant, sinon un de ses jolis petits souliers
Elle s'élança hors de la chambre, se jeta au bas de l'escalier, et se mit à battre
les murailles avec sa tête en criant — Mon enfant! qui a mon enfant? qui
m'a pris mon enfant? — La rue était déserte, la maison isolée personne ne
put lui rien dire Elle alla par la ville, fureta toutes les rues, courut çà et là
la journée entière, folle, égarée, terrible, flairant aux portes et aux fenêtres
comme une bête farouche qui a perdu ses petits Elle était haletante,
échevelée, effrayante à voir, et elle avait dans les yeux un feu qui séchait ses
larmes Elle arrêtait les passants et criait Ma fille! ma fille! ma jolie petite
fille! Celui qui me rendra ma fille, je serai sa servante, la servante de son
chien, et il me mangera le cœur, s'il veut — Elle rencontra M le curé de
Saint-Remy, et lui dit — Monsieur le curé, je labourerai la terre avec mes
ongles, mais rendez-moi mon enfant! — C'était déchirant, Oudarde, et j'ai
vu un homme bien dur, maître Ponce Lacabre, le procureur, qui pleurait
— Ah! la pauvre mère! — Le soir, elle rentra chez elle Pendant son absence,
une voisine avait vu deux égyptiennes y monter en cachette avec un paquet
dans leurs bras, puis redescendre après avoir refermé la porte, et s'enfuir
en hâte Depuis leur départ, on entendait chez Paquette des espèces de cris
d'enfant La mère rit aux éclats, monta l'escalier comme avec des ailes,
enfonça sa porte comme avec un canon d'artillerie, et entra — Une chose
affreuse, Oudarde! Au lieu de sa gentille petite Agnès, si vermeille et si
fraîche, qui était un don du bon Dieu, une façon de petit monstre, hideux,
boiteux, borgne, contrefait, se traînait en piaillant sur le carreau Elle cacha
ses yeux avec horreur — Oh! dit-elle, est-ce que les sorcières auraient méta-
morphosé ma fille en cet animal effroyable? — On se hâta d'emporter
le petit pied-bot Il l'aurait rendue folle C'était un monstrueux enfant de
quelque égyptienne donnée au diable Il paraissait avoir quatre ans environ,
et parlait une langue qui n'était point une langue humaine, c'étaient des mots
qui ne sont pas possibles — La Chantefleurie s'était jetée sur le petit soulier,
tout ce qui lui restait de tout ce qu'elle avait aimé Elle y demeura si longtemps immobile, muette, sans souffle, qu'on crut qu'elle y était morte
Tout à coup elle trembla de tout son corps, couvrit sa relique de baisers
furieux, et se dégorgea en sanglots comme si son cœur venait de crever
Je vous assure que nous pleurions toutes aussi Elle disait — Oh! ma petite
fille! ma jolie petite fille! où es-tu? — Et cela vous tordait les entrailles
Je pleure encore d'y songer Nos enfants, voyez vous, c'est la moelle de nos
os — Mon pauvre Eustache! tu es si beau, toi! Si vous saviez comme il est
gentil! Hier il me disait Je veux être gendarme, moi O mon Eustache!
si je te perdais! — La Chantefleurie se leva tout à coup et se mit à courir
dans Reims en criant — Au camp des égyptiens! au camp des égyptiens!

Des sergents pour brûler les sorcières! — Les égyptiens étaient partis —
Il faisait nuit noire On ne put les poursuivre Le lendemain, à deux lieues
de Reims, dans une bruyère entre Gueux et Tilloy, on trouva les restes d'un
grand feu, quelques rubans qui avaient appartenu à l'enfant de Paquette,
des gouttes de sang, et des crottins de bouc La nuit qui venait de s'écouler
était précisément celle d'un samedi On ne douta plus que les égyptiens
n'eussent fait le sabbat dans cette bruyère, et qu'ils n'eussent dévoré l'enfant
en compagnie de Belzébuth, comme cela se pratique chez les mahométans
Quand la Chantefleurie apprit ces choses horribles, elle ne pleura pas, elle
remua les lèvres comme pour parler, mais ne put Le lendemain, ses cheveux
étaient gris Le surlendemain, elle avait disparu

— Voilà, en effet, une effroyable histoire, dit Oudarde, et qui ferait
pleurer un bourguignon!

— Je ne m'étonne plus, ajouta Gervaise, que la peur des égyptiens vous
talonne si fort!

— Et vous avez d'autant mieux fait, reprit Oudarde, de vous sauver tout à
l'heure avec votre Eustache, que ceux-ci aussi sont des égyptiens de Pologne

— Non pas, dit Gervaise On dit qu'ils viennent d'Espagne et de Catalogne

— Catalogne c'est possible, répondit Oudarde Pologne, Catalogne,
Valogne, je confonds toujours ces trois provinces-là Ce qui est sûr, c'est que
ce sont des égyptiens

— Et qui ont certainement, ajouta Gervaise, les dents assez longues pour
manger des petits enfants Et je ne serais pas surprise que la Smeralda en man-
geât aussi un peu, tout en faisant la petite bouche Sa chèvre blanche a des
tours trop malicieux pour qu'il n'y ait pas quelque libertinage là-dessous

Mahiette marchait silencieusement Elle était absorbée dans cette rêverie
qui est en quelque sorte le prolongement d'un récit douloureux, et qui ne
s'arrête qu'après en avoir propagé l'ébranlement, de vibration en vibration,
jusqu'aux dernières fibres du cœur Cependant Gervaise lui adressa la parole
— Et l'on n'a pu savoir ce qu'est devenue la Chantefleurie? — Mahiette
ne répondit pas Gervaise répéta sa question en lui secouant le bras et en
l'appelant par son nom Mahiette parut se réveiller de ses pensées

— Ce qu'est devenue la Chantefleurie? dit-elle en répétant machinalement les paroles dont l'impression était toute fraîche dans son oreille, puis
faisant effort pour ramener son attention au sens de ces paroles — Ah! reprit-
elle vivement, on ne l'a jamais su

Elle ajouta après une pause

— Les uns ont dit l'avoir vue sortir de Reims à la brune par la Porte
Fléchembault, les autres, au du point jour, par la vieille Porte Basée Un

pauvre a trouvé sa croix d'or accrochée à la croix de pierre dans la culture où se fait la foire C'est ce joyau qui l'avait perdue, en 61 C'était un don du beau vicomte de Cormontreuil, son premier amant Paquette n'avait jamais voulu s'en défaire, si misérable qu'elle eût été Elle y tenait comme à la vie Aussi, quand nous vîmes l'abandon de cette croix, nous pensâmes toutes qu'elle était morte Cependant il y a des gens du Cabaret-les-Vantes qui dirent l'avoir vue passer sur le chemin de Paris, marchant pieds nus sur les cailloux Mais il faudrait alors qu'elle fût sortie par la Porte de Vesle, et tout cela n'est pas d'accord Ou, pour mieux dire, je crois bien qu'elle est sortie en effet par la Porte de Vesle, mais sortie de ce monde

— Je ne vous comprends pas, dit Gervaise

— La Vesle, répondit Mahiette avec un sourire mélancolique, c'est la rivière

— Pauvre Chantefleurie ! dit Oudarde en frissonnant, noyée !

— Noyée ! reprit Mahiette, et qui eût dit au bon père Guybertaut quand il passait sous le pont de Tinqueux au fil de l'eau, en chantant dans sa barque, qu'un jour sa chère petite Paquette passerait aussi sous ce pont-là, mais sans chanson et sans bateau ?

— Et le petit soulier ? demanda Gervaise

— Disparu avec la mère, répondit Mahiette

— Pauvre petit soulier ! dit Oudarde

Oudarde, grosse et sensible femme, se serait fort bien satisfaite à soupirer de compagnie avec Mahiette Mais Gervaise, plus curieuse, n'était pas au bout de ses questions

— Et le monstre ? dit-elle tout à coup à Mahiette

— Quel monstre ? demanda celle-ci

— Le petit monstre égyptien laissé par les sorcières chez la Chantefleurie en échange de sa fille ! Qu'en avez-vous fait ? j'espère bien que vous l'avez noyé aussi

— Non pas, répondit Mahiette

— Comment ! brûlé alors ? Au fait, c'est plus juste Un enfant sorcier !

— Ni l'un ni l'autre, Gervaise Monsieur l'archevêque s'est intéressé à l'enfant d'Egypte, l'a exorcisé, l'a béni, lui a ôté bien soigneusement le diable du corps, et l'a envoyé à Paris pour être exposé sur le lit de bois, à Notre-Dame, comme enfant trouvé

— Ces évêques ! dit Gervaise en grommelant, parce qu'ils sont savants, ils ne font rien comme les autres Je vous demande un peu, Oudarde, mettre le diable aux enfants trouvés ! car c'était bien sûr le diable que ce petit monstre — Hé bien, Mahiette, qu'est-ce qu'on en a fait à Paris ? Je compte bien que pas une personne charitable n'en a voulu

— Je ne sais pas, repondit la rémoise C'est justement dans ce temps-là que mon mari a acheté le tabellionage de Beru, à deux lieues de la ville, et nous ne nous sommes plus occupés de cette histoire, avec cela que devant Beru il y a les deux buttes de Cernay, qui vous font perdre de vue les clochers de la cathédrale de Reims

Tout en parlant ainsi, les trois dignes bourgeoises étaient arrivées à la place de Grève Dans leur préoccupation, elles avaient passé sans s'y arrêter devant le bréviaire public de la Tour-Roland, et se dirigeaient machinalement vers le pilori autour duquel la foule grossissait à chaque instant Il est probable que le spectacle qui y attirait en ce moment tous les regards leur eût fait complètement oublier le Trou aux Rats et la station qu'elles s'étaient proposé d'y faire, si le gros Eustache de six ans que Mahiette traînait à sa main ne leur en eût rappelé brusquement l'objet — Mère, dit-il, comme si quelque instinct l'avertissait que le Trou aux Rats était derrière lui, à présent puis-je manger le gâteau ?

Si Eustache eût été plus adroit, c'est-à-dire moins gourmand, il aurait encore attendu, et ce n'est qu'au retour, dans l'Université, au logis, chez maître Andry Musnier, rue Madame-la-Valence, lorsqu'il y aurait eu les deux bras de la Seine et les cinq ponts de la Cité entre le Trou aux Rats et la galette, qu'il eût hasardé cette question timide — Mère, à présent, puis-je manger le gâteau ?

Cette même question, imprudente au moment où Eustache la fit, réveilla l'attention de Mahiette

— A propos, s'écria-t-elle, nous oublions la recluse ! Montrez-moi donc votre Trou aux Rats, que je lui porte son gâteau

— Tout de suite, dit Oudarde C'est une charité

Ce n'était pas là le compte d'Eustache

— Tiens, ma galette ! dit-il en heurtant alternativement ses deux épaules de ses deux oreilles, ce qui est en pareil cas le signe suprême du mécontentement

Les trois femmes revinrent sur leurs pas, et, arrivées près de la maison de la Tour-Roland, Oudarde dit aux deux autres — Il ne faut pas regarder toutes trois à la fois dans le trou, de peur d'effaroucher la sachette Faites semblant, vous deux, de lire *dominus* dans le bréviaire, pendant que je mettrai le nez à la lucarne La sachette me connaît un peu Je vous avertirai quand vous pourrez venir

Elle alla seule à la lucarne Au moment où sa vue y pénétra, une profonde pitié se peignit sur tous ses traits, et sa gaie et franche physionomie changea aussi brusquement d'expression et de couleur que si elle eût passé d'un rayon de soleil à un rayon de lune Son œil devint humide, sa bouche

12

se contracta comme lorsqu'on va pleurer Un moment après, elle mit un doigt sur ses lèvres et fit signe à Mahiette de venir voir

Mahiette vint, émue, en silence et sur la pointe des pieds, comme lorsqu'on approche du lit d'un mourant

C'était en effet un triste spectacle que celui qui s'offrait aux yeux des deux femmes, pendant qu'elles regardaient sans bouger ni souffler à la lucarne grillée du Trou aux Rats

La cellule était étroite, plus large que profonde, voûtée en ogive, et vue à l'intérieur ressemblait assez à l'alvéole d'une grande mitre d'évêque Sur la dalle nue qui en formait le sol, dans un angle, une femme était assise ou plutôt accroupie Son menton était appuyé sur ses genoux, que ses deux bras croisés serraient fortement contre sa poitrine Ainsi ramassée sur elle-même, vêtue d'un sac brun qui l'enveloppait tout entière à larges plis, ses longs cheveux gris rabattus par devant tombant sur son visage le long de ses jambes jusqu'à ses pieds, elle ne présentait au premier aspect qu'une forme étrange, découpée sur le fond ténébreux de la cellule, une espèce de triangle noirâtre, que le rayon de jour venant de la lucarne tranchait crûment en deux nuances, l'une sombre, l'autre éclairée C'était un de ces spectres mi-partis d'ombre et de lumière, comme on en voit dans les rêves et dans l'œuvre extraordinaire de Goya, pâles, immobiles, sinistres, accroupis sur une tombe ou adossés à la grille d'un cachot Ce n'était ni une femme, ni un homme, ni un être vivant, ni une forme définie, c'était une figure, une sorte de vision sur laquelle s'entrecoupaient le réel et le fantastique, comme l'ombre et le jour A peine sous ses cheveux répandus jusqu'à terre distinguait-on un profil amaigri et sévère, à peine sa robe laissait-elle passer l'extrémité d'un pied nu qui se crispait sur le pavé rigide et gelé Le peu de forme humaine qu'on entrevoyait sous cette enveloppe de deuil faisait frissonner

Cette figure, qu'on eût crue scellée dans la dalle, paraissait n'avoir ni mouvement, ni pensée, ni haleine Sous ce mince sac de toile, en janvier, gisante à nu sur un pavé de granit, sans feu, dans l'ombre d'un cachot dont le soupirail oblique ne laissait arriver du dehors que la bise et jamais le soleil, elle ne semblait pas souffrir, pas même sentir. On eût dit qu'elle s'était faite pierre avec le cachot, glace avec la saison Ses mains étaient jointes, ses yeux étaient fixes A la première vue on la prenait pour un spectre, à la seconde pour une statue

Cependant par intervalles ses lèvres bleues s'entr'ouvraient à un souffle, et tremblaient, mais aussi mortes et aussi machinales que des feuilles qui s'écartent au vent

Cependant de ses yeux mornes s'échappait un regard, un regard ineffable, un regard profond, lugubre, imperturbable, incessamment fixé à un angle de la cellule qu'on ne pouvait voir du dehors, un regard qui semblait rattacher toutes les sombres pensées de cette âme en détresse à je ne sais quel objet mystérieux

Telle était la créature qui recevait de son habitacle le nom de *recluse,* et de son vêtement le nom de *sachette*

Les trois femmes, car Gervaise s'était réunie à Mahiette et à Oudarde, regardaient par la lucarne Leur tête interceptait le faible jour du cachot, sans que la misérable qu'elles en privaient ainsi parût faire attention à elles — Ne la troublons pas dit Oudarde à voix basse, elle est dans son extase, elle prie

Cependant Mahiette considérait avec une anxiété toujours croissante cette tête hâve, flétrie, échevelée, et ses yeux se remplissaient de larmes — Voilà qui serait bien singulier, murmurait-elle

Elle passa sa tête à travers les barreaux du soupirail, et parvint à faire arriver son regard jusque dans l'angle où le regard de la malheureuse était invariablement attaché

Quand elle retira sa tête de la lucarne, son visage était inondé de larmes — Comment appelez-vous cette femme ? demanda-t-elle à Oudarde

Oudarde répondit

— Nous la nommons sœur Gudule

— Et moi, reprit Mahiette, je l'appelle Paquette la Chantefleurie

Alors, mettant un doigt sur sa bouche, elle fit signe à Oudarde stupéfaite de passer sa tête par la lucarne et de regarder

Oudarde regarda, et vit, dans l'angle où l'œil de la recluse était fixé avec cette sombre extase, un petit soulier de satin rose, brodé de mille passequilles d'or et d'argent

Gervaise regarda après Oudarde, et alors les trois femmes, considérant la malheureuse mère, se mirent à pleurer

Ni leurs regards cependant, ni leurs larmes n'avaient distrait la recluse Ses mains restaient jointes, ses lèvres muettes, ses yeux fixes, et, pour qui savait son histoire, ce petit soulier regardé ainsi fendait le cœur

Les trois femmes n'avaient pas encore proféré une parole, elles n'osaient parler, même à voix basse Ce grand silence, cette grande douleur, ce grand oubli où tout avait disparu hors une chose, leur faisaient l'effet d'un maître-autel de Pâques ou de Noel Elles se taisaient, elles se recueillaient, elles étaient prêtes à s'agenouiller Il leur semblait qu'elles venaient d'entrer dans une église le jour de Ténèbres

Enfin Gervaise, la plus curieuse des trois, et par conséquent la moins sensible, essaya de faire parler la recluse — Sœur ! sœur Gudule !

Elle répéta cet appel jusqu'à trois fois, en haussant la voix à chaque fois

La recluse ne bougea pas Pas un mot, pas un regard, pas un soupir, pas un signe de vie

Oudarde à son tour, d'une voix plus douce et plus caressante — Sœur ! dit-elle, sœur Sainte-Gudule !

Même silence, même immobilité

— Une singulière femme ! s'écria Gervaise, et qui ne serait pas émue d'une bombarde !

— Elle est peut-être sourde, dit Oudarde en soupirant

— Peut-être aveugle, ajouta Gervaise

— Peut-être morte, reprit Mahiette

Il est certain que si l'âme n'avait pas encore quitté ce corps inerte, endormi, léthargique, du moins s'y était-elle retirée et cachée à des profondeurs où les perceptions des organes extérieurs n'arrivaient plus

— Il faudra donc, dit Oudarde, laisser le gâteau sur la lucarne Quelque fils le prendra Comment faire pour la réveiller ?

Eustache, qui jusqu'à ce moment avait été distrait par une petite voiture traînée par un gros chien, laquelle venait de passer, s'aperçut tout à coup que ses trois conductrices regardaient quelque chose à la lucarne, et, la curiosité le prenant à son tour, il monta sur une borne, se dressa sur la pointe des pieds et appliqua son gros visage vermeil à l'ouverture en criant — Mère, voyons donc que je voie !

A cette voix d'enfant, claire, fraîche, sonore, la recluse tressaillit Elle tourna la tête avec le mouvement sec et brusque d'un ressort d'acier, ses deux longues mains décharnées vinrent écarter ses cheveux sur son front, et elle fixa sur l'enfant des yeux étonnés, amers, désespérés Ce regard ne fut qu'un éclair

— O mon Dieu ! cria-t-elle tout à coup en cachant sa tête dans ses genoux, et il semblait que sa voix rauque déchirait sa poitrine en passant, au moins ne me montrez pas ceux des autres !

— Bonjour, madame, dit l'enfant avec gravité

Cependant cette secousse avait pour ainsi dire réveillé la recluse Un long frisson parcourut tout son corps de la tête aux pieds, ses dents cliquèrent, elle releva à demi sa tête et dit en serrant ses coudes contre ses hanches et en prenant ses pieds dans ses mains comme pour les réchauffer — Oh ! le grand froid !

— Pauvre femme, dit Oudarde en grande pitié, voulez-vous un peu de feu ?

Elle secoua la tête en signe de refus

— Eh bien, reprit Oudarde en lui présentant un flacon, voici de l'hypocras qui vous réchauffera Buvez

Elle secoua de nouveau la tête, regarda Oudarde fixement et répondit
— De l'eau

Oudarde insista — Non, sœur, ce n'est pas là une boisson de janvier Il
faut boire un peu d'hypocras et manger cette galette au levain de maïs que
nous avons cuite pour vous

Elle repoussa le gâteau que Mahiette lui présentait et dit — Du pain noir

— Allons, dit Gervaise prise à son tour de charité, et défaisant son roquet
de laine, voici un surtout un peu plus chaud que le vôtre Mettez ceci sur
vos épaules

Elle refusa le surtout comme le flacon et le gâteau, et répondit —
Un sac

— Mais il faut bien, reprit la bonne Oudarde, que vous vous aperceviez
un peu que c'était hier fête

— Je m'en aperçois, dit la recluse Voilà deux jours que je n'ai plus
d'eau dans ma cruche

Elle ajouta après un silence — C'est fête, on m'oublie On fait bien
Pourquoi le monde songerait-il à moi qui ne songe pas à lui ? A charbon
éteint cendre froide

Et comme fatiguée d'en avoir tant dit, elle laissa retomber sa tête sur
ses genoux La simple et charitable Oudarde qui crut comprendre à ses dernières paroles qu'elle se plaignait encore du froid, lui répondit naïvement
— Alors, voulez-vous un peu de feu ?

— Du feu ! dit la sachette avec un accent étrange, et en ferez-vous aussi
un peu à la pauvre petite qui est sous terre depuis quinze ans ?

Tous ses membres tremblèrent, sa parole vibrait, ses yeux brillaient, elle
s'était levée sur les genoux Elle étendit tout à coup sa main blanche et
maigre vers l'enfant qui la regardait avec un regard étonné — Emportez
cet enfant ! cria-t-elle L'égyptienne va passer !

Alors elle tomba la face contre terre, et son front frappa la dalle avec
le bruit d'une pierre sur une pierre Les trois femmes la crurent morte
Un moment après pourtant, elle remua, et elles la virent se traîner sur les
genoux et sur les coudes jusqu'à l'angle où était le petit soulier Alors elles
n'osèrent regarder, elles ne la virent plus, mais elles entendirent mille baisers et mille soupirs mêlés à des cris déchirants et à des coups sourds comme
ceux d'une tête qui heurte une muraille Puis, après un de ces coups, tellement violent qu'elles en chancelèrent toutes les trois, elles n'entendirent plus
rien

— Se serait-elle tuée ? dit Gervaise en se risquant à passer sa tête au
soupirail — Sœur ! sœur Gudule !

— Sœur Gudule ! répéta Oudarde

— Ah, mon Dieu! elle ne bouge plus! reprit Gervaise, est-ce qu'elle est morte? — Gudule! Gudule!

Mahiette, suffoquée jusque-là à ne pouvoir parler, fit un effort — Attendez, dit-elle. Puis se penchant vers la lucarne — Paquette! dit-elle, Paquette la Chantefleurie.

Un enfant qui souffle ingénument sur la mèche mal allumée d'un pétard et se le fait éclater dans les yeux, n'est pas plus épouvanté que ne le fut Mahiette, à l'effet de ce nom brusquement lancé dans la cellule de sœur Gudule.

La recluse tressaillit de tout son corps, se leva debout sur ses pieds nus, et sauta à la lucarne avec des yeux si flamboyants que Mahiette et Oudarde et l'autre femme et l'enfant reculèrent jusqu'au parapet du quai.

Cependant la sinistre figure de la recluse apparut collée à la grille du soupirail. — Oh! oh! criait-elle avec un rire effrayant, c'est l'égyptienne qui m'appelle!

En ce moment une scène qui se passait au pilori arrêta son œil hagard. Son front se plissa d'horreur, elle étendit hors de sa loge ses deux bras de squelette, et s'écria avec une voix qui ressemblait à un râle : — C'est donc encore toi, fille d'Égypte! c'est toi qui m'appelles, voleuse d'enfants! Eh bien! maudite sois-tu! maudite! maudite! maudite!

IV

UNE LARME POUR UNE GOUTTE D'EAU

Ces paroles étaient, pour ainsi dire, le point de jonction de deux scènes qui s'étaient jusque-là développées parallèlement dans le même moment, chacune sur son théâtre particulier, l'une, celle qu'on vient de lire, dans le Trou aux Rats, l'autre, qu'on va lire, sur l'échelle du pilori. La première n'avait eu pour témoins que les trois femmes avec lesquelles le lecteur vient de faire connaissance, la seconde avait eu pour spectateurs tout le public que nous avons vu plus haut s'amasser sur la place de Grève, autour du pilori et du gibet.

Cette foule, à laquelle les quatre sergents, qui s'étaient postés dès neuf heures du matin aux quatre coins du pilori, avaient fait espérer une exécution telle quelle, non pas sans doute une pendaison, mais un fouet, un essorillement, quelque chose enfin, cette foule s'était si rapidement accrue que les quatre sergents, investis de trop près, avaient eu plus d'une fois besoin de la *serrer,* comme on disait alors, à grands coups de boullaye et de croupe de cheval.

Cette populace, disciplinée à l'attente des exécutions publiques, ne manifestait pas trop d'impatience. Elle se divertissait à regarder le pilori, espèce de monument fort simple composé d'un cube de maçonnerie de quelque dix pieds de haut, creux à l'intérieur. Un degré fort roide en pierre brute qu'on appelait par excellence *l'échelle* conduisait à la plate-forme supérieure, sur laquelle on apercevait une roue horizontale en bois de chêne plein. On liait le patient sur cette roue, à genoux et les bras derrière le dos. Une tige en charpente, que mettait en mouvement un cabestan caché dans l'intérieur du petit édifice, imprimait une rotation à la roue, toujours maintenue dans le plan horizontal, et présentait de cette façon la face du condamné successivement à tous les points de la place. C'est ce qu'on appelait *tourner* un criminel.

Comme on voit, le pilori de la Grève était loin d'offrir toutes les récréations du pilori des Halles. Rien d'architectural. Rien de monumental. Pas de toit à croix de fer, pas de lanterne octogone, pas de frêles colonnettes allant s'épanouir au bord du toit en chapiteaux d'acanthes et de fleurs, pas de gouttières chimériques et monstrueuses, pas de charpente ciselée, pas de fine sculpture profondément fouillée dans la pierre.

Il fallait se contenter de ces quatre pans de moellon avec deux contre-cœurs de grès, et d'un méchant gibet de pierre, maigre et nu, à côté.

Le régal eût été mesquin pour des amateurs d'architecture gothique
Il est vrai que rien n'était moins curieux de monuments que les braves
badauds du moyen-âge, et qu'ils se souciaient médiocrement de la beauté
d'un pilori

Le patient arriva enfin lié au cul d'une charrette, et quand il eut été hissé
sur la plate-forme, quand on put le voir de tous les points de la place ficelé
à cordes et à courroies sur la roue du pilori, une huée prodigieuse mêlée de
rires et d'acclamations, éclata dans la place On avait reconnu Quasimodo

C'était lui en effet Le retour était étrange Pilorié sur cette même place
où la veille il avait été salué, acclamé et conclamé pape et prince des fous, en
cortège du duc d'Égypte, du roi de Thunes et de l'empereur de Galilée
Ce qu'il y a de certain, c'est qu'il n'y avait pas un esprit dans la foule, pas
même lui, tour à tour le triomphant et le patient, qui dégageât nettement
ce rapprochement dans sa pensée Gringoire et sa philosophie manquaient
à ce spectacle

Bientôt Michel Noiret, trompette-juré du roi notre sire, fit faire silence
aux manants et cria l'arrêt, suivant l'ordonnance et commandement de
M le prévôt Puis il se replia derrière la charrette avec ses gens en hoquetons
de livrée

Quasimodo, impassible, ne sourcillait pas Toute résistance lui était rendue
impossible par ce qu'on appelait alors, en style de chancellerie criminelle,
la véhémence & la fermeté des attaches, ce qui veut dire que les lanières et les
chaînettes lui entraient probablement dans la chair C'est au reste une tradition de geôle et de chiourme qui ne s'est pas perdue, et que les menottes
conservent encore précieusement parmi nous, peuple civilisé, doux, humain
(le bagne et la guillotine entre parenthèses)

Il s'était laissé mener et pousser, porter, jucher, lier et relier On ne
pouvait rien deviner sur sa physionomie qu'un étonnement de sauvage
ou d'idiot On le savait sourd, on l'eût dit aveugle

On le mit à genoux sur la planche circulaire, il s'y laissa mettre On le
dépouilla de chemise et de pourpoint jusqu'à la ceinture, il se laissa faire
On l'enchevêtra sous un nouveau système de courroies et d'ardillons, il se
laissa boucler et ficeler Seulement de temps à autre il soufflait bruyamment,
comme un veau dont la tête pend et ballotte au rebord de la charrette du
boucher

— Le butor, dit Jehan Frollo du Moulin à son ami Robin Poussepain
(car les deux écoliers avaient suivi le patient comme de raison), il ne
comprend pas plus qu'un hanneton enfermé dans une boîte!

Ce fut un fou rire dans la foule quand on vit à nu la bosse de Quasimodo, sa poitrine de chameau, ses épaules calleuses et velues Pendant toute

cette gaieté, un homme à la livrée de la ville, de courte taille et de robuste mine, monta sur la plate-forme et vint se placer près du patient Son nom circula bien vite dans l'assistance C'était maître Pierrat Torterue, tourmenteur-juré du Châtelet

Il commença par déposer sur un angle du pilori un sablier noir dont la capsule supérieure était pleine de sable rouge qu'elle laissait fuir dans le récipient inférieur, puis il ôta son surtout mi-parti, et l'on vit pendre à sa main droite un fouet mince et effilé de longues lanières blanches, luisantes, noueuses, tressées, armées d'ongles de métal De la main gauche il repliait négligemment sa chemise autour de son bras droit, jusqu'à l'aisselle

Cependant Jehan Frollo criait en élevant sa tête blonde et frisée au-dessus de la foule (il était monté pour cela sur les épaules de Robin Poussepain)

— Venez voir, messieurs, mesdames! voici qu'on va flageller péremptoirement maître Quasimodo, le sonneur de mon frère monsieur l'archidiacre de Josas, un drôle d'architecture orientale, qui a le dos en dôme et les jambes en colonnes torses!

Et la foule de rire, surtout les enfants et les jeunes filles

Enfin le tourmenteur frappa du pied La roue se mit à tourner Quasimodo chancela sous ses liens La stupeur qui se peignit brusquement sur son visage difforme fit redoubler à l'entour les éclats de rire

Tout à coup, au moment où la roue dans sa révolution présenta à maître Pierrat le dos montueux de Quasimodo, maître Pierrat leva le bras, les fines lanières sifflèrent aigrement dans l'air comme une poignée de couleuvres, et retombèrent avec furie sur les épaules du misérable

Quasimodo sauta sur lui-même, comme réveillé en sursaut Il commençait à comprendre Il se tordit dans ses liens, une violente contraction de surprise et de douleur décomposa les muscles de sa face, mais il ne jeta pas un soupir Seulement il tourna la tête en arrière, à droite, puis à gauche, en la balançant comme fait un taureau piqué au flanc par un taon

Un second coup suivit le premier, puis un troisième, et un autre, et un autre, et toujours La roue ne cessait pas de tourner ni les coups de pleuvoir Bientôt le sang jaillit, on le vit ruisseler par mille filets sur les noires épaules du bossu, et les grêles lanières, dans leur rotation qui déchirait l'air, l'éparpillaient en gouttes dans la foule

Quasimodo avait repris, en apparence du moins, son impassibilité première Il avait essayé d'abord sourdement et sans grande secousse extérieure de rompre ses liens On avait vu son œil s'allumer, ses muscles se roidir, ses membres se ramasser, et les courroies et les chaînettes se tendre L'effort était puissant, prodigieux, désespéré, mais les vieilles gênes de la prévôté résistèrent Elles craquèrent, et voilà tout Quasimodo retomba épuisé La stupeur fit place sur ses traits à un sentiment d'amer et profond découragement Il ferma son œil unique, laissa tomber sa tête sur sa poitrine et fit le mort

Dès lors il ne bougea plus Rien ne put lui arracher un mouvement Ni son sang qui ne cessait de couler, ni les coups qui redoublaient de furie, ni la colère du tourmenteur qui s'excitait lui-même et s'enivrait de l'exécution, ni le bruit des horribles lanières plus acérées et plus sifflantes que des pattes de bigailles

Enfin un huissier du Châtelet vêtu de noir, monté sur un cheval noir, en station à côté de l'échelle depuis le commencement de l'exécution, étendit sa baguette d'ébène vers le sablier Le tourmenteur s'arrêta La roue s'arrêta L'œil de Quasimodo se rouvrit lentement

La flagellation était finie Deux valets du tourmenteur-juré lavèrent les épaules saignantes du patient, les frottèrent de je ne sais quel onguent qui ferma sur-le-champ toutes les plaies, et lui jetèrent sur le dos une sorte de pagne jaune taillé en chasuble Cependant Pierrat Torterue faisait dégoutter sur le pavé les lanières rouges et gorgées de sang

Tout n'était pas fini pour Quasimodo Il lui restait encore à subir cette heure de pilori que maître Florian Barbedienne avait si judicieusement ajoutée à la sentence de messire Robert d'Estouteville, le tout à la plus grande gloire du vieux jeu de mots physiologique et psychologique de Jean de Cumène *Surdus absurdus*

On retourna donc le sablier, et on laissa le bossu attaché sur la planche pour que justice fût faite jusqu'au bout

Le peuple, au moyen-âge surtout, est dans la société ce qu'est l'enfant dans la famille Tant qu'il reste dans cet état d'ignorance première, de minorité morale et intellectuelle, on peut dire de lui comme de l'enfant

> Cet âge est sans pitié

Nous avons déjà fait voir que Quasimodo était généralement haï, pour plus d'une bonne raison, il est vrai Il y avait à peine un spectateur dans cette foule qui n'eût ou ne crût avoir sujet de se plaindre du mauvais bossu de Notre-Dame La joie avait été universelle de le voir paraître au pilori, et la rude exécution qu'il venait de subir et la piteuse posture où elle l'avait laissé, loin d'attendrir la populace, avaient rendu sa haine plus méchante en l'armant d'une pointe de gaieté

Aussi, une fois la *vindicte publique* satisfaite, comme jargonnent encore aujourd'hui les bonnets carrés, ce fut le tour des mille vengeances particulières Ici comme dans la grand'salle, les femmes surtout éclataient Toutes lui gardaient quelque rancune, les unes de sa malice, les autres de sa laideur Les dernières étaient les plus furieuses

— Oh ! masque de l'Antechrist ! disait l'une

— Chevaucheur de manche à balai ! criait l'autre

— La belle grimace tragique, hurlait une troisième, et qui te ferait pape des fous, si c'était aujourd'hui hier !

— C'est bon, reprenait une vieille Voilà la grimace du pilori A quand celle du gibet ?

— Quand seras-tu coiffé de ta grosse cloche à cent pieds sous terre, maudit sonneur ?

— C'est pourtant ce diable qui sonne l'angélus !

— Oh ! le sourd ! le borgne ! le bossu ! le monstre !

— Figure à faire avorter une grossesse mieux que toutes médecines et pharmaques !

Et les deux écoliers, Jehan du Moulin, Robin Poussepain, chantaient à tue-tête le vieux refrain populaire .

> Une hart
> Pour le pendard !
> Un fagot
> Pour le magot !

Mille autres injures pleuvaient, et les huées, et les imprécations, et les rires, et les pierres çà et là

Quasimodo était sourd, mais il voyait clair, et la fureur publique n'était pas moins énergiquement peinte sur les visages que dans les paroles D'ailleurs les coups de pierre expliquaient les éclats de rire

Il tint bon d'abord Mais peu à peu cette patience, qui s'était roidie sous le fouet du tourmenteur, fléchit et lâcha pied à toutes ces piqûres d'insectes Le bœuf des Asturies, qui s'est peu ému des attaques du picador, s'irrite des chiens et des banderilles

Il promena d'abord lentement un regard de menace sur la foule Mais garrotté comme il l'était, son regard fut impuissant à chasser ces mouches qui mordaient sa plaie Alors il s'agita dans ses entraves, et ses soubresauts furieux firent crier sur ses ais la vieille roue du pilori De tout cela, les dérisions et les huées s'accrurent

Alors le misérable, ne pouvant briser son collier de bête fauve enchaînée, redevint tranquille Seulement par intervalles un soupir de rage soulevait toutes les cavités de sa poitrine Il n'y avait sur son visage ni honte, ni rougeur Il était trop loin de l'état de société et trop près de l'état de nature pour savoir ce que c'est que la honte D'ailleurs, à ce point de difformité, l'infamie est-elle chose sensible ? Mais la colère, la haine, le désespoir abaissaient lentement sur ce visage hideux un nuage de plus en plus sombre, de plus en plus chargé d'une électricité qui éclatait en mille éclairs dans l'œil du cyclope

Cependant ce nuage s'éclaircit un moment, au passage d'une mule qui traversait la foule et qui portait un prêtre Du plus loin qu'il aperçut cette mule et ce prêtre, le visage du pauvre patient s'adoucit A la fureur qui le contractait succéda un sourire étrange, plein d'une douceur, d'une mansuétude, d'une tendresse ineffables A mesure que le prêtre approchait, ce sourire devenait plus net, plus distinct, plus radieux C'était comme la venue d'un sauveur que le malheureux saluait Toutefois, au moment où la mule fut assez près du pilori pour que son cavalier pût reconnaître le patient, le prêtre baissa les yeux, rebroussa brusquement chemin, piqua des deux, comme s'il avait eu hâte de se débarrasser de réclamations humiliantes et fort peu de souci d'être salué et reconnu d'un pauvre diable en pareille posture

Ce prêtre était l'archidiacre dom Claude Frollo

Le nuage retomba plus sombre sur le front de Quasimodo Le sourire s'y mêla encore quelque temps, mais amer, découragé, profondément triste

Le temps s'écoulait Il était là depuis une heure et demie au moins, déchiré, maltraité, moqué sans relâche, et presque lapidé

Tout à coup il s'agita de nouveau dans ses chaînes avec un redoublement de désespoir dont trembla toute la charpente qui le portait, et, rompant le silence qu'il avait obstinément gardé jusqu'alors, il cria avec une voix rauque et furieuse qui ressemblait plutôt à un aboiement qu'à un cri humain et qui couvrit le bruit des huées — A boire!

Cette exclamation de détresse, loin d'émouvoir les compassions, fut un surcroît d'amusement au bon populaire parisien qui entourait l'échelle, et qui, il faut le dire, pris en masse et comme multitude, n'était alors guère moins cruel et moins abruti que cette horrible tribu des truands chez laquelle nous avons déjà mené le lecteur, et qui était tout simplement la couche la plus inférieure du peuple Pas une voix ne s'éleva autour du malheureux patient, si ce n'est pour lui faire raillerie de sa soif Il est certain qu'en ce moment il était grotesque et repoussant plus encore que pitoyable, avec sa face empourprée et ruisselante, son œil égaré, sa bouche écumante de colère et de souffrance, et sa langue à demi tirée Il faut dire encore que, se fût-il trouvé dans la cohue quelque bonne âme charitable de bourgeois ou de bourgeoise qui eût été tentée d'apporter un verre d'eau à cette misérable créature en peine, il régnait autour des marches infâmes du pilori un tel préjugé de honte et d'ignominie qu'il eût suffi pour repousser le bon Samaritain

Au bout de quelques minutes, Quasimodo promena sur la foule un regard désespéré, et répéta d'une voix plus déchirante encore   A boire!

Et tous de rire

— Bois ceci ! criait Robin Poussepain en lui jetant par la face une éponge traînée dans le ruisseau. Tiens, vilain sourd ! je suis ton débiteur.

Une femme lui lançait une pierre à la tête. — Voilà qui t'apprendra à nous réveiller la nuit avec ton carillon de damné.

— Hé bien ! fils, hurlait un perclus en faisant effort pour l'atteindre de sa béquille, nous jetteras-tu encore des sorts du haut des tours de Notre-Dame ?

— Voici une écuelle pour boire ! reprenait un homme en lui décochant dans la poitrine une cruche cassée. C'est toi qui, rien qu'en passant devant elle, as fait accoucher ma femme d'un enfant à deux têtes !

— Et ma chatte d'un chat à six pattes ! glapissait une vieille en lui lançant une tuile.

— A boire ! répéta pour la troisième fois Quasimodo pantelant.

En ce moment, il vit s'écarter la populace. Une jeune fille bizarrement vêtue sortit de la foule. Elle était accompagnée d'une petite chèvre blanche à cornes dorées et portait un tambour de basque à la main.

L'œil de Quasimodo étincela. C'était la bohémienne qu'il avait essayé d'enlever la nuit précédente, algarade pour laquelle il sentait confusément qu'on le châtiait en cet instant même, ce qui du reste n'était pas le moins du monde, puisqu'il n'était puni que du malheur d'être sourd et d'avoir été jugé par un sourd. Il ne douta pas qu'elle ne vînt se venger aussi, et lui donner son coup comme tous les autres.

Il la vit en effet monter rapidement l'échelle. La colère et le dépit le suffoquaient. Il eût voulu pouvoir faire crouler le pilori, et si l'éclair de son œil eût pu foudroyer, l'égyptienne eût été mise en poudre avant d'arriver sur la plate-forme.

Elle s'approcha, sans dire une parole, du patient qui se tordait vainement pour lui échapper, et, détachant une gourde de sa ceinture, elle la porta doucement aux lèvres arides du misérable.

Alors, dans cet œil jusque-là si sec et si brûlé, on vit rouler une grosse larme qui tomba lentement le long de ce visage difforme et longtemps contracté par le désespoir. C'était la première peut-être que l'infortuné eût jamais versée.

Cependant il oubliait de boire. L'égyptienne fit sa petite moue avec impatience, et appuya en souriant le goulot à la bouche dentue de Quasimodo. Il but à longs traits. Sa soif était ardente.

Quand il eut fini, le misérable allongea ses lèvres noires, sans doute pour baiser la belle main qui venait de l'assister. Mais la jeune fille, qui n'était pas sans défiance peut-être et se souvenait de la violente tentative de la nuit, retira sa main avec le geste effrayé d'un enfant qui craint d'être mordu par une bête.

Alors le pauvre sourd fixa sur elle un regard plein de reproche et d'une tristesse inexprimable

C'eût été partout un spectacle touchant que cette belle fille, fraîche, pure, charmante, et si faible en même temps, ainsi pieusement accourue au secours de tant de misère, de difformité et de méchanceté Sur un pilori, ce spectacle était sublime

Tout ce peuple lui-même en fut saisi et se mit à battre des mains en criant Noel! Noel!

C'est dans ce moment que la recluse aperçut, de la lucarne de son trou, l'égyptienne sur le pilori et lui jeta son imprécation sinistre — Maudite sois-tu, fille d'Égypte! maudite! maudite!

V

FIN DE L'HISTOIRE DE LA GALETTE

La Esmeralda pâlit, et descendit du pilori en chancelant. La voix de la recluse la poursuivit encore : — Descends ! descends ! larronnesse d'Égypte, tu y remonteras !

— La sachette est dans ses lubies, dit le peuple en murmurant, et il n'en fut rien de plus. Car ces sortes de femmes étaient redoutées, ce qui les faisait sacrées. On ne s'attaquait pas volontiers alors à qui priait jour et nuit.

L'heure était venue de remmener Quasimodo. On le détacha, et la foule se dispersa.

Près du Grand-Pont, Mahiette, qui s'en revenait avec ses deux compagnes, s'arrêta brusquement. — A propos, Eustache ! qu'as-tu fait de la galette ?

— Mère, dit l'enfant, pendant que vous parliez avec cette dame qui était dans le trou, il y avait un gros chien qui a mordu dans ma galette. Alors j'en ai mangé aussi.

— Comment, monsieur, reprit-elle, vous avez tout mangé ?

— Mère, c'est le chien. Je lui ai dit, il ne m'a pas écouté. Alors j'ai mordu aussi, tiens !

— C'est un enfant terrible, dit la mère souriant et grondant à la fois. Voyez-vous, Oudarde, il mange déjà à lui seul tout le cerisier de notre clos de Charlerange. Aussi son grand-père dit que ce sera un capitaine. — Que je vous y reprenne, monsieur Eustache. — Va, gros lion !

LIVRE SEPTIÈME

I

DU DANGER DE CONFIER SON SECRET À UNE CHÈVRE

Plusieurs semaines s'étaient écoulées.

On était aux premiers jours de mars. Le soleil, que Dubartas, ce classique ancêtre de la périphrase, n'avait pas encore nommé *le grand-duc des chandelles*, n'en était pas moins joyeux et rayonnant pour cela. C'était une de ces journées de printemps qui ont tant de douceur et de beauté que tout Paris, répandu dans les places et les promenades, les fête comme des dimanches. Dans ces jours de clarté, de chaleur et de sérénité, il y a une certaine heure surtout où il faut admirer le portail de Notre-Dame. C'est le moment où le soleil, déjà incliné vers le couchant, regarde presque en face la cathédrale. Ses rayons, de plus en plus horizontaux, se retirent lentement du pavé de la place, et remontent le long de la façade à pic dont ils font saillir les mille rondes-bosses sur leur ombre, tandis que la grande rose centrale flamboie comme un œil de cyclope enflammé des réverbérations de la forge.

On était à cette heure-là.

Vis-à-vis la haute cathédrale rougie par le couchant, sur le balcon de pierre pratiqué au-dessus du porche d'une riche maison gothique qui faisait l'angle de la place et de la rue du Parvis, quelques belles jeunes filles riaient et devisaient avec toute sorte de grâce et de folie. À la longueur du voile qui tombait, du sommet de leur coiffe pointue enroulée de perles, jusqu'à leurs talons, à la finesse de la chemisette brodée qui couvrait leurs épaules en laissant voir, selon la mode engageante d'alors, la naissance de leurs belles gorges de vierges, à l'opulence de leurs jupes de dessous, plus précieuses encore que leur surtout (recherche merveilleuse!), à la gaze, à la soie, au velours dont tout cela était étoffé, et surtout à la blancheur de leurs mains qui les attestait oisives et paresseuses, il était aisé de deviner de nobles et riches héritières. C'était en effet damoiselle Fleur-de-Lys de Gondelaurier et ses compagnes, Diane de Christeuil, Amelotte de Montmichel, Colombe de Gaillefontaine, et la petite de Champchevrier, toutes filles de bonne

maison, réunies en ce moment chez la dame veuve de Gondelaurier, à cause
de monseigneur de Beaujeu et de madame sa femme, qui devaient venir
au mois d'avril à Paris, et y choisir des accompagneresses d'honneur pour
madame la Dauphine Marguerite, lorsqu'on l'irait recevoir en Picardie des
mains des flamands Or, tous les hobereaux de trente lieues à la ronde bri-
guaient cette faveur pour leurs filles, et bon nombre d'entre eux les avaient
déjà amenées ou envoyées à Paris Celles-ci avaient été confiées par leurs
parents à la garde discrète et vénérable de madame Aloïse de Gondelaurier,
veuve d'un ancien maître des arbalétriers du roi, retirée avec sa fille unique,
en sa maison de la place du parvis Notre-Dame, à Paris

Le balcon où étaient ces jeunes filles s'ouvrait sur une chambre richement
tapissée d'un cuir de Flandre de couleur fauve imprimé à rinceaux d'or Les
solives qui rayaient parallèlement le plafond amusaient l'œil par mille bizarres
sculptures peintes et dorées Sur des bahuts ciselés, de splendides émaux cha-
toyaient çà et là, une hure de sanglier en faïence couronnait un dressoir
magnifique dont les deux degrés annonçaient que la maîtresse du logis était
femme ou veuve d'un chevalier banneret Au fond, à côté d'une haute cheminée armoriée et blasonnée du haut en bas, était assise, dans un riche fauteuil de velours rouge, la dame de Gondelaurier, dont les cinquante-cinq
ans n'étaient pas moins écrits sur son vêtement que sur son visage A côté
d'elle se tenait debout un jeune homme d'assez fière mine, quoique un
peu vain et bravache, un de ces beaux garçons dont toutes les femmes
tombent d'accord, bien que les hommes graves et physionomistes en haussent les épaules Ce jeune cavalier portait le brillant habit de capitaine des
archers de l'ordonnance du roi, lequel ressemble beaucoup trop au costume de Jupiter, qu'on a déjà pu admirer au premier livre de cette histoire, pour que nous en infligions au lecteur une seconde description

Les damoiselles étaient assises, partie dans la chambre, partie sur le balcon,
les unes sur des carreaux de velours d'Utrecht à cornières d'or, les autres sur
des escabeaux de bois de chêne sculptés à fleurs et à figures Chacune d'elles
tenait sur ses genoux un pan d'une grande tapisserie à l'aiguille, à laquelle
elles travaillaient en commun, et dont un bon bout traînait sur la natte qui
recouvrait le plancher

Elles causaient entre elles avec cette voix chuchotante et ces demi-rires
étouffés d'un conciliabule de jeunes filles au milieu desquelles il y a un
jeune homme Le jeune homme, dont la présence suffisait pour mettre en
jeu tous ces amours-propres féminins, paraissait, lui, s'en soucier médiocrement, et tandis que c'était parmi les belles filles à qui attirerait son attention,
il paraissait surtout occupé à fourbir avec son gant de peau de daim l'ardil-
lon de son ceinturon

De temps en temps la vieille dame lui adressait la parole tout bas, et il lui répondait de son mieux avec une sorte de politesse gauche et contrainte Aux sourires, aux petits signes d'intelligence de madame Aloïse, aux clins d'yeux qu'elle détachait vers sa fille Fleur-de-Lys, en parlant bas au capitaine, il était facile de voir qu'il s'agissait de quelque fiançaille consommée, de quelque mariage prochain sans doute entre le jeune homme et Fleur-de-Lys Et à la froideur embarrassée de l'officier, il était facile de voir que, de son côté du moins, il ne s'agissait plus d'amour Toute sa mine exprimait une pensée de gêne et d'ennui que nos sous-lieutenants de garnison traduiraient admirablement aujourd'hui par Quelle chienne de corvée !

La bonne dame, fort entêtée de sa fille, comme une pauvre mère qu'elle était, ne s'apercevait pas du peu d'enthousiasme de l'officier, et s'évertuait à lui faire remarquer tout bas les perfections infinies avec lesquelles Fleur-de-Lys piquait son aiguille ou dévidait son écheveau

— Tenez, petit cousin, lui disait-elle en le tirant par la manche pour lui parler à l'oreille Regardez-la donc ! la voilà qui se baisse

— En effet, répondait le jeune homme, et il retombait dans son silence distrait et glacial

Un moment après, il fallait se pencher de nouveau, et dame Aloïse lui disait

— Avez-vous jamais vu figure plus avenante et plus égayée que votre accordée ? Est-on plus blanche et plus blonde ? ne sont-ce pas là des mains accomplies ? et ce cou-là, ne prend-il pas, à ravir, toutes les façons d'un cygne ? Que je vous envie par moments ! et que vous êtes heureux d'être homme, vilain libertin que vous êtes ! N'est-ce pas que ma Fleur-de-Lys est belle par adoration et que vous en êtes éperdu ?

— Sans doute, répondait-il tout en pensant à autre chose

— Mais parlez-lui donc, dit tout à coup madame Aloïse en le poussant par l'épaule Dites-lui donc quelque chose Vous êtes devenu bien timide

Nous pouvons affirmer à nos lecteurs que la timidité n'était ni la vertu ni le défaut du capitaine Il essaya pourtant de faire ce qu'on lui demandait

— Belle cousine, dit-il en s'approchant de Fleur-de-Lys, quel est le sujet de cet ouvrage de tapisserie que vous façonnez ?

— Beau cousin, répondit Fleur-de-Lys avec un accent de dépit, je vous l'ai déjà dit trois fois C'est la grotte de Neptunus

Il était évident que Fleur-de-Lys voyait beaucoup plus clair que sa mère aux manières froides et distraites du capitaine Il sentit la nécessité de faire quelque conversation

— Et pour qui toute cette neptunerie ? demanda-t-il

— Pour l'abbaye Saint-Antoine des Champs, dit Fleur-de-Lys sans lever les yeux

Le capitaine prit un coin de la tapisserie

— Qu'est-ce que c'est, ma belle cousine, que ce gros gendarme qui souffle à pleines joues dans une trompette ?

— C'est Trito, répondit-elle

Il y avait toujours une intonation un peu boudeuse dans les brèves paroles de Fleur-de-Lys Le jeune homme comprit qu'il était indispensable de lui dire quelque chose à l'oreille, une fadaise, une galanterie, n'importe quoi Il se pencha donc, mais il ne put rien trouver dans son imagination de plus tendre et de plus intime que ceci — Pourquoi votre mère porte-t-elle toujours une cotte-hardie armoriée comme nos grand'mères du temps de Charles VII ? Dites-lui donc, belle cousine, que ce n'est plus l'élégance d'à présent, et que son gond et son laurier brodés en blason sur sa robe lui donnent l'air d'un manteau de cheminée qui marche En vérité, on ne s'assied plus ainsi sur sa bannière, je vous jure

Fleur-de-Lys leva sur lui ses beaux yeux pleins de reproche — Est-ce là tout ce que vous me jurez ? dit-elle à voix basse

Cependant la bonne dame Aloïse, ravie de les voir ainsi penchés et chuchotant, disait en jouant avec les fermoirs de son livre d'heures — Touchant tableau d'amour !

Le capitaine, de plus en plus gêné, se rabattit sur la tapisserie — C'est vraiment un charmant travail ! s'écria-t-il

A ce propos, Colombe de Gaillefontaine, une autre belle blonde à peau blanche, bien colletée de damas bleu, hasarda timidement une parole qu'elle adressa à Fleur-de-Lys, dans l'espoir que le beau capitaine y répondrait — Ma chère Gondelaurier, avez-vous vu les tapisseries de l'hôtel de la Roche-Guyon ?

— N'est-ce pas l'hôtel où est enclos le jardin de la Lingère du Louvre ? demanda en riant Diane de Christeuil, qui avait de belles dents et par conséquent riait à tout propos

— Et où il y a cette grosse vieille tour de l'ancienne muraille de Paris, ajouta Amelotte de Montmichel, jolie brune bouclée et fraîche, qui avait l'habitude de soupirer comme l'autre riait, sans savoir pourquoi

— Ma chère Colombe, reprit dame Aloïse, voulez-vous pas parler de l'hôtel qui était à monsieur de Bacqueville, sous le roi Charles VI ? Il y a en effet de bien superbes tapisseries de haute lice

— Charles VI ! le roi Charles VI ! grommela le jeune capitaine en retroussant sa moustache Mon Dieu ! que la bonne dame a souvenir de vieilles choses !

Madame de Gondelaurier poursuivait   — Belles tapisseries, en vérité
Un travail si estimé qu'il passe pour singulier !

En ce moment, Bérangère de Champchevrier, svelte petite fille de sept
ans qui regardait dans la place par les trèfles du balcon, s'écria   — Oh !
voyez, belle marraine Fleur-de-Lys, la jolie danseuse qui danse là sur le
pavé, et qui tambourine au milieu des bourgeois manants !

En effet, on entendait le frissonnement sonore d'un tambour de basque

— Quelque égyptienne de Bohême, dit Fleur-de-Lys en se détournant
nonchalamment vers la place

— Voyons ! voyons ! crièrent ses vives compagnes, et elles coururent
toutes au bord du balcon, tandis que Fleur-de-Lys, rêveuse de la froideur
de son fiancé, les suivait lentement et que celui-ci, soulagé par cet incident
qui coupait court à une conversation embarrassée, s'en revenait au fond de
l'appartement de l'air satisfait d'un soldat relevé de service C'était pourtant
un charmant et gentil service que celui de la belle Fleur-de-Lys, et il lui
avait paru tel autrefois, mais le capitaine s'était blasé peu à peu, la perspective d'un mariage prochain le refroidissait davantage de jour en jour D'ailleurs, il était d'humeur inconstante et, faut-il le dire ? de goût un peu
vulgaire Quoique de fort noble naissance, il avait contracté sous le harnois
plus d'une habitude de soudard La taverne lui plaisait, et ce qui s'ensuit
Il n'était à l'aise que parmi les gros mots, les galanteries militaires, les faciles
beautés et les faciles succès Il avait pourtant reçu de sa famille quelque
éducation et quelques manières, mais il avait trop jeune couru le pays, trop
jeune tenu garnison, et tous les jours le vernis du gentilhomme s'effaçait au
dur frottement de son baudrier de gendarme Tout en la visitant encore de
temps en temps, par un reste de respect humain, il se sentait doublement
gêné chez Fleur-de-Lys, d'abord, parce qu'à force de disperser son amour
dans toutes sortes de lieux il en avait fort peu réservé pour elle, ensuite,
parce qu'au milieu de tant de belles dames roides, épinglées et décentes, il
tremblait sans cesse que sa bouche habituée aux jurons ne prît tout d'un
coup le mors aux dents et ne s'échappât en propos de taverne Qu'on se
figure le bel effet !

Du reste, tout cela se mêlait chez lui à de grandes prétentions d'élégance,
de toilette et de belle mine Qu'on arrange ces choses comme on pourra
Je ne suis qu'historien

Il se tenait donc depuis quelques moments, pensant ou ne pensant pas,
appuyé en silence au chambranle sculpté de la cheminée, quand Fleur-de-
Lys, se tournant soudain, lui adressa la parole Après tout, la pauvre jeune
fille ne le boudait qu'à son cœur défendant

— Beau cousin, ne nous avez-vous pas parlé d'une petite bohémienne que vous avez sauvée, il y a deux mois, en faisant le contre-guet la nuit, des mains d'une douzaine de voleurs?

— Je crois que oui, belle cousine, dit le capitaine

— Eh bien, reprit-elle, c'est peut-être cette bohémienne qui danse là dans le parvis Venez voir si vous la reconnaissez, beau cousin Phœbus

Il perçait un secret désir de réconciliation dans cette douce invitation qu'elle lui adressait de venir près d'elle, et dans ce soin de l'appeler par son nom Le capitaine Phœbus de Châteaupers (car c'est lui que le lecteur a sous les yeux depuis le commencement de ce chapitre) s'approcha à pas lents du balcon — Tenez, lui dit Fleur-de-Lys en posant tendrement sa main sur le bras de Phœbus, regardez cette petite qui danse là dans ce rond Est-ce votre bohémienne?

Phœbus regarda, et dit

— Oui, je la reconnais à sa chèvre

— Oh! la jolie petite chèvre en effet! dit Amelotte en joignant les mains d'admiration

— Est-ce que ses cornes sont en or de vrai? demanda Bérangère

Sans bouger de son fauteuil, dame Aloïse prit la parole — N'est-ce pas une de ces bohémiennes qui sont arrivées l'an passé par la Porte Gibard?

— Madame ma mère, dit doucement Fleur-de-Lys, cette porte s'appelle aujourd'hui Porte d'Enfer

Mademoiselle de Gondelaurier savait à quel point le capitaine était choqué des façons de parler surannées de sa mère En effet, il commençait à ricaner en disant entre ses dents — Porte Gibard! Porte Gibard! C'est pour faire passer le roi Charles VI!

— Marraine, s'écria Bérangère dont les yeux sans cesse en mouvement s'étaient levés tout à coup vers le sommet des tours de Notre-Dame, qu'est-ce que c'est que cet homme noir qui est là-haut?

Toutes les jeunes filles levèrent les yeux Un homme en effet était accoudé sur la balustrade culminante de la tour septentrionale, donnant sur la Grève C'était un prêtre On distinguait nettement son costume, et son visage appuyé sur ses deux mains Du reste, il ne bougeait non plus qu'une statue Son œil fixe plongeait dans la place

C'était quelque chose de l'immobilité d'un milan qui vient de découvrir un nid de moineaux et qui le regarde

C'est monsieur l'archidiacre de Josas, dit Fleur-de-Lys

— Vous avez de bons yeux si vous le reconnaissez d'ici! observa la Gaillefontaine

Comme il regarde la petite danseuse! reprit Diane de Christeuil

Gare à l'égyptienne! dit Fleur-de-Lys, car il n'aime pas l'Égypte

— C'est bien dommage que cet homme là regarde ainsi, ajouta Amelotte de Montmichel, car elle danse à éblouir

— Beau cousin Phœbus, dit tout à coup Fleur-de-Lys puisque vous connaissez cette petite bohémienne, faites-lui donc signe de monter Cela nous amusera

— Oh oui ! s'écrièrent toutes les jeunes filles en battant des mains

— Mais c'est une folie, répondit Phœbus Elle m'a sans doute oublié, et je ne sais seulement pas son nom Cependant, puisque vous le souhaitez, mesdamoiselles, je vais essayer Et se penchant à la balustrade du balcon, il se mit à crier   — Petite !

La danseuse ne tambourinait pas en ce moment Elle tourna la tête vers le point d'où lui venait cet appel, son regard brillant se fixa sur Phœbus, et elle s'arrêta tout court

— Petite ! répéta le capitaine, et il lui fit signe du doigt de venir

La jeune fille le regarda encore, puis elle rougit comme si une flamme lui était montée dans les joues, et, prenant son tambourin sous son bras, elle se dirigea, à travers les spectateurs ébahis, vers la porte de la maison où Phœbus l'appelait, à pas lents, chancelante, et avec le regard troublé d'un oiseau qui cède à la fascination d'un serpent

Un moment après, la portière de tapisserie se souleva, et la bohémienne parut sur le seuil de la chambre, rouge, interdite, essoufflée, ses grands yeux baissés, et n'osant faire un pas de plus

Bérangère battit des mains

Cependant la danseuse restait immobile sur le seuil de la porte Son apparition avait produit sur ce groupe de jeunes filles un effet singulier Il est certain qu'un vague et indistinct désir de plaire au bel officier les animait toutes à la fois, que le splendide uniforme était le point de mire de toutes leurs coquetteries, et que, depuis qu'il était présent, il y avait entre elles une certaine rivalité secrète, sourde, qu'elles s'avouaient à peine à elles mêmes, et qui n'en éclatait pas moins à chaque instant dans leurs gestes et leurs propos Néanmoins, comme elles étaient toutes à peu près dans la même mesure de beauté, elles luttaient à armes égales, et chacune pouvait espérer la victoire L'arrivée de la bohémienne rompit brusquement cet équilibre Elle était d'une beauté si rare qu'au moment où elle parut à l'entrée de l'appartement il sembla qu'elle y répandait une sorte de lumière qui lui était propre Dans cette chambre resserrée, sous ce sombre encadrement de tentures et de boiseries, elle était incomparablement plus belle et plus rayonnante que dans la place publique C'était comme un flambeau qu'on venait d'apporter du grand jour dans l'ombre Les nobles damoiselles en furent malgré elles éblouies Chacune se sentit en quelque sorte blessée dans sa beauté Aussi

leur front de bataille, qu'on nous passe l'expression, changea-t-il sur-le-
champ, sans qu'elles se dissent un seul mot Mais elles s'entendaient à merveille Les instincts de femmes se comprennent et se répondent plus vite
que les intelligences d'hommes Il venait de leur arriver une ennemie toutes
le sentaient, toutes se ralliaient Il suffit d'une goutte de vin pour rougir
tout un verre d'eau, pour teindre d'une certaine humeur toute une assemblée de jolies femmes, il suffit de la survenue d'une femme plus jolie, —
surtout lorsqu'il n'y a qu'un homme

Aussi l'accueil fait à la bohémienne fut-il merveilleusement glacial Elles
la considérèrent du haut en bas, puis s'entre-regardèrent, et tout fut dit
Elles s'étaient comprises Cependant la jeune fille attendait qu'on lui parlât,
tellement émue qu'elle n'osait lever les paupières

Le capitaine rompit le silence le premier — Sur ma parole, dit-il avec
son ton d'intrépide fatuité, voilà une charmante créature! Qu'en pensez-
vous, belle cousine?

Cette observation, qu'un admirateur plus délicat eût du moins faite à voix
basse, n'était pas de nature à dissiper les jalousies féminines qui se tenaient
en observation devant la bohémienne

Fleur-de-Lys répondit au capitaine avec une doucereuse affectation de
dédain — Pas mal

Les autres chuchotaient

Enfin, madame Aloïse, qui n'était pas la moins jalouse, parce qu'elle
l'était pour sa fille, adressa la parole à la danseuse — Approchez, petite

— Approchez, petite! répéta avec une dignité comique Bérangère, qui
lui fût venue à la hanche

L'égyptienne s'avança vers la noble dame

— Belle enfant, dit Phœbus avec emphase en faisant de son côté quelques
pas vers elle, je ne sais si j'ai le suprême bonheur d'être reconnu de vous

Elle l'interrompit en levant sur lui un sourire et un regard pleins d'une
douceur infinie

— Oh! oui, dit-elle

— Elle a bonne mémoire, observa Fleur-de-Lys

— Or çà, reprit Phœbus, vous vous êtes bien prestement échappée l'autre
soir. Est-ce que je vous fais peur?

— Oh! non, dit la bohémienne

Il y avait, dans l'accent dont cet *oh! non* fut prononcé à la suite de cet
oh! oui, quelque chose d'ineffable dont Fleur-de-Lys fut blessée

— Vous m'avez laissé en votre lieu, ma belle, poursuivit le capitaine
dont la langue se déliait en parlant à une fille des rues, un assez rechigné
drôle, borgne et bossu, le sonneur de cloches de l'évêque, à ce que je crois

On m'a dit qu'il était bâtard d'un archidiacre et diable de naissance Il a un plaisant nom, il s'appelle Quatre-Temps, Pâques-Fleuries, Mardi-Gras, je ne sais plus ! Un nom de fête carillonnée, enfin ! Il se permettait donc de vous enlever, comme si vous étiez faite pour des bedeaux ! cela est fort Que diable vous voulait-il donc, ce chat-huant ? Hein, dites !

— Je ne sais, répondit-elle

— Conçoit-on l'insolence ! un sonneur de cloches enlever une fille, comme un vicomte ! un manant braconner sur le gibier des gentilshommes ! Voilà qui est rare Au demeurant, il l'a payé cher Maître Pierrat Torterue est le plus rude palefrenier qui ait jamais étrillé un maraud, et je vous dirai, si cela peut vous être agréable, que le cuir de votre sonneur lui a galamment passé par les mains

— Pauvre homme ! dit la bohémienne chez qui ces paroles ravivaient le souvenir de la scène du pilori

Le capitaine éclata de rire — Corne-de-bœuf ! voilà de la pitié aussi bien placée qu'une plume au cul d'un porc ! Je veux être ventru comme un pape, si

Il s'arrêta tout court — Pardon, mesdames ! je crois que j'allais lâcher quelque sottise

— Fi, monsieur ! dit la Gaillefontaine

— Il parle sa langue à cette créature ! ajouta à demi-voix Fleur-de-Lys, dont le dépit croissait de moment en moment Ce dépit ne diminua point quand elle vit le capitaine, enchanté de la bohémienne et surtout de lui-même, pirouetter sur le talon en répétant avec une grosse galanterie naïve et soldatesque — Une belle fille, sur mon âme !

— Assez sauvagement vêtue, dit Diane de Christeuil, avec son rire de belles dents

Cette réflexion fut un trait de lumière pour les autres Elle leur fit voir le côté attaquable de l'égyptienne Ne pouvant mordre sur sa beauté, elles se jetèrent sur son costume

— Mais cela est vrai, petite, dit la Montmichel, où as tu pris de courir ainsi par les rues sans guimpe ni gorgerette ?

— Voilà une jupe courte à faire trembler, ajouta la Gaillefontaine

— Ma chère, poursuivit assez aigrement Fleur-de-Lys, vous vous ferez ramasser par les sergents de la douzaine pour votre ceinture dorée

— Petite, petite, reprit la Christeuil avec un sourire implacable, si tu mettais honnêtement une manche sur ton bras, il serait moins brûlé par le soleil

C'était vraiment un spectacle digne d'un spectateur plus intelligent que Phœbus, de voir comme ces belles filles, avec leurs langues envenimées et

irritées, serpentaient, glissaient et se tordaient autour de la danseuse des rues
Elles étaient cruelles et gracieuses Elles fouillaient, elles furetaient maligne-
ment de la parole dans sa pauvre et folle toilette de paillettes et d'oripeaux
C'étaient des rires des ironies, des humiliations sans fin Les sarcasmes
pleuvaient sur l'égyptienne, et la bienveillance hautaine, et les regards
méchants On eût cru voir de ces jeunes dames romaines qui s'amusaient
à enfoncer des épingles d'or dans le sein d'une belle esclave On eût dit
d'élégantes levrettes chasseresses tournant, les narines ouvertes, les yeux
ardents, autour d'une pauvre biche des bois que le regard du maître leur
interdit de dévorer

Qu'était-ce, après tout, devant ces filles de grande maison, qu'une
misérable danseuse de place publique ! Elles ne semblaient tenir aucun
compte de sa présence, et parlaient d'elle, devant elle, à elle-même, à
haute voix, comme de quelque chose d'assez malpropre, d'assez abject et
d'assez joli

La bohémienne n'était pas insensible à ces piqûres d'épingle De temps
en temps une pourpre de honte, un éclair de colère enflammait ses yeux ou
ses joues, une parole dédaigneuse semblait hésiter sur ses lèvres, elle faisait
avec mépris cette petite grimace que le lecteur lui connaît mais elle se taisait Immobile, elle attachait sur Phœbus un regard résigné, triste et doux
Il y avait aussi du bonheur et de la tendresse dans ce regard On eût dit
qu'elle se contenait, de peur d'être chassée

Phœbus, lui, riait, et prenait le parti de la bohémienne avec un mélange
d'impertinence et de pitié

— Laissez-les dire, petite ! répétait-il en faisant sonner ses éperons d'or,
sans doute, votre toilette est un peu extravagante et farouche, mais, charmante fille comme vous êtes, qu'est-ce que cela fait ?

— Mon Dieu ! s'écria la blonde Gaillefontaine, en redressant son cou de
cygne avec un sourire amer, je vois que messieurs les archers de l'ordonnance du roi prennent aisément feu aux beaux yeux égyptiens

— Pourquoi non ? dit Phœbus

A cette réponse, nonchalamment jetée par le capitaine comme une pierre
perdue qu'on ne regarde même pas tomber, Colombe se prit à rire, et Diane,
et Amelotte, et Fleur-de-Lys, à qui il vint en même temps une larme dans
les yeux

La bohémienne, qui avait baissé à terre son regard aux paroles de Colombe
de Gaillefontaine, le releva rayonnant de joie et de fierté, et le fixa de nouveau sur Phœbus Elle était bien belle en ce moment

La vieille dame, qui observait cette scène, se sentait offensée et ne comprenait pas

— Sainte Vierge ! cria-t-elle tout à coup, qu'ai-je donc là qui me remue dans les jambes ? Ah ! la vilaine bête !

C'était la chèvre qui venait d'arriver à la recherche de sa maîtresse, et qui, en se précipitant vers elle, avait commencé par embarrasser ses cornes dans le monceau d'étoffe que les vêtements de la noble dame entassaient sur ses pieds quand elle était assise

Ce fut une diversion La bohémienne, sans dire une parole, la dégagea

— Oh ! voilà la petite chevrette qui a des pattes d'or ! s'écria Bérangère en sautant de joie

La bohémienne s'accroupit à genoux, et appuya contre sa joue la tête caressante de la chèvre On eût dit qu'elle lui demandait pardon de l'avoir quittée ainsi

Cependant Diane s'était penchée à l'oreille de Colombe

— Eh ! mon Dieu ! comment n'y ai-je pas songé plus tôt ? C'est la bohémienne à la chèvre On la dit sorcière, et que sa chèvre fait des momeries très miraculeuses

— Eh bien, dit Colombe, il faut que la chèvre nous divertisse à son tour, et nous fasse un miracle

Diane et Colombe s'adressèrent vivement à l'égyptienne   — Petite, fais donc faire un miracle à ta chèvre

— Je ne sais ce que vous voulez dire, répondit la danseuse

— Un miracle, une magie, une sorcellerie enfin

— Je ne sais Et elle se remit à caresser la jolie bete en repetant   — Djali ! Djali !

En ce moment Fleur-de-Lys remarqua un sachet de cuir brodé suspendu au cou de la chèvre — Qu'est-ce que cela ? demanda-t-elle à l'égyptienne

L'égyptienne leva ses grands yeux vers elle, et lui répondit gravement — C'est mon secret

— Je voudrais bien savoir ce que c'est que ton secret, pensa Fleur-de-Lys

Cependant la bonne dame s'était levée avec humeur — Or çà, la bohémienne, si toi ni ta chèvre n'avez rien à nous danser, que faites-vous céans ?

La bohémienne, sans répondre, se dirigea lentement vers la porte Mais plus elle en approchait, plus son pas se ralentissait Un invincible aimant semblait la retenir Tout à coup elle tourna ses yeux humides de larmes sur Phœbus, et s'arrêta

— Vrai Dieu ! s'écria le capitaine, on ne s'en va pas ainsi Revenez, et dansez-nous quelque chose A propos, belle d'amour, comment vous appelez-vous ?

— La Esmeralda, dit la danseuse sans le quitter du regard

A ce nom étrange, un fou rire éclata parmi les jeunes filles

— Voilà, dit Diane, un terrible nom pour une demoiselle !

— Vous voyez bien, reprit Amelotte, que c'est une charmeresse

— Ma chère, s'écria solennellement dame Aloïse, vos parents ne vous ont pas pêché ce nom-là dans le bénitier du baptême

Cependant, depuis quelques minutes, sans qu'on fît attention à elle, Bérangère avait attiré la chèvre dans un coin de la chambre avec un massepain. En un instant, elles avaient été toutes deux bonnes amies La curieuse enfant avait détaché le sachet suspendu au cou de la chèvre, l'avait ouvert, et avait vidé sur la natte ce qu'il contenait C'était un alphabet dont chaque lettre était inscrite séparément sur une petite tablette de buis A peine ces joujoux furent-ils étalés sur la natte que l'enfant vit avec surprise la chèvre, dont c'était là sans doute un des *miracles,* tirer certaines lettres avec sa patte d'or et les disposer, en les poussant doucement, dans un ordre particulier Au bout d'un instant, cela fit un mot que la chèvre semblait exercée à écrire, tant elle hésita peu à le former, et Bérangère s'écria tout à coup en joignant les mains avec admiration

Marraine Fleur-de-Lys, voyez donc ce que la chèvre vient de faire !

Fleur-de-Lys accourut et tressaillit Les lettres disposées sur le plancher formaient ce mot

PHŒBVS

— C'est la chèvre qui a écrit cela ? demanda-t-elle d'une voix altérée.

— Oui, marraine, répondit Bérangère

Il était impossible d'en douter, l'enfant ne savait pas écrire

— Voilà le secret ! pensa Fleur-de-Lys

Cependant, au cri de l'enfant, tout le monde était accouru, et la mère, et les jeunes filles, et la bohémienne, et l'officier

La bohémienne vit la sottise que venait de faire la chèvre. Elle devint rouge, puis pâle, et se mit à trembler comme une coupable devant le capitaine, qui la regardait avec un sourire de satisfaction et d'étonnement

— *Phœbus !* chuchotaient les jeunes filles stupéfaites, c'est le nom du capitaine !

— Vous avez une merveilleuse mémoire ! dit Fleur-de-Lys à la bohémienne pétrifiée Puis éclatant en sanglots : — Oh ! balbutia-t-elle douloureusement en se cachant le visage de ses deux belles mains, c'est une magicienne ! Et elle entendait une voix plus amère encore lui dire au fond du cœur C'est une rivale !

Elle tomba évanouie

— Ma fille ! ma fille ! cria la mère effrayée Va-t'en, bohemienne de l'enfer !

La Esmeralda ramassa en un clin d'œil les malencontreuses lettres, fit signe à Djali, et sortit par une porte, tandis qu'on emportait Fleur-de-Lys par l'autre

Le capitaine Phœbus, resté seul, hésita un moment entre les deux portes, puis il suivit la bohémienne

II

QU'UN PRÊTRE ET UN PHILOSOPHE SONT DEUX

Le prêtre que les jeunes filles avaient remarqué au haut de la tour septentrionale penché sur la place et si attentif à la danse de la bohémienne, c'était en effet l'archidiacre Claude Frollo

Nos lecteurs n'ont pas oublié la cellule mystérieuse que l'archidiacre s'était réservée dans cette tour (Je ne sais, pour le dire en passant, si ce n'est pas la même dont on peut voir encore aujourd'hui l'intérieur par une petite lucarne carrée, ouverte au levant à hauteur d'homme, sur la plateforme d'où s'élancent les tours un bouge, à présent nu, vide et délabré, dont les murs mal plâtrés sont *ornés* çà et là, à l'heure qu'il est, de quelques méchantes gravures jaunes représentant des façades de cathédrales Je présume que ce trou est habité concurremment par les chauves-souris et les araignées, et que par conséquent il s'y fait aux mouches une double guerre d'extermination)

Tous les jours, une heure avant le coucher du soleil, l'archidiacre montait l'escalier de la tour, et s'enfermait dans cette cellule, où il passait quelquefois des nuits entières Ce jour-là, au moment où, parvenu devant la porte basse du réduit, il mettait dans la serrure la petite clef compliquée qu'il portait toujours sur lui dans l'escarcelle pendue à son côté, un bruit de tambourin et de castagnettes était arrivé à son oreille Ce bruit venait de la place du Parvis La cellule, nous l'avons déjà dit, n'avait qu'une lucarne donnant sur la croupe de l'église Claude Frollo avait repris précipitamment la clef, et un instant après il était sur le sommet de la tour, dans l'attitude sombre et recueillie où les damoiselles l'avaient aperçu

Il était là, grave, immobile, absorbé dans un regard et dans une pensée Tout Paris était sous ses pieds, avec les mille flèches de ses édifices et son circulaire horizon de molles collines, avec son fleuve qui serpente sous ses ponts et son peuple qui ondule dans ses rues, avec le nuage de ses fumées, avec la chaîne montueuse de ses toits qui presse Notre-Dame de ses mailles redoublées Mais dans toute cette ville, l'archidiacre ne regardait qu'un point du pavé la place du Parvis, dans toute cette foule, qu'une figure la bohémienne

Il eût été difficile de dire de quelle nature était ce regard, et d'où venait la flamme qui en jaillissait C'était un regard fixe, et pourtant plein de trouble et de tumulte. Et à l'immobilité profonde de tout son corps, à peine agité par intervalles d'un frisson machinal, comme un arbre au vent à la roideur de ses coudes plus marbre que la rampe où ils s'appuyaient, à voir le sourire pétrifié qui contractait son visage, on eût dit qu'il n'y avait plus dans Claude Frollo que les yeux de vivant

La bohémienne dansait Elle faisait tourner son tambourin à la pointe de son doigt, et le jetait en l'air en dansant des sarabandes provençales, agile, légère, joyeuse, et ne sentant pas le poids du regard redoutable qui tombait à plomb sur sa tête

La foule fourmillait autour d'elle, de temps en temps, un homme accoutré d'une casaque jaune et rouge faisait faire le cercle, puis revenait s'asseoir sur une chaise à quelques pas de la danseuse, et prenait la tête de la chèvre sur ses genoux Cet homme semblait être le compagnon de la bohémienne Claude Frollo, du point élevé où il était placé, ne pouvait distinguer ses traits

Du moment où l'archidiacre eut aperçu cet inconnu, son attention sembla se partager entre la danseuse et lui, et son visage devint de plus en plus sombre Tout à coup il se redressa, et un tremblement parcourut tout son corps — Qu'est-ce que c'est que cet homme ? dit-il entre ses dents, je l'avais toujours vue seule !

Alors il se replongea sous la voûte tortueuse de l'escalier en spirale, et redescendit En passant devant la porte de la sonnerie qui était entr'ouverte, il vit une chose qui le frappa, il vit Quasimodo qui, penché à une ouverture de ces auvents d'ardoises qui ressemblent à d'énormes jalousies, regardait aussi lui, dans la place Il était en proie à une contemplation si profonde qu'il ne prit pas garde au passage de son père adoptif Son œil sauvage avait une expression singulière C'était un regard charmé et doux — Voilà qui est étrange ! murmura Claude Est-ce que c'est l'égyptienne qu'il regarde ainsi ? — Il continua de descendre Au bout de quelques minutes, le soucieux archidiacre sortit dans la place par la porte qui est au bas de la tour

— Qu'est donc devenue la bohémienne ? dit il en se mêlant au groupe de spectateurs que le tambourin avait amassés

— Je ne sais, répondit un de ses voisins, elle vient de disparaître Je crois qu'elle est allée faire quelque fandangue dans la maison en face, où ils l'ont appelée

A la place de l'égyptienne, sur ce même tapis dont les arabesques s'effaçaient le moment d'auparavant sous le dessin capricieux de sa danse, l'archidiacre ne vit plus que l'homme rouge et jaune, qui, pour gagner à son tour quelques testons, se promenait autour du cercle, les coudes sur les hanches, la tête renversée, la face rouge, le cou tendu, avec une chaise entre les dents

Sur cette chaise, il avait attaché un chat qu'une voisine avait prêté et qui jurait fort effrayé

— Notre-Dame ! s'écria l'archidiacre au moment où le saltimbanque, suant à grosses gouttes, passa devant lui avec sa pyramide de chaise et de chat, que fait là maître Pierre Gringoire ?

La voix sévère de l'archidiacre frappa le pauvre diable d'une telle commotion qu'il perdit l'équilibre avec tout son édifice, et que la chaise et le chat tombèrent pêle-mêle sur la tête des assistants, au milieu d'une huée inextinguible

Il est probable que maître Pierre Gringoire (car c'était bien lui) aurait eu un fâcheux compte à solder avec la voisine au chat, et toutes les faces contuses et égratignées qui l'entouraient, s'il ne se fût hâté de profiter du tumulte pour se réfugier dans l'église, où Claude Frollo lui avait fait signe de le suivre

La cathédrale était déjà obscure et déserte Les contre-nefs étaient pleines de ténèbres, et les lampes des chapelles commençaient à s'étoiler, tant les voûtes devenaient noires Seulement la grande rose de la façade, dont les mille couleurs étaient trempées d'un rayon du soleil horizontal, reluisait dans l'ombre comme un fouillis de diamants et répercutait à l'autre bout de la nef son spectre éblouissant

Quand ils eurent fait quelques pas, dom Claude s'adossa à un pilier et regarda Gringoire fixement Ce regard n'était pas celui que Gringoire craignait, honteux qu'il était d'avoir été surpris par une personne grave et docte dans ce costume de baladin Le coup d'œil du prêtre n'avait rien de moqueur et d'ironique, il était sérieux, tranquille et perçant L'archidiacre rompit le silence le premier

— Venez çà, maître Pierre Vous m'allez expliquer bien des choses Et d'abord, d'où vient qu'on ne vous a pas vu depuis tantôt deux mois et qu'on vous retrouve dans les carrefours, en bel équipage, vraiment ! mi-parti de jaune et de rouge comme une pomme de Caudebec ?

— Messire, dit piteusement Gringoire, c'est en effet un prodigieux accoutrement, et vous m'en voyez plus penaud qu'un chat coiffé d'une calebasse C'est bien mal fait, je le sens, d'exposer messieurs les sergents du guet à bâtonner sous cette casaque l'humérus d'un philosophe pythagoricien Mais que voulez-vous, mon révérend maître ? la faute en est à mon ancien justaucorps qui m'a lâchement abandonné au commencement de l'hiver, sous prétexte qu'il tombait en loques et qu'il avait besoin de s'aller reposer dans la hotte du chiffonnier Que faire ? la civilisation n'en est pas encore arrivée au point que l'on puisse aller tout nu, comme le voulait l'ancien Diogénès Ajoutez qu'il ventait un vent très froid, et ce n'est pas au mois de janvier qu'on peut essayer avec succès de faire faire ce nouveau pas à l'humanité. Cette casaque s'est présentée. Je l'ai prise, et j'ai laissé là ma vieille souquenille noire, laquelle, pour un hermétique comme moi, était fort peu hermétiquement close. Me voilà donc en habit d'histrion, comme saint Genest. Que voulez-vous ? c'est une éclipse. Apollo a bien gardé les gorrines chez Admétès.

— Vous faites là un beau métier ! reprit l'archidiacre.

— Je conviens, mon maître, qu'il vaut mieux philosopher et poétiser, souffler la flamme dans le fourneau ou la recevoir du ciel, que de porter des chats sur le pavois. Aussi quand vous m'avez apostrophé ai-je été aussi sot qu'un âne devant un tourne-broche. Mais que voulez-vous, messire ? il faut vivre tous les jours, et les plus beaux vers alexandrins ne valent pas sous la dent un morceau de fromage de Brie. Or, j'ai fait pour madame Marguerite de Flandre ce fameux épithalame que vous savez, et la ville ne me le paie pas, sous prétexte qu'il n'était pas excellent, comme si l'on pouvait donner pour quatre écus une tragédie de Sophoclès. J'allais donc mourir de faim. Heureusement je me suis trouvé un peu fort du côté de la mâchoire, et je lui ai dit à cette mâchoire : — Fais des tours de force et d'équilibre, nourris-toi toi-même. *Ale te ipsam.* Un tas de gueux, qui sont devenus mes bons amis, m'ont appris vingt sortes de tours herculéens, et maintenant je donne tous les soirs à mes dents le pain qu'elles ont gagné dans la journée à la sueur de mon front. Après tout, *concedo,* je concède que c'est un triste emploi de mes facultés intellectuelles, et que l'homme n'est pas fait pour passer sa vie à tambouriner et à mordre des chaises. Mais, révérend maître, il ne suffit pas de passer sa vie, il faut la gagner.

Dom Claude écoutait en silence. Tout à coup son œil enfoncé prit une telle expression sagace et pénétrante que Gringoire se sentit pour ainsi dire fouillé jusqu'au fond de l'âme par ce regard.

— Fort bien, maître Pierre, mais d'où vient que vous êtes maintenant en compagnie de cette danseuse d'Égypte ?

— Ma foi ! dit Gringoire, c'est qu'elle est ma femme et que je suis son mari.

L'œil ténébreux du prêtre s'enflamma.

— Aurais-tu fait cela, misérable ? cria-t-il en saisissant avec fureur le bras de Gringoire, aurais-tu été assez abandonné de Dieu pour porter la main sur cette fille ?

— Sur ma part de paradis, monseigneur, répondit Gringoire tremblant de tous ses membres, je vous jure que je ne l'ai jamais touchée, si c'est là ce qui vous inquiète.

— Et que parles-tu donc de mari et de femme ? dit le prêtre.

14

Gringoire se hâta de lui conter le plus succinctement possible tout ce que le lecteur sait déjà, son aventure de la Cour des Miracles et son mariage au pot cassé. Il paraît du reste que ce mariage n'avait eu encore aucun résultat, et que chaque soir la bohémienne lui escamotait sa nuit de noces comme le premier jour. — C'est un déboire, dit-il en terminant, mais cela tient à ce que j'ai eu le malheur d'épouser une vierge.

— Que voulez-vous dire? demanda l'archidiacre, qui s'était apaisé par degrés à ce récit.

— C'est assez difficile à expliquer, répondit le poete. C'est une superstition. Ma femme est, à ce que m'a dit un vieux peigre qu'on appelle chez nous le duc d'Egypte, un enfant trouvé, ou perdu, ce qui est la même chose. Elle porte au cou une amulette qui, assure-t-on, lui fera un jour rencontrer ses parents, mais qui perdrait sa vertu si la jeune fille perdait la sienne. Il suit de là que nous demeurons tous deux très vertueux.

— Donc, reprit Claude dont le front s'éclaircissait de plus en plus, vous croyez, maître Pierre, que cette créature n'a été approchée d'aucun homme?

— Que voulez-vous, dom Claude, qu'un homme fasse à une superstition? Elle a cela dans la tête. J'estime que c'est à coup sûr une rareté que cette pruderie de nonne qui se conserve farouche au milieu de ces filles bohèmes si facilement apprivoisées. Mais elle a pour se protéger trois choses: le duc d'Egypte qui l'a prise sous sa sauvegarde, comptant peut-être la vendre à quelque damp abbé, toute sa tribu qui la tient en vénération singulière, comme une Notre-Dame, et un certain poignard mignon que la luronne porte toujours sur elle dans quelque coin, malgré les ordonnances du prévôt, et qu'on lui fait sortir aux mains en lui pressant la taille. C'est une fière guêpe, allez!

L'archidiacre serra Gringoire de questions.

La Esmeralda était, au jugement de Gringoire, une créature inoffensive et charmante, jolie, à cela près d'une moue qui lui était particulière, une fille naïve et passionnée, ignorante de tout, et enthousiaste de tout, ne sachant pas encore la différence d'une femme à un homme, même en rêve, faite comme cela, folle surtout de danse, de bruit, de grand air, une espèce de femme abeille, ayant des ailes invisibles aux pieds, et vivant dans un tourbillon. Elle devait cette nature à la vie errante qu'elle avait toujours menée. Gringoire était parvenu à savoir que, tout enfant, elle avait parcouru l'Espagne et la Catalogne, jusqu'en Sicile; il croyait même qu'elle avait été emmenée, par la caravane de zingari dont elle faisait partie, dans le royaume d'Alger, pays situé en Achaïe, laquelle Achaïe touche d'un côté à la petite Albanie et à la Grèce, de l'autre à la mer des Siciles, qui est le chemin de Constantinople. Les bohèmes, disait Gringoire, étaient vassaux du roi d'Alger, en sa qualité de chef de la nation des Maures blancs Ce qui était certain, c'est que l'Esmeralda était venue en France très jeune encore par la Hongrie De tous ces pays, la jeune fille avait rapporté des lambeaux de jargons bizarres, des chants et des idées étrangères, qui faisaient de son langage quelque chose d'aussi bigarré que son costume moitié parisien, moitié africain Du reste, le peuple des quartiers qu'elle fréquentait l'aimait pour sa gaieté, pour sa gentillesse, pour ses vives allures, pour ses danses et pour ses chansons Dans toute la ville, elle ne se croyait haïe que de deux personnes, dont elle parlait souvent avec effroi la sachette de la Tour-Roland, une vilaine recluse qui avait on ne sait quelle rancune aux égyptiennes, et qui maudissait la pauvre danseuse chaque fois qu'elle passait devant sa lucarne, et un prêtre qui ne la rencontrait jamais sans lui jeter des regards et des paroles qui lui faisaient peur Cette dernière circonstance troubla fort l'archidiacre, sans que Gringoire fît grande attention à ce trouble, tant il avait suffi de deux mois pour faire oublier à l'insouciant poète les détails singuliers de cette soirée où il avait fait la rencontre de l'égyptienne, et la présence de l'archidiacre dans tout cela Au demeurant, la petite danseuse ne craignait rien, elle ne disait pas la bonne aventure, ce qui la mettait à l'abri de ces procès de magie si fréquemment intentés aux bohémiennes Et puis, Gringoire lui tenait lieu de frère, sinon de mari Après tout, le philosophe supportait très patiemment cette espèce de mariage platonique C'était toujours un gîte et du pain Chaque matin, il partait de la truanderie, le plus souvent avec l'égyptienne, il l'aidait à faire dans les carrefours sa récolte de targes et de petits-blancs, chaque soir il rentrait avec elle sous le même toit, la laissait se verrouiller dans sa logette, et s'endormait du sommeil du juste Existence fort douce, à tout prendre, disait-il, et fort propice à la rêverie Et puis, en son âme et conscience, le philosophe n'était pas très sûr d'être éperdument amoureux de la bohémienne Il aimait presque autant la chèvre C'était une charmante bête, douce, intelligente, spirituelle, une chèvre savante Rien de plus commun au moyen-âge que ces animaux savants dont on s'émerveillait fort et qui menaient fréquemment leurs instructeurs au fagot Pourtant les sorcelleries de la chèvre aux pattes dorées étaient de bien innocentes malices Gringoire les expliqua à l'archidiacre que ces détails paraissaient vivement intéresser Il suffisait, dans la plupart des cas, de présenter le tambourin à la chèvre de telle ou telle façon pour obtenir d'elle la momerie qu'on souhaitait Elle avait été dressée à cela par la bohémienne, qui avait à ces finesses un talent si rare qu'il lui avait suffi de deux mois pour enseigner à la chèvre à écrire avec des lettres mobiles le mot *Phœbus*

— *Phœbus* ! dit le prêtre, pourquoi *Phœbus* ?

— Je ne sais, répondit Gringoire C'est peut-être un mot qu'elle croit doué de quelque vertu magique et secrète Elle le répète souvent à demi-voix quand elle se croit seule

— Etes-vous sûr, reprit Claude avec son regard pénétrant, que ce n'est qu'un mot et que ce n'est pas un nom ?

— Nom de qui ? dit le poete

— Que sais-je ? dit le prêtre

— Voilà ce que j'imagine, messire Ces bohèmes sont un peu guèbres et adorent le soleil De là Phœbus

— Cela ne me semble pas si clair qu'à vous, maître Pierre

— Au demeurant, cela ne m'importe Qu'elle marmotte son Phœbus à son aise Ce qui est sûr, c'est que Djali m'aime déjà presque autant qu'elle

— Qu'est-ce que cette Djali ?

— C'est la chèvre

L'archidiacre posa son menton sur sa main, et parut un moment rêveur Tout à coup il se retourna brusquement vers Gringoire

— Et tu me jures que tu ne lui as pas touché ?

— A qui ? dit Gringoire, à la chèvre ?

— Non, à cette femme

— A ma femme ! Je vous jure que non

— Et tu es souvent seul avec elle ?

— Tous les soirs, une bonne heure

Dom Claude fronça le sourcil

— Oh ! oh ! *solus cum sola non cogitabuntur orare Pater noster*

— Sur mon âme, je pourrais dire le *Pater*, et l'*Ave Maria*, et le *Credo in Deum patrem omnipotentem*, sans qu'elle fît plus d'attention à moi qu'une poule à une église.

— Jure-moi par le ventre de ta mère, répéta l'archidiacre avec violence, que tu n as pas touché à cette créature du bout du doigt

— Je le jurerais aussi par la tête de mon père, car les deux choses ont plus d'un rapport Mais, mon révérend maître, permettez-moi à mon tour une question

— Parlez, monsieur

— Qu'est-ce que cela vous fait ?

La pâle figure de l'archidiacre devint rouge comme la joue d'une jeune fille Il resta un moment sans répondre, puis avec un embarras visible

— Écoutez, maître Pierre Gringoire Vous n'êtes pas encore damné, que je sache Je m'intéresse à vous et vous veux du bien Or le moindre contact avec cette égyptienne du démon vous ferait vassal de Satanas Vous savez que c'est toujours le corps qui perd l'âme Malheur à vous si vous approchez cette femme ! Voilà tout

— J'ai essayé une fois, dit Gringoire en se grattant l'oreille C'était le premier jour, mais je me suis piqué

— Vous avez eu cette effronterie, maître Pierre ?

Et le front du prêtre se rembrunit

— Une autre fois, continua le poete en souriant, j'ai regardé avant de me coucher par le trou de sa serrure, et j'ai bien vu la plus délicieuse dame en chemise qui ait jamais fait crier la sangle d'un lit sous son pied nu

— Va-t'en au diable ! cria le prêtre avec un regard terrible, et, poussant par les épaules Gringoire émerveillé, il s'enfonça à grands pas sous les plus sombres arcades de la cathédrale

III

LES CLOCHES

Depuis la matinée du pilori, les voisins de Notre-Dame avaient cru remarquer que l'ardeur carillonneuse de Quasimodo s'était fort refroidie. Auparavant c'étaient des sonneries à tout propos, de longues aubades qui duraient de prime à complies, des volées de beffroi pour une grand'messe, de riches gammes promenées sur les clochettes pour un mariage, pour un baptême, et s'entremêlant dans l'air comme une broderie de toutes sortes de sons charmants. La vieille église, toute vibrante et toute sonore, était dans une perpétuelle joie de cloches. On y sentait sans cesse la présence d'un esprit de bruit et de caprice qui chantait par toutes ces bouches de cuivre. Maintenant cet esprit semblait avoir disparu, la cathédrale paraissait morne et gardait volontiers le silence. Les fêtes et les enterrements avaient leur simple sonnerie, sèche et nue, ce que le rituel exigeait, rien de plus. Du double bruit que fait une église, l'orgue au dedans, la cloche au dehors, il ne restait que l'orgue. On eût dit qu'il n'y avait plus de musicien dans les clochers. Quasimodo y était toujours pourtant. Que s'était-il donc passé en lui ? Était-ce que la honte et le désespoir du pilori duraient encore au fond de son cœur, que les coups de fouet du tourmenteur se répercutaient sans fin dans son âme, et que la tristesse d'un pareil traitement avait tout éteint chez lui, jusqu'à sa passion pour les cloches ? ou bien, était-ce que Marie avait une rivale dans le cœur du sonneur de Notre-Dame, et que la grosse cloche et ses quatorze sœurs étaient négligées pour quelque chose de plus aimable et de plus beau ?

Il arriva que, dans cette gracieuse année 1482, l'Annonciation tomba un mardi 25 mars. Ce jour-là, l'air était si pur et si léger que Quasimodo se sentit revenir quelque amour de ses cloches. Il monta donc dans la tour septentrionale, tandis qu'en bas le bedeau ouvrait toutes larges les portes de l'église, lesquelles étaient alors d'énormes panneaux de fort bois couverts de cuir, bordés de clous de fer doré et encadrés de sculptures «fort artificiellement élabourées».

Parvenu dans la haute cage de la sonnerie, Quasimodo considéra quelque temps avec un triste hochement de tête les six campaniles, comme s'il gémissait de quelque chose d'étranger qui s'était interposé dans son cœur entre elles et lui. Mais quand il les eut mises en branle, quand il sentit cette grappe de cloches remuer sous sa main, quand il vit, car il ne l'entendait

pas, l'octave palpitante monter et descendre sur cette échelle sonore comme
un oiseau qui saute de branche en branche, quand le diable musique, ce
démon qui secoue un trousseau étincelant de strettes, de trilles et d'arpèges,
se fut emparé du pauvre sourd, alors il redevint heureux, il oublia tout, et
son cœur qui se dilatait fit épanouir son visage

Il allait et venait, il frappait des mains, il courait d'une corde à l'autre, il
animait les six chanteurs de la voix et du geste, comme un chef d'orchestre
qui éperonne des virtuoses intelligents

— Va, disait-il, va, Gabrielle Verse tout ton bruit dans la place C'est
aujourd'hui fête — Thibauld, pas de paresse Tu te ralentis Va, va donc !
est-ce que tu t'es rouillé, fainéant ? — C'est bien ! Vite ! vite ! qu'on ne voie
pas le battant Rends-les tous sourds comme moi C'est cela, Thibauld, bravement ! — Guillaume ! Guillaume ! tu es le plus gros, et Pasquier est le
plus petit, et Pasquier va le mieux Gageons que ceux qui entendent l'entendent mieux que toi — Bien ! bien ! ma Gabrielle, fort ! plus fort ! —
Hé ! que faites-vous donc là-haut tous deux, les Moineaux ? je ne vous vois
pas faire le plus petit bruit — Qu'est-ce que c'est que ces becs de cuivre-là
qui ont l'air de bâiller quand il faut chanter ? Çà, qu'on travaille ! C'est
l'Annonciation Il y a un beau soleil Il faut un beau carillon — Pauvre
Guillaume ! te voilà tout essoufflé, mon gros !

Il était tout occupé d'aiguillonner ses cloches, qui sautaient toutes les six
à qui mieux mieux et secouaient leurs croupes luisantes comme un bruyant
attelage de mules espagnoles piqué çà et là par les apostrophes du sagal

Tout à coup, en laissant tomber son regard entre les larges écailles ardoi-
sées qui recouvrent à une certaine hauteur le mur à pic du clocher, il vit
dans la place une jeune fille bizarrement accoutrée, qui s'arrêtait, qui développait à terre un tapis où une petite chèvre venait se poser, et un groupe
de spectateurs qui s'arrondissait à l'entour Cette vue changea subitement le
cours de ses idées, et figea son enthousiasme musical comme un souffle d'air
fige une résine en fusion Il s'arrêta, tourna le dos au carillon, et s'accroupit
derrière l'auvent d'ardoise, en fixant sur la danseuse ce regard rêveur, tendre
et doux, qui avait déjà une fois étonné l'archidiacre Cependant les cloches
oubliées s'éteignirent brusquement toutes à la fois, au grand désappointe-
ment des amateurs de sonnerie, lesquels écoutaient de bonne foi le carillon
de dessus le Pont-au-Change, et s'en allèrent stupéfaits comme un chien à
qui l'on a montré un os et à qui l'on donne une pierre

IV

ΆΝΆΓΚΗ.

Il advint que par une belle matinée de ce même mois de mars, je crois que c'était le samedi 29, jour de saint Eustache, notre jeune ami l'écolier Jehan Frollo du Moulin s'aperçut en s'habillant que ses grègues qui contenaient sa bourse ne rendaient aucun son métallique — Pauvre bourse ! dit-il en la tirant de son gousset, quoi ! pas le moindre petit parisis ! comme les dés, les pots de bière et Vénus t'ont cruellement éventrée ! comme te voilà vide, ridée et flasque ! Tu ressembles à la gorge d'une furie ! Je vous le demande, messer Cicero et messer Seneca, dont je vois les exemplaires tout racornis épars sur le carreau, que me sert de savoir, mieux qu'un général des monnaies ou qu'un juif du Pont-aux-Changeurs, qu'un écu d'or à la couronne vaut trente-cinq unzains de vingt-cinq sols huit deniers parisis chaque, et qu'un écu au croissant vaut trente-six unzains de vingt-six sols et six deniers tournois pièce, si je n'ai pas un misérable liard noir à risquer sur le double-six ! Oh ! consul Cicero ! ce n'est pas là une calamité dont on se tire avec des périphrases, des *quemadmodum* et des *verum enim vero* !

Il s'habilla tristement. Une pensée lui était venue tout en ficelant ses bottines, mais il la repoussa d'abord, cependant elle revint, et il mit son gilet à l'envers, signe évident d'un violent combat intérieur. Enfin il jeta rudement son bonnet à terre et s'écria. — Tant pis ! il en sera ce qu'il pourra. Je vais aller chez mon frère. J'attraperai un sermon, mais j'attraperai un écu.

Alors il endossa précipitamment sa casaque à mahoîtres fourrées, ramassa son bonnet et sortit en désespéré.

Il descendit la rue de la Harpe vers la Cité. En passant devant la rue de la Huchette, l'odeur de ces admirables broches qui tournaient incessamment vint chatouiller son appareil olfactif, et il donna un regard d'amour à la cyclopéenne rôtisserie qui arracha un jour au cordelier Calatagirone cette pathétique exclamation. *Veramente, queste rotisserie sono cosa stupenda !* Mais Jehan n'avait pas de quoi déjeuner, et il s'enfonça avec un profond soupir sous le porche du Petit-Châtelet, énorme double-trèfle de tours massives qui gardait l'entrée de la Cité.

Il ne prit pas même le temps de jeter une pierre en passant, comme c'était l'usage, à la misérable statue de ce Périnet Leclerc qui avait livré le Paris de Charles VI aux Anglais, crime que son effigie, la face écrasée

de pierres et souillée de boue, a expié pendant trois siècles au coin des
rues de la Harpe et de Buci, comme à un pilori éternel

Le Petit-Pont traversé, la rue Neuve-Sainte-Geneviève enjambée, Jehan
de Molendino se trouva devant Notre-Dame Alors son indécision le reprit,
et il se promena quelques instants autour de la statue de M Legris, en se
répétant avec angoisse Le sermon est sûr, l'écu est douteux !

Il arrêta un bedeau qui sortait du cloître — Où est monsieur l'archidiacre
de Josas ?

— Je crois qu'il est dans sa cachette de la tour, dit le bedeau, et je ne
vous conseille pas de l'y déranger, à moins que vous ne veniez de la part de
quelqu'un comme le pape ou monsieur le roi

Jehan frappa dans ses mains — Bédiable ! voilà une magnifique occasion
de voir la fameuse logette aux sorcelleries !

Déterminé par cette réflexion, il s'enfonça résolûment sous la petite porte
noire, et se mit à monter la vis de Saint-Gilles qui mène aux étages supérieurs de la tour — Je vais voir ! se disait-il chemin faisant Par les corbi-
gnolles de la sainte Vierge ! ce doit être chose curieuse que cette cellule que
mon révérend frère cache comme son pudendum ! On dit qu'il y allume des
cuisines d'enfer, et qu'il y fait cuire à gros feu la pierre philosophale Bédieu !
je me soucie de la pierre philosophale comme d'un caillou, et j'aimerais
mieux trouver sur son fourneau une omelette d'œufs de Pâques au lard que
la plus grosse pierre philosophale du monde !

Parvenu sur la galerie des colonnettes, il souffla un moment, et jura
contre l'interminable escalier par je ne sais combien de millions de charretées de diables, puis il reprit son ascension par l'étroite porte de la tour septentrionale aujourd'hui interdite au public Quelques moments après avoir
dépassé la cage des cloches, il rencontra un petit palier pratiqué dans un
renfoncement latéral et sous la voûte une basse porte ogive dont une meurtrière, percée en face dans la paroi circulaire de l'escalier, lui permit d'observer l'énorme serrure et la puissante armature de fer Les personnes qui
seraient curieuses aujourd'hui de visiter cette porte la reconnaîtront à cette
inscription, gravée en lettres blanches dans la muraille noire J'ADORE
CORALIE 1829 SIGNÉ UGÈNE Signé est dans le texte

— Ouf ! dit l'écolier, c'est sans doute ici

La clef était dans la serrure La porte était tout contre Il la poussa mollement, et passa sa tête par l'entr'ouverture

Le lecteur n'est pas sans avoir feuilleté l'œuvre admirable de Rembrandt,
ce Shakespeare de la peinture Parmi tant de merveilleuses gravures, il y a
en particulier une eau-forte qui représente, à ce qu'on suppose, le docteur
Faust, et qu'il est impossible de contempler sans éblouissement C'est une

sombre cellule Au milieu est une table chargée d'objets hideux, têtes de mort, sphères, alambics, compas, parchemins hiéroglyphiques Le docteur est devant cette table, vêtu de sa grosse houppelande et coiffé jusqu'aux sourcils de son bonnet fourré On ne le voit qu'à mi-corps Il est à demi levé de son immense fauteuil, ses poings crispés s'appuient sur la table, et il considère avec curiosité et terreur un grand cercle lumineux, formé de lettres magiques, qui brille sur le mur du fond comme le spectre solaire dans la chambre noire Ce soleil cabalistique semble trembler à l'œil et remplit la blafarde cellule de son rayonnement mystérieux C'est horrible et c'est beau

Quelque chose d'assez semblable à la cellule de Faust s'offrit à la vue de Jehan quand il eut hasardé sa tête par la porte entre-bâillée C'était de même un réduit sombre et à peine éclairé Il y avait aussi un grand fauteuil et une grande table, des compas, des alambics, des squelettes d'animaux pendus au plafond, une sphère roulant sur le pavé, des hippocéphales pêle-mêle avec des bocaux où tremblaient des feuilles d'or, des têtes de mort posées sur des vélins bigarrés de figures et de caractères, de gros manuscrits empilés tout ouverts sans pitié pour les angles cassants du parchemin, enfin, toutes les ordures de la science, et partout, sur ce fouillis, de la poussière et des toiles d'araignée, mais il n y avait point de cercle de lettres lumineuses, point de docteur en extase contemplant la flamboyante vision comme l'aigle regarde son soleil

Pourtant la cellule n'était point déserte Un homme était assis dans le fauteuil et courbé sur la table Jehan, auquel il tournait le dos, ne pouvait voir que ses épaules et le derrière de son crâne, mais il n'eut pas de peine à reconnaître cette tête chauve à laquelle la nature avait fait une tonsure éternelle, comme si elle avait voulu marquer par un symbole extérieur l'irrésistible vocation cléricale de l'archidiacre

Jehan reconnut donc son frère Mais la porte s'était ouverte si doucement que rien n'avait averti dom Claude de sa présence Le curieux écolier en profita pour examiner quelques instants à loisir la cellule Un large fourneau, qu'il n'avait pas remarqué au premier abord, était à gauche du fauteuil, au-dessous de la lucarne Le rayon de jour qui pénétrait par cette ouverture traversait une ronde toile d'araignée, qui inscrivait avec goût sa rosace délicate dans l'ogive de la lucarne, et au centre de laquelle l'insecte architecte se tenait immobile comme le moyeu de cette roue de dentelle Sur le fourneau étaient accumulés en désordre toutes sortes de vases, des fioles de grès, des cornues de verre, des matras de charbon Jehan observa en soupirant qu'il n'y avait pas un poêlon   Elle est fraîche, la batterie de cuisine ! pensa-t il

Du reste, il n'y avait pas de feu dans le fourneau, et il paraissait même qu'on n'en avait pas allumé depuis longtemps Un masque de verre, que Jehan remarqua parmi les ustensiles d'alchimie, et qui servait sans doute à préserver le visage de l'archidiacre lorsqu'il élaborait quelque substance redoutable, était dans un coin, couvert de poussière, et comme oublié A côté gisait un soufflet non moins poudreux, et dont la feuille supérieure portait cette légende incrustée en lettres de cuivre SPIRA, SPERA

D'autres légendes étaient écrites, selon la mode des hermétiques, en grand nombre sur les murs, les unes tracées à l'encre, les autres gravées avec une pointe de métal Du reste, lettres gothiques, lettres hébraïques, lettres grecques et lettres romaines pêle-mêle, les inscriptions débordaient au hasard, celles-ci sur celles-là, les plus fraîches effaçant les plus anciennes, et toutes s'enchevêtrant les unes dans les autres comme les branches d'une broussaille, comme les piques d'une mêlée C'était, en effet, une assez confuse mêlée de toutes les philosophies, de toutes les rêveries, de toutes les sagesses humaines Il y en avait une çà et là qui brillait sur les autres comme un drapeau parmi les fers de lance C'était, la plupart du temps, une brève devise latine ou grecque, comme les formulait si bien le moyen-âge *Unde? unde?* — *Homo homini monstrum* — *Astra, castra, nomen, numen* — Μέγα βιβλίον, μέγα κακόν. — *Sapere aude* — *Flat ubi vult* — etc, quelquefois un mot dénué de tout sens apparent Ἀναγκοφαγία, ce qui cachait peut-être une allusion amère au régime du cloître, quelquefois une simple maxime de discipline cléricale formulée en un hexamètre réglementaire *Cælestem dominum, terrestrem dicito dominum* Il y avait aussi *passim* des grimoires hébraïques, auxquels Jehan, déjà fort peu grec, ne comprenait rien, et le tout était traversé à tout propos par des étoiles, des figures d'hommes ou d'animaux et des triangles qui s'intersectaient, ce qui ne contribuait pas peu à faire ressembler la muraille barbouillée de la cellule à une feuille de papier sur laquelle un singe aurait promené une plume chargée d'encre

L'ensemble de la logette, du reste, présentait un aspect général d'abandon et de délabrement, et le mauvais état des ustensiles laissait supposer que le maître était déjà depuis assez longtemps distrait de ses travaux par d'autres préoccupations

Ce maître cependant, penché sur un vaste manuscrit orné de peintures bizarres, paraissait tourmenté par une idée qui venait sans cesse se mêler à ses méditations C'est du moins ce que Jehan jugea en l'entendant s'écrier, avec les intermittences pensives d'un songe-creux qui rêve tout haut

— Oui, Manou le dit, et Zoroastre l'enseignait, le soleil naît du feu, la lune du soleil Le feu est l'âme du grand tout Ses atomes élémentaires s'épanchent et ruissellent incessamment sur le monde par courants infinis

Aux points où ces courants s'entrecoupent dans le ciel, ils produisent la lumière, à leurs points d'intersection dans la terre, ils produisent l'or — La lumière, l'or, même chose Du feu à l'état concret — La différence du visible au palpable, du fluide au solide pour la même substance, de la vapeur d'eau à la glace, rien de plus — Ce ne sont point là des rêves, — c'est la loi générale de la nature — Mais comment faire pour soutirer dans la science le secret de cette loi générale ? Quoi ! cette lumière qui inonde ma main, c'est de l'or ! ces mêmes atomes dilatés selon une certaine loi, il ne s'agit que de les condenser selon une certaine autre loi ! — Comment faire ? — Quelques-uns ont imaginé d'enfouir un rayon du soleil — Averroes, — oui, c'est Averroes, — Averroes en a enterré un sous le premier pilier de gauche du sanctuaire du koran, dans la grande mahomerie de Cordoue, mais on ne pourra ouvrir le caveau pour voir si l'opération a réussi que dans huit mille ans

— Diable ! dit Jehan à part lui, voilà qui est longtemps attendre un écu !

— D'autres ont pensé, continua l'archidiacre rêveur, qu'il valait mieux opérer sur un rayon de Sirius Mais il est bien malaisé d'avoir ce rayon pur, à cause de la présence simultanée des autres étoiles qui viennent s'y mêler Flamel estime qu'il est plus simple d'opérer sur le feu terrestre — Flamel ! quel nom de prédestiné, Flamma ! — Oui, le feu Voilà tout — Le diamant est dans le charbon, l'or est dans le feu — Mais comment l'en tirer ? — Magistri affirme qu'il y a certains noms de femme d'un charme si doux et si mystérieux qu'il suffit de les prononcer pendant l'opération — Lisons ce qu'en dit Manou « Où les femmes sont honorées, les divinités sont réjouies, où elles sont méprisées, il est inutile de prier Dieu — La bouche d'une femme est constamment pure, c'est une eau courante, c'est un rayon de soleil — Le nom d'une femme doit être agréable, doux, imaginaire, finir par des voyelles longues, et ressembler à des mots de bénédiction » — . Oui, le sage a raison, en effet, la Maria, la Sophia, la Esmeral . — Damnation ! toujours cette pensée !

Et il ferma le livre avec violence

Il passa la main sur son front, comme pour chasser l'idée qui l'obsédait Puis il prit sur la table un clou et un petit marteau dont le manche était curieusement peint de lettres cabalistiques

— Depuis quelque temps, dit-il avec un sourire amer, j'échoue dans toutes mes expériences ! L'idée fixe me possède, et me flétrit le cerveau comme un trèfle de feu Je n'ai seulement pu retrouver le secret de Cassiodore, dont la lampe brûlait sans mèche et sans huile Chose simple pourtant !

— Peste ! dit Jehan dans sa barbe

— Il suffit donc, continua le prêtre, d'une seule misérable pensée pour rendre un homme faible et fou ! Oh ! que Claude Pernelle rirait de moi, elle qui n'a pu détourner un moment Nicolas Flamel de la poursuite du grand œuvre ! Quoi ! je tiens dans ma main le marteau magique de Zéchiélé ! à chaque coup que le redoutable rabbin, du fond de sa cellule, frappait sur ce clou avec ce marteau, celui de ses ennemis qu'il avait condamné, eût-il été à deux mille lieues, s'enfonçait d'une coudée dans la terre qui le dévorait Le roi de France lui-même, pour avoir un soir heurté inconsidérément à la porte du thaumaturge, entra dans son pavé de Paris jusqu'aux genoux — Ceci s'est passé il n'y a pas trois siècles — Eh bien ! j'ai le marteau et le clou, et ce ne sont pas outils plus formidables dans mes mains qu'un butin aux mains d'un taillandier — Pourtant il ne s'agit que de retrouver le mot magique que prononçait Zéchiélé, en frappant sur son clou

— Bagatelle ! pensa Jehan

— Voyons, essayons, reprit vivement l'archidiacre Si je réussis, je verrai l'étincelle bleue jaillir de la tête du clou — Emen-hétan ! Emen-hétan ! — Ce n'est pas cela — Sigéani ! Sigéani ! — Que ce clou ouvre la tombe à quiconque porte le nom de Phœbus ! — Malédiction ! toujours, encore, éternellement la même idée !

Et il jeta le marteau avec colère Puis il s'affaissa tellement sur le fauteuil et sur la table, que Jehan le perdit de vue derrière l'énorme dossier Pendant quelques minutes, il ne vit plus que son poing convulsif crispé sur un livre Tout à coup dom Claude se leva, prit un compas, et grava en silence sur la muraille en lettres capitales ce mot grec .

ἈΝΆΓΚΗ.

— Mon frère est fou, dit Jehan en lui-même, il eût été bien plus simple d'écrire *Fatum* Tout le monde n'est pas obligé de savoir le grec

L'archidiacre vint se rasseoir dans son fauteuil, et posa sa tête sur ses deux mains, comme fait un malade dont le front est lourd et brûlant

L'écolier observait son frère avec surprise Il ne savait pas, lui qui mettait son cœur en plein air, lui qui n'observait de loi au monde que la bonne loi de nature, lui qui laissait s'écouler ses passions par ses penchants, et chez qui le lac des grandes émotions était toujours à sec, tant il y pratiquait largement chaque matin de nouvelles rigoles, il ne savait pas avec quelle furie cette mer des passions humaines fermente et bouillonne lorsqu'on lui refuse toute issue, comme elle s'amasse, comme elle s'enfle, comme elle déborde, comme elle creuse le cœur, comme elle éclate en sanglots intérieurs et en sourdes convulsions, jusqu'à ce qu'elle ait déchiré ses digues et crevé son lit L'enveloppe austère et glaciale de Claude Frollo, cette froide surface de vertu escarpée et inaccessible, avait toujours trompé Jehan Le joyeux écolier n'avait jamais songé à ce qu'il y a de lave bouillante, furieuse et profonde sous le front de neige de l'Etna

Nous ne savons s'il se rendit compte subitement de ces idées, mais, tout évaporé qu'il était, il comprit qu'il avait vu ce qu'il n'aurait pas dû voir, qu'il venait de surprendre l'âme de son frère aîné dans une de ses plus secrètes attitudes, et qu'il ne fallait pas que Claude s'en aperçût Voyant que l'archidiacre était retombé dans son immobilité première, il retira sa tête très doucement, et fit quelque bruit de pas derrière la porte, comme quelqu'un qui arrive et qui avertit de son arrivée

— Entrez ! cria l'archidiacre de l'intérieur de la cellule, je vous attendais J'ai laissé exprès la clef à la porte Entrez, maître Jacques

L'écolier entra hardiment L'archidiacre, qu'une pareille visite gênait fort en pareil lieu, tressaillit sur son fauteuil — Quoi ! c'est vous, Jehan ?

— C'est toujours un J, dit l'écolier avec sa face rouge, effrontée et joyeuse

Le visage de dom Claude avait repris son expression sévère

— Que venez-vous faire ici ?

— Mon frère, répondit l'écolier en s'efforçant d'atteindre à une mine décente, piteuse et modeste, et en tournant son bicoquet dans ses mains avec un air d'innocence, je venais vous demander

— Quoi ?

— Un peu de morale dont j'ai grand besoin Jehan n'osa ajouter tout haut — Et un peu d'argent dont j'ai plus grand besoin encore Ce dernier membre de sa phrase resta inédit

— Monsieur, dit l'archidiacre d'un ton froid, je suis très mécontent de vous

— Hélas ! soupira l'écolier

Dom Claude fit décrire un quart de cercle à son fauteuil, et regarda Jehan fixement — Je suis bien aise de vous voir

C'était un exorde redoutable Jehan se prépara à un rude choc

- Jehan, on m'apporte tous les jours des doléances de vous Qu'est-ce que c'est que cette batterie où vous avez contus de bastonnade un petit vicomte Albert de Ramonchamp ?

— Oh ! dit Jehan, grand'chose ! un méchant page qui s'amusait à esculbotter les écoliers en faisant courir son cheval dans les boues !

— Qu'est-ce que c'est, reprit l'archidiacre, que ce Mahiet Fargel, dont vous avez déchiré la robe ? *Tunicam dechiraverunt,* dit la plainte

— Ah bah! une mauvaise cappette de Montaigu! voilà-t-il pas!

— La plante dit *tunicam* et non *cappettam* Savez-vous le latin?

Jehan ne répondit pas

— Oui! poursuivit le prêtre en secouant la tête, voilà où en sont les études et les lettres maintenant La langue latine est à peine entendue, la syriaque inconnue, la grecque tellement odieuse que ce n'est pas ignorance aux plus savants de sauter un mot grec sans le lire, et qu'on dit *Græcum est, non legitur*

L'écolier releva résolûment les yeux — Monsieur mon frère, vous plaît il que je vous explique en bon parler français ce mot grec qui est écrit là sur le mur?

— Quel mot?

— ΆΝΆΓΚΗ.

Une légère rougeur vint s'épanouir sur les jaunes pommettes de l'archidiacre, comme la bouffée de fumée qui annonce au dehors les secrètes commotions d'un volcan L'écolier le remarqua à peine.

— Eh bien, Jehan, balbutia le frère aîné avec effort, qu'est-ce que ce mot veut dire?

— FATALITÉ

Dom Claude redevint pâle, et l'écolier poursuivit avec insouciance

— Et ce mot qui est au-dessous, gravé par la même main, Ἀναγνεία, signifie *impureté* Vous voyez qu'on sait son grec

L'archidiacre demeurait silencieux Cette leçon de grec l'avait rendu rêveur Le petit Jehan, qui avait toutes les finesses d'un enfant gâté, jugea le moment favorable pour hasarder sa requête Il prit donc une voix extrêmement douce, et commença

— Mon bon frère, est-ce que vous m'avez en haine à ce point de me faire farouche mine pour quelques méchantes gifles et pugnalades distribuées en bonne guerre à je ne sais quels garçons et marmousets, *quibusdam mormosetis?* — Vous voyez, bon frère Claude, qu'on sait son latin

Mais toute cette caressante hypocrisie n'eut point sur le sévère grand frère son effet accoutumé Cerbère ne mordit pas au gâteau de miel Le front de l'archidiacre ne se dérida pas d'un pli

— Où voulez-vous en venir? dit-il d'un ton sec

— Eh bien, au fait! voici! répondit bravement Jehan J'ai besoin d'argent

A cette déclaration effrontée, la physionomie de l'archidiacre prit tout à fait l'expression pédagogique et paternelle

— Vous savez, monsieur Jehan, que notre fief de Tirechappe ne rapporte, en mettant en bloc le cens et les rentes des vingt-une maisons, que trente-neuf livres onze sols six deniers parisis C'est moitié plus que du temps des frères Paclet, mais ce n'est pas beaucoup

— J'ai besoin d'argent, dit stoïquement Jehan

— Vous savez que l'official a décidé que nos vingt-une maisons mouvaient en plein fief de l'évêché, et que nous ne pourrions racheter cet hommage qu'en payant au révérend évêque deux marcs d'argent doré du prix de six livres parisis Or, ces deux marcs, je n'ai encore pu les amasser Vous le savez

— Je sais que j'ai besoin d'argent, répéta Jehan pour la troisième fois

— Et qu'en voulez-vous faire ?

Cette question fit briller une lueur d'espoir aux yeux de Jehan Il reprit sa mine chatte et doucereuse

— Tenez, cher frère Claude, je ne m'adresserais pas à vous en mauvaise intention Il ne s'agit pas de faire le beau dans les tavernes avec vos unzains et de me promener dans les rues de Paris en caparaçon de brocart d'or, avec mon laquais, *cum meo laquasio* Non, mon frère, c'est pour une bonne œuvre

— Quelle bonne œuvre ? demanda Claude un peu surpris

— Il y a deux de mes amis qui voudraient acheter une layette à l'enfant d'une pauvre veuve haudriette C'est une charité Cela coûtera trois florins, et je voudrais mettre le mien

— Comment s'appellent vos deux amis ?

— Pierre l'Assommeur et Baptiste Croque-Oison

— Hum ! dit l'archidiacre, voilà des noms qui vont à une bonne œuvre comme une bombarde sur un maître-autel

Il est certain que Jehan avait très mal choisi ses deux noms d'amis Il le sentit trop tard

— Et puis, poursuivit le sagace Claude, qu'est-ce que c'est qu'une layette qui doit coûter trois florins ? et cela pour l'enfant d'une haudriette ? Depuis quand les veuves haudriettes ont-elles des marmots au maillot ?

Jehan rompit la glace encore une fois — Eh bien, oui ! j'ai besoin d'argent pour aller voir ce soir Isabeau la Thierrye au Val-d'Amour ?

— Misérable impur ! s'écria le prêtre

— Ἀναγνεία, dit Jehan

Cette citation, que l'écolier empruntait, peut-être avec malice, à la muraille de la cellule, fit sur le prêtre un effet singulier Il se mordit les lèvres, et sa colère s'éteignit dans la rougeur

— Allez-vous-en, dit-il alors à Jehan J'attends quelqu'un

L'écolier tenta encore un effort — Frère Claude, donnez-moi au moins un petit parisis pour manger

— Où en êtes-vous des décrétales de Gratien ? demanda dom Claude

J'ai perdu mes cahiers

Où en êtes-vous des humanités latines?

— On m'a volé mon exemplaire d'Horatius

— Où en êtes-vous d'Aristoteles?

— Ma foi! frère, quel est donc ce père de l'église qui dit que les erreurs des hérétiques ont de tout temps eu pour repaire les broussailles de la métaphysique d'Aristoteles? Foin d'Aristoteles! je ne veux pas déchirer ma religion à sa métaphysique

— Jeune homme, reprit l'archidiacre, il y avait à la dernière entrée du roi un gentilhomme appelé Philippe de Comines, qui portait brodée sur la houssure de son cheval sa devise, que je vous conseille de méditer *Qui non laborat non manducet*

L'écolier resta un moment silencieux, le doigt à l'oreille, l'œil fixé à terre, et la mine fâchée Tout à coup il se retourna vers Claude avec la vive prestesse d'un hoche-queue

— Ainsi, bon frère, vous me refusez un sol parisis pour acheter une croûte chez un talmellier

— *Qui non laborat non manducet*

A cette réponse de l'inflexible archidiacre, Jehan cacha sa tête dans ses mains, comme une femme qui sanglote, et s'écria avec une expression de désespoir Ὀτοτοτοτοτοῖ!

— Qu'est-ce que cela veut dire, monsieur? demanda Claude surpris de cette incartade

— Eh bien quoi! dit l'écolier, et il relevait sur Claude des yeux effrontés dans lesquels il venait d'enfoncer ses poings pour leur donner la rougeur des larmes, c'est du grec! c'est un anapeste d'Eschyle qui exprime parfaitement la douleur

Et ici, il partit d'un éclat de rire si bouffon et si violent qu'il en fit sourire l'archidiacre C'était la faute de Claude en effet, pourquoi avait-il tant gâté cet enfant?

— Oh! bon frère Claude, reprit Jehan enhardi par ce sourire, voyez mes brodequins percés Y a-t-il cothurne plus tragique au monde que des bottines dont la semelle tire la langue?

L'archidiacre était promptement revenu à sa sévérité première — Je vous enverrai des bottines neuves Mais point d'argent

— Rien qu'un pauvre petit parisis, frère, poursuivit le suppliant Jehan J'apprendrai Gratien par cœur, je croirai bien en Dieu, je serai un véritable Pythagoras de science et de vertu Mais un petit parisis, par grâce! Voulez-vous que la famine me morde avec sa gueule qui est là, béante, devant moi, plus noire, plus puante, plus profonde qu'un tartare ou que le nez d'un moine?

Dom Claude hocha son chef ridé — *Qui non laborat*

Jehan ne le laissa pas achever

— Eh bien, cria-t-il, au diable! Vive la joie! Je m'entavernerai, je me battrai, je casserai les pots et j'irai voir les filles!

Et sur ce, il jeta son bonnet au mur et fit claquer ses doigts comme des castagnettes

L'archidiacre le regarda d'un air sombre

— Jehan, vous n'avez point d'âme

— En ce cas, selon Epicurius, je manque d'un je ne sais quoi fait de quelque chose qui n'a pas de nom

— Jehan, il faut songer sérieusement à vous corriger

— Ah çà, cria l'écolier en regardant tour à tour son frère et les alambics du fourneau, tout est donc cornu ici, les idées et les bouteilles!

— Jehan, vous êtes sur une pente bien glissante Savez-vous où vous allez?

— Au cabaret, dit Jehan

— Le cabaret mène au pilori

— C'est une lanterne comme une autre, et c'est peut-être avec celle-là que Diogénès eût trouvé son homme

— Le pilori mène à la potence

— La potence est une balance qui a un homme à un bout et toute la terre à l'autre Il est beau d'être l'homme

— La potence mène à l'enfer

— C'est un gros feu

— Jehan, Jehan, la fin sera mauvaise

— Le commencement aura été bon

En ce moment le bruit d'un pas se fit entendre dans l'escalier

— Silence! dit l'archidiacre en mettant un doigt sur sa bouche, voici maître Jacques Ecoutez, Jehan, ajouta-t-il à voix basse, gardez-vous de parler jamais de ce que vous aurez vu et entendu ici Cachez-vous vite sous ce fourneau, et ne soufflez pas

L'écolier se blottit sous le fourneau Là, il lui vint une idée féconde

— A propos, frère Claude, un florin pour que je ne souffle pas

— Silence! je vous le promets

— Il faut me le donner

Prends donc! dit l'archidiacre en lui jetant avec colère son escarcelle Jehan se renfonça sous le fourneau, et la porte s'ouvrit

V

LES DEUX HOMMES VÊTUS DE NOIR

Le personnage qui entra avait une robe noire et la mine sombre. Ce qui frappa au premier coup d'œil notre ami Jehan (qui, comme on s'en doute bien, s'était arrangé dans son coin de manière à pouvoir tout voir et tout entendre selon son bon plaisir), c'était la parfaite tristesse du vêtement et du visage de ce nouveau venu. Il y avait pourtant quelque douceur répandue sur cette figure, mais une douceur de chat ou de juge, une douceur doucereuse. Il était fort gris, ridé, touchait aux soixante ans, clignait des yeux, avait le sourcil blanc, la lèvre pendante et de grosses mains. Quand Jehan vit que ce n'était que cela, c'est-à-dire sans doute un médecin ou un magistrat, et que cet homme avait le nez très loin de la bouche, signe de bêtise, il se rencogna dans son trou, désespéré d'avoir à passer un temps indéfini en si gênante posture et en si mauvaise compagnie.

L'archidiacre cependant ne s'était pas même levé pour ce personnage. Il lui avait fait signe de s'asseoir sur un escabeau voisin de la porte, et, après quelques moments d'un silence qui semblait continuer une méditation antérieure, il lui avait dit avec quelque protection : — Bonjour, maître Jacques.

— Salut, maître ! avait répondu l'homme noir.

Il y avait dans les deux manières dont fut prononcé d'une part ce *maître Jacques,* de l'autre ce *maître* par excellence, la différence du monseigneur au monsieur, du *domme* au *domne.* C'était évidemment l'abord du docteur et du disciple.

— Eh bien, reprit l'archidiacre après un nouveau silence que maître Jacques se garda de troubler, réussissez-vous ?

— Hélas, mon maître, dit l'autre avec un sourire triste, je souffle toujours. De la cendre tant que j'en veux. Mais pas une étincelle d'or.

Dom Claude fit un geste d'impatience. — Je ne vous parle pas de cela, maître Jacques Charmolue, mais du procès de votre magicien. N'est-ce pas Marc Cenaine que vous le nommez, le sommelier de la Cour des comptes ? Avoue-t-il sa magie ? La question vous a-t-elle réussi ?

— Hélas non, répondit maître Jacques, toujours avec son sourire triste. Nous n'avons pas cette consolation. Cet homme est un caillou. Nous le ferons bouillir au Marché-aux-Pourceaux, avant qu'il ait rien dit. Cependant nous n'épargnons rien pour arriver à la vérité. Il est déjà tout disloqué. Nous

y mettons toutes les herbes de la Saint-Jean, comme dit le vieux comique
Plautus,

Advrorsum flimulos, laminas, crucesque, compedesque,
Nervos, catenas, carceres, numellas, pedicas, boias

Rien n'y fut Cet homme est terrible J'y perds mon latin
— Vous n'avez rien trouvé de nouveau dans sa maison ?
— Si fait, dit maître Jacques en fouillant dans son escarcelle, ce parchemin Il y a des mots dessus que nous ne comprenons pas Monsieur l'avocat
criminel Philippe Lheulier sait pourtant un peu d'hébreu qu'il a appris dans
l'affaire des juifs de la rue Kantersten à Bruxelles
En parlant ainsi, maître Jacques déroulait un parchemin — Donnez, dit
l'archidiacre Et jetant les yeux sur cette pancarte — Pure magie, maître
Jacques ! s'écria-t-il *Emen-hétan* ! c'est le cri des stryges quand elles arrivent
au sabbat *Per ipsum, & cum ipso, & in ipso !* c'est le commandement qui reca-
denasse le diable en enfer *Hax, pax, max* ! ceci est de la médecine Une
formule contre la morsure des chiens enragés Maître Jacques ! vous êtes
procureur du roi en cour d'église, ce parchemin est abominable
— Nous remettrons l'homme à la question Voici encore, ajouta maître
Jacques en fouillant de nouveau dans sa sacoche, ce que nous avons trouvé
chez Marc Cenaine
C'était un vase de la famille de ceux qui couvraient le fourneau de dom
Claude — Ah ! dit l'archidiacre, un creuset d'alchimie
— Je vous avouerai, reprit maître Jacques avec son sourire timide et
gauche, que je l'ai essayé sur le fourneau, mais je n ai pas mieux réussi
qu'avec le mien
L'archidiacre se mit à examiner le vase — Qu'a-t-il gravé sur son creuset ?
Och ! och ! le mot qui chasse les puces ! Ce Marc Cenaine est ignorant ! Je le
crois bien, que vous ne ferez pas d'or avec ceci ! c'est bon à mettre dans votre
alcôve l'été, et voilà tout !
— Puisque nous en sommes aux erreurs, dit le procureur du roi, je viens
d'étudier le portail d'en bas avant de monter, votre révérence est-elle bien
sûre que l'ouverture de l'ouvrage de physique y est figurée du côté de
l'Hôtel-Dieu, et que, dans les sept figures nues qui sont aux pieds de Notre-
Dame, celle qui a des ailes aux talons est Mercurius ?
— Oui, répondit le prêtre C'est Augustin Nypho qui l'écrit ce docteur
italien qui avait un démon barbu lequel lui apprenait toute chose Au reste,
nous allons descendre, et je vous expliquerai cela sur le texte
— Merci, mon maître, dit Charmolue en s'inclinant jusqu'à terre —

A propos, j'oubliais ! quand vous plaît-il que je fasse appréhender la petite magicienne ?

— Quelle magicienne ?

— Cette bohémienne que vous savez bien, qui vient tous les jours baller sur le parvis malgré la défense de l'official ! Elle a une chèvre possédée qui a des cornes du diable, qui lit, qui écrit, qui sait la mathématique comme Picatrix, et qui suffirait à faire pendre toute la Bohême Le procès est tout prêt Il sera bientôt fait, allez ! Une jolie créature, sur mon âme, que cette danseuse ! les plus beaux yeux noirs ! deux escarboucles d'Égypte Quand commençons-nous ?

L'archidiacre était excessivement pâle

— Je vous dirai cela, balbutia-t-il d'une voix à peine articulée Puis il reprit avec effort — Occupez-vous de Marc Cenaine

— Soyez tranquille, dit en souriant Charmolue Je vais le faire reboucler sur le lit de cuir en rentrant Mais c'est un diable d'homme Il fatigue Pierrat Torterue lui-même, qui a les mains plus grosses que moi Comme dit ce bon Plautus,

> *Nudus vinctus, centum pondo, es qu in lo p ndes p' p'des.*

La question au treuil ! c'est ce que nous avons de mieux Il y passera

Dom Claude semblait plongé dans une sombre distraction Il se tourna vers Charmolue

— Maître Pierrat   maître Jacques, veux-je dire, occupez-vous de Marc Cenaine !

— Oui, oui, dom Claude Pauvre homme ! il aura souffert comme Mummol Quelle idée aussi, d'aller au sabbat ! un sommelier de la Cour des comptes, qui devrait connaître le texte de Charlemagne, *Stryga vel masca* ! — Quant à la petite, — Smelarda, comme ils l'appellent, — j'attendrai vos ordres — Ah ! en passant sous le portail, vous m'expliquerez aussi ce que veut dire le jardinier de plate peinture qu'on voit en entrant dans l'église N'est-ce pas le Semeur ? — Hé ! maître, à quoi pensez-vous donc ?

Dom Claude, abîmé en lui-même, ne l'écoutait plus Charmolue, en suivant la direction de son regard, vit qu'il s'était fixé machinalement à la grande toile d'araignée qui tapissait la lucarne En ce moment, une mouche étourdie qui cherchait le soleil de mars vint se jeter à travers ce filet et s'y englua A l'ébranlement de sa toile, l'énorme araignée fit un mouvement brusque hors de sa cellule centrale, puis d'un bond elle se précipita sur la mouche, qu'elle plia en deux avec ses antennes de devant, tandis que sa trompe hideuse lui fouillait la tête — Pauvre mouche ! dit le procureur du roi en cour d'église, et il leva la main pour la sauver L'archidiacre, comme réveillé en sursaut, lui retint le bras avec une violence convulsive

— Maître Jacques, cria-t-il, laissez faire la fatalité !

Le procureur se retourna effaré Il lui semblait qu'une pince de fer lui avait pris le bras L'œil du prêtre était fixe, hagard, flamboyant, et restait attaché au petit groupe horrible de la mouche et de l'araignée

— Oh ! oui, continua le prêtre avec une voix qu'on eût dit venir de ses entrailles, voilà un symbole de tout Elle vole, elle est joyeuse, elle vient de naître, elle cherche le printemps, le grand air, la liberté, oh ! oui, mais qu'elle se heurte à la rosace fatale, l'araignée en sort, l'araignée hideuse ! Pauvre danseuse ! pauvre mouche prédestinée ! Maître Jacques, laissez faire ! c'est la fatalité ! — Hélas ! Claude, tu es l'araignée Claude, tu es la mouche aussi ! — Tu volais à la science, à la lumière, au soleil, tu n'avais souci que d'arriver au grand air, au grand jour de la vérité éternelle, mais, en te précipitant vers la lucarne éblouissante qui donne sur l'autre monde, sur le monde de la clarté, de l'intelligence et de la science, mouche aveugle, docteur insensé, tu n'as pas vu cette subtile toile d'araignée tendue par le destin entre la lumière et toi, tu t'y es jeté à corps perdu, misérable fou, et maintenant tu te débats, la tête brisée et les ailes arrachées, entre les antennes de fer de la fatalité ! — Maître Jacques ! maître Jacques ! laissez faire l'araignée !

— Je vous assure, dit Charmolue qui le regardait sans comprendre, que je n'y toucherai pas Mais lâchez-moi le bras, maître, de grâce ! vous avez une main de tenaille

L'archidiacre ne l'entendait pas — Oh ! insensé ! reprit-il sans quitter la lucarne des yeux Et quand tu l'aurais pu rompre, cette toile redoutable, avec tes ailes de moucheron, tu crois que tu aurais pu atteindre à la lumière ! Hélas ! cette vitre qui est plus loin, cet obstacle transparent, cette muraille de cristal plus dur que l'airain qui sépare toutes les philosophies de la vérité, comment l'aurais-tu franchie ? O vanité de la science ! que de sages viennent de bien loin en voletant s'y briser le front ! que de systèmes pêle-mêle se heurtent en bourdonnant à cette vitre éternelle !

Il se tut Ces dernières idées, qui l'avaient insensiblement ramené de lui-même à la science, paraissaient l'avoir calmé Jacques Charmolue le fit tout à fait revenir au sentiment de la réalité, en lui adressant cette question — Or çà, mon maître, quand viendrez-vous m'aider à faire de l'or ? Il me tarde de réussir

L'archidiacre hocha la tête avec un sourire amer — Maître Jacques, lisez Michel Psellus, *Dialogus de energia & operatione dæmonum* Ce que nous faisons n'est pas tout à fait innocent

Plus bas, maître ! je m'en doute, dit Charmolue Mais il faut bien faire un peu d'hermétique quand on n'est que procureur du roi en cour d'église, à trente écus tournois par an Seulement parlons bas

En ce moment un bruit de mâchoire et de mastication qui partait de dessous le fourneau vint frapper l'oreille inquiète de Charmolue

— Qu'est cela ? demanda-t-il

C'était l'écolier qui, fort gêné et fort ennuyé dans sa cachette, était parvenu à y découvrir une vieille croûte et un triangle de fromage moisi, et s'était mis à manger le tout sans façon, en guise de consolation et de déjeuner Comme il avait grand'faim, il faisait grand bruit, et il accentuait fortement chaque bouchée, ce qui avait donné l'éveil et l'alarme au procureur

— C'est un mien chat, dit vivement l'archidiacre, qui se régale là-dessous de quelque souris

Cette explication satisfit Charmolue

— En effet, maître, répondit-il avec un sourire respectueux, tous les grands philosophes ont eu leur bête familière Vous savez ce que dit Servius *Nullus enim locus sine genio est*

Cependant dom Claude, qui craignait quelque nouvelle algarade de Jehan, rappela à son digne disciple qu'ils avaient quelques figures du portail à étudier ensemble, et tous deux sortirent de la cellule, au grand *ouf !* de l'écolier, qui commençait à craindre sérieusement que son genou ne prît l'empreinte de son menton

VI

EFFET QUE PEUVENT PRODUIRE SEPT JURONS EN PLEIN AIR

— *Te Deum laudamus* ! s'écria maître Jehan en sortant de son trou, voilà
les deux chats-huants partis Och ! och ! Hax ! pax ! max ! les puces ! les chiens
enragés ! le diable ! j'en ai assez de leur conversation ! La tête me bourdonne
comme un clocher Du fromage moisi par-dessus le marché ! Sus ! descendons,
prenons l'escarcelle du grand frère, et convertissons toutes ces monnaies en
bouteilles !

Il jeta un coup d'œil de tendresse et d'admiration dans l'intérieur de
la précieuse escarcelle, rajusta sa toilette, frotta ses bottines, épousseta ses
pauvres manches-mahoîtres toutes grises de cendre, siffla un air, pirouetta
une gambade, examina s'il ne restait pas quelque chose à prendre dans la
cellule, grappilla çà et là sur le fourneau quelque amulette de verroterie bonne
à donner en guise de bijou à Isabeau la Thierrye, enfin poussa la porte, que
son frère avait laissée ouverte par une dernière indulgence, et qu'il laissa
ouverte à son tour par une dernière malice, et descendit l'escalier circulaire
en sautillant comme un oiseau

Au milieu des ténèbres de la vis il coudoya quelque chose qui se rangea
en grognant, il présuma que c'était Quasimodo, et cela lui parut si drôle
qu'il descendit le reste de l'escalier en se tenant les côtes de rire En débouchant sur la place, il riait encore

Il frappa du pied quand il se retrouva à terre —Oh ! dit-il, bon et honorable pavé de Paris ! maudit escalier à essouffler les anges de l'échelle Jacob !
A quoi pensais-je de m'aller fourrer dans cette vrille de pierre qui perce le
ciel, le tout pour manger du fromage barbu, et pour voir les clochers
de Paris par une lucarne !

Il fit quelques pas, et aperçut les deux chats-huants, c'est-à-dire dom
Claude et maître Jacques Charmolue, en contemplation devant une sculpture
du portail Il s'approcha d'eux sur la pointe des pieds, et entendit l'archidiacre qui disait tout bas à Charmolue — C'est Guillaume de Paris qui a
fait graver un Job sur cette pierre couleur lapis-lazuli, dorée par les bords
Job figure sur la pierre philosophale, qui doit être éprouvée et martyrisée
aussi pour devenir parfaite, comme dit Raymond Lulle *Sub conservatione formæ
specificæ salva anima*

Cela m'est bien égal, dit Jehan, c'est moi qui ai la bourse

En ce moment il entendit une voix forte et sonore articuler derrière lui

une série formidable de jurons — Sang-Dieu ! ventre-Dieu ! bédieu ! corps
de Dieu ! nombril de Belzébuth ! nom d'un pape ! corne et tonnerre !

— Sur mon âme, s'écria Jehan, ce ne peut être que mon ami le capitaine
Phœbus !

Ce nom de Phœbus arriva aux oreilles de l'archidiacre au moment où il
expliquait au procureur du roi le dragon qui cache sa queue dans un bain
d'où sort de la fumée et une tête de roi Dom Claude tressaillit, s'interrompit,
à la grande stupeur de Charmolue, se retourna, et vit son frère Jehan qui
abordait un grand officier à la porte du logis Gondelaurier

C'était en effet monsieur le capitaine Phœbus de Châteaupers Il était
adossé à l'angle de la maison de sa fiancée, et il jurait comme un païen

— Ma foi, capitaine Phœbus, dit Jehan en lui prenant la main, vous
sacrez avec une verve admirable

— Corne et tonnerre ! répondit le capitaine

— Corne et tonnerre vous-même ! répliqua l'écolier Or çà, gentil capitaine, d'où vous vient ce débordement de belles paroles ?

— Pardon, bon camarade Jehan, s'écria Phœbus en lui secouant la main,
cheval lancé ne s'arrête pas court Or je jurais au grand galop Je viens de
chez ces bégueules, et quand j'en sors, j'ai toujours la gorge pleine de jurements, il faut que je les crache, ou j'étoufferais, ventre et tonnerre !

— Voulez-vous venir boire ? demanda l'écolier

Cette proposition calma le capitaine

— Je veux bien, mais je n'ai pas d'argent

- J'en ai, moi !

— Bah ! voyons ?

Jehan étala l'escarcelle aux yeux du capitaine, avec majesté et simplicité
Cependant l'archidiacre, qui avait laissé là Charmolue ébahi, était venu
jusqu'à eux et s'était arrêté à quelques pas, les observant tous deux sans qu'ils
prissent garde à lui, tant la contemplation de l'escarcelle les absorbait

Phœbus s'écria — Une bourse dans votre poche, Jehan, c'est la lune
dans un seau d'eau On l'y voit, mais elle n'y est pas Il n'y en a que l'ombre
Pardieu ! gageons que ce sont des cailloux !

Jehan répondit froidement — Voilà les cailloux dont je cailloute mon
gousset

Et, sans ajouter une parole, il vida l'escarcelle sur une borne voisine, de
l'air d'un romain sauvant la patrie

— Vrai Dieu ! grommela Phœbus, des targes, des grands-blancs, des
petits-blancs, des mailles d'un tournois les deux, des deniers parisis, de vrais
liards-à-l'aigle ! C'est éblouissant !

Jehan demeurait digne et impassible Quelques liards avaient roulé dans

la boue, le capitaine, dans son enthousiasme, se baissa pour les ramasser
Jehan le retint — Fi, capitaine Phœbus de Châteaupers !

Phœbus compta la monnaie, et se tournant avec solennité vers Jehan
— Savez-vous, Jehan, qu'il y a vingt-trois sols parisis ! Qui avez-vous donc
dévalisé cette nuit, rue Coupe-Gueule ?

Jehan rejeta en arrière sa tête blonde et bouclée, et dit en fermant à demi
des yeux dédaigneux — On a un frère archidiacre et imbécile

— Corne de Dieu ! s'écria Phœbus, le digne homme !

— Allons boire, dit Jehan

— Où irons-nous ? dit Phœbus A *la Pomme d'Ève ?*

— Non, capitaine Allons à *la Vieille Science* Une vieille qui scie une
anse C'est un rébus J'aime cela

— Foin des rébus, Jehan ! le vin est meilleur à *la Pomme d'Ève* Et puis,
à côté de la porte il y a une vigne au soleil qui m'égaie quand je bois

— Eh bien ! va pour Ève et sa pomme, dit l'écolier, et prenant le bras
de Phœbus — A propos, mon cher capitaine, vous avez dit tout à l'heure
la rue Coupe-Gueule C'est fort mal parler On n'est plus si barbare à présent On dit la rue Coupe-Gorge

Les deux amis se mirent en route vers *la Pomme d'Ève* Il est inutile de dire
qu'ils avaient d'abord ramassé l'argent et que l'archidiacre les suivait

L'archidiacre les suivait, sombre et hagard Était-ce là le Phœbus dont le
nom maudit, depuis son entrevue avec Gringoire, se mêlait à toutes ses
pensées ? il ne le savait, mais, enfin, c'était un Phœbus, et ce nom magique
suffisait pour que l'archidiacre suivît à pas de loup les deux insouciants
compagnons, écoutant leurs paroles et observant leurs moindres gestes avec
une anxiété attentive Du reste, rien de plus facile que d'entendre tout ce
qu'ils disaient, tant ils parlaient haut, fort peu gênés de mettre les passants
de moitié dans leurs confidences Ils parlaient duels, filles, cruches, folies

Au détour d'une rue, le bruit d'un tambour de basque leur vint d'un
carrefour voisin Dom Claude entendit l'officier qui disait à l'écolier

— Tonnerre ! doublons le pas

— Pourquoi, Phœbus ?

— J'ai peur que la bohémienne ne me voie

— Quelle bohémienne ?

— La petite qui a une chèvre

— La Smeralda ?

— Justement, Jehan J'oublie toujours son diable de nom Dépêchons,
elle me reconnaîtrait Je ne veux pas que cette fille m'accoste dans la rue

— Est-ce que vous la connaissez, Phœbus ?

Ici l'archidiacre vit Phœbus ricaner, se pencher à l'oreille de Jehan, et lui

dire quelques mots tout bas Puis Phœbus éclata de rire et secoua la tête
d'un air triomphant

— En vérité? dit Jehan

— Sur mon âme! dit Phœbus

— Ce soir?

— Ce soir

— Êtes-vous sûr qu'elle viendra?

— Mais êtes-vous fou, Jehan? est-ce qu'on doute de ces choses-là?

— Capitaine Phœbus, vous êtes un heureux gendarme!

L'archidiacre entendit toute cette conversation Ses dents claquèrent
Un frisson, visible aux yeux, parcourut tout son corps Il s'arrêta un moment,
s'appuya à une borne comme un homme ivre, puis il reprit la piste des deux
joyeux drôles

Au moment où il les rejoignit, ils avaient changé de conversation Il les
entendit chanter à tue-tête le vieux refrain

> Les enfants des Petits-Carreaux
> Se font pendre comme des veaux

VII

LE MOINE-BOURRU

L'illustre cabaret de *la Pomme d'Ève* était situé dans l'Université, au coin de la rue de la Rondelle et de la rue du Bâtonnier C'était une salle au rez-de-chaussée, assez vaste et fort basse, avec une voûte dont la retombée centrale s'appuyait sur un gros pilier de bois peint en jaune, des tables partout, de luisants brocs d'étain accrochés au mur, toujours force buveurs, des filles à foison, un vitrage sur la rue, une vigne à la porte, et au-dessus de cette porte une criarde planche de tôle, enluminée d'une pomme et d'une femme, rouillée par la pluie et tournant au vent sur une broche de fer Cette façon de girouette qui regardait le pavé était l'enseigne

La nuit tombait Le carrefour était noir Le cabaret plein de chandelles flamboyait de loin comme une forge dans l'ombre On entendait le bruit des verres, des ripailles, des jurements, des querelles qui s'échappait par les carreaux cassés. A travers la brume que la chaleur de la salle répandait sur la devanture vitrée, on voyait fourmiller cent figures confuses, et de temps en temps un éclat de rire sonore s'en détachait Les passants qui allaient à leurs affaires longeaient sans y jeter les yeux cette vitre tumultueuse Seulement, par intervalles, quelque petit garçon en guenilles se haussait sur la pointe des pieds jusqu'à l'appui de la devanture et jetait dans le cabaret la vieille huée goguenarde dont on poursuivait alors les ivrognes —Aux Houls, saouls, saouls, saouls !

Un homme cependant se promenait imperturbablement devant la bruyante taverne, y regardant sans cesse, et ne s'en écartant pas plus qu'un piquier de sa guérite Il avait un manteau jusqu'au nez Ce manteau, il venait de l'acheter au fripier qui avoisinait *la Pomme d'Ève,* sans doute pour se garantir du froid des soirées de mars, peut-être pour cacher son costume De temps en temps il s'arrêtait devant le vitrage trouble à mailles de plomb, il écoutait, regardait, et frappait du pied

Enfin la porte du cabaret s'ouvrit C'est ce qu'il paraissait attendre Deux buveurs en sortirent Le rayon de lumière qui s'échappa de la porte empourpra un moment leurs joviales figures L'homme au manteau s'alla mettre en observation sous un porche de l'autre côté de la rue

— Corne et tonnerre ! dit l'un des deux buveurs Sept heures vont toquer C'est l'heure de mon rendez-vous

Je vous dis, reprenait son compagnon avec une langue épaisse, que
je ne demeure pas rue des Mauvaises-Paroles, *indignus qui inter mala verba
habitat* J'ai logis rue Jean-Pain-Mollet, *in vico Johannis-Pain-Mollet* — Vous
êtes plus cornu qu'un unicorne, si vous dites le contraire — Chacun sait
que qui monte une fois sur un ours n'a jamais peur, mais vous avez le nez
tourné à la friandise, comme Saint-Jacques de l'Hôpital

— Jehan, mon ami, vous êtes ivre, disait l'autre

L'autre répondit en chancelant — Cela vous plaît à dire, Phœbus, mais
il est prouvé que Platon avait le profil d'un chien de chasse

Le lecteur a sans doute déjà reconnu nos deux braves amis, le capitaine
et l'écolier Il paraît que l'homme qui les guettait dans l'ombre les avait
reconnus aussi, car il suivait à pas lents tous les zigzags que l'écolier faisait
faire au capitaine, lequel, buveur plus aguerri, avait conservé tout son sang-
froid En les écoutant attentivement, l'homme au manteau put saisir dans
son entier l'intéressante conversation que voici

— Corbacque! tâchez donc de marcher droit, monsieur le bachelier
Vous savez qu'il faut que je vous quitte Voilà sept heures J'ai rendez-vous
avec une femme

— Laissez-moi donc, vous! Je vois des étoiles et des lances de feu Vous
êtes comme le château de Dampmartin qui crève de rire

— Par les verrues de ma grand'mère, Jehan, c'est déraisonner avec trop
d'acharnement — A propos, Jehan, est-ce qu'il ne vous reste plus d'argent?

— Monsieur le recteur, il n'y a pas de faute, la petite boucherie, *parva
boucheria.*

— Jehan, mon ami Jehan! vous savez que j'ai donné rendez-vous à cette
petite au bout du Pont Saint-Michel, que je ne puis la mener que chez la
Falourdel, la vilotière du pont, et qu'il faudra payer la chambre La vieille
ribaude à moustaches blanches ne me fera pas crédit Jehan! de grâce! est-ce
que nous avons bu toute l'escarcelle du curé? est-ce qu'il ne vous reste plus
un parisis?

— La conscience d'avoir bien dépensé les autres heures est un juste et
savoureux condiment de table

— Ventre et boyaux! trève aux billevesées! Dites-moi, Jehan du diable,
vous reste-t-il quelque monnaie? Donnez, bédieu! ou je vais vous fouiller,
fussiez-vous lépreux comme Job et galeux comme César!

— Monsieur, la rue Galiache est une rue qui a un bout rue de la Verrerie, et l'autre rue de la Tixeranderie

— Eh bien oui, mon bon ami Jehan, mon pauvre camarade, la rue
Galiache, c'est bien, c'est très bien Mais, au nom du ciel, revenez à vous
Il ne me faut qu'un sol parisis, et c'est pour sept heures.

— Silence à la ronde, et attention au refrain

> Quand les rats mangeront les cats,
> Le roi sera seigneur d'Arras,
> Quand la mer, qui est grande et lée,
> Sera à la Saint-Jean gelée,
> On verra, par-dessus la glace,
> Sortir ceux d'Arras de leur place

— Eh bien, écolier de l'Antechrist, puisses-tu être étranglé avec les tripes de ta mère ! s'écria Phœbus, et il poussa rudement l'écolier ivre, lequel glissa contre le mur et tomba mollement sur le pavé de Philippe-Auguste Par un reste de cette pitié fraternelle qui n'abandonne jamais le cœur d'un buveur, Phœbus roula Jehan avec le pied sur un de ces oreillers du pauvre que la providence tient prêts au coin de toutes les bornes de Paris, et que les riches flétrissent dédaigneusement du nom de *tas d'ordures* Le capitaine arrangea la tête de Jehan sur un plan incliné de trognons de choux, et à l'instant même l'écolier se mit à ronfler avec une basse-taille magnifique Cependant toute rancune n'était pas éteinte au cœur du capitaine — Tant pis si la charrette du diable te ramasse en passant ! dit-il au pauvre clerc endormi, et il s'éloigna

L'homme au manteau, qui n'avait cessé de le suivre, s'arrêta un moment devant l'écolier gisant, comme si une indécision l'agitait, puis, poussant un profond soupir, il s'éloigna aussi à la suite du capitaine

Nous laisserons, comme eux, Jehan dormir sous le regard bienveillant de la belle étoile, et nous les suivrons aussi, s'il plaît au lecteur

En débouchant dans la rue Saint-André-des-Arcs, le capitaine Phœbus s'aperçut que quelqu'un le suivait Il vit, en détournant par hasard les yeux, une espèce d'ombre qui rampait derrière lui le long des murs Il s'arrêta, elle s'arrêta Il se remit en marche, l'ombre se remit en marche Cela ne l'inquiéta que fort médiocrement — Ah bah ! se dit-il en lui-même, je n'ai pas le sou

Devant la façade du collège d'Autun il fit halte C'est à ce collège qu'il avait ébauché ce qu'il appelait ses études, et, par une habitude d'écolier taquin qui lui était restée, il ne passait jamais devant la façade sans faire subir à la statue du cardinal Pierre Bertrand, sculptée à droite du portail, l'espèce d'affront dont se plaint si amèrement Priape dans la satire d'Horace *Olim truncus eram ficulnus* Il y avait mis tant d'acharnement que l'inscription *Eduensis episcopus* en était presque effacée Il s'arrêta donc devant la statue comme à son ordinaire La rue était tout à fait déserte Au moment où il renouait nonchalamment ses aiguillettes, le nez au vent, il vit l'ombre qui s'approchait de lui à pas lents, si lents qu'il eut tout le temps d'observer que cette ombre

avait un manteau et un chapeau Arrivée près de lui, elle s'arrêta et demeura
plus immobile que la statue du cardinal Bertrand Cependant elle attachait
sur Phœbus deux yeux fixes pleins de cette lumière vague qui sort la nuit
de la prunelle d'un chat

Le capitaine était brave et se serait fort peu soucié d'un larron l'estoc
au poing Mais cette statue qui marchait, cet homme pétrifié le glacèrent Il
courait alors par le monde je ne sais quelles histoires du moine-bourru,
rôdeur nocturne des rues de Paris, qui lui revinrent confusément en mémoire
Il resta quelques minutes stupéfait, et rompit enfin le silence, en s'efforçant
de rire

— Monsieur, si vous êtes un voleur, comme je l'espère, vous me faites
l'effet d'un héron qui s'attaque à une coquille de noix Je suis un fils de
famille ruiné, mon cher Adressez-vous à côté Il y a dans la chapelle de ce
collège du bois de la vraie croix, qui est dans de l'argenterie

La main de l'ombre sortit de dessous son manteau et s'abattit sur le bras
de Phœbus avec la pesanteur d'une serre d'aigle En même temps l'ombre
parla   — Capitaine Phœbus de Châteaupers !

— Comment diable ! dit Phœbus, vous savez mon nom !

— Je ne sais pas seulement votre nom, reprit l'homme au manteau avec
sa voix de sépulcre Vous avez un rendez-vous ce soir

— Oui, répondit Phœbus stupéfait

— A sept heures

— Dans un quart d'heure

— Chez la Falourdel

— Précisément

— La vilotière du Pont Saint-Michel

— De saint Michel archange, comme dit la patenôtre

— Impie ! grommela le spectre — Avec une femme ?

— *Confiteor*

— Qui s'appelle

— La Smeralda, dit Phœbus allègrement Toute son insouciance lui
était revenue par degrés

A ce nom, la serre de l'ombre secoua avec fureur le bras de Phœbus

— Capitaine Phœbus de Châteaupers, tu mens !

Qui eût pu voir en ce moment le visage enflammé du capitaine, le
bond qu'il fit en arrière, si violent qu'il se dégagea de la tenaille qui l'avait
saisi, la fière mine dont il jeta sa main à la garde de son épée, et devant
cette colère la morne immobilité de l'homme au manteau, qui eût vu
cela eût été effrayé C'était quelque chose du combat de don Juan et de
la statue.

— Christ et Satan ! cria le capitaine Voilà une parole qui s'attaque rarement à l'oreille d'un Châteaupers ! tu n'oserais pas la répéter

— Tu mens ! dit l'ombre froidement

Le capitaine grinça des dents Moine-bourru, fantôme, superstitions, il avait tout oublié en ce moment Il ne voyait plus qu'un homme et qu'une insulte

— Ah ! voilà qui va bien ! balbutia-t-il d'une voix étouffée de rage Il tira son épée, puis bégayant, car la colère fait trembler comme la peur — Ici ! tout de suite ! sus ! les épées ! les épées ! du sang sur ces pavés !

Cependant l'autre ne bougeait Quand il vit son adversaire en garde et prêt à se fendre — Capitaine Phœbus, dit-il, et son accent vibrait avec amertume, vous oubliez votre rendez-vous

Les emportements des hommes comme Phœbus sont des soupes au lait dont une goutte d'eau froide affaisse l'ébullition Cette simple parole fit baisser l'épée qui étincelait à la main du capitaine

— Capitaine, poursuivit l'homme, demain, après-demain, dans un mois, dans dix ans, vous me retrouverez prêt à vous couper la gorge, mais allez d'abord à votre rendez-vous

— En effet, dit Phœbus, comme s'il cherchait à capituler avec lui-même, ce sont deux choses charmantes à rencontrer en un rendez-vous qu'une épée et qu'une fille, mais je ne vois pas pourquoi je manquerais l'une pour l'autre, quand je puis avoir les deux

Il remit l'épée au fourreau

— Allez à votre rendez-vous, reprit l'inconnu

— Monsieur, répondit Phœbus avec quelque embarras, grand merci de votre courtoisie Au fait il sera toujours temps demain de nous découper à taillades et boutonnières le pourpoint du père Adam Je vous sais gré de me permettre de passer encore un quart d'heure agréable J'espérais bien vous coucher dans le ruisseau et arriver encore à temps pour la belle, d'autant mieux qu'il est de bon air de faire attendre un peu les femmes en pareil cas Mais vous m'avez l'air d'un gaillard, et il est plus sûr de remettre la partie à demain Je vais donc à mon rendez-vous C'est pour sept heures, comme vous savez — Ici Phœbus se gratta l'oreille — Ah ! corne-Dieu ! j'oubliais ! je n'ai pas un sou pour acquitter le truage du galetas, et la vieille matrulle voudra être payée d'avance Elle se défie de moi

— Voici de quoi payer

Phœbus sentit la main froide de l'inconnu glisser dans la sienne une large pièce de monnaie Il ne put s'empêcher de prendre cet argent et de serrer cette main

— Vrai Dieu ! s'écria-t-il, vous êtes un bon enfant !

Une condition, dit l'homme Prouvez-moi que j'ai eu tort et que vous disiez vrai Cachez-moi dans quelque coin d'où je puisse voir si cette femme est vraiment celle dont vous avez dit le nom

— Oh ! répondit Phœbus, cela m'est bien égal Nous prendrons la chambre à Sainte-Marthe Vous pourrez voir à votre aise du chenil qui est à côté

— Venez donc, reprit l'ombre

— A votre service, dit le capitaine Je ne sais si vous n'êtes pas messer Diabolus en propre personne Mais soyons bons amis ce soir Demain je vous paierai toutes mes dettes, de la bourse et de l'épée

Ils se remirent à marcher rapidement Au bout de quelques minutes, le bruit de la rivière leur annonça qu'ils étaient sur le Pont Saint-Michel, alors chargé de maisons — Je vais d'abord vous introduire, dit Phœbus à son compagnon, j'irai ensuite chercher la belle qui doit m'attendre près du Petit-Châtelet

Le compagnon ne répondit rien Depuis qu'ils marchaient côte à côte, il n'avait dit mot Phœbus s'arrêta devant une porte basse et heurta rudement Une lumière parut aux fentes de la porte — Qui est là ? cria une voix édentée — Corps-Dieu ! tête-Dieu ! ventre-Dieu ! répondit le capitaine La porte s'ouvrit sur-le-champ, et laissa voir aux arrivants une vieille femme et une vieille lampe qui tremblaient toutes deux La vieille était pliée en deux, vêtue de guenilles, branlante du chef, percée à petits yeux, coiffée d'un torchon, ridée partout, aux mains, à la face, au cou, ses lèvres rentraient sous ses gencives, et elle avait tout autour de la bouche des pinceaux de poils blancs qui lui donnaient la mine embabouinée d'un chat L'intérieur du bouge n'était pas moins délabré qu'elle C'étaient des murs de craie, des solives noires au plafond, une cheminée démantelée, des toiles d'araignée à tous les coins, au milieu un troupeau chancelant de tables et d'escabelles boiteuses, un enfant sale dans les cendres, et dans le fond un escalier ou plutôt une échelle de bois qui aboutissait à une trappe au plafond En pénétrant dans ce repaire, le mystérieux compagnon de Phœbus haussa son manteau jusqu'à ses yeux Cependant le capitaine, tout en jurant comme un sarrasin, se hâta de *faire dans un écu reluire le soleil,* comme dit notre admirable Régnier — La chambre à Sainte-Marthe, dit-il

La vieille le traita de monseigneur, et serra l'écu dans un tiroir C'était la pièce que l'homme au manteau noir avait donnée à Phœbus Pendant qu'elle tournait le dos, le petit garçon chevelu et déguenillé qui jouait dans les cendres s'approcha adroitement du tiroir, y prit l'écu, et mit à la place une feuille sèche qu'il avait arrachée d'un fagot

La vieille fit signe aux deux gentilshommes, comme elle les nommait, de la suivre, et monta l'échelle devant eux Parvenue à l'étage supérieur, elle posa sa lampe sur un coffre, et Phœbus, en habitué de la maison, ouvrit une porte qui donnait sur un bouge obscur — Entrez là, mon cher, dit-il à son compagnon L'homme au manteau obéit sans répondre une parole La porte retomba sur lui Il entendit Phœbus la refermer au verrou, et un moment après redescendre l'escalier avec la vieille La lumière avait disparu

VIII

UTILITÉ DES FENÊTRES QUI DONNENT SUR LA RIVIÈRE

Claude Frollo (car nous présumons que le lecteur, plus intelligent que Phœbus, n'a vu dans toute cette aventure d'autre moine-bourru que l'archidiacre), Claude Frollo tâtonna quelques instants dans le réduit ténébreux où le capitaine l'avait verrouillé C'était un de ces recoins comme les architectes en réservent quelquefois au point de jonction du toit et du mur d'appui La coupe verticale de ce chenil, comme l'avait si bien nommé Phœbus, eût donné un triangle Du reste il n'y avait ni fenêtre ni lucarne, et le plan incliné du toit empêchait qu'on s'y tînt debout Claude s'accroupit donc dans la poussière et dans les plâtras qui s'écrasaient sous lui. Sa tête était brûlante. En furetant autour de lui avec ses mains il trouva à terre un morceau de vitre cassée qu'il appuya sur son front et dont la fraîcheur le soulagea un peu

Que se passait-il en ce moment dans l'âme obscure de l'archidiacre ? lui et Dieu seul l'ont pu savoir

Selon quel ordre fatal disposait-il dans sa pensée la Esmeralda, Phœbus, Jacques Charmolue, son jeune frère si aimé abandonné par lui dans la boue, sa soutane d'archidiacre, sa réputation peut-être, traînée chez la Falourdel, toutes ces images, toutes ces aventures ? Je ne pourrais le dire. Mais il est certain que ces idées formaient dans son esprit un groupe horrible

Il attendait depuis un quart d'heure, il lui semblait avoir vieilli d'un siècle. Tout à coup il entendit craquer les ais de l'escalier de bois Quelqu'un montait La trappe se rouvrit, une lumière reparut Il y avait à la porte vermoulue de son bouge une fente assez large Il y colla son visage De cette façon il pouvait voir tout ce qui se passait dans la chambre voisine La vieille à face de chat sortit d'abord de la trappe, sa lampe à la main, puis Phœbus retroussant sa moustache, puis une troisième personne, cette belle et gracieuse figure, la Esmeralda Le prêtre la vit sortir de terre comme une éblouissante apparition Claude trembla, un nuage se répandit sur ses yeux, ses artères battirent avec force, tout bruissait et tournait autour de lui Il ne vit et n'entendit plus rien

Quand il revint à lui, Phœbus et la Esmeralda étaient seuls, assis sur le coffre de bois à côté de la lampe qui faisait saillir aux yeux de l'archidiacre ces deux jeunes figures, et un misérable grabat au fond du galetas

A côté du grabat il y avait une fenêtre dont le vitrail, défoncé comme une toile d'araignée sur laquelle la pluie a tombé, laissait voir à travers ses mailles rompues un coin du ciel et la lune couchée au loin sur un édredon de molles nuées

La jeune fille était rouge, interdite, palpitante Ses longs cils baissés ombrageaient ses joues de pourpre L'officier, sur lequel elle n'osait lever les yeux, rayonnait Machinalement, et avec un geste charmant de gaucherie, elle traçait du bout du doigt sur le banc des lignes incohérentes, et elle regardait son doigt On ne voyait pas son pied, la petite chèvre était accroupie dessus

Le capitaine était mis fort galamment, il avait au col et aux poignets des touffes de doreloterie grande élégance d'alors

Dom Claude ne parvint pas sans peine à entendre ce qu'ils se disaient, à travers le bourdonnement de son sang qui bouillait dans ses tempes

(Chose assez banale qu'une causerie d'amoureux C'est un *je vous aime* perpétuel Phrase musicale fort nue et fort insipide pour les indifférents qui écoutent, quand elle n'est pas ornée de quelque *fioriture* Mais Claude n'écoutait pas en indifférent)

— Oh ! disait la jeune fille sans lever les yeux, ne me méprisez pas, monseigneur Phœbus Je sens que ce que je fais est mal

— Vous mépriser, belle enfant ! répondait l'officier d'un air de galanterie supérieure et distinguée, vous mépriser, tête-Dieu ! et pourquoi ?

— Pour vous avoir suivi

— Sur ce propos, ma belle, nous ne nous entendons pas Je ne devrais pas vous mépriser, mais vous haïr.

La jeune fille le regarda avec effroi — Me haïr ! qu'ai-je donc fait ?

— Pour vous être tant fait prier

— Hélas ! dit-elle c'est que je manque à un vœu Je ne retrouverai pas mes parents l'amulette perdra sa vertu — Mais qu'importe ? qu'ai-je besoin de père et de mère à présent ?

En parlant ainsi, elle fixait sur le capitaine ses grands yeux noirs humides de joie et de tendresse

— Du diable si je vous comprends ! s'écria Phœbus

La Esmeralda resta un moment silencieuse, puis une larme sortit de ses yeux, un soupir de ses lèvres, et elle dit — Oh ! monseigneur, je vous aime

Il y avait autour de la jeune fille un tel parfum de chasteté, un tel charme de vertu que Phœbus ne se sentait pas complètement à l'aise auprès d'elle Cependant cette parole l'enhardit — Vous m'aimez ! dit-il avec transport, et il jeta son bras autour de la taille de l'égyptienne Il n'attendait que cette occasion.

Le prêtre le vit, et essaya du bout du doigt la pointe d'un poignard qu'il tenait caché dans sa poitrine

— Phœbus, poursuivit la bohémienne en détachant doucement de sa ceinture les mains tenaces du capitaine, vous êtes bon, vous êtes généreux, vous êtes beau Vous m'avez sauvée, moi qui ne suis qu'une pauvre enfant perdue en Bohême Il y a longtemps que je rêve d'un officier qui me sauve la vie C'était de vous que je rêvais avant de vous connaître, mon Phœbus Mon rêve avait une belle livrée comme vous, une grande mine, une épée Vous vous appelez Phœbus, c'est un beau nom J'aime votre nom, j'aime votre épée Tirez donc votre épée, Phœbus, que je la voie

— Enfant ! dit le capitaine, et il dégaina sa rapière en souriant L'égyptienne regarda la poignée, la lame, examina avec une curiosité adorable le chiffre de la garde, et baisa l'épée en lui disant — Vous êtes l'épée d'un brave J'aime mon capitaine

Phœbus profita encore de l'occasion pour déposer sur son beau cou ployé un baiser qui fit redresser la jeune fille écarlate comme une cerise Le prêtre en grinça des dents dans ses ténèbres

— Phœbus, reprit l'égyptienne, laissez-moi vous parler Marchez donc un peu, que je vous voie tout grand et que j'entende sonner vos éperons Comme vous êtes beau !

Le capitaine se leva pour lui complaire, en la grondant avec un sourire de satisfaction — Mais êtes-vous enfant ! — A propos, charmante, m'avez-vous vu en hoqueton de cérémonie ?

— Hélas ! non, répondit-elle

— C'est cela qui est beau !

Phœbus vint se rasseoir près d'elle, mais beaucoup plus près qu'auparavant

— Écoutez, ma chère .

L'égyptienne lui donna quelques petits coups de sa jolie main sur la bouche avec un enfantillage plein de folie de grâce et de gaieté — Non, non, je ne vous écouterai pas M'aimez-vous ? Je veux que vous me disiez si vous m'aimez

— Si je t'aime, ange de ma vie ! s'écria le capitaine en s'agenouillant à demi Mon corps, mon sang, mon âme, tout est à toi, tout est pour toi. Je t'aime, et n'ai jamais aimé que toi

Le capitaine avait tant de fois répété cette phrase, en mainte conjoncture pareille, qu'il la débita tout d'une haleine, sans faire une seule faute de mémoire A cette déclaration passionnée, l'égyptienne leva au sale plafond qui tenait lieu de ciel un regard plein d'un bonheur angélique. — Oh ! murmura-t-elle, voilà le moment où l'on devrait mourir ! Phœbus trouva « le moment» bon pour lui dérober un nouveau baiser qui alla torturer dans son coin le misérable archidiacre.

— Mourir! s'écria l'amoureux capitaine Qu'est-ce que vous dites donc là, bel ange? C'est le cas de vivre, ou Jupiter n'est qu'un polisson! Mourir au commencement d'une si douce chose! corne-de-bœuf, quelle plaisanterie! — Ce n'est pas cela — Écoutez, ma chère Similar . Esmenarda .. Pardon, mais vous avez un nom si prodigieusement sarrasin que je ne puis m'en dépêtrer C'est une broussaille qui m'arrête tout court.

— Mon Dieu, dit la pauvre fille, moi qui croyais ce nom joli pour si singularité! Mais puisqu'il vous déplaît, je voudrais m'appeler Goton

— Ah! ne pleurons pas pour si peu, ma gracieuse! c'est un nom auquel il faut s'accoutumer, voilà tout Une fois que je le saurai par cœur, cela ira tout seul — Écoutez donc, ma chère Similar, je vous adore à la passion. Je vous aime vraiment que c'est miraculeux. Je sais une petite qui en crève de rage .

La jalouse fille l'interrompit : — Qui donc?

— Qu'est-ce que cela nous fait? dit Phœbus. M'aimez-vous?

— Oh! . . dit-elle

— Eh bien! c'est tout. Vous verrez comme je vous aime aussi Je veux que le grand diable Neptunus m'enfourche si je ne vous rends pas la plus heureuse créature du monde. Nous aurons une jolie petite logette quelque part Je ferai parader mes archers sous vos fenêtres. Ils sont tous à cheval et font la nargue à ceux du capitaine Mignon. Il y a des voulgiers, des cranequiniers et des coulevriniers à main Je vous conduirai aux grandes monstres des parisiens à la grange de Rully C'est très magnifique Quatre-vingt mille têtes armées, trente mille harnois blancs, jaques ou brigandines, les soixante-sept bannières des métiers, les étendards du parlement, de la chambre des comptes, du trésor des généraux, des aides des monnaies, un arroi du diable enfin! Je vous mènerai voir les lions de l'Hôtel du Roi qui sont des bêtes fauves Toutes les femmes aiment cela

Depuis quelques instants la jeune fille, absorbée dans ses charmantes pensées, rêvait au son de sa voix sans écouter le sens de ses paroles.

— Oh! vous serez heureuse! continua le capitaine, et en même temps il déboucla doucement la ceinture de l'égyptienne

— Que faites-vous donc? dit-elle vivement Cette *voie de fait* l'avait arrachée à sa rêverie

— Rien, répondit Phœbus. Je disais seulement qu'il faudrait quitter toute cette toilette de folie et de coin de rue quand vous serez avec moi

— Quand je serai avec toi, mon Phœbus! dit la jeune fille tendrement Elle redevint pensive et silencieuse

Le capitaine, enhardi par sa douceur, lui prit la taille sans qu'elle résistât, puis se mit à délacer à petit bruit le corsage de la pauvre enfant, et dérangea si fort sa gorgerette que le prêtre haletant vit sortir de la gaze la belle épaule nue de la bohémienne, ronde et brune, comme la lune qui se lève dans la brume à l'horizon

La jeune fille laissait faire Phœbus. Elle ne paraissait pas s'en apercevoir L'œil du hardi capitaine étincelait

Tout à coup elle se tourna vers lui : — Phœbus, dit-elle avec une expression d'amour infinie, instruis-moi dans ta religion.

— Ma religion ! s'écria le capitaine éclatant de rire Moi, vous instruire dans ma religion ! Corne et tonnerre ! qu'est-ce que vous voulez faire de ma religion ?

— C'est pour nous marier, répondit-elle

La figure du capitaine prit une expression mélangée de surprise, de dedain, d'insouciance et de passion libertine. — Ah bah ! dit-il, est-ce qu'on se marie ?

La bohémienne devint pâle et laissa tristement retomber sa tête sur sa poitrine.

— Belle amoureuse, reprit tendrement Phœbus, qu'est-ce que c'est que ces folies-là ? Grand'chose que le mariage ! est-on moins bien aimant pour n'avoir pas craché du latin dans la boutique d'un prêtre ?

En parlant ainsi de sa voix la plus douce, il s'approchait extrêmement près de l'égyptienne, ses mains caressantes avaient repris leur poste autour de cette taille si fine et si souple, son œil s'allumait de plus en plus, et tout annonçait que monsieur Phœbus touchait évidemment à l'un de ces moments où Jupiter lui-même fait tant de sottises que le bon Homère est obligé d'appeler un nuage à son secours

Dom Claude cependant voyait tout La porte était faite de douves de poinçon toutes pourries, qui laissaient entre elles de larges passages à son regard d'oiseau de proie. Ce prêtre à peau brune et à larges épaules, jusque-là condamné à l'austère virginité du cloître, frissonnait et bouillait devant cette scène d'amour, de nuit et de volupté. La jeune et belle fille livrée en désordre à cet ardent jeune homme lui faisait couler du plomb fondu dans les veines Il se passait en lui des mouvements extraordinaires. Son œil plongeait avec une jalousie lascive sous toutes ces épingles défaites Qui eût pu voir en ce moment la figure du malheureux collée aux barreaux vermoulus eût cru voir une face de tigre regardant du fond d'une cage quelque chacal qui dévore une gazelle Sa prunelle éclatait comme une chandelle à travers les fentes de la porte

Tout à coup, Phœbus enleva d'un geste rapide la gorgerette de l'égyptienne La pauvre enfant, qui était restée pâle et rêveuse, se réveilla comme en sursaut Elle s'éloigna brusquement de l'entreprenant officier, et jetant un regard sur sa gorge et ses épaules nues, rouge et confuse et muette de honte, elle croisa ses deux beaux bras sur son sein pour le cacher Sans la flamme qui embrasait ses joues, à la voir ainsi silencieuse et immobile, on eût dit une statue de la pudeur Ses yeux restaient baissés.

Cependant le geste du capitaine avait mis à découvert l'amulette mystérieuse qu'elle portait au cou — Qu'est-ce que cela ? dit-il en saisissant ce prétexte pour se rapprocher de la belle créature qu'il venait d'effaroucher

— N'y touchez pas ! répondit-elle vivement, c'est ma gardienne C'est elle qui me fera retrouver ma famille si j'en reste digne Oh ! laissez-moi, monsieur le capitaine ! Ma mère ! ma pauvre mère ! ma mère ! où es-tu ? à mon secours ! Grâce, monsieur Phœbus ! rendez-moi ma gorgerette !

Phœbus recula et dit d'un ton froid — Oh ! mademoiselle ! que je vois bien que vous ne m'aimez pas !

— Je ne l'aime pas ! s'écria la pauvre malheureuse enfant, et en même temps elle se pendit au capitaine qu'elle fit asseoir près d'elle Je ne t'aime pas, mon Phœbus ! Qu'est-ce que tu dis là, méchant, pour me déchirer le cœur? Oh ! va ! prends-moi, prends tout ! fais ce que tu voudras de moi Je suis à toi Que m'importe l'amulette ! que m'importe ma mère ! c'est toi qui es ma mère, puisque je t'aime ! Phœbus, mon Phœbus bien-aimé, me vois-tu ? c'est moi, regarde-moi C'est cette petite que tu veux bien ne pas repousser, qui vient, qui vient elle-même te chercher. Mon âme, ma vie, mon corps, ma personne, tout cela est une chose qui est à vous, mon capitaine Eh bien, non ! ne nous marions pas, cela t'ennuie Et puis, qu'est-ce que je suis, moi ? une misérable fille du ruisseau, tandis que toi, mon Phœbus, tu es gentilhomme Belle chose vraiment ! une danseuse épouser un officier ! j'étais folle Non, Phœbus, non, je serai ta maîtresse, ton amusement, ton plaisir, quand tu voudras, une fille qui sera à toi, je ne suis faite que pour cela, souillée, méprisée, déshonorée, mais qu'importe ! aimée Je serai la plus fière et la plus joyeuse des femmes Et quand je serai vieille ou laide, Phœbus, quand je ne serai plus bonne pour vous aimer, monseigneur, vous me souffrirez encore pour vous servir D'autres vous broderont des écharpes C'est moi la servante, qui en aurai soin Vous me laisserez fourbir vos éperons, brosser votre hoqueton, épousseter vos bottes de cheval N'est-ce pas, mon Phœbus, que vous aurez cette pitié ? En attendant, prends-moi ! tiens, Phœbus, tout cela t'appartient, aime-moi seulement ! Nous autres égyptiennes, il ne nous faut que cela, de l'air et de l'amour

En parlant ainsi, elle jetait ses bras autour du cou de l'officier, elle le regardait du bas en haut suppliante et avec un beau sourire tout en pleurs, sa gorge délicate se frottait au pourpoint de drap et aux rudes broderies Elle tordait sur ses genoux son beau corps demi-nu Le capitaine, enivré, colla ses lèvres ardentes à ces belles épaules africaines La jeune fille, les yeux perdus au plafond, renversée en arrière, frémissait toute palpitante sous ce baiser

Tout à coup, au-dessus de la tête de Phœbus, elle vit une autre tête, une figure livide, verte, convulsive, avec un regard de damné Près de cette figure il y avait une main qui tenait un poignard C'était la figure et la main du prêtre Il avait brisé la porte et il était là Phœbus ne pouvait le voir La jeune fille resta immobile, glacée, muette sous l'épouvantable apparition, comme une colombe qui lèverait la tête au moment où l'orfraie regarde dans son nid avec ses yeux ronds

Elle ne put même pousser un cri Elle vit le poignard s'abaisser sur Phœbus et se relever fumant — Malédiction! dit le capitaine, et il tomba

Elle s'évanouit.

Au moment où ses yeux se fermaient, où tout sentiment se dispersait en elle, elle crut sentir s'imprimer sur ses lèvres un attouchement de feu, un baiser plus brûlant que le fer rouge du bourreau

Quand elle reprit ses sens, elle était entourée de soldats du guet, on emportait le capitaine baigné dans son sang, le prêtre avait disparu, la fenêtre du fond de la chambre, qui donnait sur la rivière, était toute grande ouverte, on ramassait un manteau qu'on supposait appartenir à l'officier, et elle entendait dire autour d'elle — C'est une sorcière qui a poignardé un capitaine

LIVRE HUITIÈME.

I

L'ÉCU CHANGÉ EN FEUILLE SÈCHE

Gringoire et toute la Cour des Miracles étaient dans une mortelle inquiétude. On ne savait depuis un grand mois ce qu'était devenue la Esmeralda, ce qui contristait fort le duc d'Égypte et ses amis les truands, ni ce qu'était devenue sa chèvre, ce qui redoublait la douleur de Gringoire. Un soir, l'égyptienne avait disparu, et depuis lors n'avait plus donné signe de vie. Toutes recherches avaient été inutiles. Quelques sabouleux taquins disaient à Gringoire l'avoir rencontrée ce soir-là aux environs du Pont Saint-Michel s'en allant avec un officier, mais ce mari à la mode de Bohême était un philosophe incrédule, et d'ailleurs il savait mieux que personne à quel point sa femme était vierge. Il avait pu juger quelle pudeur inexpugnable résultait des deux vertus combinées de l'amulette et de l'égyptienne, et il avait mathématiquement calculé la résistance de cette chasteté à la seconde puissance. Il était donc tranquille de ce côté.

Aussi ne pouvait-il s'expliquer cette disparition. C'était un chagrin profond. Il en eût maigri, si la chose eût été possible. Il en avait tout oublié, jusqu'à ses goûts littéraires, jusqu'à son grand ouvrage *De figuris regularibus & irregularibus*, qu'il comptait faire imprimer au premier argent qu'il aurait (Car il radotait d'imprimerie, depuis qu'il avait vu le *Didascalon* de Hugues de Saint-Victor imprimé avec les célèbres caractères de Vindelin de Spire.)

Un jour qu'il passait tristement devant la Tournelle criminelle, il aperçut quelque foule à l'une des portes du Palais de Justice.

— Qu'est cela? demanda-t-il à un jeune homme qui en sortait.

— Je ne sais pas, monsieur, répondit le jeune homme. On dit qu'on juge une femme qui a assassiné un gendarme. Comme il paraît qu'il y a de la sorcellerie là-dessous, l'évêque et l'official sont intervenus dans la cause, et mon frère, qui est archidiacre de Josas, y passe sa vie. Or, je voulais lui parler, mais je n'ai pu arriver jusqu'à lui à cause de la foule, ce qui me contrarie fort, car j'ai besoin d'argent.

— Hélas, monsieur, dit Gringoire, je voudrais pouvoir vous en prêter, mais si mes grègues sont trouées, ce n'est pas par les écus

Il n'osa pas dire au jeune homme qu'il connaissait son frère l'archidiacre, vers lequel il n'était pas retourné depuis la scène de l'église, négligence qui l'embarrassait

L'écolier passa son chemin, et Gringoire se mit à suivre la foule qui montait l'escalier de la grand'chambre Il estimait qu'il n'est rien de tel que le spectacle d'un procès criminel pour dissiper la mélancolie, tant les juges sont ordinairement d'une bêtise réjouissante Le peuple auquel il s'était mêlé marchait et se coudoyait en silence Après un lent et insipide piétinement sous un long couloir sombre, qui serpentait dans le palais comme le canal intestinal du vieil édifice, il parvint auprès d'une porte basse qui débouchait sur une salle que sa haute taille lui permit d'explorer du regard par-dessus les têtes ondoyantes de la cohue

La salle était vaste et sombre, ce qui la faisait paraître plus vaste encore Le jour tombait, les longues fenêtres ogives ne laissaient plus pénétrer qu'un pâle rayon qui s'éteignait avant d'atteindre jusqu'à la voûte, énorme treillis de charpentes sculptées, dont les mille figures semblaient remuer confusément dans l'ombre Il y avait déjà plusieurs chandelles allumées çà et là sur des tables, et rayonnant sur des têtes de greffiers affaissés dans des paperasses La partie antérieure de la salle était occupée par la foule, à droite et à gauche il y avait des hommes de robe à des tables, au fond, sur une estrade, force juges dont les dernières rangées s'enfonçaient dans les ténèbres, faces immobiles et sinistres Les murs étaient semés de fleurs de lys sans nombre On distinguait vaguement un grand christ au-dessus des juges, et partout des piques et des hallebardes au bout desquelles la lumière des chandelles mettait des pointes de feu

— Monsieur, demanda Gringoire à l'un de ses voisins, qu'est-ce que c'est donc que toutes ces personnes rangées là-bas comme prélats en concile ?

— Monsieur, dit le voisin, ce sont les conseillers de la grand'chambre à droite, et les conseillers des enquêtes à gauche, les maîtres en robes noires, et les messires en robes rouges

— Là, au-dessus d'eux, reprit Gringoire, qu'est-ce que c'est que ce gros rouge qui sue ?

— C'est monsieur le président

— Et ces moutons derrière lui ? poursuivit Gringoire, lequel, nous l'avons déjà dit, n'aimait pas la magistrature Ce qui tenait peut-être à la rancune qu'il gardait au Palais de Justice depuis sa mésaventure dramatique

— Ce sont messieurs les maîtres des requêtes de l'Hôtel du Roi

Et devant lui, ce sanglier ?

— C'est monsieur le greffier de la cour de parlement

— Et à droite, ce crocodile ?

— Maître Philippe Lheulier, avocat du roi extraordinaire

— Et à gauche, ce gros chat noir ?

— Maître Jacques Charmolue, procureur du roi en cour d'église, avec messieurs de l'officialité

— Or çà, monsieur, dit Gringoire, que font donc tous ces braves gens-là ?

— Ils jugent

— Ils jugent qui ? je ne vois pas d'accusé

— C'est une femme, monsieur. Vous ne pouvez la voir Elle nous tourne le dos, et elle nous est cachée par la foule Tenez, elle est là où vous voyez un groupe de pertuisanes

— Qu'est-ce que cette femme ? demanda Gringoire Savez-vous son nom ?

— Non, monsieur Je ne fais que d'arriver Je présume seulement qu'il y a de la sorcellerie, parce que l'official assiste au procès

— Allons ! dit notre philosophe, nous allons voir tous ces gens de robe manger de la chair humaine C'est un spectacle comme un autre

— Monsieur, observa le voisin, est-ce que vous ne trouvez pas que maître Jacques Charmolue a l'air très doux ?

— Hum ! répondit Gringoire Je me défie d'une douceur qui a les narines pincées et les lèvres minces

Ici les voisins imposèrent silence aux deux causeurs On écoutait une déposition importante

— Messeigneurs, disait, au milieu de la salle, une vieille dont le visage disparaissait tellement sous ses vêtements qu'on eût dit un monceau de guenilles qui marchait, messeigneurs, la chose est aussi vraie qu'il est vrai que c'est moi qui suis la Falourdel, établie depuis quarante ans au Pont Saint-Michel, et payant exactement rentes, lods et censives, la porte vis-à-vis la maison de Tassin-Caillart, le teinturier, qui est du côté d'amont l'eau — Une pauvre vieille à présent, une jolie fille autrefois, messeigneurs ! — On me disait depuis quelques jours La Falourdel, ne filez pas trop votre rouet le soir, le diable aime peigner avec ses cornes la quenouille des vieilles femmes Il est sûr que le moine bourru, qui était l'an passé du côté du Temple, rôde maintenant dans la Cité La Falourdel, prenez garde qu'il ne cogne à votre porte — Un soir, je filais mon rouet, on cogne à ma porte Je demande qui On jure J'ouvre Deux hommes entrent Un noir avec un bel officier On ne voyait que les yeux du noir, deux braises Tout le reste était manteau et chapeau Voilà qu'ils me disent — La chambre à

Sainte-Marthe — C'est ma chambre d'en haut, messeigneurs, ma plus propre Ils me donnent un écu Je serre l'écu dans mon tiroir, et je dis Ce sera pour acheter demain des tripes à l'écorcherie de la Gloriette — Nous montons — Arrivés à la chambre d'en haut, pendant que je tournais le dos, l'homme noir disparaît Cela m'ébahit un peu L'officier, qui était beau comme un grand seigneur, redescend avec moi Il sort Le temps de filer un quart d'écheveau, il rentre avec une belle jeune fille, une poupée qui eût brillé comme un soleil si elle eût été coiffée Elle avait avec elle un bouc, un grand bouc, noir ou blanc, je ne sais plus Voilà qui me fait songer La fille, cela ne me regarde pas, mais le bouc ! Je n'aime pas ces bêtes-là, elles ont une barbe et des cornes Cela ressemble à un homme Et puis, cela sent le samedi Cependant, je ne dis rien J'avais l'écu C'est juste, n'est-ce pas, monsieur le juge ? Je fais monter la fille et le capitaine à la chambre d'en haut, et je les laisse seuls, c'est-à-dire avec le bouc Je descends et je me remets à filer — Il faut vous dire que ma maison a un rez-de-chaussée et un premier, elle donne par derrière sur la rivière, comme les autres maisons du pont, et la fenêtre du rez-de-chaussée et la fenêtre du premier s'ouvrent sur l'eau. — J'étais donc en train de filer Je ne sais pourquoi je pensais à ce moine-bourru que le bouc m'avait remis en tête, et puis la belle fille était un peu farouchement attifée. — Tout à coup, j'entends un cri en haut, et choir quelque chose sur le carreau, et que la fenêtre s'ouvre Je cours à la mienne qui est au-dessous, et je vois passer devant mes yeux une masse noire qui tombe dans l'eau C'était un fantôme habillé en prêtre Il faisait clair de lune Je l'ai très bien vu Il nageait du côté de la Cité Alors, toute tremblante, j'appelle le guet Ces messieurs de la douzaine entrent, et même dans le premier moment, ne sachant pas de quoi il s'agissait, comme ils étaient en joie, ils m'ont battue Je leur ai expliqué Nous montons, et qu'est-ce que nous trouvons ? ma pauvre chambre tout en sang, le capitaine étendu de son long avec un poignard dans le cou, la fille faisant la morte, et le bouc tout effarouché — Bon, dis-je, j'en aurai pour plus de quinze jours à laver le plancher Il faudra gratter, ce sera terrible — On a emporté l'officier, pauvre jeune homme ! et la fille toute débraillée — Attendez Le pire, c'est que le lendemain, quand j'ai voulu prendre l'écu pour acheter les tripes, j'ai trouvé une feuille sèche à la place

La vieille se tut Un murmure d'horreur circula dans l'auditoire — Ce fantôme, ce bouc, tout cela sent la magie, dit un voisin de Gringoire — Et cette feuille sèche ! ajouta un autre — Nul doute, reprit un troisième, c'est une sorcière qui a des commerces avec le moine-bourru pour dévaliser les officiers — Gringoire lui-même n'était pas éloigné de trouver tout cet ensemble effrayant et vraisemblable

— Femme Falourdel, dit monsieur le président avec majesté, n'avez-vous rien de plus à dire à la justice ?

— Non, monseigneur, répondit la vieille, sinon que dans le rapport on a traité ma maison de masure tortue et puante, ce qui est outrageusement parler Les maisons du pont n'ont pas grande mine, parce qu'il y a foison de peuple, mais néanmoins les bouchers ne laissent pas d'y demeurer, qui sont gens riches et mariés à de belles femmes fort propres

Le magistrat qui avait fait à Gringoire l'effet d'un crocodile se leva — Paix ! dit-il Je prie messieurs de ne pas perdre de vue qu'on a trouvé un poignard sur l'accusée — Femme Falourdel, avez-vous apporté cette feuille sèche en laquelle s'est transformé l'écu que le démon vous avait donné ?

— Oui, monseigneur, répondit-elle, je l'ai retrouvée La voici

Un huissier transmit la feuille morte au crocodile qui fit un signe de tête lugubre et la passa au président qui la renvoya au procureur du roi en cour d'église de façon qu'elle fit le tour de la salle — C'est une feuille de bouleau, dit maître Jacques Charmolue Nouvelle preuve de la magie

Un conseiller prit la parole — Témoin, deux hommes sont montés en même temps chez vous L'homme noir, que vous avez vu d'abord disparaître, puis nager en Seine avec des habits de prêtre, et l'officier — Lequel des deux vous a remis l'écu ?

La vieille réfléchit un moment et dit — C'est l'officier Une rumeur parcourut la foule

— Ah ! pensa Gringoire, voilà qui fait hésiter ma conviction

Cependant maître Philippe Lheulier, l'avocat extraordinaire du roi, intervint de nouveau — Je rappelle à messieurs que, dans sa déposition écrite à son chevet, l'officier assassiné, en déclarant qu'il avait eu vaguement la pensée, au moment où l'homme noir l'avait accosté, que ce pourrait fort bien être le moine-bourru, ajoutait que le fantôme l'avait vivement pressé de s'aller accointer avec l'accusée, et sur l'observation de lui, capitaine, qu'il était sans argent, lui avait donné l'écu dont ledit officier a payé la Falourdel Donc l'écu est une monnaie de l'enfer

Cette observation concluante parut dissiper tous les doutes de Gringoire et des autres sceptiques de l'auditoire

— Messieurs ont le dossier des pièces, ajouta l'avocat du roi en s'asseyant, ils peuvent consulter le dire de Phœbus de Châteaupers

A ce nom l'accusée se leva Sa tête dépassa la foule Gringoire épouvanté reconnut la Esmeralda

Elle était pâle, ses cheveux, autrefois si gracieusement nattés et pailletés de sequins, tombaient en désordre, ses lèvres étaient bleues, ses yeux creux effrayaient Hélas !

— Phœbus! dit-elle avec égarement, où est-il ? O messeigneurs! avant de me tuer, par grâce, dites-moi s'il vit encore!

— Taisez-vous, femme, répondit le président Ce n'est pas là notre affaire

— Oh! par pitié, dites-moi s'il est vivant! reprit-elle en joignant ses belles mains amaigries, et l'on entendait ses chaînes frissonner le long de sa robe

— Eh bien! dit sèchement l'avocat du roi, il se meurt — Êtes-vous contente ?

La malheureuse retomba sur sa sellette, sans voix, sans larmes, blanche comme une figure de cire

Le président se baissa vers un homme placé à ses pieds, qui avait un bonnet d'or et une robe noire, une chaîne au cou et une verge à la main

— Huissier, introduisez la seconde accusée

Tous les yeux se tournèrent vers une petite porte qui s'ouvrit, et, à la grande palpitation de Gringoire, donna passage à une jolie chèvre aux cornes et aux pieds d'or L'élégante bête s'arrêta un moment sur le seuil, tendant le cou, comme si, dressée à la pointe d'une roche, elle eût eu sous les yeux un immense horizon Tout à coup elle aperçut la bohémienne, et, sautant par-dessus la table et la tête d'un greffier, en deux bonds elle fut à ses genoux Puis elle se roula gracieusement sur les pieds de sa maîtresse, sollicitant un mot ou une caresse, mais l'accusée resta immobile, et la pauvre Djali elle-même n'eut pas un regard

— Eh mais c'est ma vilaine bête, dit la vieille Falourdel, et je les reconnais bellement toutes deux!

Jacques Charmolue intervint — S'il plaît à messieurs, nous procéderons à l'interrogatoire de la chèvre

C'était en effet la seconde accusée Rien de plus simple alors qu'un procès de sorcellerie intenté à un animal On trouve, entre autres, dans les comptes de la prévôté pour 1466, un curieux détail des frais du procès de Gillet-Soulart et de sa truie, *exécutés pour leurs démérites, à Corbeil* Tout y est, le coût des fosses pour mettre la truie, les cinq cents bourrées de cotrets pris sur le port de Morsant, les trois pintes de vin et le pain, dernier repas du patient fraternellement partagé par le bourreau, jusqu'aux onze jours de garde et de nourriture de la truie à huit deniers parisis chaque Quelquefois même on allait plus loin que les bêtes Les capitulaires de Charlemagne et de Louis le Débonnaire infligent de graves peines aux fantômes enflammés qui se permettaient de paraître dans l'air

Cependant le procureur en cour d'église s'était écrié — Si le démon qui possède cette chèvre et qui a résisté à tous les exorcismes persiste dans ses maléfices, s'il en épouvante la cour, nous le prévenons que nous serons forcés de requérir contre lui le gibet ou le bûcher

Gringoire eut la sueur froide Charmolue prit sur une table le tambour de basque de la bohémienne, et, le présentant d'une certaine façon à la chèvre, il lui demanda — Quelle heure est-il ?

La chèvre le regarda d'un œil intelligent, leva son pied doré et frappa sept coups Il était en effet sept heures Un mouvement de terreur parcourut la foule

Gringoire n'y put tenir

— Elle se perd ! cria-t-il tout haut Vous voyez bien qu'elle ne sait ce qu'elle fait

— Silence aux manants du bout de la salle ! dit aigrement l'huissier

Jacques Charmolue, à l'aide des mêmes manœuvres du tambourin, fit faire à la chèvre plusieurs autres momeries, sur la date du jour, le mois de l'année, etc , dont le lecteur a déjà été témoin Et, par une illusion d'optique propre aux débats judiciaires, ces mêmes spectateurs, qui peut-être avaient plus d'une fois applaudi dans le carrefour aux innocentes malices de Djali, en furent effrayés sous les voûtes du Palais de Justice La chèvre était décidément le diable

Ce fut bien pis encore, quand, le procureur du roi ayant vidé sur le carreau un certain sac de cuir plein de lettres mobiles que Djali avait au cou, on vit la chèvre extraire avec sa patte de l'alphabet épars ce nom fatal *Phœbus* Les sortilèges dont le capitaine avait été victime parurent irrésistiblement démontrés, et, aux yeux de tous, la bohémienne, cette ravissante danseuse qui avait tant de fois ébloui les passants de sa grâce, ne fut plus qu'une effroyable stryge

Du reste, elle ne donnait aucun signe de vie Ni les gracieuses évolutions de Djali, ni les menaces du parquet, ni les sourdes imprécations de l'auditoire, rien n'arrivait plus à sa pensée

Il fallut, pour la réveiller, qu'un sergent la secouât sans pitié et que le président élevât solennellement la voix

— Fille, vous êtes de race bohème, adonnée aux maléfices Vous avez, de complicité avec la chèvre ensorcelée impliquée au procès, dans la nuit du 29 mars dernier, meurtri et poignardé, de concert avec les puissances de ténèbres, à l'aide de charmes et de pratiques, un capitaine des archers de l'ordonnance du roi, Phœbus de Châteaupers Persistez-vous à nier ?

— Horreur ! cria la jeune fille en cachant son visage de ses mains Mon Phœbus ! Oh ! c'est l'enfer !

— Persistez-vous à nier ? demanda froidement le président

— Si je le nie ! dit-elle d'un accent terrible, et elle s'était levée et son œil étincelait

Le président continua carrément   — Alors comment expliquez-vous les faits à votre charge ?

Elle répondit d'une voix entrecoupée

— Je l'ai déjà dit Je ne suis pas C'est un prêtre Un prêtre que je ne connais pas Un prêtre infernal qui me poursuit !

— C'est cela, reprit le juge Le moine-bourru

— O messeigneurs ! ayez pitié ! je ne suis qu'une pauvre fille

— D Égypte, dit le juge

Maître Jacques Charmolue prit la parole avec douceur   — Attendu l'obstination douloureuse de l'accusée, je requiers l'application de la question

— Accordé, dit le président

La malheureuse frémit de tout son corps Elle se leva pourtant à l'ordre des pertuisaniers, et marcha d'un pas assez ferme, précédée de Charmolue et des prêtres de l'officialité, entre deux rangs de hallebardes, vers une porte bâtarde qui s'ouvrit subitement et se referma sur elle, ce qui fit au triste Gringoire l'effet d'une gueule horrible qui venait de la dévorer

Quand elle disparut, on entendit un bêlement plaintif C'était la petite chèvre qui pleurait

L'audience fut suspendue Un conseiller ayant fait observer que messieurs étaient fatigués et que ce serait bien long d'attendre jusqu'à la fin de la torture, le président répondit qu'un magistrat doit savoir se sacrifier à son devoir

— La fâcheuse et déplaisante drôlesse, dit un vieux juge, qui se fait donner la question quand on n'a pas soupé !

II

SUITE DE L'ÉCU CHANGÉ EN FEUILLE SÈCHE

Après quelques degrés montés et descendus dans des couloirs si sombres qu'on les éclairait de lampes en plein jour, la Esmeralda, toujours entourée de son lugubre cortège, fut poussée par les sergents du palais dans une chambre sinistre Cette chambre, de forme ronde, occupait le rez-de-chaussée de l'une de ces grosses tours qui percent encore, dans notre siècle, la couche d'édifices modernes dont le nouveau Paris a recouvert l'ancien Pas de fenêtre à ce caveau pas d'autre ouverture que l'entrée, basse et battue d'une énorme porte de fer La clarté cependant n'y manquait point Un four était pratiqué dans l'épaisseur du mur Un gros feu y était allumé, qui remplissait le caveau de ses rouges réverbérations, et dépouillait de tout rayonnement une misérable chandelle posée dans un coin La herse de fer qui servait à fermer le four, levée en ce moment, ne laissait voir à l'orifice du soupirail flamboyant sur le mur ténébreux, que l'extrémité inférieure de ses barreaux, comme une rangée de dents noires, aiguës et espacées, ce qui faisait ressembler la fournaise à l'une de ces bouches de dragons qui jettent des flammes dans les légendes A la lumière qui s'en échappait, la prisonnière vit tout autour de la chambre des instruments effroyables dont elle ne comprenait pas l'usage Au milieu gisait un matelas de cuir presque posé à terre, sur lequel pendait une courroie à boucle, rattachée à un anneau de cuivre que mordait un monstre camard sculpté dans la clef de la voûte Des tenailles, des pinces, de larges fers de charrue, encombraient l'intérieur du four et rougissaient pêle-mêle sur la braise La sanglante lueur de la fournaise n'éclairait dans toute la chambre qu'un fouillis de choses horribles

Ce tartare s'appelait simplement *la chambre de la question*

Sur le lit était nonchalamment assis Pierrat Torterue, le tourmenteur-juré Ses valets, deux gnomes à face carrée, à tablier de cuir, à braies de toile, remuaient la ferraille sur les charbons

La pauvre fille avait eu beau recueillir son courage En pénétrant dans cette chambre, elle eut horreur

Les sergents du bailli du Palais se rangèrent d'un côté, les prêtres de l'officialité de l'autre Un greffier, une écritoire et une table étaient dans un coin Maître Jacques Charmolue s'approcha de l'égyptienne avec un sourire très doux — Ma chère enfant, dit-il, vous persistez donc à nier ?

— Oui, répondit-elle d'une voix déjà éteinte

— En ce cas, reprit Charmolue, il sera bien douloureux pour nous de vous questionner avec plus d'instance que nous ne le voudrions — Veuillez prendre la peine de vous asseoir sur ce lit — Maître Pierrat, faites place à madamoiselle, et fermez la porte

Pierrat se leva avec un grognement — Si je ferme la porte, murmura-t-il, mon feu va s'éteindre

— Eh bien, mon cher, repartit Charmolue, laissez-la ouverte

Cependant la Esmeralda restait debout Ce lit de cuir, où s'étaient tordus tant de misérables, l'épouvantait La terreur lui glaçait la moelle des os Elle était là, effarée et stupide A un signe de Charmolue, les deux valets la prirent et la posèrent assise sur le lit Ils ne lui firent aucun mal, mais quand ces hommes la touchèrent, quand ce cuir la toucha, elle sentit tout son sang refluer vers son cœur Elle jeta un regard égaré autour de la chambre Il lui sembla voir se mouvoir et marcher de toutes parts vers elle, pour lui grimper le long du corps et la mordre et la pincer, tous ces difformes outils de la torture, qui étaient, parmi les instruments de tout genre qu'elle avait vus jusqu'alors, ce que sont les chauves-souris, les mille-pieds et les araignées parmi les insectes et les oiseaux

— Où est le médecin? demanda Charmolue

— Ici, répondit une robe noire qu'elle n'avait pas encore aperçue Elle frissonna

— Madamoiselle, reprit la voix caressante du procureur en cour d'église, pour la troisième fois persistez-vous à nier les faits dont vous êtes accusée?

Cette fois elle ne put que faire un signe de tête La voix lui manqua

— Vous persistez? dit Jacques Charmolue Alors, j'en suis désespéré, mais il faut que je remplisse le devoir de mon office

— Monsieur le procureur du roi, dit brusquement Pierrat, par où commencerons-nous?

Charmolue hésita un moment avec la grimace ambigue d'un poete qui cherche une rime

— Par le brodequin, dit-il enfin

L'infortunée se sentit si profondément abandonnée de Dieu et des hommes que sa tête tomba sur sa poitrine comme une chose inerte qui n'a pas de force en soi

Le tourmenteur et le médecin s'approchèrent d'elle à la fois En même temps, les deux valets se mirent à fouiller dans leur hideux arsenal

Au cliquetis de ces affreuses ferrailles, la malheureuse enfant tressaillit comme une grenouille morte qu'on galvanise — Oh! murmura-t-elle, si bas que nul ne l'entendit, ô mon Phœbus! — Puis elle se replongea dans son immobilité et dans son silence de marbre Ce spectacle eût déchiré tout autre cœur que des cœurs de juges On eût dit une pauvre âme pécheresse questionnée par Satan sous l'écarlate guichet de l'enfer Le misérable corps auquel allait se cramponner cette effroyable fourmilière de scies, de roues et de chevalets, l'être qu'allaient manier ces âpres mains de bourreaux et de tenailles, c'était donc cette douce, blanche et fragile créature Pauvre grain de mil que la justice humaine donnait à moudre aux épouvantables meules de la torture !

Cependant les mains calleuses des valets de Pierrat Torterue avaient brutalement mis à nu cette jambe charmante, ce petit pied qui avaient tant de fois émerveillé les passants de leur gentillesse et de leur beauté dans les carrefours de Paris

— C'est dommage ! grommela le tourmenteur en considérant ces formes si gracieuses et si délicates Si l'archidiacre eût été présent, certes, il se fût souvenu en ce moment de son symbole de l'araignée et de la mouche Bientôt la malheureuse vit, à travers un nuage qui se répandait sur ses yeux, approcher le *brodequin*, bientôt elle vit son pied emboîté entre les ais ferrés disparaître sous l'effrayant appareil Alors la terreur lui rendit de la force

— Otez-moi cela ! cria-t-elle avec emportement Et, se dressant tout échevelée — Grâce !

Elle s'élança hors du lit pour se jeter aux pieds du procureur du roi, mais sa jambe était prise dans le lourd bloc de chêne et de ferrures, et elle s'affaissa sur le brodequin, plus brisée qu'une abeille qui aurait un plomb sur l'aile

A un signe de Charmolue, on la replaça sur le lit, et deux grosses mains assujettirent à sa fine ceinture la courroie qui pendait de la voûte

— Une dernière fois, avouez-vous les faits de la cause ? demanda Charmolue avec son imperturbable bénignité

— Je suis innocente

— Alors, mademoiselle, comment expliquez-vous les circonstances à votre charge ?

— Hélas, monseigneur ! je ne sais

— Vous niez donc ?

— Tout !

— Faites, dit Charmolue à Pierrat

Pierrat tourna la poignée du cric, le brodequin se resserra, et la malheureuse poussa un de ces horribles cris qui n'ont d'orthographe dans aucune langue humaine

— Arrêtez, dit Charmolue à Pierrat — Avouez-vous ? dit-il à l'égyptienne

— Tout ! cria la misérable fille J'avoue ! j'avoue ! grâce !

Elle n'avait pas calculé ses forces en affrontant la question Pauvre enfant dont la vie jusqu'alors avait été si joyeuse, si suave, si douce, la première douleur l'avait vaincue

— L'humanité m'oblige à vous dire, observa le procureur du roi, qu'en avouant c'est la mort que vous devez attendre

— Je l'espère bien, dit-elle Et elle retomba sur le lit de cuir, mourante, pliée en deux, se laissant pendre à la courroie bouclée sur sa poitrine

— Sus, ma belle, soutenez-vous un peu, dit maître Pierrat en la relevant Vous avez l'air du mouton d'or qui est au cou de monsieur de Bourgogne

Jacques Charmolue éleva la voix

— Greffier, écrivez — Jeune fille bohème, vous avouez votre participation aux agapes, sabbats et maléfices de l'enfer, avec les larves, les masques et les stryges? Répondez

— Oui, dit-elle, si bas que sa parole se perdait dans son souffle

— Vous avouez avoir vu le bélier que Belzébuth fait paraître dans les nuées pour rassembler le sabbat, et qui n'est vu que des sorciers?

— Oui

— Vous confessez avoir adoré les têtes de Bophomet, ces abominables idoles des templiers?

— Oui

— Avoir eu commerce habituel avec le diable sous la forme d'une chèvre familière, jointe au procès?

— Oui

— Enfin, vous avouez et confessez avoir, à l'aide du démon, et du fantôme vulgairement appelé le moine-bourru, dans la nuit du vingt-neuvième mars dernier, meurtri et assassiné un capitaine nommé Phœbus de Châteaupers?

Elle leva sur le magistrat ses grands yeux fixes, et répondit comme machinalement, sans convulsion et sans secousse — Oui Il était évident que tout était brisé en elle

— Écrivez, greffier, dit Charmolue Et s'adressant aux tortionnaires — Qu'on détache la prisonnière, et qu'on la ramène à l'audience

Quand la prisonnière fut *déchaussée*, le procureur en cour d'église examina son pied encore engourdi par la douleur — Allons ! dit-il, il n'y a pas grand mal Vous avez crié à temps Vous pourriez encore danser la belle !

Puis il se tourna vers ses acolytes de l'officialité — Voilà enfin la justice éclairée ! Cela soulage, messieurs ! Mademoiselle nous rendra ce témoignage, que nous avons agi avec toute la douceur possible

III

FIN DE L'ÉCU CHANGÉ EN FEUILLE SÈCHE

Quand elle rentra, pâle et boitant, dans la salle d'audience, un murmure général de plaisir l'accueillit De la part de l'auditoire, c'était ce sentiment d'impatience satisfaite qu'on éprouve au théâtre à l'expiration du dernier entr'acte de la comédie, lorsque la toile se relève et que la fin va commencer De la part des juges, c'était espoir de bientôt souper La petite chèvre aussi béla de joie Elle voulut courir vers sa maîtresse, mais on l'avait attachée au banc

La nuit était tout à fait venue Les chandelles, dont on n'avait pas augmenté le nombre, jetaient si peu de lumière qu'on ne voyait pas les murs de la salle Les ténèbres y enveloppaient tous les objets d'une sorte de brume Quelques faces apathiques de juges y ressortaient à peine Vis-à-vis d'eux, à l'extrémité de la longue salle, ils pouvaient voir un point de blancheur vague se détacher sur le fond sombre C'était l'accusée

Elle s'était traînée à sa place Quand Charmolue se fut installé magistralement à la sienne, il s'assit, puis se releva, et dit, sans laisser percer trop de vanité de son succès   — L'accusée a tout avoué

— Fille bohème, reprit le président, vous avez avoué tous vos faits de magie, de prostitution et d'assassinat sur Phœbus de Châteaupers ?

Son cœur se serra On l'entendit sangloter dans l'ombre — Tout ce que vous voudrez, répondit-elle faiblement, mais tuez-moi vite !

— Monsieur le procureur du roi en cour d'église, dit le président, la chambre est prête à vous entendre en vos réquisitions

Maître Charmolue exhiba un effrayant cahier, et se mit à lire avec force gestes et l'accentuation exagérée de la plaidoirie une oraison en latin où toutes les preuves du procès s'échafaudaient sur des périphrases cicéroniennes flanquées de citations de Plaute, son comique favori Nous regrettons de ne pouvoir offrir à nos lecteurs ce morceau remarquable L'orateur le débitait avec une action merveilleuse Il n'avait pas achevé l'exorde, que déjà la sueur lui sortait du front et les yeux de la tête Tout à coup, au beau milieu d'une période, il s'interrompit, et son regard, d'ordinaire assez doux et même assez bête, devint foudroyant — Messieurs, s'écria-t-il (cette fois en français, car ce n'était pas dans le cahier), Satan est tellement mêlé dans cette affaire que le voilà qui assiste à nos débats et fait singerie de leur majesté Voyez !

En parlant ainsi, il désignait de la main la petite chèvre, qui, voyant gesticuler Charmolue, avait cru en effet qu'il était à propos d'en faire autant, et s'était assise sur le derrière, reproduisant de son mieux, avec ses pattes de devant et sa tête barbue, la pantomime pathétique du procureur du roi en cour d'église C'était, si l'on s'en souvient, un de ses plus gentils talents Cet incident, cette dernière *preuve*, fit grand effet On lia les pattes à la chèvre, et le procureur du roi reprit le fil de son éloquence

Cela fut très long, mais la péroraison était admirable En voici la dernière phrase, qu'on y ajoute la voix enrouée et le geste essoufflé de maître Charmolue — *Ideo, Domini, coram stryga demonstrata crimine patente, intentione criminis existente, in nomine sanctæ ecclesiæ Nostræ-Dominæ Parisiensis, quæ est in saisina habendi omnimodam altam & bassam justitiam in illa hac intemerata Civitatis insula, tenore præsentium declaramus nos requirere, primo, aliquamdam pecuniariam indemnitatem, secundo, amendationem honorabilem ante portilium maximum Nostræ-Dominæ, ecclesiæ cathedralis, tertio, sententiam in virtute cujus ista stryga cum sua capella, seu in trivio vulgariter dicto la Grève, seu in insula exeunte in fluvio Sequanæ, juxta pointam jardini regalis, executatæ sint !*

Il remit son bonnet, et se rassit

— *Eheu !* soupira Gringoire navré, *bassa latinitas !*

Un autre homme en robe noire se leva près de l'accusée C'était son avocat Les juges, à jeun, commencèrent à murmurer

— Avocat, soyez bref, dit le président

— Monsieur le président, répondit l'avocat, puisque la défenderesse a confessé le crime, je n'ai plus qu'un mot à dire à messieurs Voici un texte de la loi salique «Si une stryge a mangé un homme, et qu'elle en soit convaincue, elle paiera une amende de huit mille deniers, qui font deux cents sous d'or » Plaise à la chambre condamner ma cliente à l'amende

— Texte abrogé, dit l'avocat du roi extraordinaire

— *Nego*, répliqua l'avocat

— Aux voix ! dit un conseiller, le crime est patent, et il est tard

On alla aux voix sans quitter la salle Les juges *opinèrent du bonnet*, ils étaient pressés On voyait leurs têtes chaperonnées se découvrir l'une après l'autre dans l'ombre à la question lugubre que leur adressait tout bas le président La pauvre accusée avait l'air de les regarder, mais son œil trouble ne voyait plus

Puis le greffier se mit à écrire, puis il passa au président un long parchemin

Alors la malheureuse entendit le peuple se remuer, les piques s'entrechoquer et une voix glaciale qui disait

— Fille bohème, le jour qu'il plaira au roi notre sire, à l'heure de midi, vous serez menée dans un tombereau, en chemise, pieds nus, la corde au cou, devant le grand portail de Notre-Dame, et y ferez amende honorable avec une torche de cire du poids de deux livres à la main, et de là serez menée en place de Grève, où vous serez pendue et étranglée au gibet de la ville, et cette votre chèvre pareillement, et paierez à l'official trois lions d'or, en réparation des crimes, par vous commis et par vous confessés, de sorcellerie, de magie, de luxure et de meurtre sur la personne du sieur Phœbus de Châteaupers Dieu ait votre âme !

— Oh ! c'est un rêve ! murmura-t-elle, et elle sentit de rudes mains qui l'emportaient

IV

LASCIATE OGNI SPERANZA

Au moyen-âge, quand un édifice était complet, il y en avait presque autant dans la terre que dehors A moins d'être bâtis sur pilotis, comme Notre-Dame, un palais, une forteresse, une église avaient toujours un double fond Dans les cathédrales, c'était en quelque sorte une autre cathédrale souterraine, basse, obscure, mystérieuse, aveugle et muette, sous la nef supérieure qui regorgeait de lumière et retentissait d'orgues et de cloches jour et nuit, quelquefois c'était un sépulcre Dans les palais, dans les bastilles, c'était une prison, quelquefois aussi un sépulcre, quelquefois les deux ensemble Ces puissantes bâtisses, dont nous avons expliqué ailleurs le mode de formation et de *végétation,* n'avaient pas simplement des fondations, mais, pour ainsi dire, des racines qui s'allaient ramifiant dans le sol en chambres, en galeries, en escaliers comme la construction d'en haut Ainsi, églises, palais, bastilles avaient de la terre à mi-corps Les caves d'un édifice étaient un autre édifice où l'on descendait au lieu de monter, et qui appliquait ses étages souterrains sous le monceau d'étages extérieurs du monument, comme ces forêts et ces montagnes qui se renversent dans l'eau miroitante d'un lac au-dessous des forêts et des montagnes du bord

A la bastille Saint-Antoine, au Palais de Justice de Paris, au Louvre, ces édifices souterrains étaient des prisons Les étages de ces prisons, en s'enfonçant dans le sol, allaient se rétrécissant et s'assombrissant C'étaient autant de zones où s'échelonnaient les nuances de l'horreur Dante n'a rien pu trouver de mieux pour son enfer Ces entonnoirs de cachots aboutissaient d'ordinaire à un cul de basse-fosse à fond de cuve où Dante a mis Satan, où la société mettait le condamné à mort Une fois une misérable existence enterrée là, adieu le jour, l'air, la vie, *ogni speranza* Elle n'en sortait que pour le gibet ou le bûcher Quelquefois elle y pourrissait La justice humaine appelait cela *oublier* Entre les hommes et lui, le condamné sentait peser sur sa tête un entassement de pierres et de geôliers, et la prison tout entière, la massive bastille n'était plus qu'une énorme serrure compliquée qui le cadenassait hors du monde vivant

C'est dans un fond de cuve de ce genre, dans les oubliettes creusées par saint Louis, dans l'*in-pace* de la Tournelle, qu'on avait, de peur d'évasion sans doute déposé la Esmeralda condamnée au gibet, avec le colossal Palais de Justice sur la tête Pauvre mouche qui n'eût pu remuer le moindre de ses moellons !

Certes, la providence et la société avaient été également injustes, un tel luxe de malheur et de torture n'était pas nécessaire pour briser une si frêle créature

Elle était là, perdue dans les ténèbres, ensevelie, enfouie, murée Qui l'eût pu voir en cet état, après l'avoir vue rire et danser au soleil, eût frémi Froide comme la nuit, froide comme la mort, plus un souffle d'air dans ses cheveux, plus un bruit humain à son oreille, plus une lueur de jour dans ses yeux, brisée en deux, écrasée de chaînes, accroupie près d'une cruche et d'un pain sur un peu de paille dans la mare d'eau qui se formait sous elle des suintements du cachot, sans mouvement, presque sans haleine, elle n'en était même plus à souffrir Phœbus, le soleil, midi, le grand air, les rues de Paris, les danses aux applaudissements, les doux babillages d'amour avec l'officier, puis le prêtre, la matrulle, le poignard, le sang, la torture, le gibet, tout cela repassait bien encore dans son esprit, tantôt comme une vision charmante et dorée, tantôt comme un cauchemar difforme, mais ce n'était plus qu'une lutte horrible et vague qui se perdait dans les ténèbres, ou qu'une musique lointaine qui se jouait là-haut sur la terre, et qu'on n'entendait plus à la profondeur où la malheureuse était tombée

Depuis qu'elle était là, elle ne veillait ni ne dormait Dans cette infortune, dans ce cachot, elle ne pouvait pas plus distinguer la veille du sommeil, le rêve de la réalité, que le jour de la nuit Tout cela était mêlé, brisé, flottant, répandu confusément dans sa pensée Elle ne sentait plus, elle ne savait plus, elle ne pensait plus Tout au plus elle songeait Jamais créature vivante n'avait été engagée si avant dans le néant

Ainsi engourdie, gelée, pétrifiée, à peine avait-elle remarqué deux ou trois fois le bruit d'une trappe qui s'était ouverte quelque part au-dessus d'elle, sans même laisser passer un peu de lumière, et par laquelle une main lui avait jeté une croûte de pain noir C'était pourtant l'unique communication qui lui restât avec les hommes, la visite périodique du geôlier

Une seule chose occupait encore machinalement son oreille   au-dessus de sa tête l'humidité filtrait à travers les pierres moisies de la voûte, et à intervalles égaux une goutte d'eau s'en détachait Elle écoutait stupidement le bruit que faisait cette goutte d'eau en tombant dans la mare à côté d'elle

Cette goutte d'eau tombant dans cette mare, c'était là le seul mouvement qui remuât encore autour d'elle, la seule horloge qui marquât le temps, le seul bruit qui vînt jusqu'à elle de tout le bruit qui se fait sur la surface de la terre

Pour tout dire, elle sentait aussi de temps en temps, dans ce cloaque de fange et de ténèbres, quelque chose de froid qui lui passait çà et là sur le pied ou sur le bras, et elle frissonnait

Depuis combien de temps y était-elle, elle ne le savait Elle avait souvenir d'un arrêt de mort prononcé quelque part contre quelqu'un, puis qu'on l'avait emportée, elle, et qu'elle s'était réveillée dans la nuit et dans le silence, glacée Elle s'était traînée sur les mains, alors des anneaux de fer lui avaient coupé la cheville du pied, et des chaînes avaient sonné Elle avait reconnu que tout était muraille autour d'elle, qu'il y avait au-dessous d'elle une dalle couverte d'eau et une botte de paille Mais ni lampe, ni soupirail Alors, elle s'était assise sur cette paille, et quelquefois, pour changer de posture, sur la dernière marche d'un degré de pierre qu'il y avait dans son cachot Un moment, elle avait essayé de compter les noires minutes que lui mesurait la goutte d'eau, mais bientôt ce triste travail d'un cerveau malade s'était rompu de lui-même dans sa tête et l'avait laissée dans la stupeur

Un jour enfin ou une nuit (car minuit et midi avaient même couleur dans ce sépulcre), elle entendit au-dessus d'elle un bruit plus fort que celui que faisait d'ordinaire le guichetier quand il lui apportait son pain et sa cruche Elle leva la tête, et vit un rayon rougeâtre passer à travers les fentes de l'espèce de porte ou de trappe pratiquée dans la voûte de l'*in-pace* En même temps la lourde ferrure cria, la trappe grinça sur ses gonds rouillés, tourna, et elle vit une lanterne, une main et la partie inférieure du corps de deux hommes, la porte étant trop basse pour qu'elle pût apercevoir leurs têtes La lumière la blessa si vivement qu'elle ferma les yeux

Quand elle les rouvrit, la porte était refermée le falot était posé sur un degré de l'escalier, un homme, seul, était debout devant elle Une cagoule noire lui tombait jusqu'aux pieds, un caffardum de même couleur lui cachait le visage On ne voyait rien de sa personne, ni sa face ni ses mains C'était un long suaire noir qui se tenait debout, et sous lequel on sentait remuer quelque chose Elle regarda fixement quelques minutes cette espèce de spectre Cependant, elle ni lui ne parlaient On eût dit deux statues qui se confrontaient Deux choses seulement semblaient vivre dans le caveau, la mèche de la lanterne qui pétillait à cause de l'humidité de l'atmosphère, et la goutte d'eau de la voûte qui coupait cette crépitation irrégulière de son clapotement monotone et faisait trembler la lumière de la lanterne en moires concentriques sur l'eau huileuse de la mare

Enfin la prisonnière rompit le silence — Qui êtes-vous?

— Un prêtre

Le mot, l'accent, le son de voix, la firent tressaillir

Le prêtre poursuivit en articulant sourdement — Êtes-vous préparée?

— A quoi?

— A mourir

— Oh ! dit-elle, sera-ce bientôt !

— Demain

Sa tête, qui s'était levée avec joie, revint frapper sa poitrine — C'est encore bien long ! murmura-t-elle, qu'est-ce que cela leur faisait, aujourd'hui ?

— Vous êtes donc très malheureuse ? demanda le prêtre après un silence

— J'ai bien froid, répondit-elle

Elle prit ses pieds avec ses mains, geste habituel aux malheureux qui ont froid et que nous avons déjà vu faire à la recluse de la Tour Roland, et ses dents claquaient

Le prêtre parut promener de dessous son capuchon ses yeux dans le cachot

— Sans lumière ! sans feu ! dans l'eau ! c'est horrible !

— Oui, répondit-elle avec l'air étonné que le malheur lui avait donné Le jour est à tout le monde Pourquoi ne me donne-t-on que la nuit ?

— Savez-vous, reprit le prêtre après un nouveau silence, pourquoi vous êtes ici ?

— Je crois que je l'ai su, dit-elle en passant ses doigts maigres sur ses sourcils comme pour aider sa mémoire, mais je ne le sais plus

Tout à coup elle se mit à pleurer comme un enfant — Je voudrais sortir d'ici, monsieur J'ai froid, j'ai peur, et il y a des bêtes qui me montent le long du corps

— Eh bien, suivez-moi

En parlant ainsi, le prêtre lui prit le bras La malheureuse était gelée jusque dans les entrailles, cependant cette main lui fit une impression de froid

— Oh ! murmura-t-elle, c'est la main glacée de la mort — Qui êtes-vous donc ?

Le prêtre releva son capuchon Elle regarda C'était ce visage sinistre qui la poursuivait depuis si longtemps, cette tête de démon qui lui était apparue chez la Falourdel au-dessus de la tête adorée de son Phœbus, cet œil qu'elle avait vu pour la dernière fois briller près d'un poignard

Cette apparition, toujours si fatale pour elle, et qui l'avait ainsi poussée de malheur en malheur jusqu'au supplice, la tira de son engourdissement Il lui sembla que l'espèce de voile qui s'était épaissi sur sa mémoire se déchirait Tous les détails de sa lugubre aventure, depuis la scène nocturne chez la Falourdel jusqu'à sa condamnation à la Tournelle, lui revinrent à la fois dans l'esprit, non pas vagues et confus comme jusqu'alors, mais distincts, crus, tranchés, palpitants, terribles Ces souvenirs à demi effacés, et presque oblitérés par l'excès de la souffrance, la sombre figure qu'elle avait devant elle les raviva, comme l'approche du feu fait ressortir toutes fraîches sur le papier blanc les lettres invisibles qu'on y a tracées avec de l'encre sympathique. Il lui sembla que toutes les plaies de son cœur se rouvrirent et saignaient à la fois.

— Hah! cria-t-elle, les mains sur ses yeux et avec un tremblement convulsif, c'est le prêtre!

Puis elle laissa tomber ses bras découragés, et resta assise, la tête baissée, l'œil fixé à terre, muette, et continuant de trembler.

Le prêtre la regardait de l'œil d'un milan qui a longtemps plané en rond du plus haut du ciel autour d'une pauvre alouette tapie dans les blés, qui a longtemps rétréci en silence les cercles formidables de son vol, et tout à coup s'est abattu sur sa proie comme la flèche de l'éclair, et la tient pantelante dans sa griffe.

Elle se mit à murmurer tout bas : — Achevez! achevez! le dernier coup! — Et elle enfonçait sa tête avec terreur entre ses épaules, comme la brebis qui attend le coup de massue du boucher.

— Je vous fais donc horreur? dit-il enfin.

Elle ne répondit pas.

— Est-ce que je vous fais horreur? répéta-t-il.

Ses lèvres se contractèrent comme si elle souriait. — Oui, dit-elle, le bourreau raille le condamné. Voilà des mois qu'il me poursuit, qu'il me menace, qu'il m'épouvante! Sans lui, mon Dieu, que j'étais heureuse! C'est lui qui m'a jetée dans cet abime! O ciel! c'est lui qui a tué   c'est lui qui l'a tué! mon Phœbus!

Ici, éclatant en sanglots et levant les yeux sur le prêtre : — Oh! misérable! qui êtes-vous? que vous ai-je fait? vous me haïssez donc bien? Hélas! qu'avez-vous contre moi?

— Je t'aime! cria le prêtre.

Ses larmes s'arrêtèrent subitement. Elle le regarda avec un regard d'idiot. Lui était tombé à genoux et la couvait d'un œil de flamme.

— Entends-tu? je t'aime! cria-t-il encore.

— Quel amour! dit la malheureuse en frémissant.

Il reprit : — L'amour d'un damné.

Tous deux restèrent quelques minutes silencieux, écrasés sous la pesanteur de leurs émotions, lui insensé, elle stupide.

— Ecoute, dit enfin le prêtre, et un calme singulier lui était revenu. Tu vas tout savoir. Je vais te dire ce que jusqu'ici j'ai à peine osé me dire à moi-même, lorsque j'interrogeais furtivement ma conscience à ces heures profondes de la nuit où il y a tant de ténèbres qu'il semble que Dieu ne nous voit plus. Ecoute. Avant de te rencontrer, jeune fille, j'étais heureux.

— Et moi! soupira-t-elle faiblement.

— Ne m'interromps pas — Oui, j'étais heureux, je croyais l'être, du
moins J'étais pur, j'avais l'âme pleine d'une clarté limpide Pas de tête qui
s'élevât plus fière et plus radieuse que la mienne Les prêtres me consultaient
sur la chasteté, les docteurs sur la doctrine Oui, la science était tout pour
moi C'était une sœur, et une sœur me suffisait Ce n'est pas qu'avec l'âge
il ne me fût venu d'autres idées Plus d'une fois ma chair s'était émue au
passage d'une forme de femme Cette force du sexe et du sang de l'homme
que, fol adolescent, j'avais cru étouffer pour la vie, avait plus d'une fois
soulevé convulsivement la chaîne des vœux de fer qui me scellent, misérable,
aux froides pierres de l'autel Mais le jeûne, la prière, l'étude, les macéra-
tions du cloître, avaient refait l'âme maîtresse du corps Et puis, j'évitais
les femmes D'ailleurs, je n'avais qu'à ouvrir un livre pour que toutes les
impures fumées de mon cerveau s'évanouissent devant la splendeur de
la science En peu de minutes, je sentais fuir au loin les choses épaisses
de la terre, et je me retrouvais calme, ébloui et serein en présence du rayonnement tranquille de la vérité éternelle Tant que le démon n'envoya pour
m'attaquer que de vagues ombres de femmes qui passaient éparses sous mes
yeux, dans l'église, dans les rues, dans les prés, et qui revenaient à peine
dans mes songes, je le vainquis aisément Hélas! si la victoire ne m'est pas
restée, la faute en est à Dieu, qui n'a pas fait l'homme et le démon de force
égale — Écoute Un jour

Ici le prêtre s'arrêta, et la prisonnière entendit sortir de sa poitrine des
soupirs qui faisaient un bruit de râle et d'arrachement

Il reprit

— Un jour, j'étais appuyé à la fenêtre de ma cellule — Quel
livre lisais-je donc? Oh! tout cela est un tourbillon dans ma tête — Je lisais
La fenêtre donnait sur une place J'entends un bruit de tambour et de
musique Fâché d'être ainsi troublé dans ma rêverie, je regarde dans la place
Ce que je vis, il y en avait d'autres que moi qui le voyaient, et pourtant
ce n'était pas un spectacle fait pour des yeux humains Là, au milieu du
pavé, — il était midi, — un grand soleil, — une créature dansait Une
créature si belle que Dieu l'eût préférée à la Vierge, et l'eût choisie pour sa
mère, et eût voulu naître d'elle si elle eût existé quand il se fit homme! Ses
yeux étaient noirs et splendides, au milieu de sa chevelure noire quelques
cheveux que pénétrait le soleil blondissaient comme des fils d'or Ses pieds
disparaissaient dans leur mouvement comme les rayons d'une roue qui tourne
rapidement Autour de sa tête, dans ses nattes noires, il y avait des plaques
de métal qui pétillaient au soleil et faisaient à son front une couronne
d'étoiles Sa robe semée de paillettes scintillait bleue et piquée de mille étincelles comme une nuit d'été Ses bras souples et bruns se nouaient et se

dénouaient autour de sa taille comme deux écharpes La forme de son
corps était surprenante de beauté Oh! la resplendissante figure qui se détachait comme quelque chose de lumineux dans la lumière même du soleil!

— Hélas! jeune fille, c'était toi — Surpris, enivré, charmé, je me laissai
aller à te regarder Je te regardai tant que tout à coup je frissonnai d'épouvante, je sentis que le sort me saisissait

Le prêtre, oppressé, s'arrêta encore un moment Puis il continua

— Déjà à demi fasciné, j'essayai de me cramponner à quelque chose et
de me retenir dans ma chute Je me rappelai les embûches que Satan m'avait
déjà tendues La créature qui était sous mes yeux avait cette beauté surhumaine qui ne peut venir que du ciel ou de l'enfer Ce n'était pas là une
simple fille faite avec un peu de notre terre, et pauvrement éclairée à l'intérieur par le vacillant rayon d'une âme de femme C'était un ange! mais de
ténèbres, mais de flamme et non de lumière Au moment où je pensais
cela, je vis près de toi une chèvre, une bête du sabbat, qui me regardait en
riant Le soleil de midi lui faisait des cornes de feu Alors j'entrevis le piège
du démon, et je ne doutai plus que tu ne vinsses de l'enfer et que tu n'en
vinsses pour ma perdition Je le crus

Ici le prêtre regarda en face la prisonnière et ajouta froidement

— Je le crois encore — Cependant le charme opérait peu à peu, ta
danse me tournoyait dans le cerveau, je sentais le mystérieux maléfice s'ac-
complir en moi, tout ce qui aurait dû veiller s'endormait dans mon âme,
et comme ceux qui meurent dans la neige je trouvais du plaisir à laisser
venir ce sommeil Tout à coup, tu te mis à chanter. Que pouvais-je faire,
misérable ? Ton chant était plus charmant encore que ta danse Je voulus
fuir Impossible J'étais cloué, j'étais enraciné dans le sol Il me semblait que
le marbre de la dalle m'était monté jusqu'aux genoux Il fallut rester jusqu'au
bout Mes pieds étaient de glace, ma tête bouillonnait Enfin, tu eus peut-
être pitié de moi, tu cessas de chanter, tu disparus Le reflet de l'éblouissante
vision, le retentissement de la musique enchanteresse s'évanouirent par
degrés dans mes yeux et dans mes oreilles Alors je tombai dans l'encoignure
de la fenêtre, plus roide et plus faible qu'une statue descellée La cloche de
vêpres me réveilla Je me relevai, je m'enfuis, mais, hélas! il y avait en moi
quelque chose de tombé qui ne pouvait se relever, quelque chose de survenu
que je ne pouvais fuir

Il fit encore une pause, et poursuivit

— Oui, à dater de ce jour, il y eut en moi un homme que je ne con-
naissais pas Je voulus user de tous mes remèdes, le cloître, l'autel, le travail,
les livres Folie! Oh! que la science sonne creux quand on y vient heurter
avec désespoir une tête pleine de passions! Sais-tu, jeune fille, ce que je

voyais toujours désormais entre le livre et moi ? Toi, ton ombre, l'image
de l'apparition lumineuse qui avait un jour traversé l'espace devant moi
Mais cette image n'avait plus la même couleur, elle était sombre, funèbre,
ténébreuse comme le cercle noir qui poursuit longtemps la vue de l'impru-
dent qui a regardé fixement le soleil

Ne pouvant m'en débarrasser, entendant toujours ta chanson bourdonner
dans ma tête, voyant toujours tes pieds danser sur mon bréviaire, sentant
toujours la nuit en songe ta forme glisser sur ma chair, je voulus te revoir,
te toucher, savoir qui tu étais, voir si je te retrouverais bien pareille à l'image
idéale qui m'était restée de toi, briser peut-être mon rêve avec la réalité
En tout cas, j'espérais qu'une impression nouvelle effacerait la première,
et la première m'était devenue insupportable Je te cherchai Je te revis
Malheur ! Quand je t'eus vue deux fois, je voulus te voir mille, je voulus
te voir toujours Alors, — comment enrayer sur cette pente de l'enfer ? —
alors je ne m'appartins plus L'autre bout du fil que le démon m'avait
attaché aux ailes, il l'avait noué à ton pied Je devins vague et errant comme
toi Je t'attendais sous les porches, je t'épiais au coin des rues, je te guettais
du haut de ma tour. Chaque soir, je rentrais en moi-même plus charmé,
plus désespéré, plus ensorcelé, plus perdu !

J'avais su qui tu étais, égyptienne, bohémienne, gitane, zingara, comment
douter de la magie ? Écoute J'espérai qu'un procès me débarrasserait du
charme Une sorcière avait enchanté Bruno d'Ast, il la fit brûler et fut guéri
Je le savais Je voulus essayer du remède J'essayai d'abord de te faire interdire le parvis Notre-Dame, espérant t'oublier si tu ne revenais plus Tu n'en
tins compte Tu revins Puis il me vint l'idée de t'enlever Une nuit je le
tentai Nous étions deux Nous te tenions déjà, quand ce misérable officier
survint Il te délivra Il commençait ainsi ton malheur, le mien et le sien
Enfin, ne sachant plus que faire et que devenir, je te dénonçai à l'officiel
Je pensais que je serais guéri, comme Bruno d'Ast Je pensais aussi confusément qu'un procès te livrerait à moi, que dans une prison je te tiendrais, je
t'aurais, que là tu ne pourrais m'échapper, que tu me possédais depuis assez
longtemps pour que je te possédasse aussi à mon tour Quand on fait le mal,
il faut faire tout le mal Démence de s'arrêter à un milieu dans le monstrueux !
L'extrémité du crime a des délires de joie Un prêtre et une sorcière peuvent
s'y fondre en délices sur la botte de paille d'un cachot !

Je te dénonçai donc C'est alors que je t'épouvantais dans mes rencontres
Le complot que je tramais contre toi, l'orage que j'amoncelais sur ta tête
s'échappait de moi en menaces et en éclairs Cependant j'hésitais encore
Mon projet avait des côtés effroyables qui me faisaient reculer

Peut-être y aurais-je renoncé, peut-être ma hideuse pensée se serait-elle desséchée dans mon cerveau sans porter son fruit Je croyais qu'il dépendrait toujours de moi de suivre ou de rompre ce procès Mais toute mauvaise pensée est inexorable et veut devenir un fait, mais là où je me croyais tout-puissant, la fatalité était plus puissante que moi Hélas ! hélas ! c'est elle qui t'a prise et qui t'a livrée au rouage terrible de la machine que j'avais ténébreusement construite ! — Écoute Je touche à la fin

Un jour, — par un autre beau soleil, — je vois passer devant moi un homme qui prononce ton nom et qui rit et qui a la luxure dans les yeux Damnation ! je l'ai suivi Tu sais le reste

Il se tut La jeune fille ne put trouver qu'une parole

— O mon Phœbus !

— Pas ce nom ! dit le prêtre en lui saisissant le bras avec violence Ne prononce pas ce nom ! Oh ! misérables que nous sommes, c'est ce nom qui nous a perdus ! Ou plutôt nous nous sommes tous perdus les uns les autres par l'inexplicable jeu de la fatalité ! — Tu souffres, n'est-ce pas ? tu as froid, la nuit te fait aveugle, le cachot t'enveloppe, mais peut-être as-tu encore quelque lumière au fond de toi, ne fût-ce que ton amour d'enfant pour cet homme vide qui jouait avec ton cœur ! Tandis que moi, je porte le cachot au dedans de moi, au dedans de moi est l'hiver, la glace, le désespoir, j'ai la nuit dans l'âme Sais-tu tout ce que j'ai souffert ? J'ai assisté à ton procès J'étais assis sur le banc de l'official Oui, sous l'un de ces capuces de prêtre, il y avait les contorsions d'un damné Quand on t'a amenée, j'étais là, quand on t'a interrogée, j'étais là — Caverne de loups ! — C'était mon crime, c'était mon gibet que je voyais se dresser lentement sur ton front A chaque témoin, à chaque preuve, à chaque plaidoirie, j'étais là, j'ai pu compter chacun de tes pas dans la voie douloureuse, j'étais là encore quand cette bête féroce   — Oh ! je n'avais pas prévu la torture ! — Écoute Je t'ai suivie dans la chambre de douleur Je t'ai vu déshabiller et manier demi-nue par les mains infâmes du tourmenteur. J'ai vu ton pied, ce pied où j'eusse voulu pour un empire déposer un seul baiser et mourir, ce pied sous lequel je sentirais avec tant de délices s'écraser ma tête, je l'ai vu enserrer dans l'horrible brodequin qui fait des membres d'un être vivant une boue sanglante Oh ! misérable ! pendant que je voyais cela, j'avais sous mon suaire un poignard dont je me labourais la poitrine Au cri que tu as poussé, je l'ai enfoncé dans ma chair, à un second cri, il m'entrait dans le cœur ! Regarde Je crois que cela saigne encore.

Il ouvrit sa soutane Sa poitrine en effet était déchirée comme par une griffe de tigre, et il avait au flanc une plaie assez large et mal fermée.

La prisonnière recula d'horreur

— Oh ! dit le prêtre, jeune fille, aie pitié de moi ! Tu te crois mal-

heureuse, hélas! hélas! tu ne sais pas ce que c'est que le malheur! Oh! aimer
une femme! être prêtre! être haï! l'aimer de toutes les fureurs de son âme,
sentir qu'on donnerait pour le moindre de ses sourires son sang, ses entrailles,
sa renommée, son salut, l'immortalité et l'éternité, cette vie et l'autre,
regretter de ne pas être roi, génie, empereur, archange, dieu, pour lui
mettre un plus grand esclave sous les pieds, l'étreindre nuit et jour de ses
rêves et de ses pensées, et la voir amoureuse d'une livrée de soldat! et n'avoir
à lui offrir qu'une sale soutane de prêtre dont elle aura peur et dégoût!
Être présent, avec sa jalousie et sa rage, tandis qu'elle prodigue à un misérable fanfaron imbécile des trésors d'amour et de beauté! Voir ce corps dont
la forme vous brûle, ce sein qui a tant de douceur, cette chair palpiter et
rougir sous les baisers d'un autre! O ciel! aimer son pied, son bras, son
épaule, songer à ses veines bleues, à sa peau brune, jusqu'à s'en tordre des
nuits entières sur le pavé de sa cellule, et voir toutes les caresses qu'on a
rêvées pour elle aboutir à la torture! N'avoir réussi qu'à la coucher sur le lit
de cuir! Oh! ce sont là les véritables tenailles rougies au feu de l'enfer!
Oh! bienheureux celui qu'on scie entre deux planches, et qu'on écartèle à
quatre chevaux! — Sais-tu ce que c'est que ce supplice que vous font subir,
durant les longues nuits, vos artères qui bouillonnent, votre cœur qui crève,
votre tête qui rompt, vos dents qui mordent vos mains, tourmenteurs
acharnés qui vous retournent sans relâche, comme sur un gril ardent, sur
une pensée d'amour, de jalousie et de désespoir! Jeune fille, grâce! trêve un
moment! un peu de cendre sur cette braise! Essuie, je t'en conjure, la sueur
qui ruisselle à grosses gouttes de mon front! Enfant! torture-moi d'une
main, mais caresse-moi de l'autre! Aie pitié, jeune fille! aie pitié de moi!

  Le prêtre se roulait dans l'eau de la dalle et se martelait le crâne aux
angles des marches de pierre. La jeune fille l'écoutait, le regardait. Quand
il se tut, épuisé et haletant, elle répéta à demi-voix. — O mon Phœbus!

  Le prêtre se traîna vers elle à deux genoux.

  — Je t'en supplie, cria-t-il, si tu as des entrailles, ne me repousse pas!
Oh! je t'aime! je suis un misérable! Quand tu dis ce nom, malheureuse,
c'est comme si tu broyais entre tes dents toutes les fibres de mon cœur!
Grâce! si tu viens de l'enfer, j'y vais avec toi. J'ai tout fait pour cela. L'enfer
où tu seras, c'est mon paradis, ta vue est plus charmante que celle de Dieu!
Oh! dis! tu ne veux donc pas de moi? Le jour où une femme repousserait
un pareil amour, j'aurais cru que les montagnes remueraient. Oh! si tu
voulais! Oh! que nous pourrions être heureux! Nous fuirions, — je
te ferais fuir, — nous irions quelque part, nous chercherions l'endroit
sur la terre où il y a le plus de soleil, le plus d'arbres, le plus de ciel bleu.
Nous nous aimerions, nous verserions nos deux âmes l'une dans l'autre, et

nous aurions une soif inextinguible de nous-mêmes que nous étancherions en commun et sans cesse à cette coupe d'intarissable amour !

Elle l'interrompit avec un rire terrible et éclatant — Regardez donc, mon père ! vous avez du sang après les ongles !

Le prêtre demeura quelques instants comme pétrifié, l'œil fixé sur sa main

— Eh bien, oui ! reprit-il enfin avec une douceur étrange, outrage-moi, raille-moi, accable-moi ! mais viens, viens Hâtons-nous C'est pour demain, te dis-je Le gibet de la Grève, tu sais ? il est toujours prêt C'est horrible ! te voir marcher dans ce tombereau ! Oh ! grâce ! — Je n'avais jamais senti comme à présent à quel point je t'aimais — Oh ! suis-moi Tu prendras le temps de m'aimer après que je t'aurai sauvée Tu me haïras aussi longtemps que tu voudras Mais viens Demain ! demain ! le gibet ! ton supplice ! Oh ! sauve-toi ! épargne-moi !

Il lui prit le bras, il était égaré, il voulut l'entraîner.

Elle attacha sur lui son œil fixe

— Qu'est devenu mon Phœbus ?

— Ah ! dit le prêtre en lui lâchant le bras, vous êtes sans pitié !

— Qu'est devenu Phœbus ? répéta-t-elle froidement.

— Il est mort ! cria le prêtre

— Mort ! dit-elle toujours glaciale et immobile, alors que me parlez-vous de vivre ?

Lui ne l'écoutait pas — Oh ! oui, disait-il comme se parlant à lui-même, il doit être bien mort La lame est entrée très avant Je crois que j'ai touché le cœur avec la pointe Oh ! je vivais jusqu'au bout du poignard !

La jeune fille se jeta sur lui comme une tigresse furieuse, et le poussa sur les marches de l'escalier avec une force surnaturelle — Va-t'en, monstre ! va-t'en, assassin ! laisse-moi mourir ! Que notre sang à tous deux te fasse au front une tache éternelle ! Être à toi, prêtre ! jamais ! jamais ! Rien ne nous réunira, pas même l'enfer ! Va, maudit ! jamais !

Le prêtre avait trébuché à l'escalier Il dégagea en silence ses pieds des plis de sa robe, reprit sa lanterne, et se mit à monter lentement les marches qui menaient à la porte, il rouvrit cette porte, et sortit

Tout à coup la jeune fille vit reparaître sa tête, elle avait une expression épouvantable, et il lui cria avec un râle de rage et de désespoir — Je te dis qu'il est mort !

Elle tomba la face contre terre, et l'on n'entendit plus dans le cachot d'autre bruit que le soupir de la goutte d'eau qui faisait palpiter la mare dans les ténèbres

V

LA MÈRE

Je ne crois pas qu'il y ait rien au monde de plus riant que les idées qui s'éveillent dans le cœur d'une mère à la vue du petit soulier de son enfant Surtout si c'est le soulier de fête, des dimanches, du baptême, le soulier brodé jusque sous la semelle, un soulier avec lequel l'enfant n'a pas encore fait un pas Ce soulier-là a tant de grâce et de petitesse, il lui est si impossible de marcher, que c'est pour la mère comme si elle voyait son enfant Elle lui sourit, elle le baise, elle lui parle Elle se demande s'il se peut en effet qu'un pied soit si petit, et, l'enfant fût-il absent, il suffit du joli soulier pour lui remettre sous les yeux la douce et fragile créature Elle croit le voir, elle le voit, tout entier, vivant, joyeux, avec ses mains délicates, sa tête ronde, ses lèvres pures, ses yeux sereins dont le blanc est bleu Si c'est l'hiver, il est là, il rampe sur le tapis, il escalade laborieusement un tabouret, et la mère tremble qu'il n'approche du feu Si c'est l'été, il se traîne dans la cour, dans le jardin, arrache l'herbe d'entre les pavés, regarde naivement les grands chiens, les grands chevaux, sans peur, joue avec les coquillages, avec les fleurs, et fait gronder le jardinier qui trouve le sable dans les plates-bandes et la terre dans les allées Tout rit, tout brille, tout joue autour de lui comme lui, jusqu'au souffle d'air et au rayon de soleil qui s'ébattent à l'envi dans les boucles follettes de ses cheveux Le soulier montre tout cela à la mère et lui fait fondre le cœur comme le feu une cire

Mais quand l'enfant est perdu, ces mille images de joie, de charme, de tendresse qui se pressent autour du petit soulier deviennent autant de choses horribles Le joli soulier brodé n'est plus qu'un instrument de torture qui broie éternellement le cœur de la mère C'est toujours la même fibre qui vibre, la fibre la plus profonde et la plus sensible, mais au lieu d'un ange qui la caresse, c'est un démon qui la pince

Un matin, tandis que le soleil de mai se levait dans un de ces ciels bleu foncé où le Garofalo aime à placer ses descentes de croix, la recluse de la Tour-Roland entendit un bruit de roues, de chevaux et de ferrailles dans la place de Grève Elle s'en éveilla peu, noua ses cheveux sur ses oreilles pour s'assourdir, et se remit à contempler à genoux l'objet inanimé qu'elle adorait ainsi depuis quinze ans Ce petit soulier, nous l'avons déjà dit, était pour elle l'univers Sa pensée y était enfermée, et n'en devait plus sortir qu'à la mort Ce qu'elle avait jeté vers le ciel d'imprécations amères, de plaintes

touchantes, de prières et de sanglots, à propos de ce charmant hochet
de satin rose, la sombre cave de la Tour-Roland seule l'a eu. Jamais plus de
désespoir n'a été répandu sur une chose plus gentille et plus gracieuse.

Ce matin-là, il semblait que sa douleur s'échappât plus violente encore
qu'à l'ordinaire, et on l'entendait du dehors se lamenter avec une voix haute
et monotone qui navrait le cœur.

— O ma fille! disait-elle, ma fille! ma pauvre chère petite enfant! je ne
te verrai donc plus. C'est donc fini! Il me semble toujours que cela s'est fait
hier! Mon Dieu, mon Dieu, pour me la reprendre si vite, il valait mieux ne
pas me la donner. Vous ne savez donc pas que nos enfants tiennent à notre
ventre, et qu'une mère qui a perdu son enfant ne croit plus en Dieu? —
Ah! misérable que je suis, d'être sortie ce jour-là! — Seigneur! Seigneur!
pour me l'ôter ainsi, vous ne m'aviez donc jamais regardée avec elle, lorsque
je la réchauffais toute joyeuse à mon feu, lorsqu'elle me riait en me tétant,
lorsque je faisais monter ses petits pieds sur ma poitrine jusqu'à mes lèvres?
Oh! si vous aviez regardé cela, mon Dieu, vous auriez eu pitié de ma joie,
vous ne m'auriez pas ôté le seul amour qui me restât dans le cœur! Étais-je
donc une si misérable créature, Seigneur, que vous ne pussiez me regarder
avant de me condamner? — Hélas! hélas! voilà le soulier, le pied, où est-il?
où est le reste? où est l'enfant? Ma fille, ma fille! qu'ont-ils fait de toi?
Seigneur, rendez-la-moi. Mes genoux se sont écorchés quinze ans à vous prier,
mon Dieu, est-ce que ce n'est pas assez? Rendez-la-moi, un jour, une heure,
une minute, une minute, Seigneur! et jetez-moi ensuite au démon pour
l'éternité! Oh! si je savais où traîne un pan de votre robe, je m'y cram-
ponnerais de mes deux mains, et il faudrait bien que vous me rendissiez
mon enfant! Son joli petit soulier, est-ce que vous n'en avez pas pitié, Seigneur? Pouvez-vous condamner une pauvre mère à ce supplice de quinze
ans? Bonne Vierge! bonne Vierge du ciel! mon enfant-Jésus à moi, on me
l'a pris, on me l'a volé, on l'a mangé sur une bruyère, on a bu son sang, on
a mâché ses os! Bonne Vierge, ayez pitié de moi! Ma fille! il me faut ma
fille! Qu'est-ce que cela me fait, qu'elle soit dans le paradis? je ne veux pas
de votre ange, je veux mon enfant! Je suis une lionne, je veux mon lionceau.
— Oh! je me tordrai sur la terre, et je briserai la pierre avec mon front, et
je me damnerai, et je vous maudirai, Seigneur, si vous me gardez mon
enfant! vous voyez bien que j'ai les bras tout mordus, Seigneur! est-ce que
le bon Dieu n'a pas de pitié? — Oh! ne me donnez que du sel et du pain
noir, pourvu que j'aie ma fille et qu'elle me réchauffe comme un soleil!
Hélas! Dieu mon Seigneur, je ne suis qu'une vile pécheresse, mais ma fille
me rendait pieuse. J'étais pleine de religion pour l'amour d'elle, et je vous
voyais à travers son sourire comme par une ouverture du ciel. — Oh! que

je puisse seulement une fois, encore une fois, une seule fois, chausser ce soulier à son joli petit pied rose, et je meurs, bonne Vierge, en vous bénissant ! — Ah ! quinze ans ! elle serait grande maintenant ! — Malheureuse enfant ! quoi ! c'est donc bien vrai, je ne la reverrai plus, pas même dans le ciel ! car, moi, je n'irai pas Oh ! quelle misère ! dire que voilà son soulier, et que c'est tout !

La malheureuse s'était jetée sur ce soulier, sa consolation et son désespoir depuis tant d'années, et ses entrailles se déchiraient en sanglots comme le premier jour Car pour une mère qui a perdu son enfant, c'est toujours le premier jour Cette douleur-là ne vieillit pas Les habits de deuil ont beau s'user et blanchir le cœur reste noir

En ce moment, de fraîches et joyeuses voix d'enfants passèrent devant la cellule Toutes les fois que des enfants frappaient sa vue ou son oreille, la pauvre mère se précipitait dans l'angle le plus sombre de son sépulcre, et l'on eût dit qu'elle cherchait à plonger sa tête dans la pierre pour ne pas les entendre Cette fois, au contraire, elle se dressa comme en sursaut, et écouta avidement Un des petits garçons venait de dire — C'est qu'on va pendre une égyptienne aujourd'hui

Avec le brusque soubresaut de cette araignée que nous avons vue se jeter sur une mouche au tremblement de sa toile, elle courut à sa lucarne, qui donnait, comme on sait, sur la place de Grève En effet, une échelle était dressée près du gibet permanent, et le maître des basses-œuvres s'occupait d'en rajuster les chaînes rouillées par la pluie Il y avait quelque peuple alentour

Le groupe rieur des enfants était déjà loin La sachette chercha des yeux un passant qu'elle pût interroger Elle avisa, tout à côté de sa loge, un prêtre qui faisait semblant de lire dans le bréviaire public, mais qui était beaucoup moins occupé du *lettrain de fer treillissé* que du gibet, vers lequel il jetait de temps à autre un sombre et farouche coup d'œil Elle reconnut monsieur l'archidiacre de Josas, un saint homme

— Mon père, demanda-t-elle, qui va-t-on pendre là ?

Le prêtre la regarda et ne répondit pas, elle répéta sa question Alors il dit — Je ne sais pas.

— Il y avait là des enfants qui disaient que c'était une égyptienne, reprit la recluse

— Je crois que oui, dit le prêtre

Alors Paquette la Chantefleurie éclata d'un rire d'hyène

— Ma sœur, dit l'archidiacre, vous haïssez donc bien les égyptiennes ?

— Si je les hais ? s'écria la recluse, ce sont des stryges, des voleuses d'enfants ! Elles m'ont dévoré ma petite fille, mon enfant, mon unique enfant ! Je n'ai plus de cœur Elles me l'ont mangé !

Elle était effrayante Le prêtre la regardait froidement

— Il y en a une surtout que je hais, et que j'ai maudite, reprit-elle, c'en est une jeune, qui a l'âge que ma fille aurait, si sa mère ne m'avait pas mangé ma fille Chaque fois que cette jeune vipère passe devant ma cellule, elle me bouleverse le sang !

— Eh bien ! ma sœur, réjouissez-vous, dit le prêtre, glacial comme une statue de sépulcre, c'est celle-là que vous allez voir mourir

Sa tête tomba sur sa poitrine, et il s'éloigna lentement

La recluse se tordit les bras de joie — Je le lui avais prédit, qu'elle y monterait ! Merci, prêtre ! cria-t-elle

Et elle se mit à se promener à grands pas devant les barreaux de sa lucarne, échevelée, l'œil flamboyant, heurtant le mur de son épaule, avec l'air fauve d'une louve en cage qui a faim depuis longtemps et qui sent approcher l'heure du repas

VI

TROIS CŒURS D'HOMME FAITS DIFFÉREMMENT.

Phœbus, cependant, n'était pas mort Les hommes de cette espèce ont la vie dure Quand maître Philippe Lheulier, avocat extraordinaire du roi, avait dit à la pauvre Esmeralda *Il se meurt,* c'était par erreur ou par plaisanterie Quand l'archidiacre avait répété à la condamnée *Il est mort,* le fait est qu'il n'en savait rien, mais qu'il le croyait, qu'il y comptait, qu'il n'en doutait pas, qu'il l'espérait bien Il lui eût été par trop dur de donner à la femme qu'il aimait de bonnes nouvelles de son rival Tout homme à sa place en eût fait autant

Ce n'est pas que la blessure de Phœbus n'eût été grave, mais elle l'avait été moins que l'archidiacre ne s'en flattait Le maître-mire, chez lequel les soldats du guet l'avaient transporté dans le premier moment, avait craint huit jours pour sa vie, et le lui avait même dit en latin Toutefois, la jeunesse avait repris le dessus, et, chose qui arrive souvent, nonobstant pronostics et diagnostics, la nature s'était amusée à sauver le malade à la barbe du médecin C'est tandis qu'il gisait encore sur le grabat du maître-mire qu'il avait subi les premiers interrogatoires de Philippe Lheulier et des enquêteurs de l'official, ce qui l'avait fort ennuyé Aussi, un beau matin, se sentant mieux, il avait laissé ses éperons d'or en paiement au pharmacopole, et s'était esquivé Cela, du reste, n'avait apporté aucun trouble à l'instruction de l'affaire. La justice d'alors se souciait fort peu de la netteté et de la propreté d'un procès au criminel Pourvu que l'accusé fût pendu, c'est tout ce qu'il lui fallait Or, les juges avaient assez de preuves contre la Esmeralda Ils avaient cru Phœbus mort, et tout avait été dit

Phœbus, de son côté, n'avait pas fait une grande fuite Il était allé tout simplement rejoindre sa compagnie, en garnison à Queue-en-Brie, dans l'Île-de-France, à quelques relais de Paris

Après tout, il ne lui agréait nullement de comparaître en personne dans ce procès Il sentait vaguement qu'il y ferait une mine ridicule Au fond, il ne savait trop que penser de toute l'affaire Indévot et superstitieux, comme tout soldat qui n'est que soldat, quand il se questionnait sur cette aventure, il n'était pas rassuré sur la chèvre, sur la façon bizarre dont il avait fait rencontre de la Esmeralda, sur la manière non moins étrange dont elle lui avait laissé deviner son amour, sur sa qualité d'égyptienne, enfin sur le moine-bourru Il entrevoyait dans cette histoire beaucoup plus de magie que d'amour, probablement une sorcière, peut-être le diable, une comédie enfin, ou, pour parler le langage d'alors, un mystère très désagréable où il jouait un rôle fort gauche, le rôle des coups et des risées. Le capitaine en était tout penaud. Il éprouvait cette espèce de honte que notre La Fontaine a définie si admirablement:

> Honteux comme un renard qu'une poule aurait pris.

Il espérait d'ailleurs que l'affaire ne s'ébruiterait pas, que son nom, lui absent, y serait à peine prononcé et en tout cas ne retentirait pas au delà du plaid de la Tournelle. En cela il ne se trompait point, il n'y avait pas alors de *Gazette des Tribunaux*, et comme il ne se passait guère de semaine qui n'eût son faux-monnoyeur bouilli, ou sa sorcière pendue, ou son hérétique brûlé à l'une des innombrables *justices* de Paris, on était tellement habitué à voir dans tous les carrefours la vieille Thémis féodale, bras nus et manches retroussées, faire sa besogne aux fourches, aux échelles et aux piloris, qu'on n'y prenait presque pas garde. Le beau monde de ce temps-là savait à peine le nom du patient qui passait au coin de la rue, et la populace tout au plus se régalait de ce mets grossier. Une exécution était un incident habituel de la voie publique, comme la braisière du talmellier ou la tuerie de l'écorcheur. Le bourreau n'était qu'une espèce de boucher un peu plus foncé qu'un autre.

Phœbus se mit donc assez promptement l'esprit en repos sur la charmeresse Esmeralda, ou Similar, comme il disait, sur le coup de poignard de la bohémienne ou du moine-bourru (peu lui importait), et sur l'issue du procès. Mais dès que son cœur fut vacant de ce côté, l'image de Fleur-de-Lys y revint. Le cœur du capitaine Phœbus, comme la physique d'alors, avait horreur du vide.

C'était d'ailleurs un séjour fort insipide que Queue-en-Brie, un village de maréchaux ferrants et de vachères aux mains gercées, un long cordon de masures et de chaumières qui ourle la grande route des deux côtés pendant une demi-lieue, une *queue* enfin.

Fleur-de-Lys était son avant-dernière passion, une jolie fille, une charmante dot, donc un beau matin, tout à fait guéri, et présumant bien qu'après deux mois l'affaire de la bohémienne devait être finie et oubliée, l'amoureux cavalier arriva en piaffant à la porte du logis Gondelaurier.

Il ne fit pas attention à une cohue assez nombreuse qui s'amassait dans la place du parvis, devant le portail de Notre-Dame, il se souvint qu'on était au mois de mai, il supposa quelque procession, quelque Pentecôte, quelque fête, attacha son cheval à l'anneau du porche, et monta joyeusement chez sa belle fiancée.

Elle était seule avec sa mère.

Fleur-de-Lys avait toujours sur le cœur la scène de la sorcière, sa chèvre, son alphabet maudit, et les longues absences de Phœbus Cependant, quand elle vit entrer son capitaine, elle lui trouva si bonne mine, un hoqueton si neuf, un baudrier si luisant et un air si passionné qu'elle rougit de plaisir La noble damoiselle était elle-même plus charmante que jamais Ses magnifiques cheveux blonds étaient nattés à ravir, elle était toute vêtue de ce bleu-ciel qui va si bien aux blanches, coquetterie que lui avait enseignée Colombe, et avait l'œil noyé dans cette langueur d'amour qui leur va mieux encore

Phœbus, qui n'avait rien vu en fait de beauté depuis les margotons de Queue-en-Brie, fut enivré de Fleur-de-Lys, ce qui donna à notre officier une manière si empressée et si galante que sa paix fut tout de suite faite Madame de Gondelaurier elle-même, toujours maternellement assise dans son grand fauteuil, n'eut pas la force de le bougonner. Quant aux reproches de Fleur-de-Lys, ils expirèrent en tendres roucoulements

La jeune fille était assise près de la fenêtre, brodant toujours sa grotte de Neptunus Le capitaine se tenait appuyé au dossier de sa chaise, et elle lui adressait à demi-voix ses caressantes gronderies

— Qu'est-ce que vous êtes donc devenu depuis deux grands mois, méchant?

— Je vous jure, répondait Phœbus, un peu gêné de la question, que vous êtes belle à faire rêver un archevêque

Elle ne pouvait s'empêcher de sourire

— C'est bon, c'est bon, monsieur Laissez là ma beauté, et répondez-moi Belle beauté, vraiment !

— Eh bien ! chère cousine, j'ai été rappelé à tenir garnison

— Et où cela, s'il vous plaît ? et pourquoi n'êtes-vous pas venu me dire adieu ?

— A Queue-en-Brie

Phœbus était enchanté que la première question l'aidât à esquiver la seconde

.   — Mais c'est tout près, monsieur Comment n'être pas venu me voir une seule fois ?

Ici Phœbus fut assez sérieusement embarrassé — C'est que   le service   et puis, charmante cousine, j'ai été malade

— Malade ! reprit-elle effrayée

— Oui   blessé

— Blessé !

La pauvre enfant était toute bouleversée

— Oh ! ne vous effarouchez pas de cela, dit négligemment Phœbus, ce n'est rien Une querelle, un coup d'épée, qu'est-ce que cela vous fait ?

— Qu'est-ce que cela me fait ? s'écria Fleur-de-Lys en levant ses beaux yeux pleins de larmes Oh ! vous ne dites pas ce que vous pensez en disant cela Qu'est-ce que ce coup d'épée ? Je veux tout savoir

— Eh bien ! chère belle, j'ai eu noise avec Mahé Fédy, vous savez ? le lieutenant de Saint-Germain-en-Laye, et nous nous sommes décousu chacun quelques pouces de la peau Voilà tout

Le menteur capitaine savait fort bien qu'une affaire d'honneur fait toujours ressortir un homme aux yeux d'une femme En effet, Fleur-de-Lys le regardait en face tout émue de peur, de plaisir et d'admiration Elle n'était cependant pas complètement rassurée

— Pourvu que vous soyez bien tout à fait guéri, mon Phœbus ! dit-elle Je ne connais pas votre Mahé Fédy, mais c'est un vilain homme Et d'où venait cette querelle ?

Ici Phœbus, dont l'imagination n'était que fort médiocrement créatrice, commença à ne savoir plus comment se tirer de sa prouesse

— Oh ! que sais-je ? un rien, un cheval, un propos ! — Belle cousine, s'écria-t-il pour changer de conversation, qu'est-ce que c'est donc que ce bruit dans le Parvis ?

Il s'approcha de la fenêtre — Oh ! mon Dieu, belle cousine, voilà bien du monde sur la place !

— Je ne sais pas, dit Fleur-de-Lys, il paraît qu'il y a une sorcière qui va faire amende honorable ce matin devant l'église pour être pendue après

Le capitaine croyait si bien l'affaire de la Esmeralda terminée qu'il s'émut fort peu des paroles de Fleur-de-Lys Il lui fit cependant une ou deux questions.

— Comment s'appelle cette sorcière ?

— Je ne sais pas, répondit-elle

— Et que dit-on qu'elle ait fait ?

Elle haussa encore cette fois ses blanches épaules

— Je ne sais pas

— Oh ! mon Dieu Jésus ! dit la mère il y a tant de sorciers maintenant, qu'on les brûle, je crois, sans savoir leurs noms Autant vaudrait chercher à savoir le nom de chaque nuée du ciel Après tout, on peut être tranquille Le bon Dieu tient son registre — Ici la vénérable dame se leva et vint à la fenêtre Seigneur ! dit-elle, vous avez raison, Phœbus Voilà une grande cohue de populaire Il y en a, béni soit Dieu ! jusque sur les toits — Savez-vous, Phœbus ? cela me rappelle mon beau temps L'entrée du roi Charles VII,

où il y avait tant de monde aussi — Je ne sais plus en quelle année —
Quand je vous parle de cela, n'est-ce pas ? cela vous fait l'effet de quelque
chose de vieux, et à moi de quelque chose de jeune — Oh ! c'était un bien
plus beau peuple qu'à présent Il y en avait jusque sur les mâchicoulis de la
Porte Saint-Antoine Le roi avait la reine en croupe, et après leurs altesses
venaient toutes les dames en croupe de tous les seigneurs Je me rappelle
qu'on riait fort, parce qu'à côté d'Amanyon de Garlande, qui était fort bref
de taille, il y avait le sire Matefelon, un chevalier de stature gigantale,
qui avait tué des Anglais à tas C'était bien beau Une procession de tous les
gentilshommes de France avec leurs oriflammes qui rougeoyaient à l'œil Il
y avait ceux à pennon et ceux à bannière Que sais-je, moi ? le sire de Calan,
à pennon, Jean de Châteaumorant, à bannière, le sire de Coucy, à bannière, et plus étofféement que nul des autres, excepté le duc de Bourbon
— Hélas ! que c'est une chose triste de penser que tout cela a existé et qu'il
n'en est plus rien !

Les deux amoureux n'écoutaient pas la respectable douairière Phœbus
était revenu s'accouder au dossier de la chaise de sa fiancée, poste charmant
d'où son regard libertin s'enfonçait dans toutes les ouvertures de la collerette
de Fleur-de-Lys Cette gorgerette bâillait si à propos, et lui laissait voir
tant de choses exquises et lui en laissait deviner tant d'autres, que Phœbus,
ébloui de cette peau à reflet de satin, se disait en lui-même — Comment
peut-on aimer autre chose qu'une blanche ? Tous deux gardaient le silence
La jeune fille levait de temps en temps sur lui des yeux ravis et doux, et
leurs cheveux se mêlaient dans un rayon du soleil de printemps

— Phœbus, dit tout à coup Fleur-de-Lys à voix basse, nous devons nous
marier dans trois mois, jurez-moi que vous n'avez jamais aimé d'autre femme
que moi

— Je vous le jure, bel ange ! répondit Phœbus, et son regard passionné
se joignait pour convaincre Fleur-de-Lys à l'accent sincère de sa voix Il se
croyait peut-être lui-même en ce moment

Cependant la bonne mère, charmée de voir les fiancés en si parfaite intelligence, venait de sortir de l'appartement pour vaquer à quelque détail
domestique Phœbus s'en aperçut, et cette solitude enhardit tellement l'aventureux capitaine qu'il lui monta au cerveau des idées fort étranges Fleur-de-
Lys l'aimait, il était son fiancé, elle était seule avec lui, son ancien goût
pour elle s'était réveillé, non dans toute sa fraîcheur, mais dans toute son
ardeur, après tout, ce n'est pas grand crime de manger un peu son blé
en herbe, je ne sais si ces pensées lui passèrent dans l'esprit, mais ce qui
est certain, c'est que Fleur-de-Lys fut tout à coup effrayée de l'expression de
son regard Elle regarda autour d'elle, et ne vit plus sa mère

— Mon Dieu ! dit-elle rouge et inquiète, j'ai bien chaud !

— Je crois en effet, répondit Phœbus, qu'il n'est pas loin de midi Le soleil est gênant Il n'y a qu'à fermer les rideaux

— Non, non, cria la pauvre petite, j'ai besoin d'air au contraire

Et comme une biche qui sent le souffle de la meute, elle se leva, courut à la fenêtre, l'ouvrit, et se précipita sur le balcon

Phœbus, assez contrarié, l'y suivit

La place du Parvis Notre-Dame, sur laquelle le balcon donnait, comme on sait, présentait en ce moment un spectacle sinistre et singulier qui fit brusquement changer de nature à l'effroi de la timide Fleur-de-Lys

Une foule immense, qui refluait dans toutes les rues adjacentes, encombrait la place proprement dite La petite muraille à hauteur d'appui qui entourait le Parvis n'eût pas suffi à le maintenir libre, si elle n'eût été doublée d'une haie épaisse de sergents des onze-vingts et de hacquebutiers, la couleuvrine au poing Grâce à ce taillis de piques et d'arquebuses, le Parvis était vide L'entrée en était gardée par un gros de hallebardiers aux armes de l'évêque Les larges portes de l'église étaient fermées, ce qui contrastait avec les innombrables fenêtres de la place, lesquelles, ouvertes jusque sur les pignons, laissaient voir des milliers de têtes entassées à peu près comme les piles de boulets dans un parc d'artillerie

La surface de cette cohue était grise, sale et terreuse Le spectacle qu'elle attendait était évidemment de ceux qui ont le privilège d'extraire et d'appeler ce qu'il y a de plus immonde dans la population Rien de hideux comme le bruit qui s'échappait de ce fourmillement de coiffes jaunes et de chevelures sordides Dans cette foule, il y avait plus de rires que de cris, plus de femmes que d'hommes

De temps en temps quelque voix aigre et vibrante perçait la rumeur générale

— Ohé ! Mahiet Baliffre ! est-ce qu'on va la pendre là ?

— Imbécile ! c'est ici l'amende honorable, en chemise ! le bon Dieu va lui tousser du latin dans la figure ! Cela se fait toujours ici, à midi Si c'est la potence que tu veux, va-t'en à la Grève

— J'irai après

— Dites donc la Boucanbry ? est-il vrai qu'elle ait refusé un confesseur ?

— Il paraît que oui, la Bechaigne.

— Voyez-vous, la païenne !

— Monsieur, c'est l'usage Le bailli du Palais est tenu de livrer le malfaiteu tout jugé, pour l'exécution, si c'est un laïc, au prévôt de Paris, si c'est un clerc, à l'official de l'évêché

— Je vous remercie, monsieur

— Oh ! mon Dieu ! disait Fleur-de-Lys, la pauvre créature !

Cette pensée remplissait de douleur le regard qu'elle promenait sur la populace Le capitaine, beaucoup plus occupé d'elle que de cet amas de quenaille, chiffonnait amoureusement sa ceinture par derrière Elle se retourna suppliante et souriant — De grace, laissez-moi, Phœbus ! si ma mère rentrait, elle verrait votre main !

En ce moment midi sonna lentement à l'horloge de Notre-Dame Un murmure de satisfaction éclata dans la foule La dernière vibration du douzième coup s'éteignait à peine que toutes les têtes moutonnèrent comme les vagues sous un coup de vent, et qu'une immense clameur s'éleva du pavé, des fenêtres et des toits — La voilà !

Fleur-de-Lys mit ses mains sur ses yeux pour ne pas voir

— Charmante, lui dit Phœbus, voulez-vous rentrer ?

— Non, répondit-elle, et ces yeux qu'elle venait de fermer par crainte, elle les rouvrit par curiosité

Un tombereau, traîné d'un fort limonier normand et tout enveloppé de cavalerie en livrée violette à croix blanches, venait de déboucher sur la place par la rue Saint-Pierre-aux-Bœufs Les sergents du guet lui frayaient passage dans le peuple à grands coups de boullayes A côté du tombereau chevauchaient quelques officiers de justice et de police, reconnaissables à leur costume noir et à leur gauche façon de se tenir en selle Maître Jacques Charmolue paradait à leur tête

Dans la fatale voiture, une jeune fille était assise, les bras liés derrière le dos, sans prêtre à côté d'elle Elle était en chemise, ses longs cheveux noirs (la mode alors était de ne les couper qu'au pied du gibet) tombaient épars sur sa gorge et sur ses épaules à demi découvertes

A travers cette ondoyante chevelure, plus luisante qu'un plumage de corbeau, on voyait se tordre et se nouer une grosse corde grise et rugueuse qui écorchait ses fragiles clavicules et se roulait autour du cou charmant de la pauvre fille comme un ver de terre sur une fleur Sous cette corde brillait une petite amulette ornée de verroteries vertes qu'on lui avait laissée sans doute parce qu'on ne refuse plus rien à ceux qui vont mourir Les spectateurs placés aux fenêtres pouvaient apercevoir au fond du tombereau ses jambes nues qu'elle tâchait de dérober sous elle comme par un dernier instinct de femme A ses pieds il y avait une petite chèvre garrottée La condamnée retenait avec ses dents sa chemise mal attachée On eût dit qu'elle souffrait encore dans sa misère d'être ainsi livrée presque nue à tous les yeux Hélas ! ce n'est pas pour de pareils frémissements que la pudeur est faite

— Jésus ! dit vivement Fleur-de-Lys au capitaine Regardez donc, beau cousin ! c'est cette vilaine bohémienne à la chèvre !

En parlant ainsi, elle se retourna vers Phœbus Il avait les yeux fixés sur le tombereau Il était très pâle

— Quelle bohémienne à la chèvre ? dit-il en balbutiant

— Comment ! reprit Fleur-de-Lys, est-ce que vous ne vous souvenez pas ?

Phœbus l'interrompit — Je ne sais pas ce que vous voulez dire

Il fit un pas pour rentrer Mais Fleur-de-Lys, dont la jalousie, naguère si vivement remuée par cette même égyptienne, venait de se réveiller, Fleur-de-Lys lui jeta un coup d'œil plein de pénétration et de défiance Elle se rappelait vaguement en ce moment avoir ouï parler d'un capitaine mêlé au procès de cette sorcière

— Qu'avez-vous ? dit-elle à Phœbus, on dirait que cette femme vous a troublé

Phœbus s'efforça de ricaner

— Moi ! pas le moins du monde ! Ah bien oui !

— Alors restez, reprit-elle impérieusement, et voyons jusqu'à la fin

Force fut au malencontreux capitaine de demeurer Ce qui le rassurait un peu, c'est que la condamnée ne détachait pas son regard du plancher de son tombereau Ce n'était que trop véritablement la Esmeralda Sur ce dernier échelon de l'opprobre et du malheur, elle était toujours belle, ses grands yeux noirs paraissaient encore plus grands à cause de l'appauvrissement de ses joues, son profil livide était pur et sublime Elle ressemblait à ce qu'elle avait été comme une Vierge du Masaccio ressemble à une Vierge de Raphael plus faible, plus mince, plus maigre

Du reste, il n'y avait rien en elle qui ne ballottât en quelque sorte, et que, hormis sa pudeur, elle ne laissât aller au hasard, tant elle avait été profondément rompue par la stupeur et le désespoir Son corps rebondissait à tous les cahots du tombereau comme une chose morte ou brisée Son regard était morne et fou On voyait encore une larme dans sa prunelle, mais immobile et pour ainsi dire gelée

Cependant la lugubre cavalcade avait traversé la foule au milieu des cris de joie et des attitudes curieuses Nous devons dire toutefois, pour être fidèle historien, qu'en la voyant si belle et si accablée, beaucoup s'étaient émus de pitié, et des plus durs Le tombereau était entré dans le Parvis

Devant le portail central, il s'arrêta L'escorte se rangea en bataille des deux côtés La foule fit silence, et au milieu de ce silence plein de solennité et d'anxiété les deux battants de la grande porte tournèrent, comme d'eux-mêmes, sur leurs gonds qui grincèrent avec un bruit de fifre Alors on vit dans toute sa longueur la profonde église, sombre, tendue de deuil, à peine éclairée de quelques cierges scintillant au loin sur le maître-autel, ouverte comme une gueule de caverne au milieu de la place éblouissante de lumière Tout au fond, dans l'ombre de l'abside, on entrevoyait une gigantesque croix d'argent, développée sur un drap noir qui tombait de la voûte au pavé Toute la nef était déserte Cependant on voyait remuer confusément quelques têtes de prêtres dans les stalles lointaines du chœur, et au moment où la grande porte s'ouvrit il s'échappa de l'église un chant grave, éclatant et monotone qui jetait comme par bouffées sur la tête de la condamnée des fragments de psaumes lugubres

« *Non timebo millia populi circumdantis me · exsurge, Domine, salvum me fac, Deus !*

« *Salvum me fac, Deus, quoniam intraverunt aquæ usque ad animam meam.*

« *Infixus sum in limo profundi, & non est substantia* »

En même temps une autre voix, isolée du chœur, entonnait sur le degré du maître-autel ce mélancolique offertoire

« *Qui verbum meum audit, & credit ei qui misit me, habet vitam æternam & in judicium non venit, sed transit a morte in vitam* »

Ce chant que quelques vieillards perdus dans leurs ténèbres chantaient de loin sur cette belle créature, pleine de jeunesse et de vie, caressée par l'air tiède du printemps, inondée de soleil, c'était la messe des morts

Le peuple écoutait avec recueillement

La malheureuse, effarée, semblait perdre sa vue et sa pensée dans les obscures entrailles de l'église Ses lèvres blanches remuaient comme si elles priaient, et quand le valet du bourreau s'approcha d'elle pour l'aider à descendre du tombereau, il l'entendit qui répétait à voix basse ce mot *Phœbus*

On lui délia les mains, on la fit descendre accompagnée de sa chèvre qu'on avait déliée aussi, et qui bêlait de joie de se sentir libre, et on la fit marcher pieds nus sur le dur pavé jusqu'au bas des marches du portail La corde qu'elle avait au cou traînait derrière elle On eût dit un serpent qui la suivait

Alors le chant s'interrompit dans l'église Une grande croix d'or et une file de cierges se mirent en mouvement dans l'ombre On entendit sonner la hallebarde des suisses bariolés, et quelques moments après une longue procession de prêtres en chasubles et de diacres en dalmatiques, qui venait gravement et en psalmodiant vers la condamnée, se développa à sa vue et aux yeux de la foule Mais son regard s'arrêta à celui qui marchait en tête.

immédiatement après le porte-croix —Oh! dit-elle tout bas en frissonnant, c'est encore lui! le prêtre!

C'était en effet l'archidiacre Il avait à sa gauche le sous-chantre et à sa droite le chantre armé du bâton de son office Il avançait, la tête renversée en arrière, les yeux fixes et ouverts, en chantant d'une voix forte

« *De ventre inferi clamavi, & exaudisti vocem meam,*

« *Et projecisti me in profundum in corde maris, & flumen circumdedit me.* »

Au moment où il parut au grand jour sous le haut portail en ogive, enveloppé d'une vaste chape d'argent barrée d'une croix noire, il était si pâle que plus d'un pensa dans la foule que c'était un des évêques de marbre, agenouillés sur les pierres sépulcrales du chœur, qui s'était levé et qui venait recevoir au seuil de la tombe celle qui allait mourir

Elle, non moins pâle et non moins statue, elle s'était à peine aperçue qu'on lui avait mis en main un lourd cierge de cire jaune allumé, elle n'avait pas écouté la voix glapissante du greffier lisant la fatale teneur de l'amende honorable, quand on lui avait dit de répondre *Amen,* elle avait répondu *Amen* Il fallut, pour lui rendre quelque vie et quelque force, qu'elle vit le prêtre faire signe à ses gardiens de s'éloigner et s'avancer seul vers elle

Alors elle sentit son sang bouillonner dans sa tête, et un reste d'indignation se ralluma dans cette âme déjà engourdie et froide

L'archidiacre s'approcha d'elle lentement Même en cette extrémité, elle le vit promener sur sa nudité un œil étincelant de luxure, de jalousie et de désir Puis il lui dit à haute voix. — Jeune fille, avez-vous demandé à Dieu pardon de vos fautes et de vos manquements? — Il se pencha à son oreille, et ajouta (les spectateurs croyaient qu'il recevait sa dernière confession) — Veux-tu de moi? je puis encore te sauver!

Elle le regarda fixement — Va-t'en, démon! ou je te dénonce

Il se prit à sourire d'un sourire horrible — On ne te croira pas — Tu ne feras qu'ajouter un scandale à un crime — Réponds vite! veux-tu de moi?

— Qu'as-tu fait de mon Phœbus?

— Il est mort, dit le prêtre

En ce moment le misérable archidiacre leva la tête machinalement, et vit à l'autre bout de la place, au balcon du logis Gondelaurier, le capitaine debout près de Fleur-de-Lys Il chancela, passa la main sur ses yeux, regarda encore, murmura une malédiction, et tous ses traits se contractèrent violemment

— Eh bien! meurs, toi! dit-il entre ses dents. Personne ne t'aura

Alors levant la main sur l'égyptienne, il s'écria d'une voix funèbre — *I nunc, anima anceps, & sit tibi Deus misericors!*

C'était la redoutable formule dont on avait coutume de clore ces sombres cérémonies C'était le signal convenu du prêtre au bourreau

Le peuple s'agenouilla

— *Kyrie Eleison*, dirent les prêtres restés sous l'ogive du portail

— *Kyrie Eleison*, répéta la foule avec ce murmure qui court sur toutes les têtes comme le clapotement d'une mer agitée

— *Amen*, dit l'archidiacre

Il tourna le dos à la condamnée, sa tête retomba sur sa poitrine, ses mains se croisèrent, il rejoignit son cortège de prêtres, et un moment après on le vit disparaître, avec la croix, les cierges et les chapes, sous les arceaux brumeux de la cathédrale, et sa voix sonore s'éteignit par degrés dans le chœur en chantant ce verset de désespoir

« *Omnes gurgites tui & fluctus tui super me transierunt !* »

En même temps le retentissement intermittent de la hampe ferrée des hallebardes des suisses, mourant peu à peu sous les entre-colonnements de la nef, faisait l'effet d'un marteau d'horloge sonnant la dernière heure de la condamnée

Cependant les portes de Notre-Dame étaient restées ouvertes, laissant voir l'église vide, désolée, en deuil, sans cierges et sans voix

La condamnée demeurait immobile à sa place, attendant qu'on disposât d'elle Il fallut qu'un des sergents à verge en avertît maître Charmolue, qui, pendant toute cette scène, s'était mis à étudier le bas-relief du grand portail qui représente, selon les uns, le sacrifice d'Abraham, selon les autres, l'opération philosophale, figurant le soleil par l'ange, le feu par le fagot, l'artisan par Abraham

On eut assez de peine à l'arracher à cette contemplation, mais enfin il se retourna, et à un signe qu'il fit deux hommes vêtus de jaune, les valets du bourreau, s'approchèrent de l'égyptienne pour lui rattacher les mains

La malheureuse, au moment de remonter dans le tombereau fatal et de s'acheminer vers sa dernière station, fut prise peut-être de quelque déchirant regret de la vie Elle leva ses yeux rouges et secs vers le ciel, vers le soleil, vers les nuages d'argent coupés çà et là de trapèzes et de triangles bleus, puis elle les abaissa autour d'elle, sur la terre, sur la foule, sur les maisons

Tout à coup, tandis que l'homme jaune lui liait les coudes, elle poussa un cri terrible, un cri de joie A ce balcon, là-bas, à l'angle de la place, elle venait de l'apercevoir, lui, son ami, son seigneur, Phœbus, l'autre apparition de sa vie ! Le juge avait menti ! le prêtre avait menti ! c'était bien lui, elle n'en pouvait douter, il était là, beau, vivant, revêtu de son éclatante livrée, la plume en tête, l'épée au côté !

— Phœbus ! cria-t-elle, mon Phœbus !

Et elle voulut tendre vers lui ses bras tremblants d'amour et de ravissement, mais ils étaient attachés

Alors elle vit le capitaine froncer le sourcil, une belle jeune fille qui s'appuyait sur lui le regarder avec une lèvre dédaigneuse et des yeux irrités, puis Phœbus prononça quelques mots qui ne vinrent pas jusqu'à elle, et tous deux s'éclipsèrent précipitamment derrière le vitrail du balcon qui se referma

— Phœbus ! cria-t-elle éperdue, est-ce que tu le crois ?

Une pensée monstrueuse venait de lui apparaître Elle se souvenait qu'elle avait été condamnée pour meurtre sur la personne de Phœbus de Châteaupers

Elle avait tout supporté jusque-là Mais ce dernier coup était trop rude Elle tomba sans mouvement sur le pavé

— Allons, dit Charmolue, portez-la dans le tombereau, et finissons !

Personne n'avait encore remarqué dans la galerie des statues des rois, sculptés immédiatement au-dessus des ogives du portail, un spectateur étrange qui avait tout examiné jusqu'alors avec une telle impassibilité, avec un cou si tendu, avec un visage si difforme, que, sans son accoutrement mi-parti rouge et violet, on eût pu le prendre pour un de ces monstres de pierre par la gueule desquels se dégorgent depuis six cents ans les longues gouttières de la cathédrale Ce spectateur n'avait rien perdu de ce qui s'était passé depuis midi devant le portail de Notre-Dame Et dès les premiers instants, sans que personne songeât à l'observer, il avait fortement attaché à l'une des colonnettes de la galerie une grosse corde à nœuds, dont le bout allait traîner en bas sur le perron Cela fait, il s'était mis à regarder tranquillement, et à siffler de temps en temps quand un merle passait devant lui Tout à coup, au moment où les valets du maître des œuvres se disposaient à exécuter l'ordre flegmatique de Charmolue, il enjamba la balustrade de la galerie, saisit la corde des pieds, des genoux et des mains, puis on le vit couler sur la façade, comme une goutte de pluie qui glisse le long d'une vitre, courir vers les deux bourreaux avec la vitesse d'un chat tombé d'un toit, les terrasser sous deux poings énormes, enlever l'égyptienne d'une main, comme un enfant sa poupée, et d'un seul élan rebondir jusque dans l'église, en élevant la jeune fille au-dessus de sa tête, et en criant d'une voix formidable Asile !

Cela se fit avec une telle rapidité que si c'eût été la nuit, on eût pu tout voir à la lumière d'un seul éclair

— Asile ! asile ! répéta la foule, et dix mille battements de mains firent étinceler de joie et de fierté l'œil unique de Quasimodo

Cette secousse fit revenir à elle la condamnée Elle souleva sa paupière, regarda Quasimodo, puis la referma subitement, comme épouvantée de son sauveur

Charmolue resta stupéfait, et les bourreaux, et toute l'escorte En effet, dans l'enceinte de Notre-Dame, la condamnée était inviolable La cathédrale était un lieu de refuge Toute justice humaine expirait sur le seuil

Quasimodo s'était arrêté sous le grand portail Ses larges pieds semblaient aussi solides sur le pavé de l'église que les lourds piliers romans Sa grosse tête chevelue s'enfonçait dans ses épaules comme celle des lions qui eux aussi ont une crinière et pas de cou Il tenait la jeune fille toute palpitante suspendue à ses mains calleuses comme une draperie blanche, mais il la portait avec tant de précaution qu'il paraissait craindre de la briser ou de la faner On eût dit qu'il sentait que c'était une chose délicate, exquise et précieuse, faite pour d'autres mains que les siennes Par moments, il avait l'air de n'oser la toucher, même du souffle Puis, tout à coup, il la serrait avec étreinte dans ses bras, sur sa poitrine anguleuse, comme son bien, comme son trésor, comme eût fait la mère de cette enfant, son œil de gnome, abaissé sur elle, l'inondait de tendresse, de douleur et de pitié, et se relevait subitement plein d'éclairs Alors les femmes riaient et pleuraient, la foule trépignait d'enthousiasme, car en ce moment-là Quasimodo avait vraiment sa beauté Il était beau, lui, cet orphelin, cet enfant trouvé, ce rebut, il se sentait auguste et fort, il regardait en face cette société dont il était banni, et dans laquelle il intervenait si puissamment, cette justice humaine à laquelle il avait arraché sa proie, tous ces tigres forcés de mâcher à vide, ces sbires, ces juges, ces bourreaux, toute cette force du roi qu'il venait de briser, lui infime, avec la force de Dieu

Et puis c'était une chose touchante que cette protection tombée d'un être si difforme sur un être si malheureux, qu'une condamnée à mort sauvée par Quasimodo C'étaient les deux misères extrêmes de la nature et de la société qui se touchaient et qui s'entr'aidaient

Cependant, après quelques minutes de triomphe, Quasimodo s'était brusquement enfoncé dans l'église avec son fardeau Le peuple, amoureux de toute prouesse, le cherchait des yeux sous la sombre nef, regrettant qu'il se fût si vite dérobé à ses acclamations Tout à coup on le vit reparaître à l'une des extrémités de la galerie des rois de France, il la traversa en courant comme un insensé, en élevant sa conquête dans ses bras, et en criant Asile ! La foule éclata de nouveau en applaudissements La galerie parcourue, il se replongea dans l'intérieur de l'église Un moment après il reparut sur la plateforme supérieure, toujours l'égyptienne dans ses bras, toujours courant avec folie, toujours criant Asile ! Et la foule applaudissait Enfin, il fit une troisième apparition sur le sommet de la tour du bourdon, de là il sembla montrer avec orgueil à toute la ville celle qu'il avait sauvée, et sa voix tonnante, cette voix qu'on entendait si rarement et qu'il n'entendait jamais, répéta trois fois avec frénésie jusque dans les nuages Asile! asile! asile!

— Noel! Noel! criait le peuple de son côté, et cette immense acclamation allait étonner sur l'autre rive la foule de la Grève et la recluse qui attendait toujours, l'œil fixé sur le gibet

LIVRE NEUVIÈME

I

FIÈVRE

Claude Frollo n'était plus dans Notre-Dame pendant que son fils adoptif tranchait si brusquement le nœud fatal où le malheureux archidiacre avait pris l'égyptiennne et s'était pris lui-même. Rentré dans la sacristie, il avait arraché l'aube, la chape et l'étole, avait tout jeté aux mains du bedeau stupéfait, s'était échappé par la porte dérobée du cloître, avait ordonné à un batelier du Terrain de le transporter sur la rive gauche de la Seine, et s'était enfoncé dans les rues montueuses de l'Université, ne sachant où il allait, rencontrant à chaque pas des bandes d'hommes et de femmes qui se pressaient joyeusement vers le Pont Saint-Michel dans l'espoir *d'arriver encore à temps* pour voir pendre la sorcière, pâle, égaré, plus troublé, plus aveugle et plus farouche qu'un oiseau de nuit lâché et poursuivi par une troupe d'enfants en plein jour. Il ne savait plus où il était, ce qu'il pensait, s'il rêvait. Il allait, il marchait, il courait, prenant toute rue au hasard, ne choisissant pas, seulement toujours poussé en avant par la Grève, par l'horrible Grève qu'il sentait confusément derrière lui.

Il longea ainsi la montagne Sainte-Geneviève, et sortit enfin de la ville par la Porte Saint-Victor. Il continua de s'enfuir, tant qu'il put voir en se retournant l'enceinte de tours de l'Université et les rares maisons du faubourg, mais lorsque enfin un pli du terrain lui eut dérobé en entier cet odieux Paris, quand il put s'en croire à cent lieues, dans les champs, dans un désert, il s'arrêta, et il lui sembla qu'il respirait.

Alors des idées affreuses se pressèrent dans son esprit. Il revit clair dans son âme, et frissonna. Il songea à cette malheureuse fille qui l'avait perdu et qu'il avait perdue. Il promena un œil hagard sur la double voie tortueuse que la fatalité avait fait suivre à leurs deux destinées, jusqu'au point d'intersection où elle les avait impitoyablement brisées l'une contre l'autre. Il pensa à la folie des vœux éternels, à la vanité de la chasteté, de la science, de la religion, de la vertu, à l'inutilité de Dieu. Il s'enfonça à cœur joie dans les

mauvaises pensées, et, à mesure qu'il y plongeait plus avant, il sentait éclater
en lui-même un rire de Satan

Et en creusant ainsi son âme, quand il vit quelle large place la nature
y avait préparée aux passions, il ricana plus amèrement encore Il remua au
fond de son cœur toute sa haine, toute sa méchanceté, et il reconnut, avec
le froid coup d'œil d'un médecin qui examine un malade, que cette haine,
que cette méchanceté n'étaient que de l'amour vicié, que l'amour, cette
source de toute vertu chez l'homme, tournait en choses horribles dans un
cœur de prêtre, et qu'un homme constitué comme lui, en se faisant prêtre,
se faisait démon Alors il rit affreusement, et tout à coup il redevint pâle
en considérant le côté le plus sinistre de sa fatale passion, de cet amour
corrosif, venimeux, haineux, implacable, qui n'avait abouti qu'au gibet
pour l'une, à l'enfer pour l'autre   elle condamnée, lui damné

Et puis le rire lui revint, en songeant que Phœbus était vivant, qu'après
tout le capitaine vivant, était allègre et content, avait de plus beaux hoquetons que jamais, et une nouvelle maîtresse qu'il menait voir pendre l'ancienne Son ricanement redoubla quand il réfléchit que, des êtres vivants
dont il avait voulu la mort, l'égyptienne, la seule créature qu'il ne haït
pas, était la seule qu'il n'eût pas manquée

Alors du capitaine sa pensée passa au peuple, et il lui vint une jalousie
d'une espèce inouïe Il songea que le peuple aussi, le peuple tout entier,
avait eu sous les yeux la femme qu'il aimait, en chemise, presque nue Il se
tordit les bras en pensant que cette femme, dont la forme entrevue dans
l'ombre par lui seul lui eût été le bonheur suprême, avait été livrée en plein
jour, en plein midi, à tout un peuple, vêtue comme pour une nuit de
volupté Il pleura de rage sur tous ces mystères d'amour profanés, souillés,
dénudés, flétris à jamais Il pleura de rage en se figurant combien de regards
immondes avaient trouvé leur compte à cette chemise mal nouée, et que
cette belle fille, ce lys vierge, cette coupe de pudeur et de délices dont il
n'eût osé approcher ses lèvres qu'en tremblant, venait d'être transformée
en une sorte de gamelle publique, où la plus vile populace de Paris, les
voleurs, les mendiants, les laquais étaient venus boire en commun un plaisir
effronté, impur et dépravé

Et quand il cherchait à se faire une idée du bonheur qu'il eût pu trouver
sur la terre si elle n'eût pas été bohémienne et s'il n'eût pas été prêtre, si
Phœbus n'eût pas existé et si elle l'eût aimé, quand il se figurait qu'une vie
de sérénité et d'amour lui eût été possible aussi à lui, qu'il y avait en ce
même moment çà et là sur la terre des couples heureux, perdus en longues
causeries sous les orangers, au bord des ruisseaux, en présence d'un soleil
couchant, d'une nuit étoilée, et que, si Dieu l'eût voulu, il eût pu faire avec

elle un de ces couples de bénédiction, son cœur se fondait en tendresse et en désespoir

Oh ! elle ! c'est elle ! c'est cette idée fixe qui revenait sans cesse, qui le torturait, qui lui mordait la cervelle et lui déchiquetait les entrailles Il ne regrettait pas, il ne se repentait pas, tout ce qu'il avait fait, il était prêt à le faire encore, il aimait mieux la voir aux mains du bourreau qu'aux bras du capitaine, mais il souffrait, il souffrait tant que par instants il s'arrachait des poignées de cheveux pour voir s'ils ne blanchissaient pas

Il y eut un moment entre autres où il lui vint à l'esprit que c'était là peut-être la minute où la hideuse chaîne qu'il avait vue le matin resserrait son nœud de fer autour de ce cou si frêle et si gracieux Cette pensée lui fit jaillir la sueur de tous les pores

Il y eut un autre moment où, tout en riant diaboliquement sur lui-même, il se représenta à la fois la Esmeralda comme il l'avait vue le premier jour, vive, insouciante, joyeuse, parée, dansante, ailée, harmonieuse, et la Esmeralda du dernier jour, en chemise, et la corde au cou, montant lentement, avec ses pieds nus, l'échelle anguleuse du gibet, il se figura ce double tableau d'une telle façon qu'il poussa un cri terrible

Tandis que cet ouragan de désespoir bouleversait, brisait, arrachait, courbait, déracinait tout dans son âme, il regarda la nature autour de lui A ses pieds, quelques poules fouillaient les broussailles en becquetant, les scarabées d'émail couraient au soleil, au-dessus de sa tête quelques groupes de nuées gris pommelé fuyaient dans un ciel bleu, à l'horizon la flèche de l'abbaye Saint-Victor perçait la courbe du coteau de son obélisque d'ardoise, et le meunier de la butte Copeaux regardait en sifflant tourner les ailes travailleuses de son moulin Toute cette vie active, organisée, tranquille, reproduite autour de lui sous mille formes, lui fit mal Il recommença à fuir

Il courut ainsi à travers champs jusqu'au soir Cette fuite de la nature, de la vie, de lui-même, de l'homme, de Dieu, de tout, dura tout le jour Quelquefois il se jetait la face contre terre, et il arrachait avec ses ongles les jeunes blés Quelquefois il s'arrêtait dans une rue de village déserte, et ses pensées étaient si insupportables qu'il prenait sa tête à deux mains et tâchait de l'arracher de ses épaules pour la briser sur le pavé

Vers l'heure où le soleil déclinait, il s'examina de nouveau, et il se trouva presque fou La tempête qui durait en lui depuis l'instant où il avait perdu l'espoir et la volonté de sauver l'égyptienne, cette tempête n'avait pas laissé dans sa conscience une seule idée saine, une seule pensée debout Sa raison y gisait, à peu près entièrement détruite Il n'avait plus que deux images distinctes dans l'esprit la Esmeralda et la potence Tout le reste était noir Ces deux images rapprochées lui présentaient un groupe effroyable, et plus

il y fixait ce qui lui restait d'attention et de pensée, plus il les voyait croître,
selon une progression fantastique, l'une en grâce, en charme, en beauté, en
lumière, l'autre en horreur, de sorte qu'à la fin la Esmeralda lui apparaissait
comme une étoile, le gibet comme un énorme bras décharné

Une chose remarquable, c'est que pendant toute cette torture il ne lui
vint pas l'idée sérieuse de mourir Le misérable était ainsi fait Il tenait à la
vie Peut-être voyait-il réellement l'enfer derrière

Cependant le jour continuait de baisser L'être vivant qui existait encóre
en lui songea confusément au retour Il se croyait loin de Paris, mais, en
s'orientant, il s'aperçut qu'il n'avait fait que tourner l'enceinte de l'Université
La flèche de Saint-Sulpice et les trois hautes aiguilles de Saint-Germain-des-
Prés dépassaient l'horizon à sa droite Il se dirigea de ce côté Quand il entendit
le qui-vive des hommes d'armes de l'abbé autour de la circonvallation crénelée de Saint-Germain, il se détourna, prit un sentier qui s'offrit à lui entre
le moulin de l'abbaye et la maladrerie du bourg, et au bout de quelques
instants se trouva sur la lisière du Pré-aux-Clercs Ce pré était célèbre par les
tumultes qui s'y faisaient jour et nuit, c'était l'*hydre* des pauvres moines
de Saint-Germain, *quod monachis Sancti-Germani pratensis hydra fuit, clericis nova
semper dißidiorum capita suscitantibus* L'archidiacre craignit d'y rencontrer quelqu'un, il avait peur de tout visage humain, il venait d'éviter l'Université,
le bourg Saint-Germain, il voulait ne rentrer dans les rues que le plus tard
possible Il longea le Pré-aux-Clercs, prit le sentier désert qui le séparait
du Dieu-Neuf, et arriva enfin au bord de l'eau Là, dom Claude trouva
un batelier qui, pour quelques deniers parisis, lui fit remonter la Seine
jusqu'à la pointe de la Cité, et le déposa sur cette langue de terre abandonnée
où le lecteur a déjà vu rêver Gringoire, et qui se prolongeait au delà des
jardins du roi, parallèlement à l'île du Passeur-aux-Vaches

Le bercement monotone du bateau et le bruissement de l'eau avaient
en quelque sorte engourdi le malheureux Claude Quand le batelier se fut
éloigné, il resta stupidement debout sur la grève, regardant devant lui et ne
percevant plus les objets qu'à travers des oscillations grossissantes qui lui
faisaient de tout une sorte de fantasmagorie Il n'est pas rare que la fatigue
d'une grande douleur produise cet effet sur l'esprit

Le soleil était couché derrière la haute Tour de Nesle C'était l'instant du
crépuscule Le ciel était blanc, l'eau de la rivière était blanche Entre ces deux
blancheurs, la rive gauche de la Seine, sur laquelle il avait les yeux fixés,
projetait sa masse sombre, et, de plus en plus amincie par la perspective,
s'enfonçait dans les brumes de l'horizon comme une flèche noire. Elle était
chargée de maisons, dont on ne distinguait que la silhouette obscure, vivement relevée en ténèbres sur le fond clair du ciel et de l'eau Çà et là des

fenêtres commençaient à y scintiller comme des trous de braise Cet immense obélisque noir ainsi isolé entre les deux nappes blanches du ciel et de la rivière, fort large en cet endroit, fit à dom Claude un effet singulier, comparable à ce qu'éprouverait un homme qui, couché à terre sur le dos au pied du clocher de Strasbourg, regarderait l'énorme aiguille s'enfoncer au-dessus de sa tête dans les pénombres du crépuscule Seulement ici c'était Claude qui était debout et l'obélisque qui était couché, mais comme la rivière, en reflétant le ciel, prolongeait l'abîme au-dessous de lui, l'immense promontoire semblait aussi hardiment élancé dans le vide que toute flèche de cathédrale, et l'impression était la même Cette impression avait même cela d'étrange et de plus profond, que c'était bien le clocher de Strasbourg, mais le clocher de Strasbourg haut de deux lieues, quelque chose d'inouï, de gigantesque, d'incommensurable, un édifice comme nul œil humain n'en a vu, une tour de Babel Les cheminées des maisons, les créneaux des murailles, les pignons taillés des toits, la flèche des Augustins, la Tour de Nesle, toutes ces saillies qui ébréchaient le profil du colossal obélisque, ajoutaient à l'illusion en jouant bizarrement à l'œil les découpures d'une sculpture touffue et fantastique Claude, dans l'état d'hallucination où il se trouvait, crut voir, voit de ses yeux vivants, le clocher de l'enfer, les mille lumières répandues sur toute la hauteur de l'épouvantable tour lui parurent autant de porches de l'immense fournaise intérieure, les voix et les rumeurs qui s'en échappaient, autant de cris, autant de râles Alors il eut peur, il mit ses mains sur ses oreilles pour ne plus entendre, tourna le dos pour ne plus voir, et s'éloigna à grands pas de l'effroyable vision

Mais la vision était en lui

Quand il rentra dans les rues, les passants qui se coudoyaient aux lueurs des devantures de boutiques lui faisaient l'effet d'une éternelle allée et venue de spectres autour de lui Il avait des fracas étranges dans l'oreille Des fantaisies extraordinaires lui troublaient l'esprit Il ne voyait ni les maisons, ni le pavé, ni les chariots, ni les hommes et les femmes, mais un chaos d'objets indéterminés qui se fondaient par les bords les uns dans les autres Au coin de la rue de la Barillerie, il y avait une boutique d'épicerie, dont l'auvent était, selon l'usage immémorial, garni dans son pourtour de ces cerceaux de fer-blanc auxquels pend un cercle de chandelles de bois qui s'entre-choquent au vent en claquant comme des castagnettes Il crut entendre s'entre-heurter dans l'ombre le trousseau de squelettes de Montfaucon

— Oh! murmura-t-il, le vent de la nuit les chasse les uns contre les autres, et mêle le bruit de leurs chaînes au bruit de leurs os! Elle est peut-être là, parmi eux!

Éperdu, il ne sut où il allait Au bout de quelques pas, il se trouva sur

le Pont Saint-Michel Il y avait une lumière à une fenêtre d'un rez-de-chaussée
Il s'approcha A travers un vitrage fêlé, il vit une salle sordide, qui réveilla
un souvenir confus dans son esprit Dans cette salle, mal éclairée d'une lampe
maigre, il y avait un jeune homme blond et frais, à figure joyeuse, qui
embrassait, avec de grands éclats de rire, une jeune fille fort effrontément
parée Et, près de la lampe, il y avait une vieille femme qui filait et qui
chantait d'une voix chevrotante Comme le jeune homme ne riait pas toujours, la chanson de la vieille arrivait par lambeaux jusqu'au prêtre C'était
quelque chose d'inintelligible et d'affreux

> Grève, aboye, Grève, grouille !
> File, file, ma quenouille,
> File sa corde au bourreau
> Qui siffle dans le préau
> Grève, aboye, Grève, grouille !
>
> La belle corde de chanvre !
> Semez d'Issy jusqu'à Vanvre
> Du chanvre et non pas du blé
> Le voleur n'a pas volé
> La belle corde de chanvre
>
> Grève, grouille, Grève, aboye !
> Pour voir la fille de joie
> Pendre au gibet chassieux,
> Les fenêtres sont des yeux
> Grève, grouille, Grève, aboye !

Là-dessus le jeune homme riait et caressait la fille La vieille, c'était la
Falourdel, la fille, c'était une fille publique, le jeune homme, c'était son
jeune frère Jehan

Il continua de regarder Autant ce spectacle qu'un autre

Il vit Jehan aller à une fenêtre qui était au fond de la salle, l'ouvrir, jeter
un coup d'œil sur le quai où brillaient au loin mille croisées éclairées, et
il l'entendit dire en refermant la fenêtre — Sur mon âme ! voilà qu'il se fait
nuit Les bourgeois allument leurs chandelles et le bon Dieu ses étoiles

Puis, Jehan revint vers la ribaude, et cassa une bouteille qui était sur
une table, en s'écriant

— Déjà vide, corbœuf ! et je n'ai plus d'argent ! Isabeau, ma mie, je ne
serai content de Jupiter que lorsqu'il aura changé vos deux tétins blancs
en deux noires bouteilles, où je téterai du vin de Beaune jour et nuit

Cette belle plaisanterie fit rire la fille de joie, et Jehan sortit

Dom Claude n'eut que le temps de se jeter à terre pour ne pas être rencontré, regardé en face, et reconnu par son frère Heureusement la rue était sombre, et l'écolier était ivre Il avisa cependant l'archidiacre couché sur le pavé dans la boue

— Oh! oh! dit-il, en voilà un qui a mené joyeuse vie aujourd'hui

Il remua du pied dom Claude, qui retenait son souffle

— Ivre-mort, reprit Jehan Allons, il est plein Une vraie sangsue detachée d'un tonneau Il est chauve, ajouta-t-il en se baissant, c'est un vieillard! *Fortunate senex!*

Puis dom Claude l'entendit s'éloigner en disant — C'est égal, la raison est une belle chose, et mon frère l'archidiacre est bien heureux d'être sage et d'avoir de l'argent

L'archidiacre alors se releva, et courut tout d'une haleine vers Notre-Dame, dont il voyait les tours énormes surgir dans l'ombre au-dessus des maisons

A l'instant où il arriva tout haletant sur la place du Parvis, il recula et n'osa lever les yeux sur le funeste édifice — Oh! dit-il à voix basse, est-il donc bien vrai qu'une telle chose se soit passée ici, aujourd'hui, ce matin même!

Cependant il se hasarda à regarder l'église La façade était sombre Le ciel derrière étincelait d'étoiles Le croissant de la lune, qui venait de s'envoler de l'horizon, était arrêté en ce moment au sommet de la tour de droite, et semblait s'être perché, comme un oiseau lumineux, au bord de la balustrade découpée en trèfles noirs

La porte du cloître était fermée Mais l'archidiacre avait toujours sur lui la clef de la tour où était son laboratoire Il s'en servit pour pénétrer dans l'église

Il trouva dans l'église une obscurité et un silence de caverne Aux grandes ombres qui tombaient de toutes parts à larges pans, il reconnut que les tentures de la cérémonie du matin n'avaient pas encore été enlevées La grande croix d'argent scintillait au fond des ténèbres, saupoudrée de quelques points étincelants, comme la voie lactée de cette nuit de sépulcre Les longues fenêtres du chœur montraient au-dessus de la draperie noire l'extrémité supérieure de leurs ogives, dont les vitraux, traversés d'un rayon de lune, n'avaient plus que les couleurs douteuses de la nuit, une espèce de violet, de blanc et de bleu dont on ne retrouve la teinte que sur la face des morts L'archidiacre, en apercevant tout autour du chœur ces blêmes pointes d'ogives, crut voir des mitres d'évêques damnés Il ferma les yeux, et quand il les rouvrit, il crut que c'était un cercle de visages pâles qui le regardaient

Il se mit à fuir à travers l'église Alors il lui sembla que l'église aussi s'ébranlait, remuait, s'animait, vivait, que chaque grosse colonne devenait une patte énorme qui battait le sol de sa large spatule de pierre, et que la gigantesque cathédrale n'était plus qu'une sorte d'éléphant prodigieux qui soufflait et marchait avec ses piliers pour pieds, ses deux tours pour trompes et l'immense drap noir pour caparaçon

Ainsi la fièvre ou la folie était arrivée à un tel degré d'intensité que le monde extérieur n'était plus pour l'infortuné qu'une sorte d'apocalypse visible, palpable, effrayante

Il fut un moment soulagé En s'enfonçant sous les bas côtés, il aperçut, derrière un massif de piliers, une lueur rougeâtre Il y courut comme à une étoile C'était la pauvre lampe qui éclairait jour et nuit le bréviaire public de Notre-Dame sous son treillis de fer Il se jeta avidement sur le saint livre, dans l'espoir d'y trouver quelque consolation ou quelque encouragement Le livre était ouvert à ce passage de Job, sur lequel son œil fixe se promena
— «Et un esprit passa devant ma face, et j'entendis un petit souffle, et le poil de ma chair se hérissa »

A cette lecture lugubre, il éprouva ce qu'éprouve l'aveugle qui se sent piquer par le bâton qu'il a ramassé Ses genoux se dérobèrent sous lui, et il s'affaissa sur le pavé, songeant à celle qui était morte dans le jour Il sentait passer et se dégorger dans son cerveau tant de fumées monstrueuses qu'il lui semblait que sa tête était devenue une des cheminées de l'enfer

Il paraît qu'il resta longtemps dans cette attitude, ne pensant plus, abîmé et passif sous la main du démon Enfin, quelque force lui revint, il songea à s'aller réfugier dans la tour près de son fidèle Quasimodo Il se leva, et, comme il avait peur, il prit pour s'éclairer la lampe du bréviaire C'était un sacrilège, mais il n'en était plus à regarder à si peu de chose

Il gravit lentement l'escalier des tours, plein d'un secret effroi que devait propager jusqu'aux rares passants du Parvis la mystérieuse lumière de sa lampe montant si tard de meurtrière en meurtrière au haut du clocher

Tout à coup il sentit quelque fraîcheur sur son visage et se trouva sous la porte de la plus haute galerie L'air était froid, le ciel charriait des nuages dont les larges lames blanches débordaient les unes sur les autres en s'écrasant par les angles, et figuraient une débâcle de fleuve en hiver Le croissant de la lune, échoué au milieu des nuées, semblait un navire céleste pris dans ces glaçons de l'air

Il baissa la vue et contempla un instant, entre la grille de colonnettes qui unit les deux tours, au loin, à travers une gaze de brumes et de fumées, la foule silencieuse des toits de Paris, aigus, innombrables, pressés et petits comme les flots d'une mer tranquille dans une nuit d'été

La lune jetait un faible rayon qui donnait au ciel et à la terre une teinte de cendre

En ce moment l'horloge éleva sa voix grêle et fêlée Minuit sonna

Le prêtre pensa à midi C'étaient les douze heures qui revenaient — Oh !
se dit-il tout bas, elle doit être froide à présent !

Tout à coup un coup de vent éteignit sa lampe, et presque en même
temps il vit paraître, à l'angle opposé de la tour, une ombre, une blancheur,
une forme, une femme Il tressaillit A côté de cette femme, il y avait une
petite chèvre, qui mêlait son bêlement au dernier bêlement de l'horloge

Il eut la force de regarder C'était elle

Elle était pâle, elle était sombre Ses cheveux tombaient sur ses épaules
comme le matin Mais plus de corde au cou, plus de mains attachées Elle
était libre, elle était morte

Elle était vêtue de blanc et avait un voile blanc sur la tête

Elle venait vers lui, lentement, en regardant le ciel La chèvre surnaturelle
la suivait Il se sentait de pierre et trop lourd pour fuir A chaque pas qu'elle
faisait en avant, il en faisait un en arrière, et c'était tout Il rentra ainsi sous
la voûte obscure de l'escalier Il était glacé de l'idée qu'elle allait peut-être
y entrer aussi, si elle l'eût fait, il serait mort de terreur

Elle arriva en effet devant la porte de l'escalier, s'y arrêta quelques instants,
regarda fixement dans l'ombre, mais sans paraître y voir le prêtre, et passa
Elle lui parut plus grande que lorsqu'elle vivait, il vit la lune à travers sa robe
blanche, il entendit son souffle

Quand elle fut passée, il se mit à redescendre l'escalier, avec la lenteur
qu'il avait vue au spectre, se croyant spectre lui-même, hagard, les cheveux
tout droits, sa lampe éteinte toujours à la main, et, tout en descendant les
degrés en spirale, il entendait distinctement dans son oreille une voix qui riait
et qui répétait

« Un esprit passa devant ma face, et j'entendis un petit souffle, et le poil
de ma chair se hérissa »

II

BOSSU, BORGNE, BOITEUX

Toute ville au moyen-âge, et, jusqu'à Louis XII, toute ville en France avait ses lieux d'asile Ces lieux d'asile, au milieu du déluge de lois pénales et de juridictions barbares qui inondaient la cité, étaient des espèces d'îles qui s'élevaient au-dessus du niveau de la justice humaine Tout criminel qui y abordait était sauvé Il y avait dans une banlieue presque autant de lieux d'asile que de lieux patibulaires C'était l'abus de l'impunité à côté de l'abus des supplices, deux choses mauvaises qui tâchaient de se corriger l'une par l'autre Les palais du roi, les hôtels des princes, les églises surtout avaient droit d'asile Quelquefois d'une ville tout entière qu'on avait besoin de repeupler on faisait temporairement un lieu de refuge Louis XI fit Paris asile en 1467

Une fois le pied dans l'asile, le criminel était sacré, mais il fallait qu'il se gardât d'en sortir Un pas hors du sanctuaire, il retombait dans le flot La roue, le gibet, l'estrapade faisaient bonne garde à l'entour du lieu de refuge, et guettaient sans cesse leur proie comme les requins autour du vaisseau On a vu des condamnés qui blanchissaient ainsi dans un cloître, sur l'escalier d'un palais, dans la culture d'une abbaye, sous un porche d'église, de cette façon l'asile était une prison comme une autre Il arrivait quelquefois qu'un arrêt solennel du parlement violait le refuge et restituait le condamné au bourreau, mais la chose était rare Les parlements s'effarouchaient des évêques, et, quand ces deux robes-là en venaient à se froisser, la simarre n'avait pas beau jeu avec la soutane Parfois cependant, comme dans l'affaire des assassins de Petit-Jean, bourreau de Paris, et dans celle d'Émery Rousseau, meurtrier de Jean Valleret, la justice sautait par-dessus l'église et passait outre à l'exécution de ses sentences, mais, à moins d'un arrêt du parlement, malheur à qui violait à main armée un lieu d'asile ! On sait quelle fut la mort de Robert de Clermont, maréchal de France, et de Jean de Châlons, maréchal de Champagne, et pourtant il ne s'agissait que d'un certain Perrin Marc, garçon d'un changeur, un misérable assassin, mais les deux maréchaux avaient brisé les portes de Saint-Méry Là était l'énormité

Il y avait autour des refuges un tel respect, qu'au dire de la tradition, il prenait parfois jusqu'aux animaux Aymoin conte qu'un cerf, chassé par Dagobert, s'étant réfugié près du tombeau de saint Denys, la meute s'arrêta tout court en aboyant

Les églises avaient d'ordinaire une logette préparée pour recevoir les suppliants En 1407, Nicolas Flamel leur fit bâtir, sur les voûtes de Saint-Jacques-de-la-Boucherie, une chambre qui lui coûta quatre livres six sols seize deniers parisis

A Notre-Dame, c'était une cellule établie sur les combles des bas côtés sous les arcs-boutants, en regard du cloître, précisément à l'endroit où la femme du concierge actuel des tours s'est pratiqué un jardin, qui est aux jardins suspendus de Babylone ce qu'une laitue est à un palmier, ce qu'une portière est à Sémiramis

C'est là qu'après sa course effrénée et triomphale sur les tours et les galeries, Quasimodo avait déposé la Esmeralda Tant que cette course avait duré, la jeune fille n'avait pu reprendre ses sens, à demi assoupie, à demi éveillée, ne sentant plus rien sinon qu'elle montait dans l'air, qu'elle y flottait, qu'elle y volait, que quelque chose l'enlevait au-dessus de la terre De temps en temps, elle entendait le rire éclatant, la voix bruyante de Quasimodo à son oreille, elle entr'ouvrait ses yeux, alors au-dessous d'elle elle voyait confusément Paris marqueté de ses mille toits d'ardoises et de tuiles comme une mosaïque rouge et bleue, au-dessus de sa tête la face effrayante et joyeuse de Quasimodo Alors sa paupière retombait, elle croyait que tout était fini, qu'on l'avait exécutée pendant son évanouissement, et que le difforme esprit qui avait présidé à sa destinée l'avait reprise et l'emportait Elle n'osait le regarder et se laissait aller

Mais quand le sonneur de cloches échevelé et haletant l'eut déposée dans la cellule du refuge, quand elle sentit ses grosses mains détacher doucement la corde qui lui meurtrissait les bras, elle éprouva cette espèce de secousse qui réveille en sursaut les passagers d'un navire qui touche au milieu d'une nuit obscure Ses pensées se réveillèrent aussi, et lui revinrent une à une Elle vit qu'elle était dans Notre-Dame, elle se souvint d'avoir été arrachée des mains du bourreau, que Phœbus était vivant, que Phœbus ne l'aimait plus, et ces deux idées, dont l'une répandait tant d'amertume sur l'autre, se présentant ensemble à la pauvre condamnée, elle se tourna vers Quasimodo qui se tenait debout devant elle, et qui lui faisait peur Elle lui dit —Pourquoi m'avez-vous sauvée ?

Il la regarda avec anxiété comme cherchant à deviner ce qu'elle lui disait Elle répéta sa question Alors il lui jeta un coup d'œil profondément triste, et s'enfuit

Elle resta étonnée

Quelques moments après il revint, apportant un paquet qu'il jeta à ses pieds C'étaient des vêtements que des femmes charitables avaient déposés pour elle au seuil de l'église Alors elle abaissa ses yeux sur elle-même, se vit presque nue, et rougit La vie revenait

Quasimodo parut éprouver quelque chose de cette pudeur. Il voila son regard de sa large main et s'éloigna encore une fois, mais à pas lents.

Elle se hâta de se vêtir. C'était une robe blanche avec un voile blanc. Un habit de novice de l'Hôtel-Dieu.

Elle achevait à peine qu'elle vit revenir Quasimodo. Il portait un panier sous un bras et un matelas sous l'autre. Il y avait dans le panier une bouteille, du pain, et quelques provisions. Il posa le panier à terre, et dit : Mangez. — Il étendit le matelas sur la dalle, et dit : Dormez. — C'était son propre repas, c'était son propre lit que le sonneur de cloches avait été chercher.

L'égyptienne leva les yeux sur lui pour le remercier, mais elle ne put articuler un mot. Le pauvre diable était vraiment horrible. Elle baissa la tête avec un tressaillement d'effroi.

Alors il lui dit : — Je vous fais peur. Je suis bien laid, n'est-ce pas ? Ne me regardez point. Écoutez-moi seulement. — Le jour, vous resterez ici, la nuit, vous pouvez vous promener par toute l'église. Mais ne sortez de l'église ni jour ni nuit. Vous seriez perdue. On vous tuerait et je mourrais.

Émue, elle leva la tête pour lui répondre. Il avait disparu. Elle se retrouva seule, rêvant aux paroles singulières de cet être presque monstrueux, et frappée du son de sa voix qui était si rauque et pourtant si douce.

Puis, elle examina sa cellule. C'était une chambre de quelque six pieds carrés, avec une petite lucarne et une porte sur le plan légèrement incliné du toit en pierres plates. Plusieurs gouttières à figures d'animaux semblaient se pencher autour d'elle et tendre le cou pour la voir par la lucarne. Au bord de son toit, elle apercevait le haut de mille cheminées qui faisaient monter sous ses yeux les fumées de tous les feux de Paris. Triste spectacle pour la pauvre égyptienne, enfant trouvée, condamnée à mort, malheureuse créature, sans patrie, sans famille, sans foyer.

Au moment où la pensée de son isolement lui apparaissait ainsi, plus poignante que jamais, elle sentit une tête velue et barbue se glisser dans ses mains, sur ses genoux. Elle tressaillit (tout l'effrayait maintenant), et regarda. C'était la pauvre chèvre, l'agile Djali, qui s'était échappée à sa suite, au moment où Quasimodo avait dispersé la brigade de Charmolue, et qui se répandait en caresses à ses pieds depuis près d'une heure, sans pouvoir obtenir un regard. L'égyptienne la couvrit de baisers. — Oh ! Djali, disait-elle, comme je t'ai oubliée ! Tu songes donc toujours à moi ! Oh ! tu n'es pas ingrate, toi ! — En même temps, comme si une main invisible eût soulevé le poids qui comprimait ses larmes dans son cœur depuis si long-temps, elle se mit à pleurer, et à mesure que ses larmes coulaient, elle

sentait s'en aller avec elles ce qu'il y avait de plus âcre et de plus amer dans
sa douleur

Le soir venu, elle trouva la nuit si belle, la lune si douce, qu'elle fit le
tour de la galerie élevée qui enveloppe l'église Elle en éprouva quelque
soulagement, tant la terre lui parut calme, vue de cette hauteur

III

SOURD

Le lendemain matin, elle s'aperçut en s'éveillant qu'elle avait dormi
Cette chose singulière l'étonna Il y avait si longtemps qu'elle était déshabituée
du sommeil Un joyeux rayon du soleil levant entrait par sa lucarne et lui
venait frapper le visage En même temps que le soleil, elle vit à cette lucarne
un objet qui l'effraya, la malheureuse figure de Quasimodo Involontaire-
ment elle referma les yeux, mais en vain, elle croyait toujours voir à travers sa paupière rose ce masque de gnome, borgne et brèche-dent Alors,
tenant toujours ses yeux fermés, elle entendit une rude voix qui disait
très doucement — N'ayez pas peur Je suis votre ami J'étais venu vous
voir dormir Cela ne vous fait pas de mal, n'est-ce pas, que je vienne
vous voir dormir ? Qu'est-ce que cela vous fait que je sois là quand vous avez
les yeux fermés ? Maintenant je vais m'en aller Tenez, je me suis mis
derrière le mur Vous pouvez rouvrir les yeux

Il y avait quelque chose de plus plaintif encore que ces paroles, c'était
l'accent dont elles étaient prononcées L'égyptienne touchée ouvrit les yeux
Il n'était plus en effet à la lucarne Elle alla à cette lucarne, et vit le pauvre
bossu blotti à un angle de mur, dans une attitude douloureuse et résignée
Elle fit un effort pour surmonter la répugnance qu'il lui inspirait — Venez,
lui dit-elle doucement Au mouvement des lèvres de l'égyptienne, Quasimodo crut qu'elle le chassait, alors il se leva et se retira en boitant, lentement, la tête baissée, sans même oser lever sur la jeune fille son regard plein
de désespoir — Venez donc, cria-t-elle Mais il continuait de s'éloigner
Alors elle se jeta hors de sa cellule, courut à lui, et lui prit le bras En se
sentant touché par elle, Quasimodo trembla de tous ses membres Il releva
son œil suppliant, et, voyant qu'elle le ramenait près d'elle, toute sa face
rayonna de joie et de tendresse Elle voulut le faire entrer dans sa cellule,
mais il s'obstina à rester sur le seuil — Non, non, dit-il, le hibou n'entre
pas dans le nid de l'alouette

Alors elle s'accroupit gracieusement sur sa couchette avec sa chèvre endormie à ses pieds Tous deux restèrent quelques instants immobiles, considérant en silence, lui tant de grâce, elle tant de laideur A chaque moment,
elle découvrait en Quasimodo quelque difformité de plus Son regard se
promenait des genoux cagneux au dos bossu, du dos bossu à l'œil unique
Elle ne pouvait comprendre qu'un être si gauchement ébauché existât

Cependant il y avait sur tout cela tant de tristesse et de douceur répandues qu'elle commençait à s'y faire

Il rompit le premier ce silence — Vous me disiez donc de revenir ?

Elle fit un signe de tête affirmatif, en disant — Oui

Il comprit le signe de tête — Hélas ! dit-il comme hésitant à achever, c'est que je suis sourd

— Pauvre homme ! s'écria la bohémienne avec une expression de bienveillante pitié

Il se mit à sourire douloureusement — Vous trouvez qu'il ne me manquait que cela, n'est-ce pas ? Oui, je suis sourd C'est comme cela que je suis fait C'est horrible, n'est-il pas vrai ? Vous êtes si belle, vous !

Il y avait dans l'accent du misérable un sentiment si profond de sa misère qu'elle n'eut pas la force de dire une parole D'ailleurs il ne l'aurait pas entendue Il poursuivit

— Jamais je n'ai vu ma laideur comme à présent Quand je me compare à vous, j'ai bien pitié de moi, pauvre malheureux monstre que je suis ! Je dois vous faire l'effet d'une bête, dites — Vous, vous êtes un rayon de soleil, une goutte de rosée, un chant d'oiseau ! — Moi, je suis quelque chose d'affreux, ni homme, ni animal, un je ne sais quoi plus dur, plus foulé aux pieds et plus difforme qu'un caillou !

Alors il se mit à rire, et ce rire était ce qu'il y a plus de déchirant au monde Il continua

— Oui, je suis sourd Mais vous me parlerez par gestes, par signes J'ai un maître qui cause avec moi de cette façon Et puis, je saurai bien vite votre volonté au mouvement de vos lèvres, à votre regard

— Eh bien ! reprit-elle en souriant, dites-moi pourquoi vous m'avez sauvée

Il la regarda attentivement tandis qu'elle parlait

— J'ai compris, répondit-il Vous me demandez pourquoi je vous ai sauvée Vous avez oublié un misérable qui a tenté de vous enlever une nuit, un misérable à qui le lendemain même vous avez porté secours sur leur infâme pilori Une goutte d'eau et un peu de pitié, voilà plus que je n'en paierai avec ma vie Vous avez oublié ce misérable, lui, il s'est souvenu

Elle l'écoutait avec un attendrissement profond Une larme roulait dans l'œil du sonneur, mais elle n'en tomba pas Il parut mettre une sorte de point d'honneur à la dévorer

— Écoutez, reprit-il quand il ne craignit plus que cette larme s'échappât, nous avons là des tours bien hautes, un homme qui en tomberait serait mort avant de toucher le pavé, quand il vous plaira que j'en tombe, vous n'aurez pas même un mot à dire, un coup d'œil suffira

Alors il se leva Cet être bizarre, si malheureuse que fût la bohémienne, éveillait encore quelque compassion en elle Elle lui fit signe de rester

— Non, non, dit-il Je ne dois pas rester trop longtemps Je ne suis pas à mon aise quand vous me regardez C'est par pitié que vous ne détournez pas les yeux Je vais quelque part d'où je vous verrai sans que vous me voyiez Ce sera mieux

Il tira de sa poche un petit sifflet de métal — Tenez, dit-il, quand vous aurez besoin de moi, quand vous voudrez que je vienne, quand vous n'aurez pas trop d'horreur à me voir, vous sifflerez avec ceci J'entends ce bruit-là

Il déposa le sifflet à terre et s'enfuit

IV

GRÈS ET CRISTAL

Les jours se succédèrent

Le calme revenait peu à peu dans l'âme de la Esmeralda L'excès de la douleur, comme l'excès de la joie, est une chose violente qui dure peu Le cœur de l'homme ne peut rester longtemps dans une extrémité La bohémienne avait tant souffert qu'il ne lui en restait plus que l'étonnement

Avec la sécurité l'espérance lui était revenue Elle était hors de la société, hors de la vie, mais elle sentait vaguement qu'il ne serait peut être pas impossible d'y rentrer Elle était comme une morte qui tiendrait en réserve une clef de son tombeau

Elle sentait s'éloigner d'elle peu à peu les images terribles qui l'avaient si longtemps obsédée Tous les fantômes hideux, Pierrat Torterue, Jacques Charmolue, s'effaçaient dans son esprit, tous, le prêtre lui-même

Et puis, Phœbus vivait, elle en était sûre, elle l'avait vu La vie de Phœbus, c'était tout Après la série de secousses fatales qui avaient tout fait écrouler en elle, elle n'avait retrouvé debout dans son âme qu'une chose, qu'un sentiment, son amour pour le capitaine C'est que l'amour est comme un arbre, il pousse de lui-même, jette profondément ses racines dans tout notre être, et continue de verdoyer sur un cœur en ruine

Et ce qu'il y a d'inexplicable, c'est que plus cette passion est aveugle, plus elle est tenace Elle n'est jamais plus solide que lorsqu'elle n'a pas de raison en elle

Sans doute la Esmeralda ne songeait pas au capitaine sans amertume Sans doute il était affreux qu'il eût été trompé aussi lui, qu'il eût cru cette chose impossible, qu'il eût pu comprendre un coup de poignard venu de celle qui eût donné mille vies pour lui Mais enfin, il ne fallait pas trop lui en vouloir n'avait-elle pas avoué *son crime?* n'avait-elle pas cédé, faible femme, à la torture? Toute la faute était à elle Elle aurait dû se laisser arracher les ongles plutôt qu'une telle parole Enfin, qu'elle revît Phœbus une seule fois, une seule minute, il ne faudrait qu'un mot, qu'un regard pour le détromper, pour le ramener Elle n'en doutait pas Elle s'étourdissait aussi sur beaucoup de choses singulières, sur le hasard de la présence de Phœbus le jour de l'amende honorable, sur la jeune fille avec laquelle il était C'était sa sœur sans doute Explication déraisonnable, mais dont elle se contentait, parce qu'elle avait besoin de croire que Phœbus l'aimait

toujours et n'aimait qu'elle Ne le lui avait-il pas juré ? Que lui fallait-il
de plus, naïve et crédule qu'elle était ? Et puis, dans cette affaire, les appa-
rences n'étaient-elles pas bien plutôt contre elle que contre lui ? Elle attendait
donc Elle espérait

Ajoutons que l'église, cette vaste église qui l'enveloppait de toutes parts,
qui la gardait, qui la sauvait, était elle-même un souverain calmant Les
lignes solennelles de cette architecture, l'attitude religieuse de tous les objets
qui entouraient la jeune fille, les pensées pieuses et sereines qui se déga-
geaient, pour ainsi dire, de tous les pores de cette pierre, agissaient sur elle
à son insu L'édifice avait aussi des bruits d'une telle bénédiction et d'une
telle majesté qu'ils assoupissaient cette âme malade Le chant monotone des
officiants, les réponses du peuple aux prêtres, quelquefois inarticulées, quelquefois tonnantes, l'harmonieux tressaillement des vitraux, l'orgue éclatant
comme cent trompettes, les trois clochers bourdonnant comme des ruches
de grosses abeilles, tout cet orchestre sur lequel bondissait une gamme gigantesque montant et descendant sans cesse d'une foule à un clocher, assour-
dissait sa mémoire, son imagination, sa douleur Les cloches surtout la
berçaient C'était comme un magnétisme puissant que ces vastes appareils
répandaient sur elle à larges flots

Aussi chaque soleil levant la trouvait plus apaisée, respirant mieux, moins
pâle A mesure que ses plaies intérieures se fermaient, sa grâce et sa beauté
refleurissaient sur son visage, mais plus recueillies et plus reposées Son
ancien caractère lui revenait aussi, quelque chose même de sa gaieté, sa
jolie moue, son amour de sa chèvre, son goût de chanter, sa pudeur Elle
avait soin de s'habiller le matin dans l'angle de sa logette, de peur que
quelque habitant des greniers voisins ne la vît par la lucarne

Quand la pensée de Phœbus lui en laissait le temps, l'égyptienne songeait
quelquefois à Quasimodo C'était le seul lien, le seul rapport, la seule communication qui lui restât avec les hommes, avec les vivants La malheureuse !
elle était plus hors du monde que Quasimodo ! Elle ne comprenait rien
à l'étrange ami que le hasard lui avait donné Souvent elle se reprochait
de ne pas avoir une reconnaissance qui fermât les yeux, mais décidément
elle ne pouvait s'accoutumer au pauvre sonneur Il était trop laid

Elle avait laissé à terre le sifflet qu'il lui avait donné Cela n'empêcha pas
Quasimodo de reparaître de temps en temps les premiers jours Elle faisait
son possible pour ne pas se détourner avec trop de répugnance quand il
venait lui apporter le panier de provisions ou la cruche d'eau, mais il s'apercevait toujours du moindre mouvement de ce genre, et alors il s'en allait
tristement

Une fois, il survint au moment où elle caressait Djali Il resta quelques

moments pensif devant ce groupe gracieux de la chèvre et de l'égyptienne
Enfin il dit en secouant sa tête lourde et mal faite — Mon malheur, c'est
que je ressemble encore trop à l'homme Je voudrais être tout à fait une bête,
comme cette chèvre

Elle leva sur lui un regard étonné

Il répondit à ce regard — Oh ! je sais bien pourquoi — Et il s'en alla

Une autre fois, il se présenta à la porte de la cellule (où il n'entrait jamais)
au moment où la Esmeralda chantait une vieille ballade espagnole, dont
elle ne comprenait pas les paroles, mais qui était restée dans son oreille parce
que les bohémiennes l'en avaient bercée tout enfant A la vue de cette vilaine
figure qui survenait brusquement au milieu de sa chanson, la jeune fille
s'interrompit avec un geste d'effroi involontaire Le malheureux sonneur
tomba à genoux sur le seuil de la porte et joignit d'un air suppliant ses
grosses mains informes — Oh ! dit-il douloureusement, je vous en conjure,
continuez et ne me chassez pas — Elle ne voulut pas l'affliger et, toute
tremblante, reprit sa romance Par degrés cependant son effroi se dissipa, et
elle se laissa aller tout entière à l'impression de l'air mélancolique et traînant qu'elle chantait Lui, était resté à genoux, les mains jointes, comme en
prière, attentif, respirant à peine, son regard fixé sur les prunelles brillantes
de la bohémienne On eût dit qu'il entendait sa chanson dans ses yeux

Une autre fois encore, il vint à elle d'un air gauche et timide — Ecoutez-
moi, dit-il avec effort, j'ai quelque chose à vous dire — Elle lui fit signe
qu'elle l'écoutait Alors il se mit à soupirer, entr'ouvrit ses lèvres, parut un
moment prêt à parler, puis il la regarda, fit un mouvement de tête négatif,
et se retira lentement, son front dans la main, laissant l'égyptienne stupéfaite

Parmi les personnages grotesques sculptés dans le mur, il y en avait un
qu'il affectionnait particulièrement, et avec lequel il semblait souvent
échanger des regards fraternels Une fois l'égyptienne l'entendit qui lui
disait — Oh ! que ne suis-je de pierre comme toi !

Un jour enfin, un matin, la Esmeralda s'était avancée jusqu'au bord du
toit et regardait dans la place par-dessus la toiture aigue de Saint-Jean-le-
Rond Quasimodo était là, derrière elle Il se plaçait ainsi de lui-même, afin
d'épargner le plus possible à la jeune fille le déplaisir de le voir Tout à coup
la bohémienne tressaillit, une larme et un éclair de joie brillèrent à la fois
dans ses yeux, elle s'agenouilla au bord du toit et tendit ses bras avec angoisse
vers la place en criant Phœbus ! viens ! viens ! un mot, un seul mot, au nom
du ciel ! Phœbus ! Phœbus ! — Sa voix, son visage, son geste, toute sa personne avaient l'expression déchirante d'un naufragé qui fait le signal de détresse au joyeux navire qui passe au loin dans un rayon de soleil à l'horizon

Quasimodo se pencha sur la place, et vit que l'objet de cette tendre et délirante prière était un jeune homme, un capitaine, un beau cavalier tout reluisant d'armes et de parures, qui passait en caracolant au fond de la place, et saluait du panache une belle dame souriant à son balcon Du reste, l'officier n'entendait pas la malheureuse qui l'appelait Il était trop loin

Mais le pauvre sourd entendait, lui Un soupir profond souleva sa poitrine Il se retourna Son cœur était gonflé de toutes les larmes qu'il dévorait, ses deux poings convulsifs se heurtèrent sur sa tête, et quand il les retira il avait à chaque main une poignée de cheveux roux

L'égyptienne ne faisait aucune attention à lui Il disait à voix basse en grinçant des dents — Damnation ! Voilà donc comme il faut être ! il n'est besoin que d'être beau en dessus !

Cependant elle était restée à genoux et criait avec une agitation extraordinaire — Oh ! le voilà qui descend de cheval ! — Il va entrer dans cette maison ! — Phœbus ! — Il ne m'entend pas ! — Phœbus ! — Que cette femme est méchante de lui parler en même temps que moi ! — Phœbus ! Phœbus !

Le sourd la regardait Il comprenait cette pantomime L'œil du pauvre sonneur se remplissait de larmes, mais il n'en laissait couler aucune Tout à coup il la tira doucement par le bord de sa manche Elle se retourna Il avait pris un air tranquille Il lui dit — Voulez-vous que je vous l'aille chercher ?

Elle poussa un cri de joie — Oh ! va ! allez ! cours ! vite ! ce capitaine ! ce capitaine ! amenez-le-moi ! je t'aimerai ! — Elle embrassait ses genoux Il ne put s'empêcher de secouer la tête douloureusement — Je vais vous l'amener, dit-il d'une voix faible Puis il tourna la tête et se précipita à grands pas sous l'escalier, étouffé de sanglots

Quand il arriva sur la place, il ne vit plus rien que le beau cheval attaché à la porte du logis Gondelaurier Le capitaine venait d'y entrer

Il leva son regard vers le toit de l'église La Esmeralda y était toujours à la même place, dans la même posture Il lui fit un triste signe de tête Puis il s'adossa à l'une des bornes du porche Gondelaurier, déterminé à attendre que le capitaine sortît

C'était, dans le logis Gondelaurier, un de ces jours de gala qui précèdent les noces Quasimodo vit entrer beaucoup de monde et ne vit sortir personne De temps en temps il regardait vers le toit L'égyptienne ne bougeait pas plus que lui Un palefrenier vint détacher le cheval, et le fit entrer à l'écurie du logis

La journée entière se passa ainsi, Quasimodo sur la borne, la Esmeralda sur le toit, Phœbus sans doute aux pieds de Fleur-de-Lys

Enfin la nuit vint, une nuit sans lune, une nuit obscure Quasimodo eut beau fixer son regard sur la Esmeralda Bientôt ce ne fut plus qu'une blancheur dans le crépuscule, puis rien Tout s'effaça, tout était noir

Quasimodo vit s'illuminer du haut en bas de la façade les fenêtres du logis Gondelaurier Il vit s'allumer l'une après l'autre les autres croisées de la place, il les vit aussi s'éteindre jusqu'à la dernière Car il resta toute la soirée à son poste L'officier ne sortait pas Quand les derniers passants furent rentrés chez eux, quand toutes les croisées des autres maisons furent éteintes, Quasimodo demeura tout à fait seul, tout à fait dans l'ombre Il n'y avait pas alors de luminaire dans le Parvis de Notre-Dame

Cependant les fenêtres du logis Gondelaurier étaient restées éclairées, même après minuit Quasimodo immobile et attentif voyait passer sur les vitraux de mille couleurs une foule d'ombres vives et dansantes S'il n'eut pas été sourd, à mesure que la rumeur de Paris endormi s'éteignait, il eût entendu de plus en plus distinctement dans l'intérieur du logis Gondelaurier, un bruit de fête, de rires et de musiques

Vers une heure du matin, les conviés commencèrent à se retirer Quasimodo enveloppé de ténèbres les regardait tous passer sous le porche éclairé de flambeaux Aucun n'était le capitaine

Il était plein de pensées tristes Par moments il regardait en l'air, comme ceux qui s'ennuient De grands nuages noirs, lourds, déchirés crevassés, pendaient comme des hamacs de crêpe sous le cintre étoilé de la nuit On eût dit les toiles d'araignée de la voûte du ciel

Dans un de ces moments, il vit tout à coup s'ouvrir mystérieusement la porte-fenêtre du balcon dont la balustrade de pierre se découpait au-dessus de sa tête La frêle porte de vitre donna passage à deux personnes derrière lesquelles elle se referma sans bruit C'était un homme et une femme Ce ne fut pas sans peine que Quasimodo parvint à reconnaître dans l'homme le beau capitaine, dans la femme la jeune dame qu'il avait vue le matin souhaiter la bienvenue à l'officier, du haut de ce même balcon La place était parfaitement obscure, et un double rideau cramoisi qui était retombé derrière la porte au moment où elle s'était refermée ne laissait guère arriver sur le balcon la lumière de l'appartement

Le jeune homme et la jeune fille, autant qu'en pouvait juger notre sourd qui n'entendait pas une de leurs paroles, paraissaient s'abandonner à un fort tendre tête-à-tête La jeune fille semblait avoir permis à l'officier de lui faire une ceinture de son bras, et résistait doucement à un baiser

Quasimodo assistait d'en bas à cette scène d'autant plus gracieuse à voir qu'elle n'était pas faite pour être vue Il contemplait ce bonheur, cette beauté avec amertume Après tout, la nature n'était pas muette chez le pauvre diable, et sa colonne vertébrale, toute méchamment tordue qu'elle était, n'était pas

moins frémissante qu'une autre Il songeait à la misérable part que la providence lui avait faite, que la femme, l'amour, la volupté lui passeraient éternellement sous les yeux, et qu'il ne ferait jamais que voir la félicité des
autres Mais ce qui le déchirait le plus dans ce spectacle, ce qui mêlait
de l'indignation à son dépit, c'était de penser à ce que devait souffrir l'égyptienne si elle voyait Il est vrai que la nuit était bien noire, que la Esmeralda,
si elle était restée à sa place (et il n'en doutait pas), était fort loin, et que
c'était tout au plus s'il pouvait distinguer lui-même les amoureux du balcon
Cela le consolait

Cependant leur entretien devenait de plus en plus animé La jeune dame
paraissait supplier l'officier de ne rien lui demander de plus Quasimodo
ne distinguait de tout cela que les belles mains jointes, les sourires mêlés
de larmes, les regards levés aux étoiles de la jeune fille, les yeux du capitaine ardemment abaissés sur elle

Heureusement, car la jeune fille commençait à ne plus lutter que faiblement, la porte du balcon se rouvrit subitement, une vieille dame parut, la
belle sembla confuse, l'officier prit un air dépité, et tous trois rentrèrent

Un moment après, un cheval piaffa sous le porche et le brillant officier,
enveloppé de son manteau de nuit, passa rapidement devant Quasimodo

Le sonneur lui laissa doubler l'angle de la rue, puis il se mit à courir
après lui avec son agilité de singe, en criant — Hé ! le capitaine !

Le capitaine s'arrêta

— Que me veut ce maraud ? dit-il en avisant dans l'ombre cette espèce
de figure déhanchée qui accourait vers lui en cahotant

Quasimodo cependant était arrivé à lui, et avait pris hardiment la bride
de son cheval — Suivez-moi, capitaine, il y a ici quelqu'un qui veut vous
parler.

— Cornemahom ! grommela Phœbus, voilà un vilain oiseau ébouriffé
qu'il me semble avoir vu quelque part — Holà ! maître, veux-tu bien
laisser la bride de mon cheval ?

— Capitaine, répondit le sourd, ne me demandez-vous pas qui ?

— Je te dis de lâcher mon cheval, reprit Phœbus impatienté Que veut
ce drôle qui se pend au chanfrein de mon destrier ? Est-ce que tu prends
mon cheval pour une potence ?

Quasimodo, loin de quitter la bride du cheval, se disposait à lui faire
rebrousser chemin Ne pouvant s'expliquer la résistance du capitaine, il se
hâta de lui dire — Venez, capitaine, c'est une femme qui vous attend
Il ajouta avec effort — Une femme qui vous aime.

— Rare taquin ! dit le capitaine, qui me croit obligé d'aller chez toutes
les femmes qui m'aiment ! ou qui le disent ! — Et si par hasard elle te res-

semble, face de chat-huant ? — Dis à celle qui t'envoie que je vais me marier, et qu'elle aille au diable !

— Écoutez, s'écria Quasimodo croyant vaincre d'un mot son hésitation, venez, monseigneur ! c'est l'égyptienne que vous savez !

Ce mot fit en effet une grande impression sur Phœbus, mais non celle que le sourd en attendait On se rappelle que notre galant officier s'était retiré avec Fleur-de-Lys quelques moments avant que Quasimodo sauvât la condamnée des mains de Charmolue Depuis, dans toutes ses visites au logis Gondelaurier, il s'était bien gardé de reparler de cette femme dont le souvenir, après tout, lui était pénible, et de son côté Fleur-de-Lys n'avait pas jugé politique de lui dire que l'égyptienne vivait Phœbus croyait donc la pauvre *Similar* morte, et qu'il y avait déjà un ou deux mois de cela Ajoutons que depuis quelques instants le capitaine songeait à l'obscurité profonde de la nuit, à la laideur surnaturelle, à la voix sépulcrale de l'étrange messager, que minuit était passé, que la rue était déserte comme le soir où le moine-bourru l'avait accosté, et que son cheval soufflait en regardant Quasimodo

— L'égyptienne ! s'écria-t-il presque effrayé Or çà, viens-tu de l'autre monde ?

Et il mit sa main sur la poignée de sa dague

— Vite, vite, dit le sourd cherchant à entraîner le cheval Par ici !

Phœbus lui asséna un vigoureux coup de botte dans la poitrine

L'œil de Quasimodo étincela Il fit un mouvement pour se jeter sur le capitaine Puis il dit en se roidissant   — Oh ! que vous êtes heureux qu'il y ait quelqu'un qui vous aime !

Il appuya sur le mot *quelqu'un*, et lâchant la bride du cheval   — Allez-vous-en !

Phœbus piqua des deux en jurant Quasimodo le regarda s'enfoncer dans le brouillard de la rue   — Oh ! disait tout bas le pauvre sourd, refuser cela !

Il rentra dans Notre-Dame, illuma sa lampe et remonta dans la tour Comme il l'avait pensé, la bohémienne était toujours à la même place

Du plus loin qu'elle l'aperçut, elle courut à lui   — Seul ! s'écria-t-elle en joignant douloureusement ses belles mains

— Je n'ai pu le retrouver, dit froidement Quasimodo

— Il fallait l'attendre toute la nuit ! reprit-elle avec emportement

Il vit son geste de colère et comprit le reproche   — Je le guetterai mieux une autre fois, dit-il en baissant la tête

— Va-t'en ! lui dit-elle

Il la quitta Elle était mécontente de lui Il avait mieux aimé être maltraité par elle que de l'affliger Il avait gardé toute la douleur pour lui

A dater de ce jour, l'égyptienne ne le vit plus Il cessa de venir à sa cellule Tout au plus entrevoyait-elle quelquefois au sommet d'une tour la figure du sonneur mélancoliquement fixée sur elle Mais dès qu'elle l'apercevait, il disparaissait

Nous devons dire qu'elle était peu affligée de cette absence volontaire du pauvre bossu Au fond du cœur, elle lui en savait gré Au reste, Quasimodo ne se faisait pas illusion à cet égard

Elle ne le voyait plus, mais elle sentait la présence d'un bon génie autour d'elle Ses provisions étaient renouvelées par une main invisible pendant son sommeil Un matin, elle trouva sur sa fenêtre une cage d'oiseaux Il y avait au-dessus de sa cellule une sculpture qui lui faisait peur Elle l'avait témoigné plus d'une fois devant Quasimodo Un matin (car toutes ces choses-là se faisaient la nuit), elle ne la vit plus On l'avait brisée Celui qui avait grimpé jusqu'à cette sculpture avait dû risquer sa vie

Quelquefois, le soir, elle entendait une voix cachée sous les abat-vent du clocher chanter comme pour l'endormir une chanson triste et bizarre C'étaient des vers sans rime, comme un sourd en peut faire

> Ne regarde pas la figure,
> Jeune fille, regarde le cœur
> Le cœur d'un beau jeune homme est souvent difforme
> Il y a des cœurs où l'amour ne se conserve pas

> Jeune fille, le sapin n'est pas beau,
> N'est pas beau comme le peuplier,
> Mais il garde son feuillage l'hiver

> Hélas ! à quoi bon dire cela ?
> Ce qui n'est pas beau a tort d'être,
> La beauté n'aime que la beauté,
> Avril tourne le dos à janvier

> La beauté est parfaite,
> La beauté peut tout,
> La beauté est la seule chose qui n'existe pas à demi

> Le corbeau ne vole que le jour,
> Le hibou ne vole que la nuit,
> Le cygne vole la nuit et le jour

Un matin, elle vit, en s'éveillant, sur sa fenêtre, deux vases pleins de fleurs L'un était un vase de cristal fort beau et fort brillant, mais fêlé Il avait laissé fuir l'eau dont on l'avait rempli, et les fleurs qu'il contenait étaient fanées L'autre était un pot de grès, grossier et commun, mais qui avait conservé toute son eau, et dont les fleurs étaient restées fraîches et vermeilles

Je ne sais pas si ce fut avec intention, mais la Esmeralda prit le bouquet fané, et le porta tout le jour sur son sein

Ce jour-là, elle n'entendit pas la voix de la tour chanter

Elle s'en soucia médiocrement Elle passait ses journées à caresser Djali, à épier la porte du logis Gondelaurier, à s'entretenir tout bas de Phœbus, et à émietter son pain aux hirondelles

Elle avait du reste tout à fait cessé de voir, cessé d'entendre Quasimodo Le pauvre sonneur semblait avoir disparu de l'église Une nuit pourtant, comme elle ne dormait pas et songeait à son beau capitaine, elle entendit soupirer près de sa cellule Effrayée, elle se leva, et vit à la lumière de la lune une masse informe couchée en travers devant sa porte C'était Quasimodo qui dormait là sur la pierre

V

LA CLEF DE LA PORTE-ROUGE

Cependant la voix publique avait fait connaître à l'archidiacre de quelle
manière miraculeuse l'égyptienne avait été sauvée Quand il apprit cela, il
ne sut ce qu'il en éprouvait Il s'était arrangé de la mort de la Esmeralda.
De cette façon il était tranquille, il avait touché le fond de la douleur possible Le cœur humain (dom Claude avait médité sur ces matières) ne peut
contenir qu'une certaine quantité de désespoir Quand l'éponge est imbibée,
la mer peut passer dessus sans y faire entrer une larme de plus

Or, la Esmeralda morte, l'éponge était imbibée, tout était dit pour
dom Claude sur cette terre Mais la sentir vivante, et Phœbus aussi, c'étaient
les tortures qui recommençaient, les secousses, les alternatives, la vie
Et Claude était las de tout cela

Quand il sut cette nouvelle, il s'enferma dans sa cellule du cloître Il ne
parut ni aux conférences capitulaires, ni aux offices Il ferma sa porte à tous,
même à l'évêque Il resta muré de cette sorte plusieurs semaines On le crut
malade Il l'était en effet

Que faisait-il ainsi enfermé ? Sous quelles pensées l'infortuné se débattait-il ?
Livrait-il une dernière lutte à sa redoutable passion ? Combinait-il un dernier
plan de mort pour elle et de perdition pour lui ?

Son Jehan, son frère chéri, son enfant gâté, vint une fois à sa porte,
frappa, jura, supplia, se nomma dix fois Claude n'ouvrit pas

Il passait des journées entières la face collée aux vitres de sa fenêtre.
De cette fenêtre, située dans le cloître, il voyait la logette de la Esmeralda, il
la voyait souvent elle-même avec sa chèvre, quelquefois avec Quasimodo
Il remarquait les petits soins du vilain sourd, ses obéissances, ses façons
délicates et soumises avec l'égyptienne Il se rappelait, car il avait bonne
mémoire, lui, et la mémoire est la tourmenteuse des jaloux, il se rappelait
le regard singulier du sonneur sur la danseuse un certain soir Il se demandait
quel motif avait pu pousser Quasimodo à la sauver Il fut témoin de mille
petites scènes entre la bohémienne et le sourd dont la pantomime, vue de
loin et commentée par sa passion, lui parut fort tendre Il se défiait de la
singularité des femmes Alors il sentit confusément s'éveiller en lui une
jalousie à laquelle il ne se fût jamais attendu, une jalousie qui le faisait rougir
de honte et d'indignation — Passe encore pour le capitaine, mais celui-ci !
— Cette pensée le bouleversait

Ses nuits étaient affreuses Depuis qu'il savait l'égyptienne vivante, les froides idées de spectre et de tombe qui l'avaient obsédé un jour entier s'étaient évanouies, et la chair revenait l'aiguillonner Il se tordait sur son lit de sentir la brune jeune fille si près de lui

Chaque nuit, son imagination délirante lui représentait la Esmeralda dans toutes les attitudes qui avaient le plus fait bouillir ses veines Il la voyait étendue sur le capitaine poignardé, les yeux fermés, sa belle gorge nue couverte du sang de Phœbus, à ce moment de délice où l'archidiacre avait imprimé sur ses lèvres pâles ce baiser dont la malheureuse, quoique à demi morte, avait senti la brûlure Il la revoyait déshabillée par les mains sauvages des tortionnaires, laissant mettre à nu et emboîter dans le brodequin aux vis de fer son petit pied, sa jambe fine et ronde, son genou souple et blanc Il revoyait encore ce genou d'ivoire resté seul en dehors de l'horrible appareil de Torture Il se figurait enfin la jeune fille en chemise, la corde au cou, épaules nues, pieds nus, presque nue, comme il l'avait vue le dernier jour Ces images de volupté faisaient crisper ses poings et courir un frisson le long de ses vertèbres

Une nuit entre autres, elles échauffèrent si cruellement dans ses artères son sang de vierge et de prêtre qu'il mordit son oreiller, sauta hors de son lit, jeta un surplis sur sa chemise, et sortit de sa cellule, sa lampe à la main, à demi nu, effaré, l'œil en feu

Il savait où trouver la clef de la Porte-Rouge qui communiquait du cloître à l'église, et il avait toujours sur lui, comme on sait, une clef de l'escalier des tours

VI

SUITE DE LA CLEF DE LA PORTE-ROUGE

Cette nuit-là, la Esmeralda s'était endormie dans sa logette, pleine d'oubli, d'espérance et de douces pensées. Elle dormait depuis quelque temps, rêvant, comme toujours, de Phœbus, lorsqu'il lui sembla entendre du bruit autour d'elle. Elle avait un sommeil léger et inquiet, un sommeil d'oiseau. Un rien la réveillait. Elle ouvrit les yeux. La nuit était très noire. Cependant elle vit à sa lucarne une figure qui la regardait. Il y avait une lampe qui éclairait cette apparition. Au moment où elle se vit aperçue de la Esmeralda, cette figure souffla la lampe. Néanmoins la jeune fille avait eu le temps de l'entrevoir. Ses paupières se refermèrent de terreur. — Oh! dit-elle d'une voix éteinte, le prêtre!

Tout son malheur passé lui revint comme dans un éclair. Elle retomba sur son lit, glacée.

Un moment après, elle sentit le long de son corps un contact qui la fit tellement frémir qu'elle se dressa réveillée et furieuse sur son séant.

Le prêtre venait de se glisser près d'elle. Il l'entourait de ses deux bras.

Elle voulut crier, et ne put.

— Va-t'en, monstre! va-t'en, assassin! dit-elle d'une voix tremblante et basse à force de colère et d'épouvante.

— Grâce! grâce! murmura le prêtre en lui imprimant ses lèvres sur les épaules.

Elle lui prit sa tête chauve à deux mains par son reste de cheveux, et s'efforça d'éloigner ses baisers comme si c'eût été des morsures.

— Grâce! répétait l'infortuné. Si tu savais ce que c'est que mon amour pour toi! c'est du feu, du plomb fondu, mille couteaux dans mon cœur!

Et il arrêta ses deux bras avec une force surhumaine. Éperdue. — Lâche-moi, lui dit-elle, ou je te crache au visage!

Il la lâcha. — Avilis-moi, frappe-moi, sois méchante! fais ce que tu voudras! Mais grâce! aime-moi!

Alors elle le frappa avec une fureur d'enfant. Elle roidissait ses belles mains pour lui meurtrir la face. — Va-t'en, démon!

— Aime-moi! aime-moi! pitié! criait le pauvre prêtre en se roulant sur elle et en répondant à ses coups par des caresses.

Tout à coup, elle le sentit plus fort qu'elle. — Il faut en finir! dit-il en grinçant des dents.

Elle était subjuguée, palpitante, brisée, entre ses bras, à sa discrétion. Elle sentait une main lascive s'égarer sur elle. Elle fit un dernier effort, et se mit à crier : — Au secours ! à moi ! un vampire ! un vampire !

Rien ne venait. Djali seule était éveillée, et bêlait avec angoisse.

— Tais-toi ! disait le prêtre haletant.

Tout à coup, en se débattant, en rampant sur le sol, la main de l'égyptienne rencontra quelque chose de froid et de métallique. C'était le sifflet de Quasimodo. Elle le saisit avec une convulsion d'espérance, le porta à ses lèvres, et y siffla de tout ce qui lui restait de force. Le sifflet rendit un son clair, aigu, perçant.

— Qu'est-ce que cela ? dit le prêtre.

Presque au même instant il se sentit enlever par un bras vigoureux, la cellule était sombre, il ne put distinguer nettement qui le tenait ainsi, mais il entendit des dents claquer de rage, et il y avait juste assez de lumière éparse dans l'ombre pour qu'il vît briller au-dessus de sa tête une large lame de coutelas.

Le prêtre crut apercevoir la forme de Quasimodo. Il supposa que ce ne pouvait être que lui. Il se souvint d'avoir trébuché en entrant contre un paquet qui était étendu en travers de la porte en dehors. Cependant, comme le nouveau venu ne proférait pas une parole, il ne savait que croire. Il se jeta sur le bras qui tenait le coutelas en criant : — Quasimodo ! Il oubliait, en ce moment de détresse, que Quasimodo était sourd.

En un clin d'œil le prêtre fut terrassé, et sentit un genou de plomb s'appuyer sur sa poitrine. A l'empreinte anguleuse de ce genou, il reconnut Quasimodo. Mais que faire ? comment de son côté être reconnu de lui ? la nuit faisait le sourd aveugle.

Il était perdu. La jeune fille, sans pitié comme une tigresse irritée, n'intervenait pas pour le sauver. Le coutelas se rapprochait de sa tête. Le moment était critique. Tout à coup son adversaire parut pris d'une hésitation. — Pas de sang sur elle ! dit-il d'une voix sourde.

C'était en effet la voix de Quasimodo.

Alors le prêtre sentit la grosse main qui le traînait par le pied hors de la cellule. C'est là qu'il devait mourir. Heureusement pour lui, la lune venait de se lever depuis quelques instants.

Quand ils eurent franchi la porte de la logette, son pâle rayon tomba sur la figure du prêtre. Quasimodo le regarda en face, un tremblement le prit, il lâcha le prêtre, et recula.

L'égyptienne, qui s'était avancée sur le seuil de la cellule, vit avec surprise les rôles changer brusquement. C'était maintenant le prêtre qui menaçait, Quasimodo qui suppliait.

Le prêtre, qui accablait le sourd de gestes de colère et de reproche, lui fit violemment signe de se retirer

Le sourd baissa la tête, puis il vint se mettre à genoux devant la porte de l'égyptienne — Monseigneur, dit-il d'une voix grave et résignée, vous ferez après ce qu'il vous plaira, mais tuez-moi d'abord

En parlant ainsi, il présentait au prêtre son coutelas Le prêtre hors de lui se jeta dessus, mais la jeune fille fut plus prompte que lui Elle arracha le couteau des mains de Quasimodo, et éclata de rire avec fureur — Approche ! dit-elle au prêtre

Elle tenait la lame haute Le prêtre demeura indécis Elle eût certainement frappé — Tu n'oserais plus approcher, lâche ! lui cria-t-elle Puis elle ajouta avec une expression impitoyable, et sachant bien qu'elle allait percer de mille fers rouges le cœur du prêtre — Ah ! je sais que Phœbus n'est pas mort !

Le prêtre renversa Quasimodo à terre d'un coup de pied, et se replongea en frémissant de rage sous la voûte de l'escalier

Quand il fut parti, Quasimodo ramassa le sifflet qui venait de sauver l'égyptienne — Il se rouillait, dit-il en le lui rendant Puis il la laissa seule

La jeune fille, bouleversée par cette scène violente, tomba épuisée sur son lit, et se mit à pleurer à sanglots Son horizon redevenait sinistre

De son côté, le prêtre était rentré à tâtons dans sa cellule

C'en était fait Dom Claude était jaloux de Quasimodo !

Il répéta d'un air pensif sa fatale parole Personne ne l'aura !

LIVRE DIXIEME

I

GRINGOIRE A PLUSIEURS BONNES IDÉES DE SUITE
RUE DES BERNARDINS

Depuis que Pierre Gringoire avait vu comment toute cette affaire tournait, et que décidément il y aurait corde, pendaison et autres désagréments pour les personnages principaux de cette comédie, il ne s'était plus soucié de s'en mêler. Les truands, parmi lesquels il était resté considérant qu'en dernier résultat c'était la meilleure compagnie de Paris, les truands avaient continué de s'intéresser à l'égyptienne. Il avait trouvé cela fort simple de la part de gens qui n'avaient, comme elle, d'autre perspective que Charmolue et Torterue, et qui ne chevauchaient pas comme lui dans les régions imaginaires entre les deux ailes de Pegasus. Il avait appris par leurs propos que son épousée au pot cassé s'était réfugiée dans Notre-Dame, et il en était bien aise. Mais il n'avait pas même la tentation d'y aller voir. Il songeait quelquefois à la petite chèvre, et c'était tout. Du reste, le jour il faisait des tours de force pour vivre, et la nuit il élucubrait un mémoire contre l'évêque de Paris, car il se souvenait d'avoir été inondé par les roues de ses moulins, et il lui en gardait rancune. Il s'occupait aussi de commenter le bel ouvrage de Baudry le Rouge, évêque de Noyon et de Tournay, *de Cupa Petrarum*, ce qui lui avait donné un goût violent pour l'architecture, penchant qui avait remplacé dans son cœur sa passion pour l'hermétisme, dont il n'était d'ailleurs qu'un corollaire naturel, puisqu'il y a un lien intime entre l'hermétique et la maçonnerie. Gringoire avait passé de l'amour d'une idée à l'amour de la forme de cette idée.

Un jour, il s'était arrêté près de Saint-Germain-l'Auxerrois à l'angle d'un logis qu'on appelait *le For-l'Évêque,* lequel faisait face à un autre qu'on appelait *le For-le-Roi.* Il y avait à ce For-l'Évêque une charmante chapelle du quatorzième siècle dont le chevet donnait sur la rue. Gringoire en examinait dévotement les sculptures extérieures. Il était dans un de ces moments de jouissance égoïste, exclusive, suprême, où l'artiste ne voit dans le monde que l'art et voit le monde dans l'art Tout à coup, il sent une main se poser gravement sur son épaule Il se retourne C'était son ancien ami, son ancien maître, monsieur l'archidiacre

Il resta stupéfait Il y avait longtemps qu'il n'avait vu l'archidiacre, et dom Claude était un de ces hommes solennels et passionnés dont la rencontre dérange toujours l'équilibre d'un philosophe sceptique

L'archidiacre garda quelques instants un silence pendant lequel Gringoire eut le loisir de l'observer Il trouva dom Claude bien changé, pâle comme un matin d'hiver, les yeux caves, les cheveux presque blancs Ce fut le prêtre qui rompit enfin le silence en disant d'un ton tranquille, mais glacial

— Comment vous portez-vous, maître Pierre ?

— Ma santé ? répondit Gringoire. Hé ! hé ! on en peut dire ceci et cela Toutefois l'ensemble est bon Je ne prends trop de rien Vous savez, maître ? le secret de se bien porter, selon Hippocrates, *il est cibi, potus, somni, Venus, omnia moderata sint*

— Vous n'avez donc aucun souci, maître Pierre ? reprit l'archidiacre en regardant fixement Gringoire

— Ma foi, non

— Et que faites-vous maintenant ?

— Vous le voyez, mon maître J'examine la coupe de ces pierres, et la façon dont est fouillé ce bas-relief

Le prêtre se mit à sourire, de ce sourire amer qui ne relève qu'une des extrémités de la bouche — Et cela vous amuse ?

— C'est le paradis ! s'écria Gringoire Et se penchant sur les sculptures avec la mine éblouie d'un démonstrateur de phénomènes vivants Est-ce donc que vous ne trouvez pas, par exemple, cette métamorphose de basse-taille exécutée avec beaucoup d'adresse, de mignardise et de patience ? Regardez cette colonnette Autour de quel chapiteau avez-vous vu feuilles plus tendres et mieux caressées du ciseau ? Voici trois rondes-bosses de Jean Maillevin Ce ne sont pas les plus belles œuvres de ce grand génie. Néanmoins, la naïveté, la douceur des visages, la gaieté des attitudes et des draperies, et cet agrément inexplicable qui se mêle dans tous les défauts, rendent les figurines bien égayées et bien délicates, peut-être même trop — Vous trouvez que ce n'est pas divertissant ?

— Si fait ! dit le prêtre

— Et si vous voyiez l'intérieur de la chapelle ! reprit le poète avec son enthousiasme bavard Partout des sculptures C'est touffu comme un cœur de chou ! L'abside est d'une façon fort dévote et si particulière que je n'ai rien vu de même ailleurs !

Dom Claude l'interrompit — Vous êtes donc heureux ?

Gringoire répondit avec feu

— En honneur, oui ! J'ai d'abord aimé des femmes, puis des bêtes Maintenant j'aime des pierres C'est tout aussi amusant que les bêtes et les femmes, et c'est moins perfide

Le prêtre mit sa main sur son front C'était son geste habituel — En vérité !

— Tenez ! dit Gringoire, on a des jouissances ! — Il prit le bras du prêtre qui se laissait aller, et le fit entrer sous la tourelle de l'escalier du For-l'Évêque

— Voilà un escalier ! chaque fois que je le vois, je suis heureux C'est le degré de la manière la plus simple et la plus rare de Paris Toutes les marches sont par-dessous délardées Si beauté et sa simplicité consistent dans les girons de l'une et de l'autre, portant un pied ou environ, qui sont entrelacés, enclavés, emboîtés, enchaînés, enchâssés, entretaillés l'un dans l'autre, et s'entremordent d'une façon vraiment ferme et gentille !

— Et vous ne désirez rien ~

— Non

— Et vous ne regrettez rien ~

— Ni regret ni désir J'ai arrangé ma vie

— Ce qu'arrangent les hommes, dit Claude, les choses le dérangent

— Je suis un philosophe pyrrhonien, répondit Gringoire, et je tiens tout en équilibre

— Et comment la gagnez-vous, votre vie ?

— Je fais encore çà et là des épopées et des tragédies, mais ce qui me rapporte le plus, c'est l'industrie que vous me connaissez, mon maître Porter des pyramides de chaises sur mes dents

— Le métier est grossier pour un philosophe

— C'est encore de l'équilibre, dit Gringoire Quand on a une pensée, on la retrouve en tout

— Je le sais, répondit l'archidiacre

Après un silence, le prêtre reprit   — Vous êtes néanmoins assez misérable ?

— Misérable, oui, malheureux, non

En ce moment, un bruit de chevaux se fit entendre, et nos deux interlocuteurs virent défiler au bout de la rue une compagnie des archers de l'ordonnance du roi, les lances hautes, l'officier en tête La cavalcade était brillante et résonnait sur le pavé

— Comme vous regardez cet officier ! dit Gringoire à l'archidiacre

— C'est que je crois le reconnaître

— Comment le nommez-vous ?

— Je crois, dit Claude, qu'il s'appelle Phœbus de Châteaupers

— Phœbus ! un nom de curiosité ! Il y a aussi Phœbus, comte de Foix J'ai souvenir d'avoir connu une fille qui ne jurait que par Phœbus

— Venez-vous-en, dit le prêtre J'ai quelque chose à vous dire

Depuis le passage de cette troupe, quelque agitation perçait sous l'enveloppe glaciale de l'archidiacre Il se mit à marcher Gringoire le suivait, habitué à lui obéir, comme tout ce qui avait approché une fois cet homme plein d'ascendant Ils arrivèrent en silence jusqu'à la rue des Bernardins qui était assez déserte Dom Claude s'y arrêta

— Qu'avez-vous à me dire, mon maître ? lui demanda Gringoire

— Est-ce que vous ne trouvez pas, répondit l'archidiacre d'un air de profonde réflexion, que l'habit de ces cavaliers que nous venons de voir est plus beau que le vôtre et que le mien ?

Gringoire hocha la tête — Ma foi ! j'aime mieux ma gonelle jaune et rouge que ces écailles de fer et d'acier Beau plaisir, de faire en marchant le même bruit que le quai de la Ferraille par un tremblement de terre !

— Donc, Gringoire, vous n'avez jamais porté envie à ces beaux fils en hoquetons de guerre ?

— Envie de quoi, monsieur l'archidiacre ? de leur force, de leur armure, de leur discipline ? Mieux valent la philosophie et l'indépendance en guenilles J'aime mieux être tête de mouche que queue de lion

— Cela est singulier, dit le prêtre rêveur Une belle livrée est pourtant belle

Gringoire, le voyant pensif, le quitta pour aller admirer le porche d'une maison voisine Il revint en frappant des mains — Si vous étiez moins occupé des beaux habits des gens de guerre, monsieur l'archidiacre, je vous prierais d'aller voir cette porte Je l'ai toujours dit, la maison du sieur Aubry a une entrée la plus superbe du monde

— Pierre Gringoire, dit l'archidiacre, qu'avez-vous fait de cette petite danseuse égyptienne ?

— La Esmeralda ? Vous changez bien brusquement de conversation

— N'était-elle pas votre femme ?

— Oui, au moyen d'une cruche cassée Nous en avions pour quatre ans.

— A propos, ajouta Gringoire en regardant l'archidiacre d'un air à demi goguenard, vous y pensez donc toujours ?

— Et vous, vous n'y pensez plus ?

— Peu — J'ai tant de choses ! Mon Dieu, que la petite chèvre était jolie !

— Cette bohémienne ne vous avait-elle pas sauvé la vie ?

— C'est pardieu vrai

— Eh bien ! qu'est-elle devenue ? qu'en avez-vous fait ?

— Je ne vous dirai pas Je crois qu'ils l'ont pendue

— Vous croyez?

— Je ne suis pas sûr Quand j'ai vu qu'ils voulaient pendre les gens, je me suis retiré du jeu

— C'est là tout ce que vous en savez?

— Attendez donc On m'a dit qu'elle s'était réfugiée dans Notre-Dame, et qu'elle y était en sûreté, et j'en suis ravi, et je n'ai pu découvrir si la chèvre s'était sauvée avec elle, et c'est tout ce que j'en sais

— Je vais vous en apprendre davantage, cria dom Claude, et sa voix, jusqu'alors basse, lente et presque sourde, était devenue tonnante Elle est en effet réfugiée dans Notre-Dame Mais dans trois jours la justice l'y reprendra, et elle sera pendue en Grève Il y a arrêt du parlement

— Voilà qui est fâcheux, dit Gringoire

Le prêtre, en un clin d'œil, était redevenu froid et calme

— Et qui diable, reprit le poète, s'est donc amusé à solliciter un arrêt de réintégration? Est-ce qu'on ne pouvait pas laisser le parlement tranquille? Qu'est-ce que cela fait qu'une pauvre fille s'abrite sous les arcs-boutants de Notre-Dame à côté des nids d'hirondelle?

— Il y a des satans dans le monde, répondit l'archidiacre

— Cela est diablement mal emmanché, observa Gringoire

L'archidiacre reprit après un silence — Donc, elle vous a sauvé la vie?

— Chez mes bons amis les truandiers Un peu plus, un peu moins, j'étais pendu Ils en seraient fâchés aujourd'hui

— Est-ce que vous ne voulez rien faire pour elle?

— Je ne demande pas mieux, dom Claude Mais si je vais m'entortiller une vilaine affaire autour du corps!

— Qu'importe!

— Bah! qu'importe! Vous êtes bon, vous, mon maître! J'ai deux grands ouvrages commencés

Le prêtre se frappa le front Malgré le calme qu'il affectait, de temps en temps un geste violent révélait ses convulsions intérieures — Comment la sauver?

Gringoire lui dit — Mon maître, je vous répondrai *Il padelt*, ce qui veut dire en turc : *Dieu est notre espérance*

— Comment la sauver? répéta Claude rêveur

Gringoire à son tour se frappa le front

— Ecoutez, mon maître J'ai de l'imagination Je vais vous trouver des expédients — Si on demandait la grâce au roi?

— A Louis XI? une grâce?

— Pourquoi pas?

—- Va prendre son os au tigre !

Gringoire se mit à chercher de nouvelles solutions

— Eh bien ! tenez ! — Voulez-vous que j'adresse aux matrones une requête avec déclaration que la fille est enceinte ?

Cela fit étinceler la creuse prunelle du prêtre

— Enceinte ! drôle ! est-ce que tu en sais quelque chose ?

Gringoire fut effrayé de son air Il se hâta de dire — Oh ! non pas moi ! Notre mariage était un vrai *forismaritagium* Je suis resté dehors Mais enfin on obtiendrait un sursis

— Folie ! infamie ! tais-toi !

— Vous avez tort de vous fâcher, grommela Gringoire On obtient un sursis, cela ne fait de mal à personne, et cela fait gagner quarante deniers parisis aux matrones, qui sont de pauvres femmes

Le prêtre ne l'écoutait pas — Il faut pourtant qu'elle sorte de là ! murmura-t-il L'arrêt est exécutoire sous trois jours ! D'ailleurs, il n'y aurait pas d'arrêt, ce Quasimodo ! Les femmes ont des goûts bien dépravés ! Il haussa la voix — Maître Pierre, j'y ai bien réfléchi, il n'y a qu'un moyen de salut pour elle

— Lequel ? moi, je n'en vois plus

— Écoutez, maître Pierre, souvenez-vous que vous lui devez la vie Je vais vous dire franchement mon idée L'église est guettée jour et nuit On n'en laisse sortir que ceux qu'on y a vus entrer Vous pourrez donc entrer Vous viendrez Je vous introduirai près d'elle Vous changerez d'habits avec elle Elle prendra votre pourpoint, vous prendrez sa jupe

— Cela va bien jusqu'à présent, observa le philosophe Et puis ?

— Et puis ? Elle sortira avec vos habits, vous resterez avec les siens On vous pendra peut-être, mais elle sera sauvée

Gringoire se gratta l'oreille avec un air très sérieux

— Tiens ! dit-il, voilà une idée qui ne me serait jamais venue toute seule

A la proposition inattendue de dom Claude, la figure ouverte et bénigne du poète s'était brusquement rembrunie, comme un riant paysage d'Italie quand il survient un coup de vent malencontreux qui écrase un nuage sur le soleil

— Eh bien, Gringoire ! que dites-vous du moyen ?

— Je dis, mon maître, qu'on ne me pendra pas peut-être, mais qu'on me pendra indubitablement

— Cela ne nous regarde pas

— La peste ! dit Gringoire

— Elle vous a sauvé la vie C'est une dette que vous payez.

— Il y en a bien d'autres que je ne paie pas !

— Maître Pierre, il le faut absolument

L'archidiacre parlait avec empire.

— Écoutez, dom Claude, répondit le poète tout consterné Vous tenez à cette idée, et vous avez tort Je ne vois pas pourquoi je me ferais pendre à la place d'un autre

— Qu'avez-vous donc tant qui vous attache a la vie ?

— Ah ! mille raisons !

— Lesquelles, s'il vous plaît ?

— Lesquelles ? L'air, le ciel, le matin, le soir, le clair de lune, mes bons amis les truands, nos gorges chaudes avec les vilotières, les belles architectures de Paris à étudier, trois gros livres à faire, dont un contre l'évêque et ses moulins, que sais-je, moi ? Anaxagoras disait qu'il était au monde pour admirer le soleil Et puis, j'ai le bonheur de passer toutes mes journées du matin au soir avec un homme de génie qui est moi, et c'est fort agréable

— Tête à faire un grelot ! grommela l'archidiacre — Eh ! parle, cette vie que tu te fais si charmante, qui te l'a conservée ? A qui dois-tu de respirer cet air, de voir ce ciel, et de pouvoir encore amuser ton esprit d'alouette de billevesées et de folies ? Sans elle, où serais-tu ? Tu veux donc qu'elle meure, elle par qui tu es vivant ? qu'elle meure, cette créature, belle, douce, adorable, nécessaire à la lumière du monde, plus divine que Dieu ! tandis que toi, demi-sage et demi-fou, vaine ébauche de quelque chose, espèce de végétal qui crois marcher et qui crois penser, tu continueras à vivre avec la vie que tu lui as volée, aussi inutile qu'une chandelle en plein midi ? Allons, un peu de pitié, Gringoire ! sois généreux à ton tour. C'est elle qui a commencé

Le prêtre était véhément Gringoire l'écouta d'abord avec un air indéterminé, puis il s'attendrit, et finit par faire une grimace tragique qui fit ressembler sa figure à celle d'un nouveau-né qui a la colique

— Vous êtes pathétique, dit-il en essuyant une larme — Eh bien ! j'y réfléchirai — C'est une drôle d'idée que vous avez eue là — Après tout, poursuivit-il après un silence, qui sait ? peut-être ne me pendront-ils pas N'épouse pas toujours qui fiance Quand ils me trouveront dans cette logette, si grotesquement affublé, en jupe et en coiffe, peut-être éclateront-ils de rire — Et puis, s'ils me pendent, eh bien ! la corde, c'est une mort comme une autre, ou, pour mieux dire, ce n'est pas une mort comme une autre C'est une mort digne du sage qui a oscillé toute sa vie, une mort qui n'est ni chair ni poisson, comme l'esprit du véritable sceptique, une mort tout empreinte de pyrrhonisme et d'hésitation, qui tient le milieu entre le ciel et la terre, qui vous laisse en suspens. C'est une mort de philosophe, et j'y étais prédestiné peut-être Il est magnifique de mourir comme on a vécu

Le prêtre l'interrompit — Est-ce convenu ?

— Qu'est-ce que la mort, à tout prendre ? poursuivit Gringoire avec exaltation Un mauvais moment, un péage, le passage de peu de chose à rien Quelqu'un ayant demandé à Cercidas, mégalopolitain, s'il mourrait volontiers Pourquoi non ? répondit-il, car après ma mort je verrai ces grands hommes, Pythagoras entre les philosophes, Hecatæus entre les historiens Homère entre les poetes, Olympe entre les musiciens

L'archidiacre lui présenta la main — Donc c'est dit ~ vous viendrez demain

Ce geste ramena Gringoire au positif

— Ah ! ma foi non ! dit-il du ton d'un homme qui se réveille Être pendu ! c'est trop absurde Je ne veux pas

— Adieu alors ! Et l'archidiacre ajouta entre ses dents Je te retrouverai !

— Je ne veux pas que ce diable d'homme me retrouve, pensa Gringoire, et il courut après dom Claude — Tenez, monsieur l'archidiacre, pas d'humeur entre vieux amis ! Vous vous intéressez à cette fille, à ma femme, veux-je dire, c'est bien Vous avez imaginé un stratagème pour la faire sortir saine de Notre-Dame, mais votre moyen est extrêmement désagréable pour moi, Gringoire — Si j'en avais un autre, moi ! — Je vous préviens qu'il vient de me survenir à l'instant une inspiration très lumineuse — Si j'avais une idée expédiente pour la tirer du mauvais pas sans compromettre mon cou avec le moindre nœud coulant ? qu'est-ce que vous diriez ? cela ne vous suffirait-il point ? Est-il absolument nécessaire que je sois pendu pour que vous soyez content ?

Le prêtre arrachait d'impatience les boutons de sa soutane — Ruisseau de paroles ! — Quel est ton moyen ?

— Oui, reprit Gringoire se parlant à lui-même et touchant son nez avec son index en signe de méditation, — c'est cela ! — Les truands sont de braves fils — La tribu d'Egypte l'aime — Ils se lèveront au premier mot — Rien de plus facile — Un coup de main — A la faveur du désordre, on l'enlèvera aisément — Dès demain soir — Ils ne demanderont pas mieux.

— Le moyen ! parle, dit le prêtre en le secouant

Gringoire se tourna majestueusement vers lui — Laissez-moi donc ! vous voyez bien que je compose Il réfléchit encore quelques instants Puis il se mit à battre des mains à sa pensée en criant — Admirable ! réussite sûre !

— Le moyen ! reprit Claude en colère

Gringoire était radieux

— Venez, que je vous dise cela tout bas C'est une contre-mine vraiment gaillarde et qui nous tire tous d'affaire Pardieu ! il faut convenir que je ne suis pas un imbécile

Il s'interrompit — Ah çà ! la petite chèvre est-elle avec la fille ?

— Oui. Que le diable t'emporte !

— C'est qu'ils l'auraient pendue aussi, n'est-ce pas ?

— Qu'est-ce que cela me fait ?

— Oui, ils l'auraient pendue Ils ont bien pendu une truie le mois passé Le bourrel aime cela Il mange la bête après Pendre ma jolie Djali ! Pauvre petit agneau !

— Malédiction ! s'écria dom Claude Le bourreau, c'est toi Quel moyen de salut as-tu donc trouvé, drôle ? faudra-t-il t'accoucher ton idée avec le forceps ?

— Tout beau, maître ! voici

Gringoire se pencha à l'oreille de l'archidiacre et lui parla très bas, en jetant un regard inquiet d'un bout à l'autre de la rue où il ne passait pourtant personne Quand il eut fini, dom Claude lui prit la main et lui dit froidement
— C'est bon A demain

— A demain, répéta Gringoire Et tandis que l'archidiacre s'éloignait d'un côté, il s'en alla de l'autre en se disant à demi-voix — Voilà une fière affaire, monsieur Pierre Gringoire N'importe Il n'est pas dit, parce qu'on est petit, qu'on s'effraiera d'une grande entreprise Biton porta un grand taureau sur ses épaules, les hochequeues, les fauvettes et les traquets traversent l'océan

II

FAITES-VOUS TRUAND

L'archidiacre, en rentrant au cloître, trouva à la porte de sa cellule son frère Jehan du Moulin qui l'attendait et qui avait charmé les ennuis de l'attente en dessinant avec un charbon sur le mur un profil de son frère aîné enrichi d'un nez démesuré

Dom Claude regarda à peine son frère Il avait d'autres songes Ce joyeux visage de vaurien dont le rayonnement avait tant de fois rasséréné la sombre physionomie du prêtre était maintenant impuissant à fondre la brume qui s'épaississait chaque jour davantage sur cette âme corrompue, méphitique et stagnante

— Mon frère, dit timidement Jehan, je viens vous voir

L'archidiacre ne leva seulement pas les yeux sur lui — Après ?

— Mon frère, reprit l'hypocrite, vous êtes si bon pour moi, et vous me donnez de si bons conseils que je reviens toujours à vous

— Ensuite ?

— Hélas ! mon frère, c'est que vous aviez bien raison quand vous me disiez — Jehan ! Jehan ! *cessat doctorum doctrina, discipulorum disciplina* Jehan, soyez sage, Jehan, soyez docte, Jehan, ne pernoctez pas hors le collège sans occasion légitime et congé du maître Ne battez pas les picards, *noli, Joannes, verberare picardos* Ne pourrissez pas comme un âne illettré, *quasi asinus illitteratus*, sur le feurre de l'école Jehan, laissez-vous punir à la discrétion du maître Jehan, allez tous les soirs à la chapelle et chantez-y une antienne avec verset et oraison à madame la glorieuse Vierge Marie Hélas ! que c'étaient là de très excellents avis !

— Et puis ?

Mon frère, vous voyez un coupable, un criminel, un misérable, un libertin, un homme énorme ! Mon cher frère, Jehan a fait de vos gracieux conseils paille et fumier à fouler aux pieds J'en suis bien châtié, et le bon Dieu est extraordinairement juste Tant que j'ai eu de l'argent, j'ai fait ripaille, folie et vie joyeuse Oh ! que la débauche, si charmante de face, est laide et rechignée par derrière ! Maintenant je n'ai plus un blanc, j'ai vendu ma nappe, ma chemise et ma touaille, plus de joyeuse vie ! la belle chandelle est éteinte, et je n'ai plus que la vilaine mèche de suif qui me fume dans le nez Les filles se moquent de moi Je bois de l'eau Je suis bourrelé de remords et de créanciers

— Le reste ? dit l'archidiacre

— Hélas! très cher frère, je voudrais bien me ranger à une meilleure vie Je viens à vous, plein de contrition Je suis pénitent Je me confesse Je me frappe la poitrine à grands coups de poing Vous avez bien raison de vouloir que je devienne un jour licencié et sous-moniteur du collège de Torchi Voici que je me sens à présent une vocation magnifique pour cet état Mais je n'ai plus d'encre, il faut que j'en rachète, je n'ai plus de plumes, il faut que j'en rachète, je n'ai plus de papier, je n'ai plus de livres, il faut que j'en rachète J'ai grand besoin pour cela d'un peu de finance Et je viens à vous, mon frère, le cœur plein de contrition

— Est-ce tout ?

— Oui, dit l'écolier Un peu d'argent.

— Je n'en ai pas

L'écolier dit alors d'un air grave et résolu en même temps — Eh bien, mon frère, je suis fâché d'avoir à vous dire qu'on me fait d'autre part de très belles offres et propositions Vous ne voulez pas me donner d'argent ? — Non ? — En ce cas, je vais me faire truand

En prononçant ce mot monstrueux, il prit une mine d'Ajax, s'attendant à voir tomber la foudre sur sa tête

L'archidiacre lui dit froidement — Faites-vous truand

Jehan le salua profondément et redescendit l'escalier du cloître en sifflant

Au moment où il passait dans la cour du cloître sous la fenêtre de la cellule de son frère, il entendit cette fenêtre s'ouvrir, leva le nez et vit passer par l'ouverture la tête sévère de l'archidiacre — Va-t'en au diable! disait dom Claude, voici le dernier argent que tu auras de moi

En même temps, le prêtre jeta à Jehan une bourse qui fit à l'écolier une grosse bosse au front, et dont Jehan s'en alla à la fois fâché et content, comme un chien qu'on lapiderait avec des os à moelle

III

VIVE LA JOIE !

Le lecteur n'a peut-être pas oublié qu'une partie de la Cour des Miracles était enclose par l'ancien mur d'enceinte de la ville, dont bon nombre de tours commençaient dès cette époque à tomber en ruine. L'une de ces tours avait été convertie en lieu de plaisir par les truands. Il y avait cabaret dans la salle basse, et le reste dans les étages supérieurs. Cette tour était le point le plus vivant et par conséquent le plus hideux de la truanderie. C'était une sorte de ruche monstrueuse qui y bourdonnait nuit et jour. La nuit, quand tout le surplus de la gueuserie dormait, quand il n'y avait plus une fenêtre allumée sur les façades terreuses de la place, quand on n'entendait plus sortir un cri de ces innombrables maisonnées, de ces fourmilières de voleurs, de filles et d'enfants volés ou bâtards, on reconnaissait toujours la joyeuse tour au bruit qu'elle faisait, à la lumière écarlate qui, rayonnant à la fois aux soupiraux, aux fenêtres, aux fissures des murs lézardés, s'échappait pour ainsi dire de tous ses pores.

La cave était donc le cabaret. On y descendait par une porte basse et par un escalier aussi roide qu'un alexandrin classique. Sur la porte il y avait en guise d'enseigne un merveilleux barbouillage représentant des sols neufs et des poulets tués, avec ce calembour au-dessous : *Aux sonneurs pour les trepassés.*

Un soir, au moment où le couvre-feu sonnait à tous les beffrois de Paris, les sergents du guet, s'il leur eût été donné d'entrer dans la redoutable Cour des Miracles, auraient pu remarquer qu'il se faisait dans la taverne des truands plus de tumulte encore qu'à l'ordinaire, qu'on y buvait plus et qu'on y jurait mieux. Au dehors, il y avait dans la place force groupes qui s'entretenaient à voix basse, comme lorsqu'il se trame un grand dessein, et çà et là un drôle accroupi qui aiguisait une méchante lame de fer sur un pavé.

Cependant dans la taverne même, le vin et le jeu étaient une si puissante diversion aux idées qui occupaient ce soir-là la truanderie, qu'il eût été difficile de deviner aux propos des buveurs de quoi il s'agissait. Seulement ils avaient l'air plus gai que de coutume, et on leur voyait à tous reluire quelque arme entre les jambes, une serpe, une cognée, un gros estramaçon, ou le croc d'une vieille hacquebute.

La salle, de forme ronde, était très vaste, mais les tables étaient si pressées et les buveurs si nombreux, que tout ce que contenait la taverne, hommes, femmes, bancs, cruches à bière, ce qui buvait, ce qui dormait, ce

qui jouait, les bien portants, les éclopés, semblaient entassés pêle-mêle avec
autant d'ordre et d'harmonie qu'un tas d'écailles d'huîtres Il y avait quelques
suifs allumés sur les tables, mais le véritable luminaire de la taverne, ce qui
remplissait dans le cabaret le rôle du lustre dans une salle d'opéra, c'était le
feu Cette cave était si humide qu'on n'y laissait jamais éteindre la cheminée,
même en plein été, une cheminée immense à manteau sculpté, toute hérissée de lourds chenets de fer et d'appareils de cuisine, avec un de ces gros
feux mêlés de bois et de tourbe qui, la nuit, dans les rues de village, font
saillir si rouge sur les murs d'en face le spectre des fenêtres de forge Un
grand chien, gravement assis dans la cendre, tournait devant la braise une
broche chargée de viandes

Quelle que fût la confusion, après le premier coup d œil, on pouvait distinguer dans cette multitude trois groupes principaux, qui se pressaient
autour de trois personnages que le lecteur connaît déjà L'un de ces personnages, bizarrement accoutré de maint oripeau oriental, était Mathias Hungadi Spicali, duc d'Égypte et de Bohême Le maraud était assis sur une
table, les jambes croisées, le doigt en l'air, et faisait d'une voix haute distribution de sa science en magie blanche et noire à mainte face béante qui
l'entourait Une autre cohue s'épaississait autour de notre ancien ami, le
vaillant roi de Thunes, armé jusqu'aux dents Clopin Trouillefou, d'un air
très sérieux et à voix basse, réglait le pillage d'une énorme futaille pleine
d'armes, largement défoncée devant lui, d'où se dégorgeaient en foule
haches, épées, bassinets, cottes de mailles, platers, fers de lance et d'arche-
gayes, sagettes et viretons, comme pommes et raisins d'une corne d'abondance Chacun prenait au tas, qui le morion, qui l'estoc, qui la miséricorde
à poignée en croix Les enfants eux-mêmes s'armaient, et il y avait jusqu'à
des culs-de-jatte qui, bardés et cuirassés, passaient entre les jambes des
buveurs comme de gros scarabées

Enfin un troisième auditoire, le plus bruyant, le plus jovial et le plus nombreux, encombrait les bancs et les tables au milieu desquels pérorait et jurait
une voix en flûte qui s'échappait de dessous une pesante armure complète du
casque aux éperons L'individu qui s'était ainsi vissé une panoplie sur le
corps disparaissait tellement sous l'habit de guerre qu'on ne voyait plus de sa
personne qu'un nez effronté, rouge, retroussé, une boucle de cheveux blonds,
une bouche rose et des yeux hardis Il avait la ceinture pleine de dagues et
de poignards, une grande épée au flanc, une arbalète rouillée à sa gauche,
et un vaste broc de vin devant lui, sans compter à sa droite une épaisse fille
débraillée Toutes les bouches alentour de lui riaient, sacraient et buvaient

Qu'on ajoute vingt groupes secondaires, les filles et les garçons de service courant avec des brocs en tête, les joueurs accroupis sur les billes, sur

les merelles, sur les dés, sur les vachettes, sur le jeu passionné du tringlet, les querelles dans un coin, les baisers dans l'autre, et l'on aura quelque idée de cet ensemble, sur lequel vacillait la clarté d'un grand feu flambant qui faisait danser sur les murs du cabaret mille ombres démesurées et grotesques

Quant au bruit, c'était l'intérieur d'une cloche en grande volée

La lèchefrite, où pétillait une pluie de graisse, emplissait de son glapissement continu les intervalles de ces mille dialogues qui se croisaient d'un bout à l'autre de la salle

Il y avait parmi ce vacarme, au fond de la taverne, sur le banc intérieur de la cheminée, un philosophe qui méditait, les pieds dans la cendre et l'œil sur les tisons C'était Pierre Gringoire

— Allons, vite ! dépêchons, armez-vous ! on se met en marche dans une heure ! disait Clopin Trouillefou à ses argotiers

Une fille fredonnait

> Bonsoir, mon père et ma mère !
> Les derniers couvrent le feu

Deux joueurs de cartes se disputaient — Valet ! criait le plus empourpré des deux, en montrant le poing à l'autre, je vais te marquer au trèfle Tu pourras remplacer Mistigri dans le jeu de cartes de monseigneur le roi

— Ouf ! hurlait un normand, reconnaissable à son accent nasillard, on est ici tassé comme les saints de Caillouville !

— Fils, disait à son auditoire le duc d'Égypte parlant en fausset, les sorcières de France vont au sabbat sans balai, ni graisse, ni monture, seulement avec quelques paroles magiques Les sorcières d'Italie ont toujours un bouc qui les attend à leur porte. Toutes sont tenues de sortir par la cheminée

La voix du jeune drôle armé de pied en cap dominait le brouhaha
— Noël ! Noël ! criait-il Mes premières armes aujourd'hui ! Truand ! je suis truand, ventre de Christ ! versez-moi à boire ! — Mes amis, je m'appelle Jehan Frollo du Moulin, et je suis gentilhomme Je suis d'avis que, si Dieu était gendarme, il se ferait pillard Frères, nous allons faire une belle expédition Nous sommes des vaillants Assiéger l'église, enfoncer les portes, en tirer la belle fille, la sauver des juges, la sauver des prêtres, démanteler le cloître, brûler l'évêque dans l'évêché, nous ferons cela en moins de temps qu'il n'en faut à un bourgmestre pour manger une cuillerée de soupe Notre cause est juste, nous pillerons Notre-Dame, et tout sera dit Nous pendrons Quasimodo Connaissez-vous Quasimodo, mesdamoiselles ? L'avez-vous vu s'essouffler sur le bourdon un jour de grande Pentecôte ? Corne du Père ! c'est très beau ! on dirait un diable à cheval sur une gueule — Mes amis, écoutez-moi, je suis truand au fond du cœur, je suis argotier dans l'âme, je

suis né cagou J'ai été très riche, et j'ai mangé mon bien Ma mère voulait
me faire officier, mon père sous diacre, ma tante conseiller aux enquêtes, ma
grand'mère protonotaire du roi, ma grand'tante trésorier de robe courte
Moi, je me suis fait truand J'ai dit cela à mon père qui m'a craché sa malédiction au visage, à ma mère qui s'est mise, la vieille dame, à pleurer et à
baver comme cette bûche sur ce chenet Vive la joie ! je suis un vrai Bicêtre!
Tavernière ma mie, d'autre vin ! j'ai encore de quoi payer. Je ne veux plus
de vin de Suresnes Il me chagrine le gosier J'aimerais autant, corbœuf! me
gargariser d'un panier !

Cependant la cohue applaudissait avec des éclats de rire et, voyant que le
tumulte redoublait autour de lui, l'écolier s'écria — Oh ! le beau bruit !
Populi debacchantis populosa debacchatio ! Alors il se mit à chanter, l'œil comme
noyé dans l'extase, du ton d'un chanoine qui entonne vêpres — *Quæ
cantica ! quæ organa ! quæ cantilenæ ! quæ melodiæ hic sine fine decantantur ! sonant
melliflua hymnorum organa, suavissima angelorum melodia, cantica canticorum mira !* .
Il s'interrompit — Buvetière du diable, donne-moi à souper

Il y eut un moment de quasi-silence pendant lequel s'éleva à son tour la
voix aigre du duc d'Égypte, enseignant ses bohémiens — La belette
s'appelle Aduine, le renard Pied-Bleu ou le Coureur-des-Bois, le loup Pied-Gris
ou Pied-Doré, l'ours le Vieux ou le Grand-Père — Le bonnet d'un gnome
rend invisible, et fait voir les choses invisibles — Tout crapaud qu'on
baptise doit être vêtu de velours rouge ou noir, une sonnette au cou, une
sonnette aux pieds Le parrain tient la tête, la marraine le derrière — C'est
le démon Sidragasum qui a le pouvoir de faire danser les filles toutes nues

— Par la messe ! interrompit Jehan, je voudrais être le démon Sidragasum

Cependant les truands continuaient de s'armer en chuchotant à l'autre
bout du cabaret

— Cette pauvre Esmeralda ! disait un bohémien — C'est notre sœur —
Il faut la tirer de là

— Est-elle donc toujours à Notre-Dame ? reprenait un marcandier à mine
de juif

— Oui, pardieu !

— Eh bien ! camarades, s'écria le marcandier, à Notre-Dame ! D'autant
mieux qu'il y a à la chapelle des saints Féréol et Ferrution deux statues,
l'une de saint Jean-Baptiste, l'autre de saint Antoine, toutes d'or, pesant
ensemble dix-sept marcs d'or et quinze estellins, et les sous-pieds d'argent
doré dix-sept marcs cinq onces Je sais cela Je suis orfèvre

Ici on servit à Jehan son souper. Il s'écria, en s'étalant sur la gorge de la
fille sa voisine

— Par saint Voult-de-Lucques, que le peuple appelle saint Goguelu, je

suis parfaitement heureux J ai là devant moi un imbécile qui me regarde avec
la mine glabre d'un archiduc En voici un à ma gauche qui a les dents si
longues qu'elles lui cachent le menton Et puis je suis comme le maréchal de
Gié au siege de Pontoise, j'ai ma droite appuyée à un mamelon — Ventre-
Mahom ! camarade ! tu as l'air d'un marchand d'esteufs, et tu viens t'asseoir
auprès de moi ! Je suis noble, l'ami La marchandise est incompatible avec la
noblesse Va-t'en de là. — Holàhée ! vous autres ! ne vous battez pas ! Comment, Baptiste Croque-Oison, toi qui as un si beau nez, tu vas le risquer
contre les gros poings de ce butor ! Imbécile ! *Non cuiquam datum est habere
nasum* — Tu es vraiment divine, Jacqueline Ronge-Oreille ! c'est dommage
que tu n'aies pas de cheveux — Holà ! je m'appelle Jehan Frollo, et mon
frère est archidiacre Que le diable l'emporte ! Tout ce que je vous dis est la
vérité En me faisant truand, j'ai renoncé de gaieté de cœur à la moitié d'une
maison située dans le paradis que mon frère m'avait promise *Dimidiam
domum in paradiso* Je cite le texte J'ai un fief rue Tirechappe, et toutes les
femmes sont amoureuses de moi, aussi vrai qu'il est vrai que saint Éloy
était un excellent orfèvre, et que les cinq métiers de la bonne ville de Paris
sont les tanneurs, les mégissiers, les baudroyeurs, les boursiers et les sueurs,
et que saint Laurent a été brûlé avec des coquilles d'œufs Je vous jure,
camarades,

> Que je ne beuvrai de piment
> Devant un an, si je cy ment !

Ma charmante, il fait clair de lune, regarde donc là-bas par le soupirail
comme le vent chiffonne les nuages ! Ainsi je fais ta gorgerette — Les filles !
mouchez les enfants et les chandelles — Christ et Mahom ! qu'est-ce que je
mange là, Jupiter ! Ohé ! la matrulle ! les cheveux qu'on ne trouve pas sur
la tête de tes ribaudes, on les retrouve dans tes omelettes La vieille ! j'aime
les omelettes chauves Que le diable te fasse camuse ! — Belle hôtellerie de
Belzébuth où les ribaudes se peignent avec les fourchettes !

Cela dit, il brisa son assiette sur le pavé et se mit à chanter à tue-tête

> Et je n'ai, moi,
> Par la sang-Dieu !
> Ni foi, ni loi,
> Ni feu, ni lieu,
> Ni roi,
> Ni Dieu !

Cependant, Clopin Trouillefou avait fini sa distribution d'armes Il s'approcha de Gringoire qui paraissait plongé dans une profonde rêverie, les

pieds sur un chenet — L'ami Pierre, dit le roi de Thunes, à quoi diable penses-tu ?

Gringoire se retourna vers lui avec un sourire mélancolique — J'aime le feu, mon cher seigneur Non par la raison triviale que le feu réchauffe nos pieds ou cuit notre soupe, mais parce qu'il a des étincelles Quelquefois je passe des heures à regarder les étincelles Je découvre mille choses dans ces étoiles qui saupoudrent le fond noir de l'âtre Ces étoiles-là aussi sont des mondes

— Tonnerre si je te comprends ! dit le truand Sais-tu quelle heure il est ?

— Je ne sais pas, répondit Gringoire

Clopin s'approcha alors du duc d'Égypte

— Camarade Mathias, le quart d'heure n'est pas bon On dit le roi Louis onzième à Paris

— Raison de plus pour lui tirer notre sœur des griffes, répondit le vieux bohémien

— Tu parles en homme, Mathias, dit le roi de Thunes D'ailleurs nous ferons lestement Pas de résistance à craindre dans l'église Les chanoines sont des lièvres, et nous sommes en force Les gens du parlement seront bien attrapés demain quand ils viendront la chercher ! Boyaux du pape ! je ne veux pas qu'on pende la jolie fille !

Clopin sortit du cabaret

Pendant ce temps-là, Jehan s'écriait d'une voix enrouée — Je bois, je mange, je suis ivre, je suis Jupiter ! — Eh ! Pierre l'Assommeur, si tu me regardes encore comme cela, je vais t'épousseter le nez avec des chiquenaudes

De son côté Gringoire, arraché de ses méditations, s'était mis à considérer la scène fougueuse et criarde qui l'environnait en murmurant entre ses dents *Luxuriosa res vinum & tumultuosa ebrietas* Hélas ! que j'ai bien raison de ne pas boire, et que saint Benoît dit excellemment *Vinum apostatare facit etiam sapientes*

En ce moment Clopin rentra et cria d'une voix de tonnerre Minuit !

A ce mot, qui fit l'effet du boute-selle sur un régiment en halte, tous les truands, hommes, femmes, enfants, se précipitèrent en foule hors de la taverne avec un grand bruit d'armes et de ferrailles

La lune s'était voilée

La Cour des Miracles était tout à fait obscure Il n'y avait pas une lumière Elle était pourtant loin d'être déserte On y distinguait une foule d'hommes et de femmes qui se parlaient bas On les entendit bourdonner, et l'on voyait reluire toutes sortes d'armes dans les ténèbres Clopin monta sur une grosse pierre — A vos rangs, l'Argot ! cria-t-il A vos rangs, l'Égypte ! A vos rangs, Galilée ! Un mouvement se fit dans l'ombre L'immense multitude parut se former en colonne Après quelques minutes, le roi de Thunes éleva encore la voix   — Maintenant, silence pour traverser Paris ! Le mot de passe est *Petite flambe en baguenaud* ! On n'allumera les torches qu'à Notre-Dame ! En marche !

Dix minutes après, les cavaliers du guet s'enfuyaient épouvantés devant une longue procession d'hommes noirs et silencieux qui descendait vers le Pont-au-Change, à travers les rues tortueuses qui percent en tous sens le massif quartier des Halles

IV

UN MALADROIT AMI

Cette même nuit, Quasimodo ne dormait pas. Il venait de faire sa dernière ronde dans l'église. Il n'avait pas remarqué, au moment où il en fermait les portes, que l'archidiacre était passé près de lui et avait témoigné quelque humeur en le voyant verrouiller et cadenasser avec soin l'énorme armature de fer qui donnait à leurs larges battants la solidité d'une muraille. Dom Claude avait l'air encore plus préoccupé qu'à l'ordinaire. Du reste, depuis l'aventure nocturne de la cellule, il maltraitait constamment Quasimodo, mais il avait beau le rudoyer, le frapper même quelquefois, rien n'ébranlait la soumission, la patience, la résignation dévouée du fidèle sonneur. De la part de l'archidiacre il souffrait tout, injures, menaces, coups, sans murmurer un reproche, sans pousser une plainte. Tout au plus le suivait-il des yeux avec inquiétude quand dom Claude montait l'escalier de la tour, mais l'archidiacre s'était de lui-même abstenu de reparaître aux yeux de l'égyptienne.

Cette nuit-là donc, Quasimodo, après avoir donné un coup d'œil à ses pauvres cloches si délaissées, à Jacqueline, à Marie, à Thibauld, était monté jusque sur le sommet de la tour septentrionale, et là, posant sur les plombs sa lanterne sourde bien fermée, il s'était mis à regarder Paris. La nuit, nous l'avons déjà dit, était fort obscure. Paris, qui n'était, pour ainsi dire, pas éclairé à cette époque, présentait à l'œil un amas confus de masses noires, coupé çà et là par la courbe blanchâtre de la Seine. Quasimodo n'y voyait plus de lumière qu'à une fenêtre d'un édifice éloigné dont le vague et sombre profil se dessinait bien au-dessus des toits, du côté de la Porte Saint-Antoine. Là aussi il y avait quelqu'un qui veillait.

Tout en laissant flotter dans cet horizon de brume et de nuit son unique regard, le sonneur sentait au dedans de lui-même une inexprimable inquiétude. Depuis plusieurs jours il était sur ses gardes. Il voyait sans cesse rôder autour de l'église des hommes à mine sinistre qui ne quittaient pas des yeux l'asile de la jeune fille. Il songeait qu'il se tramait peut-être quelque complot contre la malheureuse réfugiée. Il se figurait qu'il y avait une haine populaire sur elle comme il y en avait une sur lui, et qu'il se pourrait bien qu'il arrivât bientôt quelque chose. Aussi se tenait-il sur son clocher, aux aguets, *rêvant dans son rêvoir*, comme dit Rabelais, l'œil tour à tour sur la cellule et sur Paris, faisant sûre garde, comme un bon chien, avec mille défiances dans l'esprit

Tout à coup, tandis qu'il scrutait la grande ville de cet œil que la nature,
par une sorte de compensation, avait fait si perçant qu'il pouvait presque
suppléer aux autres organes qui manquaient à Quasimodo, il lui parut que
la silhouette du quai de la Vieille-Pelleterie avait quelque chose de singulier,
qu'il y avait un mouvement sur ce point, que la ligne du parapet détachée
en noir sur la blancheur de l'eau n'était pas droite et tranquille semblable-
ment à celle des autres quais, mais qu'elle ondulait au regard comme les
vagues d'un fleuve ou comme les têtes d'une foule en marche

Cela lui parut étrange Il redoubla d'attention Le mouvement semblait
venir vers la Cité Aucune lumière d'ailleurs Il dura quelque temps sur le
quai, puis il s'écoula peu à peu, comme si ce qui se passait entrait dans l'intérieur de l'île, puis il cessa tout à fait, et la ligne du quai redevint droite et
immobile

Au moment où Quasimodo s'épuisait en conjectures, il lui sembla que le
mouvement reparaissait dans la rue du Parvis qui se prolonge dans la Cité
perpendiculairement à la façade de Notre-Dame Enfin, si épaisse que fût
l'obscurité, il vit une tête de colonne déboucher par cette rue, et en un
instant se répandre dans la place une foule dont on ne pouvait rien distinguer
dans les ténèbres sinon que c'était une foule

Ce spectacle avait sa terreur Il est probable que cette procession singulière,
qui semblait si intéressée à se dérober sous une profonde obscurité, ne gardait
pas un silence moins profond Cependant un bruit quelconque devait s'en
échapper, ne fût-ce qu'un piétinement Mais ce bruit n'arrivait même pas à
notre sourd, et cette grande multitude, dont il voyait à peine quelque chose
et dont il n'entendait rien, s'agitant et marchant néanmoins si près de lui,
lui faisait l'effet d'une cohue de morts, muette, impalpable, perdue dans une
fumée Il lui semblait voir s'avancer vers lui un brouillard plein d'hommes,
voir remuer des ombres dans l'ombre

Alors ses craintes lui revinrent, l'idée d'une tentative contre l'égyptienne
se représenta à son esprit Il sentit confusément qu'il approchait d'une situation
violente En ce moment critique il tint conseil en lui-même avec un raisonnement meilleur et plus prompt qu'on ne l'eût attendu d'un cerveau si mal
organisé Devait-il éveiller l'égyptienne ? la faire évader ? Par où ? les rues
étaient investies, l'église était acculée à la rivière Pas de bateau ! pas
d'issue ! — Il n'y avait qu'un parti, se faire tuer au seuil de Notre-Dame,
résister du moins jusqu'à ce qu'il vînt un secours, s'il en devait venir, et ne
pas troubler le sommeil de la Esmeralda La malheureuse serait toujours
éveillée assez tôt pour mourir Cette résolution une fois arrêtée, il se mit à
examiner l'*ennemi* avec plus de tranquillité

La foule semblait grossir à chaque instant dans le Parvis Seulement il présuma qu'elle ne devait faire que fort peu de bruit, puisque les fenêtres des rues et de la place restaient fermées Tout à coup une lumière brilla, et en un instant sept ou huit torches allumées se promenèrent sur les têtes, en secouant dans l'ombre leurs touffes de flammes Quasimodo vit alors distinctement moutonner dans le Parvis un effrayant troupeau d'hommes et de femmes en haillons, armés de faulx, de piques, de serpes, de pertuisanes dont les mille pointes étincelaient Çà et là, des fourches noires faisaient des cornes à ces faces hideuses Il se ressouvint vaguement de cette populace, et crut reconnaître toutes les têtes qui l'avaient, quelques mois auparavant, salué pape des fous Un homme qui tenait une torche d'une main et une boullaye de l'autre monta sur une borne et parut haranguer En même temps l'étrange armée fit quelques évolutions comme si elle prenait poste autour de l'église Quasimodo ramassa sa lanterne et descendit sur la plate-forme d'entre les tours pour voir de plus près et aviser aux moyens de défense

Clopin Trouillefou, arrivé devant le haut portail de Notre-Dame, avait en effet rangé sa troupe en bataille Quoiqu'il ne s'attendît à aucune résistance, il voulut, en général prudent, conserver un ordre qui lui permît de faire front au besoin contre une attaque subite du guet ou des onze-vingts Il avait donc échelonné sa brigade de telle façon que, vue de haut et de loin, vous eussiez dit le triangle romain de la bataille d'Ecnome, la tête-de-porc d'Alexandre, ou le fameux coin de Gustave-Adolphe La base de ce triangle s'appuyait au fond de la place, de manière à barrer la rue du Parvis, un des côtés regardait l'Hôtel-Dieu, l'autre la rue Saint-Pierre-aux-Bœufs Clopin Trouillefou s'était placé au sommet, avec le duc d'Égypte, notre ami Jehan, et les sabouleux les plus hardis

Ce n'était point chose très rare dans les villes du moyen-âge qu'une entreprise comme celle que les truands tentaient en ce moment sur Notre-Dame Ce que nous nommons aujourd'hui *police* n'existait pas alors Dans les cités populeuses, dans les capitales surtout, pas de pouvoir central, un, régulateur La féodalité avait construit ces grandes communes d'une façon bizarre Une cité était un assemblage de mille seigneuries qui la divisaient en compartiments de toutes formes et de toutes grandeurs De là mille polices contradictoires, c'est-à-dire pas de police A Paris, par exemple, indépendamment des cent quarante et un seigneurs prétendant censive, il y en avait vingt-cinq prétendant justice et censive, depuis l'évêque de Paris, qui avait cent cinq rues, jusqu'au prieur de Notre-Dame des Champs, qui en avait quatre Tous ces justiciers féodaux ne reconnaissaient que nominalement l'autorité suzeraine du roi Tous avaient droit de voirie Tous étaient chez eux Louis XI, cet infatigable ouvrier qui a si largement commencé la démolition de l'édifice féodal, continuée par Richelieu et Louis XIV au profit de la royauté, et achevée par Mirabeau au profit du peuple, Louis XI avait bien essayé de crever ce réseau de seigneuries qui recouvrait Paris, en jetant violemment tout au travers deux ou trois ordonnances de police générale Ainsi, en 1465, ordre aux habitants, la nuit venue, d'illuminer de chandelles leurs croisées, et d'enfermer leurs chiens, sous peine de la hart, même année, ordre de fermer le soir les rues avec des chaînes de fer, et défense de porter dagues ou armes offensives la nuit dans les rues Mais, en peu de temps, tous ces essais de législation communale tombèrent en désuétude Les bourgeois laissèrent le vent éteindre leurs chandelles à leurs fenêtres, et leurs chiens errer, les chaînes de fer ne se tendirent qu'en état de siège, la défense de porter dagues n'amena d'autres changements que le nom de la *rue Coupe-Gueule* au nom de *rue Coupe-Gorge,* ce qui est un progrès évident Le vieil échafaudage des juridictions féodales resta debout, immense entassement de bailliages et de seigneuries se croisant sur la ville, se gênant, s'enchevêtrant, s'emmaillant de travers, s'échancrant les uns les autres, inutile taillis de guets, de sous-guets et de contre-guets, à travers lequel passaient à main armée le brigandage, la rapine et la sédition Ce n'était donc pas, dans ce désordre, un événement inouï que ces coups de main d'une partie de la populace sur un palais, sur un hôtel, sur une maison, dans les quartiers les plus peuplés Dans la plupart des cas, les voisins ne se mêlaient de l'affaire que si le pillage arrivait jusque chez eux Ils se bouchaient les oreilles à la mousquetade, fermaient leurs volets, barricadaient leurs portes, laissaient le débat se vider avec ou sans le guet, et le lendemain on se disait dans Paris — Cette nuit, Étienne Barbette a été forcé — Le maréchal de Clermont a été pris au corps, etc — Aussi, non seulement les habitations royales, le Louvre, le Palais, la Bastille, les Tournelles, mais les résidences simplement seigneuriales, le Petit-Bourbon, l'Hôtel de Sens, l'Hôtel d'Angoulême, etc , avaient leurs créneaux aux murs et leurs mâchicoulis au-dessus des portes Les églises se gardaient par leur sainteté Quelques-unes pourtant, du nombre desquelles n'était pas Notre-Dame, étaient fortifiées L'abbé de Saint-Germain-des-Prés était crénelé comme un baron, et il y avait chez lui encore plus de cuivre dépensé en bombardes qu'en cloches On voyait encore sa forteresse en 1610 Aujourd'hui il reste à peine son église

Revenons à Notre-Dame

Quand les premières dispositions furent terminées, et nous devons dire à l'honneur de la discipline truande que les ordres de Clopin furent exécutés en silence et avec une admirable précision, le digne chef de la bande monta sur le parapet du Parvis et éleva sa voix rauque et bourrue, se tenant tourné vers Notre-Dame et agitant sa torche dont la lumière, tourmentée par le vent et voilée à tout moment de sa propre fumée, faisait paraître et disparaître aux yeux la rougeâtre façade de l'église.

— A toi, Louis de Beaumont, évêque de Paris, conseiller en la cour de parlement, moi Clopin Trouillefou, roi de Thunes, grand coesre, prince de l'argot, évêque des fous, je dis : Notre sœur, faussement condamnée pour magie, s'est réfugiée dans ton église, tu lui dois asile et sauvegarde, or la cour de parlement l'y veut reprendre, et tu y consens, si bien qu'on la pendrait demain en Grève si Dieu et les truands n'étaient pas là. Donc nous venons à toi, évêque. Si ton église est sacrée, notre sœur l'est aussi, si notre sœur n'est pas sacrée, ton église ne l'est pas non plus. C'est pourquoi nous te sommons de nous rendre la fille si tu veux sauver ton église, ou que nous reprendrons la fille et que nous pillerons l'église. Ce qui sera bien. En foi de quoi, je plante cy ma bannière, et Dieu te soit en garde, évêque de Paris !

Quasimodo malheureusement ne put entendre ces paroles prononcées avec une sorte de majesté sombre et sauvage. Un truand présenta sa bannière à Clopin, qui la planta solennellement entre deux pavés. C'était une fourche aux dents de laquelle pendait, saignant, un quartier de charogne.

Cela fait, le roi de Thunes se retourna et promena ses yeux sur son armée, farouche multitude où les regards brillaient presque autant que les piques. Après une pause d'un instant : — En avant, fils ! cria-t-il. A la besogne, les hutins !

Trente hommes robustes, à membres carrés, à face de serruriers, sortirent des rangs, avec des marteaux, des pinces et des barres de fer sur leurs épaules. Ils se dirigèrent vers la principale porte de l'église, montèrent le degré, et bientôt on les vit tous accroupis sous l'ogive, travaillant la porte de pinces et de leviers. Une foule de truands les suivit pour les aider ou les regarder. Les onze marches du portail en étaient encombrées.

Cependant la porte tenait bon. — Diable ! elle est dure et têtue ! disait l'un. — Elle est vieille, et elle a les cartilages racornis, disait l'autre. — Courage, camarades ! reprenait Clopin. Je gage ma tête contre une pantoufle que vous aurez ouvert la porte, pris la fille et déshabillé le maître-autel avant qu'il y ait un bedeau de réveillé. Tenez ! je crois que la serrure se détraque.

Clopin fut interrompu par un fracas effroyable qui retentit en ce moment derrière lui. Il se retourna. Une énorme poutre venait de tomber du ciel, elle avait écrasé une douzaine de truands sur le degré de l'église, et rebondissait sur le pavé avec le bruit d'une pièce de canon, en cassant encore çà et là des jambes dans la foule des gueux qui s'écartaient avec des cris d'épouvante. En un clin d'œil l'enceinte réservée du Parvis fut vide. Les hutins, quoique protégés par les profondes voussures du portail, abandonnèrent la porte, et Clopin lui-même se replia à distance respectueuse de l'église.

— Je l'ai échappé belle ! criait Jehan J'en ai senti le vent, tête-bœuf !
Mais Pierre l'Assommeur est assommé !

Il est impossible de dire quel étonnement mêlé d'effroi tomba avec cette
poutre sur les bandits Ils restèrent quelques minutes les yeux fixés en l'air,
plus consternés de ce morceau de bois que de vingt mille archers du roi
— Satan ! grommela le duc d'Égypte, voilà qui flaire la magie ! — C'est la
lune qui nous jette cette bûche, dit Andry le Rouge — Avec cela, reprit
François Chanteprune, qu'on dit la lune amie de la Vierge ! — Mille papes !
s'écria Clopin, vous êtes tous des imbéciles ! — Mais il ne savait comment
expliquer la chute du madrier

Cependant on ne distinguait rien sur la façade, au sommet de laquelle la
clarté des torches n'arrivait pas Le pesant madrier gisait au milieu du Parvis,
et l'on entendait les gémissements des misérables qui avaient reçu son premier choc et qui avaient eu le ventre coupé en deux sur l'angle des marches
de pierre

Le roi de Thunes, le premier étonnement passé, trouva enfin une explication qui sembla plausible à ses compagnons — Gueule-Dieu ! est-ce que
les chanoines se défendent ? Alors à sac ! à sac !

— A sac ! répéta la cohue avec un hourra furieux Et il se fit une décharge
d'arbalètes et de hacquebutes sur la façade de l'église

A cette détonation, les paisibles habitants des maisons circonvoisines se
réveillèrent, on vit plusieurs fenêtres s'ouvrir, et des bonnets de nuit et des
mains tenant des chandelles apparurent aux croisées — Tirez aux fenêtres !
cria Clopin — Les fenêtres se refermèrent sur-le-champ, et les pauvres
bourgeois, qui avaient à peine eu le temps de jeter un regard effaré sur cette
scène de lueurs et de tumultes, s'en revinrent suer de peur près de leurs
femmes, se demandant si le sabbat se tenait maintenant dans le Parvis Notre-
Dame, ou s'il y avait assaut de bourguignons comme en 64 Alors les maris
songeaient au vol, les femmes au viol, et tous tremblaient

— A sac ! répétaient les argotiers Mais ils n'osaient approcher Ils regardaient l'église, ils regardaient le madrier Le madrier ne bougeait pas
L'édifice conservait son air calme et désert, mais quelque chose glaçait les
truands

— A l'œuvre donc, les hutins ! cria Trouillefou Qu'on force la porte
Personne ne fit un pas

— Barbe et ventre ! dit Clopin, voilà des hommes qui ont peur d'une
solive

Un vieux hutin lui adressa la parole

— Capitaine, ce n'est pas la solive qui nous ennuie, c'est la porte qui est
toute cousue de barres de fer Les pinces n'y peuvent rien

— Que vous faudrait-il donc pour l'enfoncer ? demanda Clopin

— Ah ! il nous faudrait un bélier

Le roi de Thunes courut bravement au formidable madrier et mit le pied dessus — En voilà un, cria-t-il, ce sont les chanoines qui vous l'envoient — Et faisant un salut dérisoire du côté de l'église — Merci, chanoines !

Cette bravade fit bon effet, le charme du madrier était rompu Les truands reprirent courage, bientôt la lourde poutre, enlevée comme une plume par deux cents bras vigoureux, vint se jeter avec furie sur la grande porte qu'on avait déjà essayé d'ébranler A voir ainsi, dans le demi-jour que les rares torches des truands répandaient sur la place, ce long madrier porté par cette foule d'hommes qui le précipitaient en courant sur l'église, on eût cru voir une monstrueuse bête à mille pieds attaquant tête baissée la géante de pierre

Au choc de la poutre, la porte à demi métallique résonna comme un immense tambour, elle ne se creva point, mais la cathédrale tout entière tressaillit, et l'on entendit gronder les profondes cavités de l'édifice Au même instant, une pluie de grosses pierres commença à tomber du haut de la façade sur les assaillants — Diable ! cria Jehan, est-ce que les tours nous secouent leurs balustrades sur la tête ? Mais l'élan était donné, le roi de Thunes payait d'exemple, c'était décidément l'évêque qui se défendait, et l'on n'en battit la porte qu'avec plus de rage, malgré les pierres qui faisaient éclater des crânes à droite et à gauche

Il est remarquable que ces pierres tombaient toutes une à une, mais elles se suivaient de près Les argotiers en sentaient toujours deux à la fois, une dans leurs jambes, une sur leurs têtes Il y en avait peu qui ne portassent coup, et déjà une large couche de morts et de blessés saignait et palpitait sous les pieds des assaillants qui, maintenant furieux, se renouvelaient sans cesse La longue poutre continuait de battre la porte à temps réguliers comme le mouton d'une cloche, les pierres de pleuvoir, la porte de mugir

Le lecteur n'en est sans doute point à deviner que cette résistance inattendue qui avait exaspéré les truands venait de Quasimodo

Le hasard avait par malheur servi le brave sourd

Quand il était descendu sur la plate-forme d'entre les tours, ses idées étaient en confusion dans sa tête Il avait couru quelques minutes le long de la galerie, allant et venant, comme fou, voyant d'en haut la masse compacte des truands prête à se ruer sur l'église, demandant au diable ou à Dieu de sauver l'égyptienne La pensée lui était venue de monter au beffroi méridional et de sonner le tocsin, mais avant qu'il eût pu mettre la cloche en branle, avant que la voix de Marie eût pu jeter une seule clameur, la porte de l'église n'avait-elle pas dix fois le temps d'être enfoncée ? C'était

précisément l'instant où les hutins s'avançaient vers elle avec leur serrurerie
Que faire ?

Tout d'un coup, il se souvint que des maçons avaient travaillé tout le
jour à réparer le mur, la charpente et la toiture de la tour méridionale Ce
fut un trait de lumière Le mur était en pierre, la toiture en plomb, la charpente en bois Cette charpente prodigieuse, si touffue qu'on appelait *la forêt*

Quasimodo courut à cette tour Les chambres inférieures étaient en effet
pleines de matériaux Il y avait des piles de moellons, des feuilles de plomb
en rouleaux, des faisceaux de lattes, de fortes solives déjà entaillées par la
scie, des tas de gravats Un arsenal complet

L'instant pressait Les pinces et les marteaux travaillaient en bas Avec
une force que décuplait le sentiment du danger, il souleva une des poutres,
la plus lourde, la plus longue, il la fit sortir par une lucarne, puis, la ressai-
sissant du dehors de la tour, il la fit glisser sur l'angle de la balustrade qui
entoure la plate-forme, et la lâcha sur l'abîme L'énorme charpente, dans
cette chute de cent soixante pieds, raclant la muraille, cassant les sculptures,
tourna plusieurs fois sur elle-même comme une aile de moulin qui s'en irait
toute seule à travers l'espace Enfin elle toucha le sol, l'horrible cri s'éleva,
et la noire poutre, en rebondissant sur le pavé, ressemblait à un serpent
qui saute

Quasimodo vit les truands s'éparpiller à la chute du madrier, comme la
cendre au souffle d'un enfant Il profita de leur épouvante, et tandis qu'ils
fixaient un regard superstitieux sur la massue tombée du ciel, et qu'ils ébor-
gnaient les saints de pierre du portail avec une décharge de sagettes et de
chevrotines, Quasimodo entassait silencieusement des gravats, des pierres,
des moellons, jusqu'aux sacs d'outils des maçons, sur le rebord de cette
balustrade d'où la poutre s'était déjà élancée

Aussi, dès qu'ils se mirent à battre la grande porte, la grêle de moellons
commença à tomber, et il leur sembla que l'église se démolissait d'elle-même
sur leur tête

Qui eût pu voir Quasimodo en ce moment eût été effrayé Indépendamment de ce qu'il avait empilé de projectiles sur la balustrade, il avait amon-
celé un tas de pierres sur la plate-forme même Dès que les moellons amassés
sur le rebord extérieur furent épuisés, il prit au tas Alors il se baissait,
se relevait, se baissait et se relevait encore, avec une activité incroyable
Sa grosse tête de gnome se penchait par-dessus la balustrade, puis une
pierre énorme tombait, puis une autre, puis une autre De temps en temps
il suivait une belle pierre de l'œil, et, quand elle tuait bien, il disait Hun !

Cependant les gueux ne se décourageaient pas Déjà plus de vingt fois
l'épaisse porte sur laquelle ils s'acharnaient avait tremblé sous la pesanteur de

leur bélier de chêne multipliée par la force de cent hommes Les panneaux
craquaient, les ciselures volaient en éclats, les gonds à chaque secousse sautaient en sursaut sur leurs pitons, les ais se détraquaient, le bois tombait en
poudre broyé entre les nervures de fer Heureusement pour Quasimodo, il
y avait plus de fer que de bois

Il sentait pourtant que la grande porte chancelait Quoiqu'il n'entendît
pas, chaque coup de bélier se répercutait à la fois dans les cavernes de l'église
et dans ses entrailles Il voyait d'en haut les truands, pleins de triomphe et
de rage, montrer le poing à la ténébreuse façade, et il enviait, pour l'égyptienne et pour lui, les ailes des hiboux qui s'enfuyaient au-dessus de sa tête
par volées

Sa pluie de moellons ne suffisait pas à repousser les assaillants

En ce moment d'angoisse, il remarqua, un peu plus bas que la balustrade
d'où il écrasait les argotiers, deux longues gouttières de pierre qui se dégorgeaient immédiatement au-dessus de la grande porte L'orifice interne de
ces gouttières aboutissait au pavé de la plate-forme Une idée lui vint Il
courut chercher un fagot dans son bouge de sonneur, posa sur ce fagot force
bottes de lattes et force rouleaux de plomb, munitions dont il n'avait pas
encore usé, et, ayant bien disposé ce bûcher devant le trou des deux gouttières, il y mit le feu avec sa lanterne

Pendant ce temps-là, les pierres ne tombaient plus, les truands avaient cessé
de regarder en l'air Les bandits, hiletant comme une meute qui force le
sanglier dans sa bauge, se pressaient en tumulte autour de la grande porte,
toute déformée par le bélier, mais debout encore Ils attendaient avec un
frémissement le grand coup, le coup qui allait l'éventrer C'était à qui se
tiendrait le plus près pour pouvoir s'élancer des premiers, quand elle s'ouvri-
rait, dans cette opulente cathédrale, vaste réservoir où étaient venues s'amon-
celer les richesses de trois siècles Ils se rappelaient les uns aux autres, avec
des rugissements de joie et d'appétit, les belles croix d'argent, les belles
chapes de brocart, les belles tombes de vermeil, les grandes magnificences
du chœur, les fêtes éblouissantes, les Noëls étincelantes de flambeaux, les
Pâques éclatantes de soleil, toutes ces solennités splendides où châsses, chan-
deliers, ciboires, tabernacles, reliquaires, bosselaient les autels d'une croûte
d'or et de diamants Certes, en ce beau moment, cagoux et malingreux,
archisuppôts et rifodés, songeaient beaucoup moins à la délivrance de l'égyptienne qu'au pillage de Notre-Dame Nous croirions même volontiers que
pour bon nombre d'entre eux la Esmeralda n'était qu'un prétexte, si des
voleurs avaient besoin de prétextes

Tout à coup, au moment où ils se groupaient pour un dernier effort
autour du bélier, chacun retenant son haleine et roidissant ses muscles afin

de donner toute sa force au coup décisif, un hurlement, plus épouvantable
encore que celui qui avait éclaté et expiré sous le madrier, s'éleva au milieu
d'eux Ceux qui ne criaient pas, ceux qui vivaient encore, regardèrent ——
Deux jets de plomb fondu tombaient du haut de l'édifice au plus épais de
la cohue Cette mer d'hommes venait de s'affaisser sous le métal bouillant
qui avait fait, aux deux points où il tombait, deux trous noirs et fumants
dans la foule, comme ferait de l'eau chaude dans la neige On y voyait .
remuer des mourants à demi calcinés et mugissant de douleur Autour de
ces deux jets principaux, il y avait des gouttes de cette pluie horrible qui
s'éparpillaient sur les assaillants et entraient dans les crânes comme des
vrilles de flamme C'était un feu pesant qui criblait ces misérables de mille
grêlons

La clameur fut déchirante Ils s'enfuirent pêle-mêle, jetant le madrier sur
les cadavres, les plus hardis comme les plus timides, et le Parvis fut vide une
seconde fois

Tous les yeux s'étaient levés vers le haut de l'église Ce qu'ils voyaient
était extraordinaire Sur le sommet de la galerie la plus élevée, plus haut
que la rosace centrale, il y avait une grande flamme qui montait entre les
deux clochers avec des tourbillons d'étincelles, une grande flamme désor-
donnée et furieuse dont le vent emportait par moments un lambeau dans la
fumée Au-dessous de cette flamme, au-dessous de la sombre balustrade à
trèfles de braise, deux gouttières en gueules de monstres vomissaient sans
relâche cette pluie ardente qui détachait son ruissellement argenté sur les
ténèbres de la façade inférieure A mesure qu'ils approchaient du sol, les deux
jets de plomb liquide s'élargissaient en gerbes, comme l'eau qui jaillit des
mille trous de l'arrosoir Au-dessus de la flamme, les énormes tours, de
chacune desquelles on voyait deux faces crues et tranchées, l'une toute noire,
l'autre toute rouge, semblaient plus grandes encore de toute l'immensité
de l'ombre qu'elles projetaient jusque dans le ciel Leurs innombrables sculptures de diables et de dragons prenaient un aspect lugubre La clarté inquiète
de la flamme les faisait remuer à l'œil Il y avait des guivres qui avaient
l'air de rire, des gargouilles qu'on croyait entendre japper, des salamandres
qui soufflaient dans le feu, des tarasques qui éternuaient dans la fumée Et
parmi ces monstres ainsi réveillés de leur sommeil de pierre par cette flamme,
par ce bruit, il y en avait un qui marchait et qu'on voyait de temps en
temps passer sur le front ardent du bûcher comme une chauve-souris devant
une chandelle

Sans doute ce phare étrange allait éveiller au loin le bûcheron des collines
de Bicêtre, épouvanté de voir chanceler sur ses bruyères l'ombre gigantesque
des tours de Notre-Dame

Il se fit un silence de terreur parmi les truands, pendant lequel on n'entendit que les cris d'alarme des chanoines enfermés dans leur cloître et plus inquiets que des chevaux dans une écurie qui brûle, le bruit furtif des fenêtres vite ouvertes et plus vite fermées, le remue-ménage intérieur des maisons et de l'Hôtel-Dieu, le vent dans la flamme, le dernier râle des mourants, et le pétillement continu de la pluie de plomb sur le pavé

Cependant les principaux truands s'étaient retirés sous le porche du logis Gondelaurier, et tenaient conseil Le duc d'Egypte, assis sur une borne, contemplait avec une crainte religieuse le bûcher fantasmagorique resplendissant à deux cents pieds en l'air Clopin Trouillefou se mordait ses gros poings avec rage — Impossible d'entrer ! murmurait-il dans ses dents

— Une vieille église fée ! grommelait le vieux bohémien Mathias Hungadi Spicali

— Par les moustaches du pape ! reprenait un narquois grisonnant qui avait servi, voilà des gouttières d'église qui vous crachent du plomb fondu mieux que les mâchicoulis de Lectoure

— Voyez-vous ce démon qui passe et repasse devant le feu ? s'écriait le duc d'Egypte

— Pardieu, dit Clopin, c'est le damné sonneur, c'est Quasimodo

Le bohémien hochait la tête — Je vous dis, moi, que c'est l'esprit Sabnac, le grand marquis, le démon des fortifications Il a forme d'un soldat armé, une tête de lion Quelquefois il monte un cheval hideux Il change les hommes en pierres dont il bâtit des tours Il commande à cinquante légions C'est bien lui Je le reconnais Quelquefois il est habillé d'une belle robe d'or figurée à la façon des turcs

— Où est Bellevigne de l'Etoile ? demanda Clopin

— Il est mort, répondit une truande

Andry le Rouge riait d'un rire idiot — Notre-Dame donne de la besogne à l'Hôtel-Dieu, disait-il

— Il n'y a donc pas moyen de forcer cette porte ? s'écria le roi de Thunes en frappant du pied

Le duc d'Egypte lui montra tristement les deux ruisseaux de plomb bouillant qui ne cessaient de rayer la noire façade, comme deux longues quenouilles de phosphore — On a vu des églises qui se défendaient ainsi d'elles-mêmes, observa-t-il en soupirant Sainte-Sophie, de Constantinople, il y a quarante ans de cela, a trois fois de suite jeté à terre le croissant de Mahom en secouant ses dômes, qui sont ses têtes Guillaume de Paris, qui a bâti celle-ci, était un magicien

— Faut-il donc s'en aller piteusement comme des laquais de grand'route ?

23

dit Clopin Laisser là notre sœur que ces loups chaperonnés pendront demain !

— Et la sacristie, où il y a des charretées d'or ! ajouta un truand dont nous regrettons de ne pas savoir le nom

— Barbe-Mahom ! cria Trouillefou

— Essayons encore une fois, reprit le truand

Mathias Hungadi hocha la tête — Nous n'entrerons pas par la porte Il faut trouver le défaut de l'armure de la vieille fée Un trou, une fausse poterne, une jointure quelconque

— Qui en est ? dit Clopin J'y retourne — A propos, où est donc le petit écolier Jehan qui était si enferraillé ?

— Il est sans doute mort, répondit quelqu'un On ne l'entend plus rire Le roi de Thunes fronça le sourcil

— Tant pis Il y avait un brave cœur sous cette ferraille — Et maître Pierre Gringoire ?

— Capitaine Clopin, dit Andry le Rouge, il s'est esquivé que nous n'étions encore qu'au Pont-aux-Changeurs

Clopin frappa du pied — Gueule-Dieu ! c'est lui qui nous pousse céans, et il nous plante là au beau milieu de la besogne ! — Lâche bavard, casqué d'une pantoufle !

— Capitaine Clopin, cria Andry le Rouge, qui regardait dans la rue du Parvis, voilà le petit écolier

— Loué soit Pluto ! dit Clopin Mais que diable tire-t-il après lui ?

C'était Jehan, en effet, qui accourait aussi vite que le lui permettaient ses lourds habits de paladin et une longue échelle qu'il traînait bravement sur le pavé, plus essoufflé qu'une fourmi attelée à un brin d'herbe vingt fois plus long qu'elle

— Victoire ! *Te Deum* ! criait l'écolier Voilà l'échelle des déchargeurs du port Saint-Landry

Clopin s'approcha de lui

— Enfant ! que veux-tu faire, corne-Dieu ! de cette échelle ?

— Je l'ai, répondit Jehan haletant Je savais où elle était — Sous le hangar de la maison du lieutenant — Il y a là une fille que je connais, qui me trouve beau comme un Cupido — Je m'en suis servi pour avoir l'échelle, et j'ai l'échelle, Pasque-Mahom ! — La pauvre fille est venue m'ouvrir tout en chemise

— Oui, dit Clopin, mais que veux-tu faire de cette échelle ?

Jehan le regarda d'un air malin et capable, et fit cliquer ses doigts comme des castagnettes Il était sublime en ce moment Il avait sur la tête un de ces casques surchargés du quinzième siècle, qui épouvantaient l'ennemi de leurs cimiers chimériques Le sien était hérissé de dix becs de fer, de sorte que Jehan eût pu disputer la redoutable épithète de δεχέμϐολος au navire homérique de Nestor

— Ce que j'en veux faire, auguste roi de Thunes ? Voyez-vous cette rangée de statues qui ont des mines d'imbéciles là-bas au-dessus des trois portails ?

— Oui Eh bien ?

— C'est la galerie des rois de France

— Qu'est-ce que cela me fait ? dit Clopin

— Attendez donc ! Il y a au bout de cette galerie une porte qui n'est jamais fermée qu'au loquet, avec cette échelle j'y monte, et je suis dans l'église

— Enfant, laisse-moi monter le premier

— Non pas, camarade, c'est à moi l'échelle Venez, vous serez le second

— Que Belzébuth t'étrangle ! dit le bourru Clopin Je ne veux être après personne

— Alors, Clopin, cherche une échelle !

Jehan se mit à courir par la place, tirant son échelle et criant — A moi les fils !

En un instant l'échelle fut dressée et appuyée à la balustrade de la galerie inférieure, au-dessus d'un des portails latéraux La foule des truands poussant de grandes acclamations se pressa au bas pour y monter Mais Jehan maintint son droit et posa le premier le pied sur les échelons Le trajet était assez long La galerie des rois de France est élevée aujourd'hui d'environ soixante pieds au-dessus du pavé Les onze marches du perron l'exhaussaient encore Jehan montait lentement, assez empêché de sa lourde armure, d'une main tenant l'échelon, de l'autre son arbalète Quand il fut au milieu de l'échelle il jeta un coup d'œil mélancolique sur les pauvres argotiers morts, dont le degré était jonché — Hélas ! dit-il, voilà un monceau de cadavres digne du cinquième chant de l'*Iliade* ! — Puis il continua de monter Les truands le suivent Il y en avait un sur chaque échelon A voir s'élever en ondulant dans l'ombre cette ligne de dos cuirassés, on eût dit un serpent à écailles d'acier qui se dressait contre l'église Jehan qui faisait la tête et qui sifflait complétait l'illusion

L'écolier toucha enfin au balcon de la galerie, et l'enjamba assez lestement aux applaudissements de toute la truanderie Ainsi maître de la citadelle, il poussa un cri de joie, et tout à coup s'arrêta pétrifié Il venait d'apercevoir, derrière une statue de roi, Quasimodo caché dans les ténèbres, l'œil étincelant

Avant qu'un second assiégeant eût pu prendre pied sur la galerie, le formidable bossu sauta à la tête de l'échelle, saisit sans dire une parole le bout des deux montants de ses mains puissantes, les souleva, les éloigna du mur, balança un moment, au milieu des clameurs d'angoisse, la longue et pliante échelle encombrée de truands du haut en bas, et subitement, avec une force surhumaine, rejeta cette grappe d'hommes dans la place Il y eut un instant où les plus déterminés palpitèrent L'échelle, lancée en arrière, resta un moment droite et debout et parut hésiter, puis oscilla, puis tout à coup, décrivant un effrayant arc de cercle de quatrevingts pieds de rayon, s'abattit sur le pavé avec sa charge de bandits plus rapidement qu'un pont-levis dont les chaînes se cassent Il y eut une immense imprécation, puis tout s'éteignit, et quelques malheureux mutilés se retirèrent en rampant de dessous le monceau de morts

Une rumeur de douleur et de colère succéda parmi les assiégeants aux premiers cris de triomphe Quasimodo impassible, les deux coudes appuyés sur la balustrade, regardait Il avait l'air d'un vieux roi chevelu à sa fenêtre

Jehan Frollo était, lui, dans une situation critique Il se trouvait dans la galerie avec le redoutable sonneur, seul, séparé de ses compagnons par un mur vertical de quatrevingts pieds Pendant que Quasimodo jouait avec l'échelle, l'écolier avait couru à la poterne qu'il croyait ouverte Point Le sourd en entrant dans la galerie l'avait fermée derrière lui Jehan alors s'était caché derrière un roi de pierre, n'osant souffler, et fixant sur le monstrueux bossu une mine effarée, comme cet homme qui, faisant la cour à la femme du gardien d'une ménagerie, alla un soir à un rendez-vous d'amour, se trompa de mur dans son escalade, et se trouva brusquement tête à tête avec un ours blanc

Dans les premiers moments le sourd ne prit pas garde à lui, mais enfin il tourna la tête et se redressa tout d'un coup Il venait d'apercevoir l'écolier

Jehan se prépara à un rude choc, mais le sourd resta immobile, seulement il était tourné vers l'écolier qu'il regardait

— Ho ! ho ! dit Jehan, qu'as-tu à me regarder de cet œil borgne et mélancolique ?

Et en parlant ainsi, le jeune drôle apprêtait sournoisement son arbalète

— Quasimodo ! cria-t-il, je vais changer ton surnom On t'appellera l'aveugle

Le coup partit Le vireton empenné siffla et vint se ficher dans le bras gauche du bossu Quasimodo ne s'en émut pas plus que d'une égratignure au roi Pharamond Il porta la main à la sagette, l'arracha de son bras et la brisa tranquillement sur son gros genou Puis il laissa tomber, plutôt qu'il ne jeta à terre les deux morceaux Mais Jehan n'eut pas le temps de tirer une seconde fois La flèche brisée, Quasimodo souffla bruyamment, bondit comme une sauterelle et retomba sur l'écolier, dont l'armure s'aplatit du coup contre la muraille

Alors dans cette pénombre où flottait la lumière des torches, on entrevit
une chose terrible

Quasimodo avait pris de la main gauche les deux bras de Jehan qui ne se
débattait pas, tant il se sentait perdu De la droite le sourd lui détachait
l'une après l'autre, en silence, avec une lenteur sinistre, toutes les pièces de
son armure, l'épée, les poignards, le casque, la cuirasse, les brassards On
eût dit un singe qui épluche une noix Quasimodo jetait à ses pieds, morceau à morceau, la coquille de fer de l'écolier

Quand l'écolier se vit désarmé, déshabillé, faible et nu dans ces redoutables mains, il n'essaya pas de parler à ce sourd, mais il se mit à lui rire
effrontément au visage, et à chanter, avec son intrépide insouciance d'enfant
de seize ans, la chanson alors populaire

> Elle est bien habillée,
> La ville de Cambrai
> Marafin l'a pillée

Il n'acheva pas On vit Quasimodo debout sur le parapet de la galerie, qui
d'une seule main tenait l'écolier par les pieds, en le faisant tourner sur l'abîme
comme une fronde Puis on entendit un bruit comme celui d'une boîte
osseuse qui éclate contre un mur, et l'on vit tomber quelque chose qui
s'arrêta au tiers de la chute à une saillie de l'architecture C'était un corps
mort qui resta accroché là, plié en deux, les reins brisés, le crâne vide

Un cri d'horreur s'éleva parmi les truands — Vengeance ! cria Clopin
— A sac ! répondit la multitude — Assaut ! assaut ! Alors ce fut un hurlement prodigieux où se mêlaient toutes les langues, tous les patois, tous les
accents La mort du pauvre écolier jeta une ardeur furieuse dans cette foule
La honte la prit, et la colère d'avoir été si longtemps tenue en échec devant
une église par un bossu La rage trouva des échelles, multiplia les torches,
et au bout de quelques minutes Quasimodo éperdu vit cette épouvantable
fourmilière monter de toutes parts à l'assaut de Notre-Dame Ceux qui
n'avaient pas d'échelles avaient des cordes à nœuds, ceux qui n'avaient pas
de cordes grimpaient aux reliefs des sculptures Ils se pendaient aux guenilles
les uns des autres Aucun moyen de résister à cette marée ascendante de
faces épouvantables La fureur faisait rutiler ces figures farouches, leurs fronts
terreux ruisselaient de sueur, leurs yeux éclairaient Toutes ces grimaces,
toutes ces laideurs investissaient Quasimodo On eût dit que quelque autre
église avait envoyé à l'assaut de Notre-Dame ses gorgones, ses dogues, ses
drées, ses démons, ses sculptures les plus fantastiques C'était comme une
couche de monstres vivants sur les monstres de pierre de la façade

Cependant, la place s'était étoilée de mille torches Cette scène désor-

donnée, jusqu'alors enfouie dans l'obscurité, s'était subitement embrasée de
lumière Le Parvis resplendissait et jetait un rayonnement dans le ciel Le
bûcher allumé sur la haute plate-forme brûlait toujours, et illuminait au
loin la ville L'énorme silhouette des deux tours, développée au loin sur les
toits de Paris, faisait dans cette clarté une large échancrure d'ombre La ville
semblait s'être émue Des tocsins éloignés se plaignaient Les truands hur-
laient, haletaient, juraient, montaient, et Quasimodo, impuissant contre
tant d'ennemis, frissonnant pour l'égyptienne, voyant les faces furieuses se
rapprocher de plus en plus de sa galerie, demandait un miracle au ciel,
et se tordait les bras de désespoir

V

LE RETRAIT OÙ DIT SES HEURES MONSIEUR LOUIS DE FRANCE

Le lecteur n'a peut-être pas oublié qu'un moment avant d'apercevoir la
bande nocturne des truands, Quasimodo, inspectant Paris du haut de son
clocher, n'y voyait plus briller qu'une lumière, laquelle étoilait une vitre à
l'étage le plus élevé d'un haut et sombre édifice, à côté de la Porte Saint-
Antoine. Cet édifice, c'était la Bastille. Cette étoile, c'était la chandelle de
Louis XI.

Le roi Louis XI était en effet à Paris depuis deux jours. Il devait repartir
le surlendemain pour sa citadelle de Montilz-lès-Tours. Il ne faisait jamais
que de rares et courtes apparitions dans sa bonne ville de Paris, n'y sentant
pas autour de lui assez de trappes, de gibets et d'archers écossais.

Il était venu ce jour là coucher à la Bastille. La grande chambre de cinq
toises carrées qu'il avait au Louvre, avec sa grande cheminée chargée de
douze grosses bêtes et de treize grands prophètes, et son grand lit de onze
pieds sur douze, lui agréaient peu. Il se perdait dans toutes ces grandeurs.
Ce roi bon bourgeois aimait mieux la Bastille avec une chambrette et une
couchette. Et puis la Bastille était plus forte que le Louvre.

Cette *chambrette* que le roi s'était réservée dans la fameuse prison d'état
était encore assez vaste et occupait l'étage le plus élevé d'une tourelle engagée
dans le donjon. C'était un réduit de forme ronde, tapissé de nattes en paille
luisante, plafonné à poutres rehaussées de fleurs de lys d'étain doré avec les
entrevous de couleur, lambrissé à riches boiseries semées de rosettes d'étain
blanc et peintes de beau vert-gai, fait d'orpin et de florée fine.

Il n'y avait qu'une fenêtre, une longue ogive treillissée de fil d'archal et
de barreaux de fer, d'ailleurs obscurcie de belles vitres coloriées aux armes du
roi et de la reine, dont le panneau revenait à vingt-deux sols.

Il n'y avait qu'une entrée, une porte moderne, à cintre surbaissé, garnie
d'une tapisserie en dedans, et, au dehors, d'un de ces porches de bois
d'Irlande, frêles édifices de menuiserie curieusement ouvrée, qu'on voyait
encore en quantité de vieux logis il y a cent cinquante ans. « Quoiqu'ils
défigurent et embarrassent les lieux, dit Sauval avec désespoir, nos vieillards
pourtant ne s'en veulent point défaire et les conservent en dépit d'un
chacun »

On ne trouvait dans cette chambre rien de ce qui meublait les appartements ordinaires, ni bancs, ni tréteaux, ni formes, ni escabelles communes

en forme de caisse, ni belles escabelles soutenues de piliers et de contre-
piliers à quatre sols la pièce On n'y voyait qu'une chaise pliante à bras, fort
magnifique le bois en était peint de roses sur fond rouge, le siège de cor-
douan vermeil, garni de longues franges de soie et piqué de mille clous d'or
La solitude de cette chaise faisait voir qu'une seule personne avait droit de
s'asseoir dans la chambre A côté de la chaise et tout près de la fenêtre, il y
avait une table recouverte d'un tapis à figures d'oiseaux Sur cette table
un gallemard taché d'encre, quelques parchemins, quelques plumes, et un
hanap d'argent ciselé Un peu plus loin, un chauffe-doux, un prie-Dieu
de velours cramoisi, relevé de bossettes d'or Enfin au fond un simple lit de
damas jaune et incarnat, sans clinquant ni passement, les franges sans façon
C'est ce lit, fameux pour avoir porté le sommeil ou l'insomnie de Louis XI,
qu'on pouvait encore contempler, il y a deux cents ans, chez un conseiller
d'état, où il a été vu par la vieille madame Pilou, célèbre dans le *Cyrus* sous
le nom d'*Arricidie* et de *la Morale vivante*

Telle était la chambre qu'on appelait «le retrait où dit ses heures monsieur Louis de France»

Au moment où nous y avons introduit le lecteur, ce retrait était fort
obscur Le couvre-feu était sonné depuis une heure, il faisait nuit, et il n'y
avait qu'une vacillante chandelle de cire posée sur la table pour éclairer cinq
personnages diversement groupés dans la chambre.

Le premier sur lequel tombait la lumière était un seigneur superbement
vêtu d'un haut-de-chausses et d'un justaucorps écarlate rayé d'argent, et d'une
casaque à mahoîtres de drap d'or à dessins noirs Ce splendide costume, où
se jouait la lumière, semblait glacé de flamme à tous ses plis L'homme qui
le portait avait sur la poitrine ses armoiries brodées de vives couleurs un
chevron accompagné en pointe d'un daim passant L'écusson était accosté
à droite d'un rameau d'olivier, à gauche d'une corne de daim Cet homme
portait à sa ceinture une riche dague dont la poignée de vermeil était ciselée
en forme de cimier et surmontée d'une couronne comtale Il avait l'air
mauvais, la mine fière et la tête haute Au premier coup d'œil on voyait sur
son visage l'arrogance, au second la ruse

Il se tenait tête nue, une longue pancarte à la main, debout derrière la
chaise à bras sur laquelle était assis, le corps disgracieusement plié en deux,
les genoux chevauchant l'un sur l'autre, le coude sur la table, un personnage
fort mal accoutré Qu'on se figure en effet, sur l'opulent siège de cuir de
Cordoue, deux rotules cagneuses, deux cuisses maigres pauvrement habillées
d'un tricot de laine noire, un torse enveloppé d'un surtout de futaine avec
une fourrure dont on voyait moins de poil que de cuir, enfin, pour cou-
ronner, un vieux chapeau gras du plus méchant drap noir bordé d'un cordon

circulure de figurines de plomb Voilà, avec une sale calotte qui laissait à peine passer un cheveu, tout ce qu'on distinguait du personnage assis. Il tenait sa tête tellement courbée sur sa poitrine qu'on n'apercevait rien de son visage recouvert d'ombre, si ce n'est le bout de son nez sur lequel tombait un rayon de lumière, et qui devait être long. A la maigreur de sa main ridée on devinait un vieillard. C'était Louis XI.

A quelque distance derrière eux causaient à voix basse deux hommes vêtus à la coupe flamande, qui n'étaient pas assez perdus dans l'ombre pour que quelqu'un de ceux qui avaient assisté à la représentation du mystère de Gringoire n'eût pu reconnaître en eux deux des principaux envoyés flamands, Guillaume Rym, le sagace pensionnaire de Gand, et Jacques Coppenole, le populaire chaussetier. On se souvient que ces deux hommes étaient mêlés à la politique secrète de Louis XI.

Enfin, tout au fond, près de la porte, se tenait debout dans l'obscurité, immobile comme une statue, un vigoureux homme à membres trapus, à harnois militaire, à casaque armoriée, dont la face carrée, percée d'yeux à fleur de tête, fendue d'une immense bouche, dérobant ses oreilles sous deux larges abat-vent de cheveux plats, sans front, tenait à la fois du chien et du tigre.

Tous étaient découverts, excepté le roi.

Le seigneur qui était auprès du roi lui faisait lecture d'une espèce de long mémoire que sa majesté semblait écouter avec attention. Les deux flamands chuchotaient.

— Croix-Dieu ! grommelait Coppenole, je suis las d'être debout. Est-ce qu'il n'y a pas de chaise ici ?

Rym répondait par un geste négatif, accompagné d'un sourire inquiet.

— Croix-Dieu ! reprenait Coppenole tout malheureux d'être obligé de baisser ainsi la voix, l'envie me démange de m'asseoir à terre, jambes croisées, en chaussetier, comme je fais dans ma boutique.

— Gardez-vous-en bien, maître Jacques !

— Ouais ! maître Guillaume ! ici l'on ne peut donc être que sur les pieds ?

— Ou sur les genoux, dit Rym.

En ce moment la voix du roi s'éleva. Ils se turent.

— Cinquante sols les robes de nos valets, et douze livres les manteaux des clercs de notre couronne ! C'est cela ! versez l'or à tonnes ! Êtes-vous fou, Olivier ?

En parlant ainsi, le vieillard avait levé la tête. On voyait reluire à son cou les coquilles d'or du collier de Saint-Michel. La chandelle éclairait en plein son profil décharné et morose. Il arracha les papiers des mains de l'autre.

— Vous nous ruinez ! cria-t-il en promenant ses yeux creux sur le cahier

Qu'est-ce que tout cela ? qu'avons-nous besoin d'une si prodigieuse maison ?
Deux chapelains à raison de dix livres par mois chacun, et un clerc de chapelle à cent sols ! Un valet de chambre à quatrevingt-dix livres par an ! Quatre
écuyers de cuisine à six vingts livres par an chacun ! Un hasteur, un potager,
un saussier, un queux, un sommelier d'armures, deux valets de sommiers à
raison de dix livres par mois chaque ! Deux galopins de cuisine à huit livres !
Un paletrenier et ses deux aides à vingt-quatre livres par mois ! Un por-
teur, un pâtissier, un boulanger, deux charretiers, chacun soixante livres par
an ! Et le maréchal des forges, six vingts livres ! Et le maître de la chambre
de nos deniers, douze cents livres, et le contrôleur, cinq cents ! — Que
sais-je, moi ? C'est une furie ! Les gages de nos domestiques mettent la
France au pillage ! Tous les mugots du Louvre fondront à un tel feu de
dépense ! Nous y vendrons nos vaisselles ! Et l'an prochain, si Dieu et Notre-
Dame (ici il souleva son chapeau) nous prêtent vie, nous boirons nos tisanes
dans un pot d'étain !

En disant cela, il jetait un coup d'œil sur le hanap d'argent qui étincelait
sur la table. Il toussa, et poursuivit :

— Maître Olivier, les princes qui règnent aux grandes seigneuries, comme
rois et empereurs, ne doivent pas laisser engendrer la somptuosité en leurs
maisons, car de là ce feu court par la province. — Donc, maître Olivier,
tiens-toi ceci pour dit. Notre dépense augmente tous les ans. La chose
nous déplaît. Comment, pasque-Dieu ! jusqu'en 79 elle n'a point passé
trente-six mille livres. En 80, elle a atteint quarante-trois mille six cent dix-
neuf livres, — j'ai le chiffre en tête, — en 81, soixante-six mille six cent
quatrevingts livres, et cette année, par la foi de mon corps ! elle atteindra
quatrevingt mille livres ! Doublée en quatre ans ! Monstrueux !

Il s'arrêta essoufflé, puis il reprit avec emportement : — Je ne vois autour
de moi que gens qui s'engraissent de ma maigreur ! Vous me sucez des écus
par tous les pores !

Tous gardaient le silence. C'était une de ces colères qu'on laisse aller. Il
continua :

— C'est comme cette requête en latin de la seigneurie de France,
pour que nous ayons à rétablir ce qu'ils appellent les grandes charges de
la couronne ! Charges en effet ! charges qui écrasent ! Ah ! messieurs ! vous
dites que nous ne sommes pas un roi pour régner *dapifero nullo, buticu-
lario nullo* ! Nous vous le ferons voir, pasque-Dieu ! si nous ne sommes pas
un roi !

Ici il sourit dans le sentiment de sa puissance, sa mauvaise humeur s'en
adoucit, et il se tourna vers les flamands.

— Voyez-vous, compère Guillaume ? le grand panetier, le grand bou-

teiller, le grand chambellan, le grand sénéchal ne valent pas le moindre
valet — Retenez ceci, compère Coppenole, — ils ne servent à rien A se
tenir ainsi inutiles autour du roi, ils me font l'effet des quatre évangélistes
qui environnent le cadran de la grande horloge du Palais, et que Philippe
Brille vient de remettre à neuf Ils sont dorés, mais ils ne marquent pas
l'heure, et l'aiguille peut se passer d'eux

Il demeura un moment pensif, et ajouta en hochant sa vieille tête —
Ho! ho! par Notre-Dame, je ne suis pas Philippe Brille, et je ne redorerai
pas les grands vassaux Je suis de l'avis du roi Édouard Sauvez le peuple
et tuez les seigneurs — Continue, Olivier

Le personnage qu'il désignait par ce nom reprit le cahier de ses mains, et
se remit à lire à haute voix

— « A Adam Tenon, commis à la garde des sceaux de la prévôté de
« Paris, pour l'argent, façon et gravure desdits sceaux qui ont été faits neufs
« pour ce que les autres précédents, pour leur antiquité et caduqueté, ne
« pouvaient plus bonnement servir — Douze livres parisis

« A Guillaume Frère, la somme de quatre livres quatre sols parisis, pour
« ses peines et salaires d'avoir nourri et alimenté les colombes des deux
« colombiers de l'Hôtel des Tournelles, durant les mois de janvier, février
« et mars de cette année, et pour ce a donné sept setiers d'orge

« A un cordelier, pour confession d'un criminel, quatre sols parisis »

Le roi écoutait en silence De temps en temps il toussait Alors il portait
le hanap à ses lèvres et buvait une gorgée en faisant une grimace

— « En cette année ont été faits par ordonnance de justice à son de
« trompe par les carrefours de Paris cinquante-six cris —Compte à régler

« Pour avoir fouillé et cherché en certains endroits, tant dans Paris
« qu'ailleurs, de la finance qu'on disait y avoir été cachée, mais rien n'y a
« été trouvé, — quarante-cinq livres parisis »

— Enterrer un écu pour déterrer un sol! dit le roi

— « Pour avoir mis à point, à l'Hôtel des Tournelles, six panneaux
« de verre blanc à l'endroit où est la cage de fer, treize sols — Pour avoir
« fait et livré, par le commandement du roi, le jour des monstres, quatre
« écussons aux armes dudit seigneur, enchapessés de chapeaux de roses tout
« à l'entour, six livres — Pour deux manches neuves au vieil pourpoint du
« roi, vingt sols — Pour une boîte de graisse à graisser les bottes du roi,
« quinze deniers — Une étable faite de neuf pour loger les pourceaux noirs
« du roi, trente livres parisis — Plusieurs cloisons, planches et trappes faites
« pour enfermer les lions d'emprès Saint-Paul, vingt-deux livres »

— Voilà des bêtes qui sont chères, dit Louis XI N'importe! c'est une
belle magnificence de roi Il y a un grand lion roux que j'aime pour ses

gentillesses — L'avez-vous vu, maître Guillaume — Il faut que les princes aient de ces animaux mirifiques A nous autres rois, nos chiens doivent être des lions, et nos chats des tigres Le grand va aux couronnes Du temps des païens de Jupiter, quand le peuple offrait aux églises cent bœufs et cent brebis, les empereurs donnaient cent lions et cent aigles Cela était farouche et fort beau Les rois de France ont toujours eu de ces rugissements autour de leur trône Néanmoins on me rendra cette justice que j'y dépense encore moins d'argent qu'eux, et que j'ai une plus grande modestie de lions, d'ours, d'éléphants et de léopards — Allez, maître Olivier Nous voulions dire cela à nos amis les flamands

Guillaume Rym s'inclina profondément, tandis que Coppenole, avec sa mine bourrue, avait l'air d'un de ces ours dont parlait sa majesté Le roi n'y prit pas garde Il venait de tremper ses lèvres dans le hanap, et recrachait le breuvage en disant — Pouah! la fâcheuse tisane! — Celui qui lisait continua

— «Pour nourriture d'un maraud piéton enverrouillé depuis six mois «dans la logette de l'écorcherie, en attendant qu'on sache qu'en faire — «Six livres quatre sols »

— Qu'est cela? interrompit le roi Nourrir ce qu'il faut pendre! Pasque-Dieu! je ne donnerai plus un sol pour cette nourriture — Olivier, entendez-vous de la chose avec monsieur d'Estouteville, et dès ce soir faites-moi le préparatif des noces du galant avec une potence — Reprenez

Olivier fit une marque avec le pouce à l'article du *maraud piéton* et passa outre

— «A Henriet Cousin, maître exécuteur des hautes œuvres de la justice «de Paris, la somme de soixante sols parisis, à lui taxée et ordonnée par «monseigneur le prévôt de Paris, pour avoir acheté, de l'ordonnance de «mondit sieur le prévôt, une grande épée à feuille servant à exécuter et «décapiter les personnes qui par justice sont condamnées pour leurs démé-«rites, et icelle fait garnir de fourreau et de tout ce qui y appartient, et «pareillement a fait remettre à point et rhabiller la vieille épée, qui s'était «éclatée et ébréchée en faisant la justice de messire Louis de Luxembourg, «comme plus à plein peut apparoir »

Le roi interrompit — Il suffit J'ordonnance la somme de grand cœur Voilà des dépenses où je ne regarde pas Je n'ai jamais regretté cet argent là — Suivez

— «Pour avoir fait de neuf une grande cage »

— Ah! dit le roi en prenant de ses deux mains les bras de sa chaise, je savais bien que j'étais venu en cette Bastille pour quelque chose — Attendez, maître Olivier Je veux voir moi-même la cage Vous m'en lirez le coût

pendant que je l'examinerai — Messieurs les flamands, venez voir cela
C'est curieux

Alors il se leva, s'appuya sur le bras de son interlocuteur, fit signe à l'espèce
de muet qui se tenait debout devant la porte de le précéder, aux deux flamands de le suivre, et sortit de la chambre

La royale compagnie se recruta, à la porte du retrait, d'hommes d'armes
tout alourdis de fer, et de minces pages qui portaient des flambeaux Elle
chemina quelque temps dans l'intérieur du sombre donjon, percé d'escaliers
et de corridors jusque dans l'épaisseur des murailles Le capitaine de la
Bastille marchait en tête, et faisait ouvrir les guichets devant le vieux roi
malade et voûté, qui toussait en marchant

A chaque guichet, toutes les têtes étaient obligées de se baisser, excepté
celle du vieillard plié par l'âge — Hum ! disait-il entre ses gencives, car il
n'avait plus de dents, nous sommes déjà tout prêt pour la porte du sépulcre.
A porte basse, passant courbé

Enfin, après avoir franchi un dernier guichet si embarrassé de serrures
qu'on mit un quart d'heure à l'ouvrir, ils entrèrent dans une haute et vaste
salle en ogive, au centre de laquelle on distinguait, à la lueur des torches,
un gros cube massif de maçonnerie, de fer et de bois L'intérieur était creux
C'était une de ces fameuses cages à prisonniers d'état qu'on appelait *les
fillettes du roi* Il y avait aux parois deux ou trois petites fenêtres, si drûment
treillissées d'épais barreaux de fer qu'on n'en voyait pas la vitre La porte
était une grande dalle de pierre plate, comme aux tombeaux De ces portes
qui ne servent jamais que pour entrer Seulement, ici, le mort était un vivant

Le roi se mit à marcher lentement autour du petit édifice en l'examinant
avec soin, tandis que maître Olivier qui le suivait lisait tout haut le mémoire

— « Pour avoir fait de neuf une grande cage de bois de grosses solives,
« membrures et sablières, contenant neuf pieds de long sur huit de lé, et de
« hauteur sept pieds entre deux planchers, lissée et boujonnée à gros boujons
« de fer, laquelle a été assise en une chambre étant à l'une des tours de la
« bastide Saint-Antoine, en laquelle cage est mis et détenu, par commande-
« ment du roi notre seigneur, un prisonnier qui habitait précédemment une
« vieille cage caduque et décrépite — Ont été employées à cette dite cage
« neuve quatre-vingt-seize solives de couche et cinquante-deux solives debout,
« dix sablières de trois toises de long, et ont été occupés dix-neuf charpentiers
« pour équarrir, ouvrer et tailler tout ledit bois en la cour de la Bastille
« pendant vingt jours »

— D'assez beaux cœurs de chêne, dit le roi en cognant du poing la charpente

— « Il est entré dans cette cage poursuivit l'autre, deux cent vingt gros

« boujons de fer, de neuf pieds et de huit, le surplus de moyenne longueur,
« avec les rouelles, pommelles et contre-bandes servant auxdits boujons,
« pesant tout ledit fer trois mille sept cent trente-cinq livres; outre huit grosses
« équières de fer servant à attacher ladite cage, avec les crampons et clous
« pesant ensemble deux cent dix-huit livres de fer, sans compter le fer des
« treillis des fenêtres de la chambre où la cage a été posée, les barres de fer
« de la porte de la chambre, et autres choses... »

— Voilà bien du fer, dit le roi, pour contenir la légèreté d'un esprit!

— « ... Le tout revient à trois cent dix-sept livres cinq sols sept deniers. »

— Pasque-Dieu! s'écria le roi.

A ce juron, qui était le favori de Louis XI, il parut que quelqu'un se
réveillait dans l'intérieur de la cage, on entendit des chaînes qui en écorchaient le plancher avec bruit, et il s'éleva une voix faible qui semblait sortir
de la tombe : — Sire! sire! grâce! — On ne pouvait voir celui qui parlait
ainsi.

— Trois cent dix-sept livres cinq sols sept deniers! reprit Louis XI.

La voix lamentable qui était sortie de la cage avait glacé tous les assistants,
maître Olivier lui-même. Le roi seul avait l'air de ne pas l'avoir entendue.
Sur son ordre, maître Olivier reprit sa lecture, et sa majesté continua froidement l'inspection de la cage.

— « ... Outre cela, il a été payé à un maçon qui a fait les trous pour
« poser les grilles des fenêtres, et le plancher de la chambre où est la cage,
« parce que le plancher n'eût pu porter cette cage à cause de sa pesanteur,
« vingt-sept livres quatorze sols parisis... »

La voix recommença à gémir :

— Grâce! sire! Je vous jure que c'est monsieur le cardinal d'Angers qui
a fait la trahison, et non pas moi.

— Le maçon est rude! dit le roi. Continue, Olivier.

Olivier continua :

— « ... A un menuisier, pour fenêtres, couches, selle percée et autres
« choses, vingt livres deux sols parisis... »

La voix continuait aussi :

— Hélas! sire! ne m'écouterez-vous pas? Je vous proteste que ce n'est
pas moi qui ai écrit la chose à monseigneur de Guyenne, mais monsieur le
cardinal Balue!

— Le menuisier est cher, observa le roi. — Est-ce tout?

— Non, sire. — « ... A un vitrier, pour les vitres de ladite chambre,
« quarante-six sols huit deniers parisis. »

— Faites grâce, sire! N'est-ce donc pas assez qu'on ait donné tous mes
biens à mes juges, ma vaisselle à monsieur de Torcy, ma librairie à maître

Pierre Doriolle, ma tapisserie au gouverneur du Roussillon ? Je suis innocent Voilà quatorze ans que je grelotte dans une cage de fer Faites grâce, sire ! vous retrouverez cela dans le ciel

— Maître Olivier, dit le roi, le total ?

— Trois cent soixante-sept livres huit sols trois deniers parisis

— Notre-Dame ! cria le roi Voilà une cage outrageuse !

Il arracha le cahier des mains de maître Olivier, et se mit à compter lui-même sur ses doigts, en examinant tour à tour le papier et la cage Cependant on entendait sangloter le prisonnier Cela était lugubre dans l'ombre, et les visages se regardaient en pâlissant

— Quatorze ans, sire ! voilà quatorze ans ! depuis le mois d'avril 1469 Au nom de la sainte mère de Dieu, sire, écoutez-moi ! Vous avez joui tout ce temps de la chaleur du soleil Moi, chétif, ne verrai-je plus jamais le jour ? Grâce, sire ! Soyez miséricordieux La clémence est une belle vertu royale qui rompt les courantes de la colère Croit-elle, votre majesté, que ce soit à l'heure de la mort un grand contentement pour un roi de n'avoir laissé aucune offense impunie ? D'ailleurs, sire, je n'ai point trahi votre majesté, c'est monsieur d'Angers Et j'ai au pied une bien lourde chaîne, et une grosse boule de fer au bout, beaucoup plus pesante qu'il n'est de raison Hé ! sire ! ayez pitié de moi !

— Olivier, dit le roi en hochant la tête, je remarque qu'on me compte le muid de plâtre à vingt sols, qui n'en vaut que douze Vous referez ce mémoire

Il tourna le dos à la cage, et se mit en devoir de sortir de la chambre Le misérable prisonnier, à l'éloignement des flambeaux et du bruit, jugea que le roi s'en allait — Sire ! sire ! cria-t-il avec désespoir La porte se referma Il ne vit plus rien, et n'entendit plus que la voix rauque du guichetier, qui lui chantait aux oreilles la chanson

> Maître Jean Balue
> A perdu la vue
> De ses évêchés,
> Monsieur de Verdun
> N'en a plus pas un,
> Tous sont dépêchés

Le roi remontait en silence à son retrait, et son cortège le suivait, terrifié des derniers gémissements du condamné Tout à coup, sa majesté se tourna vers le gouverneur de la Bastille — A propos, dit-elle, n'y avait-il pas quelqu'un dans cette cage ?

— Pardieu, sire ! répondit le gouverneur tupéfait de la question

— Et qui donc ?

— Monsieur l'évêque de Verdun

Le roi savait cela mieux que personne Mais c'était une manie

— Ah ! dit-il avec l'air naïf d'y songer pour la première fois, Guillaume de Harancourt, l'ami de monsieur le cardinal Balue Un bon diable d'évêque !

Au bout de quelques instants, la porte du retrait s'était rouverte puis reclose sur les cinq personnages que le lecteur y a vus au commencement de ce chapitre, et qui y avaient repris leurs places, leurs causeries à demi-voix, et leurs attitudes

Pendant l'absence du roi, on avait déposé sur sa table quelques dépêches, dont il rompit lui-même le cachet Puis il se mit à les lire promptement l'une après l'autre, fit signe à *maître Olivier,* qui paraissait avoir près de lui office de ministre, de prendre une plume, et, sans lui faire part du contenu des dépêches, commença à lui en dicter à voix basse les réponses, que celui-ci écrivait, assez incommodément agenouillé devant la table

Guillaume Rym observait

Le roi parlait si bas, que les flamands n'entendaient rien de sa dictée, si ce n'est çà et là quelques lambeaux isolés et peu intelligibles comme —

Maintenir les lieux fertiles par le commerce, et les stériles par les manufactures   — Faire voir aux seigneurs anglais nos quatre bombardes, la Londres, la Brabant, la Bourg-en-Bresse, la Saint-Omer   — L'artillerie est cause que la guerre se fait maintenant plus judicieusement   — A M de Bressuire, notre ami   — Les armées ne s'entretiennent sans les tributs   — Etc

Une fois il haussa la voix   — Pasque-Dieu ! monsieur le roi de Sicile scelle ses lettres sur cire jaune, comme un roi de France Nous avons peut-être tort de le lui permettre Mon beau cousin de Bourgogne ne donnait pas d'armoiries à champ de gueules La grandeur des maisons s'assure en l'intégrité des prérogatives Note ceci, compère Olivier

Une autre fois   — Oh ! oh ! dit-il, le gros message ! Que nous réclame notre frère l'empereur ? — Et parcourant des yeux la missive en coupant sa lecture d'interjections   — Certes ! les Allemagnes sont si grandes et puissantes qu'il est à peine croyable   — Mais nous n'oublions pas le vieux proverbe La plus belle comté est Flandre, la plus belle duché, Milan, le plus beau royaume, France   — N'est-ce pas, messieurs les flamands ?

Cette fois, Coppenole s'inclina avec Guillaume Rym Le patriotisme du chaussetier était chatouillé

Une dernière dépêche fit froncer le sourcil à Louis XI   — Qu'est cela ? s'écria-t-il Des plaintes et quérimonies contre nos garnisons de Picardie ! Olivier, écrivez en diligence à M le maréchal de Rouault   — Que les disciplines se relâchent — Que les gendarmes des ordonnances, les nobles de ban, les francs-archers, les suisses, font des maux infinis aux manants — Que l'homme de guerre, ne se contentant pas des biens qu'il trouve en la maison des laboureurs, les contraint, à grands coups de bâton ou de voulge, à aller querir du vin à la ville du poisson, des épiceries, et autres choses excessives — Que monsieur le roi sait cela — Que nous entendons garder notre peuple des inconvénients, larcins et pilleries — Que c'est notre volonté, par Notre-Dame ! - Qu'en outre, il ne nous agrée pas qu'aucun ménétrier, barbier, ou valet de guerre, soit vêtu comme prince de velours, de drap de soie et d'anneaux d'or — Que ces vanités sont haineuses à Dieu — Que nous nous contentons, nous qui sommes gentilhomme, d'un pourpoint de drap à seize sols l'aune de Paris — Que messieurs les goujats peuvent bien se rabaisser jusque-là, eux aussi — Mandez et ordonnez — A monsieur de Rouault, notre ami — Bien

Il dicta cette lettre à haute voix, d'un ton ferme et par saccades Au moment où il achevait, la porte s'ouvrit et donna passage à un nouveau personnage, qui se précipita tout effaré dans la chambre en criant — Sire ! sire ! il y a une sédition de populaire dans Paris !

La grave figure de Louis XI se contracta, mais ce qu'il y eut de visible dans son émotion passa comme un éclair Il se contint, et dit avec une sévérité tranquille — Compère Jacques, vous entrez bien brusquement !

— Sire ! sire ! il y a une révolte ! reprit le compère Jacques essoufflé

Le roi, qui s'était levé, lui prit rudement le bras et lui dit à l'oreille, de façon à être entendu de lui seul, avec une colère concentrée et un regard oblique sur les flamands — Tais-toi, ou parle bas !

Le nouveau venu comprit, et se mit à lui faire tout bas une narration très effarouchée que le roi écoutait avec calme, tandis que Guillaume Rym faisait remarquer à Coppenole le visage et l'habit du nouveau venu, sa capuce fourrée, *caputia fourrata,* son épitoge courte, *epitogia curta,* sa robe de velours noir, qui annonçait un président de la Cour des comptes

A peine ce personnage eut-il donné au roi quelques explications, que Louis XI s'écria en éclatant de rire — En vérité ! parlez tout haut, compère Coictier ! Qu'avez-vous à parler bas ainsi ? Notre-Dame sait que nous n'avons rien de caché pour nos bons amis flamands

— Mais, sire

— Parlez tout haut !

Le «compère Coictier» demeurait muet de surprise

— Donc, reprit le roi, — parlez, monsieur, — il y a une émotion de manants dans notre bonne ville de Paris ?

— Oui, sire

24

— Et qui se dirige, dites-vous, contre monsieur le bailli du Palais de Justice ?

— Il y a apparence, répondit *le compère*, qui balbutiait, encore tout étourdi du brusque et inexplicable changement qui venait de s'opérer dans les pensées du roi

Louis XI reprit — Où le guet a-t-il rencontré la cohue ?

— Cheminant de la Grande-Truanderie vers le Pont-aux-Changeurs Je l'ai rencontrée moi-même comme je venais ici pour obéir aux ordres de votre majesté J'en ai entendu quelques-uns qui criaient A bas le bailli du Palais !

— Et quels griefs ont-ils contre le bailli ?

— Ah ! dit le compère Jacques, qu'il est leur seigneur

— Vraiment !

— Oui, sire Ce sont des marauds de la Cour des Miracles Voilà long-temps déjà qu'ils se plaignent du bailli, dont ils sont vassaux Ils ne veulent le reconnaître ni comme justicier ni comme voyer

— Oui-da ! repartit le roi avec un sourire de satisfaction qu'il s'efforçait en vain de déguiser

— Dans toutes leurs requêtes au parlement, reprit le compère Jacques, ils prétendent n'avoir que deux maîtres, votre majesté et leur Dieu, qui est, je crois, le diable

— Hé ! hé ! dit le roi

Il se frottait les mains, il riait de ce rire intérieur qui fait rayonner le visage Il ne pouvait dissimuler sa joie, quoiqu'il essayât par instants de se composer Personne n'y comprenait rien, pas même «maître Olivier» Il resta un moment silencieux, avec un air pensif, mais content

— Sont-ils en force ? demanda-t-il tout à coup

— Oui certes, sire, répondit le compère Jacques

— Combien ?

— Au moins six mille

Le roi ne put s'empêcher de dire Bon ! Il reprit — Sont-ils armés ?

— Des faulx, des piques, des hacquebutes, des pioches Toutes sortes d'armes fort violentes

Le roi ne parut nullement inquiet de cet étalage Le compère Jacques crut devoir ajouter — Si votre majesté n'envoie pas promptement au se-cours du bailli, il est perdu

— Nous enverrons, dit le roi avec un faux air sérieux C'est bon Certainement nous enverrons Monsieur le bailli est notre ami Six mille ! Ce sont de déterminés drôles La hardiesse est merveilleuse, et nous en sommes fort courroucé Mais nous avons peu de monde cette nuit autour de nous — Il sera temps demain matin

Le compère Jacques se récria — Tout de suite, sire ! Le bailliage aura vingt fois le temps d'être saccagé, la seigneurie violée et le bailli pendu Pour Dieu, sire ! envoyez avant demain matin

Le roi le regarda en face — Je vous ai dit demain matin

C'était un de ces regards auxquels on ne réplique pas

Après un silence, Louis XI éleva de nouveau la voix — Mon compère Jacques, vous devez savoir cela ? Quelle était Il se reprit Quelle est la juridiction féodale du bailli ?

— Sire, le bailli du Palais a la rue de la Calandre jusqu'à la rue de l'Herberie, la place Saint-Michel et les lieux vulgairement nommés les Mureaux assis près de l'église Notre-Dame des Champs (ici Louis XI souleva le bord de son chapeau), lesquels hôtels sont au nombre de treize, plus la Cour des Miracles, plus la Maladerie appelée la Banlieue, plus toute la chaussée qui commence à cette Maladerie et finit à la Porte Saint-Jacques De ces divers endroits il est voyer, haut, moyen et bas justicier, plein seigneur

— Ouais ! dit le roi en se grattant l'oreille gauche avec la main droite, cela fait un bon bout de ma ville ! Ah ! monsieur le bailli *était* roi de tout cela !

Cette fois il ne se reprit point Il continua, rêveur et comme se parlant à lui-même — Tout beau, monsieur le bailli ! vous aviez là entre les dents un gentil morceau de notre Paris !

Tout à coup il fit explosion — Pasque-Dieu ! qu'est-ce que c'est que ces gens qui se prétendent voyers, justiciers, seigneurs et maîtres chez nous ? qui ont leur péage à tout bout de champ, leur justice et leur bourreau à tout carrefour parmi notre peuple ? de façon que, comme le grec se croyait autant de dieux qu'il avait de fontaines, et le persan autant qu'il voyait d'étoiles, le français se compte autant de rois qu'il voit de gibets ! Pardieu ! cette chose est mauvaise, et la confusion m'en déplaît Je voudrais bien savoir si c'est la grâce de Dieu qu'il y ait à Paris un autre voyer que le roi, une autre justice que notre parlement, un autre empereur que nous dans cet empire ! Par la foi de mon âme ! il faudra bien que le jour vienne où il n'y aura en France qu'un roi, qu'un seigneur, qu'un juge, qu'un coupe-tête, comme il n'y a au paradis qu'un Dieu !

Il souleva encore son bonnet, et continua, rêvant toujours, avec l'air et l'accent d'un chasseur qui agace et lance sa meute — Bon ! mon peuple ! bravement ! brise ces faux seigneurs ! fais ta besogne Sus ! sus ! pille-les, pends-les, saccage-les ! Ah ! vous voulez être rois, messeigneurs ? Va ! peuple ! va !

Ici il s'interrompit brusquement, se mordit la lèvre, comme pour rattraper sa pensée à demi échappée, appuya tour à tour son œil perçant sur chacun des cinq personnages qui l'entouraient, et tout à coup saisissant son chapeau à deux mains et le regardant en face, il lui dit — Oh! je te brûlerais si tu savais ce qu'il y a dans ma tête!

Puis, promenant de nouveau autour de lui le regard attentif et inquiet du renard qui rentre sournoisement à son terrier — Il n'importe! nous secourrons monsieur le bailli Par malheur nous n'avons que peu de troupe ici en ce moment contre tant de populaire Il faut attendre jusqu'à demain On remettra l'ordre en la Cité, et l'on pendra vertement tout ce qui sera pris

— A propos, sire! dit le compère Coictier, j'ai oublié cela dans le premier trouble, le guet a saisi deux traînards de la bande Si votre majesté veut voir ces hommes, ils sont là

— Si je veux les voir! cria le roi Comment! Pasque-Dieu! tu oublies chose pareille! — Cours vite, toi, Olivier! va les chercher

Maître Olivier sortit et rentra un moment après avec les deux prisonniers, environnés d'archers de l'ordonnance Le premier avait une grosse face idiote, ivre et étonnée Il était vêtu de guenilles et marchait en pliant le genou et en traînant le pied Le second était une figure blême et souriante que le lecteur connaît déjà

Le roi les examina un instant sans mot dire, puis s'adressant brusquement au premier .

— Comment t'appelles-tu ?

— Gieffroy Pincebourde

— Ton métier ?

— Truand.

— Qu'allais-tu faire dans cette damnable sédition ?

Le truand regarda le roi, en balançant ses bras d'un air hébété C'était une de ces têtes mal conformées où l'intelligence est à peu près aussi à l'aise que la lumière sous l'éteignoir

— Je ne sais pas, dit-il On allait, j'allais

— N'alliez-vous pas attaquer outrageusement et piller votre seigneur le bailli du Palais?

— Je sais qu'on allait prendre quelque chose chez quelqu'un Voilà tout Un soldat montra au roi une serpe qu'on avait saisie sur le truand

— Reconnais-tu cette arme? demanda le roi

— Oui, c'est ma serpe Je suis vigneron

— Et reconnais-tu cet homme pour ton compagnon? ajouta Louis XI, en désignant l'autre prisonnier

— Non Je ne le connais point

— Il suffit, dit le roi Et faisant un signe du doigt au personnage silencieux, immobile près de la porte, que nous avons déjà fait remarquer au lecteur

— Compère Tristan, voilà un homme pour vous

Tristan l'Hermite s'inclina Il donna un ordre à voix basse à deux archers qui emmenèrent le pauvre truand

Cependant le roi s'était approché du second prisonnier, qui suait à grosses gouttes — Ton nom ?

— Sire, Pierre Gringoire

— Ton métier ?

— Philosophe, sire

— Comment te permets-tu, drôle, d'aller investir notre ami monsieur le bailli du Palais, et qu'as-tu à dire de cette émotion populaire ?

— Sire, je n'en étais pas

— Or çà ! paillard, n'as-tu pas été appréhendé par le guet dans cette mauvaise compagnie ?

— Non, sire, il y a méprise C'est une fatalité Je fais des tragédies Sire, je supplie votre majesté de m'entendre Je suis poete C'est la mélancolie des gens de ma profession d'aller la nuit par les rues Je passais par là ce soir C'est grand hasard On m'a arrêté à tort Je suis innocent de cette tempête civile Votre majesté voit que le truand ne m'a pas reconnu Je conjure votre majesté

— Tais-toi ! dit le roi entre deux gorgées de tisane Tu nous romps la tête

Tristan l'Hermite s'avança et désignant Gringoire du doigt   — Sire, peut-on pendre aussi celui-là ?

C'était la première parole qu'il proférait

— Peuh ! répondit négligemment le roi Je n'y vois pas d'inconvénients

— J'en vois beaucoup, moi ! dit Gringoire

Notre philosophe était en ce moment plus vert qu'une olive Il vit à la mine froide et indifférente du roi qu'il n'y avait plus de ressource que dans quelque chose de très pathétique, et se précipita aux pieds de Louis XI en s'écriant avec une gesticulation désespérée

— Sire ! votre majesté daignera m'entendre Sire ! n'éclatez pas en tonnerre sur si peu de chose que moi La grande foudre de Dieu ne bombarde pas une laitue Sire, vous êtes un auguste monarque très puissant, ayez pitié d'un pauvre homme honnête, et qui serait plus empêché d'attiser une révolte qu'un glaçon de donner une étincelle ! Très gracieux sire, la débonnaireté est vertu de lion et de roi Hélas ! la rigueur ne fait qu'effaroucher les esprits, les bouffées impétueuses de la bise ne sauraient faire quitter le manteau au passant, le soleil donnant de ses rayons peu à peu l'échauffe de telle sorte

qu'il le fera mettre en chemise Sire, vous êtes le soleil Je vous le proteste,
mon souverain maître et seigneur, je ne suis pas un compagnon truand,
voleur et désordonné La révolte et les briganderies ne sont pas de l'équipage
d'Apollo Ce n'est pas moi qui m'irai précipiter dans ces nuées qui éclatent
en des bruits de séditions Je suis un fidèle vassal de votre majesté La même
jalousie qu'a le mari pour l'honneur de sa femme, le ressentiment qu'a le fils
pour l'amour de son père, un bon vassal les doit avoir pour la gloire de son
roi, il doit sécher pour le zèle de sa maison, pour l'accroissement de son service Toute autre passion qui le transporterait ne serait que fureur Voilà,
sire, mes maximes d'état Donc, ne me jugez pas séditieux et pillard à mon
habit usé aux coudes Si vous me faites grâce, sire, je l'userai aux genoux à
prier Dieu soir et matin pour vous ! Hélas ! je ne suis pas extrêmement riche,
c'est vrai Je suis même un peu pauvre Mais non vicieux pour cela Ce n'est
pas ma faute Chacun sait que les grandes richesses ne se tirent pas des belles-
lettres, et que les plus consommés aux bons livres n'ont pas toujours gros feu
l'hiver La seule avocasserie prend tout le grain et ne laisse que la paille
aux autres professions scientifiques Il y a quarante très excellents proverbes
sur le manteau troué des philosophes Oh ! sire ! la clémence est la seule
lumière qui puisse éclairer l'intérieur d'une grande âme La clémence porte
le flambeau devant toutes les autres vertus Sans elle, ce sont des aveugles
qui cherchent Dieu à tâtons La miséricorde, qui est la même chose que la
clémence, fait l'amour des sujets qui est le plus puissant corps de garde
à la personne du prince Qu'est-ce que cela vous fait, à vous majesté dont
les faces sont éblouies, qu'il y ait un pauvre homme de plus sur la terre ? un
pauvre innocent philosophe, barbotant dans les ténèbres de la calamité, avec
son gousset vide qui résonne sur son ventre creux ? D'ailleurs, sire, je suis
un lettré Les grands rois se font une perle à leur couronne de protéger les
lettres Hercules ne dédaignait pas le titre de Musagète Mathias Corvin
favorisait Jean de Monroyal, l'ornement des mathématiques Or, c'est une
mauvaise manière de protéger les lettres que de pendre les lettrés Quelle
tache à Alexandre s'il avait fait pendre Aristoteles ! Ce trait ne serait pas un
petit moucheron sur le visage de sa réputation pour l'embellir, mais bien
un malin ulcère pour le défigurer Sire ! j'ai fait un très expédient épithalame
pour mademoiselle de Flandre et monseigneur le très auguste dauphin Cela
n'est pas d'un boute-feu de rébellion Votre majesté voit que je ne suis pas
un grimaud, que j'ai étudié excellemment, et que j'ai beaucoup d'éloquence
naturelle Faites-moi grâce, sire Cela faisant, vous ferez une action galante
à Notre-Dame, et je vous jure que je suis très effrayé de l'idée d'être pendu !

En parlant ainsi, le désolé Gringoire baisait les pantoufles du roi, et Guillaume Rym disait tout bas à Coppenole — Il fait bien de se traîner à terre

Les rois sont comme le Jupiter de Crète, ils n'ont des oreilles qu'aux pieds.
— Et, sans s'occuper du Jupiter de Crète, le chaussetier répondit avec
un lourd sourire, l'œil fixé sur Gringoire. — Oh ! que c'est bien cela ! je crois
entendre le chancelier Hugonet me demander grâce.

Quand Gringoire s'arrêta enfin tout essoufflé, il leva la tête en tremblant
vers le roi qui grattait avec son ongle une tache que ses chausses avaient au
genou. Puis sa majesté se mit à boire au hanap de tisane. Du reste, elle
ne soufflait mot, et ce silence torturait Gringoire. Le roi le regarda enfin.
— Voilà un terrible braillard ! dit-il. Puis se tournant vers Tristan l'Hermite
— Bah ! lâchez-le !

Gringoire tomba sur le derrière, tout épouvanté de joie.

— En liberté ! grogna Tristan. Votre majesté ne veut-elle pas qu'on
le retienne un peu en cage ?

— Compère, repartit Louis XI, crois-tu que ce soit pour de pareils oiseaux
que nous faisons faire des cages de trois cent soixante-sept livres huit sols
trois deniers ? — Lâchez-moi incontinent le paillard (Louis XI affectionnait
ce mot, qui faisait avec *Pasque-Dieu* le fond de sa jovialité), et mettez-le hors
avec une bourrade !

— Ouf ! s'écria Gringoire, que voilà un grand roi !

Et de peur d'un contre-ordre, il se précipita vers la porte que Tristan lui
rouvrit d'assez mauvaise grâce. Les soldats sortirent avec lui en le poussant
devant eux à grands coups de poing, ce que Gringoire supporta en vrai
philosophe stoïcien.

La bonne humeur du roi, depuis que la révolte contre le bailli lui avait
été annoncée, perçait dans tout. Cette clémence inusitée n'en était pas
un médiocre signe. Tristan l'Hermite dans son coin avait la mine renfrognée
d'un dogue qui a vu et qui n'a pas eu.

Le roi cependant battait gaiement avec les doigts sur le bras de sa chaise
la marche de Pont-Audemer. C'était un prince dissimulé, mais qui savait
beaucoup mieux cacher ses peines que ses joies. Ces manifestations extérieures
de joie à toute bonne nouvelle allaient quelquefois très loin, ainsi, à la
mort de Charles le Téméraire, jusqu'à vouer des balustrades d'argent à Saint-
Martin de Tours, à son avènement au trône, jusqu'à oublier d'ordonner
les obsèques de son père.

— Hé ! sire ! s'écria tout à coup Jacques Coictier, qu'est devenue la pointe
aiguë de maladie pour laquelle votre majesté m'avait fait mander ?

— Oh ! dit le roi, vraiment je souffre beaucoup, mon compère. J'ai
l'oreille sibilante, et des râteaux de feu qui me raclent la poitrine.

Coictier prit la main du roi, et se mit à lui tâter le pouls avec une mine
capable.

— Regardez, Coppenole, disait Rym à voix basse Le voilà entre Coictier et Tristan C'est là toute sa cour Un médecin pour lui, un bourreau pour les autres

En tâtant le pouls du roi, Coictier prenait un air de plus en plus alarmé Louis XI le regardait avec quelque anxiété Coictier se rembrunissait à vue d'œil Le brave homme n'avait d'autre métairie que la mauvaise santé du roi Il l'exploitait de son mieux

— Oh! oh! murmura-t-il enfin, ceci est grave, en effet

— N'est-ce pas? dit le roi inquiet

— *Pulsus creber, anhelans, crepitans, irregularis,* continua le médecin

— Pasque-Dieu!

— Avant trois jours, ceci peut emporter son homme

— Notre-Dame! s'écria le roi Et le remède, compère?

— J'y songe, sire

Il fit tirer la langue à Louis XI, hocha la tête, fit la grimace, et tout au milieu de ces simagrées — Pardieu, sire, dit-il tout à coup, il faut que je vous conte qu'il y a une recette des régales vacante, et que j'ai un neveu

— Je donne ma recette à ton neveu, compère Jacques, répondit le roi, mais tire-moi ce feu de la poitrine

— Puisque votre majesté est si clémente, reprit le médecin, elle ne refusera pas de m'aider un peu en la bâtisse de ma maison rue Saint-André-des-Arcs

— Heuh! dit le roi

— Je suis au bout de ma finance, poursuivit le docteur, et il serait vraiment dommage que la maison n'eût pas de toit Non pour la maison, qui est simple et toute bourgeoise, mais pour les peintures de Jehan Fourbault, qui en égayent le lambris Il y a une Diane en l'air qui vole, mais si excellente, si tendre, si délicate, d'une action si ingénue, la tête si bien coiffée et couronnée d'un croissant, la chair si blanche qu'elle donne de la tentation à ceux qui la regardent trop curieusement Il y a aussi une Cérès C'est encore une très belle divinité Elle est assise sur des gerbes de blé, et coiffée d'une guirlande galante d'épis entrelacés de salsifis et autres fleurs Il ne se peut rien voir de plus amoureux que ses yeux, de plus rond que ses jambes, de plus noble que son air, de mieux drapé que sa jupe C'est une des beautés les plus innocentes et les plus parfaites qu'ait produites le pinceau

— Bourreau! grommela Louis XI, où en veux-tu venir?

— Il me faut un toit sur ces peintures, sire, et, quoique ce soit peu de chose, je n'ai plus d'argent

— Combien est-ce, ton toit?

— Mais   un toit de cuivre historié et doré, deux mille livres au plus

— Ah ! l'assassin ! cria le roi Il ne m'arrache pas une dent qui ne soit un diamant

— Ai-je mon toit ? dit Coictier

— Oui ! et va au diable, mais guéris-moi

Jacques Coictier s'inclina profondément et dit — Sire, c'est un répercussif qui vous sauvera Nous vous appliquerons sur les reins le grand détensif, composé avec le cérat, le bol d'Arménie, le blanc d'œuf, l'huile et le vinaigre Vous continuerez votre tisane, et nous répondons de votre majesté

Une chandelle qui brille n'attire pas qu'un moucheron Maître Olivier, voyant le roi en libéralité et croyant le moment bon, s'approcha à son tour — Sire

— Qu'est-ce encore ? dit Louis XI

— Sire, votre majesté sait que maître Simon Radin est mort ?

— Eh bien ?

— C'est qu'il était conseiller du roi sur le fait de la justice du trésor

— Eh bien ?

— Sire, sa place est vacante

En parlant ainsi, la figure hautaine de maître Olivier avait quitté l'expression arrogante pour l'expression basse C'est le seul rechange qu'ait une figure de courtisan Le roi le regarda très en face, et dit d'un ton sec : — Je comprends

Il reprit

— Maître Olivier, le maréchal de Boucicaut disait Il n'est don que de roi, il n'est peschier que en la mer Je vois que vous êtes de l'avis de monsieur de Boucicaut Maintenant oyez ceci Nous avons bonne mémoire. En 68, nous vous avons fait varlet de notre chambre, en 69, garde du châtel du Pont de Saint-Cloud à cent livres tournois de gages (vous les vouliez parisis) En novembre 73, par lettres données à Gergeole, nous vous avons institué concierge du bois de Vincennes, au lieu de Gilbert Acle, écuyer, en 75, gruyer de la forêt de Rouvray-les-Saint-Cloud, en place de Jacques Le Mire, en 78, nous vous avons gracieusement assis, par lettres patentes scellées sur double queue de cire verte, une rente de dix livres parisis, pour vous et votre femme, sur la place aux marchands, sise à l'école Saint-Germain, en 79, nous vous avons fait gruyer de la forêt de Senart, au lieu de ce pauvre Jehan Daiz, puis capitaine du château de Loches, puis gouverneur de Saint-Quentin, puis capitaine du Pont de Meulan, dont vous vous faites appeler comte Sur les cinq sols d'amende que paie tout barbier qui rase un jour de fête, il y a trois sols pour vous, et nous avons votre reste Nous avons bien voulu changer votre nom de *Le Mauvais*, qui ressemblait trop à votre mine En 74, nous vous avons octroyé, au grand déplaisir de notre noblesse, des armoiries de mille couleurs qui vous font une poitrine de paon Pasque-Dieu ! n'êtes-vous pas saoul ? La pescherie n'est-elle point assez belle et miraculeuse ? Et ne craignez-vous pas qu'un saumon de plus ne fasse chavirer votre bateau ? L'orgueil vous perdra, mon compère L'orgueil est toujours talonné de la ruine et de la honte Considérez ceci, et taisez-vous

Ces paroles, prononcées avec sévérité, firent revenir à l'insolence la physionomie dépitée de maître Olivier — Bon, murmura-t-il presque tout haut, on voit bien que le roi est malade aujourd'hui Il donne tout au médecin

Louis XI, loin de s'irriter de cette incartade, reprit avec quelque douceur — Tenez, j'oubliais encore que je vous ai fait mon ambassadeur à Gand près de madame Marie - Oui, messieurs, ajouta le roi en se tournant vers les flamands, celui-ci a été ambassadeur — Là, mon compère, poursuivit-il en s'adressant à maître Olivier, ne nous fâchons pas, nous sommes vieux amis Voilà qu'il est très tard Nous avons terminé notre travail Rasez-moi

Nos lecteurs n'ont sans doute pas attendu jusqu'à présent pour reconnaître dans *maître Olivier* ce Figaro terrible que la providence, cette grande faiseuse de drames, a mêlé si artistement à la longue et sanglante comédie de Louis XI Ce n'est pas ici que nous entreprendrons de développer cette figure singulière Ce barbier du roi avait trois noms A la cour, on l'appelait poliment Olivier le Daim, parmi le peuple, Olivier le Diable Il s'appelait de son vrai nom Olivier le Mauvais

Olivier le Mauvais donc resta immobile, boudant le roi, et regardant Jacques Coictier de travers — Oui, oui ! le médecin ! disait-il entre ses dents

— Eh ! oui, le médecin, reprit Louis XI avec une bonhomie singulière, le médecin a plus de crédit encore que toi C'est tout simple Il a prise sur nous par tout le corps, et tu ne nous tiens que par le menton Va, mon pauvre barbier, cela se retrouvera Que dirais-tu donc, et que deviendrait ta charge si j'étais un roi comme le roi Chilpéric qui avait pour geste de tenir sa barbe d'une main ? — Allons, mon compère, vaque à ton office, rase-moi Va chercher ce qu'il te faut

Olivier, voyant que le roi avait pris le parti de rire et qu'il n'y avait pas même moyen de le fâcher, sortit en grondant pour exécuter ses ordres

Le roi se leva, s'approcha de la fenêtre, et tout à coup l'ouvrant avec une agitation extraordinaire — Oh ! oui ! s'écria-t-il en battant des mains, voilà une rougeur dans le ciel sur la Cité C'est le bailli qui brûle Ce ne peut être que cela Ah ! mon bon peuple ! voilà donc que tu m'aides enfin à l'écroulement des seigneuries !

Alors, se tournant vers les flamands — Messieurs, venez voir ceci N'est-ce pas un feu qui rougeoie ?

Les deux gantois s'approchèrent

— Un grand feu, dit Guillaume Rym

— Oh! ajouta Coppenole, dont les yeux étincelèrent tout à coup, cela me rappelle le brûlement de la maison du seigneur d'Hymbercourt Il doit y avoir une grosse révolte là-bas

— Vous croyez, maître Coppenole? — Et le regard de Louis XI était presque aussi joyeux que celui du chaussetier — N'est-ce pas qu'il sera difficile d'y résister?

— Croix-Dieu! sire! votre majesté ébréchera là dessus bien des compagnies de gens de guerre!

— Ah! moi! c'est différent, repartit le roi Si je voulais!

Le chaussetier répondit hardiment

— Si cette révolte est ce que je suppose, vous auriez beau vouloir, sire!

— Compère, dit Louis XI, avec deux compagnies de mon ordonnance et une volée de serpentine, on a bon marché d'une populace de manants

Le chaussetier, malgré les signes que lui faisait Guillaume Rym, paraissait déterminé à tenir tête au roi

— Sire, les suisses aussi étaient des manants Monsieur le duc de Bourgogne etait un grand gentilhomme, et il faisait fi de cette canaille A la bataille de Grandson, sire, il criait Gens de canons! feu sur ces vilains! et il jurait par Saint-Georges Mais l'avoyer Scharnachtal se rua sur le beau duc avec sa massue et son peuple, et de la rencontre des paysans à peaux de buffle la luisante armée bourguignonne s'éclata comme une vitre au choc d'un caillou Il y eut là bien des chevaliers de tués par des marauds, et l'on trouva monsieur de Château-Guyon, le plus grand seigneur de la Bourgogne, mort avec son grand cheval grison dans un petit pré de marais

— L'ami, repartit le roi, vous parlez d'une bataille Il s'agit d'une mutinerie Et j'en viendrai à bout quand il me plaira de froncer le sourcil

L'autre répliqua avec indifférence

— Cela se peut, sire En ce cas, c'est que l'heure du peuple n'est pas venue

Guillaume Rym crut devoir intervenir — Maître Coppenole, vous parlez à un puissant roi

— Je le sais, répondit gravement le chaussetier

— Laissez-le dire, monsieur Rym mon ami, dit le roi J'aime ce francparler Mon père Charles septième disait que la vérité était malade Je croyais, moi, qu'elle était morte, et qu'elle n'avait point trouvé de confesseur Maître Coppenole me détrompe

Alors, posant familièrement sa main sur l'épaule de Coppenole

— Vous disiez donc, maître Jacques?

— Je dis, sire, que vous avez peut-être raison, que l'heure du peuple n'est pas venue chez vous

Louis XI le regarda avec son œil pénétrant

— Et quand viendra cette heure, maître ?

— Vous l'entendrez sonner

— A quelle horloge, s'il vous plaît ?

Coppenolle avec sa contenance tranquille et rustique fit approcher le roi de la fenêtre — Écoutez, sire ! Il y a ici un donjon, un beffroi, des canons, des bourgeois, des soldats Quand le beffroi bourdonnera, quand les canons gronderont, quand le donjon croulera à grand bruit, quand bourgeois et soldats hurleront et s'entre-tueront, c'est l'heure qui sonnera

Le visage de Louis devint sombre et rêveur Il resta un moment silencieux, puis il frappa doucement de la main, comme on flatte une croupe de destrier, l'épaisse muraille du donjon — Oh ! que non ! dit-il N'est-ce pas que tu ne crouleras pas si aisément, ma bonne Bastille ?

Et se tournant d'un geste brusque vers le hardi flamand — Avez-vous jamais vu une révolte, maître Jacques ?

— J'en ai fait, dit le chaussetier

— Comment faites-vous, dit le roi, pour faire une révolte ?

— Ah ! répondit Coppenole, ce n'est pas bien difficile Il y a cent façons D'abord il faut qu'on soit mécontent dans la ville La chose n'est pas rare Et puis le caractère des habitants Ceux de Gand sont commodes à la révolte Ils aiment toujours le fils du prince, le prince jamais Eh bien ! un matin, je suppose, on entre dans ma boutique, on me dit Père Coppenole, il y a ceci, il y a cela, la demoiselle de Flandre veut sauver ses ministres, le grand bailli double le tru de l'esgrin, ou autre chose Ce qu'on veut Moi, je laisse là l'ouvrage, je sors de ma chausseterie, et je vais dans la rue, et je crie A sac ! Il y a bien toujours là quelque futaille défoncée Je monte dessus, et je dis tout haut les premières paroles venues, ce que j'ai sur le cœur, et quand on est du peuple, sire, on a toujours quelque chose sur le cœur Alors on s'attroupe, on crie, on sonne le tocsin, on arme les manants du désarmement des soldats, les gens du marché s'y joignent, et l'on va ! Et ce sera toujours ainsi, tant qu'il y aura des seigneurs dans les seigneuries, des bourgeois dans les bourgs, et des paysans dans les pays

— Et contre qui vous rebellez-vous ainsi ? demanda le roi Contre vos baillis ? contre vos seigneurs ?

— Quelquefois C'est selon Contre le duc aussi, quelquefois

Louis XI alla se rasseoir, et dit avec un sourire — Ah ! ici, ils n'en sont encore qu'aux baillis !

En cet instant Olivier le Daim rentra Il était suivi de deux pages qui portaient les toilettes du roi, mais ce qui frappa Louis XI, c'est qu'il était en outre accompagné du prévôt de Paris et du chevalier du guet, lesquels paraissaient consternés Le rancuneux barbier avait aussi l'air consterné, mais content en dessous C'est lui qui prit la parole — Sire, je demande pardon à votre majesté de la calamiteuse nouvelle que je lui apporte

Le roi en se tournant vivement écorcha la natte du plancher avec les pieds de sa chaise — Qu'est-ce à dire?

— Sire, reprit Olivier le Daim avec la mine méchante d'un homme qui se réjouit d'avoir à porter un coup violent, ce n'est pas sur le bailli du palais que se rue cette sédition populaire

— Et sur qui donc?

— Sur vous, sire

Le vieux roi se dressa debout et droit comme un jeune homme — Explique-toi, Olivier! explique-toi! Et tiens bien ta tête, mon compère, car je te jure par la croix de Saint-Lô que si tu nous mens à cette heure, l'épée qui a coupé le cou de monsieur de Luxembourg n'est pas si ébréchée qu'elle ne scie encore le tien!

Le serment était formidable Louis XI n'avait juré que deux fois dans sa vie par la croix de Saint-Lô

Olivier ouvrit la bouche pour répondre — Sire

— Mets-toi à genoux! interrompit violemment le roi Tristan, veillez sur cet homme!

Olivier se mit à genoux, et dit froidement — Sire, une sorcière a été condamnée à mort par votre cour de parlement Elle s'est réfugiée dans Notre-Dame Le peuple l'y veut reprendre de vive force Monsieur le prévôt et monsieur le chevalier du guet, qui viennent de l'émeute, sont là pour me démentir si ce n'est pas la vérité C'est Notre-Dame que le peuple assiège

— Oui-da! dit le roi à voix basse, tout pâle et tout tremblant de colère Notre-Dame! ils assiègent dans sa cathédrale Notre-Dame, ma bonne maîtresse! — Relève-toi, Olivier Tu as raison Je te donne la charge de Simon Radin Tu as raison — C'est à moi qu'on s'attaque La sorcière est sous la sauvegarde de l'église, l'église est sous ma sauvegarde Et moi qui croyais qu'il s'agissait du bailli! C'est contre moi!

Alors, rajeuni par la fureur, il se mit à marcher à grands pas Il ne riait plus, il était terrible, il allait et venait, le renard s'était changé en hyène, il semblait suffoqué à ne pouvoir parler, ses lèvres remuaient, et ses poings décharnés se crispaient Tout à coup il releva la tête, son œil cave parut plein de lumière, et sa voix éclata comme un clairon — Main basse, Tristan! main basse sur ces coquins! Va, Tristan mon ami! tue! tue!

Cette éruption passée, il vint se rasseoir, et dit avec une rage froide et concentrée

— Ici, Tristan! — Il y a près de nous dans cette Bastille les cinquante

lances du vicomte de Gif, ce qui fait trois cents chevaux, vous les prendrez
Il y a aussi la compagnie des archers de notre ordonnance de M de Châteaupers, vous la prendrez Vous êtes prévôt des maréchaux, vous avez les
gens de votre prévôté, vous les prendrez A l'Hôtel Saint-Pol, vous trouverez
quarante archers de la nouvelle garde de monsieur le Dauphin, vous les
prendrez, et avec tout cela, vous allez courir à Notre-Dame — Ah ! messieurs les manants de Paris, vous vous jetez ainsi tout au travers de la couronne de France, de la sainteté de Notre Dame et de la paix de cette république ! — Extermine, Tristan ! extermine ! et que pas un n'en réchappe
que pour Montfaucon

Tristan s'inclina   — C'est bon, sire !

Il ajouta après un silence   — Et que ferai-je de la sorcière ?

Cette question fit songer le roi

— Ah ! dit-il, la sorcière ! — Monsieur d'Estouteville, qu'est-ce que le
peuple en voulait faire ?

— Sire, répondit le prévôt de Paris, j'imagine que, puisque le peuple la
vient arracher de son asile de Notre-Dame, c'est que cette impunité le blesse
et qu'il la veut pendre

Le roi parut réfléchir profondément, puis s'adressant à Tristan l'Hermite
— Eh bien ! mon compère, extermine le peuple et pends la sorcière

— C'est cela, dit tout bas Rym à Coppenole, punir le peuple de vouloir,
et faire ce qu'il veut

— Il suffit, sire, répondit Tristan Si la sorcière est encore dans Notre-
Dame, faudra-t-il l'y prendre malgré l'asile ?

— Pasque-Dieu, l'asile ! dit le roi en se grattant l'oreille Il faut pourtant
que cette femme soit pendue

Ici, comme pris d'une idée subite, il se jeta à genoux devant sa chaise, ôta
son chapeau, le posa sur le siège, et regardant dévotement l une des amulettes
de plomb qui le chargeaient   — Oh ! dit-il les mains jointes, Notre-Dame de
Paris, ma gracieuse patronne, pardonnez-moi Je ne le ferai que cette fois Il
faut punir cette criminelle Je vous assure, madame la Vierge, ma bonne maîtresse, que c'est une sorcière qui n'est pas digne de votre aimable protection
Vous savez, madame, que bien des princes très pieux ont outrepassé le privilège des églises pour la gloire de Dieu et la nécessité de l'état Saint Hugues,
évêque d'Angleterre, a permis au roi Édouard de prendre un magicien dans
son église Saint Louis de France, mon maître, a transgressé pour le même objet
l'église de monsieur saint Paul, et monsieur Alphonse, fils du roi de Jérusalem,
l'église même du Saint-Sépulcre Pardonnez-moi donc pour cette fois, Notre-
Dame de Paris Je ne le ferai plus, et je vous donnerai une belle statue d'argent,
pareille à celle que j'ai donnée l'an passé à Notre-Dame d'Écouys Ainsi soit-il.

Il fit un signe de croix, se releva, se recoiffa, et dit à Tristan   — Faites diligence, mon compère Prenez M de Châteaupers avec vous Vous ferez sonner le tocsin Vous écraserez le populaire Vous pendrez la sorcière C'est dit Et j'entends que le pourchas de l'exécution soit fait par vous Vous m'en rendrez compte — Allons, Olivier, je ne me coucherai pas cette nuit Rase-moi

Tristan l'Hermite s'inclina et sortit Alors le roi, congédiant du geste Rym et Coppenole — Dieu vous garde, messieurs mes bons amis les flamands Allez prendre un peu de repos La nuit s'avance, et nous sommes plus près du matin que du soir

Tous deux se retirèrent, et en gagnant leurs appartements sous la conduite du capitaine de la Bastille, Coppenole disait à Guillaume Rym   — Hum ! j'en ai assez de ce roi qui tousse ! J'ai vu Charles de Bourgogne ivre, il était moins méchant que Louis XI malade

— Maître Jacques, répondit Rym, c'est que les rois ont le vin moins cruel que la tisane

VI

PETITE FLAMBE EN BAGUENAUD.

En sortant de la Bastille, Gringoire descendit la rue Saint-Antoine de la vitesse d'un cheval échappé Arrivé à la porte Baudoyer, il marcha droit à la croix de pierre qui se dressait au milieu de cette place, comme s'il eût pu distinguer dans l'obscurité la figure d'un homme vêtu et encapuchonné de noir qui était assis sur les marches de la croix — Est-ce vous, maître ? dit Gringoire

Le personnage noir se leva — Mort et passion ! vous me faites bouillir, Gringoire L'homme qui est sur la tour de Saint-Gervais vient de crier une heure et demie du matin

— Oh ! repartit Gringoire, ce n'est pas ma faute, mais celle du guet et du roi Je viens de l'échapper belle ! Je manque toujours d'être pendu C'est ma prédestination

— Tu manques tout, dit l'autre Mais allons vite As-tu le mot de passe ?

— Figurez-vous, maître, que j'ai vu le roi J'en viens Il a une culotte de futaine C'est une aventure

— Oh ! quenouille de paroles ! que me fait ton aventure ? As-tu le mot de passe des truands ?

— Je l'ai Soyez tranquille *Petite flambe en baguenaud*

— Bien Autrement nous ne pourrions pénétrer jusqu'à l'église Les truands barrent les rues Heureusement il paraît qu'ils ont trouvé de la résistance Nous arriverons peut-être encore à temps

— Oui, maître Mais comment entrerons-nous dans Notre-Dame ?

— J'ai la clef des tours

— Et comment en sortirons-nous ?

— Il y a derrière le cloître une petite porte qui donne sur le Terrain, et de là sur l'eau J'en ai pris la clef, et j'y ai amarré un bateau ce matin

— J'ai joliment manqué d'être pendu ! reprit Gringoire

— Eh vite ! allons ! dit l'autre

Tous deux descendirent à grands pas vers la Cité

VII

CHÂTEAUPERS À LA RESCOUSSE!

Le lecteur se souvient peut-être de la situation critique où nous avons laissé Quasimodo. Le brave sourd, assailli de toutes parts, avait perdu, sinon tout courage, du moins tout espoir de sauver, non pas lui, il ne songeait pas à lui, mais l'égyptienne. Il courait éperdu sur la galerie. Notre-Dame allait être enlevée par les truands. Tout à coup un grand galop de chevaux emplit les rues voisines, et avec une longue file de torches et une épaisse colonne de cavaliers abattant lances et brides, ces bruits furieux débouchèrent sur la place comme un ouragan. France! France! Taillez les manants! Châteaupers à la rescousse! Prévôté! prévôté!

Les truands effarés firent volte-face.

Quasimodo, qui n'entendait pas, vit les épées nues, les flambeaux, les fers de piques, toute cette cavalerie, en tête de laquelle il reconnut le capitaine Phœbus, il vit la confusion des truands, l'épouvante chez les uns, le trouble chez les meilleurs, et il reprit de ce secours inespéré tant de force qu'il rejeta hors de l'église les premiers assaillants qui enjambaient déjà la galerie.

C'étaient en effet les troupes du roi qui survenaient.

Les truands firent bravement. Ils se défendirent en désespérés. Pris en flanc par la rue Saint-Pierre-aux-Bœufs et en queue par la rue du Parvis, acculés à Notre-Dame qu'ils assaillaient encore et que défendait Quasimodo, tout à la fois assiégeants et assiégés, ils étaient dans la situation singulière où se retrouva depuis, au fameux siège de Turin, en 1640, entre le prince Thomas de Savoie qu'il assiégeait et le marquis de Leganez qui le bloquait, le comte Henri d'Harcourt, *Taurinum obsessor idem & obsessus,* comme dit son épitaphe.

La mêlée fut affreuse. À chair de loup dent de chien, comme dit P. Mathieu. Les cavaliers du roi, au milieu desquels Phœbus de Châteaupers se comportait vaillamment, ne faisaient aucun quartier, et la taille reprenait ce qui échappait à l'estoc. Les truands, mal armés, écumaient et mordaient. Hommes, femmes, enfants se jetaient aux croupes et aux poitrails des chevaux, et s'y accrochaient comme des chats avec les dents et les ongles des quatre membres. D'autres tamponnaient à coups de torches le visage des archers. D'autres piquaient des crocs de fer au cou des cavaliers et tiraient à eux. Ils déchiquetaient ceux qui tombaient.

On en remarqua un qui avait une large faulx luisante, et qui fauchait long-temps les jambes des chevaux. Il était effrayant. Il chantait une chanson

nasillarde, il lançait sans relâche et ramenait sa faulx A chaque coup, il
traçait autour de lui un grand cercle de membres coupés Il avançait ainsi au
plus fourré de la cavalerie, avec la lenteur tranquille, le balancement de tête
et l'essoufflement régulier d'un moissonneur qui entame un champ de blé
C'était Clopin Trouillefou Une arquebusade l'abattit

Cependant les croisées s'étaient rouvertes Les voisins, entendant les cris
de guerre des gens du roi, s'étaient mêlés à l'affaire, et de tous les étages les
balles pleuvaient sur les truands Le Parvis était plein d'une fumée épaisse
que la mousqueterie rayait de feu On y distinguait confusément la façade
de Notre-Dame, et l'Hôtel-Dieu décrépit, avec quelques hâves malades qui
regardaient du haut de son toit écaillé de lucarnes

Enfin les truands cédèrent La lassitude, le défaut de bonnes armes,
l'effroi de cette surprise, la mousqueterie des fenêtres, le brave choc des
gens du roi, tout les abattit Ils forcèrent la ligne des assaillants, et se mirent
à fuir dans toutes les directions, laissant dans le Parvis un encombrement de
morts

Quand Quasimodo, qui n'avait pas cessé un moment de combattre, vit
cette déroute, il tomba à deux genoux, et leva les mains au ciel, puis, ivre
de joie, il courut, il monta avec la vitesse d'un oiseau à cette cellule dont
il avait si intrépidement défendu les approches Il n'avait plus qu'une pensée
maintenant, c'était de s'agenouiller devant celle qu'il venait de sauver une
seconde fois

Lorsqu'il entra dans la cellule il la trouva vide

LIVRE ONZIÈME.

I

LE PETIT SOULIER

Au moment où les truands avaient assailli l'église, la Esmeralda dormait
Bientôt la rumeur toujours croissante autour de l'édifice et le bêlement
inquiet de sa chèvre éveillée avant elle l'avaient tirée de ce sommeil Elle
s'était levée sur son séant, elle avait écouté, elle avait regardé, puis, effrayée
de la lueur et du bruit, elle s'était jetée hors de la cellule et avait été voir
L'aspect de la place, la vision qui s'y agitait, le désordre de cet assaut nocturne, cette foule hideuse, sautelante comme une nuée de grenouilles, à
demi entrevue dans les ténèbres, le coassement de cette rauque multitude,
ces quelques torches rouges courant et se croisant sur cette ombre comme
les feux de nuit qui rayent la surface brumeuse des marais, toute cette scène
lui fit l'effet d'une mystérieuse bataille engagée entre les fantômes du sabbat
et les monstres de pierre de l'église Imbue dès l'enfance des superstitions
de la tribu bohémienne, sa première pensée fut qu'elle avait surpris en
maléfice les étranges êtres propres à la nuit Alors elle courut épouvantée
se tapir dans sa cellule, demandant à son grabat un moins horrible cauchemar

Peu à peu les premières fumées de la peur s'étaient pourtant dissipées,
au bruit sans cesse grandissant, et à plusieurs autres signes de réalité, elle
s'était sentie investie, non de spectres, mais d'êtres humains Alors sa frayeur,
sans s'accroître, s'était transformée Elle avait songé à la possibilité d'une
mutinerie populaire pour l'arracher de son asile L'idée de reperdre encore
une fois la vie, l'espérance, Phœbus, qu'elle entrevoyait toujours dans son
avenir, le profond néant de sa faiblesse, toute fuite fermée, aucun appui,
son abandon, son isolement, ces pensées et mille autres l'avaient accablée
Elle était tombée à genoux, la tête sur son lit, les mains jointes sur sa tête,
pleine d'anxiété et de frémissement, et quoique égyptienne, idolâtre et
païenne, elle s'était mise à demander avec sanglots grâce au bon Dieu chrétien et à prier Notre-Dame son hôtesse Car, ne crût-on à rien, il y a des

moments dans la vie où l'on est toujours de la religion du temple qu'on a sous la main

Elle resta ainsi prosternée fort longtemps, tremblant, à la vérité, plus qu'elle ne priait, glacée au souffle de plus en plus rapproché de cette multitude furieuse, ne comprenant rien à ce déchaînement, ignorant ce qui se tramait, ce qu'on faisait, ce qu'on voulait, mais pressentant une issue terrible

Voilà qu'au milieu de cette angoisse elle entend marcher près d'elle Elle se détourne Deux hommes, dont l'un portait une lanterne, venaient d'entrer dans sa cellule Elle poussa un faible cri

— Ne craignez rien, dit une voix qui ne lui était pas inconnue, c'est moi

— Qui? vous? demanda-t-elle

— Pierre Gringoire

Ce nom la rassura Elle releva les yeux, et reconnut en effet le poete Mais il y avait auprès de lui une figure noire et voilée de la tête aux pieds qui la frappa de silence

— Ah! reprit Gringoire d'un ton de reproche, Djali m'avait reconnu avant vous!

La petite chèvre en effet n'avait pas attendu que Gringoire se nommât A peine était-il entré qu'elle s'était tendrement frottée à ses genoux, couvrant le poete de caresses et de poils blancs, car elle était en mue Gringoire lui rendait les caresses

— Qui est là avec vous? dit l'égyptienne à voix basse

— Soyez tranquille, répondit Gringoire C'est un de mes amis

Alors le philosophe, posant sa lanterne à terre, s'accroupit sur la dalle et s'écria avec enthousiasme en serrant Djali dans ses bras — Oh! c'est une gracieuse bête, sans doute plus considérable pour sa propreté que pour sa grandeur, mais ingénieuse, subtile et lettrée comme un grammairien! Voyons, ma Djali, n'as-tu rien oublié de tes jolis tours? Comment fait maître Jacques Charmolue?

L'homme noir ne le laissa pas achever Il s'approcha de Gringoire et le poussa rudement par l'épaule Gringoire se leva — C'est vrai, dit-il, j'oubliais que nous sommes pressés — Ce n'est pourtant point une raison, mon maître, pour forcener les gens de la sorte — Ma chère belle enfant, votre vie est en danger, et celle de Djali On veut vous rependre Nous sommes vos amis, et nous venons vous sauver Suivez-nous

— Est-il vrai? s'écria-t-elle bouleversée

— Oui, très vrai Venez vite!

— Je le veux bien, balbutia-t-elle Mais pourquoi votre ami ne parle-t-il pas?

— Ah! dit Gringoire, c'est que son père et sa mère étaient des gens fantasques qui l'ont fait de tempérament taciturne

Il fallut qu'elle se contentât de cette explication Gringoire la prit par la main, son compagnon ramassa la lanterne et marcha devant La peur étourdissait la jeune fille Elle se laissa emmener La chèvre les suivait en sautant, si joyeuse de revoir Gringoire qu'elle le faisait trébucher à tout moment pour lui fourrer ses cornes dans les jambes — Voilà la vie, disait le philosophe chaque fois qu'il manquait de tomber, ce sont souvent nos meilleurs amis qui nous font choir!

Ils descendirent rapidement l'escalier des tours, traversèrent l'église, pleine de ténèbres et de solitude et toute résonnante de vacarme, ce qui faisait un affreux contraste, et sortirent dans la cour du cloître par la Porte-Rouge Le cloître était abandonné, les chanoines s'étaient enfuis dans l'évêché pour y prier en commun, la cour était vide, quelques laquais effarouchés s'y blottissaient dans les coins obscurs Ils se dirigèrent vers la porte qui donnait de cette cour sur le Terrain L'homme noir l'ouvrit avec une clef qu'il avait Nos lecteurs savent que le Terrain était une langue de terre enclose de murs du côté de la Cité, et appartenant au chapitre de Notre-Dame, qui terminait l'île à l'orient derrière l'église Ils trouvèrent cet enclos parfaitement désert Là, il y avait déjà moins de tumulte dans l'air La rumeur de l'assaut des truands leur arrivait plus brouillée et moins criarde Le vent frais qui suit le fil de l'eau remuait les feuilles de l'arbre unique planté à la pointe du Terrain avec un bruit déjà appréciable Cependant ils étaient encore fort près du péril Les édifices les plus rapprochés d'eux étaient l'évêché et l'église Il y avait visiblement un grand désordre intérieur dans l'évêché Sa masse ténébreuse était toute sillonnée de lumières qui y couraient d'une fenêtre à l'autre, comme, lorsqu'on vient de brûler du papier, il reste un sombre édifice de cendre où de vives étincelles font mille courses bizarres A côté, les énormes tours de Notre-Dame, ainsi vues de derrière avec la longue nef sur laquelle elles se dressent, découpées en noir sur la rouge et vaste lueur qui emplissait le Parvis, ressemblaient aux deux chenets gigantesques d'un feu de cyclopes

Ce qu'on voyait de Paris de tous côtés oscillait à l'œil dans une ombre mêlée de lumière Rembrandt a de ces fonds de tableau

L'homme à la lanterne marcha droit à la pointe du Terrain Il y avait là, au bord extrême de l'eau, le débris vermoulu d'une haie de pieux maillée de lattes où une basse vigne accrochait quelques maigres branches étendues comme les doigts d'une main ouverte Derrière, dans l'ombre que faisait ce treillis, une petite barque était cachée L'homme fit signe à Gringoire et à sa compagne d'y entrer La chèvre les y suivit L'homme y descendit le dernier Puis il coupa l'amarre du bateau, l'éloigna de terre avec un long croc, et, saisissant deux rames, s'assit à l'avant, en ramant de toutes ses forces vers le large La Seine est fort rapide en cet endroit, et il eut assez de peine à quitter la pointe de l'île

Le premier soin de Gringoire en entrant dans le bateau fut de mettre la chèvre sur ses genoux Il prit place à l'arrière, et la jeune fille, à qui l'inconnu inspirait une inquiétude indéfinissable, vint s'asseoir et se serrer contre le poète

Quand notre philosophe sentit le bateau s'ébranler, il battit des mains, et baisa Djali entre les cornes — Oh ! dit-il, nous voilà sauvés tous quatre Il ajouta, avec une mine de profond penseur — On est obligé, quelquefois à la fortune, quelquefois à la ruse, de l'heureuse issue des grandes entreprises

Le bateau voguait lentement vers la rive droite La jeune fille observait avec une terreur secrète l'inconnu Il avait rebouché soigneusement la lumière de sa lanterne sourde On l'entrevoyait dans l'obscurité, à l'avant du bateau, comme un spectre Sa carapoue, toujours baissée, lui faisait une sorte de masque, et à chaque fois qu'il entr'ouvrait en ramant ses bras où pendaient de larges manches noires, on eût dit deux grandes ailes de chauve-souris Du reste, il n'avait pas encore dit une parole, jeté un souffle Il ne se faisait dans le bateau d'autre bruit que le va-et-vient de la rame, mêlé au froissement des mille plis de l'eau le long de la barque

— Sur mon âme ! s'écria tout à coup Gringoire, nous sommes allègres et joyeux comme des ascalaphes ! Nous observons un silence de pythagoriciens ou de poissons ! Pasque-Dieu ! mes amis, je voudrais bien que quelqu'un me parlât — La voix humaine est une musique à l'oreille humaine Ce n'est pas moi qui dis cela, mais Didyme d'Alexandrie, et ce sont d'illustres paroles — Certes, Didyme d'Alexandrie n'est pas un médiocre philosophe — Une parole, ma belle enfant ! dites-moi, je vous supplie, une parole — A propos, vous aviez une drôle de petite singulière moue, la faites-vous toujours ? Savez-vous, ma mie, que le parlement a toute juridiction sur les lieux d'asile, et que vous couriez grand péril dans votre logette de Notre-Dame ? Hélas ! le petit oiseau trochilus fait son nid dans la gueule du crocodile — Maître, voici la lune qui reparaît — Pourvu qu'on ne nous aperçoive pas ! — Nous faisons une chose louable en sauvant mademoiselle, et cependant on nous pendrait de par le roi si l on nous attrapait Hélas ! les actions humaines se prennent par deux anses On flétrit en moi ce qu'on couronne en toi Tel admire César qui blâme Catilina N'est-ce pas, mon maître ? Que dites-vous de cette philosophie ? Moi, je possède la philosophie d'instinct, de nature, *ut apes geometriam* — Allons ! personne ne me répond Les fâcheuses humeurs que vous avez là tous deux ! Il faut que je parle tout seul C'est ce que nous appelons en tragédie un monologue — Pasque-Dieu ! — Je vous préviens que je viens de voir le roi Louis onzième et que j'en ai retenu ce jurement — Pasque-Dieu donc ! ils font toujours un fier hurlement dans la Cité — C'est un vilain méchant vieux roi Il est tout embrunché dans les fourrures. Il me doit toujours l'argent de mon épithalame, et c'est tout au plus s'il ne m'a pas fait pendre ce soir, ce qui m'aurait fort empêché — Il est avaricieux pour les hommes de mérite Il devrait bien lire les quatre livres de Salvien de Cologne *Adversus avaritiam* En vérité ! c'est un roi étroit dans ses façons avec les gens de lettres, et qui fait des cruautés fort barbares C'est une éponge à prendre l'argent posée sur le peuple Son épargne est la ratelle qui s'enfle de la maigreur de tous les autres membres Aussi les plaintes contre la rigueur du temps deviennent murmures contre le prince Sous ce doux sire dévot, les fourches craquent de pendus, les billots pourrissent de sang, les prisons crèvent comme des ventres trop pleins Ce roi a une main qui prend et une main qui pend C'est le procureur de dame Gabelle et de monseigneur Gibet Les grands sont dépouillés de leurs dignités, et les petits sans cesse accablés de nouvelles foules C'est un prince exorbitant Je n'aime pas ce monarque Et vous, mon maître ?

L'homme noir laissait gloser le bavard poète Il continuait de lutter contre le courant violent et serré qui sépare la proue de la Cité de la poupe de l'île Notre-Dame, que nous nommons aujourd'hui l'île Saint-Louis

— A propos, maître ! reprit Gringoire subitement Au moment où nous arrivions sur le Parvis à travers ces enragés truands, votre révérence a-t-elle remarqué ce pauvre petit diable auquel votre sourd était en train d'écraser la cervelle sur la rampe de la galerie des rois ? J'ai la vue basse et ne l'ai pu reconnaître Savez-vous qui ce peut être ?

L'inconnu ne répondit pas une parole Mais il cessa brusquement de ramer, ses bras défaillirent comme brisés, sa tête tomba sur sa poitrine, et la Esmeralda l'entendit soupirer convulsivement Elle tressaillit de son côté Elle avait déjà entendu de ces soupirs-là

La barque abandonnée à elle-même dériva quelques instants au gré de l'eau Mais l'homme noir se redressa enfin, ressaisit les rames, et se remit à remonter le courant Il doubla la pointe de l'île Notre-Dame, et se dirigea vers le débarcadère du Port-au-Foin

— Ah ! dit Gringoire, voici là-bas le logis Barbeau — Tenez, maître, regardez, ce groupe de toits noirs qui font des angles singuliers, là, au-dessous de ce tas de nuages bas, filandreux, barbouillés et sales, où la lune est tout écrasée et répandue comme un jaune d'œuf dont la coquille est cassée — C'est un beau logis Il y a une chapelle couronnée d'une petite

voûte pleine d'enrichissements bien coupés Au-dessus vous pouvez voir le
clocher très délicatement percé Il y a aussi un jardin plaisant, qui consiste
en un étang, une volière, un écho, un mail, un labyrinthe, une maison
pour les bêtes farouches, et quantité d'allées touffues fort agréables à Vénus
Il y a encore un coquin d'arbre qu'on appelle *le luxurieux,* pour avoir servi
aux plaisirs d'une princesse fameuse et d'un connétable de France galant et
bel esprit — Hélas ! nous autres pauvres philosophes nous sommes à un
connétable ce qu'un carré de choux et de radis est au jardin du Louvre
Qu'importe après tout ? La vie humaine pour les grands comme pour nous
est mêlée de bien et de mal La douleur est toujours à côté de la joie, le
spondée auprès du dactyle — Mon maître, il faut que je vous conte cette
histoire du logis Barbeau Cela finit d'une façon tragique C'était en 1319,
sous le règne de Philippe V, le plus long des rois de France La moralité de
l'histoire est que les tentations de la chair sont pernicieuses et malignes
N'appuyons pas trop le regard sur la femme du voisin, si chatouilleux que
nos sens soient à sa beauté La fornication est une pensée fort libertine
L'adultère est une curiosité de la volupté d'autrui — Ohé ! voilà que
le bruit redouble là-bas !

Le tumulte en effet croissait autour de Notre-Dame Ils écoutèrent On
entendait assez clairement des cris de victoire Tout à coup, cent flambeaux
qui faisaient étinceler des casques d'hommes d'armes se répandirent sur
l'église à toutes les hauteurs, sur les tours, sur les galeries, sous les arcs-
boutants Ces flambeaux semblaient chercher quelque chose, et bientôt ces
clameurs éloignées arrivèrent distinctement jusqu'aux fugitifs — L'égyptienne ! la sorcière ! à mort l'égyptienne !

La malheureuse laissa tomber sa tête sur ses mains, et l'inconnu se mit à
ramer avec furie vers le bord Cependant notre philosophe réfléchissait Il
pressait la chèvre dans ses bras, et s'éloignait tout doucement de la bohémienne, qui se serrait de plus en plus contre lui, comme au seul asile qui lui
restât

Il est certain que Gringoire était dans une cruelle perplexité Il songeait
que la chèvre aussi, *d'après la législation existante,* serait pendue si elle était
reprise, que ce serait grand dommage, la pauvre Djali ! qu'il avait trop de
deux condamnées ainsi accrochées après lui, qu'enfin son compagnon ne
demandait pas mieux que de se charger de l'égyptienne Il se livrait entre
ses pensées un violent combat, dans lequel, comme le Jupiter de l'Iliade, il
pesait tour à tour l'égyptienne et la chèvre, et il les regardait l'une après
l'autre, avec des yeux humides de larmes, en disant entre ses dents — Je
ne puis pas pourtant vous sauver toutes deux

Une secousse les avertit enfin que le bateau abordait Le brouhaha sinistre remplissait toujours la Cité L'inconnu se leva, vint à l'égyptienne, et voulut lui prendre le bras pour l'aider à descendre Elle le repoussa, et se pendit à la manche de Gringoire, qui, de son côté, occupé de la chèvre, la repoussa presque Alors elle sauta seule à bas du bateau Elle était si troublée qu'elle ne savait ce qu'elle faisait, où elle allait Elle demeura ainsi un moment stupéfaite, regardant couler l'eau Quand elle revint un peu à elle, elle était seule sur le port avec l'inconnu Il paraît que Gringoire avait profité de l'instant du débarquement pour s'esquiver avec la chèvre dans le pâté de maisons de la rue Grenier-sur-l'eau

La pauvre égyptienne frissonna de se voir seule avec cet homme Elle voulut parler, crier, appeler Gringoire, sa langue était inerte dans sa bouche, et aucun son ne sortit de ses lèvres Tout à coup elle sentit la main de l'inconnu sur la sienne C'était une main froide et forte Ses dents claquèrent, elle devint plus pâle que le rayon de lune qui l'éclairait L'homme ne dit pas une parole Il se mit à remonter à grands pas vers la place de Grève, en la tenant par la main En cet instant, elle sentit vaguement que la destinée est une force irrésistible Elle n'avait plus de ressort, elle se laissa entraîner, courant tandis qu'il marchait Le quai en cet endroit allait en montant Il lui semblait cependant qu'elle descendait une pente

Elle regarda de tous côtés Pas un passant Le quai était absolument désert. Elle n'entendait de bruit, elle ne sentait remuer des hommes que dans la Cité tumultueuse et rougeoyante, dont elle n'était séparée que par un bras de Seine, et d'où son nom lui arrivait mêlé à des cris de mort Le reste de Paris était répandu autour d'elle par grands blocs d'ombre

Cependant l'inconnu l'entraînait toujours avec le même silence et la même rapidité Elle ne retrouvait dans sa mémoire aucun des lieux où elle marchait En passant devant une fenêtre éclairée, elle fit un effort, se roidit brusquement, et cria — Au secours!

Le bourgeois à qui était la fenêtre l'ouvrit, y parut en chemise avec sa lampe, regarda sur le quai avec un air hébété, prononça quelques paroles qu'elle n'entendit pas, et referma son volet C'était la dernière lueur d'espoir qui s'éteignait

L'homme noir ne proféra pas une syllabe, il la tenait bien, et se remit à marcher plus vite Elle ne résista plus, et le suivit, brisée

De temps en temps elle recueillit un peu de force, et disait d'une voix entrecoupée par les cahots du pavé et l'essoufflement de la course — Qui êtes-vous? qui êtes-vous? — Il ne répondait point

Ils arrivèrent ainsi, toujours le long du quai, à une place assez grande Il y avait un peu de lune C'était la Grève On distinguait au milieu une espèce de croix noire debout C'était le gibet Elle reconnut tout cela, et vit où elle était

L'homme s'arrêta, se tourna vers elle, et leva sa carapoue — Oh !
bégava t-elle pétrifiée, je savais bien que c'était encore lui !

C'était le prêtre Il avait l'air de son fantôme C'est un effet du clair de
lune Il semble qu'a cette lumière on ne voie que les spectres des choses

— Écoute, lui dit-il, et elle frémit au son de cette voix funeste qu'elle
n'avait pas entendue depuis longtemps Il continua Il articulait avec ces
saccades brèves et haletantes qui révèlent par leurs secousses de profonds
tremblements intérieurs — Écoute Nous sommes ici Je vais te parler
Ceci est la Grève C'est ici un point extrême La destinée nous livre l'un à
l'autre Je vais décider de ta vie, toi, de mon âme Voici une place et une
nuit au delà desquelles on ne voit rien Écoute-moi donc Je vais te dire
D'abord ne me parle pas de ton Phœbus (En disant cela, il allait et venait,
comme un homme qui ne peut rester en place, et la tirait après lui) Ne
m'en parle pas Vois-tu ? si tu prononces ce nom, je ne sais pas ce que je
ferai, mais ce sera terrible

Cela dit, comme un corps qui retrouve son centre de gravité, il redevint
immobile Mais ses paroles ne décelaient pas moins d'agitation Sa voix était
de plus en plus basse

— Ne détourne point la tête ainsi Écoute-moi C'est une affaire sérieuse
D'abord, voici ce qui s'est passé — On ne rira pas de tout ceci, je te jure
— Qu'est-ce donc que je disais ? rappelle-le-moi ! ah ! — Il y a un arrêt du
parlement qui te rend à l'échafaud Je viens de te tirer de leurs mains Mais
les voilà qui te poursuivent Regarde

Il étendit le bras vers la Cité Les perquisitions en effet paraissaient y
continuer Les rumeurs se rapprochaient La tour de la maison du Lieutenant, située vis-à-vis la Grève, était pleine de bruit et de clartés, et l'on
voyait des soldats courir sur le quai opposé, avec des torches et ces cris
— L'égyptienne ! où est l'égyptienne ? Mort ! mort !

— Tu vois bien qu'ils te poursuivent, et que je ne te mens pas Moi, je
t'aime — N'ouvre pas la bouche, ne me parle plutôt pas, si c'est pour me
dire que tu me hais Je suis décidé à ne plus entendre cela — Je viens de
te sauver — Laisse-moi d'abord achever — Je puis te sauver tout à fait
J'ai tout préparé C'est à toi de vouloir Comme tu voudras, je pourrai

Il s'interrompit violemment — Non, ce n'est pas cela qu'il faut dire

Et courant, et la faisant courir, car il ne la lâchait pas, il marcha droit au
gibet, et le lui montrant du doigt — Choisis entre nous deux, dit-il
froidement

Elle s'arracha de ses mains et tomba au pied du gibet en embrassant cet
appui funèbre Puis elle tourna sa belle tête à demi, et regarda le prêtre
par-dessus son épaule On eût dit une sainte Vierge au pied de la croix

Le prêtre était demeuré sans mouvement, le doigt toujours levé vers le gibet, conservant son geste, comme une statue

Enfin l'égyptienne lui dit — Il me fait encore moins horreur que vous

Alors il laissa retomber lentement son bras, et regarda le pavé avec un profond accablement — Si ces pierres pouvaient parler, murmura-t-il, oui, elles diraient que voilà un homme bien malheureux

Il reprit La jeune fille agenouillée devant le gibet et noyée dans sa longue chevelure le laissait parler sans l'interrompre Il avait maintenant un accent plaintif et doux qui contrastait douloureusement avec l'âpreté hautaine de ses traits

— Moi, je vous aime Oh! cela est pourtant bien vrai Il ne sort donc rien au dehors de ce feu qui me brûle le cœur! Hélas! jeune fille, nuit et jour, oui, nuit et jour, cela ne mérite-t-il aucune pitié? C'est un amour de la nuit et du jour, vous dis-je, c'est une torture — Oh! je souffre trop, ma pauvre enfant! — C'est une chose digne de compassion, je vous assure Vous voyez que je vous parle doucement Je voudrais bien que vous n'eussiez plus cette horreur de moi — Enfin, un homme qui aime une femme, ce n'est pas sa faute! — Oh! mon Dieu! — Comment! vous ne me pardonnerez donc jamais? Vous me haïrez toujours! C'est donc fini! C'est là ce qui me rend mauvais, voyez-vous, et horrible à moi-même! — Vous ne me regardez seulement pas! Vous pensez à autre chose peut-être tandis que je vous parle debout et frémissant sur la limite de notre éternité à tous deux! — Surtout ne me parlez pas de l'officier! — Quoi! je me jetterais à vos genoux, quoi! je baiserais, non vos pieds, vous ne voudriez pas, mais la terre qui est sous vos pieds, quoi! je sangloterais comme un enfant, j'arracherais de ma poitrine, non des paroles, mais mon cœur et mes entrailles, pour vous dire que je vous aime, tout serait inutile, tout! — Et cependant vous n'avez rien dans l'âme que de tendre et de clément, vous êtes rayonnante de la plus belle douceur, vous êtes tout entière suave, bonne, miséricordieuse et charmante Hélas! vous n'avez de méchanceté que pour moi seul! Oh! quelle fatalité!

Il cacha son visage dans ses mains La jeune fille l'entendit pleurer C'était la première fois Ainsi debout et secoué par les sanglots, il était plus misérable et plus suppliant qu'à genoux Il pleura ainsi un certain temps

— Allons! poursuivit-il ces premières larmes passées, je ne trouve pas de paroles J'avais pourtant bien songé à ce que je vous dirais Maintenant je tremble et je frissonne, je défaille à l'instant décisif, je sens quelque chose de suprême qui nous enveloppe, et je balbutie Oh! je vais tomber sur le pavé si vous ne prenez pas pitié de moi, pitié de vous Ne nous condamnez pas tous deux Si vous saviez combien je vous aime! quel cœur c'est que mon

cœur ! Oh ! quelle désertion de toute vertu ! quel abandon désespéré de
moi-même ! Docteur, je bafoue la science, gentilhomme, je déchire mon
nom, prêtre, je fais du missel un oreiller de luxure, je crache au visage de
mon Dieu ! tout cela pour toi, enchanteresse ! pour être plus digne de ton
enfer ! et tu ne veux pas du damné ! Oh ! que je te dise tout ! plus encore,
quelque chose de plus horrible, oh ! plus horrible !

En prononçant ces dernières paroles, son air devint tout à fait égaré Il se
tut un instant, et reprit comme se parlant à lui-même, et d'une voix forte
— Caïn, qu'as-tu fait de ton frère ?

Il y eut encore un silence, et il poursuivit — Ce que j'en ai fait,
Seigneur ? Je l'ai recueilli, je l'ai élevé, je l'ai nourri, je l'ai aimé, je l'ai
idolâtré, et je l'ai tué ! Oui, Seigneur, voici qu'on vient de lui écraser la tête
devant moi sur la pierre de votre maison, et c'est à cause de moi, à cause de
cette femme, à cause d'elle

Son œil était hagard Sa voix allait s'éteignant, il répéta encore plusieurs
fois, machinalement, avec d'assez longs intervalles, comme une cloche qui
prolonge sa dernière vibration — A cause d'elle . — A cause d'elle Puis sa
langue n'articula plus aucun son perceptible, ses lèvres remuaient toujours
cependant Tout à coup il s'affaissa sur lui-même comme quelque chose qui
s'écroule, et demeura à terre sans mouvement, la tête dans les genoux

Un frôlement de la jeune fille qui retirait son pied de dessous lui le fit
revenir Il passa lentement sa main sur ses joues creuses, et regarda quelques
instants avec stupeur ses doigts qui étaient mouillés — Quoi ! murmura-t-il,
j'ai pleuré !

Et se tournant subitement vers l'égyptienne avec une angoisse inexprimable

— Hélas ! vous m'avez regardé froidement pleurer ! Enfant, sais-tu que
ces larmes sont des laves ? Est-il donc bien vrai ? de l'homme qu'on hait rien
ne touche Tu me verrais mourir, tu rirais Oh ! moi je ne veux pas te voir
mourir ! Un mot ! un seul mot de pardon ! Ne me dis pas que tu m'aimes,
dis-moi seulement que tu veux bien, cela suffira, je te sauverai Sinon Oh !
l'heure passe, je t'en supplie par tout ce qui est sacré, n'attends pas que
je sois redevenu de pierre comme ce gibet qui te réclame aussi ! Songe que je
tiens nos deux destinées dans ma main, que je suis insensé, cela est terrible,
que je puis laisser tout choir, et qu'il y a au-dessous de nous un abîme sans
fond, malheureuse, où ma chute poursuivra la tienne durant l'éternité ! Un
mot de bonté ! dis un mot ! rien qu'un mot !

Elle ouvrit la bouche pour lui répondre Il se précipita à genoux devant
elle pour recueillir avec adoration la parole, peut-être attendrie, qui allait
sortir de ses lèvres. Elle lui dit — Vous êtes un assassin !

Le prêtre la prit dans ses bras avec fureur et se mit à rire d'un rire abominable — Eh bien, oui ! assassin ! dit-il, et je t'aurai Tu ne veux pas de moi pour esclave, tu m'auras pour maître Je t'aurai ! J'ai un repaire où je te traînerai Tu me suivras, il faudra bien que tu me suives, ou je te livre ! Il faut mourir, la belle, ou être à moi ! être au prêtre ! être à l'apostat ! être à l'assassin ! dès cette nuit, entends-tu cela ? Allons ! de la joie ! allons ! baise-moi, folle ! La tombe ou mon lit !

Son œil pétillait d'impureté et de rage Sa bouche lascive rougissait le cou de la jeune fille Elle se débattait dans ses bras Il la couvrait de baisers écumants

— Ne me mords pas, monstre ! cria-t-elle Oh ! l'odieux moine infect ! laisse-moi ! Je vais t'arracher tes vilains cheveux gris et te les jeter à poignées par la face !

Il rougit, il pâlit, puis il la lâcha et la regarda d'un air sombre. Elle se crut victorieuse, et poursuivit — Je te dis que je suis à mon Phœbus, que c'est Phœbus que j'aime, que c'est Phœbus qui est beau ! Toi, prêtre, tu es vieux ! tu es laid ! Va-t'en !

Il poussa un cri violent, comme le misérable auquel on applique un fer rouge — Meurs donc ! dit-il à travers un grincement de dents Elle vit son affreux regard, et voulut fuir Il la reprit, il la secoua, il la jeta à terre, et marcha à pas rapides vers l'angle de la Tour-Roland en la traînant après lui sur le pavé par ses belles mains

Arrivé là, il se tourna vers elle — Une dernière fois veux-tu être à moi ? Elle répondit avec force — Non

Alors il cria d'une voix haute — Gudule ! Gudule ! voici l'égyptienne ! venge-toi !

La jeune fille se sentit saisir brusquement au coude Elle regarda C'était un bras décharné qui sortait d'une lucarne dans le mur et qui la tenait comme une main de fer

— Tiens bien ! dit le prêtre C'est l'égyptienne échappée Ne la lâche pas Je vais chercher les sergents Tu la verras pendre

Un rire guttural répondit de l'intérieur du mur à ces sanglantes paroles — Hah ! hah ! hih ! — L'égyptienne vit le prêtre s'éloigner en courant dans la direction du Pont Notre-Dame On entendit une cavalcade de ce côté

La jeune fille avait reconnu la méchante recluse Haletante de terreur, elle essaya de se dégager. Elle se tordit, elle fit plusieurs soubresauts d'agonie et de désespoir, mais l'autre la tenait avec une force inouïe Les doigts osseux et maigres qui la meurtrissaient se crispaient sur sa chair et se rejoignaient à l'entour On eût dit que cette main était rivée à son bras C'était plus qu'une chaîne, plus qu'un carcan, plus qu'un anneau de fer, c'était une tenaille intelligente et vivante qui sortait d'un mur

Épuisée, elle retomba contre la muraille, et alors la crainte de la mort s'empara d'elle Elle songea à la beauté de la vie, à la jeunesse, à la vue du ciel, aux aspects de la nature, à l'amour, à Phœbus, à tout ce qui s'enfuyait et à tout ce qui s'approchait, au prêtre qui la dénonçait, au bourreau qui allait venir, au gibet qui était là Alors elle sentit l'épouvante lui monter jusque dans les racines des cheveux, et elle entendit le rire lugubre de la recluse qui lui disait tout bas — Hah ! hah ! hah ! tu vas être pendue !

Elle se tourna mourante vers la lucarne, et elle vit la figure fauve de la sachette à travers les barreaux — Que vous ai-je fait ? dit-elle presque inanimée

La recluse ne répondit pas, elle se mit à marmotter avec une intonation chantante, irritée et railleuse · — Fille d'Egypte ! fille d'Égypte ! fille d'Égypte !

La malheureuse Esmeralda laissa retomber sa tête sous ses cheveux, comprenant qu'elle n'avait pas affaire à un être humain

Tout à coup la recluse s'écria, comme si la question de l'égyptienne avait mis tout ce temps pour arriver jusqu'à sa pensée — Ce que tu m'as fait ? dis-tu ! — Ah ! ce que tu m'as fait, égyptienne ! Eh bien ! écoute — J'avais un enfant, moi ! vois-tu ? j'avais un enfant ! un enfant, te dis-je ! — Une jolie petite fille ! — Mon Agnès, reprit-elle égarée et baisant quelque chose dans les ténèbres — Eh bien ! vois-tu, fille d'Égypte ? on m'a pris mon enfant, on m'a volé mon enfant, on m'a mangé mon enfant Voilà ce que tu m'as fait

La jeune fille répondit comme l'agneau — Hélas ! je n'étais peut-être pas née alors !

— Oh ! si ! repartit la recluse, tu devais être née Tu en étais Elle serait de ton âge ! Ainsi ! — Voilà quinze ans que je suis ici, quinze ans que je souffre, quinze ans que je prie, quinze ans que je me cogne la tête aux quatre murs — Je te dis que ce sont des égyptiennes qui me l'ont volée, entends-tu cela ? et qui l'ont mangée avec leurs dents — As-tu un cœur ? figure-toi ce que c'est qu'un enfant qui joue, un enfant qui tette, un enfant qui dort C'est si innocent ! — Eh bien ! cela, c'est cela qu'on m'a pris, qu'on m'a tué ! Le bon Dieu le sait bien ! — Aujourd'hui, c'est mon tour, je vais manger de l'égyptienne — Oh ! que je te mordrais bien si les barreaux ne m'empêchaient J'ai la tête trop grosse ! — La pauvre petite ! pendant qu'elle dormait ! Et si elles l'ont réveillée en la prenant, elle aura eu beau crier, je n'étais pas là ! — Ah ! les mères égyptiennes, vous avez mangé mon enfant ! Venez voir la vôtre

Alors elle se mit à rire ou à grincer des dents, les deux choses se ressemblaient sur cette figure furieuse Le jour commençait à poindre Un reflet de cendre éclairait vaguement cette scène, et le gibet devenait de plus en plus distinct dans la place De l'autre côté, vers le Pont Notre-Dame, la pauvre condamnée croyait entendre se rapprocher le bruit de cavalerie

— Madame ! cria-t-elle joignant les mains et tombée sur ses deux genoux, échevelée, éperdue, folle d'effroi, madame ! ayez pitié. Ils viennent Je ne vous ai rien fait Voulez-vous me voir mourir de cette horrible façon sous vos yeux ? Vous avez de la pitié, j'en suis sûre C'est trop affreux Laissez-moi me sauver Lâchez-moi ! Grâce ! Je ne veux pas mourir comme cela !

— Rends-moi mon enfant ! dit la recluse

— Grâce ! grâce !

— Rends-moi mon enfant !

— Lâchez-moi, au nom du ciel !

— Rends-moi mon enfant !

Cette fois encore, la jeune fille retomba, épuisée, rompue, ayant déjà le regard vitré de quelqu'un qui est dans la fosse — Hélas ! bégaya-t-elle, vous cherchez votre enfant Moi, je cherche mes parents

— Rends-moi ma petite Agnès ! poursuivit Gudule — Tu ne sais pas où elle est ? Alors, meurs ! — Je vais te dire J'étais une fille de joie, j'avais un enfant, on m'a pris mon enfant — Ce sont les égyptiennes Tu vois bien qu'il faut que tu meures Quand ta mère l'égyptienne viendra te réclamer, je lui dirai La mère, regarde à ce gibet ! — Ou bien rends-moi mon enfant. — Sais-tu où elle est, ma petite fille ? Tiens, que je te montre Voilà son soulier, tout ce qui m'en reste Sais-tu où est le pareil ? Si tu le sais, dis-le-moi, et si ce n'est qu'à l'autre bout de la terre, je l'irai chercher en marchant sur les genoux.

En parlant ainsi, de son autre bras tendu hors de la lucarne elle montrait à l'égyptienne le petit soulier brodé Il faisait déjà assez jour pour en distinguer la forme et les couleurs

— Montrez-moi ce soulier, dit l'égyptienne en tressaillant Dieu ! Dieu ! Et en même temps, de la main qu'elle avait libre, elle ouvrait vivement le petit sachet orné de verroterie verte qu'elle portait au cou

— Va ! va ! grommelait Gudule, fouille ton amulette du démon ! Tout à coup elle s'interrompit, trembla de tout son corps, et cria avec une voix qui venait du plus profond des entrailles — Ma fille !

L'égyptienne venait de tirer du sachet un petit soulier absolument pareil à l'autre A ce petit soulier était attaché un parchemin sur lequel ce carme était écrit

Quand le pareil retrouveras,
Ta mère te tendra les bras

En moins de temps qu'il n'en faut à l'éclair, la recluse avait confronté les deux souliers, lu l'inscription du parchemin, et collé aux barreaux de la lucarne son visage rayonnant d'une joie céleste en criant : — Ma fille ! ma fille !

— Ma mère ! répondit l'égyptienne.

Ici nous renonçons à peindre.

Le mur et les barreaux de fer étaient entre elles deux. — Oh ! le mur ! cria la recluse. Oh ! la voir et ne pas l'embrasser ! Ta main ! ta main !

La jeune fille lui passa son bras à travers la lucarne, la recluse se jeta sur cette main, y attacha ses lèvres, et y demeura, abîmée dans ce baiser, ne donnant plus d'autre signe de vie qu'un sanglot qui soulevait ses hanches de temps en temps. Cependant elle pleurait à torrents, en silence, dans l'ombre, comme une pluie de nuit. La pauvre mère vidait par flots sur cette main adorée le noir et profond puits de larmes qui était au dedans d'elle, et où toute sa douleur avait filtré goutte à goutte depuis quinze années.

Tout à coup, elle se releva, écarta ses longs cheveux gris de dessus son front, et, sans dire une parole, se mit à ébranler de ses deux mains les barreaux de sa loge plus furieusement qu'une lionne. Les barreaux tinrent bon. Alors elle alla chercher dans un coin de sa cellule un gros pavé qui lui servait d'oreiller, et le lança contre eux avec tant de violence qu'un des barreaux se brisa en jetant mille étincelles. Un second coup effondra tout à fait la vieille croix de fer qui barricadait la lucarne. Alors avec ses deux mains elle acheva de rompre et d'écarter les tronçons rouillés des barreaux. Il y a des moments où les mains d'une femme ont une force surhumaine.

Le passage frayé, et il fallut moins d'une minute pour cela, elle saisit sa fille par le milieu du corps et la tira dans sa cellule. — Viens ! que je te repêche de l'abîme ! murmurait-elle.

Quand sa fille fut dans la cellule, elle la posa doucement à terre, puis la reprit et, la portant dans ses bras comme si ce n'était toujours que sa petite Agnès, elle allait et venait dans l'étroite loge, ivre, forcenée, joyeuse, criant, chantant, baisant sa fille, lui parlant, éclatant de rire, fondant en larmes, le tout à la fois et avec emportement.

— Ma fille ! ma fille ! disait-elle. J'ai ma fille ! la voilà. Le bon Dieu me l'a rendue. Eh vous ! venez tous ! Y a-t-il quelqu'un là pour voir que j'ai ma fille ? Seigneur Jésus, qu'elle est belle ! Vous me l'avez fait attendre quinze ans, mon bon Dieu, mais c'était pour me la rendre belle. — Les égyptiennes ne l'avaient donc pas mangée ! Qui avait dit cela ? Ma petite fille ! ma petite fille ! baise-moi. Ces bonnes égyptiennes ! J'aime les égyptiennes. — C'est bien toi. C'est donc cela que le cœur me sautait chaque fois que tu passais. Moi qui prenais cela pour de la haine ! Pardonne-moi, mon Agnès, pardonne-moi. Tu m'as trouvée bien méchante, n'est-ce pas ? Je t'aime. — Ton petit signe au cou, l'as-tu toujours? voyons Elle l'a toujours Oh! tu es belle! C'est moi qui vous ai fait ces grands yeux-là, mademoiselle Baise-moi Je t'aime Cela m'est bien égal que les autres mères aient des enfants, je me moque bien d'elles à présent Elle n'ont qu'à venir Voici la mienne Voilà son cou, ses yeux, ses cheveux, si mon Trouvez-moi quelque chose de beau comme cela! Oh! je vous en réponds qu'elle aura des amoureux, celle-là! J'ai pleuré quinze ans Toute ma beauté s'en est allée, et lui est venue Baise-moi!

Elle lui tenait mille autres discours extravagants dont l'accent faisait toute la beauté, dérangeait les vêtements de la pauvre fille jusqu'à la faire rougir, lui lissait sa chevelure de soie avec la main, lui baisait le pied, le genou, le front, les yeux, s'extasiait de tout La jeune fille se laissait faire, en répétant par intervalles très bas et avec une douceur infinie — Ma mère!

— Vois-tu, ma petite fille, reprenait la recluse en entrecoupant tous ses mots de baisers, vois-tu, je t'aimerai bien Nous nous en irons d'ici Nous allons être bien heureuses J'ai hérité quelque chose à Reims, dans notre pays Tu sais, Reims? Ah! non, tu ne sais pas cela, toi, tu étais trop petite! Si tu savais comme tu étais jolie, à quatre mois! Des petits pieds qu'on venait voir par curiosité d'Épernay qui est à sept lieues! Nous aurons un champ, une maison Je te coucherai dans mon lit Mon Dieu! mon Dieu! qui est-ce qui croirait cela? j'ai ma fille!

— O ma mère! dit la jeune fille trouvant enfin la force de parler dans son émotion, l'égyptienne me l'avait bien dit Il y a une bonne égyptienne des nôtres qui est morte l'an passé, et qui avait toujours eu soin de moi comme une nourrice C'est elle qui m'avait mis ce sachet au cou Elle me disait toujours — Petite, garde bien ce bijou C'est un trésor Il te fera retrouver ta mère Tu portes ta mère à ton cou — Elle l'avait prédit, l'égyptienne!

La sachette serra de nouveau sa fille dans ses bras — Viens, que je te baise! tu dis cela gentiment Quand nous serons au pays, nous chausserons un Enfant-Jésus d'église avec les petits souliers Nous devons bien cela à la bonne sainte Vierge Mon Dieu! que tu as une jolie voix! Quand tu me parlais tout à l'heure, c'était une musique! Ah! mon Dieu Seigneur! J'ai retrouvé mon enfant! Mais est-ce croyable, cette histoire-là? On ne meurt de rien, car je ne suis pas morte de joie

Et puis, elle se remit à battre des mains et à rire et à crier —Nous allons être heureuses!

En ce moment la logette retentit d'un cliquetis d'armes et d'un galop de chevaux qui semblait déboucher du Pont Notre-Dame et s'avancer de plus en plus sur le quai L'égyptienne se jeta avec angoisse dans les bras de la sachette

— Sauvez-moi ! sauvez-moi ! ma mère ! les voilà qui viennent !

La recluse devint pâle

— O ciel ! que dis-tu là ? J'avais oublié ! on te poursuit ! Qu'as-tu donc fait ?

— Je ne sais pas, répondit la malheureuse enfant, mais je suis condamnée à mourir

— Mourir ! dit Gudule chancelant comme sous un coup de foudre Mourir ! reprit-elle lentement et regardant sa fille avec son œil fixe

— Oui, ma mère, reprit la jeune fille éperdue, ils veulent me tuer Voilà qu'on vient me prendre Cette potence est pour moi ! Sauvez-moi ! sauvez-moi ! Ils arrivent ! sauvez-moi !

La recluse resta quelques instants immobile comme une pétrification, puis elle remua la tête en signe de doute, et tout à coup partant d'un éclat de rire, mais de son rire effrayant qui lui était revenu · — Ho ! ho ! non ! c'est un rêve que tu me dis là Ah, oui ! je l'aurais perdue, cela aurait duré quinze ans, et puis je la retrouverais, et cela durerait une minute ! Et on me la reprendrait ! et c'est maintenant qu'elle est belle, qu'elle est grande, qu'elle me parle, qu'elle m'aime, c'est maintenant qu'ils viendraient me la manger, sous mes yeux à moi qui suis la mère ! Oh non ! ces choses-là ne sont pas possibles Le bon Dieu n'en permet pas comme cela

Ici la cavalcade parut s'arrêter, et l'on entendit une voix éloignée qui disait — Par ici, messire Tristan ! Le prêtre dit que nous la trouverons au Trou aux Rats — Le bruit de chevaux recommença

La recluse se dressa debout avec un cri désespéré — Sauve-toi ! sauve-toi, mon enfant ! Tout me revient Tu as raison C'est ta mort ! Horreur ! malédiction ! Sauve-toi !

Elle mit la tête à la lucarne, et la retira vite

— Reste, dit-elle d'une voix basse, brève et lugubre, en serrant convulsivement la main de l'égyptienne plus morte que vive Reste ! ne souffle pas ! il y a des soldats partout Tu ne peux sortir Il fait trop de jour

Ses yeux étaient secs et brûlants Elle resta un moment sans parler Seulement elle marchait à grands pas dans la cellule, et s'arrêtait par intervalles pour s'arracher des poignées de cheveux gris qu'elle déchirait ensuite avec ses dents

Tout à coup elle dit — Ils approchent Je vais leur parler Cache-toi dans ce coin Ils ne te verront pas Je leur dirai que tu t'es échappée, que je t'ai lâchée, ma foi !

Elle posa sa fille, car elle la portait toujours, dans un angle de la cellule qu'on ne voyait pas du dehors Elle l'accroupit, l'arrangea soigneusement de manière que ni son pied ni sa main ne dépassassent l'ombre, lui dénoua ses cheveux noirs qu'elle répandit sur sa robe blanche pour la masquer, mit devant elle sa cruche et son pavé, les seuls meubles qu'elle eût, s'imaginant que cette cruche et ce pavé la cacheraient Et quand ce fut fini, plus tranquille, elle se mit à genoux, et pria Le jour, qui ne faisait que de poindre, laissait encore beaucoup de ténèbres dans le Trou aux Rats

En cet instant, la voix du prêtre, cette voix infernale, passa très près de la cellule en criant — Par ici, capitaine Phœbus de Châteaupers !

A ce nom, à cette voix, la Esmeralda, tapie dans son coin, fit un mouvement — Ne bouge pas ! dit Gudule

Elle achevait à peine qu'un tumulte d'hommes, d'épées et de chevaux s'arrêta autour de la cellule La mère se leva bien vite et s'alla poster devant sa lucarne pour la boucher Elle vit une grande troupe d'hommes armés, de pied et de cheval, rangée sur la Grève Celui qui les commandait mit pied à terre et vint vers elle — La vieille, dit cet homme, qui avait une figure atroce, nous cherchons une sorcière pour la pendre on nous a dit que tu l'avais

La pauvre mère prit l'air le plus indifférent qu'elle put, et répondit — Je ne sais pas trop ce que vous voulez dire

L'autre reprit — Tête-Dieu ! que chantait donc cet effaré d'archidiacre ? Où est-il ?

— Monseigneur, dit un soldat, il a disparu

— Or çà, la vieille folle, repartit le commandant, ne me mens pas On t'a donné une sorcière à garder Qu'en as-tu fait ?

La recluse ne voulut pas tout nier, de peur d'éveiller des soupçons, et répondit d'un accent sincère et bourru — Si vous parlez d'une grande jeune fille qu'on m'a accrochée aux mains tout à l'heure, je vous dirai qu'elle m'a mordu et que je l'ai lâchée Voilà Laissez-moi en repos

Le commandant fit une grimace désappointée

— Ne va pas me mentir, vieux spectre, reprit-il Je m'appelle Tristan l'Hermite, et je suis le compère du roi Tristan l'Hermite, entends-tu ? Il ajouta, en regardant la place de Grève autour de lui — C'est un nom qui a de l'écho ici

— Vous seriez Satan l'Hermite, répliqua Gudule qui reprenait espoir, que je n'aurais pas autre chose à vous dire et que je n'aurais pas peur de vous

— Tête-Dieu ! dit Tristan, voilà une commère ! Ah ! la fille sorcière s'est sauvée ! et par où a-t-elle pris ?

Gudule répondit d'un ton insouciant

— Par la rue du Mouton, je crois

Tristan tourna la tête, et fit signe à sa troupe de se préparer à se remettre en marche La recluse respira

— Monseigneur, dit tout à coup un archer, demandez donc à la vieille fée pourquoi les barreaux de sa lucarne sont défaits de la sorte

Cette question fit rentrer l'angoisse au cœur de la misérable mère Elle ne perdit pourtant pas toute présence d'esprit — Ils ont toujours été ainsi, bégaya-t-elle

— Bah ! repartit l'archer, hier encore ils faisaient une belle croix noire qui donnait de la dévotion

Tristan jeta un regard oblique à la recluse

— Je crois que la commère se trouble !

L'infortunée sentit que tout dépendait de sa bonne contenance, et la mort dans l'âme elle se mit à ricaner Les mères ont de ces forces-là — Bah ! dit-elle, cet homme est ivre Il y a plus d'un an que le cul d'une charrette de pierres a donné dans ma lucarne et en a défoncé la grille Que même j'ai injurié le charretier !

— C'est vrai, dit un autre archer, j'y étais

Il se trouve toujours partout des gens qui ont tout vu Ce témoignage inespéré de l'archer ranima la recluse, à qui cet interrogatoire faisait traverser un abîme sur le tranchant d'un couteau

Mais elle était condamnée à une alternative continuelle d'espérance et d'alarme

— Si c'est une charrette qui a fait cela, repartit le premier soldat, les tronçons des barres devraient être repoussés en dedans, tandis qu'ils sont ramenés en dehors

— Hé ! hé ! dit Tristan au soldat, tu as un nez d'enquêteur au Châtelet Répondez à ce qu'il dit, la vieille !

— Mon Dieu ! s'écria-t-elle aux abois et d'une voix malgré elle pleine de larmes, je vous jure, monseigneur, que c'est une charrette qui a brisé ces barreaux Vous entendez que cet homme l'a vu Et puis, qu'est-ce que cela fait pour votre égyptienne ?

— Hum ! grommela Tristan

— Diable ! reprit le soldat flatté de l'éloge du prévôt, les cassures du fer sont toutes fraîches !

Tristan hocha la tête Elle pâlit — Combien y a-t-il de temps, dites-vous, de cette charrette ?

— Un mois, quinze jours peut-être, monseigneur Je ne sais plus, moi

— Elle a d'abord dit plus d'un an, observa le soldat

— Voilà qui est louche ! dit le prévôt

— Monseigneur, cria-t-elle toujours collée devant la lucarne, et tremblant que le soupçon ne les poussât à y passer la tête et à regarder dans la cellule, monseigneur, je vous jure que c'est une charrette qui a brisé cette grille Je vous le jure par les saints anges du paradis Si ce n'est pas une charrette, je veux être éternellement damnée et je renie Dieu !

— Tu mets bien de la chaleur à ce jurement ! dit Tristan avec son coup d'œil d'inquisiteur

La pauvre femme sentait s'évanouir de plus en plus son assurance Elle en était à faire des maladresses, et elle comprenait avec terreur qu'elle ne disait pas ce qu'il aurait fallu dire

Ici, un autre soldat arriva en criant — Monseigneur, la vieille fée ment La sorcière ne s'est pas sauvée par la rue du Mouton La chaîne de la rue est restée tendue toute la nuit, et le garde-chaîne n'a vu passer personne

Tristan, dont la physionomie devenait à chaque instant plus sinistre, interpella la recluse — Qu'as-tu à dire à cela ?

Elle essaya encore de faire tête à ce nouvel incident — Que je ne sais, monseigneur, que j'ai pu me tromper Je crois qu'elle a passé l'eau en effet

— C'est le côté opposé, dit le prévôt Il n'y a pourtant pas grande apparence qu'elle ait voulu rentrer dans la Cité où on la poursuivait Tu mens, la vieille !

— Et puis, ajouta le premier soldat, il n'y a de bateau ni de ce côté de l'eau ni de l'autre

— Elle aura passé à la nage, répliqua la recluse défendant le terrain pied à pied.

— Est-ce que les femmes nagent ? dit le soldat

— Tête-Dieu ! la vieille ! tu mens ! tu mens ! reprit Tristan avec colère J'ai bonne envie de laisser là cette sorcière, et de te prendre, toi Un quart d'heure de question te tirera peut-être la vérité du gosier Allons ! tu vas nous suivre

Elle saisit ces paroles avec avidité — Comme vous voudrez, monseigneur Faites Faites La question, je veux bien Emmenez-moi Vite, vite ! partons tout de suite — Pendant ce temps-là, pensait-elle, ma fille se sauvera

— Mort-Dieu ! dit le prévôt, quel appétit du chevalet ! Je ne comprends rien à cette folle

Un vieux sergent du guet à tête grise sortit des rangs, et s'adressant au prévôt — Folle en effet, monseigneur ! Si elle a lâché l'égyptienne, ce n'est pas sa faute, car elle n'aime pas les égyptiennes Voilà quinze ans que je fais le guet, et que je l'entends tous les soirs maugréer les femmes bohèmes avec des exécrations sans fin Si celle que nous poursuivons est, comme je le crois, la petite danseuse à la chèvre, elle déteste celle-là surtout

Gudule fit un effort et dit — Celle-là surtout

Le témoignage unanime des hommes du guet confirma au prévôt les

paroles du vieux sergent Tristan l'Hermite, désespérant de rien tirer de la
recluse, lui tourna le dos, et elle le vit avec une anxiété inexprimable se
diriger lentement vers son cheval —Allons, disait-il entre ses dents, en route!
remettons-nous à l'enquête Je ne dormirai pas que l'égyptienne ne soit
pendue

Cependant il hésita encore quelque temps avant de monter à cheval
Gudule palpitait entre la vie et la mort en le voyant promener autour de la
place cette mine inquiète d'un chien de chasse qui sent près de lui le gîte
de la bête et résiste à s'éloigner Enfin il secoua la tête et sauta en selle Le
cœur si horriblement comprimé de Gudule se dilata, et elle dit à voix basse
en jetant un coup d'œil sur sa fille, qu'elle n'avait pas encore osé regarder
depuis qu'ils étaient là   — Sauvée!

La pauvre enfant était restée tout ce temps dans son coin, sans souffler,
sans remuer, avec l'idée de la mort debout devant elle Elle n'avait rien
perdu de la scène entre Gudule et Tristan, et chacune des angoisses de sa
mère avait retenti en elle Elle avait entendu tous les craquements successifs
du fil qui la tenait suspendue sur le gouffre, elle avait cru vingt fois le voir
se briser, et commençait enfin à respirer et à se sentir le pied en terre ferme
En ce moment, elle entendit une voix qui disait au prévôt

— Corbœuf! monsieur le prévôt, ce n'est pas mon affaire, à moi homme
d'armes, de pendre les sorcières La quenaille de peuple est à bas Je vous
laisse besogner tout seul Vous trouverez bon que j'aille rejoindre ma compagnie, pour ce qu'elle est sans capitaine Cette voix, c'était celle de Phœbus
de Châteaupers Ce qui se passa en elle est ineffable Il était donc là, son
ami, son protecteur, son appui, son asile, son Phœbus! Elle se leva, et avant
que sa mère eût pu l'en empêcher, elle s'était jetée à la lucarne en criant
— Phœbus! à moi, mon Phœbus!

Phœbus n'y était plus Il venait de tourner au galop l'angle de la rue de
la Coutellerie Mais Tristan n'était pas encore parti

La recluse se précipita sur sa fille avec un rugissement Elle la retira violemment en arrière en lui enfonçant ses ongles dans le cou Une mère
tigresse n'y regarde pas de si près Mais il était trop tard Tristan avait vu

— Hé! hé! s'écria-t-il avec un rire qui déchaussait toutes ses dents et
faisait ressembler sa figure au museau d'un loup, deux souris dans la souri-
cière!

— Je m'en doutais, dit le soldat

Tristan lui frappa sur l'épaule   — Tu es un bon chat! — Allons, ajouta-
t-il, où est Henriet Cousin?

Un homme qui n'avait ni le vêtement ni la mine des soldats sortit de
leurs rangs Il portait un costume mi-parti gris et brun, les cheveux plats,

des manches de cuir, et un paquet de cordes à sa grosse main Cet homme accompagnait toujours Tristan, qui accompagnait toujours Louis XI

— L'ami, dit Tristan l'Hermite, je présume que voilà la sorcière que nous cherchions Tu vas me pendre cela As-tu ton échelle ?

— Il y en a une là sous le hangar de la Maison-aux-Piliers, répondit l'homme Est-ce à cette justice-là que nous ferons la chose ? poursuivit-il en montrant le gibet de pierre

— Oui

— Ho hé ! reprit l'homme avec un gros rire plus bestial encore que celui du prévôt, nous n'aurons pas beaucoup de chemin à faire

— Dépêche ! dit Tristan Tu riras après

Cependant, depuis que Tristan avait vu sa fille et que tout espoir était perdu, la recluse n'avait pas encore dit une parole Elle avait jeté la pauvre égyptienne à demi morte dans le coin du caveau, et s'était replacée à la lucarne, ses deux mains appuyées à l'angle de l'entablement comme deux griffes Dans cette attitude, on la voyait promener intrépidement sur tous ces soldats son regard, qui était redevenu fauve et insensé Au moment où Henriet Cousin s'approcha de la loge, elle lui fit une figure tellement sauvage qu'il recula

— Monseigneur, dit-il en revenant au prévôt, laquelle faut-il prendre ?

— La jeune

— Tant mieux Car la vieille paraît malaisée

— Pauvre petite danseuse à la chèvre ! dit le vieux sergent du guet

Henriet Cousin se rapprocha de la lucarne L'œil de la mère fit baisser le sien Il dit assez timidement — Madame

Elle l'interrompit d'une voix très basse et furieuse — Que demandes tu ?

— Ce n'est pas vous, dit-il, c'est l'autre

— Quelle autre ?

— La jeune

Elle se mit à secouer la tête en criant — Il n'y a personne ! Il n'y a personne ! Il n'y a personne !

— Si ! reprit le bourreau, vous le savez bien Laissez-moi prendre la jeune Je ne veux pas vous faire de mal, à vous

Elle dit avec un ricanement étrange — Ah ! tu ne veux pas me faire de mal, à moi !

— Laissez-moi l'autre, madame, c'est monsieur le prévôt qui le veut

Elle répéta d'un air de folie — Il n'y a personne

— Je vous dis que si ! répliqua le bourreau Nous avons tous vu que vous étiez deux

— Regarde plutôt ! dit la recluse en ricanant Fourre ta tête par la lucarne

Le bourreau examina les ongles de la mère, et n'osa pas

— Dépêche ! cria Tristan qui venait de ranger sa troupe en cercle autour du Trou aux Rats et qui se tenait à cheval près du gibet

Henriet revint au prévôt encore une fois, tout embarrassé Il avait posé sa corde à terre, et roulait d'un air gauche son chapeau dans ses mains — Monseigneur, demanda-t-il, par où entrer ?

— Par la porte

— Il n'y en a pas

— Par la fenêtre

— Elle est trop étroite

— Élargis-la, dit Tristan avec colère N'as-tu pas des pioches ?

Du fond de son antre, la mère, toujours en arrêt, regardait Elle n'espérait plus rien, elle ne savait plus ce qu'elle voulait, mais elle ne voulait pas qu'on lui prît sa fille

Henriet Cousin alla chercher la caisse d'outils des basses œuvres sous le hangar de la Maison-aux-Piliers Il en retira aussi la double échelle, qu'il appliqua sur-le-champ au gibet Cinq ou six hommes de la prévôté s'armèrent de pics et de leviers, et Tristan se dirigea avec eux vers la lucarne

— La vieille, dit le prévôt d'un ton sévère, livre-nous cette fille de bonne grâce

Elle le regarda comme quand on ne comprend pas

— Tête-Dieu ! reprit Tristan, qu'as-tu donc à empêcher cette sorcière d'être pendue comme il plaît au roi ?

La misérable se mit à rire de son rire farouche

— Ce que j'y ai ? C'est ma fille

L'accent dont elle prononça ce mot fit frissonner jusqu'à Henriet Cousin lui-même

— J'en suis fâché, repartit le prévôt Mais c'est le bon plaisir du roi

Elle cria en redoublant son rire terrible — Qu'est-ce que cela me fait, ton roi ? Je te dis que c'est ma fille !

— Percez le mur, dit Tristan

Il suffisait, pour pratiquer une ouverture assez large, de desceller une assise de pierre au-dessous de la lucarne Quand la mère entendit les pics et les leviers saper sa forteresse, elle poussa un cri épouvantable, puis elle se mit à tourner avec une vitesse effrayante autour de sa loge, habitude de bête fauve que la cage lui avait donnée Elle ne disait plus rien, mais ses yeux flamboyaient Les soldats étaient glacés au fond du cœur

Tout à coup elle prit son pavé, rit, et le jeta à deux poings sur les travailleurs Le pavé, mal lancé, car ses mains tremblaient, ne toucha personne, et vint s'arrêter sous les pieds du cheval de Tristan Elle grinça des dents

Cependant, quoique le soleil ne fût pas encore levé, il faisait grand jour, une belle teinte rose égayait les vieilles cheminées vermoulues de la Maison-aux-Piliers C'était l'heure où les fenêtres les plus matinales de la grande ville s'ouvrent joyeusement sur les toits Quelques manants, quelques fruitiers allant aux halles sur leur âne, commençaient à traverser la Grève, ils s'arrêtaient un moment devant ce groupe de soldats amoncelés autour du Trou aux Rats, le considéraient d'un air étonné, et passaient outre

La recluse était allée s'asseoir près de sa fille, la couvrant de son corps, devant elle, l'œil fixe, écoutant la pauvre enfant qui ne bougeait pas, et qui murmurait à voix basse pour toute parole Phœbus! Phœbus! A mesure que le travail des démolisseurs semblait s'avancer, la mère se reculait machinalement, et serrait de plus en plus la jeune fille contre le mur Tout à coup la recluse vit la pierre (car elle faisait sentinelle et ne la quittait pas du regard) s'ébranler, et elle entendit la voix de Tristan qui encourageait les travailleurs Alors elle sortit de l'affaissement où elle était tombée depuis quelques instants, et s'écria, et tandis qu'elle parlait sa voix tantôt déchirait l'oreille comme une scie, tantôt balbutiait comme si toutes les malédictions se fussent pressées sur ses lèvres pour éclater à la fois — Ho! ho! ho! Mais c'est horrible! Vous êtes des brigands! Est-ce que vous allez vraiment me prendre ma fille ? Je vous dis que c'est ma fille! Oh! les lâches! Oh! les laquais bourreaux! les misérables goujats assassins! Au secours! au secours! au feu! Mais est-ce qu'ils me prendront mon enfant comme cela ? Qui est-ce donc qu'on appelle le bon Dieu ?

Alors s'adressant à Tristan, écumante, l'œil hagard, à quatre pattes comme une panthère, et toute hérissée

— Approche un peu me prendre ma fille! Est-ce que tu ne comprends pas que cette femme te dit que c'est sa fille ? Sais-tu ce que c'est qu'un enfant qu'on a ? Hé! loup-cervier, n'as-tu jamais gîté avec ta louve ? n'en as-tu jamais eu un louveteau ? et si tu as des petits, quand ils hurlent, est-ce que tu n'as rien dans le ventre que cela remue ?

— Mettez bas la pierre, dit Tristan, elle ne tient plus

Les leviers soulevèrent la lourde assise C'était, nous l'avons dit, le dernier rempart de la mère Elle se jeta dessus, elle voulut la retenir, elle égratigna la pierre avec ses ongles, mais le bloc massif, mis en mouvement par six hommes, lui échappa et glissa doucement jusqu'à terre le long des leviers de fer

La mère, voyant l'entrée faite, tomba devant l'ouverture en travers, barricadant la brèche avec son corps, tordant ses bras, heurtant la dalle de sa tête, et criant d'une voix enrouée de fatigue qu'on entendait à peine — Au secours! au feu! au feu!

— Maintenant prenez la fille, dit Tristan toujours impassible

La mère regarda les soldats d'une manière si formidable qu'ils avaient plus envie de reculer que d'avancer

— Allons donc, reprit le prévôt Henriet Cousin, toi !

Personne ne fit un pas

Le prévôt jura — Tête-Christ ! mes gens de guerre ! peur d'une femme !

— Monseigneur, dit Henriet, vous appelez cela une femme ?

— Elle a une crinière de lion ! dit un autre

— Allons ! reprit le prévôt, la baie est assez large Entrez-y trois de front, comme à la brèche de Pontoise Finissons, mort-Mahom ! Le premier qui recule, j'en fais deux morceaux !

Placés entre le prévôt et la mère, tous deux menaçants, les soldats hésitèrent un moment, puis, prenant leur parti, s'avancèrent vers le Trou aux Rats

Quand la recluse vit cela, elle se dressa brusquement sur les genoux, écarta ses cheveux de son visage, puis laissa retomber ses mains maigres et écorchées sur ses cuisses Alors de grosses larmes sortirent une à une de ses yeux, elles descendaient par une ride le long de ses joues comme un torrent par le lit qu'il s'est creusé En même temps elle se mit à parler, mais d'une voix si suppliante, si douce, si soumise et si poignante, qu'à l'entour de Tristan plus d'un vieil argousin qui aurait mangé de la chair humaine s'essuyait les yeux

— Messeigneurs ! messieurs les sergents, un mot ! C'est une chose qu'il faut que je vous dise C'est ma fille, voyez-vous ? ma chère petite fille que j'avais perdue ! Écoutez C'est une histoire Figurez-vous que je connais très bien messieurs les sergents Ils ont toujours été bons pour moi dans le temps que les petits garçons me jetaient des pierres parce que je faisais la vie d'amour Voyez-vous ? vous me laisserez mon enfant, quand vous saurez ! Je suis une pauvre fille de joie Ce sont les bohémiennes qui me l'ont volée Même que j'ai gardé son soulier quinze ans Tenez, le voilà Elle avait ce pied-là A Reims ! La Chantefleurie ! rue Folle-Peine ! Vous avez connu cela peut-être C'était moi Dans votre jeunesse, alors, c'était un beau temps On passait de bons quarts d'heure Vous aurez pitié de moi, n'est-ce pas, messeigneurs ? Les égyptiennes me l'ont volée, elles me l'ont cachée quinze ans Je la croyais morte Figurez-vous, mes bons amis, que je la croyais morte J'ai passé quinze ans ici, dans cette cave, sans feu l'hiver C'est dur, cela Le pauvre cher petit soulier ! J'ai tant crié que le bon Dieu m'a entendue. Cette nuit, il m'a rendu ma fille C'est un miracle du bon Dieu Elle n'était pas morte Vous ne me la prendrez pas, j'en suis sûre Encore si c'était moi, je ne dirais pas, mais elle une enfant de seize ans ! laissez-lui le temps de voir le soleil ! — Qu'est-ce qu'elle vous a fait ? rien du tout. Moi non plus ! Si vous saviez que je n'ai qu'elle, que je suis vieille, que c'est une bénédiction que la sainte Vierge m'envoie ! Et puis, vous êtes si bons tous ! Vous ne saviez pas que c'était ma fille, à présent vous le savez. Oh ! je l'aime ! Monsieur le grand prévôt, j'aimerais mieux un trou à mes entrailles qu'une égratignure à son doigt ! C'est vous qui avez l'air d'un bon seigneur ! Ce que je vous dis là vous explique la chose, n'est-il pas vrai ? Oh ! si vous avez eu une mère, monseigneur ! vous êtes le capitaine, laissez-moi mon enfant ! Considérez que je vous prie à genoux, comme on prie un Jésus-Christ ! Je ne demande rien à personne, je suis de Reims, messeigneurs, j'ai un petit champ de mon oncle Mahiet Pradon. Je ne suis pas une mendiante. Je ne veux rien, mais je veux mon enfant ! Oh ! je veux garder mon enfant ! Le bon Dieu, qui est le maître, ne me l'a pas rendue pour rien ! Le roi ! vous dites le roi ! Cela ne lui fera déjà pas beaucoup de plaisir qu'on tue ma petite fille ! Et puis le roi est bon ! C'est ma fille ! c'est ma fille, à moi ! elle n'est pas au roi ! elle n'est pas à vous ! Je veux m'en aller ! nous voulons nous en aller ! Enfin, deux femmes qui passent, dont l'une est la mère et l'autre la fille, on les laisse passer ! Laissez-nous passer ! nous sommes de Reims. Oh ! vous êtes bien bons, messieurs les sergents, je vous aime tous. Vous ne me prendrez pas ma chère petite, c'est impossible ! N'est-ce pas que c'est tout à fait impossible ? Mon enfant ! mon enfant !

Nous n'essaierons pas de donner une idée de son geste, de son accent, des larmes qu'elle buvait en parlant, des mains qu'elle joignait et puis tordait, des sourires navrants, des regards noyés, des gémissements, des soupirs, des cris misérables et saisissants qu'elle mêlait à ses paroles désordonnées, folles et décousues. Quand elle se tut, Tristan l'Hermite fronça le sourcil, mais c'était pour cacher une larme qui roulait dans son œil de tigre. Il surmonta pourtant cette faiblesse, et dit d'un ton bref : — Le roi le veut.

Puis, il se pencha à l'oreille d'Henriet Cousin, et lui dit tout bas : — Finis vite ! Le redoutable prévôt sentait peut-être le cœur lui manquer, à lui aussi.

Le bourreau et les sergents entrèrent dans la logette. La mère ne fit aucune résistance, seulement elle se traîna vers sa fille et se jeta à corps perdu sur elle. L'égyptienne vit les soldats s'approcher. L'horreur de la mort la ranima. — Ma mère ! cria-t-elle avec un inexprimable accent de détresse, ma mère ! ils viennent ! défendez-moi ! — Oui, mon amour, je te défends ! répondit la mère d'une voix éteinte, et, la serrant étroitement dans ses bras, elle la couvrit de baisers. Toutes deux ainsi à terre, la mère sur la fille, faisaient un spectacle digne de pitié.

Henriet Cousin prit la jeune fille par le milieu du corps sous ses belles

épaules Quand elle sentit cette main, elle fit Heuh ! et s'évanouit Le
bourreau, qui laissait tomber goutte à goutte de grosses larmes sur elle,
voulut l'enlever dans ses bras Il essaya de détacher la mère, qui avait pour
ainsi dire noué ses deux mains autour de la ceinture de sa fille, mais elle
était si puissamment cramponnée à son enfant qu'il fut impossible de l'en
séparer Henriet Cousin alors traîna la jeune fille hors de la loge, et la mère
après elle La mère aussi tenait ses yeux fermés

Le soleil se levait en ce moment, et il y avait déjà sur la place un assez
bon amas de peuple qui regardait à distance ce qu'on traînait ainsi sur le
pavé vers le gibet Car c'était la mode du prévôt Tristan aux exécutions
Il avait la manie d'empêcher les curieux d'approcher

Il n'y avait personne aux fenêtres On voyait seulement de loin, au
sommet de celle des tours de Notre-Dame qui domine la Grève, deux
hommes détachés en noir sur le ciel clair du matin, qui semblaient regarder

Henriet Cousin s'arrêta avec ce qu'il traînait au pied de la fatale échelle,
et, respirant à peine tant la chose l'apitoyait, il passa la corde autour du cou
adorable de la jeune fille La malheureuse enfant sentit l'horrible attouchement du chanvre Elle souleva ses paupières, et vit le bras décharné du gibet
de pierre, étendu au-dessus de sa tête Alors elle se secoua, et cria d'une voix
haute et déchirante — Non ! non ! je ne veux pas ! La mère, dont la tête
était enfouie et perdue sous les vêtements de sa fille, ne dit pas une parole,
seulement on vit frémir tout son corps et on l'entendit redoubler ses baisers
sur son enfant Le bourreau profita de ce moment pour dénouer vivement
les bras dont elle étreignait la condamnée Soit épuisement, soit désespoir,
elle le laissa faire Alors il prit la jeune fille sur son épaule, d'où la charmante créature retombait gracieusement pliée en deux sur sa large tête. Puis
il mit le pied sur l'échelle pour monter

En ce moment la mère, accroupie sur le pavé, ouvrit tout à fait les yeux
Sans jeter un cri, elle se redressa avec une expression terrible, puis, comme
une bête sur sa proie, elle se jeta sur la main du bourreau et le mordit Ce
fut un éclair Le bourreau hurla de douleur On accourut On retira avec
peine sa main sanglante d'entre les dents de la mère Elle gardait un profond
silence On la repoussa assez brutalement, et l'on remarqua que sa tête
retombait lourdement sur le pavé On la releva Elle se laissa de nouveau
retomber C'est qu'elle était morte

Le bourreau, qui n'avait pas lâché la jeune fille, se remit à monter
l'échelle.

II

LA CREATURA BELLA BIANCO VESTITA
(DANTE)

Quand Quasimodo vit que la cellule était vide, que l'égyptienne n'y était plus, que pendant qu'il la défendait on l'avait enlevée, il prit ses cheveux à deux mains et trépigna de surprise et de douleur. Puis il se mit à courir par toute l'église, cherchant sa bohémienne, hurlant des cris étranges à tous les coins de mur, semant ses cheveux rouges sur le pavé. C'était précisément le moment où les archers du roi entraient victorieux dans Notre-Dame, cherchant aussi l'égyptienne. Quasimodo les y aida, sans se douter, le pauvre sourd, de leurs fatales intentions; il croyait que les ennemis de l'égyptienne, c'étaient les truands. Il mena lui-même Tristan l'Hermite à toutes les cachettes possibles, lui ouvrit les portes secrètes, les doubles fonds d'autel, les arrière-sacristies. Si la malheureuse y eût été encore, c'est lui qui l'eût livrée. Quand la lassitude de ne rien trouver eut rebuté Tristan qui ne se rebutait pas aisément, Quasimodo continua de chercher tout seul. Il fit vingt fois, cent fois le tour de l'église, de long en large, du haut en bas, montant, descendant, courant, appelant, criant, flairant, furetant, fouillant, fourrant sa tête dans tous les trous, poussant une torche sous toutes les voûtes, désespéré, fou. Un mâle qui a perdu sa femelle n'est pas plus rugissant ni plus hagard. Enfin quand il fut sûr, bien sûr qu'elle n'y était plus, que c'en était fait, qu'on la lui avait dérobée, il remonta lentement l'escalier des tours, cet escalier qu'il avait escaladé avec tant d'emportement et de triomphe le jour où il l'avait sauvée. Il repassa par les mêmes lieux, la tête basse, sans voix, sans larmes, presque sans souffle. L'église était déserte de nouveau et retombée dans son silence. Les archers l'avaient quittée pour traquer la sorcière dans la Cité. Quasimodo, resté seul dans cette vaste Notre-Dame, si assiégée et si tumultueuse le moment d'auparavant, reprit le chemin de la cellule où l'égyptienne avait dormi tant de semaines sous sa garde. En s'en approchant, il se figurait qu'il allait peut-être l'y retrouver. Quand, au détour de la galerie qui donne sur le toit des bas côtés, il aperçut l'étroite logette avec sa petite fenêtre et sa petite porte, tapie sous un grand arc-boutant comme un nid d'oiseau sous une branche, le cœur lui manqua, au pauvre homme, et il s'appuya contre un pilier pour ne pas tomber. Il s'imagina qu'elle y était peut-être rentrée, qu'un bon génie l'y avait sans doute ramenée, que cette logette était trop tranquille, trop sûre et trop charmante pour qu'elle n'y fût point, et il n'osait faire un pas de plus, de peur de briser son illusion — Oui, se disait-il en lui-même, elle dort peut-être, ou elle prie Ne la troublons pas

Enfin il rassembla son courage, il avança sur la pointe des pieds, il regarda, il entra Vide ! la cellule était toujours vide Le malheureux sourd en fit le tour à pas lents, souleva le lit et regarda dessous, comme si elle pouvait être cachée entre la dalle et le matelas, puis il secoua la tête et demeura stupide Tout à coup il écrasa furieusement sa torche du pied, et, sans dire une parole, sans pousser un soupir, il se précipita de toute sa course la tête contre le mur et tomba évanoui sur le pavé

Quand il revint à lui, il se jeta sur le lit, il s'y roula, il baisa avec frénésie la place tiède encore où la jeune fille avait dormi, il y resta quelques minutes immobile comme s'il allait y expirer, puis il se releva, ruisselant de sueur, haletant, insensé, et se mit à cogner les murailles de sa tête avec l'effrayante régularité du battant de ses cloches, et la résolution d'un homme qui veut l'y briser Enfin il tomba une seconde fois, épuisé, il se traîna sur les genoux hors de la cellule et s'accroupit en face de la porte, dans une attitude d'étonnement Il resta ainsi plus d'une heure sans faire un mouvement, l'œil fixé sur la cellule déserte, plus sombre et plus pensif qu'une mère assise entre un berceau vide et un cercueil plein Il ne prononçait pas un mot, seulement, à de longs intervalles, un sanglot remuait violemment tout son corps, mais un sanglot sans larmes, comme ces éclairs d'été qui ne font pas de bruit

Il paraît que ce fut alors que, cherchant au fond de sa rêverie désolée quel pouvait être le ravisseur inattendu de l'égyptienne, il songea à l'archidiacre Il se souvint que dom Claude avait seul une clef de l'escalier qui menait à la cellule, il se rappela ses tentatives nocturnes sur la jeune fille, la première à laquelle lui Quasimodo avait aidé, la seconde qu'il avait empêchée Il se rappela mille détails, et ne douta bientôt plus que l'archidiacre ne lui eût pris l'égyptienne Cependant tel était son respect du prêtre, la reconnaissance, le dévouement, l'amour pour cet homme avaient de si profondes racines dans son cœur qu'elles résistaient, même en ce moment, aux ongles de la jalousie et du désespoir

Il songeait que l'archidiacre avait fait cela, et la colère de sang et de mort qu'il en eût ressentie contre tout autre, du moment où il s'agissait de Claude Frollo, se tournait chez le pauvre sourd en accroissement de douleur

Au moment où sa pensée se fixait ainsi sur le prêtre, comme l'aube blanchissait les arcs-boutants, il vit à l'étage supérieur de Notre-Dame, au coude que fait la balustrade extérieure qui tourne autour de l'abside, une figure qui marchait Cette figure venait de son côté Il la reconnut C'était l'archidiacre Claude allait d'un pas grave et lent Il ne regardait pas devant lui en marchant, il se dirigeait vers la tour septentrionale, mais son visage était

tourné de côté, vers la rive droite de la Seine, et il tenait la tête haute, comme
s'il eût tâché de voir quelque chose par-dessus les toits Le hibou a souvent
cette attitude oblique Il vole vers un point et en regarde un autre — Le
prêtre passa ainsi au-dessus de Quasimodo sans le voir

Le sourd, que cette brusque apparition avait pétrifié, le vit s'enfoncer
sous la porte de l'escalier de la tour septentrionale Le lecteur sait que cette
tour est celle d'où l'on voit l'Hôtel de Ville Quasimodo se leva et suivit
l'archidiacre

Quasimodo monta l'escalier de la tour pour le monter, pour savoir pourquoi le prêtre le montait Du reste, le pauvre sonneur ne savait ce qu'il
ferait, lui Quasimodo, ce qu'il dirait, ce qu'il voulait Il était plein de fureur
et plein de crainte L'archidiacre et l'égyptienne se heurtaient dans son
cœur

Quand il fut parvenu au sommet de la tour, avant de sortir de l'ombre
de l'escalier et d'entrer sur la plate-forme, il examina avec précaution où était
le prêtre Le prêtre lui tournait le dos Il y a une balustrade percée à jour
qui entoure la plate-forme du clocher Le prêtre, dont les yeux plongeaient
sur la ville, avait la poitrine appuyée à celui des quatre côtés de la balustrade qui regarde le Pont Notre-Dame

Quasimodo, s'avançant à pas de loup derrière lui, alla voir ce qu'il regardait ainsi L'attention du prêtre était tellement absorbée ailleurs qu'il n'entendit point le sourd marcher près de lui

C'est un magnifique et charmant spectacle que Paris, et le Paris d'alors
surtout, vu du haut des tours Notre-Dame aux fraîches lueurs d'une aube
d'été On pouvait être, ce jour-là, en juillet Le ciel était parfaitement serein
Quelques étoiles attardées s'y éteignaient sur divers points, et il y en avait
une très brillante au levant dans le plus clair du ciel Le soleil était au moment de paraître. Paris commençait à remuer Une lumière très blanche et
très pure faisait saillir vivement à l'œil tous les plans que ses mille maisons
présentent à l'orient L'ombre géante des clochers allait de toit en toit d'un
bout de la grande ville à l'autre Il y avait déjà des quartiers qui parlaient et
qui faisaient du bruit Ici un coup de cloche, là un coup de marteau, là-bas
le cliquetis compliqué d'une charrette en marche Déjà quelques fumées se
dégorgeaient çà et là sur toute cette surface de toits comme par les fissures
d'une immense solfatare La rivière, qui fronce son eau aux arches de tant
de ponts, à la pointe de tant d'îles, était toute moirée de plis d'argent
Autour de la ville, au dehors des remparts, la vue se perdait dans un grand
cercle de vapeurs floconneuses à travers lesquelles on distinguait confusément
la ligne indéfinie des plaines et le gracieux renflement des coteaux Toutes
sortes de rumeurs flottantes se dispersaient sur cette cité à demi réveillée

Vers l'orient le vent du matin chassait à travers le ciel quelques blanches
ouates arrachées à la toison de brume des collines

Dans le Parvis, quelques bonnes femmes qui avaient en main leur pot au
lait se montraient avec étonnement le délabrement singulier de la grande
porte de Notre-Dame et deux ruisseaux de plomb figés entre les fentes des
grès C'était tout ce qui restait du tumulte de la nuit Le bûcher allumé par
Quasimodo entre les tours s'était éteint Tristan avait déjà déblayé la place
et fait jeter les morts à la Seine Les rois comme Louis XI ont soin de laver
vite le pavé après un massacre

En dehors de la balustrade de la tour, précisément au-dessous du point
où s'était arrêté le prêtre, il y avait une de ces gouttières de pierre fantas-
tiquement taillées qui hérissent les édifices gothiques, et dans une crevasse
de cette gouttière deux jolies giroflées en fleur, secouées et rendues comme
vivantes par le souffle de l'air, se faisaient des salutations folâtres Au-dessus
des tours, en haut, bien loin au fond du ciel, on entendait de petits cris
d'oiseaux

Mais le prêtre n'écoutait, ne regardait rien de tout cela Il était de ces
hommes pour lesquels il n'y a pas de matins, pas d'oiseaux, pas de fleurs
Dans cet immense horizon qui prenait tant d'aspects autour de lui, sa contemplation était concentrée sur un point unique

Quasimodo brûlait de lui demander ce qu'il avait fait de l'égyptienne
Mais l'archidiacre semblait en ce moment être hors du monde Il était visiblement dans une de ces minutes violentes de la vie où l'on ne sentirait pas
la terre crouler Les yeux invariablement fixés sur un certain lieu, il demeurait immobile et silencieux, et ce silence et cette immobilité avaient quelque
chose de si redoutable que le sauvage sonneur frémissait devant et n'osait s'y
heurter. Seulement, et c'était encore une manière d'interroger l'archidiacre,
il suivit la direction de son rayon visuel, et de cette façon le regard du
malheureux sourd tomba sur la place de Grève

Il vit ainsi ce que le prêtre regardait L'échelle était dressée près du gibet
permanent Il y avait quelque peuple dans la place et beaucoup de soldats
Un homme traînait sur le pavé une chose blanche à laquelle une chose noire
était accrochée Cet homme s'arrêta au pied du gibet

Ici il se passa quelque chose que Quasimodo ne vit pas bien Ce n'est pas
que son œil unique n'eût conservé sa longue portée, mais il y avait un gros
de soldats qui empêchait de distinguer tout D'ailleurs en cet instant le soleil
parut, et un tel flot de lumière déborda par-dessus l'horizon qu'on eût dit que
toutes les pointes de Paris, flèches, cheminées, pignons, prenaient feu à la fois

Cependant l'homme se mit à monter l'échelle Alors Quasimodo le revit
distinctement Il portait une femme sur son épaule, une jeune fille vêtue

de blanc, cette jeune fille avait un nœud au cou Quasimodo la reconnut
C'était elle

L'homme parvint ainsi au haut de l'échelle Là il arrangea le nœud Ici
le prêtre, pour mieux voir, se mit à genoux sur la balustrade.

Tout à coup l'homme repoussa brusquement l'échelle du talon, et Quasimodo qui ne respirait plus depuis quelques instants vit se balancer au bout
de la corde, à deux toises au-dessus du pavé, la malheureuse enfant avec
l'homme accroupi les pieds sur ses épaules La corde fit plusieurs tours sur
elle-même, et Quasimodo vit courir d'horribles convulsions le long du corps
de l'égyptienne Le prêtre de son côté, le cou tendu, l'œil hors de la tête,
contemplait ce groupe épouvantable de l'homme et de la jeune fille, de
l'araignée et de la mouche

Au moment où c'était le plus effroyable, un rire de démon, un rire qu'on
ne peut avoir que lorsqu'on n'est plus homme, éclata sur le visage livide du
prêtre Quasimodo n'entendit pas ce rire, mais il le vit Le sonneur recula
de quelques pas derrière l'archidiacre, et tout à coup, se ruant sur lui avec
fureur, de ses deux grosses mains il le poussa par le dos dans l'abîme sur
lequel dom Claude était penché

Le prêtre cria   — Damnation ! et tomba

La gouttière au-dessous de laquelle il se trouvait l'arrêta dans sa chute Il
s'y accrocha avec des mains désespérées, et, au moment où il ouvrit la bouche
pour jeter un second cri, il vit passer au rebord de la balustrade, au-dessus
de sa tête, la figure formidable et vengeresse de Quasimodo Alors il se tut

L'abîme était au-dessous de lui Une chute de plus de deux cents pieds,
et le pavé Dans cette situation terrible, l'archidiacre ne dit pas une parole,
ne poussa pas un gémissement Seulement il se tordit sur la gouttière avec
des efforts inouïs pour remonter Mais ses mains n'avaient pas de prise sur
le granit, ses pieds rayaient la muraille noircie, sans y mordre Les personnes
qui ont monté sur les tours de Notre-Dame savent qu'il y a un renflement
de la pierre immédiatement au-dessous de la balustrade C'est sur cet angle
rentrant que s'épuisait le misérable archidiacre Il n'avait pas affaire à un mur
à pic, mais à un mur qui fuyait sous lui

Quasimodo n'eût eu pour le tirer du gouffre qu'à lui tendre la main, mais
il ne le regardait seulement pas Il regardait la Grève Il regardait le gibet Il
regardait l'égyptienne Le sourd s'était accoudé sur la balustrade à la place où
était l'archidiacre le moment d'auparavant, et là, ne détachant pas son regard
du seul objet qu'il y eût pour lui au monde en ce moment, il était immobile et muet comme un homme foudroyé, et un long ruisseau de pleurs
coulait en silence de cet œil qui jusqu'alors n'avait encore versé qu'une
seule larme

27

Cependant l'archidiacre haletait Son front chauve ruisselait de sueur, ses ongles saignaient sur la pierre, ses genoux s'écorchaient au mur Il entendait sa soutane accrochée à la gouttière craquer et se découdre à chaque secousse qu'il lui donnait Pour comble de malheur, cette gouttière était terminée par un tuyau de plomb qui fléchissait sous le poids de son corps L'archidiacre sentait ce tuyau ployer lentement Il se disait, le misérable, que quand ses mains seraient brisées de fatigue, quand sa soutane serait déchirée, quand ce plomb serait ployé, il faudrait tomber, et l'épouvante le prenait aux entrailles Quelquefois il regardait avec égarement une espèce d'étroit plateau formé à quelque dix pieds plus bas par des accidents de sculpture, et il demandait au ciel dans le fond de son âme en détresse de pouvoir finir sa vie sur cet espace de deux pieds carrés, dût-elle durer cent années Une fois, il regarda au-dessous de lui dans la place, dans l'abîme, la tête qu'il releva fermait les yeux et avait les cheveux tout droits

C'était quelque chose d'effrayant que le silence de ces deux hommes Tandis que l'archidiacre à quelques pieds de lui agonisait de cette horrible façon, Quasimodo pleurait et regardait la Grève

L'archidiacre, voyant que tous ses soubresauts ne servaient qu'à ébranler le fragile point d'appui qui lui restait, avait pris le parti de ne plus remuer Il était là, embrassant la gouttière, respirant à peine, ne bougeant plus, n'ayant plus d'autres mouvements que cette convulsion machinale du ventre qu'on éprouve dans les rêves quand on croit se sentir tomber Ses yeux fixes étaient ouverts d'une manière maladive et étonnée Peu à peu cependant, il perdait du terrain, ses doigts glissaient sur la gouttière, il sentait de plus en plus la faiblesse de ses bras et la pesanteur de son corps, la courbure du plomb qui le soutenait s'inclinait à tout moment d'un cran vers l'abîme Il voyait au-dessous de lui, chose affreuse, le toit de Saint-Jean-le-Rond petit comme une carte ployée en deux Il regardait l'une après l'autre les impassibles sculptures de la tour comme lui suspendues sur le précipice, mais sans terreur pour elles ni pitié pour lui Tout était de pierre autour de lui devant ses yeux, les monstres béants, au-dessous, tout au fond, dans la place, le pavé, au-dessus de sa tête, Quasimodo qui pleurait

Il y avait dans le Parvis quelques groupes de braves curieux qui cherchaient tranquillement à deviner quel pouvait être le fou qui s'amusait d'une si étrange manière Le prêtre leur entendait dire, car leur voix arrivait jusqu'à lui, claire et grêle   Mais il va se rompre le cou !

Quasimodo pleurait

Enfin l'archidiacre, écumant de rage et d'épouvante, comprit que tout était inutile Il rassembla pourtant tout ce qui lui restait de force pour un dernier effort Il se roidit sur la gouttière, repoussa le mur de ses deux genoux, s'accrocha des mains à une fente des pierres, et parvint à regrimper d'un pied peut-être, mais cette commotion fit ployer brusquement le bec de plomb sur lequel il s'appuyait Du même coup la soutane s'éventra Alors sentant tout manquer sous lui, n'ayant plus que ses mains roidies et défaillantes qui tinssent à quelque chose, l'infortuné ferma les yeux et lâcha la gouttière Il tomba

Quasimodo le regarda tomber

Une chute de si haut est rarement perpendiculaire L'archidiacre lancé dans l'espace tomba d'abord la tête en bas et les deux mains étendues, puis il fit plusieurs tours sur lui-même Le vent le poussa sur le toit d'une maison où le malheureux commença à se briser Cependant il n'était pas mort quand il y arriva Le sonneur le vit essayer encore de se retenir au pignon avec les ongles Mais le plan était trop incliné, et il n'avait plus de force Il glissa rapidement sur le toit comme une tuile qui se détache, et alla rebondir sur le pavé Là, il ne remua plus

Quasimodo alors releva son œil sur l'égyptienne dont il voyait le corps, suspendu au gibet frémir au loin sous sa robe blanche des derniers tressaillements de l'agonie, puis il le rabaissa sur l'archidiacre étendu au bas de la tour et n'ayant plus forme humaine, et il dit avec un sanglot qui souleva sa profonde poitrine — Oh ! tout ce que j'ai aimé !

III

MARIAGE DE PHŒBUS

Vers le soir de cette journée, quand les officiers judiciaires de l'évêque vinrent relever sur le pavé du Parvis le cadavre disloqué de l'archidiacre, Quasimodo avait disparu de Notre-Dame

Il courut beaucoup de bruits sur cette aventure On ne douta pas que le jour ne fût venu où, d'après leur pacte, Quasimodo, c'est-à-dire le diable, devait emporter Claude Frollo, c'est-à-dire le sorcier. On présuma qu'il avait brisé le corps en prenant l'âme, comme les singes qui cassent la coquille pour manger la noix

C'est pourquoi l'archidiacre ne fut pas inhumé en terre sainte

Louis XI mourut l'année d'après, au mois d'août 1483

Quant à Pierre Gringoire, il parvint à sauver la chèvre, et il obtint des succès en tragédie Il paraît qu'après avoir goûté de l'astrologie, de la philosophie, de l'architecture, de l'hermétique, de toutes les folies, il revint à la tragédie, qui est la plus folle de toutes C'est ce qu'il appelait *avoir fait une fin tragique* Voici, au sujet de ses triomphes dramatiques, ce qu'on lit dès 1483 dans les comptes de l'Ordinaire «A Jehan Marchand et Pierre Gringoire, charpentier et compositeur, qui ont fait et composé le mystère fait au Châtelet de Paris à l'entrée de monsieur le légat, ordonné des personnages, iceux revêtus et habillés ainsi que audit mystère était requis, et pareillement, d'avoir fait les échafauds qui étaient à ce nécessaires, et pour ce faire, cent livres »

Phœbus de Châteaupers aussi fit une fin tragique, il se maria

IV

MARIAGE DE QUASIMODO

Nous venons de dire que Quasimodo avait disparu de Notre-Dame le jour de la mort de l'égyptienne et de l'archidiacre On ne le revit plus en effet, on ne sut ce qu'il était devenu

Dans la nuit qui suivit le supplice de la Esmeralda, les gens des basses œuvres avaient détaché son corps du gibet et l'avaient porté, selon l'usage, dans la cave de Montfaucon

Montfaucon était, comme dit Sauval, «le plus ancien et le plus superbe gibet du royaume» Entre les faubourgs du Temple et de Saint-Martin, à environ cent soixante toises des murailles de Paris, à quelques portées d'arbalète de la Courtille, on voyait au sommet d'une éminence douce, insensible, assez élevée pour être aperçue de quelques lieues à la ronde, un édifice de forme étrange, qui ressemblait assez à un cromlech celtique, et où il se faisait aussi des sacrifices humains

Qu'on se figure, au couronnement d'une butte de plâtre, un gros parallélipipède de maçonnerie, haut de quinze pieds, large de trente, long de quarante, avec une porte, une rampe extérieure et une plate-forme, sur cette plate-forme seize énormes piliers de pierre brute, debout, hauts de trente pieds, disposés en colonnade autour de trois des quatre côtés du massif qui les supporte, liés entre eux à leur sommet par de fortes poutres où pendent des chaînes d'intervalle en intervalle, à toutes ces chaînes, des squelettes, aux alentours dans la plaine, une croix de pierre et deux gibets de second ordre qui semblent pousser de bouture autour de la fourche centrale, audessus de tout cela, dans le ciel, un vol perpétuel de corbeaux Voilà Montfaucon

A la fin du quinzième siècle, le formidable gibet, qui datait de 1328, était déjà fort décrépit Les poutres étaient vermoulues, les chaînes rouillées, les piliers verts de moisissure Les assises de pierre de taille étaient toutes refendues à leur jointure, et l'herbe poussait sur cette plate-forme où les pieds ne touchaient pas C'était un horrible profil sur le ciel que celui de ce monument, la nuit surtout, quand il y avait un peu de lune sur ces crânes blancs, ou quand la bise du soir froissait chaînes et squelettes et remuait tout cela dans l'ombre Il suffisait de ce gibet présent là pour faire de tous les environs des lieux sinistres

Le massif de pierre qui servait de base à l'odieux édifice était creux On y avait pratiqué une vaste cave, fermée d'une vieille grille de fer détraquée, où l'on jetait non seulement les débris humains qui se détachaient des chaînes de Montfaucon, mais les corps de tous les malheureux exécutés aux autres gibets permanents de Paris Dans ce profond charnier où tant de poussières humaines et tant de crimes ont pourri ensemble, bien des grands du monde, bien des innocents sont venus successivement apporter leurs os, depuis Enguerrand de Marigni, qui étrenna Montfaucon et qui était un juste, jusqu'à l'amiral de Coligni, qui en fit la clôture et qui était un juste

Quant à la mystérieuse disparition de Quasimodo, voici tout ce que nous avons pu découvrir

Deux ans environ ou dix-huit mois après les événements qui terminent cette histoire, quand on vint rechercher dans la cave de Montfaucon le cadavre d'Olivier le Daim, qui avait été pendu deux jours auparavant, et à qui Charles VIII accordait la grâce d'être enterré à Saint-Laurent en meilleure compagnie, on trouva parmi toutes ces carcasses hideuses deux squelettes dont l'un tenait l'autre singulièrement embrassé L'un de ces deux squelettes, qui était celui d'une femme, avait encore quelques lambeaux de robe d'une étoffe qui avait été blanche, et on voyait autour de son cou un collier de grains d'adrézarach avec un petit sachet de soie, orné de verroterie verte, qui était ouvert et vide Ces objets avaient si peu de valeur que le bourreau sans doute n'en avait pas voulu L'autre, qui tenait celui-ci étroitement embrassé, était un squelette d'homme On remarqua qu'il avait la colonne vertébrale déviée, la tête dans les omoplates, et une jambe plus courte que l'autre Il n'avait d'ailleurs aucune rupture de vertèbre à la nuque, et il était évident qu'il n'avait pas été pendu L'homme auquel il avait appartenu était donc venu là, et il y était mort Quand on voulut le détacher du squelette qu'il embrassait, il tomba en poussière

NOTES

DE CETTE ÉDITION

RELIQUAT

DE

NOTRE-DAME DE PARIS

———

Victor Hugo a laissé, pour un certain nombre de ses ouvrages, des dossiers sur lesquels il a écrit le mot *Reliquat* Il y a le Reliquat de *Ruy Blas*, le Reliquat des *Misérables*, etc Ce sont des notes, des jalons, des citations, des indications de sources, et enfin des pages inédites, vers ou prose, variantes, chapitres, scènes, passages qui ont pu sembler des redites, développements qui faisaient longueur On comprend quel intérêt il y avait à recueillir ces sortes de copeaux du travail, précieux souvent, curieux toujours

Le « Reliquat » de *Notre Dame de Paris* est un des plus abondants

Il contient d'abord un document d'une valeur littéraire inappréciable c'est le scénario de *Notre-Dame de Paris*

Il faudrait dire les scénarios, car ce scénario est double Le plan primitif est écrit sur une grande feuille, avec une forte marge réservée, et sur cette marge se lisent les parties neuves ajoutées dans un second travail

Le premier canevas, d une encre blanchie et passée, doit dater de 1828

Le personnage de Phœbus n'y existe pas, son nom ne s'y trouve pas une seule fois, si ce n'est écrit, postérieurement, dans une scène entre l'archidiacre et Gringoire L'amour de l'archidiacre et de Quasimodo est tout le drame Le procès que Claude Frollo fait intenter à la Esmeralda est un simple procès en sorcellerie Gringoire, la recluse et les truands y ont la même action que dans le livre, ainsi que Louis XI, qui, seulement, ne réside pas à la Bastille, mais à Plessis-lez-Tours Rien de changé non plus au siège de Notre-Dame et au tragique dénouement, mais ici le pauvre Gringoire, qui se substitue à la Esmeralda dans la cage de fer où elle est enfermée, est bellement pendu avec la chèvre

La partie nouvelle du scénario ajoutée en marge l'a été probablement en 1830, lorsque Victor Hugo, après une interruption de dix-huit mois, se remit à son roman Le personnage de Phœbus introduit dans le drame lui donne alors toute son ampleur Cependant le logis Gondelaurier et la figure de Fleur-de-Lys n'y sont pas indiqués En revanche, la scène sublime du pilori est déjà trouvée Phœbus n'est pas assassiné par le prêtre dans les mêmes circonstances

Il faut noter ici une particularité curieuse un de ces nouveaux épisodes a été, au cours de son travail, supprimé par le poète dans le roman, mais il le reprendra un an après dans un drame. Claude Frollo, résolu à se débarrasser de Phœbus, le faisait attirer, pour y être égorgé, chez Isabeau la Thierrye, comme Triboulet conduira François I⁰ʳ chez Maguelonne, et Jehan Frollo était «livré mort à l'archi- diacre au lieu de Phœbus. — Scène du bord de l'eau. — C'est mon frère!» — Il y a là, en germe, *le Roi s'amuse.*

Cette page précieuse n'est pas la seule pièce intéressante du Reliquat de *Notre-Dame.* Du monceau de notes que Victor Hugo avait prises avant de commencer à écrire son roman, il reste environ vingt-cinq feuilles, diverses de format, diverses de grain et de couleur, et chargées dans tous les sens d'écriture. C'est peu, mais cela suffit pour se rendre compte de ce qu'étaient et la méthode de travail du poète et les matériaux de ce travail. On retrouve dans ces feuilles un grand nombre de phrases du roman, sortes de jalons qui guidaient sa pensée. Puis, force notes historiques et descriptives sur des sujets de toute sorte : Louis XI, la sorcellerie, les mœurs et coutumes du temps, beaucoup de noms d'hommes et de femmes puisés dans les Comptes d'alors pour en baptiser des personnages. Ce qui domine, c'est Paris, ses rues, ses hôtels, ses bouges, toutes les particularités et curiosités de la Ville. Deux plans de Paris sont sommairement tracés par Victor Hugo pour son usage. Nous reproduisons en fac-similé le plus grand, ainsi que le croquis d'un moine-diablotin, la croix dans une main, le poignard dans l'autre, que nous trouvons griffonné en travers d'une des pages.

Diablotin-moine,
la croix dans une main,
le poignard dans l'autre.

Il n'y avait pas lieu de donner intégralement ces notes trop nombreuses, nous en donnerons du moins des échantillons, en les puisant de préférence parmi celles qui n'ont pas été utilisées dans le livre. Il y a ainsi nombre de pensées, parfois sans aucun rapport avec *Notre-Dame,* qui ont été jetées çà et là dans le feu du travail;

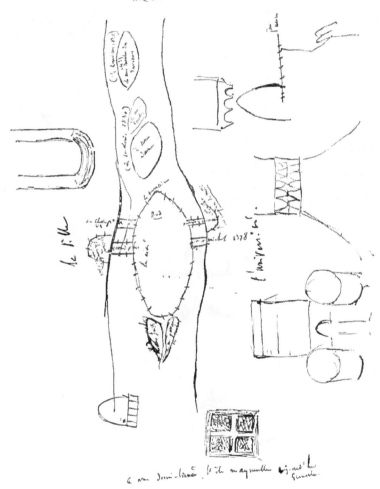

I

SCÉNARIO DE *NOTRE-DAME DE PARIS*

<table>
<tr><td>[1830?]</td><td>[1828?]</td></tr>
<tr><td></td><td>Les grimaces</td></tr>
<tr><td></td><td>La tentative de rapt</td></tr>
<tr><td>Histoire de Quasimodo et de Matifas</td><td>La cour des miracles</td></tr>
<tr><td>Le lendemain</td><td>Gringoire, Esmeralda, la chèvre</td></tr>
<tr><td>   Quasimodo mené devant le prévot</td><td>La prise de corps comme sorcière</td></tr>
<tr><td>   — Au pilori !</td><td>~~La recluse~~</td></tr>
<tr><td>La recluse</td><td>La tentation de l'archidiacre</td></tr>
<tr><td>Le pilori</td><td>Le procès de la sorcière et de la chèvre</td></tr>
<tr><td>Quelques semaines s'écoulent</td><td>La condamnation</td></tr>
<tr><td>   Préoccupations de Quasimodo et de l'archidiacre</td><td>L'amende honorable au portail</td></tr>
<tr><td>   La Esmeralda observée par Gringoire</td><td>L'asile</td></tr>
<tr><td>L'archidiacre, Jehan Frollo, Phebus de Châteaupers</td><td>Amour de l'archidiacre et du sourd-muet</td></tr>
<tr><td>La scène de nuit</td><td>Les truands</td></tr>
<tr><td>   Esmeralda, Phebus</td><td>Assaut de l'église</td></tr>
<tr><td>   Esmeralda, Phebus, l'archidiacre</td><td>Méprise du sourd muet</td></tr>
<tr><td></td><td>Louis XI</td></tr>
<tr><td></td><td>Qu'on charge la populace et qu'on pende l'Egyptienne</td></tr>
<tr><td>Je vous dis que Phébus est mort</td><td>Ruse d'Olivier le Daim pour la tirer de l'asile</td></tr>
<tr><td>Non, il n'est pas mort !</td><td>En une cage de fer comme prisonnière du Roi</td></tr>
<tr><td>Qu'il meure donc, puisque je ne viendrai à bout d'elle qu'après sa mort —</td><td>Réapparition de l'archidiacre</td></tr>
<tr><td>Isabeau la Thierrye Phebus lui fait voir son poignard</td><td>L'archidiacre et Gringoire *Et Phébus*</td></tr>
<tr><td>Jehan livre mort à l'archidiacre au lieu de Phebus La scène du bord de l'eau — C'est mon frère !</td><td>Gringoire aux expédients
Passe du roi des Argotiers pour maître Coppenole
Voyage aux Plessis-de-Paris-les-Tours
Arrivée Archer pendu pour avoir parlé de la mort du Roi</td></tr>
<tr><td></td><td>Failli être pendu par les archers de la porte</td></tr>
<tr><td>Quelqu'un à sa place</td><td>Réclamé par Coppenole</td></tr>
<tr><td>Et qui ?</td><td>Prend Coictier pour le Roi</td></tr>
<tr><td>Vous</td><td>Demande la grâce à L. XI Comment veut-on que je fasse grâce quand je ne peux l'obtenir pour moi-même ?</td></tr>
<tr><td>Tiens, dit Gringoire en se grattant l'oreille, cette idée-là ne me serait jamais venue</td><td>Olivier le Daim et L. XI Grande scène</td></tr>
</table>

Retour de Gringoire

Revoit l'archidiacre Dernier expédient (La déclarer grosse)

Introduit dans la cage de fer d'Esmeralda

Change d habits avec elle. — La chèvre — Je ne peux cependant pas vous sauver toutes deux

Fuite de la Esmeralda Gringoire pris pour elle

Gringoire devant les matrones et ventrières

Faut il passer outre et pendre ?

— Je n'y vois pas d'inconvenients , dit le juge

— J'en vois beaucoup , dit Gringoire

Gringoire et la chèvre pendus au gibet de la Grève

La Esmeralda parmi les Egyptiens

Y retrouve l'archidiacre

Non ! toujours non !

La recluse

Le petit soulier Reconnaissance

Survenue des sergents à verge

Le sourd-muet et l'archidiacre au haut de la tour

Conclusion Cave de Montfaucon

II

NOTES POUR *NOTRE-DAME DE PARIS*

Louis XI

Il (Louis XI) voulait que son fils (Charles VIII) ne sut de latin que ces cinq mots, sa maxime favorite *Qui nescit dissimulare nescit regnare*

Sous Louis XI, les billots pourrissaient de sang

L XI avait coutume d'avoir près de lui quelqu'un habillé comme lui.

Son père, Ch VII, disait que la vérité était malade, lui, ajoutait qu'elle était morte et n'avait point trouvé de confesseur

Les plus gros hommes de la cour de Louis XI étaient les seigneurs de Crion, de Briquebec, de Villiers et de Bresnes — A la paix de 1475 avec le roi Édouard, on les avait assis aux tables publiques d'Amiens pour mieux inviter les Anglais à la bonne chère

L'orgueil, disait Louis XI, est toujours talonné de la ruine et de la honte

Noveritis, Domine, quia rex illitteratus est asinus coronatus (*Lettre de Foulques II, comte d'Anjou, au Roi*)

Il (Louis XI) fit venir la S¹ᵉ Ampoule pour voir si elle se remplit, ce qui annonce un prochain sacre

D (Demander) aide à S¹ Eutrope pour *l'âme & le corps* du roi Il (Louis XI) dit que c'est assez du corps, sans importuner le saint de tant de choses

Noms pour choisir celui du sonneur

Malentant	Quatre-Vents	Mimmés
Mardi-Gras	Quasimodo	Ovide
Babylas	Guerl	Ischirion

Paris

L'Hôtel de Navarre, bien des ducs de Nemours, loué par le fisc, à Guillaume Alexandre, historien, pour six livres huit sols parisis par an — situé à l'opposite de la chapelle Braque

L'Hôtel du Cygne rouge, près S¹ Eustache

La chaîne du diable — La Cour des Miracles

Il y a encore sous la tour de Montlhéry au bas de la colline un quarré de vigne dont le vin s'appelle *le sang des bourguignons*

Rue Coupegueule ou (plus récemment) Coupegorge, près de la Sorbonne devant le palais des Thermes
In vico de Coupegueule, ante palatium Thermarum (dit un titre de S¹ Louis 1250)

A l'hôtel de l'Arbalète (rue de la Huchette) étuves pour hommes, et à l'hôtel des Bœufs (pont S¹ Michel) étuves pour femmes

Statue du traître Jean le Clerc, qui avait livré Paris aux Bourguignons et aux Anglais sous Ch VI, au coin des rues de la Harpe et de Bussy, au bout du pont S¹ Michel, la face tout écrasée de pierres et souillée de boue

La porte d'Enfer s'appelait porte Gibard, puis porte Saint Michel

La charpenterie du clocher de l'abbaye de S¹ᵉ Geneviève brûlée en 1483 par le tonnerre, plomb et cloches fondus

Le baptistère de S¹ Louis, vase envoyé par Aaroun-al-Raschid à Charlemagne

Le Dimanche des Rameaux, grande procession annuelle de N-D à S¹ Geneviève du Mont Arrivé devant le petit-Châtelet, l'évêque de Paris dit *Attolite portas*, et délivre selon la coutume un prisonnier, lequel lui porte la queue jusqu'à N-D *pro gratiarum actione*

L'église de S¹ Benoit-le-bien-Tourné, r S¹ Jacques

Pons Cambiti (Pont-au-Change), bâti en pierre en 1323 Pont Saint-Michel en bois Pont N D en bois

Deux maisons vis-à-vis l'une de l'autre rue Saint-Germain-l'Auxerrois, l'une dite le For-le-Roi, l'autre le For l'Évêque

SORCELLERIE

La sibylle de Cumes s'appelait Sabba

Le diable pour rassembler le sabbat fait paraître dans les nuées un mouton qui n'est vu que des sorciers

Sabasius, le plus ancien des gnomes, donna son nom au sabbat

L'esprit Sigéani, dans le royaume d'Ara, préside aux éléments, lance la foudre et les éclairs

Sabnac ou Salmac, grand marquis, démon des fortifications, forme d'un soldat armé à tête de lion, un cheval hideux, change les hommes en pierres dont il bâtit des tours — Commande à 50 légions

MIETTES D'HISTOIRE

Saint Christophe, préservateur de la mort subite. Son effigie grossièrement gravée en bois, format *in-folio* de 1423, était très répandue — Espèce de dieu lare auprès duquel on lisait outre la date ces deux vers

> Christophori faciem die quacumque tueris,
> Ista nempe die morte mala non morieris

On croyait être préservé de tout accident pour la journée quand on avait envisagé avec quelque dévotion une image du saint-géant

Anciennement le Dominus était pour Dieu seul, les saints, papes, empereurs, rois, etc , ne recevaient que le titre de *Domnus*
Cœlestem Dominum terrestrem dicito Domnum

Ainsi Domnus Dagobertus et Domna Nantildis, de Saint-Martin *seul*, *Dominus Martinus* (v Grégoire de Tours, Sulpice Sévère, etc) et même *Dominus*, tout court, par excellence

Sous Charles VI, les hommes allaient en croupe comme les femmes

Les *malades du feu sacré* se retirent sous la châsse de N -D et les fébricitans (fiévreux), sous la châsse de Ste Geneviève-du-Mont

Des crapauds naissent tous les jours sur la tombe de Gruchy, sacristain profanateur de St Wandrille

La *Gargouille* de Rouen, la *Tarasque* de Tarascon, le *Graouilli* de Metz, la *Chair Sallée* de Troyes (Dragons fameux dans les légendes) — Vampires et brucoliques

Il y a à la synagogue de la rue Kantersten un escalier qui subsiste encore et qui porte le nom de *petit escalier des juifs*, et qui existait déjà en 1369

Tru, mot de péage (tribut), d'où *truand, truanderie*

En 1466, on cloue 52 chaînes de fer neuves à Montfaucon, dit la *grande justice de Paris*

Justice basse et moyenne, droit de pendre et de traîner

Bailli du palais Tenu de livrer le malfaiteur *tout jugé* pour l'exécution, lue, au prévôt de Paris, clerc, à l'official de Paris

Au 13e siècle, la *rubibbe* (instrument à deux cordes), la *vielle* (à cinq cordes) Au 14e, le *rebec* (3 cordes, *ré, la, mi*) Au 15e, des *dessus de rebec, des haute-contre de rebec*, des *tailles* (ténors) *de rebec*, c'est ce qu'on nommait en général les *instruments tant hauts que bas*

CITATIONS

Les Chinois disent que les insectes

> seuls entre tous les corps
> Ont la chair en dedans et les os en dehors

Dans la famille du chien, les Chinois placent le loup, le renard, le chat, le lion et autres carnassiers. Dans celle du cochon, l'éléphant, le rhinocéros, etc. — Du bœuf, tous les grands ruminants, du mouton, tous les petits. Du rat, tous les rongeurs. Ils ont de même les classes *oiseau, poisson, insecte.* La famille des tortues, celle des roseaux, des céréales, des courges, des gemmes, des pierres, des sels, des métaux, etc.

Eusses-tu la puissance de l'almoravide Youcef pour qui l'on priait chaque jour du haut de trois cent mille minarets.

En Cochinchine, les idoles sont rangées à droite et à gauche dans la pagode par ordre de grandeur (comme des tuyaux d'orgue) qui indique l'ordre de mérite, entre les deux rangs d'idoles est une niche vide et obscure qui représente le Dieu invisible.

Le sultan, qui jouit du droit de vie et de mort, a une maison de plaisance dont le nom est *château du meurtre* (Houm-Kar-Hisari).

Bas-relief d'une rampe d'escalier de la renaissance que Stuval appelle *métamorphose de basse-taille exécutée avec beaucoup d'adreße, de tendreße & de patience*

Tassés comme les saints de Caillouville (*Proverbe normand*)

Notre nourricière Seine (DUBREUL)

Les jours de soleil, dit le flamand à l'espagnol, sont aussi rares dans notre ciel que les pièces d'or dans ta bourse

Nec numero Hispanos, nec robore Gallos, nec artibus Græcos superavimus (CICERON)

Valet, je te vais marquer au trèfle ! tu pourras remplacer Mistigri dans le jeu de cartes de monseigneur le roi

Henri Ier, frugal roi, appelait le vin d'Orléans *meum vinum optimum aurelianense*

Parvis vient de Paradis

« Le souverain juge, au dernier jour attachera autour de celui qui n'aura point fait « l'aumône, un effroyable serpent, dont le dard piquera sans cesse sa main avare « qui ne s'ouvrit point pour les malheureux. » (*Religion de Mahomet*, ORLIAND, 10e leçon)

Aristote dit que la taupe ne voit pas, Galien qu'elle voit

Au printemps le rat se change en caille, et les cailles redeviennent rats à la 8e lune (octobre)

Il est ridicule de croire à la métamorphose du loriot en taupe et des grains de riz en poissons du genre *cypris*

MOTS ET PENSÉES

La parenthèse est l'île du discours

Le monde, tour de Babel de l'humanité

Ces hommes chamarrés de ridicules

28

Les mots ne sont pas des choses les nombres ne sont pas des mots

O mes jeunes amours ! bel avril de ma vie !
O souvenir de tous les souvenirs vainqueur !

O tems de soleil et d'orage !
En être encor si près par l'âge
Et déjà si loin par le cœur !

Il est doux, — (je ne sais qui je cite aujourd'hui)
D'être montré du doigt et qu'on dise C'est lui !

en amour rien n'est plus triomphant
Que des yeux de crapaud sous forme d'éléphant

Je vais t'épousseter le nez avec des chiquenaudes

Voulez-vous que je te tutoie ?

M Touche-là

Quand votre semelle tire la langue

C'était l'automne Les plans lointains de l'horizon commençaient à percer le rideau touffu des arbres voisins

Étudier les caractères que les rayons rongeurs de la lune tracent sur les vitraux des chapelles

Les sanglots de la lave dans le volcan

Les coliques d'un volcan

Les fibres de pierre de la cathédrale

Se peigner avec une fourchette

Sa figure se rembrunit comme un (beau) riant paysage d'Italie quand il survient un coup de vent malencontreux qui écrase un nuage sur le soleil

Les nuages sont noirs sous le ciel étoilé, on dirait les toiles d'araignée de la route du ciel

Son esprit est comme le nuage qui change de forme et de teinte selon le vent qui le pousse

Un bruit   comme celui de la terre tombant par pelletées sur un cercueil

Pareil à la chauve-souris qui traine son aile de cuivre embarrassée des réseaux poudreux de l'araignée

C'était un de ces gros feux de tourbe qui la nuit font saillir si rouge sur le mur d'en face le spectre d'une fenêtre de forge

Son pas fait monter du fond de la terre la fumée âcre de l'enfer.

LE MANUSCRIT

DE

NOTRE-DAME DE PARIS.

En 1869, à Guernesey, Victor Hugo, comme s'il pressentait son prochain retour
en France, mit en ordre ses manuscrits et les fit relier en parchemin, simplement et
solidement. Le manuscrit de *Notre-Dame de Paris* porte son titre inscrit au dos et sur
le plat de la reliure en lettres rouges.

Le manuscrit se compose de 398 feuillets de papier de fil. La pagination est indiquée,
au recto seulement, par trois chiffres, deux au crayon, le troisième à l'encre rouge,
nous suivrons ce dernier, plus régulier que les autres. Les feuillets mesurent 35 centi-
mètres de haut sur 22 de large. Chaque page, pliée en deux, laisse la marge de la même
même grandeur que le texte.

Il n'y a pas lieu de décrire la page du titre, qui est reproduite en fac-similé au
commencement de ce volume. Répétons seulement les deux notes qui s'y trouvent,
écrites à l'encre rouge.

J'ai écrit les trois ou quatre premières pages de *Notre-Dame de Paris* le 25 juillet 1830.
La révolution de juillet m'interrompit. Puis ma chère petite Adèle vint au monde
(Qu'elle soit bénie!) Je me remis à écrire *Notre-Dame de Paris* le 1er septembre, et
l'ouvrage fut terminé le 15 janvier 1831.

Comme plusieurs de mes ouvrages, *Notre-Dame de Paris* a été imprimée sur le
manuscrit. Les noms qu'on voit sur les marges sont les noms des compositeurs
auxquels on distribuait la copie.

Conservons à la postérité les noms de ces compositeurs : Charles, Lévi, Rousseau,
Michel, Tisserand, Eugène, Constant, et enfin Bossu, que Quasimodo devait
rendre rêveur.

Sur le manuscrit, soit en marge, soit entre deux alinéas, Victor Hugo a noté à
plusieurs endroits la date à laquelle il écrivait. On peut suivre ainsi les progrès de
son travail, et il nous a semblé intéressant de relever ces différentes dates, en indiquant
les passages où elles se trouvent. Nous mentionnerons également les quelques modi-
fications de titres de chapitres, les additions marginales, des réflexions, des mémento,
des adresses, etc.

Victor Hugo, en travaillant, jetait parfois, d'une plume distraite, à la marge du
manuscrit, de petits croquis ayant trait le plus souvent aux lignes qu'il écrivait, nous
reproduisons ces griffonnages, quelque peu élémentaires, mais amusants.

Feuillet 3, recto — Le chapitre I. LA GRAND'SALLE, commençait ainsi :

Il y a aujourd'hui, vingt-cinq juillet 1830, trois cent quarante-huit ans six mois
et dix-neuf jours, etc.

Les mots *vingt-cinq juillet 1830* ont été biffés.

Feuillet 5, recto — La date *1ʳ septembre* marque le passage où Victor Hugo reprit son travail, c'était à l'alinéa *S'il pouvait nous être donné, à nous hommes de 1830*, etc

Feuillet 13, recto — Le chiffre et le titre du chapitre II PIERRE GRINGOIRE, ont été ajoutés en marge Primitivement, le Livre premier n'était pas divisé par chapitres Les indications des chapitres III, IV, V et VI sont pareillement écrites en marge

Feuillet 36, recto — *15 7ᵇʳᵉ 1830* Cette date se lit au commencement du Livre deuxième

Feuillet 47, recto et verso — Dans le chapitre BESOS PARA GOLPES, après la phrase *Quasimodo se plaça devant le prêtre, fit jouer les muscles de ses poings athlétiques, et regarda les assaillants avec le grincement de dents d'un tigre fâché*, Victor Hugo a biffé les lignes suivantes .

Cependant le duc d'Égypte, vieillard basané au regard pénétrant, avec un nez d'oiseau de proie et une gerbe de rides à chaque coin des yeux, vint examiner l'archidiacre de près Il retourna vers ses confrères les argotiers et les galiléens, et déclara qu'il était prêt à donner toute la peau de son corps pour la moindre parcelle de la soutane de l'archidiacre.

Feuillet 48, verso — Dans les premières lignes du chapitre LES INCONVÉNIENTS DE SUIVRE UNE JOLIE FEMME LE SOIR DANS LES RUES, la phrase *Si Gringoire vivait de nos jours, quel beau milieu il tiendrait entre le classique et le romantique !* est en renvoi, au haut de la marge, ainsi que les deux phrases qu'elle précède

Feuillet 69, verso — Dans UNE NUIT DE NOCES, la chanson de la Esmeralda *Mon père est oiseau*, etc , est aussi une addition marginale

Feuillet 74, recto — Dans le chapitre NOTRE-DAME, on lit *Repris le 16 octobre*, avant l'alinéa *C'est ainsi que l'art merveilleux du moyen-âge*, etc

Feuillet 79, recto — Le commencement du chapitre PARIS À VOL D'OISEAU, est daté *18 janvier 1831*. Victor Hugo avait bien terminé son roman le 15 janvier 1831, mais il avait réservé cet important chapitre, qui fut plus tard inséré à sa place dans le manuscrit, mais par lequel il a, en réalité, fini d'écrire *Notre-Dame de Paris* Il le livra à l'imprimeur par fragments C'est ainsi qu'il annonce en marge du même feuillet 79 *Ceci est la section II du livre trois Je donnerai la fin après-demain matin — V II Ce lundi* Le fragment s'arrêtait au milieu d'une phrase, sur ces mots *C'était une cité formée de deux couches seulement, la couche romaine et la couche gothique* Avec le feuillet 94, nous avons l'achèvement de la phrase et la continuation du chapitre Ce feuillet porte en marge un nouvel avis *Suite de Paris à vol d'oiseau (Il y aura encore quatre pages que je donnerai demain)* Le chapitre prend fin au verso du feuillet 97, où l'on voit comme date *2 février 1831*

Feuillet 84, verso (même chapitre) — En regard de l'alinéa où il parle du «royal et magnifique Louvre», Victor Hugo a écrit *Les monuments actuels sont des contresens de pierre.*

Feuillet 90, recto (même chapitre). — Dans la description de l'Hôtel Saint-Pol, Victor Hugo a griffonné à la marge en traits légers «le toit conique, entouré de

créneaux à sa base,» qui «avait l'air de ces chapeaux pointus dont le bord est relevé».

Feuillet 98, recto. — Les pages intitulées : LES BONNES ÂMES, qui constituent le premier chapitre du Livre quatrième, formaient primitivement le chapitre III du Livre troisième. Ainsi de suite pour les autres chapitres, jusqu'à IMPOPULARITÉ. Le Livre quatrième était alors ce qui devint le Livre cinquième. La nouvelle division a été faite quand Victor Hugo eut livré à l'imprimeur le chapitre : PARIS À VOL D'OISEAU.

Feuillet 106, recto. — Le chapitre : IMMANIS PECORIS CUSTOS, IMMANIOR IPSE, avait d'abord pour titre : LE SONNEUR DE CLOCHES.

Feuillet 138, recto. — Le début du chapitre : COUP D'ŒIL IMPARTIAL SUR L'ANCIENNE MAGISTRATURE, est daté : *27 7bre*.

Feuillet 142, verso (même chapitre). — En haut de la page est notée cette adresse : *f. de la Mennais, rue du Colombier, n° 15.*

Feuillet 147, recto. — Dans le chapitre : LE TROU AUX RATS, une date : *1er octobre*, se trouve avant la phrase : *Cette cellule était célèbre dans Paris.*

Feuillet 150, recto. — Le chapitre : HISTOIRE D'UNE GALETTE AU LEVAIN DE MAÏS, était d'abord intitulé : *HISTOIRE DE L'ENFANT DE LA FILLE DE JOIE.*

Feuillet 163, recto (même chapitre). — La marge contient deux petits croquis qui essayent de figurer la Sachette, sous deux faces, « l'une sombre, l'autre éclairée » l'une formant « une espèce de triangle… ».

Feuillet 175, recto. — Le titre du chapitre : Fin de l'histoire de la galette, était primitivement : EUSTACHE.

Feuillet 176, recto. — Une date : *26 octobre*, au commencement du chapitre : Du danger de confier son secret à une chèvre.

Feuillet 187, recto (même chapitre). — Tout au haut de la page, une adresse : *J. A. St John, avenue de Neuilly, n° 5*.

Même feuillet, verso. — Le chapitre : Qu'un prêtre et un philosophe sont deux, a eu pour premier titre : Le philosophe marié. En tête de ce chapitre est une date : *1er 9bre*.

Feuillet 197, recto. — Dans le chapitre : ἈΝΆΓΚΗ, au moment où Jehan Frollo, allant visiter l'archidiacre dans sa cellule, est « parvenu sur la galerie des colonnettes », Victor Hugo a barbouillé en marge une toute petite façade de Notre-Dame.

Feuillet 207, verso. — En général, le manuscrit n'a presque pas de ratures. Par exception, dans cette première page du chapitre : Les deux hommes vêtus de noir, la moitié des lignes ont été biffées.

Feuillet 229, recto. — Le chapitre : L'écu changé en feuille sèche, a été commencé le *20 9bre*.

Feuillet 233, verso (même chapitre). — Une importante addition marginale a été faite au récit du jugement de la Esmeralda. Le texte ajouté commence par cette phrase : *Le président se baissa vers un homme placé à ses pieds*, etc., et finit par celle-ci : *Il fallut pour la réveiller*, etc.

Feuillet 234, verso. — Un croquis de portail posé en travers encadre le titre du chapitre : SUITE DE L'ÉCU CHANGÉ EN FEUILLE SÈCHE.

Feuillet 243, verso. — Un croquis sommaire veut représenter la spirale des escaliers et le cachot où est enfermée la Esmeralda.

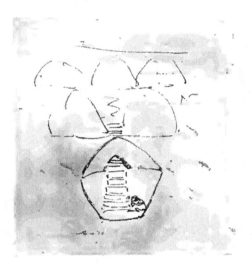

Feuillet 253, recto. — Le titre primitif du chapitre : LA MÈRE, était : *LA SOIF DE VENGEANCE.*

Feuillet 260, recto. — Dans le chapitre : TROIS CŒURS D'HOMME FAITS DIFFÉREMMENT, se trouve la date : *1ᵉʳ Xᵇʳᵉ*, en face de l'alinéa : *La place du parvis Notre-Dame, sur laquelle le balcon donnait,* etc.

Feuillet 269, recto. — Le commencement du chapitre : FIÈVRE, est daté : *3 Xᵇʳᵉ*.

Feuillet 276, verso (même chapitre). — Un griffonnage, trop primitif pour être reproduit, traduit lourdement cette image charmante : *Le croissant de la lune, qui venait de s'envoler de l'horizon, était arrêté en ce moment au sommet de la tour de droite, et semblait s'être perché, comme un oiseau lumineux, au bord de la balustrade découpée en trèfles noirs.*

Feuillet 288, recto. — Dans le manuscrit, le chapitre : GRÈS ET CRISTAL, a pour titre : *LES DEUX VASES.*

Feuillet 300, recto. — En tête du chapitre : GRINGOIRE A PLUSIEURS BONNES IDÉES..., la date : *14 Xᵇʳᵉ*.

Feuillet 313, recto. — Dans le chapitre : Vive la joie, les vers que Jehan Frollo cite aux truands et ceux qu'il leur chante ont été ajoutés en marge.

Feuillet 317, recto. — Chapitre : Un maladroit ami. Toute la marge est prise par un ajouté assez étendu commençant aux mots : *Ce n'était point chose très rare,* etc., et se terminant ainsi : *Aujourd'hui il reste à peine son église.*

Feuillet 331, recto. — Deux croquis représentant l'un et l'autre Tristan l'Hermite avec sa «face carrée, percée d'yeux à fleur de tête, fendue d'une immense bouche,

dérobant ses oreilles sous deux larges abat-vent de cheveux plats, sans front», et tenant «à la fois du chien et du tigre».

Feuillet 349, recto. — Dans le chapitre : Le retrait où dit ses heures Monsieur Louis de France, la date : *31 décembre 1830, minuit,* précède l'alinéa : *Le visage de Louis XI devint sombre et rêveur,* etc.

Feuillet 350, recto (même chapitre). — Avant l'alinéa : *En cet instant Olivier le Daim rentra,* etc., il y a une nouvelle date : *1er janvier 1831.*

Feuillet 355, recto. — Le chapitre : Le petit soulier, est intitulé dans le manuscrit : Le petit soulier où la chèvre est sauvée. Une date indique qu'il a été commencé le *4 janvier 1831.*

Feuillet 390, verso. — Au bas de cette page, la dernière du roman, on lit : *15 janvier 1831, 6 heures 1/2 du soir.*

Feuillets 391 et 392, recto. — Table des chapitres. Les chiffres de la pagination semblent être de la main du prote.

Feuillet 393, recto. — C'est la première page de la Note ajoutée à l'Édition de 1832.

Feuillet 395, verso — Le bas de cette page et les deux pages qui suivent sont de l'écriture de Mme Victor Hugo

Feuillet 397, recto — La page est encore écrite en grande partie par Mme Victor Hugo A la marge, quelques lignes ajoutées de la main de Victor Hugo, qui reprend ensuite la plume pour les trois dernières lignes de la page et la garde jusqu'à la fin de la Note

NOTES DE L'ÉDITEUR.

I

HISTORIQUE DU LIVRE

Les années 1828, 1829 et 1830 furent pour Victor Hugo singulièrement laborieuses et fécondes Il y mena de front avec une incroyable activité ses travaux, ses ébauches et ses rêves

En 1828, il venait de publier *Cromwell*, il remania et fit jouer en février *Amy Robsart*, et sans doute il cherchait déjà dans sa pensée d'autres sujets de drame, mais l'œuvre immédiate qui l'occupait, c'était un volume de vers auquel il voulait donner plus d'unité qu'aux Odes et Ballades au lendemain de la guerre de Grèce, il avait «tourné vers l'Orient son esprit et ses yeux» et promenait sa poésie aux pays du soleil Entre temps, obsédé du sombre problème de la peine de mort, il se mettait à raconter la torture morale d'un misérable attendu par l'échafaud

Mais, pour nous servir de ses expressions, en même temps qu'à la mosquée le poète pensait à la cathédrale, et l'on peut affirmer qu'en cette année 1828 la plus grande partie de son temps fut consacrée à la préparation de *Notre-Dame de Paris*

Hugo portait déjà dans l'âme
Notre-Dame
Et commençait à s'occuper
D'y grimper

a dit depuis Alfred de Musset en parlant de ce temps-là

L'Orient, plus proche et plus lumineux, est assez facile à pénétrer, mais le moyen âge, à cette époque, était une terre à peu près inconnue Victor Hugo, avec la conscience littéraire qu'il apporte dans tous ses ouvrages, ne voulut placer sa création dans ce monde ignoré qu'après l'avoir exploré lui-même et dans tous les sens Un jeune et savant professeur, M Huguet, dans une étude nourrie de faits *Quelques sources de Notre Dame de Paris*, a montré, a prouvé, sur quel fond solide de réalité, on pourrait dire sur quelles piles de livres, Victor Hugo a bâti le sien Histoires, chroniques, chartes, procès-verbaux, comptes, inventaires, il a tout feuilleté, tout compulsé Il a reconstruit à son usage le Paris de Louis XI, il en a fouillé tous les palais et tous les bouges, il sait dans quelle ruelle bruit tel cabaret, à quel angle de carrefour brûle la lampe de telle image de la Vierge Tout est vrai ou vraisemblable de son action, tout est exact des ses personnages, tout, l'habit qu'ils portent, la chanson qu'ils chantent, le proverbe qu'ils citent, la monnaie qu'ils tirent de leur poche Leurs noms mêmes ne sont pas de fantaisie Claude Frollo a existé, Jehin Frollo a existé, Michel Giborne, Isabeau la Thierrye ont existé[1] Il a fatigué ses yeux jusqu'à les rendre malades pour acquérir cette science dont il va faire de la vie Ce qui ne l'empêchera pas, au sortir de Sauval, de Dubreul et de Pierre Mathieu, d'écrire *Sara la Baigneuse* et *le Feu du ciel*

Au mois de novembre 1828, Victor Hugo avait achevé *les Orientales*, achevé *le Dernier jour d'un condamné* et préparé *Notre Dame de Paris* Il n'y avait plus qu'à leur trouver un éditeur Un de ses amis.

Amédée Pichot, le traducteur de Byron, le mit en communication avec Charles Gosselin, un des principaux libraires de Paris. Le 15 novembre, un traité était passé entre eux. Victor Hugo cédait à M. Gosselin 1° Un recueil de poésies sous le titre *les Orientales*, 2° *Bug-Jargal* (réimpression) et *le Dernier Jour d'un condamné*, et

3° *Notre-Dame de Paris*. Cet ouvrage formera deux volumes in-octavo, tirés à sept cent cinquante, et quatre volumes in-douze à deux mille exemplaires. Pour ces tirages, M. Gosselin paiera à M. Victor Hugo la somme de quatre mille francs, savoir mille francs comptant à la remise du manuscrit, c'est-à-dire vers le quinze avril, mille francs comptant à l'époque de la mise en vente, c'est-à-dire un mois ou six semaines après, et deux mille francs en billets à neuf mois de date de la publication. Une année après la publication, M. Victor Hugo rentrera dans ses droits d'auteur.

Quatre mille francs Notre-Dame de Paris! ne fût-ce que pour un an, ce n'était pas cher. Avec les doubles passes, 750 (900) exemplaires à 15 francs et 2,000 (2,200) exemplaires à 14 francs assuraient à l'éditeur une recette brute de 44,000 francs et un bénéfice d'au moins 25,000.

Victor Hugo promettait, le 15 novembre, d'avoir achevé *Notre-Dame* pour le 15 avril suivant. Il fallait donc qu'il jugeât son roman assez avancé pour pouvoir l'écrire en cinq mois. Sans compter que, dans ces cinq mois, il avait à publier ses deux ouvrages nouveaux, *les Orientales* et *le Dernier Jour d'un condamné*, qui parurent, l'un en janvier et l'autre en février 1829.

Mais il est probable qu'il s'aperçut, en se remettant à *Notre-Dame*, que ce livre, d'où dépendait son renom de romancier, n'était décidément pas assez mûr encore dans sa pensée. Il était d'ailleurs en ce moment sollicité par d'autres idées, il pensait au théâtre. Et déjà deux

sujets de drame avaient germé dans son cerveau, *Marion de Lorme* et *Hernani*.

Le théâtre, c'est la gloire éclatante, et c'est aussi la moisson fructueuse. Le roman, on l'a vu, ne rapportait guère. Un troisième enfant venait, au mois d'octobre, de naître à Victor Hugo, il fallait nourrir ce petit monde. Ce père de famille de vingt-sept ans se met à l'œuvre. Le 2 juin 1829, il commence à écrire *Marion de Lorme*, il la termine le 29 juin. La censure royale interdit le drame. Il commence *Hernani* le 29 août et l'achève le 29 septembre. Dans les intervalles il compose nombre de poésies des *Feuilles d'automne*, qui sont datées de 1829.

Plus heureux que *Marion de Lorme*, *Hernani* fut joué le 25 février 1830. On sait quelle bataille ce fut, et quelle victoire. Un éditeur, M. Mame, qui se trouvait dans la salle, émerveillé du succès, prit Victor Hugo à part dans un entr'acte, et sur-le-champ lui offrit de sa pièce pour un an six mille francs. Six mille francs! et il les avait sur lui, l'homme avisé, et il faisait miroiter ses six billets de banque. Le jeune auteur n'avait jamais tenu pareille somme, il savait n'avoir plus à la maison que cinquante francs. Il empocha les billets et signa le traité.

Il oubliait qu'aux termes d'un autre traité il avait «promis à M. Gosselin, dans le cas où il viendrait à composer de nouveaux ouvrages, de lui offrir toujours la préférence à prix égal sur les propositions de ses confrères.» M. Gosselin, à qui *Notre-Dame de Paris* devait être livré en avril 1829, avait laissé complaisamment Victor Hugo «composer ces nouveaux ouvrages» qui lui seraient sûrement «offerts». Mais quand, le lendemain de la première représentation d'*Hernani*, il se présenta chez le poète et qu'on lui apprit qu'il venait trop tard, il fut exaspéré de sa déconvenue. La promesse de vente pour les œuvres futures ne comportait aucune sanction, en revanche, la date fixée pour la livraison de *Notre-Dame* constituait un engagement formel. M. Gosselin, en vertu de cet engagement, réclama sévèrement la remise immédiate du manuscrit qu'il attendait depuis plus d'une année. Et la première ligne n'en était pas écrite!

Il y eut échange de lettres aigres-douces, menaces d'un procès en dommages-intérêts. Des amis communs, les Bertin, Amédée Pichot, intervinrent. M. Gosselin consentit un nouveau traité, mais il l'imposa cette fois précis et rigoureux de manière à tenir le pauvre auteur dans des liens qu'il ne put rompre. Par acte du 5 juin 1830, Victor Hugo s'engagea à livrer à M. Gosselin le manuscrit de *Notre-Dame de Paris* le 1ᵉʳ décembre de la même année.

Dans le cas où, sauf le cas de maladie constatée de M. Victor Hugo ou quelque cas grave qu'il est impossible de spécifier, mais dont le mérite serait jugé par des arbitres amiables, ce manuscrit ne lui serait pas remis à ladite époque, il lui serait compté, par chaque huit jours de retard la somme de mille francs, et au bout du deuxième mois la somme de deux mille francs complétant une somme de dix mille francs, fixée pour montant des dommages-intérêts dus à M. Gosselin. Après ces deux mois, la somme de dix mille francs payée, M. Victor Hugo n'aura plus d'époque fixée pour la remise de son manuscrit, mais il ne pourra jamais en disposer qu'en faveur de M. Gosselin.

Voilà qui est léonin! et l'on serait tenté de maudire ce féroce marchand de livres. Bénissons-le au contraire, car, sans sa tenace exigence, Victor Hugo, tenté par le théâtre et la poésie, n'aurait peut-être jamais écrit *Notre-Dame*.

Il n'avait que six mois devant lui pour l'achever, il n'y avait pas un moment à perdre, et cependant il ne se mit pas tout de suite à l'œuvre. Nous avons là une indication précieuse sur sa manière de travailler : composer avant d'écrire. Il prit encore près de deux mois pour revoir ses notes, compléter son plan et

se replonger au sortir de l'Espagne de Charles-Quint, dans le Paris de Louis XI. C'est à ce moment sans doute qu'il donna à la Esmeralda son troisième amoureux, Phœbus. Trois pour une, *tres para una*, comme dans *Hernani*.

Victor Hugo se mit enfin à sa table de travail le 25 juillet 1830 et écrivit deux ou trois pages.

Le 27, la Révolution éclatait.

Ce n'était pas Victor Hugo qui pouvait se dérober à une telle commotion et, quand le dix-neuvième siècle se renouvelait, rester confiné dans le quinzième. C'était assurément un de ces cas de force majeure prévus par le traité? Néanmoins il se défiait de son tyran, il prit prétexte de l'accident d'un dossier égaré et, le 5 août, lui écrivit:

Le péril que courait le 29 juillet ma maison aux Champs-Élysées m'avait déterminé à faire évacuer mes effets les plus précieux et mes manuscrits chez mon beau-père qui demeure rue du Cherche-Midi et dont le quartier, par conséquent, était peu menacé. Dans cette opération qui s'est faite en toute hâte, il a été perdu un cahier tout entier de notes, qui m'avaient coûté plus de deux mois de recherches et qui étaient indispensables à l'achèvement de *Notre-Dame de Paris*. Ce cahier n'a pu être encore retrouvé et je crains maintenant que toutes les recherches ne soient inutiles. C'est là sans doute un des cas graves et de force majeure qui ont été prévus par notre convention du 5 juin. Pourtant, si d'autres événements ne surviennent pas qui mettent obstacle à la continuation de mon ouvrage, j'espère toujours pouvoir à force de travail être en mesure de vous livrer le manuscrit à l'époque convenue. J'avoue cependant qu'un délai de deux mois librement consenti par vous me ferait plaisir.

Il me semble aussi qu'il peut être de votre intérêt bien entendu que le manuscrit de *N.-D. de Paris* ne vous soit pas livré à une époque aussi rapprochée de la présente révolution que le 1ᵉʳ décembre. Il est douteux que la littérature soit déjà revenue alors au degré d'importance qu'elle avait il y a deux mois, et je crois qu'un retard ne doit pas vous convenir moins qu'à moi.

Cette dernière raison était de nature à toucher l'éditeur, il n'était peut-être pas fâché non plus d'adoucir quelque peu ses relations avec l'auteur d'*Hernani*, il acquiesça donc au désir de Victor Hugo et recula de deux mois, c'est-à-dire du 1ᵉʳ décembre 1830 au 1ᵉʳ février 1831, la livraison du manuscrit de *Notre-Dame*

Victor Hugo put respirer, le poète put jeter son cri de citoyen, l'*Ode à la jeune France*, publiée en août

Frères, et vous aussi vous avez vos journées !

Il commença en même temps *le Journal d'un révolutionnaire de 1830* Août s'écoula ainsi Mais il n'y avait pas à s'attarder davantage, il reprit sa tâche de *Notre-Dame* le 1ᵉʳ septembre

Mᵐᵉ Victor Hugo raconte[1]

Cette fois il n'y avait plus de délai à espérer il fallait arriver à l'heure Il s'acheta une bouteille d'encre et un gros tricot de laine grise qui l'enveloppait du cou à l'orteil, mit ses habits sous clef pour n'avoir pas la tentation de sortir, et entra dans son roman comme dans une prison Il était fort triste

Dès lors il ne quitta plus sa table que pour manger et dormir Sa seule distraction était une heure de causerie avec quelques amis qui venaient le voir et auxquels il lisait parfois ses pages de la journée

Dès les premiers chapitres, sa tristesse était partie, sa création s'était emparée de lui, il ne sentit ni la fatigue ni le froid de l'hiver qui était venu, en décembre, il travaillait les fenêtres ouvertes

Le 15 janvier le livre était fini Il avait devancé de quinze jours la date fixée La bouteille d'encre qu'il avait achetée le premier jour était finie aussi, il était arrivé en même temps à la dernière ligne et à la dernière goutte

Pendant qu'il faisait *Notre-Dame de Paris*, M Victor Hugo, à qui M Gosselin demandait quelques renseignements sur son livre pour le faire annoncer, répondit

« C'est une peinture de Paris au quinzième siècle et du quinzième siècle à propos

de Paris Louis XI y figure dans un chapitre C'est lui qui détermine le dénouement Le livre n'a aucune prétention historique, si ce n'est de peindre peut-être avec quelque science et quelque conscience, mais uniquement par aperçus et par échappées, l'état des mœurs, des croyances, des lois, des arts, de la civilisation enfin, au quinzième siècle Au reste, ce n'est pas là ce qui importe dans le livre S'il a un mérite, c'est d'être une œuvre d'imagination, de caprice et de fantaisie »

Après l'achèvement de *Notre-Dame de Paris*, M Victor Hugo se sentit désœuvré et attristé, il s'était habitué à vivre avec ses personnages, et il éprouva en se séparant d'eux le chagrin qu'il aurait eu à voir partir de vieux amis Il quitta son livre avec autant de peine qu'il en avait eu à s'y mettre

Notre-Dame de Paris, achevée le 15 janvier, fut rapidement imprimée et mise enfin en vente le 16 mars

Le livre paraissait dans un moment bien peu favorable aux choses de l'art L'émeute et le choléra sévissaient Les esprits se remettaient à peine des émotions causées par le pillage de Saint-Germain-l'Auxerrois et de l'Archevêché, qu'une crise de la plus haute gravité renversait toute l'orientation de la politique française le ministère Laffitte, libéral et populaire, faisait place au ministère Casimir Perier, autoritaire et bourgeois, la révolution était finie, la réaction commençait C'est la prérogative supérieure de la poésie et de la pensée il est certain que, pour nous, l'apparition de *Notre-Dame de Paris* est, à distance, un événement autrement considérable qu'un changement de ministère, mais on pourrait croire qu'en 1831, dans la fièvre des opinions combattantes, Paris se serait assez peu soucié de ces deux volumes à couverture jaune qui se publiaient dans un coin

Et cependant il paraît avéré que l'effet de *Notre-Dame de Paris* fut profond Nous ne parlons pas du succès matériel, qui

[1] Victor Hugo raconté par un témoin de sa vie

fut grand aussi pour l'époque Les livres, dans ce temps-là, coûtaient fort cher (quinze francs pour *Notre Dame*, au moins trente d'aujourd'hui), on ne les achetait pas, on les louait Il y avait de très nombreux cabinets de lecture qui louaient les volumes à raison de 25 à 50 centimes par jour selon l'importance et la nouveauté Chaque exemplaire représentait ainsi de deux à trois cents lecteurs, et plus des trois quarts des éditions s'écoulaient de cette manière *Notre Dame de Paris* a eu deux tirages, qui, selon l'usage de la librairie d'alors (et un peu d'aujourd'hui), ont été divisés en sept éditions, le premier tirage en deux volumes in-8° à mille exemplaires, le second en quatre volumes in-18 à dix-sept cents exemplaires, auxquels il faut ajouter les doubles passes de vingt pour cent accordées à l'éditeur, soit un total de 3,300 exemplaires C'est un chiffre qui, pour le temps et dans les conditions que nous avons dites, constitue un véritable succès La preuve en résulte d'un petit fait significatif avant la fin de l'année, les trois cents derniers volumes de l'in-octavo, formant la quatrième édition, sont cotés vingt-cinq francs au lieu de quinze sur la couverture de *la Maréchale d'Ancre* d'Alfred de Vigny, publiée par le même éditeur

Mais c'est surtout la victoire littéraire qui fut éclatante et rapide Les journaux politiques, de si petit format alors, étaient absorbés par les événements du jour, mais tout de suite, même avant la fin de mars, les revues (*Revue de Paris*, *Revue des Deux-Mondes*, *Mercure*, etc) s'empressèrent de publier des articles pleins d'enthousiasme Ceux qu'on appelait « les Jeune-France » célébrèrent triomphalement la naissance du chef-d'œuvre Montalembert, jeune, fit deux articles dans *l'Avenir* Les attaques des adversaires eux mêmes n'allaient pas sans une part d'éloges Les amis étaient dans

la joie Lamartine écrivait de Hondschoote

Mon cher Victor, je viens de lire *Notre-Dame de Paris*, le livre me tombe des mains C'est une œuvre colossale, une pierre antédiluvienne Je n'aimais ni *Han* ni *Bug*, je le contesse, mais je ne vois rien à comparer dans nos temps à *Notre-Dame de Paris* C'est le Shakespeare du roman, c'est l'épopée du moyen âge, c'est je ne sais quoi, mais grand, fort, profond, immense, ténébreux comme l'édifice dont vous en avez fait le symbole

Seulement c'est immoral par le manque de Providence assez sensible, il y a de tout dans votre temple excepté un peu de religion, la religion, ce ciel bleu de toutes les scènes morales comme l'autre ciel est le fond de toutes les scènes pittoresques

Pardon je n'ai pu en fermant le livre me refuser de dire un mot à l'auteur L'auteur a grandi à mes yeux de mille coudées par ce livre Il est plus haut que vos tours de Notre-Dame

Adieu, ce n'est qu'un mot écrit en frissonnant

Sainte-Beuve écrivait de Bruxelles

Vous ne m'avez jamais paru plus grand, plus fort, plus maître de votre puissance, plus libre de l'appliquer désormais à toutes choses

Michelet

Je voulais parler de Notre-Dame de Paris Mais quelqu'un a marqué ce monument d'une telle griffe de lion, que personne désormais ne se hasardera d'y toucher C'est sa chose désormais, c'est son fief, c'est le majorat de Quasimodo Il a bâti, à côté de la vieille cathédrale, une cathédrale de poésie, aussi ferme que les fondements de l'autre, aussi haute que ses tours [1]

Autre témoignage en sens inverse de la puissance de ce livre, qui ne laissait froid personne Tandis qu'il ravissait Lamartine jeune, il exaspérait Gœthe vieux L'auteur de *Faust*, à quatre-vingts ans, assagi, affaibli, n'ayant plus d'amour que pour la beauté sereine, ayant

---

[1] MICHELET *Histoire de France*, t II, p 684 Hachette, 18..

l'horreur des émotions fortes, voulut néanmoins lire *Notre-Dame de Paris* et fut bouleversé par cette lecture Voici en quels termes, dans un entretien avec son fidèle Eckermann, le 27 juin 1831, il exhalait son amusante fureur

Victor Hugo est un beau talent, mais il est tout à fait engagé dans la malheureuse direction romantique, ce qui le conduit à mettre, à côté de beaux tableaux, les plus intolérables et les plus laids Ces jours-ci, j'ai lu *Notre-Dame de Paris,* et il ne m'a pas fallu peu de patience pour supporter les tortures que m'a données cette lecture C est le livre le plus affreux qui ait jamais été écrit¹

Et avec tout cela, écrivait-il le lendemain à Zelter, se montrent des preuves décisives d'un talent historique et oratoire auquel on ne peut refuser une vive puissance d'imagination, sans laquelle d'ailleurs il ne pourrait jamais créer de pareilles abominations

Cet effet profond du livre, qui se manifestait par les colères autant que par les admirations, ne se limita pas à quelques mois et à quelques années, *Notre-Dame de Paris* eut cet effet prolongé qui s appelle l'influence Comme *les Orientales,* le grand roman donna en foule, et donne encore, à l'art, à toutes les formes de l'art, peinture, sculpture, musique, des sujets, des motifs, des figures Mais c'est surtout dans le domaine de l'architecture que se firent

sentir son action et son enseignement L'architecte Lassus, qui fut le restaurateur de la vieille cathédrale, tout en rectifiant certaines erreurs du poète, déclarait qu'il lui devait ses premières lumières Le moyen âge, jusque-là délaissé et dédaigné, devint du coup à la mode Les édifices antérieurs à la Renaissance, qu'on laissait en ruines ou qu'on dénaturait quand on ne les détruisait pas, furent désormais admirés, entretenus et réparés Le respect s'étendit aux restes de tout le passé, et le Comité des Monuments historiques fut institué pour veiller à leur conservation *Notre-Dame de Paris* a donné le signal de toute cette révolution dans le goût

La prospérité matérielle de *Notre-Dame* ne connut pas non plus d'éclipse A l'expiration du traité Gosselin, Victor Hugo n'eut pas de peine à trouver un éditeur moins barbare En 1832, *Notre-Dame de Paris* fut publiée en trois volumes au prix de 22 fr 50, augmentée de trois chapitres, dont le fameux chapitre *Ceci tuera cela* A partir de là, les traductions dans toutes les langues, les éditions de tous les prix et dans tous les formats se succédèrent sans fin, perpétuant la juste célébrité de *Notre-Dame de Paris,* laquelle ne fut et ne pouvait être dépassée que par la prodigieuse et universelle renommée des *Misérables*

II

REVUE DE LA CRITIQUE

Lors de l'apparition de *Notre-Dame de Paris,* la critique salua l'œuvre de louanges presque unanimes et comprit bien que c'était là un grand événement littéraire

Deux sentiments ressortent de la lecture des journaux et revues du temps Il y eut avant tout émerveillement pour le style C'était le premier livre où Victor

Hugo se manifestait grand écrivain en prose avec cette puissance On sentit comme la prise de possession d'un maître Les ennemis mêmes ne purent s'empêcher de reconnaître la beauté de cette forme souveraine qui allait renouveler la langue de son siècle, et, par la suite, s'imposer même aux critiques hostiles,

tels que Louis Veuillot et Barbey d'Au-
revilly, qui l'imitaient en l'attaquant
«Nous avons tous, avouait l'un d'eux,
plus ou moins trempé notre plume dans
cet encrier »

L'autre impression que, dans le premier moment, produisit *Notre-Dame* fut
un peu, il faut le dire, celle que Gœthe
exprima en termes si véhéments, mais
qui frappa aussi des amis et des admira-
teurs tels que Lamartine et Sainte-Beuve
Pas plus qu'à ce style coloré on n'était
fait alors à cette intensité d'émotion
et de passion dans le drame, et l'on
trouvait, de plus, qu'à ce beau et douloureux roman il manquait le ciel et
l'espérance Victor Hugo avait-il cédé à
l'influence alors prédominante de ce
qu'on appelait l'*École du désespoir ?* il est
certain que le malheur frappe et torture sans trêve et sans merci tous ses
personnages sympathiques et n'épargne
que les indifférents Le poète, en somme,
l'avait voulu ainsi, puisqu'il avait écrit
en tête de son œuvre le mot sinistre
Anankè Et pourquoi, d'instinct, l'avait-
il voulu ? C'est qu'en effet la Fatalité
est la loi de fer et de sang qui pèse
sur ce sombre moyen âge, l'âge noir,
comme l'appellent les Anglais, lamentable théâtre des guerres centenaires,
proie de toutes les misères et de toutes
les épouvantes Dans ces temps tragiques,
dit-on, il y avait du moins la foi Oui,
mais quelle foi ! la foi au Dieu de colère,
la foi à Satan, la foi à l'enfer La terreur du jugement dernier, dans les âmes
les plus hautes comme dans les plus
humbles, était une oppression de plus,
Claude Frollo, esprit supérieur, ajoute
à toutes les angoisses de son supplice ici-
bas la certitude de l'éternelle damnation
Pour voir poindre une lueur de liberté
morale, il faut attendre la Renaissance
Ainsi, quand le poète livrait à ces fata-
lités implacables les pauvres créatures
nées de son rêve, il n'obéissait pas à un
caprice, mais à la nécessité qui était dans

son sujet et qui, à son insu et quelquefois
malgré lui, s'impose même au génie
Dans son second roman, *les Misérables*,
Victor Hugo donnera à la liberté comme
à la pitié une ample revanche Lamennais reprochait à *Notre-Dame* de ne pas
être assez catholique, George Sand re-
prochera aux *Misérables* d'être trop chrétiens

Il est intéressant d'avoir une idée de
ce que furent l'esprit et le mouvement
de la critique autour de *Notre-Dame de
Paris* Nous donnerons donc quelques
extraits des articles parus au sujet du
nouveau livre Les journaux politiques,
alors de petit format, n'avaient pas assez
de toutes leurs colonnes pour les graves
événements du temps, mais les revues
littéraires, dont la *Revue de Paris* et la
Revue des Deux-Mondes étaient les plus
importantes, n'attendirent pas une semaine pour s'occuper de *Notre-Dame*.

Revue de Paris.
(Mars 1831)

Enfin, le voilà, ce livre merveilleux,
le voilà qui vient nous distraire des graves
préoccupations de la politique et réveiller nos
sympathies pour ce moyen âge si loin de
nous depuis huit mois

C'est pour M Victor Hugo surtout qu'on
peut dire que la forme du roman n'est que
la plus large extension possible du drame
C'est dans ce cadre, dont il pose lui-même
les limites, où le temps et l'espace sont à lui,
qu'il peut réaliser ses vastes conceptions,
créer un monde idéal, ou *rebâtir* un siècle
A l'étroit sur les planches de la scène, il ne
saurait obtenir du plus adroit machiniste, du
plus habile peintre, que des décors bien infé-
rieurs à la magie de ses descriptions Au
théâtre, d'ailleurs, les décors ne peuvent être,
en général, que des accessoires Dans les
créations de M Victor Hugo, les objets ma-
tériels ont une vie à eux, jouent un rôle, et
même, comme dans *Notre Dame de Paris*, un
rôle presque aussi important que celui du
héros et de l'héroïne Où est le décorateur
qui nous mettrait sous les yeux Paris tout
entier, ce Paris du quinzième siècle, que le

romancier nous exhume comme une Pompéi féodale, avec la forme et la teinte de ses maisons, avec la topographie minutieuse de ses édifices et du dédale de ses vieilles rues ? Par quelle autre magie que celle du poète animerez-vous la grande figure du roman, si véritable héroïne peut être, la cathédrale elle-même, œuvre colossale d'un homme et d'un peuple, sorte de création humaine, avec son riche habillement de sculptures et de ciselures, dont chaque pierre est une page, non seulement de l'histoire du pays, mais encore de la science et de l'art *

Revue des Deux-Mondes
(Janvier-mars 1831)

Le critique passe en revue les personnages du roman

C'est dans cet immense ouvrage, passant à travers un seul chapitre, comme un renard dans le coin d un grand bois, Louis XI, vieux mauvais prince, grand roi, sapant le système féodal, trouvant trop chère une liste civile qui montait à 80,000 francs, nourrissant des lions, parce qu il faut que les rois de France aient des rugissements autour de leur trône, et faisant construire des cages de fer pour eux et pour La Balue

C'est un beau gendarme, Phœbus de Châteaupers, tete trouée et vide, à travers laquelle le vent passe, montrant son hoqueton brodé à sa maîtresse qui lui parle d amour, à sa maîtresse qui l aime comme Dieu et qu'il aime un peu moins que son cheval

Enfin, et c'est peut-être la plus originale, Quasimodo Regardez sur la couverture où il passe sa tete, Quasimodo le sonneur de cloches, Caliban de cathédrale, réunion vivante de toutes les calamités physiques, borgne, bossu, bancal, sourd, brèche dent, j'oublie encore quelque chose Quasimodo qui vous fera peur d'abord, et finira par vous faire pleurer, car sous cette enveloppe de peau de chagrin, il a une ame qui aime et qui souffre

Viennent maintenant les critiques! car il ne manquera pas de gens qui ne comprendront pas, se ficheront de ne pas comprendre et jetteront la pierre à la hauteur à laquelle ils ne peuvent atteindre avec la main Il n'en sera pas moins vrai que M Hugo aura élevé un immense édifice littéraire, sous les portes duquel les plus grands d entre eux pourront passer sans se baisser, et la postérité, qui ne tient pas compte des petites haines des contemporains, dira Hugo comme elle dit Dante et Shakespeare

C D

Mercure du XIX° siècle
(Mars avril 1831)

L [Paul Lacroix]

La plus petite cause, chez un homme de génie, produit les plus grands effets, un mot grec, Ananké, fut le berceau obscur du roman de Notre-Dame de Paris M Victor Hugo, dont l'imagination toute-puissante crée ou ressuscite les hommes et les choses aussi facilement qu'on fait reparaître des caractères tracés avec l'encre sympathique, a lu ce mot mystérieux et a pris la plume Le destin, ce tyran si capricieux et si incompréhensible, tient les fils entrelacés de ce drame On y retrouve partout le doigt de la fatalité

Notre-Dame, ce géant de pierre qui lève si haut ses deux têtes dans les airs, qui s'environne d une cour de monstres immobiles, qui a des fenêtres et des rosaces flamboyantes comme des yeux, qui fait sonner les cloches comme des voix, c'est là en quelque sorte le principal personnage du livre, on dirait qu'il a reçu la vie et l'intelligence, c'est une décoration animée et agissante, Notre-Dame a pour ainsi dire achevé l'éducation de Quasimodo, Notre-Dame enveloppe de ténèbres les passions de Claude Frollo, Notre-Dame donne un asile à l'innocente Esmeralda, Notre-Dame punit le crime de l'archidiacre qui, lancé du haut de la tour, s'accroche à la gueule d'une gouttière, se confie un moment à ce fragile appui et tombe brisé dans cette horrible chute Notre-Dame est une véritable individualité qui semble participer de la puissance du Dieu qu'on y adore

Ce qui, dans cet immense ouvrage, mérite une attention spéciale, outre ces parties frappantes, c'est l'ensemble parfait où elles sont coordonnées, c'est la variété des tons et des couleurs, c'est l'alliance merveilleuse de la science à l'imagination Le premier volume surtout renferme toutes les connaissances que l on acquiert dans une vie de bénédictin

Le génie se montre à de tels signes, il est

supérieur dans tous les sujets, il s'empare de toutes les sciences, il emprunte toutes les formes et jamais il n'a l'air gené, empêché, étonné et mesquin, la force universelle s'étend aux extrêmes les plus opposés Il sera dans ses compositions poète, peintre, architecte, mathématicien, philosophe ou dramatiste, sa fantaisie fera loi tel est Victor Hugo

L'Avenir
(11 et 28 avril 1831)

Ch DE M[ONTALEMBERT]

L'Avenir, fondé par Lamennais, alors grand ami de Victor Hugo, est le premier journal qui parle de Notre-Dame, et n'y consacre pas moins de deux articles Ces articles, pleins d'enthousiasme et pleins de talent, étaient de Montalembert Ils débutent par un cri de joie

Une œuvre de Victor Hugo ! Qui ne tressaille à ces mots ? Que ce soit de plaisir ou de dépit, d'admiration ou de colère, n'importe Il est toujours certain que de lui rien n'est indifférent et qu'il a le privilège, si rare aujourd'hui, de maîtriser l'attention, non par les choses qu'il écrit, mais parce que c'est lui qui les écrit Pour nous, jeunes gens de ce siècle, dont il est presque le contemporain et le camarade, un lien tout spécial nous attache à cet homme dont les œuvres expriment et résument si complètement tout ce qu'il y a d'élevé et de généreux dans notre époque

Dans sa vie littéraire, nous le voyons ouvrant à l'art une carrière nouvelle où il se précipite le premier avec l'ardente espérance du génie, traçant le code de cet art rajeuni dans une préface monumentale, lançant le drame par un essai hardi et victorieux dans un monde inconnu et sublime

Montalembert commence par faire la part des défauts et la fait assez large Se plaçant au point de vue de Lamennais, qui ne trouvait pas Notre-Dame assez catholique, il reproche à Victor Hugo d'avoir fait la cathédrale plus humaine que divine Il juge aussi ses douleurs trop matérielles, sa gaieté trop superficielle Il repousse cependant, avec les

vues les plus hautes et les plus délicates, le reproche d'immoralité adressé parfois à Notre-Dame

Puis il vient aux qualités

En première ligne se place ce style merveilleux, créé par M Victor Hugo et que nul n'a pu imiter ni atteindre après lui, ce style de feu dont l'ardeur est irrésistible et qui déborde avec un luxe effréné, ce style, qui fait comprendre et sentir l'intime liaison qui existe entre tous les arts, l'identité du beau dans toutes ses manifestations, car, grâce à lui, la transition du poète au peintre devient presque imperceptible On lit des mots, des lignes, et l'on se croit en face d'un tableau, chaque description écrite se transforme à notre insu en peinture vivante, et le poète déroule à nos yeux le délire de son imagination tracé en couleurs brûlantes et ineffaçables Ce genre de beautés, que nous nommerions volontiers le pittoresque de la poésie, se déploie admirablement dans la scène de l'amende honorable de la pauvre Esmeralda, dans celle de l'assaut de Notre Dame par les truands, et surtout dans ce panorama de Paris vu à vol d'oiseau, qui rappelle, en la surpassant, la charmante description de Stamboul dans les Orientales, et qui se termine par un exploit littéraire presque inouï, par cette analyse du concert sublime des carillons de Paris, qui a toute l'expression, toute l'harmonie du concert lui même

Si des choses nous passons aux hommes, de la nature et de l'art extérieur aux secrets du cœur, nous retrouvons ce style inimitable se jouant de toutes les difficultés et maîtrisant sans clémence toutes les émotions de l'âme, dans deux chapitres qui resteront comme monuments de la littérature moderne Ce sont ceux intitulés Lasciate ogni speranza et La fièvre Ce lent supplice, infligé au frêle corps de la jeune fille, cet aveu du prêtre assassin et sacrilège, cette fièvre de désespoir et de remords qu'il pousse d'abîme en abîme jusqu'à l'athéisme, tout cela nous offre un tableau de la misère humaine dont nous n'avons trouvé nulle part le rival

Journal des Débats
(15 juin-11 juillet 1831)

Le Journal des Débats dut attendre aux mois de juin et juillet pour pouvoir rendre compte de *Notre-Dame*, il le fit, comme *l'Avenir*, en deux articles

Notre-Dame de Paris est un roman de fantaisie, d'imagination si vous aimez mieux, de poésie, d'art, car je tiens à justifier mon mot de fantaisie A ne considérer ce roman que comme ouvrage de style, c'est une chose prodigieuse, pour tout homme qui connaît quelque peu les ressources et les bornes de notre langue, que de voir cette immense variété de tournures, de métaphores, d'images appliquées non seulement à tous les ordres d'idées, mais très souvent aux idées du même ordre, et quelquefois aux mêmes idées, de telle sorte que la même chose y est représentée de dix façons différentes, toutes poétiques, toutes étincelantes, et la dernière aussi neuve que la première Ajoutez à cela une synonymie d'une richesse incomparable, toutes les épithètes de la vieille et de la nouvelle langue amoncelées à la suite de chaque objet décrit, dans l'ordre et selon la gradation indiqués par leurs nuances, de façon à faire entrer l'objet sous toutes ses faces dans la pensée du lecteur, toutes les ressources enfin d'un langage riche, énergique, *efflorescent*, qui semble parler aux yeux en même temps qu'à l'esprit, et qui fait tableau lui-même à côté des scènes qu'il décrit Je le répète, comme langue, *Notre-Dame de Paris* est un ouvrage éclatant, il y a là un empiétement de l'écrivain sur le domaine du peintre, la toile n'en dirait pas plus et même je ne crois pas impossible qu'on fît des dessins d'après les descriptions de *Notre-Dame de Paris* aussi sûrement que d'après nature C'en est quelquefois éblouissant

Quasimodo et la Esmeralda, le Monstre et l'Ange, sont les deux créations originales du poète, ses personnages de prédilection, et dans tous deux il a mis tout ce qu'il y a d'amour et de misère humaine, afin que son rêve finît comme tous les rêves, par le désenchantement et la tristesse L'épigraphe de ce livre, c'est la fatalité Est-ce donc là toute la leçon qu'il en faut tirer? Est-ce que l'auteur a voulu nier la liberté humaine? Est-ce qu'il croit peut-être qu'il n'y a de milieu ici-bas que pour les belles âmes et de bonheur que pour les beaux hommes? Est-ce plutôt qu'il ne croit à rien? La fatalité! Serait-il donc vrai que toute notre liberté ici-bas consiste à

tourner avec agitation dans ce cercle qu'il appelle *ananké*, la nécessité?

La description du vieux Paris est admirable Description ne rend pas toute ma pensée, c'est plutôt une réparation du genre de celles que les architectes font des vieux temples, d'après les débris qui en ont échappé à la destruction du temps et des hommes Seulement, là où l'architecte hasarde de timides conjectures, le poète affirme et tranche, les pierres qui restent inanimées sous la lente et méthodique recomposition de l'architecte, reçoivent la vie de l'imagination du poète, ce qui est du passé pour celui-là, est du présent pour celui-ci Pourquoi M Victor Hugo ne se présenterait-il pas à l'Académie des belles lettres? S'il faut avoir fait des preuves d'érudition, il y en a dans ce livre, et quelle réparation plus curieuse que le Paris du XVᵉ siècle!

N

Terminons par quatre citations que recommandent et les articles en eux-mêmes et les noms qui les ont signés

Jules Janin
(1831)

Notre-Dame de Paris est une terrible et puissante lecture C'est là que s'étalent dans toute leur force la verve, le génie, l'audace, l'inflexible sang froid et l'incroyable volonté du poète

Toute la fange et toute la croyance du moyen âge sont pétries, remuées et mêlées ensemble avec une truelle d'or et de fer Le poète a soufflé sur toutes ces ruines qui, à sa voix, se sont dressées de toute leur hauteur sur le sol parisien Dans ces rues étroites, dans ces places remplies de populace, dans ces coupe gorge, dans cette milice, dans ces marchands, dans ces églises, que de passions circulent, toutes brûlantes, toutes vivantes, toutes armées! Chacune d'elles a son vêtement qui lui est propre, robe de femme ou robe de prêtre, armure ou bonnet, ou bien la passion est toute nue et en haillons et toute misérable comme une passion de bête féroce Victor Hugo a obéi à sa double passion de poète et d'architecte, d'historien et de romancier, il a vécu à la fois d'invention et de souvenirs Il a fait mugir à la fois toutes les

cloches de la grande ville, et il en a fait
battre tous les cœurs, excepté le cœur de
Louis XI Voilà ce livre, brillante page arrachée à notre histoire, qui jettera le plus
grand éclat dans la vie littéraire de l'auteur

SAINTE BEUVE
(Prospectus
pour l'édition de 1832)

Dans Notre-Dame, l'idée première, vitale,
l'inspiration génératrice de l'œuvre est sans
contredit l'art, l'architecture, la cathédrale,
l'amour de cette cathédrale et de son architecture Le poète a pris cette face ou, si l'on
veut, cette façade de son sujet au sérieux,
magnifiquement, il l'a décorée, illustrée avec
une incomparable verve d'enthousiasme Mais
ailleurs, dans les alentours, et le monument
excepté, c'est l'ironie qui joue, qui circule,
qui déconcerte, qui raille et qui fouille, si ce
n'est vers le second volume où la fatalité s'ac-
cumule, écrase et foudroie, en un mot c'est
Gringoire qui tient le dé de la moralité,
jusqu'à ce que Frollo précipite la catastrophe
Le poète songeait à sa Notre-Dame lorsqu'il
disait dans le prologue des Feuilles d'automne

S'il me plaît de cacher l'amour et la douleur
Dans le coin d'un roman ironique et railleur

Quand le poète aborde des caractères vraiment passionnés, le prêtre, Quasimodo, la
Esmeralda, la recluse, en même temps que
l'ironie disparait dans l'ardeur exaltée des
sentiments, c'est la fatalité seule qui la rem-
place, une fatalité forcenée, visionnaire, à la
main de plomb, sans pitié Or, cette pitié,
le dirai-je ? je la demande, je l'implore, je la
voudrais quelque part autour de moi, au
dessus de moi, sinon en ce monde, du moins
par delà, sinon dans l'homme, du moins
dans le ciel Il manque un jour céleste à cette
cathédrale sainte, elle est comme éclairée d'en
bas par des soupiraux d'enfer Le seul Quasimodo en semble l'âme, et j'en cherche vainement le Chérubin et l'Ange Dans le sinistre
dénouement, rien ne tempère, rien ne relève,
rien de suave ni de lointain ne se fait sentir
L'ironie sur Gringoire qui sauve sa chèvre,
sur Phœbus et sa fin tragique, c'est-à-dire son
mariage, ne me suffit plus, j'ai soif de quelque
chose de l'âme et de Dieu La sensibilité, qui

est à la passion poignante ce que la douce
lumière du ciel est à un coup de tonnerre,
faisant faute ailleurs en bien des endroits, mais
ici c'est la religion même qui manque Dès
qu'on gravit d'effort en effort, d'agonie en
agonie, aux extrémités funèbres des plus poé
tiques destinées, le manque d'espérance au
sommet accable, ce rien est trop, ce ciel
d'airain brise le front et le brûle Durant
toute cette portion finale de Notre-Dame, l'or
chestre lyrique, l'orgue en quelque sorte,
pourrait jouer, par manière d'accompagnement, Ce qu'on entend sur la Montagne, cette
admirable et lugubre symphonie des Feuilles
d'automne

Bref, Notre-Dame est le fruit d'un génie
déjà couronné pour le roman et qui, tout en
produisant celui-ci, achevait de mûrir encore
Style et magie de l'art, facilité, souple se et
abondance pour tout dire, regard scrutateur
pour beaucoup démêler, connaissance pro
fonde de la foule, de la cohue, de l'homme
vain, vide, glorieux, mendiant, vagabond,
savant, sensuel, intelligence inouïe de la
forme, expression sans égale de la grâce, de
la beauté matérielle et de la grandeur, reproduction équivalente et indestructible d'un
gigantesque monument, gentillesse, babil,
gazouillement de jeune fille et d'ondine,
entrailles de louve et de mère, bouillonne-
ment dans un cerveau viril de passions pous
sées au délire, l'auteur possède et manie à
son gré tout cela Il a composé dans Notre-
Dame le premier en date, et non certes le
moindre des romans grandioses qu'il est appelé
à continuer pour l'avenir

Revue des Deux-Mondes
(1er mars 1834)

Gustave PLANCHE

Lettre à Victor Hugo

Ce que j'admire dans votre Notre-
Dame, c'est l'inépuisable richesse d'épisodes et
d'incidents que vous avez semée dans ce beau
livre Vous semblez prendre plaisir à compli-
quer l'entrelacement des fils de votre récit
pour dénouer sans peine ce qui semble inex
tricable Si jamais œuvre humaine a témoigné
de la puissance de son auteur, c'est à coup
sûr Notre-Dame de Paris

Ceux qui ne verraient dans cette vaste

épopée que l'intérêt poétique ne comprendraient que la moitié de votre pensée Votre volonté, je le sais, a été plus haute et plus hardie Vous avez projeté la reconstruction de la France au XV° siècle La tâche était grande, l'avez-vous réalisée? Vous avez pris pour centre de votre composition la cathédrale de Paris, et autour du temple chrétien, vous avez groupé toutes les formes de la vie nationale Phœbus, Gringoire, Claude Frollo, Quasimodo sont des types longtemps médités, qui résument poétiquement les conditions et les mœurs de la société française au XV° siècle

Vous avez fait pour la prose, dans *Notre-Dame de Paris*, ce que vous aviez fait pour la poésie dans *les Orientales* Vous avez forgé la langue sur une enclume sonore et solide, vous l'avez enrichie d'images qu'elle ne connaissait pas, c'est un champ que vous avez défriché, que vous avez semé de vos mains, nul ne peut vous en disputer la moisson sans injustice et sans honte

Notre-Dame est à mes yeux un magnifique édifice, plein d'étonnements et de secrets inattendus, qui fatigue la curiosité sans l'épuiser C'est une construction gigantesque dont les pierres innombrables, soudées ensemble par un ciment invisible, semblent défier nos rêves les plus hardis Mais dans ce poème singulier, si on excepte la recluse, où est le rôle de l'homme?

Théophile GAUTIER
(Prospectus
de l'édition de 1855)

Notre-Dame de Paris est à coup sur le roman le plus populaire de l'époque, son succès a été complet Artistes et gens du monde se sont réunis dans la même admiration, les critiques les plus hostiles eux-mêmes n'ont pu s'empêcher de joindre leurs applaudissements à l'applaudissement général, et, s'il était permis de donner une limite à un génie en toute sa force et de tant d'avenir, on pourrait croire que *Notre-Dame de Paris* est et demeurera le plus bel ouvrage du poète

C'est une vraie *Iliade* que ce roman Variété de physionomies, exactitude de costumes, miraculeux artifice de descriptions, haute et sublime éloquence, comique vrai et irrésistible, grandes vues historiques, intrigue souple et forte, sentiment profond de l'art, science de bénédictin, verve de poète, tout se trouve dans cette épopée en prose qui, si M Hugo n'eût pas été déjà célèbre, eût rendu à elle seule son nom à tout jamais illustre

Byron, celui de tous les poètes qui a créé les plus charmantes idéalités féminines, n'a rien à opposer à la divine Esmeralda Gulnare, Médora, Haïdée sont aussi belles, mais pas plus, et elles sont moins touchantes

Maturin n'eut pas dessiné avec plus d'énergie la sombre figure de Claude Frollo, dévoré par sa soif de science, qui se change en soif d'amour

Le Phœbus de Châteaupers a aussi bonne grâce sous son harnais que ces beaux jeunes gens souriants et basanés, tout habillés de velours, qui se pavanent dans les toiles de Paul Véronèse avec un oiseau sur le poing ou un lévrier en laisse Sa bonhomie insouciante et brutale est peinte de main de maître C'est la vie et la vérité même.

Qui n'a ri de tout son cœur aux angoisses du péripatéticien Gringoire, avec son pourpoint qui montre les dents, ses souliers qui tirent la langue et sa mine toujours inassouvie Les poètes à jeun de Régnier ne sont pas esquissés d'un crayon plus franc et plus vif

Et Quasimodo, ce monstrueux escargot dont Notre Dame est la coquille? Qui n'a admiré son dévouement de chien et ses vertus d'ange dans un corps de diable? Qui n'en a pas un peu voulu à la Esmeralda de ne pas l'aimer malgré sa double bosse, son œil crevé, sa jambe cagneuse et sa défense de sanglier? Qui n'a pas pleuré avec la pauvre Chante-fleurie?

Sur quel fond magnifique se détachent toutes ces figures devenues des types! Tout le vieux Paris églises, palais, bastilles, le retrait du roi Louis XI et la Cour des Miracles une ville morte, déterrée et ressuscitée, un Pompéi gothique retiré des fouilles, deux mille in-folio compulsés, une érudition à effrayer un Allemand du moyen âge, acquise tout exprès! Et sur tout cela un style éclatant et splendide, de granit et de bronze, aussi indestructible que la cathédrale qu'il célèbre

Notre-Dame de Paris est dès aujourd'hui un livre classique

III
NOTICE BIBLIOGRAPHIQUE

Notre Dame de Paris — Paris, Charles Gosselin, libraire, rue Saint-Germain-des Prés, n° 9 (imprimerie de Cosson), mars 1831, 2 volumes in 8° Les couvertures sont ornées d'une vignette de Tony Johannot, gravée sur bois par Porret (la même pour les deux volumes, *Quasimodo*) Au titre du tome I°, vignette de Tony Johannot, gravée par Porret, représentant *la scène du pilori* Au titre du tome II, vignette de Tony Johannot, gravée par Porret, représentant *l'amende honorable au Parvis Notre Dame* Édition originale publiée à 15 francs les deux volumes Tirage à 1,000 (1,200) exemplaires, divisé en quatre éditions La première édition ne porte pas de nom d'auteur

Notre-Dame de Paris — Paris, Charles Gosselin, libraire, rue Saint-Germain-des Prés, n° 9 (imprimerie de Cosson), mai 1831, 4 volumes in 12 Les couvertures sont ornées d'une vignette (Quasimodo) la même pour les quatre tomes Les titres ont une vignette de Tony Johannot, différente pour chaque volume La couverture porte Cinquième édition, revue et corrigée, ornée de 5 vignettes gravées par Porret, d'après Tony Johannot — Première édition in-12, publiée à 14 francs les quatre volumes Tirage à 1,750 (2,100) exemplaires, divisé en trois éditions

Notre-Dame de Paris — Paris, Eugène Renduel, éditeur, rue des Grands-Augustins, n° 22 (imprimerie Plassan et C°), 1832, 3 volumes in 8°, couverture imprimée, huitième édition Publié à 22 fr 50 Prospectus de Sainte Beuve

Notre-Dame de Paris, par Victor Hugo — Paris, Eugène Renduel (imprimerie de Plassan), 1836, un volume in-8° Frontispice d'après Rouargue et 12 planches hors texte gravées sur acier, d'après Louis Boulanger, Raffet, Tony et Alfred Johannot, Camille Rogier, etc Première édition illustrée Publié à 22 francs

Notre-Dame de Paris — Paris, Eugène Renduel (imprimerie de Plassan pour le tome I°°, et de Terzuolo pour les tomes II et III), 1836, 3 volumes in 8° Les gravures sont les mêmes que celles de l'édition de 1836 en un volume in-8° Cette édition a paru par livraisons hebdomadaires à 50 centimes Un prospectus, de 4 pages, par Théophile Gautier, a été imprimé pour cette édition par Terzuolo

Notre-Dame de Paris — Paris, Furne et C°, 1840, rue Saint André-des-Arts, n° 55, 2 volumes in 8° (édition collective), 11 gravures hors texte, celles des deux précédentes éditions

Notre-Dame de Paris, par Victor Hugo, de l'Académie française — Paris, Charpentier, libraire éditeur, rue de Seine, n° 29 (imprimerie Béthune et Plon), 1841, 2 volumes in-18, couverture imprimée Publié à 7 francs les deux volumes

Notre-Dame de Paris — Édition illustrée d'après les dessins de MM E de Beaumont, L Boulanger, Daubigny, Tony Johannot, de Lemud, Meissonier, C Roqueplan, de Rudder, etc Paris, Perrotin, éditeur, rue Fontaine Molière, n 41 Garnier frères, Palais-Royal, péristyle Montpensier, n° 214 (imprimerie Béthune et Plon), 1844, grand in-8°, couverture illustrée — Un catalogue de Perrotin et un prospectus grand in 8° imprimé par Béthune et Plon contiennent la note suivante «Cette nouvelle édition illustrée de *Notre-Dame de Paris* forme un magnifique volume grand in 8°, orné de 55 gravures, dont 21 sur acier et 34 sur bois, tirées hors texte et sur papier teinté, représentant les principaux personnages, scènes capitales, monuments, etc, de l'ouvrage (XV° siècle) et d'un grand nombre de fleurons, frises, lettres ornées dans le texte La publication est terminée On peut toujours prendre l'ouvrage par livraisons C'est la première fois qu'il est publié une édition réellement illustrée du chef d'œuvre de Victor Hugo » — Un prospectus de 2 pages, imprimé par Plon frères, de format grand in-8°, annonce une nouvelle souscription, pour cette édition illustrée de Notre-Dame de Paris, en 40 livraisons à 50 centimes Ce prospectus n'est pas daté, mais porte comme date d'entrée à la Bibliothèque nationale celle de 1846

Notre-Dame de Paris — Édition J Hetzel, Paris, Marescq et C*ⁱᵉ*, rue du Pont-de-Lodi, n° 5, librairie Blanchard, rue Richelieu, n° 78 1853, Paris (imprimerie Raçon et C*ⁱᵉ*), grand in-8°, couverture illustrée (édition collective) Dessins par J.-A Beaucé, Gavarni et Gérard Séguin

Notre-Dame de Paris — Alexandre Houssiaux, libraire-éditeur, rue du Jardinet-Saint-André-des-Arts, n° 3 (imprimerie Simon Raçon et C*ⁱᵉ*) Réimpression et gravures de l'édition Furne, 2 volumes in-8°, 1857 Chaque volume a été publié à 5 francs (édition collective)

Notre-Dame de Paris — Paris, J Hetzel et Lacroix, éditeurs, rue Jacob, n° 18 (imprimerie Bonaventure et Ducessois), 1865, grand in-8°, 70 illustrations gravées par Yon et Perrichon, d'après G Brion Cette édition populaire a paru en 35 livraisons à 10 centimes La première a été mise en vente le 11 septembre 1865

Notre-Dame de Paris. — Paris, Eugène Hugues, 1877 (imprimerie J Claye), 2 volumes grand in-8°, couvertures illustrées Illustrations de Victor Hugo, Meissonier, Louis Boulanger, C Roqueplan, de Lemud, Brion, Raffet, Daniel Vierge, Méryon, Viollet-le-Duc, Tony Johannot, Daubigny, de Rudder, Foulquier, Scott, Thérond Un certain nombre d'exemplaires sont revêtus d'une couverture vert foncé, ornementée, dessinée par Viollet-le-Duc et imprimée en or par Lemercier Les autres portent un dessin frontispice de Célestin Nanteuil Cette édition a paru d'abord en 86 livraisons à 10 centimes (8 fr 50 l'ouvrage complet) Après la publication complète en livraisons, les deux tomes ont été réunis en un seul volume

Notre-Dame de Paris — Paris, Alphonse Lemerre, éditeur, passage Choiseul, n°ˢ 27-31, 2 volumes petit in-12, 1879 (édition collective) Publié à 12 francs

Notre-Dame de Paris — Édition définitive Paris, J Hetzel et C*ⁱᵉ*, rue Jacob, n° 18, A Quantin et C*ⁱᵉ*, rue Saint-Benoît, n° 7 (imprimerie A Quantin), 1880, 2 volumes in-8° Publié à 15 francs

Notre-Dame de Paris — Petite édition définitive, 2 volumes in-16, s d, Hetzel et C*ⁱᵉ*, A Quantin et C*ⁱᵉ* (imprimerie A Quantin) Publié à 4 francs

Notre-Dame de Paris — Paris, Édouard Guillaume, 1888, in-8° Sculpture de Falguière sur la couverture Compositions de Bieler, Falguière, Myrbach et Rossi, gravées par Ch Guillaume

Notre-Dame de Paris — Paris, C Marpon et Flammarion, s d (1888), 2 volumes in-18 Gravures de l'édition précédente

Notre-Dame de Paris — 2 volumes in-8° Illustrations de Bieler, Rossi et de Myrbach Londres, Sampson Low, Marston, Searle et Revington, éditeurs

Notre-Dame de Paris — Édition nationale Paris, Émile Testard et C*ⁱᵉ*, éditeurs, rue de Condé, n° 10 (typographie G Chamerot), 2 volumes in-4°, couvertures imprimées 10 compositions gravées à l'eau-forte par Géry-Bichard, d'après Luc-Olivier Merson

Notre-Dame de Paris — Édition à 25 centimes le volume, 3 volumes in-32, s d, Jules Rouff et C*ⁱᵉ*, cloître Saint-Honoré, Paris

Notre Dame de Paris — Paris librairie Paul Ollendorff, rue de la Chaussée-d'Antin, n° 50, édition de l'Imprimerie nationale, avril 1904, 1 volume grand in-8° jésus, prix 10 francs Pièces inédites, description du manuscrit, historique du livre, revue de la critique, notices bibliographique et iconographique, reproduction des dessins et vignettes typiques des autres éditions

IV

NOTICE ICONOGRAPHIQUE

Notre-Dame de Paris est un des livres d'où
sont sorties le plus d'œuvres de peinture et
de sculpture, le plus de dessins, vignettes,
chromos, groupes, statuettes, etc Ses personnages si populaires et ses scènes consacrées
ont été reproduits mille fois dans tous les
pays, sous toutes les formes, et il serait difficile non seulement d'en donner la liste, mais
d'en retrouver partout la trace On a pu cependant la suivre dans les livrets des Salons

SALONS

1833 BOULANGER (Louis) [peinture]
      Sujets tirés de *Notre-Dame de Paris*

—   COLDER (A) [peinture]
      Scènes de *Notre-Dame de Paris*

—   DUSEIGNEUR (Jehan) [sculpture]
      La Esmeralda sur le pilori [1]

—   HENRY (Mlle) [peinture]
      Quasimodo sauvant la Esmeralda

—   MEYNIER (Mme) [peinture]
      Sujet tiré de *Notre-Dame de Paris*

—   PERLET [peinture]
      La Esmeralda et sa chèvre

1834 LION (J) [lithographie]
      Je te dis qu'il est mort [1]

1837 GUET [peinture]
      Phœbus chez Mme de Gondelaurier
      Chez la Falourdel

[1] C'est la Esmeralda faisant boire Quasimodo attache au pilori Le groupe ne fait pas
regretter le chapitre, c'est un immense succès
La tête et les mains de la Esmeralda sont fines
et gracieuses, ce sont vraiment la tête et les
mains de la Esmeralda, cette charmante sœur de
la Mignon de Gœthe Peut-être nous aurions
souhaité dans le Quasimodo plus de laideur impossible Quasimodo est le cyclope du moyen
age, comme Polyphème, il est amoureux de Ga-
lathée C'est la personnification du laid moderne,
c'est le Thersite de cette Iliade (Th GAUTIER,
Salon de 1833)

1837 RUDDER (DE) [peinture]
      Claude Frollo
      Gringoire devant Louis XI

1841 GRUND (Jean) [peinture]
      La Esmeralda enfant

      MARIELLE (Mme) [porcelaine]
      La Esmeralda

—   STEUBEN [peinture]
      La Esmeralda

—   JAZET [gravure]
      La Esmeralda et sa chèvre

1844 LEJEUNE (Henri) [peinture]
      Claude Frollo

1845 GARNIER (Auguste-François) [gravure]
      Tête de *Notre-Dame de Paris* (d'après
      Lemud)

1848 PICART (Louis) [peinture]
      Les deux hommes vêtus de noir
      La Esmeralda

—   RIVOULON (Antoine) [peinture]
      Claude Frollo et Jehan

1857 BOUCHAUD (Léon-Prudent) [peinture]
      La recluse

1864 LEJEUNE (Henry) [peinture]
      La Sachette défendant sa fille

1866 BOULANGER (Louis) [peinture]
      «Vive la joie ! »

1877 ROUBALDI (A -Th) [peinture]
      Le Pilori

—   BRION (Gustave) [dessin]
      Gringoire
      La Esmeralda

1878 BRION (Gustave) [dessin]
      Phœbus de Châteaupers
      Claude Frollo

1880 CRINGOIRE (Mlle Pierrette) [dessin]
      La Sachette

—   HOUSSIN (Edmond Charles) [sculpture]
      La Esmeralda

1881 GAILARD (Félix-Émile) [sculpture]
Phœbus

1884 QUINSAC (Paul) [peinture]
La Esmeralda

— SAINT-GERMIER (Joseph) [peinture]
La Esmeralda

1885 BOGINO (Frédéric-Louis) [sculpture]
« Asile! asile! asile! » (groupe plâtre)

— TRUFFOT (Émile Louis) [sculpture]
La Esmeralda (groupe plâtre)

— VOISIN-DELACROIX (Alph.) [sculpture]
Jehan Frollo

1886 TRUFFOT (Émile-Louis) [sculpture]
La Esmeralda (groupe bronze)

1889 GÉRY-BICHARD (Adolphe) [gravure]
Dix-huit eaux fortes, d'après Luc-Olivier Merson

1890 GÉRY-BICHARD [gravure]
Dix-huit eaux fortes, d'après Luc-Olivier Merson

1891 GÉRY-BICHARD [gravure]
Dix eaux-fortes, d'après Luc-Olivier Merson

1892 GUIIONNET (O. D.-Victor) [peinture]
'ANÁΓKH

1895 LA FIZELIÈRE RITTI (M᷃) [sculpture]
La Sachette

1903 VARENNE (Henri) [lithographie]
Quasimodo

Au Musée de Dijon, *les Truands,* toile de Louis Boulanger, pleine de mouvement et de couleur.

A la Maison de Victor Hugo, à Paris, *Gringoire à la Cour des Miracles,* beau dessin rehaussé de Louis Boulanger, et *la Esmeralda donnant à boire à Quasimodo,* tableau magistral de Luc Olivier Merson.

En dehors des Salons, on ne peut guère donner qu'un aperçu général des gravures dont les sujets ont été tirés de *Notre-Dame.*

Signalons, parmi les lithographies, celles d'A. Devéria, de Grévedon (la Esmeralda), de Baylos, Bécœur, Migette, Sicard, etc., de Bouquet d'après Perlet, et de Soulange Teissier d'après O. Guet, celle-ci publiée dans le *Musée de l'amateur.* Notons une suite de huit lithographies populaires par Maurin. Dans l'album des compositions de Madou pour les Œuvres de Victor Hugo (Bruxelles, A. Boitte, édit.), cinq sont consacrées à *Notre-Dame.*

De Steuben, vers 1840, deux compositions gravées par Jazet, *la Esmeralda dansant,* et *la Esmeralda à Notre-Dame.*

Gustave Doré a donné un beau dessin de la Cour des Miracles, gravé par Riault et publié dans *l'Univers illustré* (16 avril 1859).

De Célestin Nanteuil, il y a l'admirable frontispice qui a été gravé à l'eau-forte pour la série Eugène Renduel, plus une eau-forte, la Cour des Miracles, décor de l'opéra *la Esmeralda* (*Monde dramatique*).

De Tony Johannot l'Enlèvement de la Esmeralda, gravé à l'eau-forte (1832), une lithographie sur le même sujet publiée par *l'Artiste,* et Quasimodo au pilori, sépia reproduite et publiée par Conquet.

Notre-Dame de Paris a eu la bonne fortune de compter plusieurs éditions illustrées tout à fait dignes du poète et de l'œuvre. Déjà l'édition Renduel de 1836 avait donné de charmantes vignettes sur acier: la Procession des Fous, de Louis Boulanger, le Souper de Gringoire, de Tony Johannot, et surtout Phœbus et la Esmeralda, de Raffet. Mentionnons onze eaux fortes de Henri Pille gravées par Monziès pour l'édition Lemerre.

Mais trois illustrations de tout premier ordre de *Notre-Dame* ont marqué et garderont leur rang entre les plus belles: l'illustration de l'édition Perrotin, celle de Brion et celle de Luc-Olivier Merson.

L'édition Perrotin-Garnier (1846), avec ses fleurons, ses culs-de-lampe, ses lettres ornées et ses 55 planches hors texte, dont 21 sur acier, passe à bon droit pour être un des plus beaux livres illustrés du XIXᵉ siècle. Il y a là une dizaine de planches, hautement appréciées des amateurs: Paris à vol d'oiseau, de Pernot, la Chambre de torture, de Tony Johannot, Gringoire devant Louis XI, de Louis Boulanger, la Cour des Miracles, de Jacques, trois Lemud: Louis XI chez Claude Frollo, le Jugement de la Esmeralda, et Asile! trois Daubigny: le Palais de Justice, la Esmeralda devant Notre-Dame, et l'Intérieur de la Cathédrale, et enfin un petit chef d'œuvre de Meissonier, excellemment gravé par de Mare, Louis XI à la Bastille.

La série des 65 dessins de G. Brion, gravés

sur bois par Yon et Perrichon, a été exécutée pour l'édition populaire Hetzel à 10 centimes la livraison Tous ces dessins, pleins à la fois de couleur et de style, font l'admiration des artistes, tels d'entre eux, comme la Grimace de Quasimodo, comme la Ruelle du vieux Paris avec Notre Dame en perspective, peuvent soutenir la comparaison, pour le relief et le caractère, avec les beaux bois gravés du seizième

L'illustration de *Notre-Dame de Paris* par Luc Olivier Merson mérite aussi sa célébrité Elle traduit avec une science impeccable les côtés pittoresques et avec un art accompli les pages dramatiques du roman et en fait vivre aux yeux dans toute leur énergie et dans toute leur beauté les figures et les scènes tragiques ou touchantes Dans l'édition dite *nationale* des Œuvres, cette illustration magistrale a pris tout de suite et sans conteste sa place, la première

Notons enfin la belle édition Hugues, qui reproduit la presque totalité des dessins de l'édition Perrotin, gravés sur bois par Pannemaker, Froment, Méaulle, et aussi la plupart des bois de Brion dans l'édition Hetzel Elle y ajoute des compositions nouvelles de Brion représentant en pied les principaux personnages, des vues de Paris au xv° siècle par Hofbauer et la précieuse reconstitution, extérieur et intérieur, portails et statues, de Notre-Dame de Paris, par Viollet-le-Duc

— — —

Il serait trop long et presque impossible de rechercher et d'énumérer les traductions en langue étrangère et les contrefaçons en langue française qui ont été faites de *Notre-Dame de Paris* La première et la plus jolie des contrefaçons est celle de l'édition Laurent (Bruxelles, 1831) La dernière et peut-être la meilleure traduction est la traduction en langue tchèque de M Emmanuel de Cenkov (Prague, 1903)

On ne saurait dénombrer non plus les adaptations théâtrales du roman à l'étranger, drames, opéras, ballets, ballets surtout, les *Esmeralda* ne se comptent pas En France, mentionnons *la Esmeralda,* opéra, musique de Mlle Louise Bertin (théâtre de l'Opéra, 1836), *Notre-Dame de Paris,* drame, par Paul Foucher (théâtre de l'Ambigu, 1850), *Notre-Dame de Paris,* drame, par Paul Meurice (Théâtre des Nations, 1879 1885)

ILLUSTRATION DES ŒUVRES

REPRODUCTIONS ET DOCUMENTS

Notre-Dame

DE PARIS.

1482.

TOME PREMIER.

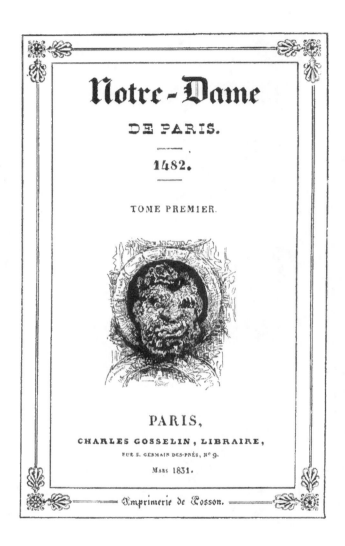

PARIS,

CHARLES GOSSELIN, LIBRAIRE,

RUE S. GERMAIN-DES-PRÉS, N° 9.

Mars 1831.

Imprimerie de Cosson.

Notre-Dame

DE PARIS.

PARIS,

CHARLES GOSSELIN, LIBRAIRE.

M DCCC XXXI.

Notre-Dame

DE PARIS.

PARIS,

CHARLES GOSSELIN, LIBRAIRE

M DCCC XXXI.

MEISSONIER. *LOU. M. A. LA BASTILLE*   EDITION PERROTIN, 1844.

VIOLLET LEDUC   ÉDITION HUGUES, 18..

TABLE.

NOTRE-DAME DE PARIS

LIVRE PREMIER

LIVRE DEUXIÈME

LIVRE TROISIÈME

LIVRE QUATRIÈME

TABLE   491

NOTES DE CETTE ÉDITION.

Couverture de l'édition originale — Vignettes de Tony Johannot —
Frontispice (Célestin Nanteuil) — L'Assassinat de Phœbus (Raffet) —
Louis XI à la Bastille (Meissonier) — *Quasimodo, la Esmeralda*
(G. Brion) — *Gringoire, Phœbus* (G. Brion) — *Notre-Dame en 1482*
(Reconstitution par Viollet-le-Duc) — *La Sachette* (Luc-Olivier Merson)
— *La Cour des Miracles* (Louis Boulanger) — *Le Pilori* (Luc-Olivier
Merson)

ACHEVÉ D'IMPRIMER

PAR L'IMPRIMERIE NATIONALE

POUR

LA SOCIÉTÉ D'ÉDITIONS LITTÉRAIRES ET ARTISTIQUES

LIBRAIRIE PAUL OLLENDORFF

LE 31 JUILLET 1904

VICTOR HUGO

ROMAN

NOTRE-DAME

DE PARIS

PRIX

IO FRANCS

PARIS

LIBRAIRIE

OL. ENDORFF

30, CHAUSSÉE D'ANTIN

1904